U0839385

哈佛家训

文章　明理◎编著

北京联合出版公司
Beijing United Publishing Co.,Ltd.

图书在版编目（CIP）数据

哈佛家训 / 文章，明理编著 . — 北京：北京联合出版公司，2015.5（2018.10 重印）
ISBN 978-7-5502-4724-6

Ⅰ . ①哈… Ⅱ . ①文… ②明… Ⅲ . ①家庭教育－通俗读物 Ⅳ . ① G78-49

中国版本图书馆 CIP 数据核字（2015）第 031747 号

哈佛家训

编　　著：文　章　明　理
责任编辑：徐秀琴
封面设计：李艾红
责任校对：郝秀花
美术编辑：吴秀侠
插图绘制：恒艺工作室

北京联合出版公司出版
（北京市西城区德外大街83号楼9层　100088）
北京德富泰印务有限公司印刷　新华书店经销
字数900千字　720毫米 × 1020毫米　1/16　40印张
2018年10月第2版　2018年10月第4次印刷
ISBN 978-7-5502-4724-6
定价：78.00元

前 言

哈佛大学，是一座拥有300多年历史的著名学府，是世界各国学子们梦想的殿堂，哈佛在人们心中已经成为成功的标志。300多年来，哈佛大学先后出过8位美国总统、40名诺贝尔奖获得者和30名普利策奖获得者，培养了数以百计的世界级财富精英，为商界、政界、学术界及科学界贡献了无数成功人士和时代巨子。正如哈佛大学第23任校长科南特所言："大学的荣誉，不在它的校舍和人数，而在于它一代又一代人的质量。"哈佛靠什么打造了这些巨人？他们的教育中有什么深藏未露的秘密？从这些成功者身上我们不难看到，在哈佛收获的东西是他们获得如此成就的决定性因素，是哈佛精神始终鞭策他们向成功的顶峰攀登，是哈佛大学成功的教育理念缔造了他们辉煌的人生。

哈佛大学的巨大成就，关键不是因为它的规模宏大、学科众多，而在于它先进的办学理念、追求真理的可贵精神和300多年沉淀下来的闪光智慧。在人生的旅途中，大学只是一个短暂的历程，但哈佛让学生在这个短暂的历程中汲取了智慧的营养，教会了学生怎样做人、怎样做一个成功的人，并引领他们思考和感悟人生，为实现人生目标、取得成功做好积极而充分的准备。

当然，哈佛取得巨大的成就，并不完全是学校教育的成果，这其中也有学生家长的功劳。他们成功的教育方法和理念、他们培养孩子成才的坚定信心和严谨态度，以及他们将教育孩子作为人生重要目标的信念，都是哈佛精英教育的重要组成部分。

每个家长都渴望自己的孩子拥有成功的人生，要想成功，就离不开教育。

父母是孩子的第一任老师，家庭是孩子的第一个课堂，家庭教育在很大程度上决定着孩子的未来。但是，如何更好地教育孩子是家长们公认的一大难题。随着社会竞争的激烈发展，家长的教育职责也越来越具有挑战性，其教育理念和教育方法直接决定着孩子将会取得的成就。哈佛家训的成功案例告诉我们，正确的学习习惯和生活习惯是父母给予孩子的最大财富。

子女是父母爱情的结晶。生下他们，并不只是让父母感到愉悦，更重要的是让父母去教导他们，用正确的人生观念启迪他们，使他们真正成为人类智慧的精英，成为大地上生命的强者。父母要担负起这个责任，应该好好去履行做父母的职责。几乎所有的年轻人都渴望拥有成功的人生。然而，他们中的一些人因为缺少正确的指导，往往事倍功半，甚至不小心误入歧途。青少年时期形成的观念，会以不同的方式影响一个人的一生，所以，在人生开始的时候，应该让他们接受高尚的思想，修炼优良的操行，形成健康的习惯。

《哈佛家训》汇集了哈佛大学最顶级的教育理念和哈佛家训的精华，从美德、梦想、信念、勇气、成功等多个角度，充分诠释了哈佛大学教育理念中的精髓和哈佛家训的要旨，触及了人生中最朴素的感情和人性中最本质的东西，并挖掘出成长路上最丰富的人生内涵，为成长中的孩子提供适合其心理需求的精神养分，铸就一个哈佛学子应有的优秀品质，并树立起明确的精英意识，学会在学习和生活中自我选择、自我塑造，为成长为社会精英打下坚实的基础。

本书是送给孩子的一份特殊的人生礼物。父母不仅要用牛奶和面包将子女养大，在他们成长的过程中，父母还要及时用完美的思想熏陶他们的灵魂。本书编选的每一个故事都具有丰富的教育功能和深刻的生活意义，不仅可以激发青少年对社会、人生进行多角度的思考，还可以点燃他们内心深处的智慧火花，使他们见微知著，从一滴水看见大海，由一缕阳光洞见整个宇宙。通过本书，每个家长都可以与自己的孩子一同品味哈佛教育精华，帮助他们在成功的道路上迈出坚实的一步。对于孩子来说，这里没有冗长的说教，只有无穷无尽榜样的力量。对于成人来说，这里没有累赘的语言，只有深刻的人生哲理。

这是一部教子课本，也是一部成人的修身指南。许多望子成龙的人，总是认为孩子应该这样做或那样做，他们自己却经常背道而驰。父母觉得自己比孩子高明，但事实并非如此。如果我们没有比孩子们做得更好，我们至少应该和他们一起成长。所有阅读这本书的读者，无论是涉世未深的青少年，还是经历过世事风雨的成年人，希望这本书中的某一个故事或者某一句话能改变你的人生，从而使你由平庸变得非凡、从失败走向成功。

目 录

第一辑

美德：德行本身就是报酬

总要有一种品质

教育心理学家对各行各业工作的1000个人进行了调查，从下面这道选择题中选出大学期间自己最欣赏的名人，四个选项分别是：

A. 雨果

B. 莎士比亚

C. 贝多芬

D. 都不欣赏

并且在备注一栏，对这几位名人进行了简单的生平介绍。调查结果显示：

30% 的人在大学期间欣赏雨果。

这些人大都在各自的工作领域做得颇有成就。这些人并不是什么高学历，能力也不是很出色，但是他们十分努力，做事勤恳，时间长了，才有了今天的成就。

20% 的人佩服贝多芬。

这部分人大多数做到了公司的高层，掌握着公司的命脉。这些人一般在事业的起初经历了不少挫折，但是都坚强地挺了过来，最终坐上了公司的高位。

10% 的人崇拜莎士比亚。

这些人一般都是社会的精英，他们的一个理念可能影响一个地区的金融动向。这些人睿智、有创新精神、敢于冒险，所以也成就了别人不能成就的大事业。

40% 的人选择了都不欣赏。

这些人一般都处在社会的底层，做一些技术活，有些人甚至失业了。但是也有一些有所成就，这仅仅是少数。

教育心理学家对这个结果进行了解答：

在人的成长阶段，如果心中有一个崇拜的对象，那么他们很可能就把这个对象作为自己未来的榜样，从而朝着这个目标奋斗。

雨果是一个勤奋的作家，他每天不停地看书、写作，甚至深夜他房间的灯还亮着，并且他有一个严格的作息时间表，十几年如一日地遵守这个作息时间，所以他有了那么多的作品问世。

贝多芬的一生，不是很平坦，他先是经受了婚姻破裂的打击，而后又受到耳聋的困扰，但仍旧创作了伟大的音乐诗篇。

莎士比亚是一位才华横溢的剧作家，他的作品充满着青春的热情，散发着艺术的灵性。

这三位艺术家中，雨果勤奋努力，贝多芬坚强有恒心，莎士比亚睿智有激情。

成长悟语

世界上根本没有万能的人，那些看上去完美的伟人只不过是把一种品质发扬到了极致！

所以，我们不必既聪明又勤劳，不必既乐观又坚强，不必既冷静又热情，不必既诚实又敏捷……我们要做的就是选择其中的几个，然后不停地完善就可以了。

请为你的夸奖道歉

凯特到北欧参加学者交流会议，正好碰见了马克教授，他们几年前在纽约遇见过。

马克教授邀请凯特去他家做客，她欣然答应了。

到了马克教授的家，一番寒暄之后，卡特看到了马克教授的女儿。这个小姑娘金色的卷发，大大的眼睛，更神奇的是，那眼珠竟然如大海那么蓝，真是可爱极了。

凯特忍不住夸奖这个小姑娘说："亲爱的，你长得真好看，太可爱了！"

接着，热情地低下头，亲吻了小姑娘的头发。小姑娘高兴地道了谢，并在教授的示意下，一蹦一跳地上楼去了。

接着，马克教授严肃地对凯特说："你刚才的行为伤害了我的女儿，你得为你说的话和做的事道歉。"

凯特很震惊，不知道自己的行为为什么不合适，于是反问："我哪里错了？请您告诉我。"

马克教授说："第一，你夸我的女儿长得好看，这样做很不好。孩子还小，不会分辨是非，她会认为漂亮是她的资本，那样她就会渐生骄傲，从而以后就会渐渐看不起长相平庸的孩子，这对她来说是一个很大的误区。"

"对不起"这三个字看来简单，可是它的效用，不是别的字所能比拟的。这三个字，能使顽固者点头，能使怒气消减，甚至能化敌为友。

马克教授说："第二，你未经我女儿允许，亲吻了她的头发。这使她以为一个陌生人在未经她同意的情况下，可以随意抚摸她的身体，这样以后她就没有安全的意识。这也是不良引导。"

凯特此时觉得，刚才自己做得很不合适，于是问："我该怎么做，才能弥补自己的这个过失呢？”

马克教授说：“你跟她道歉，并且可以夸奖她的微笑和礼貌，这些都是她努力应该得到的赞扬。”

凯特郑重地向小姑娘道了歉，并且夸奖她刚才的礼貌。

成长悟语

并不是所有赞美的话，都对别人的成长有好处。而肯定对方内在的品德，却一定会强化他的善意。

游戏中的绅士风度

圣诞节后，巴顿与8岁的儿子乘火车出去旅行，到车站的时候，火车已经快开了，乘客们都已经上车，座位也满了，巴顿只好和儿子在过道里站着。

过了一会儿，儿子问巴顿：“他们为什么不等我们到了，再上车？”

巴顿说：“因为谁先到了，谁就可以早上车啊！”

儿子问：“为什么先到就能先上？我玩游戏的时候，最先到的士兵都是等在外面，等大家都到齐了，才一起上坦克的呢。”

经儿子这么一说，巴顿想起来最近他和儿子在玩一款士兵打仗的游戏。其中，有一种叫“战斗要塞”的坦克游戏，职责就是接送士兵去前线，并且正如儿子所说，那些士兵在进入坦克之前，并不是先到的士兵先进去，而是等5个士兵都到齐了之后，按照后到先进的原则，一个个鱼贯而入。

现在，巴顿对于“为什么先到的先上车”这个问题，实在没法回答，因为现实生活中就是这个常理啊！但在游戏世界中，公平的游戏规则就是先到的等后到的，大家一起上坦克。

于是，他反问儿子：“你说游戏中为什么先到的士兵不先上坦克？”

儿子笑着回答：“这是个很明显的问题啊，这是士兵有绅士风度！”

巴顿沉默了。

成长悟语

懂得贵族礼仪，不一定能够成为绅士。但是，在最危难的时候，依旧发扬着德行的人，一定是一个心灵上的贵族。

飞机检修员

在美国空军某部队有一个飞行员团体，他们的飞行技术非常高，每次军事演习都能获得非常好的成绩。这些飞行员也因为能在这个优秀的团体而自豪。

这天一次试飞回来，像往常一样，飞行员将飞机停稳后就离开了。这时另一个检测维修团体走过来，他们带着仪器和工具开始仔细检查飞机的每一个部分，这是他们的主要工作。飞机在飞行过程中可能出现的任何情况他们都要考虑到，并对潜在危险做出预警处理。

这天，检修到了最后一步，一个检修队员发现机翼的一个螺丝掉落了。机翼的螺丝每一个都很重要，必须保证紧紧地拧在机翼上，可找遍了工具包却没有合适的螺丝。没办法，检修队长只好回到宿舍找，等找到了螺丝安上，早已错过了晚饭时间。

可以说，飞机可以安全返航有他们一半的功劳。他们总是在飞行员离开后默默地检修，等到再次执行飞行任务时，他们早就离开了。同属于空军，他们却没有飞行的权利。一次成功的飞行，人们看到的和赞扬的都是飞行员的名字，而他们总是站在背后。

有人问检修队的队长：“同样是空军，你不觉得这样有些不公平吗？”

“不公平？”检修队长爽朗地笑道，“工作不分贵贱，只要做到最好就行。也许鲜花和掌声不属于我们，但是每一次的成功，我们都会在心底为自己鼓掌。”

成长悟语

美德喜欢沉默，它不想让人们去评价它，它渴望平静的生活，它喜欢出现在不被人发现的角落。其实，美德犹如耳鸣，是一种声音，只要自己听到就足够了。

拿小面包的小女孩

在战争时期，有一个小镇上几乎所有的家庭都面临着危机，因为战乱让人们无法安心生产，所以他们的温饱问题都有待解决。

在那个时候，面包师卡尔可能是这个小镇上最富有的人。他是个好心人，总是力所能及地做一些帮助他人的事。他把小镇上最穷的20个孩子叫过来，对他们说：“从今以后，你们每一个人都可以从篮子里拿一块面包。以后你们每天都在这个时候来，我会一直为你们提供面包，帮助你们平安地渡过饥荒。”

卡尔刚说完，饥饿的孩子们就争先恐后地去抢篮子里的面包，甚至有几个孩子为了能得到更大一点的面包还跟其他的孩子大打出手。当他们拿到面包的时候，立刻狼吞虎咽地把面包吃完。

但是，卡尔发现了一个叫格雷奇的小女孩，尽管她的穿着十分破旧不堪，但她从不争抢，每次都在其他孩子抢完以后，才到篮子里去拿剩下的那最后一小块面包，她总会亲吻面包师的手，感谢他为自己提供食物，然后拿着它回家。

卡尔想：“这肯定是一个有着良好家教的孩子，她把面包拿回家，一定是和家人一起分享！”

像往常一样，可怜的格雷奇还是只得到了最小的面包，但小格雷奇仍然非常高兴。她亲吻过面包师的手后，拿着面包回家了。

到家以后，当妈妈把面包掰开，一枚金币从面包里掉了出来。妈妈惊呆了，对格雷奇说：“这肯定是面包师不小心掉进去的，赶快把它送回去吧。”

格雷奇拿着金币来到了面包师家里，对他说："先生，我想您一定是不小心把金币掉进了面包里，幸运的是它并没有丢，而是在我的面包里，现在我把它给您送回来了。"

面包师卡尔微笑着说："不，孩子，这块金币是我故意放进最小的面包里的。我并没有故意想要把它送给你，我只是希望最不贪心的孩子能得到这枚金币的奖励，是你选择了它，现在这块金币是属于你的了。"

成长悟语

谦让是身体的良心，用善意走在最后的人往往有可能成为那个站得最高的人。而在最危险和最急需的时刻，能够做到这一点的人，已经不是用"德行"两个字可以赞美的了，它应该是对人性和灵魂的歌颂。

剪线头的裁缝

艾克是保尔先生楼下一家西服店的裁缝。

艾克是个地道的新泽西州小伙儿，因为保尔先生每天都要从店前路过，所以两人渐渐熟了。保尔先生每次去艾克那总能看到这样的场景：每次西服挂完里子要封口时，艾克总要费力地把衣服从里到外整个反过来，然后拿出一把小剪刀，仔细地剪上面的线头。因为线头有很多，所以艾克要剪很久。其实他完全可以用剪线头的时间做点更有意义的事情，保罗先生心里这样想。

终于有一天保尔先生忍不住了，他对艾克说："伙计，那些线头何必剪呢？把封口封住，直到这件衣服穿旧扔掉也没人能看到里面。"

没想到艾克回答："虽然别人看不到，但我能看到啊，这件衣服是我做的，要是不剪我心里就不舒服，我想也会有人和我一样的，所以我要尽力把它做好。"说完，艾克又开始手法娴熟地剪另一件西装的线头。

成长悟语

能够学会不辜负别人，关乎一个人的品行。

或许，我们未必能收到回报，但是，这种行为却能够让我们自己问心无愧。不辜负别人，其实也就是不辜负自己的心。

热情的力量

在美国西雅图有一家叫"派克"的鱼铺，它乍看上去很不起眼，只有30平方米大，铺内腥味四溢，摆放杂乱。

但是，来这里采购的顾客每天都络绎不绝，甚至很多世界500强企业的CEO和著名政治人物都赶来问道取经。

他们都很好奇这个小小鱼铺何以在10多年间将平均售价每公斤仅几美元的利润跃升

了10多倍。

其实，“派克”鱼铺的店面布局、存货质量、运货方式、货物调配等，并没有比其他家做得更好，但是，当这些CEO和政治人物实地观察“派克”鱼铺的运营时，很快就发现了这家店的特色——“热情”。

首先，这家鱼铺绝不是平常所见的不灰不白，而是多彩缤纷。

店里工作人员的围裙是明艳的大红色，手套是鲜亮的翠绿色，装鱼筐是醒目的黄色，赠给顾客的购物袋也是五颜六色的。置身其中，只觉得五彩缤纷，充满活力。

其次，这家鱼铺的营业员非常热情。

不少鱼铺的员工卖鱼时像鱼一样闷不作声，非常呆板。但是“派克”的员工从来不会这样，他们总是精力充沛、神采奕奕，在销售时不忘大声“呼叫”，比如一边包装称好的鱼一边朗声叫道：“这条大鲑鱼要和这位漂亮太太回家去啦！”“这6只螃蟹要装进这位先生的袋子里啦！”等等。

这些“呼叫”能让顾客感受到店家的热情，感觉自己受到了真诚而热烈的礼遇。

尤其是顾客多的时候，这些此起彼伏的喊声，常常引诱得过路人也要走进来一看，并且不少人由走进来的“一看”变成了走进来的“一买”。而这些因改变了工作时的状态而改变了工作时心态的员工，脸上同样也有了笑容与活力。

成长悟语

这就意味着当你有信念时你就充满活力，而你质疑时就会老去；当你自信时你就充满活力，当你畏缩时你就会老去；当你满是希望时你就充满活力，当你绝望悲伤时你就会老去。失去活力，它损伤的不仅是你的肉体，还有你的灵魂。

一句承诺

在新西兰，有两个家庭都经营着奶牛场，一个家庭是日本人，另一个家庭是苏格兰人。他们每天早晨到新西兰送牛奶。在30年时间里，他们的牛奶一直都很受欢迎。

一直到他们的孩子们接管了农场。这时，两个家庭中的其他成员都加入了新西兰国籍，但是日本家庭中的父亲拒绝成为新西兰人。

1941年底，日本轰炸了夏威夷群岛。新西兰所有的人都一致抵制日本人，由于日本家庭的父亲还是日本国籍，他的家庭也因此受到了拖累。他们被流放到一个遥远的地方，他们居住的地方被铁蒺藜织成的网围着，并且还有全副武装的士兵把守，被拘禁了好多年。在日本家庭被带走时的混乱状况下，苏格兰家庭坚定地告诉日本家庭：自己一家人会照顾他们的农场和奶牛，并保证就像爱自己的家那样爱他们的家。一年过去了，又一年过去了，第三年……当日本家庭还在拘留地时，苏格兰家庭没有忘记照顾邻居家的农场，有时候，实在太累了，坚持工作16~17个小时，也不愿放弃对邻居家农场的照顾。

直到有一天，日本家庭终于结束了拘禁生涯，他们可以回家了。苏格兰家庭前去火车站迎接他们的朋友回家。

当回到自己的家，一家人全惊呆了，那里的苗圃完好整洁，奶牛健壮并且比他们离开之前多了好几倍。家中的所有物品都保持着原来的样子，房间也被收拾得干净、整洁。

随后，邻居又把银行存折交到日本家庭的父亲手中，他们还在自家客厅的桌子上看到几杯洁白的牛奶，这是一个朋友送给另一个朋友的礼物。

成长悟语

英格兰家庭用行动践行了诺言，这是信义的力量。不分民族不分国籍，仅仅因为是“我的邻居”。这是德行带给自己和别人最好的礼物。

掷骰子与拉磨

5岁的小切尔西出生于贫苦家庭，在学校里，别的小孩老是瞧不起他、欺负他。

这一天放学后，小切尔西又遭到了同学们的欺负，回到家便伤心地问爸爸：“爸爸，为什么同学们都不喜欢我？”

爸爸没有立即回答小切尔西的问题，而是拿来一颗用木头做的骰子，骰子的每一面都刻了“一点”。

“孩子，我们来做个小游戏吧。这里有颗骰子，如果你摇到的是一点，那就说明我们的小切尔西是个可爱的孩子，值得人人喜欢。”

说完，爸爸就摇起了骰子——每一次都能够摇到一点。

小切尔西破涕为笑，抓过来骰子自己摇时发现了骰子的秘密，便摇头道：“爸爸，你耍赖，这每一面都是一点啊！”

爸爸说道：“对呀，你看这个骰子，它自己给自己定了‘一点’这个评价，不管别人怎么摔打它，它都不会因此而改变。我们也应该像这个骰子一样，明确对自己的正确认知，并勇于坚持，那么，不管外界对我们的评价是怎样的，我们都不会受影响，永远都听得到自己内在的声音、真我的想法。”

成长悟语

我们的优势和美德不会因为别人的摔打和流言而消失，多花时间完善自己，少花时间去苛责别人。

森林中的圣约瑟

从前，有位母亲生了三个女儿。

大女儿贪婪成性，傲慢无礼；二女儿不明是非，自私自利；只有小女儿又孝顺、又乖巧。但是这位母亲很古怪，偏偏喜欢大女儿、二女儿，对小女儿反而不好，经常吩咐她做农活。

一天，母亲派小女儿去森林里砍柴。

森林里道路崎岖，很容易迷路，但小女儿还是背上行囊出发了。白天，小女儿费力砍了许多柴火，可到了晚上，小女孩却迷路了。

在茂密的森林里，她看到前方有一点灯光，立刻跑上前去，原来是一座小木屋。她礼貌地敲了敲门，开门的是一位留着花白胡须的老人。

小女儿向他说了自己迷路的经历，老人和善地对她说："进来吧，我亲爱的孩子。坐到火炉旁的小椅子上暖暖身子！你渴了吧？我去给你弄点水喝。森林里没有什么吃的，只有几根胡萝卜，你还得先刮干净再煮着吃。"

小女儿把胡萝卜刮净后，把随身带的薄饼和面包块也放进锅里，熬出一锅浓汤。

做好后，老人开口说："我很饿，能给我些汤喝吗？"小女儿慷慨地倒给他一大半。

吃完饭，老人说："现在该睡觉了，可我只有一张床，你到床上睡吧，我睡草铺就好。"

"哦，不！"小女儿立刻阻止，"还是您睡床吧，草铺对我来说已经够软和了。"做完祷告，小女儿就爬上草铺睡觉。

第二天醒来时，小女儿发现自己在床上，老人也不见了踪影。最后她发现门后留下了一袋鼓鼓的金币，上面写着："给昨夜在这儿睡觉的女孩。——圣约瑟。"

原来，老人就是森林中的圣约瑟。小女孩提着钱袋回到家里，并把所有的钱都给了母亲，母亲很满意。

二女儿听到后，也兴致勃勃地进入森林里。母亲为她准备了大块的面包和煎饼。二女儿遇到的情况和妹妹一样，她也在老人的小木屋里煮了一锅浓汤。

老人同样对她说："我饿极了，能喝点你的浓汤吗？"

二女儿说："一人一半吧！"饭后老人把他的床让给二女儿，自己去睡草铺。

二女儿想了想，说："一起睡在床上吧，挤一挤，可以的。"第二天天亮，二女儿醒来也没有找到老人，她在门后面找到一小兜银币，上面写着："给昨夜在这儿睡觉的女孩。——圣约瑟。"二女儿拿着钱小跑着回了家，把钱袋交给了母亲，自己却私自留下两块。

看着妹妹们都有收获，大女儿坐不住了，她坚持要到森林里去，这回母亲为她准备了最为丰盛的奶油面包。和两个妹妹一样，她也发现了圣约瑟的小木屋。

她马马虎虎地把浓汤熬好了，圣约瑟又说："我饿了，你把汤分给我一些吧！"

"急什么！等我吃饱了，你再吃也不迟啊！"可是大女儿吃得一点不剩，老人只能饿肚子了。

饭后，老人邀请她睡床，自己睡草铺。大女儿毫不推辞，自顾自地躺在床上睡着了。

第二天醒来，她也四处寻找圣约瑟，也什么都没发现。她走到门后去找钱袋，却发现有一个模糊的东西在那里。因为分辨不出是什么，她就弯下腰仔细看，一不小心鼻尖触碰到了，一瞬间鼻子就变长了。她号啕大哭起来，尖叫着从屋里跑出来，看见圣约瑟在那里。她跪在老人的脚下不断地求情，最后出于同情，老人帮她恢复了原样，并给她一袋铜币。

和别人相处，无论大事小事，无论何时何地，都要考虑到别人的存在，这既是在办事，又是在进行情感的交流。

大女儿返回家里，母亲正在焦急地等着她。

一进门，母亲就问："你得到了什么？"

她却撒谎："我得到了一袋金币，但是在路上又把它弄丢了。"

大女儿背后藏着那袋铜币，却不料撒谎之后，铜币变成了蟾蜍和毒蛇，咬伤了她的手臂后逃掉了。而母亲因为没教育好孩子，也得到了圣约瑟的惩罚。

成长悟语

优良的品德是内心真正的财富，而呈现这种品行的是良好的教养。

教养中寄寓着极大的向往——对美好和光明的向往。它甚至还有一个更大的向往——使美好和光明战胜一切的向往。

和上帝共进午餐

阿尔曼是一个10岁的小男孩。他对上帝充满了好奇，他决定去见上帝。

阿尔曼听妈妈说过，要想到达上帝居住的地方要走很远的路程。

阿尔曼背着装满食物的书包踏上了旅程，他也记不清走过了几个街区，当来到一个公园时，他决定进去休息一下。

他准备在一个休闲椅上坐下来，但椅子上已经坐了一位老太太。

阿尔曼挨着她坐下来，打开书包，拿出饮料正要喝，这时他注意到老太太看上去很饿，于是，他给了老太太一块巧克力。老人家感激地接受了，微笑地望着他。她的笑是那么完美，阿尔曼想再看一次，因此又给她一瓶饮料，再一次看到了她的微笑，阿尔曼高兴极了。

阿尔曼和老太太一个下午都坐在那里，他们边吃边笑，但是却没有一句对话。

天渐渐黑下来，阿尔曼决定回家。但是没走几步，却又返了回来，他忘记和老太太道别了。于是，他又跑回到老太太身边，紧紧拥抱了她，老人家又给了他一个微笑。

阿尔曼到家时，他的母亲正在做晚饭，他主动帮助母亲做饭，母亲看到儿子的脸上充满着快乐，她感觉有点奇怪。

妈妈问他：“亲爱的阿尔曼，你今天为什么这么高兴？”

阿尔曼答道：“妈妈，我找到上帝了，并与她共进午餐了。”

他的母亲更加惊奇了：“我的孩子，你竟然见到了上帝？”

他接着说：“妈妈，你知道吗？她给予了我最美好的微笑！”

与此同时，老太太也容光焕发地回到自己的家。

她的女儿为她脸上洋溢着安详平和的表情所惊异。她问道：“妈妈，你今天干什么了，这么高兴？”

老太太答道：“我在公园里与上帝共同吃了巧克力。”在她女儿做出反应之前，她又解释道：“你知道吗？上帝比我想象中的要年轻得多。”

成长悟语

上帝，可能是一个天真活泼的小孩，也可能是一个有着慈祥亲切笑容的老婆婆。上帝可以是你，上帝也可以是我，我们每个人都可以做别人的上帝。只要拥有一颗爱心、一份真诚即可。

卖玉米的老妇人

汤姆带着儿子去公园看雪景。公园门口有许多卖热玉米的乡村女孩和年轻妇女，在她们中间跻身站着一个老妇人。

老妇人并不总是急着招揽游人买自己的玉米，只是偶尔用沙哑的嗓音喊一声，所以她的生意和别人相比就冷清一些。汤姆出于一种怜悯亦或正义感走向了老妇人，买了她的玉米。买完玉米，汤姆没要老妇人正要找回他的五美分，就拉着儿子走了。

儿子问汤姆是不是忘记要回那五美分了。然后，汤姆告诉儿子什么是同情心，以及同情心是怎样的一种美德……

两个小时后，汤姆和儿子刚从公园走出来，却被一个人叫住，竟然是那个卖玉米的老妇人，她冷得缩着脖子。老妇人走过来说道：“是您进公园前买我的玉米吧，这是应该找给您的五美分，之前您走得太匆忙了。”

当汤姆茫然地接下钱，公园的守门人走过来告诉他：“这位老人为了把五美分还给你，站在我旁边等你很久了。”

听了这句话，汤姆看着老妇人走远的背影，为自己之前的“同情”感到羞耻。

成长悟语

一个人灵魂上的尊贵往往是一种不屈，不屈于贫穷，不屈于苦难，不屈于寒冷饥饿，不屈于现实的残酷……这种不屈让一个人只甘于获得自己应得的那一部分，而这种不屈的品质一旦发自于本能的时候，我们都会为之肃然。

谦虚是什么

十八岁那年，马克竞选学生会主席，被问及是否对这次竞选有信心时，他说："我做好了失败的准备，因为'学生会主席'一职对我来说的确是一个挑战。"他的回答让他与这一职位失之交臂。

几年后，他正是因为没得到学生会主席一职，而与知名企业——通用公司擦身而过。通用公司选择了一个在校期间曾经担任过学生会主席的人，因为通用公司觉得，竞选做过学生会主席的人，才更加具备团队精神和凝聚力，具备一定的领导能力，做事也更加自信。

马克的才能还是没被埋没，他最终凭借绝对的优势，进入另一家知名企业——惠普公司，但是他仍旧对没进入通用公司这件事觉得沮丧。他反思并得出一个结论：自己被所谓的"谦虚"迷惑，失去了绝佳的机会，"谦虚"应该是在不否认自己能力的前提下低调地做事。然后，他开始在惠普踏踏实实地工作。

之后，马克出任了惠普的CEO，在一次被董事会问及："你有信心把惠普做得更好吗？"

马克给出了与竞选学生会主席时，不同的回答："不容置疑，至少我能保证，情况不会像现在这样糟糕！"事实上，马克·赫德，这个全球知名的成本控制专家、企业经营高手，能力是不容置疑的。

成长悟语

社会尊崇谦逊。但是谦逊也是一把双刃剑，一旦使用不慎，就往往会断送了"谦逊者"的成功之路。

拆了两次的亭子

墨西哥前总统福克斯最早是一名普通的推销员，有人问他是如何一步一步走到了总统的位置，他的回答总是不离开"诚实"两个字。福克斯总是对他人说："做一个重诺守信的人，许下的诺言一定要尽力去完成，没有什么比诚实守信更让人尊重的了。"

某一次，福克斯受邀到一所大学演讲，在提问阶段有一个学生问他："政坛历来充满了谎言与欺诈，请问您在从政的经历中有没有说过谎？"

福克斯郑重地说："从来没有。"

听到福克斯的回答，台下的学生们窃窃私语，甚至有几个学生还轻声笑出来，因为几乎每一个政客都会这样对公众表明自己的诚实，他们总是发誓说自己从来没有撒谎。

看到场下对自己的不信任，福克斯并不气恼，而是双手做了一个下压的动作，然后讲了这样一个故事：

"有一位农场主很注重对自己儿子的品德教育。有一天，农场主感觉园子里的亭子年久失修，想要安排工人们将它拆掉再新建一座。他的儿子对拆亭子这件事非常感兴趣，于是向父亲要求等他从寄宿学校回家后再拆掉这座亭子，这样他就可以看看工人们是如何把亭子拆掉的。农场主答应了他的儿子。但是农场主每天看到破败的亭子，心里都感觉很别扭，于是没有等到儿子放假回家就把亭子拆掉了。等到农场主的儿子回到家后，发现旧亭子已经不见了，就指责农场主欺骗了自己。

“农场主看着哭泣的儿子，才意识到自己曾经许下的承诺对儿子的重要意义。

“之后，他找回工人，让他们拆了新建的亭子，按照旧亭子的样子又造了一座，然后当着自己儿子的面，重新拆掉旧亭子，再把新亭子建起来。虽然花费了很大的工夫，但是农场主实现了自己对儿子的承诺。”

福克斯接着说道：“我认识这位伟大的父亲，他并不富有，但是他愿意为他的儿子做出诚实守信的榜样。现在，这位父亲已经去世了，但是他的儿子还活着，而且他的儿子也一直以诚实作为自己的做人宗旨。你们相信吗？”

学生们听后附和道：“我们当然相信，他一定也是一个拥有诚信品质的人。”

福克斯平静地说：“他的孩子现在就站在你们面前，就是我，墨西哥总统福克斯。但我依然是那位农场主的儿子，我愿意像我父亲对我一样，诚实地对待这个国家，和这个国家中的每一个人。”

场下响起了雷鸣般的掌声。

成长悟语

诚实是力量的一种象征，它显示着一个人的高度自重和内心的安全感与尊严感。诚实也比一切智谋更好，同时，它是智谋的基本条件。

一个人最珍贵的品德是诚实，我们又有什么理由拒绝这样的人呢？

迪卡尼奥的抉择

某一年的英格兰超级足球联赛，在英国的曼彻斯特城举行。

比赛进行到第 18 轮的时候，是埃弗顿队和西汉姆联队之间的较量，当比赛剩下最后一分钟的时候，场上的比分依旧停留在 1 ∶ 1。

就在这关键的时刻，埃弗顿队的守门员杰拉德由于奋力扑球导致膝盖受伤，剧烈的疼痛让他无法站起来。

而这个时候，足球刚好被西汉姆联队的人传到了一直潜伏在

放弃，对心境是一种宽松，对心灵是一种滋润，它驱散了乌云，它清扫了心房。有了它，人生才能有爽朗坦然的心境；有了它，生活才会阳光灿烂。

禁区的迪卡尼奥。

迪卡尼奥距离球门仅有 12 米的距离，应该说无需任何技巧，朝着球门踢一脚，就会轻松赢得这场比赛。

要知道这一场比赛对西汉姆联队非常重要，因为如果胜利，他们就可以增加两分，而埃弗顿队已经输掉了两场比赛。

如果迪卡尼奥把球踢进大门，埃弗顿队就注定要离开这一年英超的赛场了。

当时现场的球迷达到 8 万之多，而关注这场比赛的球迷超过百万。

就在球到迪卡尼奥脚下的时候，全部人都保持安静，就像时间停止了一样。

就在所有人准备看到迪卡尼奥射门的时候，他做出的抉择却是……将球抱在了怀中

瞬间，全场响起了雷动的掌声，观众把赞美之情献给了放弃射门的迪卡尼奥。

或者说，是献给迪卡尼奥表现出来的崇高的体育精神——和平、友谊、健康、正义！

成长悟语

超脱得与失，才是更大意义上的成功。在生活的许多方面，争取胜利是十分重要的；但是在需要发扬崇高品德的时候，能够超越成败得失，是一种更高的精神境界，是一种更大意义上的成功。

流泪的炮手

卡特原本是巴黎郊区的一个农民，他和妻子有两个儿子，一家四口过着自给自足的日子，虽然有些清苦但是却非常温馨。

卡特工作非常努力，经过几年的奋斗，他终于攒下一些钱，买下了一座小农舍，红瓦白墙加上屋后精心设计的小花园。农舍虽然非常小，但是他们却对小农舍非常有感情。妻子在花园里种了许多的花。在买到这间屋舍的那一天，一家人甚至还在这里小小地庆祝了一下。

很遗憾的是，不久之后战争爆发了，卡特应召入伍，妻子和孩子躲到远方的亲戚家。卡特在部队里依然非常努力，不久之后成了一名技术精湛的炮手。当卡特跟随部队收复失地的时候，路过曾经住过的地方，但是自己的农舍早已被敌人抢占。隔着一条河，卡特总能看到敌人在自己的家里休息，他多么希望军队能够赶快攻打过去赶走敌人。

一位将军走了过来，用望远镜仔细瞭望河对岸的小村。

“卡特，听说你是整个部队里最好的炮手！”将军没有回头，威严地说。

“是，将军！”卡特喊道。

“你看到那座桥了吗？我们过桥肯定会遭到桥对面农舍里的敌人伏击，你告诉我，如果用大炮该如何打到那个农舍？”

“将军，那间农舍藏在树林的后面，我们需要的是逆风，然后利用风向……”卡特明白将军的含义，所以他的脸已经变得煞白。但是卡特明白，对面是敌人，必须摧毁自己的农舍才能更好地进攻。

将军说："伙计，给它一炮，就是现在……"

卡特挣扎了一下，最终服从了命令，他感受着风向，然后瞄准、开炮。

炮声响起，硝烟过后，将军用望远镜看着对面的农舍，一击即中。

"太棒了，亲爱的卡特，你果然是最好的炮手！"将军看着卡特，不禁喝起彩来！可是，卡特的脸颊上却流下了两行热泪。

"你这是怎么了，优秀的炮手？你打中了！"将军不解地问。

"请您原谅，将军，"卡特用晦涩的喉音说，"那个农舍是我的家，它曾经是我和家人的天堂，也是我在这个世界上所有的财产。"

成长悟语

一个人如果不能牺牲一切地去维护自己国家的尊严，那么，这个人从某种程度上来说就一钱不值。

国家实际上就是放大了的家庭，如果你连为自己的家人维护尊严的勇气都没有，那么你也得不到家人的尊重。

让珠宝失色的一笑

在伦敦的一家咖啡馆里，一个女人窝在角落里埋头奋笔疾书，而她面前的小桌上，已经摆满了字迹满满的小纸片。

写完最后一张纸片的最后一行后，她便开始收拾整理，弄好后神色紧张地走出了咖啡馆。

几分钟后，带着这些写满字的小纸片，她来到了自己的妹妹家。

妹妹热情地欢迎她的到来，而她却依旧表情凝重。

"这些是我这段时间试着写出的东西，你来读读看吧。"她对妹妹说。

成功的含义对每个人都可能不同，但无论你怎样看待成功，你都必须有自己的定位。

妹妹接过她手中递过来的整理好的纸片，坐在椅子上读了起来。

她紧张地注视着妹妹脸上的表情变化，一段时间过后，妹妹的脸上竟然露出了笑容。她紧张的心终于放了下来。

妹妹的反应给了她信心，她立即完成最后的书稿，并将它们寄给了出版社。

出版商们看到书稿后，同样也对这些小纸片上的故事大有兴趣，终于，这些小纸片变成一本本书与世人见面，一经面世，便风靡全球，这本书的名字就叫作《哈利·波特》。

如今这本书的作者 J.K. 罗琳已经成为闻名全球的畅销书作家，她所著的《哈利·波特》系列也已经风靡全球十余年。

然而现在谈起自己的成功，罗琳并没有忘记当初妹妹的那一笑，“要不是妹妹那一笑，这些东西可能早被我忽略了。”而她也不断地告诉世人，这一笑究竟有多么珍贵——“它的价值足以让无数的珠宝失色。”

成长悟语

对于处在痛苦中的人来说，不需要什么伟大的支持，只需要真心的鼓励。

我们不需要帮对方幻想多么美好的未来，不需要为对方的伤口缝上多紧密的线，更不需要发动所有人进行激昂的赞美。你只需一句真实而由衷的话——“亲爱的，我没有撒谎，你真的很棒！”

为国王种花

国王的年纪大了，但是却没有儿女能够继承自己的王位，看着被自己治理得井井有条的国家，国王希望能够找到一个诚实的人来接替自己的位置。于是，第二天国王找来城里所有的孩子，每人分发一粒种子。国王向孩子们宣布，谁能够种出美丽的花朵，国王就将收他为养子，培养他当下一任国王。

孩子们拿到种子后非常开心，回家后就开始精心地种植、刨土、埋种、浇水、施肥……每个人都希望自己能成为下一任国王。可是一个月过去了，种下的种子都没有发芽。孩子们不敢让其他人知道，都以为是自己种植的方法错了，于是纷纷找来自认为最美的花朵，准备冒充自己种下的种子献给国王。

到了规定的日子，每个孩子都手捧自认为最美的花从家里走入国王的城堡。国王看着孩子们手中的花，也看着孩子们期盼的眼神，心里却非常失落。

突然，国王看到在角落里有一个低着头的男孩，男孩的衣服并不像其他孩子那么鲜亮，甚至还打着补丁，最重要的是男孩手中的花盆什么也没有。

国王走过去问这个男孩：“为什么你没有种出美丽的花朵？”其他孩子们都在笑，男孩却理直气壮地说：“我用心了，我没有懒惰，但是我确实没有种出来，我知道自己当不了国王，但是我真的努力了……”国王大笑着抱起这个男孩说道：“诚实的孩子，从今天开始你就是我的孩子，下一任的国王！”

所有的旁观者都不理解怎么回事。国王却说道：“我给你们的每一粒种子都是煮过的！”

成长悟语

自以为聪明的人，往往想要用自以为聪明的方法，走自以为聪明的路子，完成自以为做好的事情。但是，结果可能并不如意。而世界上最聪明的人，应该是诚实的人，因为只有诚实的人才能经得起事实和历史的考验。

纯洁的真相

湖边一阵撕心裂肺的哭声，让所有人原本压抑的心彻底凉了下来。

经过半小时的打捞，警务人员给两个家庭带来的，还是那个最不想看到的结果：两个10岁孩子的尸体，比利和凯文果然是在湖中溺水而死。

两个男孩的尸体被拖上岸后，众人注意到，凯文的右手牢牢地握着比利的右手。警察费了很大力气，才将两个男孩的手分开。

根据这一细节，在场的警察推断：应该是比利不小心落水，而凯文是为了救比利，才一同落水导致身亡的。

这件事情很快被传开。一个10岁的孩子为了救小伙伴献出了自己的生命，那一对紧握的双手，还有凯文的名字一下子成了整个城市最感人的画面，就连很多陌生人都会慕名来拜访凯文的父母并且送上自己的慰问，政府还破例颁发给凯文“英雄少年”的荣誉。

可是同样失去孩子的比利父母，却是雪上加霜，原本失去儿子就使得整个家庭沉浸在痛苦中，而对凯文家庭的愧疚和歉意，也让比利一家无颜面对他人。

虽然大家都认为自己的儿子是个英雄，但是凯文的父亲并没有被眼前的事情冲昏头脑。

他知道凯文从小就非常胆小而且怕水，遇到事情都是躲在后面的，虽然凯文心地善良，但是想到他拿出勇气去营救比利，这几乎是天方夜谭。

于是，凯文的父亲再次忍着悲痛，一个人去了湖边，他仔细看了看事发现场，发现靠近湖水的岸上有两道划痕，这两道划痕显然不是一个人的，也就是说，两个孩子是同时落水的……

凯文的父亲毫不犹豫地将自己的发现公之于众。几乎所有的人都不敢相信，直到警察再次勘察现场，认可了凯文父亲的话，世人才相信。

很多人不理解，为什么凯文的父亲要推翻自己孩子是英雄的“事实”。他说道：“我希望真相是纯洁的，这样，两个孩子才会成为天堂里的天使。”

政府没有收回凯文的荣誉，而是给比利家也送去了同样的称号。

成长悟语

荣誉是容易让人变得肮脏的东西，不在于荣誉本身，而在于为了追求荣誉而变得拼命经营的心。真相有时候是很纯洁的，不要玷污了它。

第二辑

梦想：行动让梦想变得神圣

你挖到自己的潜能宝藏了吗

马克·扎克伯格是美国社交网站 Facebook 的创办人，被人们冠以“盖茨第二”的美誉。他是哈佛大学计算机和心理学专业的辍学生。据《福布斯》杂志保守估计，马克·扎克伯格拥有 15 亿美元身家，也是历来全球最年轻的自行创业亿万富豪。

在群雄逐鹿的互联网时代，他只是一个普通的大学生，没有什么突出的成绩，然而为什么能够在无数创业者中脱颖而出？很多人都想知道他成功的原因。在别人还在沿着老路进行创业的时候，2004 年 2 月，还在哈佛大学主修计算机和心理学的他，要建立一个网站作为哈佛大学学生交流的平台。

当时，他也不知道自己能不能把这项任务完成，但他对自己有信心。他只用了大概一个星期的时间，就建立起了这个名为 Facebook 的网站。意想不到的是，网站刚一开通就大为轰动，几个星期内，哈佛一半以上的大学部学生都登记加入会员，主动提供他们最私密的个人数据，如姓名、住址、兴趣爱好和照片等。

学生们利用这个免费平台掌握朋友的最新动态，和朋友聊天，搜寻新朋友。很快，该网站就扩展到美国主要的大学校园，包括加拿大在内的整个北美地区的年轻人都对这个网站饶有兴趣，如今更是风靡全球。

成长悟语

身体到达不了的地方，眼睛可以到达；眼睛不行，心可以到达。所以，我们可以让心灵先到达那个地方，然后就只需要沿着心灵的召唤前进。

巴黎梦

他从小在农村长大，从懂事那天起就从未有过什么“远大理想”——他学习不好，而在他们那地方，只有通过读书才可能走出去。

但是即便如此，偶尔做做梦他还是有过的。比如小学五年级，他们刚刚开始学地理。讲到法国时，他被课本上关于巴黎的图片打动了，那一刻他在想：长大了他要到巴黎去。后来，他就东拼西凑地找来了许多有关巴黎的图片，不管吃饭睡觉，他都不会让这些宝贝远离他。

秋收季节，父母都忙，所以便要由他这个10来岁的毛孩子生火做饭。由于看那些宝贝图片太入迷了，灶坑里的火熄灭了他都不知道。当他有所察觉时，父亲已经满脸怒气地站在他身边了。他刚想逃，便被父亲拽住了胳膊，紧接着“嘶”的一声，他的宝贝便都成了两半，随后它们便都在灶膛里发出了红色的火苗。

他当时心疼得哇哇大哭，父亲却狠狠地打了他一巴掌：“看什么看，就你这副德行，一辈子也甭想出国！”自打那时，他便记住了这句话，并发誓一定要到巴黎去。

今天，他坐在香榭丽舍大街上的一家咖啡馆里给父亲写信，满心感激地告诉他：谢谢您当年的那一巴掌，是您把他打到了他梦想中的巴黎。

成长悟语

梦想是一个人进步的原动力，它不但能使我们活在希望中，还能不断挖掘我们自身的潜力，使我们一直保持向前的姿态。

投资一盒饼干

女童军组织已经有百余年的历史，以培养女孩的自信自立为使命。玛奇塔就是其中优秀的一员。

玛奇塔的父亲在她8岁时抛下了她和妈妈。妈妈选择了在酒店做服务生来养家。妈妈的愿望就是尽力把女儿养大并且接受好的教育。

妈妈不愿让女儿觉得自己的工作非常辛苦，时常打趣地说：“我要努力赚钱让你上大学，等你大学毕业后，你就负责赚足够的钱带我环游世界，好吗？”

对玛奇塔而言，这不是玩笑而是她的梦想。

玛奇塔13岁了，偶然的机会她从女童军杂志上获悉，饼干卖得最多的童子军可以带另一人免费环游世界。她突然觉得梦想离自己很近：我要缔造史无前例的女童军饼干销售纪录。

接下来就是列举计划了。妈妈还建议她：“服装随时随地要合宜，穿上代表你专业精神的行头。做生意时，就要穿得像生意人。”挨家挨户推销饼干成了玛奇塔放学后的主要工作。她总是穿上女童军制服，脸上随时面带微笑，即使遭到拒绝的时候。玛奇塔不止推销饼干，还推销梦想。通常她会对开门的人说：“我有一个梦，如果能推销更多的饼干，可以为我和我妈妈赢得免费的环球之旅，你要不要投资一打或两打饼干？”多数人都不会拒绝她的梦想推销。

那一年，玛奇塔几乎敲遍了这个城市的每一个房门，卖了3526盒女童军饼干，并赢得了她的环球之旅。

成长悟语

没有人会拒绝帮助一个有梦想的女孩。追求梦想让玛奇塔变得自信且坚定。许多人也有梦想，但大都在尚未开始前就放弃了，总是在别人有机会拒绝之前，就因为害怕被拒绝而先否定了自己。为梦想实现而做的努力都是值得尊敬的，没有行动，梦想仅仅是空想。

一场特殊的演奏

查理是一个擦皮鞋的小男孩，他摊子的对面是圣劳伦斯音乐厅，每天都上演精彩的音乐会。

舒马赫是圣劳伦斯音乐厅的首席小提琴师，当查理第一次听到他演奏小提琴时，就觉得有一束光照进了自己心里。然而，嘈杂会影响查理欣赏音乐，于是他决心攒钱买一张舒马赫演奏的门票，坐在音乐厅里享受舒马赫的演奏。

每天，他天没亮就来到街角，殷勤地问每一位行人要不要擦鞋，直到天黑，路上再也没有行人时才回家。

他这样辛辛苦苦干了一年，终于买到一张音乐厅最后面角落里的门票。

“舒马赫的门票！”查理如获至宝地捧着门票说，“一会儿我就要见到舒马赫了！”他想象着舒马赫小提琴演奏的美妙，不禁在大街上跳起舞来。

突然，一辆马车驶过，查理吓得躲到一边。慌乱中，门票被一阵风刮起来，不知飘到哪里去了。

查理焦急得几乎抓狂，他找遍了整条街，搜遍每一个角落，然而，门票像水一样蒸发得无影无踪。查理坐在街角哭起来，一年来的辛苦与期待就这么泡汤了。

这时，一位先生走到查理面前问：“你怎么了，我亲爱的朋友？”

查理哽咽着说自己如何对舒马赫的演奏痴迷，如何攒够一张门票，如何兴奋，又如何不小心把门票弄丢了。

他绝望地说：“恐怕这辈子我都不能真正欣赏舒马赫的演奏了。”

这位先生没有说话，他打开随身携带的箱子，从里面取出一把小提琴。他调好琴弦，站在街角演奏起来。琴声在琴弦上缓缓流淌，就像上帝垂下温柔的目光。查理感觉就像一道光穿透乌云，直直照在自己心上。

所有车辆和行人都停下来，安静地站在原地，音乐厅里的观众也涌出来，静静地围在街角。

人群正中，是全神贯注演奏的舒马赫和如痴如醉聆听的查理。

成长悟语

人生最精彩的不是实现梦想的瞬间，而是坚持梦想的过程。奇迹之所以发生，就在于它在最不可能的时候发生了最不可能的事情，但是，这一切又都显得那么理所当然。

8534 米的道德界限

珠穆朗玛峰可以说是每个登山爱好者心中终极挑战的圣殿，自新西兰人西拉里与同伴 1953 年 5 月 29 日首次登临珠峰以来，无数勇敢的登山者踏上了征服珠峰的征程。

然而，这其中也有 180 多人葬身其中，孤眠于冰天雪地之间。

2006年5月中旬，夏普、罗丽莉和腿有残疾的英格里斯，三位分别来自英国、中国广西、新西兰的登山者先后向珠峰发起冲击。

在超过8000米这个马上接近终点的高度，三个人几乎同时遇到人生中最艰难的抉择。

到达8680米的高度后，罗丽莉双手被冻伤，体力也已不支。而此时离终点只有160多米了，坚持一下她或许就创造了奇迹，也有可能是生命就此结束。

一番纠结取舍之后，她最终决定：暂时止步，争取下次再来一定把那剩下的160多米走完。

夏普到达8000米以后也被冻伤了，而且氧气瓶也快耗尽，但他很执着，依然继续向上攀登。

寒冷伤痛，登山器械残缺，氧气不足，他只好躺在了海拔8534米的一个岩石后面，气息奄奄，等待死亡的来临。

随后，腿有残疾的登山者英格里斯的登山分队到达这里，夏普似乎有了一线生机。

然而，为了保存实力，一番激烈讨论之后，他们离开了夏普，继续登顶。

不久，夏普就死去了，而英格里斯成功登顶，创造了奇迹，成为第一个借助假肢成功登上珠峰的人。

然而，大多数人不能接受英格里斯对身边求救之人的漠视，尽管人们知道在世界最高峰附近，人的体力已经达到极限，人道和勇气的含义绝不同于地面，8534米成了英格里斯一生中再也无法逾越的道德界限。

成长悟语

当一份成就建立在别人生命之上时，这份成就的道德意义就会打折。生命是不是很轻？轻到可以为了自己的理想、荣耀而被放弃？梦想是不是很重？重到可以无视别人可能因你而结束的人生？梦想的实现总会有下一次，但是，人的生命却没有下一次了。

快乐做自己

森林里有一只小猪，快乐地在泥塘里打滚。

有一天，小猪忽然开始思考："鸟儿在天上飞，猴子在树间跳，鱼儿在水里游，我能做什么呢？"小猪发现自己什么都不会。它变得异常焦虑，觉得自己非得摆脱猪的身份不可了。

它来到水塘边，观察鸟儿怎样起飞。“哦，原来它们这样扑腾翅膀。”小猪恍然大悟，赶紧找来坚韧的草丝和芦苇叶，编成两个巨大的“翅膀”。它把“翅膀”绑在自己身上，双臂用力扑腾，甚至还加上了助跑。它累得气喘吁吁，“翅膀”都扑腾散了，还是没有飞起来。

小猪沮丧地来到树丛，它想：“做猴子应该比做鸟容易些吧。”它看着猴子们悠闲自得地在树丛间跳来跳去，羡慕极了。小猪小心翼翼地爬到树上，思考该怎样从这根树枝跳到那根树枝。它颤巍巍地看着脚下，不禁发起抖来。它还从来没有爬过这么高呢。

一只猴子跳到对面的树枝上，小猪也鼓起勇气跟着跳过去，可没跳多远就掉到了地上，鼻子都摔出了血。

小猪难过极了，擦掉鼻子上的血，决定做最后一次尝试。它跳到水塘里，决心做一条鱼。结果可想而知，小猪呛了好几口水，幸亏一群好心的鸭子游过，把它救上了岸。

小猪躺在草地上，看着蓝蓝的天空，它忽然明白了，硬要做别人是不行的，还不如轻松快乐地做自己。于是，它回到泥塘，快乐地打起滚来。

成长悟语

实现梦想的最好方法就是让它醒过来。

不是每一个梦想都能实现，关键是我们要明白这个梦是否有做的价值，是否有醒的必要。

碧凤蝶的启示

碧凤蝶是一种个头很大的蝴蝶。它天生丽质，但不像其他大型蝴蝶那样或栖于高山，或隐于山林，而是在城乡边缘生活、繁衍，大方地展示它的华丽。然而，它破茧成碟却并不容易。

碧凤蝶的卵一般产在竹叶椒的叶片上，这里有它喜欢的食物，但很多蛹还未孵化成蝶就成了其他动物的食物。但是碧凤蝶的数量并没有因此而减少，反而有不断增长的趋势。原来，碧凤蝶的幼虫在成蝶之前，会毅然决然地离开食物充足的栖息地，长途跋涉，爬到高出地面两米多、叶形和自己形状大小相似的刺槐树上，而刺槐树上的尖刺也是一道有力的屏障，为碧凤蝶的蛹提供了绝妙的隐蔽处，可以安然等待自己破茧成蝶的那一刻。

成长悟语

这些勇于离开的碧凤蝶的幼虫是智慧的，它有意无意地掌握了身边事物的规律——选择丰饶的栖息地，那么等待它的将是死亡。而拒绝诱惑，选择艰难地爬到高树上，它最终才会实现自己的美丽梦想。很多时候，人们应该像碧凤蝶的幼虫一样，为了生存、为了梦想，勇敢地作出选择——或者安逸地等死，或者勇敢地离开。

索菲亚摘黑草莓

索菲亚住在一个温馨的小镇中，镇子靠近一片野果林，每一年野果林都会长出好吃的水果。

镇里有一个水果店，这一年的秋天，水果店老板想要一些野果林中的黑草莓，做成草莓酱卖钱。于是，他就找来镇里认识的小孩，让他们帮忙摘黑草莓。他答应这帮孩子每带回一夸脱，他就会出 10 美分收购。

索菲亚知道这个消息后，她想起自己一直想买的一双新鞋子，但是因为家里没有足够的钱，所以一直没有如愿以偿。于是，她也答应了水果店老板，回家拿起自己的小篮子准备出发去小镇旁边的野果林。

索菲亚出门前不由自主地想到：自己每夸脱可以赚到 10 美分，那么一天只要摘到 5 夸脱，就可以赚到 50 美分。如果自己能够连续 20 天都坚持下来，就能得到 10 美元。这样的话，不止是那双鞋子，她甚至可以买到其他的东西。

索菲亚做着自己赚钱的规划，并找到本子写了下来，随着她对未来的想象，一上午的时间已经过去了。

索菲亚只能吃完午饭再去野果林，但是当她急急忙忙拿着篮子到了野果林的时候，才发现很多男孩子一大早就已经来这里了，他们把好的黑草莓几乎都已经放进了自己的篮子。最后索菲亚只能拿着一夸脱的黑草莓悻悻离开野果林，换取一下午劳动所得的 10 美分。

成长悟语

计划就像是一张旅行地图，它即使制作得无比详细和完美，都无法帮助拥有这张图的人迈出一步。行动就像是一根指南针，只要你动了一点，对于找到答案就会有意义。

希尔顿的酒店帝国

遍布世界各地的希尔顿酒店组成了一个庞大而无可撼动的酒店帝国。

如果将这个帝国制胜的关键概括成一句话，那就是老希尔顿在创建初始指天而立的那句誓言："我要使每一寸土地都生长出黄金来。"

故事发生在 70 年前，经过多轮艰难谈判，希尔顿终于以 700 万美金买下华尔道夫—阿斯托里亚大酒店的控制权。

之后，整个公司的管理层以极快的速度接管了这家纽约著名的宾馆。全员上下也迅速归位，保证酒店正常运营，实现盈利。

一番改换大动在这么短时间完成，所有的经理们都以为已经充分挖掘了利益增长的空间。

但老希尔顿丝毫没有松懈，他每天一言不发地巡视着整个酒店，还在查找没有充分利用的地方。

这一天，他停顿在总服务台前，久久地注视着大厅中央那些巨大的通天圆柱。

这四个圆柱是空心的，在建筑结构上并没有支撑天花板的力学作用，它们只起到有限的装饰作用。意识到这一点后，希尔顿当机立断：拆掉它们。

于是，他叫人把它们迅速改造成四个透明的玻璃柱，并在其中设置了一系列漂亮的玻璃展箱。

这一下，在人流穿梭的酒店大厅中央，一下子多了四个显眼的玻璃展柱，成了商家争相抢占的宝地。

几天之内，纽约的珠宝商、手表商、香水制造商纷纷来求告希尔顿。

一轮激烈竞标之后，有一家企业将这些玻璃箱全部包租下来，并把自己的产品摆了进去。

而希尔顿坐享其成，每年由此净收入20万美元的租金。

打破陈规，适应变化。振奋你的精神，拿出你的全部力量，充分发挥你的才能，不断地向前进步，不断地追求知识，不断地观察研究，不断地思考，才能征服世界，实现梦想。

成长悟语

你不需要征服世界，你要做的只是征服你自己的理想。懂得该追求什么，明白该放弃什么，知道如何去做。上帝对这样的人，除了给予祝福之外，还能再放出什么邪恶的阻碍吗？

可怕的梦

一个善良的百万富翁来到纽约参加慈善活动，他住在一家豪华的酒店里。每天出门时，他都能看到酒店正对的公园长椅上坐着一个衣衫褴褛的乞丐。而且，更奇怪的是，这个乞丐总是死死地盯着他住的酒店。

终于有一天，富翁终于忍不住走上前去，问那个乞丐道："请原谅，我真不明白你为什么每天上午都盯着我住的旅馆看。"

"先生，"乞丐不禁叹了一口气说，"我没钱、没家、没住宅，只得睡在这长凳上。不过，我很喜欢这家酒店。我毕生的梦想就是有朝一日能够住在酒店富丽堂会的大房间里美美地睡上一觉，那样我也不白活一遭。所以，我总喜欢看酒店，看多了，晚上就容易做这样的梦。"

如此简单卑微的愿望，心善的富翁动了恻隐之心，他大方地表示："让我来帮助你实现这个愿望吧，今晚就让你梦想成真。我将在酒店里为你租一间最好的房间并付一个月房费。"面对这样的慷慨相助，乞丐感动得说不出话来，他难以相信自己的美梦可以变成现实。几天后，慈善活动结束，富翁要离开纽约了，他特意路过乞丐的房间，想感受一下他得偿所愿的幸福。然而，出人意料的是乞丐已搬出了旅馆，重新回到公园的凳子上。

他急忙走出酒店，一眼就看到乞丐懒洋洋地躺在长椅上晒太阳。当他质问乞丐为什么要这样做时，乞丐委屈地说道："一旦我睡在凳子上，我就梦见我睡在那所豪华的旅馆，真是妙不可言；一旦我睡在旅馆里，我就梦见我又回到了冷冰冰的凳子上，这梦真是可怕极了！"

成长悟语

对于理想的实现，人都有一种本能的恐惧感——如果我失败怎么办？如果我失去了怎么办？如果这一切并不是真的怎么办？

在这种恐惧中，那些人早就失去了实现理想的机会。

没有寄出的作业本

70岁的曼德尔年轻的时候是一位小学教师，勤谨的他培养了无数人才。一次搬家过程中，他无意间发现了一箱25年前的作文本，他饶有兴致地读起来，刚看了没几页，就被孩子们千奇百怪的自我设计迷住了。比如：有个叫马伦的男孩说，他未来一定是海洋馆的驯兽师，因为上个星期妈妈带他去海洋馆玩的时候，海豚亲了他一下；还有一个叫路德的说，自己将来必定是英国的将军，因为他的鼻子和威灵顿将军长得很像；还有一个叫林恩的小家伙说，自己会是英国的首相，因为他能背出20个英国城市的名字，而同班的其他同学最多的只能背出7个；最让人称奇的，是一个叫杰瑞的失明学生，他认为，将来他必定是英国的一个内阁大臣，因为在英国还没有一个盲人进入过内阁。总之，31个孩子都在作文中尽情地描绘了自己的未来。有当水手的，有当歌星的，有做小店老板的，有做王妃的……五花八门，应有尽有。

读着这些作文，曼德尔心中突然闪现了一个大胆的想法——何不把这些本子重新发到同学们手中，让他们看看现在的自己是否实现了25年前的梦想？当地一家电视台得知他这一想法，为他录制了一期节目，呼吁当年的学生寄出地址。几天之内，书信就像雪花一样飘到曼德尔面前。他们当中有富有的商人、渊博的学者、显赫的政府官员，更多的是平凡的普通人。大家都很想知道儿时的梦想，并且很想得到那本作文本，曼德尔按地址一一给他们寄去。一年后，30份作业本都寄出去了，仅剩下杰瑞的作文本没人索要。曼德尔想，这个学生也许已经死了。毕竟25年的时间里，什么事都有可能发生。

最终，曼德尔决定把这个本子送给一家私人收藏馆，在他就要寄出的前一天，他收到了内阁教育大臣麦尔肯迪的一封信。信中说，我就是盲童杰瑞，感谢老师还为我们保存着儿时的梦想。不过，当我写下那份作文后，我的梦想就印在了我的脑子里。在以后的岁月中，我没有一天虚度过，从未放弃对理想的追求。25 年过去了，我已经实现了年幼时的梦想，因此，我已经不需要那个本子了。今天，我还想通过这封信告诉我其他的 30 位同学，只要不让年轻时的梦想随岁月飘逝，成功总会到来。

成长悟语

如果梦想和现实一点儿距离都没有，它也就没了去努力实现的价值。

你去做梦，这是聪明的举动。你去计划，这是更智慧的行为。你按照计划去实现自己的梦，则是值得无上尊敬的事情。

你想要一座什么样的房子

在英国大作家查尔斯·狄更斯心目中，有一座山庄——格德山庄——的意义非比寻常。

当他还是个小男孩时，有一天，他和父亲在肯德郡散步时，正巧路过格德山庄。这个山庄修建得高大而宽阔，给人一种神秘而庄严的印象。高耸的墙上爬满枝枝叶叶，绿意盎然，整个山庄就像是掩藏在森林深处一般，又像是高悬于缥缈的仙境之中。小查尔斯使劲仰起头，仔细打量着这个诱人幻想的府邸，眼睛里流露出无限的羡慕。可能在他幼小而好奇的心里，这里就是一个理想的宝殿。

父亲看到儿子一动不动，就猜到了他的心思。他张开宽厚的手掌抚摸着儿子的头，和蔼地对他说：“只要你努力而且坚持不懈，总有一天，你会走进这个房子，拥有它。”

这只是不经意间说出的一番鼓励的话，并不是父亲留给儿子的座右铭，但这番话却走入到小查尔斯的心中，他记住了这个场景。后来的日子中，查尔斯遭遇了重重磨难。12 岁时，他的父亲因债务问题入狱，一家人也随着父亲迁至牢房居住，他也被送到伦敦一家鞋厂当学徒。在鞋厂中，他每天至少需要工作 10 个小时，吃不好，住不好，休息不够，还要受尽工头的欺负，但是小查尔斯并没有放弃。他还惦记着父亲的话和那座绿色的格德山庄，因此，他努力克服了这些困难。

心中有梦想，只要认定目标，坚持不弃，总有实现它的一天。不管怎么样，每个人心里都应该有一座房子，借以容纳梦想，幻想未来。

慢慢地，小查尔斯的家庭状况有了好转，他得到了重新回到学校读书的机会。从学校毕业后，他又进入一家律师行工作，后来又转入报馆，成为一名报道国会辩论的记者。格德山庄的梦依然在激励着他。在这个岗位上，他不断磨炼自己，不辞辛苦地采访了大量的政策辩论，还时常在全国环游，采访各种选举活动。长期的积累日见成效，他在报刊杂志上发表的文章越来越多，并最终收集成《博兹札记》出版。后来他又相继写出了小说《匹克威克外传》、《雾都孤儿》、《尼古拉斯·尼克贝》和《老古玩店》等，成了享誉世界鼎鼎大名的作家。在36岁那年，他终于买下了格德山庄，然后在那里终老一生，一直住到他辞世的一刻，一个梦从童年做到老。

成长悟语

在现实中，我们做事之所以会半途而废，往往不是因为难度较大，而是因为觉得成功离我们较远，确切地说，我们不是因为失败而放弃，而是因为倦怠而失败。

我的梦想和你无关

琳达·斯塔福德从小就梦想成为一位出色的作家。但她第一次把这个梦想告诉别人时就遭到了嘲笑。

那年她才15岁，她还记得当时是在上英文课，老师让大家以“我的梦想”为题做三分钟的即兴演讲，琳达第一个举手作答。但是当她第一句“我的梦想是成为一名优秀的作家并出书”刚出口，教室里就是一片哄堂大笑。

她觉得无助又委屈，本能地转向老师，希望她能给自己安慰，没想到老师也是一副冷冰冰的表情，不仅没有安慰她，还批评她说：“梦想要贴合实际，只有有天赋的人才能成为作家。”而她这个总是拿D的差生已经用成绩证明了她的资质。一时之间，她第一次明白了什么才是孤立无援，除了哭，不知道自己还能做什么。

回到家里，琳达的心情依然很糟糕，她写了一首悲伤的小诗抒发自己的郁闷，并把这首诗邮寄给了一家周报。令人惊喜的是，这家报纸不仅让她的小诗变成了铅字，还付给她两美元的稿费。

她迫不及待地把这个好消息告诉老师，老师还是冷漠地回答道：“每个人都有经历天上掉馅饼的时候。”琳达的热情虽然被浇熄了一些，但她并没有反驳老师，而是淡淡一笑，继续朝着自己梦想的方向前进。

后来的两年里，她尝试过各种体裁的写作，诗歌、短文、笑话，甚至菜谱也有尝试，她把它们都卖给了报社。等到从高中毕业的时候，她已经发表了满满一剪贴本的作品。

这期间她再也没向任何人透露过写作这个想法。

成长悟语

一个人的梦想只是自己的事情，和其他人都无关。特别是刚刚萌芽的梦想，更没有必要让别人看到它的身姿，因为它很可能被反对的口水淹没，从此夭折。与其跟这些梦想破坏者理论，不如把自己建设成为梦想的缔造者。哪怕全世界都对你的梦想说不，你也可以成为那唯一肯定的声音。

精神激励，激活内在潜能

派蒂在年幼时就被诊断出患有癫痫。她的父亲吉姆·威尔森习惯每天晨跑，有一天派蒂兴致勃勃地对父亲说："爸爸，我想每天跟你一起慢跑，但我担心中途会病情发作。"

她父亲回答说："万一你发作，我也知道如何处理。我们明天就开始跑吧。"

于是，十几岁的派蒂就这样与跑步结下了不解之缘。和父亲一起晨跑是她一天之中最快乐的时光，跑步期间，派蒂的病一次也没发作。

几个礼拜之后，她向父亲表示了自己的心愿："爸爸，我想打破女子长距离跑步的世界纪录。"她父亲替她查吉尼斯世界纪录，发现女子长距离跑步的最高纪录是 80 英里。

当时，读高一的派蒂为自己订立了一个长远的目标："今年我要从橘县跑到旧金山（400 英里）；高二时，要到达俄勒冈州的波特兰（1500 多英里）；高三时的目标在圣路易市（约 2000 英里）；高四则要向白宫前进（约 3000 英里）。"

虽然派蒂的身体状况不是很好，但她仍然满怀热情与理想。对她而言，癫痫只是偶尔给她带来不便的小毛病。她从不因此消极畏缩，相反的，她更珍惜自己已经拥有的。

高中的最后一年，派蒂花了 4 个月的时间，由西岸长征到东岸，最后抵达华盛顿，并接受总统召见。她告诉总统："我想让其他人知道，癫痫患者与一般人无异，也能过正常的生活。"

成长悟语

幸运降临给下定决心且行动的人，什么时候开始懒惰，幸运就会消失。能够给自己的生活添加力量的，就是即刻去做自己想要做的事情。同时，我们还要意识到，当我们做完后，结果不一定是我们想要的，但是，如果我们不做的话，就一定连结果也没有！

把握好自己的选择权

伊夫琳·格兰妮是世界上一流的打击乐独奏家，她曾说："从一开始我就决定：一定不要让其他人的观点阻挡我成为一名音乐家的热情。"

格兰妮 8 岁时就开始学习钢琴，日子如流水般滑过，徜徉在音乐世界的她毫无倦怠，她的热情与日俱增。

然而，不幸的事情发生了，她的听力渐渐下降，医生们断定这是由于神经损伤造成的，而且这种损伤难以康复，并且还断言到 12 岁时，她将彻底耳聋。虽然她非常震惊，甚至非常绝望和悲痛，但她仍然执著地爱着音乐。

她的理想是成为打击乐独奏家，而在当时并没有这么一类音乐家。为了演奏，她学会了用不同的方法"聆听"其他人演奏的音乐。她穿着长袜演奏，这样她就能通过身体和想象感觉到每个音符的震动，她几乎用她所有的感官来感受着她的整个声音世界。

虽然丧失了听觉，她依然决心成为一名音乐家，于是她向伦敦著名的皇家音乐学院提出了申请。

她的演奏征服了所有的老师，最后，她打破了这个学校从来不收聋学生的传统，顺利地入了学，并在毕业时荣获了学院的最高荣誉奖。

从那以后，她就致力于成为第一位专职的打击乐独奏家，并且为打击乐独奏谱写和改编了很多乐章。

成长悟语

当一个人内心开始斗争时，生存就有了价值，梦想在此时就已起航。而我们应该找的奋斗参照，不是普通人，而应该是比自己更努力的人。这些人既是压力，也是动力。

相反，如果我们的眼中总是只有“比现在更坏的生活”、“比自己更差的人”，那么，我们的自满可能成为前进的最大障碍。所以，你可以让自己的梦想站在更高的地方。

寻找金表

一个农场主巡视谷仓时不小心遗失了腕上名贵的金表，他找遍整个谷仓也没有找到，便贴出了一张告示：如果谁能帮我找到金表，我就给谁 100 美元作为酬劳。

面对重赏，人们纷纷四处翻找，但谷仓内谷粒成山，还有一堆堆的稻草，想要在其中寻找一块小小的金表，简直就像大海捞针。

等到太阳快下山时，人们还没有找到金表，于是他们开始抱怨，或者埋怨金表太小了，或者埋怨谷仓太大、里面杂物太多了。终于，大家一个接一个地放弃了那 100 美元的重赏，沮丧地回家了。最后，谷仓内只剩下一个穷人家的小男孩，由于太穷，他已经整整一天没有吃上饭了。现在，他很希望能把表找到，以解决一家人的吃饭问题。

天越来越黑，小男孩依然在谷仓里摸来摸去。夜晚来临了，喧嚣的谷仓渐渐静了下来。突然，他听到了金表发出的轻轻的“滴答、滴答”声。喜出望外的小男孩努力屏住呼吸，顺着这种声音摸了下去。终于，他找到了那块金表，获得了 100 美元的重赏。

成长悟语

成功的法则中，最简单的一个叫执著。有时，成功并不需要我们拥有超于常人的志向与智慧，而只需要我们坚持去做。只要不放弃，你早晚会听到成功发出的“滴答”声，最终走向胜利。

生命不需要被保证

皮特是一位著名的旅行家，在他上小学的时候，由于学习优秀，考试得了全班第一名，老师送他一本世界地图。

皮特高兴极了，放学后第一时间跑回家就开始看这本世界地图。但凑巧的是这一天刚好轮到他为家人做饭，他就一边做饭一边在灶台边捧着地图看。

皮特正看着一张埃及地图，想象着书中那沙漠国家的美景，有金字塔、埃及艳后、尼罗河、法老，有很多神秘的东西……心想自己长大以后一定要去埃及，看一看这个神秘而美丽的国度，踏上那黄沙覆盖的领域。

看得出神的时候，他的父亲突然从房间里气冲冲地走了出来，用很大的声音对他说："你在干什么？没闻到你做的饭已经煳了吗？"

他压低声音说："我在看地图！"

父亲跑过来给了他两个耳光，然后说："好好做饭！看什么地图！"打完后，又踢他的屁股，并抢走了他手中的地图册。

父亲发现他在看埃及这一页，严肃地对他说："我保证你这辈子都去不了埃及那么遥远的地方！"听到父亲这么奇怪和冰冷的保证，皮特惊呆了，同时，他也特别伤心。但是，皮特依然不怀疑自己一定可以去埃及。

转眼间 20 年过去了，他第一次出国去的地方就是埃及，他的朋友都不理解他为什么要选择埃及，因为那时候还没开放观光，出国的机会是很难得的，能够出国的人都会选择那些风景更好的国度。但是皮特却坚定地说："我想证明一个曾经对我生命做出的保证，是错的……"

直到有一天，他坐在金字塔前面的台阶上，手中拿着即将给父亲寄出的明信片。上面写着："亲爱的爸爸，我现在坐在埃及的金字塔前面给你写信。记得小时候，你打我两个耳光，踢我一脚，保证我不能到这么远的埃及，但是，现在我却在这里了，而且，今后我还打算去更多的地方……"

成长悟语

每一个人都是自己命运的设计师，当另外一个人对你的未来有所保证或者有所预言的时候，其实就像预言彩票的号码一样，毫无根据也毫无意义。如果把人生比作是一场戏剧，每个人都知道自己是这场戏的主角，但是很多人却忽略了自己同时也是编剧。

谁也设定不了人生结局的时候，自己的态度就设定了结局。

开创苹果时代的乔布斯

乔布斯是享誉世界的传奇人物，他让电脑变得跟电话一样简单、易用；他把手机变得丰富多彩；最后，他还彻底改变了阅读、改变了人们享受音乐的方式。然而，在乔布斯成名之前，他却走过一段相当曲折的混沌岁月。

少年时代的乔布斯玩世不恭却又才华出众，他极力推崇美国"垮掉一代"文学的代表人物托马斯·戴蓝；在 16 岁那年，他还用齐肩长发的造型来宣布自己正式成为嬉皮士的一员；大学一年级就被退学，到印度朝圣过……他总喜欢通过一些另类的行为来彰显自己的与众不同。

但他同时又是硅谷的先知与狂人，"我要改变世界"是那个时候的他经常挂在嘴边的疯狂愿望。为此，21 岁时，他就和伍兹尼克在车库里创立了苹果计算机公司，并用"你要继续卖更多糖水给小孩子呢，还是要改变全世界”，成功游说百事可乐的史考利出任苹果计算机的执行长。遗憾的是，好景不长，因为乔布斯脾气暴躁、狂妄自大、横行霸道，是公司最大的麻烦制造者，在 1985 年，他被董事会踢出了他一手创建的苹果公司。随后，他自创品牌的 NeXT 计算机也一败涂地，投资皮克斯动画公司也不被大家看好。

就在世人要将他遗忘时，皮克斯的《玩具总动员》计算机动画一炮而红，这为乔布斯赚进了 3 亿多美元。而相形之下，苹果公司却已濒临绝境。乔布斯于苹果危难之中重新归来，在短短的几年内，他就靠着极具创意结合计算机与音乐的 iPod 和 iTune，领导与创新个人计算机市场，让苹果计算机起死回生，股价涨了七八倍。

1997 年，重返苹果的乔布斯为了推出新产品 iMac 拍了一段电视广告——“不一样的想法”：爱因斯坦、毕加索、希区柯克、金恩、伦农、葛兰姆等十多位创意名人的黑白画面交错出现，再配上一个中年男子的沧桑旁白：“这些人是一群疯子——不适应者、叛逆者、麻烦制造者，硬要穿过方洞的圆木桩，他们看世界就是与众不同，他们对规则毫无兴趣，对现状一无尊敬。你可以引述或反对他们、尊荣或诋毁他们，但你唯一不能做的，就是忽视他们。因为他们改变了世界，推着人类往前迈进。当某些人将他们视为疯子时，我们却认为他们是天才，因为唯有疯狂到自认为可以改变世界的人，才真的改变了世界。”可以说，这个广告创意几乎是乔布斯这个疯子、不适应者、叛逆者、麻烦制造者生命的写照。乔布斯这一生虽然大起大落，但到最后，由于他的大胆妄为、一意孤行或者说意志坚定，他并没有被世界所改变，而是他改变了世界。

此后的故事就众所周知了，乔布斯开创了苹果时代，他本人也成为 IT 界的一个“奇迹”。

成长悟语

我们要是没有疯狂的精神和行为，就没有疯狂的成就。要追求自己的极限梦想，疯狂比理智更适宜。

有天赋的杰克

杰克个子矮小，在学校的成绩也不好。很多人认为他不会有什么成就，甚至他的爸爸也觉得自己的儿子不是很聪明。

可是杰克有个好妈妈，她始终觉得自己的儿子很聪明，不比别人差。

一天，杰克和小伙伴放学回家，从大道一路经过稻田跑了回来，妈妈发现，杰克比别的小伙伴跑得快多了。

于是她觉得杰克擅长跑步，那么她为什么不支持他发挥这一特长呢？

杰克在母亲的鼓励下，每天都坚持跑步练习。不久，他参加了学校的田径比赛，竟然得了第一名。

从这以后，杰克内心充满了自信，他觉得自己不再是那个被人认为没有前途的孩子了。

他也可以成就自己的理想——那就是成为一个职业的运动员，并代表国家参加世界级的大赛，去赢得第一。

但是，杰克个子太矮了，身体也瘦弱，这样的体格离成为一名职业运动员的标准还差得很多。于是杰克在放学之后，坚持跑步，希望通过自己的努力增强体质。

几年过去了，杰克的学习成绩还是老样子，没有什么提高。

可是他的跑步能力显然有了很大的进步，更加令他高兴的是，他变得强壮了，他的肌肉很发达。

高中毕业之后，杰克没能进入大学。但是，他也没有为此感到伤心，因为他有自己的梦想，他参加了各种田径比赛，每次都能取得不错的成绩。

人总是各有所长，各有所短，只有善于发现他人的优点，才能真正地使其为我所用。

最终，他被国家田径队录取了，终于实现了自己成为职业运动员的梦想。

成长悟语

努力为什么能够获得好结果？因为它事先遇见了天赋。杰克的努力很重要，但是，拥有一个成为田径运动员的天赋却更重要。当我们的努力放在正确的天赋之上的时候，它产生的能量将变得更大。

我们每个人都必须给自己的天赋一个机会，然后努力实现自己的这个天赋，让它成为我们人生道路的发展方向。

特别的案件

芝加哥法院曾经接到过一份特别的诉状，一位名叫伊万达·史密斯的中年男子上诉，他想要赎回自己去埃及旅行的梦想，于是把自己的小学同学吉米告上了法庭。

在法庭上，伊万达先陈述自己的状词，他告诉法官，很多年前，伊万达·史密斯和吉米就读于同一所小学。

有一天，老师布置作业，让大家说出自己的梦想，全班同学都非常积极，尤其是伊万达·史密斯，他一口气说出了两个梦想：一个是拥有一辆属于自己的摩托车，一个是去埃及旅行。但是班里一个名为吉米的男孩想不出自己的梦想，老师就让伊万达以5美分的价格把自己的一个梦想卖给吉米。伊万达欣然同意，于是就把“去埃及旅行”的梦想卖给了吉米。

转眼间40年过去了，伊万达去过世界很多国家，如瑞典、丹麦、希腊、阿富汗、中国、日本……伊万达爱上了旅行，只是他唯独没有去埃及。

自从他卖掉去埃及的梦想之后，他就从来没忘记过这个梦想。但是，他不能去埃及，因为他已经把这个梦想卖掉了。

所以现在他想买回这个梦想，心安理得地踏上自己曾经向往的那片土地。

另一方面，吉米也在法庭上陈述了自己的观点：吉米想要告诉所有人，这个梦想对于他和他的家人有着重要的意义。

小时候，吉米的家境非常穷困，穷到他都不敢拥有自己的梦想。

然而，自从在老师的鼓励下，用5美分从伊万达那里购买了一个梦想之后，吉米彻底改变了，他的心灵变得富有了。为了实现这个梦想，他不再浪费光阴，一直在努力学习。

最终，吉米怀着这个梦想考进了华盛顿大学。他把自己现在的成就——在芝加哥拥有总价值超过3000万美元的6家超市，都归功于自己曾经5美分买到的这个梦想。

经联邦法院认定，最早的5美分大约是吉米三十分之一的财产，那么现在伊万达需要拿出自己财产的三十分之一去买回这个梦想，也就是说这个梦想已经价值100万美元

成长悟语

穷人并不只是指身无分文的人，而是指没有梦想的人。所以，无论梦想怎么模糊，它总潜伏在我们心底，使我们的心境永远无法宁静，直到它成为事实。这个时候，我们别说自己办不到，这个世界上，很难说什么是办不到的事情，因为昨天的梦想，可以是今天的希望，并且还可以成为明天的现实。

不要等到条件成熟再去行动

1973年，来自英国的科莱特考入了梦寐以求的哈佛大学，他很兴奋，对即将开始的大学生活充满了期待。很快，他就结识了一位志同道合的好朋友，一个18岁的美国小伙子。他们常常一起听课，一起泡图书馆，还一起研究计算机程序，这是他们共同的爱好。大二这一年，这位小伙子突然提出了一个非常大胆的想法：退学。他跟科莱特说："我们退学创业吧，一起开发32Bit财务软件，反正新编的教科书里已经解决了进位制路径转换问题。"

科莱特非常惊诧，因为他从未想过退学创业。他是个英国人，有着这个民族固有的保守天性。在他的观念中，学生就应该按部就班地学习知识，好充足准备后才能迈向社会。再说Bit系统非常复杂，老师才教了点皮毛，要开发Bit财务软件，不学完大学的全部课程是不可能的。他委婉地拒绝了好朋友的邀请。

在那之后的10年时间里，科莱特一直勤勤恳恳，按部就班地攻读学位，终于成为计算机系Bit方面的博士，而那位退学创业的小伙子在10年间却进入了美国《福布斯》杂志亿万富翁排行榜。1992年，科莱特拿下了博士学位，而他的好朋友的个人资产在这一年已达到65亿美元，仅次于华尔街大亨巴菲特，成为美国第二富翁。1995年科莱特终于为研究和开发32Bit财务软件做好了充足的知识储备，而那位小伙子直接绕过Bit系统，开发出Eip财务软件，它比Bit快1500倍，并且在两周内占领了全球市场，这一年他成了世界首富。一个代表着成功和财富的名字——比尔·盖茨也随之传遍全球的每一个角落。

成长悟语

做能够等到所有准备都充足，当然是谨慎的表现。但是，条件的成熟不是等来的，而是自己走出来的。就好像一公里外的樱桃树，在它还没有成熟的时候，你一天走几步，等到树下时果实可能就成熟了，你可以做第一个品尝果实的人。但是，当你期待着它成熟之后才开始走向它，早到的人谁还会给你留下一点果子呢？

神奇的炼金术

大卫统治时期，犹太有个叫齐比利的人，他的脑子里一直思考着一件事，那就是成为富翁。但齐比利觉得凭劳动成为富翁要花的时间太长，所以他一直想找一条成为富翁的捷径。后来，他发现要想快速成为富翁的捷径就是学会炼金术。

就这样，齐比利把全部的时间、金钱和精力，都用在了学习炼金术上。然而，他不但没有炼出金子，还花光了家里的全部积蓄。妻子无奈，只好跑到父亲那里诉苦。父亲决定帮女婿改掉恶习。

他来到齐比利炼金的地方对他说："我已经掌握了炼金术，只是现在还少一样炼金必需的东西……"

听了岳父的话，齐比利犹如得到了天大的喜讯，他急切地问道："快告诉我还缺少什么？"

"好吧，我可以把这个秘密告诉你，但你要帮我凑齐我需要的东西。"

"好的，你还少什么呢？"

"我需要三公斤香蕉叶的白色绒毛。等到收齐绒毛后，我就告诉你炼金的方法。不过你得向我保证，这些绒毛必须是你自己种的香蕉树上的。"

"好，那就说定了。"

从此以后，齐比利在已荒废多年的田地种上了香蕉。为了尽快凑齐绒毛，他还开垦了大量的荒地。当香蕉长熟后，他便小心地从每张香蕉叶上刮收白绒毛。虽然他收集了绒毛后便不再去管香蕉了，但他的妻子和儿女却没闲下来，她们把一串串香蕉抬到市场上去卖。就这样，十年过去了，齐比利终于收集了 3 公斤绒毛。这天，他兴高采烈地拿着绒毛来到岳父家里，向岳父讨要炼金术。

岳父不慌不忙地指着院中的一间房子说："你打开房门看看吧。"

齐比利打开了那扇门，立即看到满屋金光，竟然全都是黄金，他顿时傻了眼。岳父告诉他，这些金子全都是他这十年里所种的香蕉换来的。

面对着满屋实实在在的黄金，齐比利恍然大悟。

成长悟语

一个人有理想是一件好事，但当理想变成幻想时就有可能成为一件坏事。虚无缥缈的事情，虽然能够给予我们想象的乐趣，但是它也可能夺走我们脚踏实地的能力。

第三辑

信念：有所信仰并坚持

餐桌下的蛇

一对美国夫妇举办了一场丰盛的宴会，地点设在他们家宽敞的餐厅里。客人中有军官、政府官员及其夫人等。

午餐时，一位年轻女士同一位上校进行着热烈的讨论。女士的观点是女人们可以非常镇定地面对发生的事情，而上校则认为，女人需要得到男人的保护，她们面对危险只会尖叫。自然学家没有加入这次辩论，他只是默默地坐在一旁。突然，宴会的女主人眉头微微皱了一下，向身边的男仆递了一个眼色，男仆随后轻轻地走到男主人的身边，在男主人耳边小声地说了句什么就出去了。

看得出男主人有些惊慌，但很快就镇定下来，然后一动不动地向大家说："我想试一试在座诸位的控制力有多强。我从 1 数到 300，这会花去 5 分钟，这段时间里，谁都不能动一下，否则就罚他 50 美元。预备，开始……"

男主人不紧不慢地数着数，餐桌上的人都像雕像似的一动不动，在男主人数数的同时，男仆端了一碗牛奶放在门外。就在男主人马上数完数的时候，突然从眼角处看到那条眼镜蛇钻了出来，向那碗牛奶爬去。男仆跳起来把通往走廊的门"砰"地紧紧关上，室内响起了一片尖叫声。

这时上校说："看吧，男主人已经充分证明了我的观点，正是这个男人，刚才给我们作出了从容镇定的榜样。"

这时男主人问女主人："亲爱的，你是怎么知道餐桌下有蛇的呢？"女主人缓缓地回答："因为刚才那条蛇从我脚背上爬了过去。"

成长悟语

女主人的处变不惊使大家顺利渡过了险境。如果没有这种镇定，很难想象这个故事的结局会怎么样。

真理是超越了性别的智慧，所以，别用性别作为真理是否存在的理由。解的眼神，男主人缓缓说起刚才发生的事："刚才男仆告诉我，餐桌下有一条蛇。不过大家别担心，蛇已经爬出门外了。刚才谢谢大家的配合！"

弹钢琴的卡萨尔斯

卡萨尔斯被公认为20世纪以来最伟大的大提琴家，他拥有惊人的演奏和表现才能，在音乐领域做出了卓越的贡献。

在卡萨尔斯90大寿前不久的一天，他的私人医生卡曾斯去探望他。这时的卡萨尔斯已经非常衰老，多病缠身。他有严重的关节炎，穿衣服必须要人协助；还患有肺气肿，呼吸都是很费劲的一件事；四肢也有退化的症状，双脚走路时颤颤巍巍，头不时地往前颠；双手有些肿胀，十根手指像鹰爪般钩曲着。总之，他已经是一个在风烛残年中飘摇欲倒的可怜老人。

然而，早餐前，他还要别人搀扶着他贴近钢琴，那是他擅长的几种乐器之一。他吃力地坐上钢琴凳，颤抖地把那钩曲肿胀的手指放到琴键上。霎时，神奇的事情发生了，那个行动都无法自理的老人不见了，眼前完全是个神采飞扬的钢琴家。

卡曾斯描述说："那鹰爪般的手指缓缓地舒展开了，移向琴键，好像迎向阳光的树枝嫩芽；佝偻的背脊直挺挺的，呼吸也似乎顺畅起来。"他的整个身心完完全全被弹钢琴的念头占据了。巴哈的《Wohltemperierte Klavier》被他弹奏得纯熟灵巧，丝丝入扣。随后他奏起勃拉姆斯的协奏曲，手指在琴键上像游鱼一样轻快地滑着。"他整个身子像被音乐融解，"卡曾斯写道，"不再僵直和佝偻，代之的是柔软和优雅，他不再为关节炎所苦。"演奏完毕，离座而起时，卡萨尔斯仿佛脱胎换骨一般：站得更挺，看起来更高，走起路来双脚生风。他飞快地走向餐桌，大口地吃着，然后走出家门，漫步在海滩的清风中。

成长悟语

信念是一种指导原则和信仰，让我们明了人生的意义和方向。信念是人人可以支取，且取之不尽的；信念像一张早已安置好的滤网，过滤我们所看到的世界；信念也像大胆的指挥中枢一样指挥我们的脑子，让我们照着所相信的去看事情的变化。

并非只有傻子才犯的错误

一天晚上，傻凯文在马路边的路灯下埋头找东西，他急得满头大汗。

邻居比尔大叔正出来倒垃圾，见凯文找了好长时间也没找到，就过来问他："嗨！我的孩子，你在找什么？"

凯文依然埋头在找，头也不抬焦急地说："呃，我在找画笔，刚刚画画的时候，画笔掉了。"

"你在路灯下画画？"比尔大叔惊讶地问。

"不是，在屋子里。"凯文依然埋头，一只手指着家里的方向。

"为什么跑出来找呢？"比尔迷惑不解。

“呃，因为这里比较亮，人家不是说，亮一点的地方比较容易找到东西吗？”凯文抬起头，傻傻地说。

比尔听了觉得很可笑，但是还是耐着性子给他讲道理：“我的孩子，那是不对的，以后，你的东西再丢了，就该在原地寻找，只有那样才能找到。快回去吧！”

听了比尔大叔的话，傻凯文跑回屋子里，不一会儿果然找到了画笔，他自言自语地说：“还是比尔大叔聪明，原来在暗处也能找到东西。”

第二天中午，傻凯文在屋子里玩球玩累了，就在大门口坐了一会儿。

等到他回到屋子里的时候，却不见了手里的球。他就在屋子里找啊找，怎么也找不着，后来他想到昨天就是比尔大叔帮他找到画笔的，比尔大叔一定非常厉害，于是他跑到隔壁找到比尔大叔说：“比尔大叔，你昨天不是说在哪儿丢了东西就在哪儿找吗？可是今天我的球丢了，我在屋子里都找疯了，怎么还是找不到呢？”

比尔大叔听了心里很纳闷，于是就叫凯文带着他去了他家的院子，刚进大门，就看见院子中的梧桐树底下，有一只大猫正在玩那个球呢！

成长悟语

生活总在变化，时代总在变迁，最难改变的却是人。给一个人某种信念固然很难，让一个人放弃某种信念，也不容易。

生活中，像凯文这样的孩子有不少，犯类似错误却自以为聪明的人也不少。比如，在没有金矿的地带淘金，在不能实现理想的环境中大喊理想……总是有人忘了，生活并不复杂，却也没有那么简单。

一株蒲公英

春天来了，湖边长出一株小蒲公英。一个住在湖边的小女孩天天来给它浇水。

小蒲公英张开嘴巴大口大口地喝，下定决心努力生长，等到秋天飞到世界各地去。

可是夏天刚刚到来时，小女孩就和她的家人一起搬走了。小蒲公英焦虑地想：“天哪，这可怎么办？没有人来给我浇水，我不是要渴死了吗？”

一味地把希望寄托在别人身上，而不积极地创造条件改变自己的命运，就如同没有大脑的白痴，自己的一切都掌握在别人手里。

突然，它看到了附近的湖泊，“太好了，我可以把脖子伸长一点，嘴巴伸进湖里喝水。”

然而，无论它怎么努力，身体只能伸长一点点，离湖还远得很，喝湖水的计划泡汤了。

阳光越来越强，小蒲公

英觉得自己的花苞在一点点萎缩，再喝不到水它就真的要枯萎了。

突然，小蒲公英想起自己还是一粒种子的时候，在潮湿的地下，不断吸取清甜的水分。“对了，地下水！我应该吸取地下水！”

小蒲公英努力伸展自己的根须，一点一点向下扎，终于，在几天几夜的努力后，一股清流涌进它的身体。

小蒲公英贪婪地吸取水分，叶子重新饱满起来。

在第二天的早晨，它就开出了花，花凋谢之后，结出了种子。当第一缕秋风吹来的时候，小蒲公英已经结好一个大大的绒球在等候它

“嘿，小蒲公英，你要跟我去旅行吗？”“是的，风先生，请您带我到远方去旅行。”

在一阵快乐的眩晕中，小蒲公英越升越高，它俯视着慢慢变小的湖泊与木屋，鼓足精神向远方飞去。

成长悟语

人有了信念和追求就能忍受一切艰苦，适应一切环境。这就像是敲门，我们敲得越久，敲得越大声，成功醒得越早。

抹在面包上的果酱

莱恩是一家面包厂生产线上的普通职工，他在这个岗位上已经工作了20年。当时面包的制作工序是将面包烘烤好了之后再往面包表面抹上果酱。可20年的工作经验告诉莱恩，在烘烤之前就抹上果酱或者和面的时候加入糖会比现在更加香甜，味道也会更加均匀。但是，工厂早已把“最后抹果酱”当作生产果酱面包的信条，因而莱恩的想法显得非常超前。

莱恩将这个想法告诉了当时的生产线负责人。负责人听完莱恩的讲述后根本没放在心上，反而满脸不屑地看着莱恩：“莱恩，我不知道你从哪儿学到的制作方法，我可不敢用，你还是赶快去工作吧！”

莱恩看负责人这样的态度，就私自在烘烤之前往几个面包上抹上了果酱。这几个面包烘烤完后没有出售，而是被莱恩拿回了家给家人品尝。家里人品尝之后都说这样做的面包比之前的好吃多了。

有了家人的肯定，莱恩更加有底气，就将越来越多的面包在烘烤之前抹上了果酱。终于有一天，负责人看到了莱恩的行为，不由分说就将莱恩解雇了。

回到家后，莱恩越想越气愤，他想找负责人评理。可他的妻子却说：“亲爱的，既然你已经掌握了更先进的烘烤方法，为什么我们不自己开一家面包房呢？顾客觉得好吃自然会来买的，不是吗？”莱恩想了想，采纳了妻子的建议。

面包房很快就开业了。莱恩按照自己的想法烘烤面包后，先免费送给人们品尝。品尝过的人都对莱恩的面包赞叹不已，纷纷掏钱购买这种“新式面包”。之后，莱恩凭借真诚的态度和对顾客负责的经营理念将面包房越做越大。

成长悟语

我们可以学着换种方式坚持自己的真理。

想要说服一个人接受自己的意见是困难的，当我们在这方面碰了钉子的时候，何不换种方式坚持自己的真理？当一切柳暗花明的时候，那个不接受你的人也自然会意识到自己的错误。

铅笔的用途

在美国有一所小学，据统计，该校毕业生在当地警察局的犯罪记录最低，这是为什么？原因听起来似乎特别怪异——因为该校的学生都知道铅笔有多少种用途。

丹尼就是这所小学的一个学生。据丹尼回忆，他入学后上的第一堂课是：一支铅笔有多少种用途？当老师提出这个问题后，同学们都开始踊跃地回答："必要时能用来做尺子画线！""作为礼品送人表示友爱！""当作商品出售获得利润！"……如此种种，整堂课学生们都在讨论这样一个话题。下课后，同学们都了解到：原来一支小小的铅笔竟然有这么五花八门的用途。事实上，有一次丹尼就用到了铅笔的"另类用途"。

一次，丹尼在学校补课，下课后天已经很黑了，丹尼一个人走在回家的路上。突然发现迎面走来一个醉醺醺的酒鬼，手里还拎着喝剩的酒瓶子。这个酒鬼一瘸一拐地向丹尼走来，好像随时要扑到丹尼身上。果然，在他和丹尼擦肩而过的瞬间，他一把抓住丹尼的肩膀要丹尼交出所有的钱。"不然我就打断你的鼻子！"酒鬼说着挥舞起了拳头。

丹尼看到酒鬼狰狞的表情，害怕得不知如何是好。这时，丹尼的手伸到书包里，摸到一支削尖的铅笔。丹尼紧紧握住铅笔，猛地刺向酒鬼的大腿，酒鬼被这突如其来的"武器"刺得哇哇大叫，飞快地跑开了。丹尼终于松了一口气。

现在，丹尼已经毕业多年，并且成了这所小学的老师。他在每年新生入学的第一堂课都会向学生们讲一支铅笔的用途。

成长悟语

我们要有一个信仰：上帝赋予我们生命，这个生命就一定有存在的价值。

无论如何，从本质上来说，事物都有真实存在的意义。铅笔就好像每一个人，在不同的时间和场所有不同的身份，做着不同的事情，可能有不同的性格和行事方法。

上帝观看足球赛

上帝在天上闲着无事俯视下面的人类，发现很多人为了足球疯狂，于是来到凡间看足球赛。

上帝坐在看台上，激情澎湃。这次的比赛是新教派和保守教派的较量，开赛不久，保守教派凭借一记远射，率先进了一球，上帝跟着球迷们欢呼，疯狂地吹着自己手上的加油喇叭。

不一会儿，年龄较大的保守教派队员，渐渐显示出弱势，防守出现了松懈，这时新教派渐渐赶超，把比分拉到了二比一。上帝这次又欢呼起来了，并且摘下自己的帽子抛上了天空，以表示自己激动无比的心情。

坐在他旁边的球迷们，对于上帝的这一行为很不解，于是拍了拍上帝的肩膀，问道："这位老先生，你到底在支持哪个队啊？一会儿欢呼这个队，一会儿又欢呼那个队？"

"我吗？"上帝一脸兴奋地回答，说："我哪个队也不支持，我只是在欣赏比赛而已。"

于是提问的球迷对上帝嘲讽说："哦，原来你哪个队都不支持，是个不支持者啊。"

赛后，上帝和信徒们在天上谈论此事，信徒们问他是不是一直有不支持任何一方的习惯。

上帝回答："我支持的是人，而不是信仰；我支持人类，而不是安息日。"

成长悟语

不坚持信仰本身，而坚持信仰的人。坚持是一种坚守，信仰源于信念。每个人坚持自己信仰的同时，也不要随便去评价别人。

冲咖啡的智慧

一个小男孩在学校和同学吵了起来，回到家后他马上向爸爸讲述了白天发生的事情。

爸爸什么也没说，而是给小男孩冲了一杯咖啡。

爸爸特地选用了家里最名贵的咖啡，热水冲上咖啡，马上飘起一阵香气。

爸爸把咖啡端到小男孩的面前，让他品尝。

小男孩尝试着喝了一口，但马上吐了出来。

"爸爸，好烫啊！"小男孩皱了皱眉头。

爸爸坐下来和小男孩讲："你不要着急，水有些烫，咖啡也有些苦，但刚冲的咖啡往往是不能喝的。你需要等待一段时间，咖啡的味道才能充分得到提炼。"

爸爸接着说："所以不要急躁，不要想马上就品尝到美味的咖啡，那样只会烫到你的舌头，不是吗？"

小男孩愣了一下，心里有一种被触动的感觉。他望着爸爸的眼睛。

问道："那么，要多长时间咖啡才能喝呢？"

浮躁，乃轻浮急躁之意。一个人如果有轻浮急躁的缺点，是什么事情也干不成的。所以，与其浮躁不安，不如耐心等待。

爸爸笑了，说："很快的，5分钟后，空气将会带走咖啡的温度，咖啡的香气也融入到了水中，这时将有一杯极品咖啡出现在你面前，只要你等5分钟就够了，难道你不愿意等吗？"

爸爸顿了顿，说道："其实不只是喝咖啡，生命中的任何烦恼只要你稍微等一下、思考一下，也许没有你想得那么糟糕。"

爸爸又微笑着说："我只是在教你怎样冲咖啡，顺便和你讨论一下冲咖啡的方法是不是也可以调配出美味的人生。生活就是这样，只要你静下心来，耐心地等待，美好的生活会不期而至的。"

成长悟语

与其烦躁不安，不如耐心等待。就像故事中父亲说的那样，生命中的任何烦恼，只要你稍微等一下、思考一下，也许没有你想的那么糟糕。只需要一个简单的信念，生活的样子会变得十分不同。

我都爱你们

本杰明夫妇最近经常争吵，冲突不断升级，两人都自觉真理在握，争论的焦点无非是一些生活琐事。

一天，他们的战火又开始了，夫妻双方互不相让。

本杰明太太："你最近为了工作，都不顾这个家了，女儿的学习成绩，你一向不过问！"

本杰明："我努力工作，不就是为了买一个好点的房子，让你们有个好的生活吗！"

太太："你完全错了，我需要的不是这些，我的整个人生都毁在你的手上！"

本杰明："你说我毁了你的人生，这样的话令我很伤心。我承认我工作太多，没有太多的时间陪你们，但是我的心里始终想着你们。你现在这样说，我真的受到了伤害，你得给我道歉，这次是你的错！"

……

争论还在继续，他们7岁的女儿不懂得什么，坐在旁边玩耍。但是她大致也能听懂父母之间的争吵，是为了争论谁对谁错的问题。

于是她走到本杰明的跟前，拉住爸爸的手说："你们到底谁错了？"

本杰明和太太一时没法回答。

女儿想了想，接着说："不管你们做错了什么，我都爱你们！"

本杰明和太太一时间都沉默了。

成长悟语

我们都在等候着被人看见，其实我们一直有选择的能力，或许放下信念，走出自己的世界，先去看看对方，也是有可能做到的。那个信念就那么可爱？面前的这个人就这样可憎？我们对于信念之爱，超过了对于生命的热爱。

一座危险的高墙

法兰克太太盯着市中心的一堵高墙很久，她觉得这堵高墙就要倒塌了。

每天早上起来，法兰克太太戴好手套、帽子，就会来到这堵高墙前，只要有人经过，她就会大喊大叫着提醒。

一位拿手杖的先生走过，法兰克太太大喊：“哦！天哪！这位先生，快离开那堵墙！它就快要塌了！”这位先生走到法兰克太太面前，彬彬有礼地问：“夫人，您为什么说这堵墙快要塌了呢？它立在这里几百年了呀。”法兰克太太说：“不为什么，我就是觉得，它快要塌了。”“哦，这么说，是您伟大的女性的第六感喽。”说完，这位先生沿着墙走了一圈，说：“您看，它很结实，不会塌的。”

一个抱着熊娃娃的小女孩走过，法兰克太太大喊：“哦！我的上帝！快离开那儿！它就快塌了！”小女孩吓得跑了老远，她用恐惧的眼神看着法兰克太太，很显然，她把她当成童话故事里专吃小孩子的巫婆了。

一个拎油漆桶的小伙子走过，一个抱着《圣经》的神父走过，一条狗走过，一只猫走过，猫和狗又打着架从墙下滚过，高墙仍然稳稳地立在那里。

法兰克太太纳起闷来：“我是因为什么觉得这堵墙会塌呢？墙上有裂缝吗？”这样想着，她走近高墙去看，用手寻找高墙上的缝隙。突然，“轰”的一声巨响，高墙倒塌了。

法兰克太太成了这堵高墙倒塌唯一的牺牲者。

成长悟语

发现问题的时候，应该第一时间想到解决方法，而不是让所有人都一起去注意问题。

证实问题的时候，应该第一时间做好保险措施，而不是冒着让自己牺牲的风险去证明自己的正确。

你有自己的信念，但是你要学会保护好信念和自己。

查塔卡杜鹃

有一种鸟，它只在下雨的时候才会啼叫唱歌，也只有在下雨的时候才会喝水。如果一直不下雨，这种鸟就会渴死。

有人遇到这种鸟就劝它们放弃自己的坚持，这个世界上有很多江河湖海，为什么一定要喝雨水呢？世界上很多的天气都很适合歌唱，何必非要等到下雨呢？

因为很久没下雨，这种鸟几乎濒临灭绝。

最后一只鸟找到神，问自己是不是真的等不到雨，神回答它说：“是的，但是你守护着自己的心和坚持。你们坚持走向完美，坚持自己的信念，也许很多生物都为了生存轻易放弃了自己，但是你们没有。今天，虽然只有我发现了你们珍贵的内涵，但相信今后会有更多人发现‘坚持的珍贵’！”

神赐予这种鸟名字：查塔卡杜鹃。他们成为印度传说中的一种鸟，一种用生命坚持自己信念的鸟。

成长悟语

有一种信仰叫作坚持，坚持自己的思想决不放弃，坚持自己走向完美，坚持成为世间的稀少。这种坚持会带来两种完全不同的结果：一种是环境与情境的无法融通，走上死亡之路；一种是终究被发现了珍贵的内涵，被视为珍宝。

看到

一只小鸟跌下了大树，疼得吱吱乱叫。

这时一辆旅行巴士从这里经过，停了下来。

车上，一位诗人目睹了整个过程。他看到这只小鸟飞下来，捡拾起地上的面包屑，试图飞上大树给窝里的雏鸟吃，结果一根掉落的树枝正好砸伤了这只小鸟。

他写了一首“爱”的诗歌。

一个哲学家目睹了整个过程。他看到这只小鸟，根本不顾掉落的树枝，径直含着面包屑飞上大树。

他感叹“物质面前，根本无视周遭的利害”。

一个画家目睹了整个过程。他看到这根树枝，无情地撞上了这只小鸟。

他绘出《残酷》的油画。

一个社会工作者目睹了整个过程。他看到这只小鸟被砸得鲜血直流，但是试图挣扎着想要重新飞上大树。

他写了《生命需要奋斗》的文章。

一个政府工作者目睹了整个过程。他看见这只小鸟受伤了，还是朝着雏鸟的方向试图飞起。显然，雏鸟是它的职责。

他写了《忠于职守》的报告。

一个记者目睹了整个过程。他看见这只小鸟在三点五十分受伤了，歪斜着躺在地上，鲜血直流，无人去救治这只小鸟。

他报道一篇《小鸟被砸伤了，雏鸟亟待受人照顾》的快讯。

自省既不等同于自怨自艾，也不是求全责备，它是精神层面上的反省，是对灵魂的追问。

一个小女孩目睹了整个过程。她大声地朝着自己的妈妈喊着："快把小鸟送到动物医院，它快死了。"

成长悟语

与其喊着善良而不移动脚步，不如默默无闻地抬手助人。行动的力量永远比喊口号要强大，没有实际意义的善良，有很大一部分都是伪善。人们与其有信念，不如把信念实践起来。

坚持真理的人

苏格拉底是古希腊最伟大的哲学家。

在一个春光明媚的上午，苏格拉底和他得意的学生聚集在学院。有人倚着多立克石柱思索，有人在回廊里散步，有人半躺在石阶上晒太阳。这时，苏格拉底拿出一个苹果问大家："这是什么？"

学生们纷纷聚拢过来，说："这是一个苹果。"

苏格拉底继续说："好，现在回答，你们闻到了什么？"

学生克里同第一个回答："苹果的香气，芬芳的苹果的香气。"

"你呢？"苏格拉底问另一个学生阿里莫斯，"你闻到了什么？"

阿里莫斯抬起鼻子仔细嗅了嗅，说："是苹果的香气，甘甜的苹果的香气。"

"那你呢？小艾利阿斯？"苏格拉底指着第三个学生问。

小艾利阿斯模仿着阿里莫斯的样子嗅了嗅，说："是苹果的香气，芬芳的甘甜的苹果的香气。"

苏格拉底一个一个问下去，被问到的学生都坚定地说闻到了苹果的香气，并极尽所能地描绘对苹果香气的感受。当他问到柏拉图时，柏拉图镇定地摇摇头，说："我什么也没闻见。"

苏格拉底显然生气了，他大声质问柏拉图："你真的什么也没闻见？"

柏拉图说："是的，我什么也没闻见。即使冒犯您，我也要说，我真的什么也没闻见。"

苏格拉底哈哈大笑起来。他说："我的学生们，这是一个假苹果，怎么会有香气呢？想当然的人和盲目追随别人的人，都是背叛真理的人。而根据自己看到的事实做出判断，并勇敢地提出不同意见的人，才是坚持真理的人。"

果然，后来柏拉图成为继苏格拉底之后古希腊又一位大哲学家，他提出了对真理本质的认识，为后人铺开一条通往真理的新路。

成长悟语

认识事实和追求大众的人最本质的区别就是，前者对后者有质疑和评价的权利。前者正走在自己的路上，而后者可能迷失在别人的路上。

别让自己的坚持死在别人的路上。

墨迹

在美国斯坦福大学生物系，曾经发生过这样一个令人称奇的故事。

有一天，一个叫尼森的学生在图书馆埋头攻读一本名叫《生物变种遗传基因研究》的书。他认为这本书写得非常好，读了很多遍依然爱不释手。

奇怪的是，这一次他读书时，总有一种异样的感觉，觉得这本书里似乎有什么自己没有参透的东西。于是，他又从头到尾细细地读了一遍，不放过书中任何一个细节。果然，他发现了一个非常有趣的现象：书的内文中共有73处出现了阿拉伯数字，但有9处数字下面出现了模糊的墨迹。这些小小的墨迹，如果不特别留心，根本就不会发现。

尼森把这9个数字挑出来，并按出现顺序连起来，就是741256921。为什么是这一串数字呢？尼森认为其中肯定有秘密，他决心揭开这个谜底。他发动所有的亲朋好友，分赴各个图书馆寻找这本书，并按照他提供的页数查看有无相同的印迹。结果发现，这本著作尽管现存很少，但都存在着相同的情况。自己的发现得到了证实，尼森非常兴奋，他迫不及待地找专家鉴定排版问题。然而，专家鉴定是墨迹不是排版的问题，而是人为用笔尖点在纸上留下的。

人为所致？尼森的兴趣更浓了。他开始深入地调查这本书的来龙去脉。原来这本书是由劳腾斯出版社于1928年出版的，是威斯康星大学教授皮尔先生在61岁时出版完成。3年后，皮尔教授就因病去世。此书只印了一版，只有420册，数量极少，现今美国各图书馆总共收藏也仅有十几本。

那皮尔先生留下的这组号码是什么意思呢？经专家帮助和互联网确认，这组号码被认定为一家银行地下保险库中一个私人保险箱的密码。而这个保险箱的主人竟然是皮尔先生！

更令人惊异的是，保险箱里只有一封用蓝色丝绸包着的长信。在这封长达11页的信中，皮尔教授满怀伤感地回忆了自己默默无闻的一生，记录了出版这本书的艰难过程。他说，外界对这本书的淡漠使他伤心至极。因此，在每本书的9个阿拉伯数字下面，他都用笔尖点一滴墨水，并将这9个数字连起来，作为这个保险箱的密码。如果有喜爱这本书的人发现这个秘密，他就把存放在这家银行里的36.34万美元遗产全部赠送给这个人。信封还有一张银行的提款单和其他相关证明。按法律规定，尼森可以获得这笔钱，而且当时的本息相加是274万美元。

就这样，尼森一夜之间变成了百万富翁。

成长悟语

你可以想象，如果你是尼森，你会对书上的一点小墨迹产生兴趣吗？即使产生了兴趣，你是不是会像他这样想方设法地寻求真相？如果你和他一样，那么你就已经有了足够的应变力面对偶然性极强的机遇了。

摆在尼森面前的是一个巨大的机会，我们已经看到了他是以怎样的灵活身段为自己赢得了机会。

我可以登上太空针塔

有一组巨大的比尔·盖茨的照片，分别由三部分组成：第一幅照片是盖茨幼年居住的一间破破烂烂的小木屋，第二幅是巍峨壮观的太空针塔，第三幅就是微软公司总部的发射塔。如果说第一幅照片象征了起点，第三幅照片象征了现在的成就，那第二幅照片象征了什么呢？它有什么含义？和前后两幅照片有什么联系呢？原来第二幅照片背后有一个特别的故事。

比尔·盖茨出生在美国的西雅图州，这里有一座地标式建筑，名字叫作太空针塔。该塔高605英尺，相当于56层楼高。在离地面520英尺高度，有一个望台和旋转餐厅，可以俯览西雅图360度的全景。人们常说，到西雅图，不登上太空针塔，就像到巴黎没有去过艾菲尔铁塔一样。

但在盖茨小的时候，除了少数的富豪政客，没有几个人能够享此殊荣。人们只能远远地瞻仰它。出身贫寒的盖茨也只是把它当成一种不切实际的奢望。

小男孩没有想到的是，很快就有一个登上太空针塔的机会摆在面前。在他就读的教会学校里，有一个叫作戴尔·泰勒的牧师。这一天，他当众承诺："谁要是能一字不漏背诵出《马太福音》5 ~ 7章的全部内容，就可以被邀请去太空针塔的旋转餐厅，参加免费聚餐会。"

对于孩子们来说，这个机会太难得了！但是大家并没有因此而欢欣鼓舞，因为那三章长达几万字，且连贯性不强，还很拗口，即使是成年人也很难完整背出。泰勒牧师在几十年的教学生涯中，也没有遇到过能将这三章准确背诵下来的学生。

但是11岁的盖茨并没有因此放弃，除了吃饭睡觉，他把所有的时间都用在了背诵上。他把这几万字的内容分成几部分，每天规定自己背下相应的内容，一遍又一遍，不断强化记忆。在苦练了一周后，他终于可以一字不差地背诵完这拗口的几万字的内容。

他完美地战胜了这个不可能的挑战，老师和同学们都惊呆了，当有人问他是怎么做到的时，他只是淡淡地回答："其实，并不是我比别人聪明，只是因为我能够竭尽自己的所能，而其他人则没有。"

成长悟语

成功就是竭尽所能，就是把自己逼向绝路，就是让自己耗费最后一丝力气，就是把自己摔向更远方。这个过程很痛苦，却也能够最真实地接近理想。

你们都没错

在一个偏僻的山村里，住着一群人，他们从来都是与世隔绝的。因为这里交通不便，他们的生活只能靠自给自足，他们制造的盐都不含碘。这里的人也因为长期缺乏碘的摄入而个个都长着大脖子。当然，他们并不认为这有什么不正常。

有一天，一个探险队无意之中闯入了这个山村，探险队事先并不知道这里会有人居住。

村里看到有陌生人来访，既恐惧又好奇，全村老少都出来了。让探险队奇怪的是村里人的脖子都很粗，看起来真是可怕。顾不上好奇，探险队长先向村民们解释说：

“大家好，我们是探险队的，由于在探险过程中迷路了，误闯入村里，我们并不是有意打扰大家，我们也不是坏人。”

这时，人群里走出一个年长的老人说：“我是这个村的村长。天快黑了，你们又迷路了，那今天就住到村里吧，我会热情招待你们的。”

既然村长都说话了，探险队决定留下来和村长一起吃饭。

晚上吃饭的时候，一个胆大的队员问：“村长，白天看到村里人的脖子又大又粗，这是怎么回事呢？”

村长一副惊讶的表情说：“我们这里的人都是这样，我的祖祖辈辈都是如此。这有什么不对吗？”

这时，另外一队员说：“村长，你们这里的人肯定缺少碘的摄入。要不，我们想办法从外面给村里弄一批含碘的盐吧？”

村长不屑地说：“我们这里的人都这样，没什么不正常的。倒是你们，村里的人都觉得奇怪，为什么你们的脖子那么细？”

无论队员们如何向村长解释这是一种病，村长都坚持他们是正常的。

最后，队长向队员们使了个眼色，大家都不再讨论这事了。

村长安排好队员们休息，就离开了。

队长这才对大家说：“当你觉得你的问题在于你跟周围的人不一样的时候，那么并不是你错了，或者他们错了，而是来源于你们内在的系统不一样。”

当你觉得你的问题在于你跟周围的人不一样的时候，那么并不是你错了，或者他们错了，而是囿于自我思维的禁锢。

成长悟语

当来自两种不同文化的两个人交谈时，他们肯定是冲突的，但是他们的冲突并不是源于他们的对错，而是源于他们的价值观念。很多时候，人与人之间的观念有很大的不同，你可以在内心保持你的信念，并不代表对方一定是错的。

舞台上没有小角色

这一年的圣诞节，玛莎所在的小学准备在纽约市公演一场话剧，然后把这场话剧募捐来的钱捐给贫困的学生。

9 岁的玛莎原本被老师选中扮演话剧中的公主，她高兴极了，甚至每天玛莎都让母亲陪着她一起练习台词，但是她非常怯场，无论在台下表现得多么好，但是，一站到舞台上，她就会紧张得一句话也说不出来。

老师只能让另一个小姑娘来代替玛莎，而她给玛莎安排了另一个角色——旁白。

可是玛莎认为只有公主才是话剧的主角，旁白是连舞台都登不上的角色，根本无关紧要。

当天晚上，玛莎回到家就闷闷不乐，当母亲知道事情的原委后，没有提议再练习台词，而是带着玛莎来到自己的房间，坐在梳妆台前。

母亲打开一个首饰盒，那是母亲最喜欢的一条珍珠项链，而且在项链的中心还有三颗大小不同的宝石。

母亲问玛莎："这条项链你最喜欢哪一颗珍珠？"玛莎说："珍珠看起来都差不多，但是我更喜欢那颗最大的红宝石，另外两个宝石也不错。"

母亲笑着对玛莎说道："这条项链就像是你们的话剧，这颗最大的红宝石就像是公主的角色，但是你注意到了吗？如果没有其他的珍珠，没有另外两颗宝石，这颗红宝石孤零零的，也就没有这么美了！"

玛莎点了点头说："舞台上每个角色都有他的意义，就像这个项链上的珍珠，可是亲爱的妈妈，我是旁白，连一颗珍珠都算不上！"

母亲拿来剪刀想要剪断自己这条心爱的项链，这把玛莎吓坏了，玛莎赶快阻止母亲："妈妈你这是要做什么？"

母亲温柔地回答道："我想让你看看是什么将这些珍珠和宝石串在一起的……是那条看不见的线。"

玛莎一下子全明白了，自己的旁白就是项链的线，虽然看不到，但是却是穿插整个话剧故事的线……

成长悟语

每一朵花，都是那么美丽，它们吐露芬芳，展现自己漂亮的身姿。但是，我们不要忘记，让这些花儿绽放美丽的，是我们忽视的泥土。最好的信念就是永远不要忽视自己。

我有我的规定

杰米是个热心善良的人，经常帮助别人。一天上午，朋友约翰出了车祸，向杰米借 2000 美元应急。

杰米跑到银行一看，被吓了一跳，ATM 机前排了一大队长龙，就好像银行马上要倒闭似的。他觉得奇怪，这帮人怎么这么死心眼，营业厅不是也能取钱？难不成营业厅里也在排队？等他走进营业厅大门一看，里面很冷清。杰米径直朝柜台走去，对工作人员说了声："您好，我要取点钱。"营业员长得金发碧眼，非常好看，可就是一脸的严肃。她看了杰米一眼，说道："取多少啊？""2000 美元。"杰米迅速答道。工作人员的脸一沉，眼睛向外一斜，指了指柜台一侧贴着的通知。

通知上这样写道：由于银行业务繁忙，营业员工作强度过大，所以凡取款额度在 2000 美元（含）以下的顾客，请到 ATM 机自助取款，特此通知。

杰米这下可是犯了难，他又说道："这位女士，你看外面那么多人排队，我有急用，你就照顾我一下吧！"工作人员丝毫没有动摇，板着脸说："不好意思，这是我们的规定。大家都在排队，谁也不能例外。"

约翰还在医院等着呢！杰米着急万分。

情急之下，他想到一个好主意，说道："您好，我取钱，3000 美元。"工作人员瞅瞅他，接过了银行卡。杰米顺利地拿到了 3000 美元，可是他似乎没有打算要离开柜台，他再对工作人员说："存 500 美元。"营业员狐疑地看着他，皱着眉头把这 500 元存进了卡里。杰米又抽出五张，说道："再存 500 美元。"这下，工作人员急了，"这位先生，您怎么能这样做呢？为什么不一次性存 1000 美元？"杰米说："不好意思，我只能这样存，这是我的规定。"营业员哑口无言，只得照办。

就这样，杰米如愿取到了 2000 块钱。虽然费了些周折，但是比排队快多了。成功取钱之后，他赶紧走到排队的人群中，把这个"妙招"告诉了大家。

瞬间，队伍的长度就缩减了一大半，再看营业厅的柜台处，挤满了取钱的人。取钱、存钱、取钱、存钱，一个接着一个，工作人员忙得不可开交。银行经理实在看不下去了，赶紧解释道："各位顾客，非常抱歉，我们银行的这个规定很不切合实际，给大家带来了困扰，我们现在就取消，非常抱歉！"说着，他就把柜台边的告示撕了下来。

成长悟语

规定需要大家来执行，那就需要考虑大家的立场和处境。

好的规定永远不是自以为是的正确和优良，而是能够让大家心甘情愿地肯定、认可并接受的条例。最好的规定，应该是给人们带来的便捷比损失更大。

84 名乘客的生死表决

飞机到达 1.3 万米的高空处，机长西蒙将飞机调到自动驾驶的状态。他刚想转身离开，就听见"砰"的一声，西蒙左侧的一块挡风玻璃被炸开了！挡风玻璃破碎了，舱外的冷气流以 390 公里的时速朝舱内灌入，飞机内的 3 个警报器都响了起来。很快，飞机和地面控制塔失去了联系。

西蒙被巨大的气流卷向了窗口，他已经被甩出了飞机外面，可是他凭借自己的求生本能，用一只脚使劲地勾住了驾驶室里的座椅。幸好乘务长和两名空姐及时赶到，死死拽住了他，这才没有被完全甩出去。机长西蒙拥有21年飞行驾驶经验，而副驾驶员却是第一次来5390号的阿拉史泰尔，除此之外，飞机上还有一名乘务长和3名空姐，以及84名乘客。面对飞机的这个异常，80多名乘客顿时乱作一团，失去了控制。飞机也逐渐开始快速朝下降落。

西蒙现在无法驾驶飞机，所有的希望都在副驾驶阿拉史泰尔身上，阿拉史泰尔对BAC-1-1飞行驾驶还不太熟悉，只能靠着自己的知觉将飞机又拉升起来。危机还在继续，由于舱内的气压失去控制，如果不及时排除险情，那么舱内的氧气就会减少，最多只能供应半小时。

按照英航的规定，飞机在空中遇到险情，机组人员有义务牺牲自己的生命来保证乘客的安全。他们现在首要做的就是要把进风口堵住。但是机长西蒙被强大的气流吸在舱外，如果要阻住进风口，就必须先丢掉机长西蒙。

乘务长和空姐看着趴在零下20℃机舱外的机长，他们实在不忍心放手，都希望能有奇迹发生。既能保证乘客的安全，又能不丢下机长。那么到底要不要丢下机长，还要问一下乘客们的意见。他们决定举手表决，如果同意丢下机长的人数超过一半，那么他们只能丢下机长。乘务长把这个事情对着乘客一公布：

84名乘客安静了下来，有人举起了手，2个，5个，10个，20个……当她快要数到过半数的42个时，一只始终举着的手放了下来，紧接着，又有一个人把手放了下来，接下来是第三个，第四个……最终的表决结果，没有一个人举手赞同把机长丢下。

奇迹发生了，副驾驶阿拉史泰尔终于和地面控制塔取得了联系，依靠他们的指挥和引领，飞机在22分钟之后，成功降落在英国南安普顿机场！机长西蒙被救活了。他们还得到一个让人后怕的消息，如果当时他们把机长丢下，他肯定会被卷入机翼上转动的引擎里，结果只能是机毁人亡，谁也活不成！

84名乘客表决的结果，既拯救了机长，也拯救了他们自己！这是一件真实的事情。它发生在1990年5月26日，飞机为从伯明翰机场飞往西班牙的马拉加机场的英航5390班机。

只要你相信事情还会有转机，只要你在乐观的心态下继续奋斗下去，奇迹就会发生，成功也离你不远了。

成长悟语

当我们决定放弃别人的时候，上帝是否也会选择放弃我们？信念的坚持不一定会带来好结果，但是，连信念都不肯坚持的人，结果又会好到哪里去呢？又有多少人思考过，别人的生命会成为维系自己生命的救命绳？

啄木鸟的鹦鹉嘴巴

大金刚鹦鹉在亚马逊流域很受鸟类的欢迎，它们不仅有多彩的羽毛，而且嘴巴也很伶俐，能发出各种美妙的声音，有时还能模仿人类说话。相反地，啄木鸟就不那么受欢迎了，每次它在树林里啄食树干中的虫子，那刺耳的“梆梆”声总会惊扰别的鸟儿。为此，啄木鸟很沮丧，它想自己要是有一个鹦鹉的嘴巴该是多好啊！

啄木鸟于是找到森林智者猫头鹰，向它请教：“我怎样才能拥有鹦鹉的嘴巴？”

猫头鹰戴上自己的眼镜，仔细观察了啄木鸟的嘴巴，发现它的嘴巴太长了，要磨掉一部分才能和鹦鹉的嘴巴差不多。于是猫头鹰建议啄木鸟：“你回去找个树干，专心磨自己的嘴巴吧。只要磨得和鹦鹉的嘴巴那么短，兴许就能发出鹦鹉那么好听的叫声了。”

于是，在以后的日子里，每天都能听见啄木鸟磨自己嘴巴的声音。

“吱嘎！”

“吱嘎！”

“吱嘎！”

这样过去了几个月，啄木鸟的嘴巴不知流了多少血，终于磨短了，从外形上看似乎很像鹦鹉的嘴巴。啄木鸟高兴极了，于是试着鸣叫，结果自己的声音仍旧和原来的一样。它有点沮丧，但是更可怕的事情发生了，因为啄木鸟的嘴巴磨短了，不能伸进树干中捉虫子了。

不久，这只鹦鹉嘴巴的啄木鸟就饿死了。

成长悟语

随和可能伴随着自卑，好胜可能伴随着骄傲，谦虚可能伴随着平庸，坚定可能伴随着武断。优点和缺点就像是一对双胞胎，没有缺点的人往往优点也很少。

有些我们自认为的缺点比美德更能清楚地证明一个人的优秀品格，学会坚持我们自己的不完美，这才是生命的本质。

第四辑

思维：生活可以在脑子里转弯

充气式自行车轮胎的发明

19世纪七八十年代，这个时候自行车刚刚发明不久。那时的轮胎是不充气的，只是用铁片做成圆形，裹在车轮上。

有一天，邓禄普的儿子所在的学校举行骑自行车比赛，比赛获得冠军的选手将有丰厚的礼品。邓禄普的儿子本来就是一个喜欢自行车的男孩，一听说自行车比赛，马上就去报名参加。

回到家后，儿子告诉了邓禄普比赛的事情，并在家里勤奋地练习骑自行车，儿子想让自己的速度和稳定性都超过其他同学。可是当时的自行车非常笨重，骑起来也很费力。与其让儿子苦练，不如自己改装一下自行车，让它彻底变得轻便起来。邓禄普这样想。

邓禄普围着自行车转了几圈，也没想到什么好方法，苦思无果的他去浇花了。他像往常一样，捏紧水管的一端，水流一下就浇到了远处的花。邓禄普灵光一闪，能不能把水管充水后裹在自行车轮胎上呢？这样不是会轻便很多吗？

邓禄普将想法告诉了儿子，儿子双手赞成。父子两个很快截下一截水管，绑在了车轮上。邓禄普试着骑了一圈改装后的自行车，他惊奇地发现，这样改装后自行车轻便多了，而且在不平的路面上也不再颠簸得那么厉害！邓禄普和儿子欣喜若狂。

结果可想而知，邓禄普的儿子轻而易举地获得了冠军。后来，邓禄普又对轮胎进行了研究，慢慢将水管换成了性能更好的橡胶管，充水的方式也换成了充气，这样性能比以前更好了。这就是充气式轮胎的雏形。

成长悟语

思考是上帝赋予人类特有的技能，人类也正是因为有了思考而创造出文明。

思考是人类的天性，它是一座让人类通向新知识的桥，人类社会的发展是先人们思考的结果。人类的大脑只有通过不断思考才不会僵化，如果一个人没有了思想，那么只是一副皮囊而已。

自由女神像的垃圾

一位伟大的哲学家曾经说："思维是智慧的花朵。"美国麦考尔公司的董事长卡尔·麦考尔的经历简直就是这句话的最佳注解。

卡尔是犹太人，小时候他和父亲一起被德国纳粹党人抓到奥斯维辛集中营。父亲当时就对他说："孩子，我们唯一的财富就是我们的智慧，在别人那里，一加一等于一，但是在我们这儿，那不够，我们要多动脑子让一加一大于二。"后来，卡尔父子活了下来。

1946 年，卡尔跟随父亲来到美国休斯敦，父子俩开始做铜器生意。一天，父亲问卡尔："一磅铜的价格是多少？"卡尔答说："35 美分。"听到这个答案，父亲并不满意，他严肃地对卡尔说："对，全克萨斯州的人都知道每磅铜 35 美分，但你要记住你是犹太人的儿子，你应该说 3.5 美元。不信你把一磅铜做成门把手，它比 3.5 美元还多。"多年以后，父亲去世了，卡尔独自经营铜器店。这些年他时刻谨记着父亲的教诲，做过铜鼓、瑞士钟表上的簧片、奥运会的奖牌，曾把一磅铜卖到 3500 美元，不过，这时他已是麦考尔公司的董事长。

不过，真正使卡尔扬名天下的，并不是铜器，而是纽约州的一堆垃圾。

1974 年，美国政府大规模地翻新了自由女神像。整个施工过程中产生了大量废料，为了清理它们，政府只好向社会广泛招标。但是，一来政府出价太高，二来纽约州对垃圾处理有严格的规定，稍微弄不好就会受到环保组织的起诉，导致几个月时间内，竟无一人应标。卡尔当时正在法国旅行，听说这件事后，他马不停蹄地乘飞机返回纽约。看过自由女神像下堆积如山的铜块、螺丝和木料，他喜出望外，未提任何条件，当即就揽了下来。

明明就是一桩吃力不讨好的赔本买卖，竟然真有人揽了，许多人都为这个人的愚蠢举动暗自发笑。面对冷言冷语，卡尔充耳不闻，他紧张地组织工人对废料进行分类，指挥他们熔化废铜，铸成小自由女神像；把水泥块和木头加工成底座；甚至把从自由女神身上扫下来的灰尘都包装起来，出售给花店。短短 3 个月的时间，这堆遭人嫌弃的废料已经在卡尔手中创造出了 350 万美元的利润。这时，卡尔可以骄傲地对天国的父亲说："我让每磅铜的价格整整翻了一万倍！"

成长悟语

伟大不只在事业上惊天动地，他时常表现在不声不响的深思熟虑中。思维世界的发展，在某种意义上说，就是对惊奇的不断摆脱。

咖啡是怎样发明的

从前，有个叫"凯夫"的小镇，这里生活着一个牧羊少年。他对自己养的山羊了如指掌，只要他吆喝一声或甩一下鞭子，它们就像士兵听到号角一样，聚拢在他身旁，温顺地听从他的指令。

有一天，他把山羊赶到了一片新的草地上，草地周围有一大片灌木。山羊们在这里吃草。谁知到了晚上却发生了奇怪的事，那些山羊变得不听他的话了。它们不愿意入栏，而总是挣扎着要往外跑。牧羊少年“啪啪”甩着响鞭，费了好大的劲才把羊群赶进去。山羊进栏后也不像往常那样乖乖地趴下，静静地入睡，而是挤来挤去，“咩咩”地叫个不停，躁动不安，显得非常兴奋。

牧羊少年很奇怪：山羊怎么了？是不是白天吃了什么特别的东西？为了一探究竟，他又把山羊赶到那片草地上留心观察。他发现，山羊除了吃青草外，还吃灌木的叶子，把灌木上的小白花和小浆果也吃进肚里去。到了晚上，山羊们又是很兴奋，难以驯服。第三天，他把山羊赶到另一块草地上，只让山羊吃青草。到了晚上，山羊终于恢复到以前那种安静、温顺的状态。

看来，问题就出在灌木上。牧羊少年拔了几棵带回家。他尝了尝毛茸茸的绿叶，有着淡淡的苦味。他又把摘下的浆果放到嘴里嚼，味道也是又苦又涩，他忙吐出来随手扔到炉子里，谁知炉子里立即散发出一股非常浓郁的香味，十分诱人。牧羊少年就势把果子放在火里烧一烧，随后将烧过的果子放在开水里冲泡，喝起来非常美味。那一天晚上，牧羊少年兴奋得彻夜未眠。

后来，牧羊少年又喝了几次，每次他都兴奋不已。于是他就把这种香喷喷、提神效果非常好的东西当饮料，招待镇子上的人。从此，这种新的饮料成了人们共同喜爱的东西。大概是因为它首先从凯夫小镇传出，人们就叫它“凯夫”。久而久之，“凯夫”被它的谐音“咖啡”取代了。

成长悟语

智慧的可靠标志就是能够在平凡中发现奇迹。虽然你的思维相对于宇宙智慧来说，只不过是汪洋中的一滴水，但这滴水却凝聚着海洋的全部财富，思维拥有一切宇宙的智慧。

下水道堵塞问题

鲍勃住的房子很旧了，地下管道设计得也不合理，每隔几天就会堵塞一次。鲍勃每次都要花上半天的时间进行疏通，但是之后会照旧堵上。

鲍勃实在不想再这样下去，于是请了一个建筑工程师来给他解决地下道的堵塞问题。工程师来了，他研究了半天，提出一个方案：把房子的底部挖空，然后把原先铺设的地下管道撤掉，再铺设上新的管道。

鲍勃同意了，他们开始挖掘。挖了一段时间，房屋的底部出现了一个大坑。不久，鲍勃发现自己房子的墙壁因为挖掘出现了一条裂缝，于是工程停止了。工程师经过勘察，提出这个计划不能再继续了，因为当时制订计划的时候没有把房子的老旧计算进去。房屋的地板被重新填平了，鲍勃的地下管道堵塞问题还是没有解决。

一天，他观察到厨房洗菜池很容易堵上，里面有很多菜渣、油污。他觉得可能就是这些东西导致地下管道堵塞。鉴于这个情况，他找来一个钢丝网，按照管道的大小，做了一个过滤网堵在管道的上端。这样，这些菜渣之类的垃圾，就被过滤出来了，不会再流进下水管道造成堵塞了。

果然，鲍勃的下水管道堵塞问题解决了。

成长悟语

问题可能会层出不穷，知识也可能时常更新，但获取知识、解决问题的方法却不会被丢掉。我们要做的就是发现问题，然后找到问题的症结，最后用最简单的方法来解决它。

所以，问题没有解决不是我们智力不够，不是我们学习不好，不是我们专业不强，而是我们“方法不对”！

一次难忘的面试

费昂纳接到摩根斯坦利公司最后一轮面试的通知，带着紧张不安的心，她来到摩根斯坦利公司的人力资源部。

一位人力资源主管面无表情地接待了她，简单地寒暄了几句，便不动声色地进入主题，问道：“如果公司录用了你，薪水为一年 12000 美元，但是有两种支付方式，一种是一次性全部给你，另一种是按月支付。你会如何选择？”

她非常镇定地说：“这取决于现在的实际利率。如果实际利率是负数，我则选择按月支付；如果是正数，我则选择一次性支付；如果实际利率为零，那么选择哪一种都是一样的。当然，选择的同时，我还要考虑机会成本，如果有好的投资机会能带来更多回报，即便实际利率是负数，我还是会选择第一种。”流畅地说完这一长串的答案，费昂纳对自己的表现很满意。

“不错，考虑得很周全，一般人都说选择第一种。”但是 HR 并没有就此罢休，马上出击：“那实际利率你又应该怎么得出呢？”

“呃，名义利率减去通货膨胀率。”

“那么现在的联储基金利率是多少？通货膨胀率在什么水平？”

“呃……”这一次，费昂纳被问住了。但是，费昂纳没有选择敷衍，而是老老实实地回答：“对不起，这个我真的不知道，不过如果需要，请允许我回去查清楚，我会第一时间马上打电话告诉你。”

主管没有理她，而是继续快速地提问，不给费昂纳任何放松的机会：“有 9 个硬币，其中一个重量和其他的不一样，那么你用两只手，最多几次可以找出这枚特殊的硬币？”

“三次。”费昂纳飞快地回答。

“同样 9 枚硬币，你只需要改变其中的一个条件，就可以两次找出这枚特殊的硬币，如何修改这个条件？”

“告诉我这枚特殊的硬币比其他的硬币重还是轻。”费昂纳再一次以飞快的速度给出了正确答案。

这时，主管终于低声说了句：“很好！”然后在费昂纳的评定一栏里写了：“不惜代价，一定要雇佣！”

成长悟语

很多时候，相对于答案本身，思考的过程更被人看重，而回答问题的原则性态度也非常重要——不懂的千万不能装懂，不知道的更不能胡编乱造。真正有水平的人，不仅要专业过硬，还要有让人不惜代价去雇佣的能力！

会计助理的职位

安吉拉坐在休息厅中，准备应聘助理会计这一职务。

休息厅中还有五个人，也是来应聘这个职位的求职者。

安吉拉看着他们自信的神情，心中不免打鼓：“自己能从这几位求职者中脱颖而出吗？”

半个小时过去了，没有人来通知面试。

一个小时过去了，还是没有消息。

求职者们纷纷开始了闲谈。

一位正在评论世界几大会计事务所的优劣，另一位正在预测未来半年股票的走势，休息厅顿时陷入热烈的讨论中。

安吉拉没有发表见解，她仔细听着别人的话，从中分辨对错与优劣。

看到大家面前的水杯都空了，她就一一拿到饮水机那里去添水。

添满之后又逐一放到相应的位置上，供大家饮用，然后，继续听大家在那里高谈阔论。

这时，五人中的一人突然站起来，对安吉拉说：“恭喜你，你被录用了。”

安吉拉和另外三个人都惊愕不已，他们不知道该如何理解眼前发生的一切。

简单一句话：成功总是眷顾那些有准备的人。

原来，这位先生是会计事务所的负责人，他故意安排了这场“测试”来选拔要聘用的人。

负责人对安吉拉说：“会计助理这个职位，专业知识固然重要，但是能不能胜任助理的工作更为关键。”

安吉拉接着说：“一个好助理要有统观全局的观察力，要有甘当配角的胸怀，你是最适合这个职位的应聘者，因此我们决定聘用你。”

成长悟语

知识固然可以帮助你成功，但是，能力却让你更容易被人发现。知识是把外界的东西放进脑子里，而能力是把脑子里的东西拿出来！

完美的战争

1500年前，马六甲海峡位于两大洋之间，其中苏门答腊岛的地理位置最重要，它是交通咽喉，地处险要，水路繁忙，很多国家的商人、船只都要经过这里，所以这里的归属权就成了各国争夺的焦点。爪哇国和马来西亚这两个国家都想占领这个小岛，所以两国之间战争不断。

两国的战争断断续续地持续了几年，牺牲的士兵太多了，两国的指挥官都怕战争再这样持续下去，死伤会更多。于是双方商量，想了一个办法解决苏门答腊岛的归属权问题。

他们各自挑选了两只水牛，把它们拉到空阔的场地上争斗，谁的水牛胜了，归属权就归谁。斗牛开始了，显然马来西亚的水牛勇武多了，它一开始就以箭的速度把对方的牛掀翻在地，然后用自己的角顶在了它的肚子上，使对方的牛在开始就失了先机。但是对方的牛也不示弱，几个回合下来，双方的水牛都不同程度地受了伤，最终爪哇国的水牛流血过多，倒地死去了。苏门答腊岛的归属权解决了，但是这次却没有用掉一个子弹，没有牺牲一个士兵。

爪哇国的指挥官没有拿到苏门答腊岛的拥有权，回到国内肯定会受到国王的处罚，轻则丢掉自己的官职，重则被国王砍掉脑袋。但是他甘受惩罚。

他到国王那里接受惩罚。国王不但没有惩罚他，而且还奖赏了很多黄金，并且任命他为使臣去马来西亚，共同商定把苏门答腊岛改为“美南卡巴岛”，意思是“水牛的胜利”。至今，岛上的居民仍旧称苏门答腊岛为“美南卡巴岛”。

成长悟语

战争，可以用任何方式，如果能够做到不流血、不牺牲，就能达到目的，我们为什么不这样做呢？生活，也像一场战争，如果有了通往成功的好方法，我们为什么不试试呢？有时候，方法比知识更重要。

六颗子弹

吉姆是个电视节目主持人，据说他的每一集节目，都得到5000美金的报酬。

一个绑匪因此盯上了他，在一个停车场把他绑架了。他被捆住双手，蒙上眼睛，带到了一个空阔的房子里。

吉姆很害怕，正当他忐忑的时候，一个男人把他的眼罩拿了下来，拿着枪对着他的脑门说：“你赶紧给家人打电话，让他们准备好10万美金来赎你。否则，我就开枪杀了你！”

吉姆听见这话，打量了那个绑匪一眼。他对绑匪说：“我没有电话，怎么打？”

绑匪说："你用我的电话吧！"说着把自己的电话拿了过来。

吉姆把自己捆绑的双手往绑匪的面前拱了拱，说："你捆着我，我怎么打？"

那个绑匪想了想，似乎觉得他说得很对。于是给吉姆松了绑，但是那把手枪仍旧指着吉姆。

吉姆拿起绑匪的电话，拨通了妻子的手机，他简单地给妻子说了自己的处境。那边的妻子显然被吓到了，没了声息。吉姆灵机一动，没等妻子说什么，就大声地对着话筒喊："你不相信，你竟然不相信，我就知道你舍不得那些钱！什么？你需要一些证据，否则不给赎金？"说着，就挂断了电话。

他对绑匪说："我的妻子是个吝啬鬼，她要求出示证据才肯拿出赎金。"

绑匪疑惑地问："什么证据？"

吉姆说："这样吧，我脱下自己的外衣，你朝着上面开一枪吧！这样可能让她能够相信。"

绑匪觉得拿到钱要紧，开一枪就开一枪吧，绑匪勉为其难地在他的外衣上开了一枪，随后，吉姆又说为了让妻子尽快送钱过来，他建议抢匪在他的裤子、帽子、靴子，甚至手套上都分别开一枪。

正当绑匪打算把枪重新顶到他的脑袋上的时候，吉姆微笑着说："六颗子弹用完了，你完蛋了！"说着，吉姆一个漂亮的过肩摔，把绑匪制服了。

成长悟语

"危险"不是最可怕的，可怕的是看不到"危险"中的"危险"。吉姆的险境不是劫匪，而是"六颗子弹"，充满威胁的不是劫匪那个人，而是"子弹"，所以他不需要制服劫匪，只要让子弹用光就可以了。这就需要脑子转一下弯。

危险本身就像是一个靶子，能够化解它的是最中心的那一环，我们只有瞄准了那一环，才能得满分。

喜欢学校的小男孩

凯迪到了上学的年龄。看到偌大的校园，凯迪感到有点害怕，当他发现自己的教室就在校门口的时候，校园似乎不那么大了，凯迪兴奋极了。

他迎来了第一节课。

"今天，我们来学画画。"老师说。

凯迪最喜欢画画了，他会画许多动物：大象、老虎、狮子，等等，凯迪兴奋地拿出画纸和蜡笔，按照自己的想法画了起来。

这时，听到老师说："孩子们，请等一等，你们要按照老师的要求来画。"

老师转身在黑板上画了一头大象，然后对学生说："看这里，你们可以学着画了。"凯迪看着老师画的大象，很不情愿地画了起来。

接着换了一位老师。老师说："今天，我们用黏土来做东西。"

凯迪又兴奋地手舞足蹈，因为他很喜欢玩黏土。凯迪会用黏土做许多东西：汽车、城堡、猴子。凯迪开始捶揉一个球状的黏土。

老师又接着说："孩子们，请你们等一等，你们要按照老师的要求来捏。"

于是，老师捏了一个深底的盘子。然后对同学们说："孩子们，现在你们可以照着做了。"凯迪看着老师做的盘子，又看看自己的。凯迪又一次不情愿地按照老师的要求做完了。

不久，凯迪学会了仿效老师，做相同的事。凯迪开始不喜欢这个学校了。

为了生活，凯迪的家人要搬到其他城市，而凯迪只得转校。

第一天上课，老师说："今天，我们来画画。"凯迪等着老师教自己怎么做，但奇怪的是老师只是在教室里走动，什么也没说。

老师来到凯迪身边看他并没有开始画画。

"你不喜欢画画吗？"老师问。

"我很喜欢啊！老师，今天我们要画什么？"

"你可以随意画。"

"真的吗？"

"当然。"老师回答。

"可以用任何颜色吗？"

老师和蔼地说："假如每个人都画相同的图案，用同样的颜色，我如何分辨出是谁画的呢？"

于是，凯迪用彩色的画笔画出了自己喜欢的东西。

凯迪爱上了这个新学校，尽管校园看起来不是那么大。

成长悟语

爱是内心的接受和认同，无关校园大小以及教室的位置。同样的，每个孩子的创造力和想象力都值得呵护。

"像不像"与"好不好"

达琳与玛丽同时应聘镇上的小学美术老师，但是这家学校只需要一位老师，这就意味着，3个月的实习期过后，会有一个人留下，另一个离开。

3个月过去了，学校对两位美术老师开始考评。玛丽所带的班，学生们的画技都很好，章法、技巧、色调都很合乎规范，而琳达所带的班，学生们的画技却很差，画出的画更是不敢恭维：不讲比例、布局和章法，甚至连基本笔法都不会，肆意涂鸦。但最终学校留下了琳达，玛丽对此很不解：自己的能力明显比琳达突出，为什么选择了她？

学校校长回答说，你们班的同学在绘画时，常问的是"我的画画得像不像"？但琳达班的从不问"我的画画得像不像"，而只问"我的画画得好不好"，这就是问题的所在。

原来学校在对学生进行考核，让学生们画"我的父亲"，结果他们发现，玛丽班的学生们大多画出的父亲都是大眼睛、双眼皮，而且更奇怪的是，都有一圈大胡子。

他们觉得纳闷，难道这些学生的父亲都长成这样？但是这样的事情是不可能的呀，每个人的父亲都不一样啊。他们再仔细观察，发现学生们画画时候的眼睛都是朝着一个方向，于是顺着这个方向看去，发现墙上挂着一幅名人的肖像，显然长有一圈大胡子。

事情很明显，原来学生们都是照着这个画的，于是他们要求学生不要照着画，要画自己最熟悉的父亲的相貌，凭着记忆来。学生们竟然抓耳挠腮，咬笔头、瞪眼睛，无从下笔。

这就是学生所谓的“像不像”问题，有一个可依据的样板来评判“像”还是“不像”。

而学校对琳达班的考核时，同样的题目“我的父亲”，学生们交上来的画作，画上的父亲黑头发的、黄头发的，蓝眼睛的，山羊胡子的，各不相同。学校觉得琳达的教学方法适合他们的学生，才决定留下了她。

成长悟语

孩子们的教育中，自由涂鸦也是一种好方式。这种方式不设样板与模式，让孩子从现实生活到内心凭借自己的想象去自由“构图”，从而发展他们创造性的思维。如果像文中的玛丽那样，让学生们从小就反复接受这种模式的训练，久而久之就会习惯性地以“像不像”来要求自己。随着年龄的增长，“像不像”的问题也会与现实生活联系在一起，因此，很多人就会培养出一种定向思维。

喜欢做勤杂工的校长

每个人都有自己的爱好，当做这些事情的时候，我们的心灵会无比放松。

然而，有一位著名的大学校长，却有一个近似于怪癖的爱好——做勤杂工。

在某个夏日的清晨，这位大学校长向助手交代了一些事务，声称要进行一次长达三个月的旅行，就带着简单的行李出发了。

大家满心以为校长会去埃及、马来西亚这种地方度假，其实校长背着大家偷偷跑到了南方，而且是南方的农村。校长在南方农村的一个牧场里作了一名勤杂工。

每天早上，校长和其他工人一起喂奶牛，打理牧草，收拾牛粪。

在清理各种杂物时与伙伴们高声谈笑，搭讪路过的挤奶女工，偶尔背着老板在厂房外偷懒吸烟。

所有这些在勤杂工看来再普通不过的事，都给了校长莫大的新鲜与刺激。他乐此不疲地模仿勤杂工的一言一行，认为世界上简直没有比这更快乐的事。

校长每周都给家里写一封信报平安，这种背地里偷偷做勤杂工的行为就像一个孩子在做恶作剧。

终于，在将近 3 个月旅行结束的时候，校长被老板辞退了。

这天，他像往常一样在用餐室刷盘子，老板走过来对他说：“老伙计，你干得实在太慢了，我不得不辞退你了。”

校长又回到了大学。然而，令他意想不到的是，他坐了几十年的办公室如今竟变得如此新鲜。他像一个刚入职的新人一样对工作充满好奇与热情，对他来说，每项工作都是全新的享受。

校长为期 3 个月的“旅行”结束了，然而，这次“旅行”给他带来的益处却远远没有结束。

此后，每年校长都会不定期进行一次“旅行”，体验各种各样的生活，在各种经历中重新面对世界，像一个新生儿一样体会这个世界的新鲜与乐趣。

成长悟语

改变一下状态是对思维最好的调整。生活就像是一座雕塑，你不能老是拿着凿子凿一个地方，否则你得到的就只能是一个大洞，你要做的应该是有机地雕刻出每个部位的不同形状。

停下你的“校长生活”，去尝试做一下“勤杂工”吧！

独特的眼光比知识更重要

有一位知名的校长，他从一位远方亲戚那里继承了一片广袤的土地。但是他一点也不高兴，因为这片土地非常贫瘠，不能种植大豆或玉米等庄稼，也没有矿产或其他贵重的附属物，甚至也没有多少具有商业价值的树木。总之，这块土地不能为他带来任何收入。相反，他还要交付土地税，凭空多出来一笔开支。因此，校长非常希望将这片土地转手他人。但是大家都清楚这是一笔赔本的买卖，谁也不愿意做这个冤大头。终于，一个“未受教育”的年轻人看上了这块不毛之地，以每亩 10 美元的价格，买下了全部的 50 亩土地。大家都觉得不可思议，有人更是刻薄地说：“没读过多少书就是不行，这可是明摆着吃亏的生意！”

凡事绝难有统一定论，谁的“意见”都可以参考，但永不可代替自己的“主见”，不要被他人的论断束缚了自己前进的步伐。追随你的热情、你的心灵，它们将带你实现梦想。

对于这些冷嘲热讽，年轻人并没有放在心上，他对自己的判断非常有信心：第一，这块地正好位于山顶上，在这里可以观赏到四周连绵的美景。政府也在这里修了一条公路，将来来这里旅游的人只会越来越多。第二，这块地上虽然没有名贵的树种，但是长满了小松树及其他树苗，小树长大后也是一笔可观的财富。年轻人不仅在心中清楚地计算这块土地的价值，还准备大干一场，一步步实践心中的蓝图。

第一年，他在靠近公路的地方盖了一间独特的木造房屋，并附设一间很大的餐厅，在房子附近又建了一处加油站。并在公路沿线建造了十几间单人木头房屋，以每人每晚3美元的价格出租给游客。餐厅、加油站及木头房屋，使他在第一年净赚15万美元。

第二年，他将木屋增建到70多栋，每一栋木屋最少三间房间。然后将这些房子出租给附近城市的居民作为避暑别墅，租金为每季度150美元。而建造房子的材料就是这块土地上生长的树木，他没有花一分钱。同时，这些用原始木料做成的小房子连成一片，就像童话中的小村庄一样，神奇而有趣，是景区的最佳广告。

第三年，年轻人又在距离这些木屋不到五公里处买下了一处占地150亩的农场，每亩价格25美元，这个价格让这座古老而荒废的农场的主人非常满意。农场到手后，年轻人马不停蹄地建造了一座100米长的水坝，把一条小溪的流水引进一个占地15亩的湖泊，在湖中放养许多鱼，然后把这个农场以建房的价格出售给那些想在湖边避暑的人。这样简单的一转手，使他共赚进了25万美元，而且只花了一个夏季的时间。

第四年，可想而知，这个有远见及想象力而未受过正规的“教育”的年轻人已经是坐拥千万财富的大富翁了。

成长悟语

再高的学历也战胜不了一颗出众的头脑。一颗出众的头脑必定拥有丰富的知识，但是这些知识不一定有一张书面证明。人们最伟大的力量，往往是在没办法证明的地方。

五星级擦鞋匠

源太郎曾经是日本一家化工厂的失业工人，为了糊口，他做过各种各样的零工，不过这最多能保证不饿肚子，日子还是过得很窘迫。源太郎非常渴望学到一门专业的技能，那样他就可以有稳定的收入，过上稳定的生活。

一次偶然的机会，他从一个美国军官那里学会了擦鞋。他第一次发现，原来擦鞋也有这么多学问：不同的鞋子要用不同的鞋油，有不同的擦法，不同的保养方法；同一种鞋子根据穿的时间长短也有不同的擦法；不同的鞋油可以自行混搭调配；就连擦鞋的顺序也是有讲究的。他被这些复杂细致的技法震撼了，再也不像原来那样把擦鞋看成是一件简单的粗活，而是开始怀着专业精神深入研究。

从此，只要听说哪儿有好的擦鞋匠，他就千方百计地赶过去请教，虚心学习，回来后不断试验。

日积月累，源太郎的技艺越来越娴熟，一双双早已失去光泽的旧皮鞋在他手中变得焕然一新、光可鉴人。而且他还有创新的擦鞋方法：不用鞋刷，而用木棉布绕在右手食指和中指上代替，使用的都是他自行研制调配的鞋油。

但是，源太郎并不满足于此，他还专门去研读相关的书籍，加上细致的观察，他的造诣日益深厚，与人擦肩而过时便能知道对方穿何种鞋。从鞋的磨损部位和程度，就可以说出这个人的健康状况和生活习惯。

炉火纯青的技艺、一丝不苟的精神、非同凡响的效果，因此源太郎赢得了众多顾客的青睐，他的名声越来越大，无数国外人士慕名而来，期待着一睹“五星级擦鞋匠”的风采。后来，位于日本东京霞关街附近的一家四星级饭店专门为他建了一间独立工作室。很快，源太郎就成了这家酒店的金字招牌。演艺界的各路明星一到东京就在这家饭店住，就是为了享受一下该店“定点”擦鞋匠源太郎的“五星级服务”。五星级擦鞋匠的名声真正远扬国际了。

成长悟语

把看似最简单、最卑微的事情做到极致，也是一项非常伟大的成就。这就在于你如何思考这个问题。

世上的事情本来就没有复杂和简单之分，没有高尚和低劣之别，最大的区别只有做得好和做得不够好。

“聪明的”阿西莫夫

阿西莫夫，一位世界知名的科普作家，一生中撰写了400部书。他在《智力究竟是什么》的文章中讲述了一个关于自己的故事。

阿西莫夫从小就是一个聪明的孩子，学东西非常快，成绩也一直名列前茅，经常受到大人的夸奖。

年轻时他曾多次参加“智商测试”，得分基本都在160分以上，属于“天赋极高者”，看来科学都证明了他的聪明。他一直为此而洋洋得意，颇为自负，觉得没有什么问题可以难得倒自己。

有一天，他遇到一位汽车修理工，这位修理工也听过阿西莫夫的大名，很想要刁难一下这位公认的“才子”。

修理工对阿西莫夫说：“嗨，聪明人！我出一道思考题，来考考你的智力，看你能不能答出来。”

阿西莫夫觑了一眼修理工油渍点点的衣服，心下想着：小小的修理工能提出什么有难度的问题，我才不怕他。

于是，他昂起头，一脸傲慢地回答道：“你问吧，随便问。”

修理工便开始说思考题：“有一位聋哑人来到五金商店买钉子，他对售货员做了这样一个手势：左手两个指头立在柜台上，右手握着拳头做出敲击的样子。售货员见状，先给他拿来一把锤子。聋哑人摇摇头，指了指立着的那两根指头。于是售货员就明白了，聋哑人想买的是钉子。聋哑人走出商店后，紧接着进来一位盲人。这位盲人想买一把剪刀，请问：盲人将会怎样做？”

阿西莫夫心想，这太简单了，随口答道：“盲人肯定会这样——”他伸出食指和中指，做出剪刀的形状。

汽车修理工见状大笑起来：“哈哈，你这笨蛋，答错了吧！盲人又不是不能说话，他想买剪刀，只需要开口说‘我买剪刀’就行了，他没必要做手势呀！”

成长悟语

知识和常识的增长并不总是成正比的。知识再丰富的人，都有不小心犯下常识性错误的时候。为自己的聪明感到骄傲的人，很多时候会败在自己的聪明上。

垃圾场花园

纳克·昌德是印度一个平凡的公路巡查工，他的任务是管理一个公路附近的占地两英亩的垃圾场。印度城市化进程很快，这个不起眼的垃圾场渐渐成了一座肮脏不堪的垃圾山。

面对着如此庞大的垃圾山，纳克犯愁了：自己不过是一个小小的巡查工，如何改造这座垃圾山呢？苦思冥想之后，还是没有好办法。有一天，他忽然想到："谁说垃圾就一无是处呢？我完全可以换个思维方式，发挥自己爱美的天性，在这些人们弃之不要的东西中创造我心中的美景！"

说干就干，纳克开始一心一意地在垃圾场中建造花园，全然不顾旁人的冷嘲热讽。在纳克看来，这个垃圾场完全具有建成一个理想的岩石花园的先天条件。

首先，在这块七高八低的垃圾场的地下，有一股注入苏卡纳湖的暗流。其次，地上还有几股小水流朝着一个方向汇成一条小溪。这些水流完全可以滋养一个美丽的花园。按照这些溪流的方向，纳克用碎玻璃、陶瓷片及五颜六色的鹅卵石和石块为原料，拼成镶嵌的图案把这块地方打扮起来。而且，纳克还参照古希腊厅堂中独特的拱廊设计和纵横交错的弯曲通道，为花园设计了精心的拐弯。这些拐弯形态各异，层次分明，每一个都给人以新奇的感觉，让人忍不住驻足观看。巧妙的构思和完美的布局，使这些原本遭人嫌弃的垃圾和无生命的石块充满了活力，搭配起来浑然一体，有一种不可更改的整体美。平凡的巡查工一下名声大噪，摇身一变而成为一名推销商，经常应邀到国外去举办废品艺术展览。

成长悟语

当我们对美还有追求的时候，最普通、最简单，甚至是最肮脏的东西，也会成为我们革新的力量！

并不是所有的"垃圾"都一无是处，它只是放错了地方。如果改变不了"垃圾"，那就改变放"垃圾"的地方。

没有天降馅饼的事儿

英国有一个叫弗兰克的青年，从小立志创办杂志。一天，弗兰克看见一个人打开一包纸烟，从中抽出一张纸条，随即把它扔到地上。弗兰克弯下腰，拾起这张纸条，那上面印着一个著名女演员的照片。在这张照片下面印有一句话：这是一套照片中的一幅。烟草公司敦促买烟者收集一套照片，以此作为香烟的促销手段。弗兰克把这个纸片翻过来，注意到它的背面竟然完全空白。弗兰克感到这儿有一个机会，他推断：如果把附装在烟盒里的印有照片的纸片充分利用起来，在它空白的那一面印上照片人物的小传，这种照片的价值就可大大提高了。于是，他就找到印刷这种香烟附件的公司，向这个公司的经理推荐了自己的主意，最终被经理采纳了。这就是弗兰克写作生涯的开始。后来，人们对小传的需求量与日俱增，后来他不得不请人帮忙。于是，他请来自己的弟弟帮忙，并付给他每篇 5 美元的报酬。不久，弗兰克还请了 5 名报社编辑帮忙写作小传，以供应印刷厂之需。弗兰克竟然成了编者！最后他如愿以偿地做了一家著名杂志社的主编。

成长悟语

天才与常人的区别也许就在于一双眼睛和一颗心。

对于一些事物，有些人只能看到表面，想到当前，而有些人却能看到内涵，想到未来。擦亮你的眼睛，敞开你的心灵，去迎接生命中的每一个机会，相信你一定会迎来成功的曙光。

只有变通思维，才能变不可能为可能

莫扎特还是学生时，曾和老师海顿打过一次赌。他说他能写出一段曲子，老师准弹不了。世界上竟会有这种怪事？在音乐殿堂早已功成名就的海顿对此岂能轻易相信。见到老师疑惑不解的样子，莫扎特伏案疾书起来，很快便将一段曲谱交给了老师。海顿未及细看便很不在乎地坐在钢琴前弹奏起来。但很快海顿就弹不下去了，他惊呼起来："这是什么呀？我两手分别弹响钢琴两端时，怎么会有一个音符出现在键盘中间位置呢？"接下来海顿以他那精湛的技巧又试弹了几次，还是不成，最后无可奈何地说："真是活见鬼了，看样子任何人也弹奏不了这样的曲子了。"显然，海顿这里讲的"任何人"其中也包括莫扎特。只见莫扎特微笑着接过乐谱，坐在琴凳上，胸有成竹地弹奏起来，海顿也屏住呼吸留神观看他的学生究竟会怎样去弹奏那个需要"第三只手"才能弹出来的音符。令老师大为惊喜的是，当莫扎特遇到那个特别的音符时，他不慌不忙地向前弯下身子，用鼻子点弹而就。海顿禁不住对自己的高徒赞叹不已。

成长悟语

生活中的很多事情，只要你变通一下思维，就可以变不可能为可能。从成功学的角度讲，没有不能实现的事情。学会变通思维，你将会奏出精彩的人生乐章。

把外面的椅子搬进来

一家跨国公司的人力资源部外面坐着三个人，这三个人都是来面试总裁助理这个重要职位的。他们都已经通过了三轮选拔，从众多竞争者中脱颖而出。最后一轮的面试由总裁亲自把关：跟三位应聘者逐个交谈。

面试的房间设在人事部的一个小办公室中，地方并不算大。面试马上开始时，人事主管才发现室内恰好少了一把应聘者的椅子。他正要去借一把，总裁挥手制止了他："不用了。"

第一位进来的是三人中年龄最大的，他已经有非常丰富的工作经验，能力出众。总裁看着他，礼貌地说："你好，请坐。"他看了一下周围，发现并没有椅子，原本轻松的脸色一下子变得茫然和尴尬。

"请坐下来谈。"总裁仍旧非常礼貌。他更尴尬了，局促地站在那里，不知所措。略作思索，他强笑化解，谦卑地说："没关系，我就站着吧！"

第二位进来的是三个人中学历最高的，他扫了一眼，发现并没有自己的椅子，也是一脸谦卑地笑："没关系，我就站着吧！"

总裁仍旧保持着礼貌，说："还是坐下来谈吧！"

学历最高的应聘者不知所谓了，他看了看身后，"可是……"

总裁似乎刚发现没有准备椅子，佯装抱歉："啊，请原谅我们的疏忽。那就委屈一下，我们站着谈吧！不过，很快就完的。"

最后进来的是一位应届毕业生。总裁还是以"你好，请坐"开头。

大学生看看周围明明没有椅子，先是一愣，然后立即微笑着请示："您好，我可以把外面的椅子搬一把进来吗？"

总裁的脸上终于露出了舒心的笑容，温和地说："为什么不可以？"

大学生就到外面搬来了一把椅子坐下来，和总裁完成了后面的谈话。

面试结束后，总裁留用了应届毕业生。理由很简单：我们需要的是有思想、有主见的人，没有自己的思想和主见，一切的学识和经验都毫无价值。

成长悟语

不要让我们自己的脑子变成别人的跑马场，只有凡事都自己动脑筋的人，才是最值得称道的。成见我们不能有，偏见我们要尽量避免，主见却需要时刻保留。

我们把别人的学问和见解保存下来，然后再变成自己的。

胆小与谨慎

比利是个胆小的男孩子，他不敢像瓦里那样从墙上跳下去，不敢像吉米那样用嘴含灭一根燃烧的火柴，甚至不敢像汤姆那样到池塘里捉青蛙。小伙伴们都跟在比利后面"胆小鬼、胆小鬼"地讥笑他。

比利很苦恼，整天闷闷不乐。这天，他坐在詹姆斯爷爷的花园门口叹气，詹姆斯爷爷走过来问："怎么了，我亲爱的小比利？你为什么不开心呢？"

比利说："詹姆斯爷爷，我是个胆小鬼，小伙伴们都瞧不起我。其实，我自己也瞧不起我自己，但是我就是改不了。"

詹姆斯爷爷坐在比利身边说："你觉得胆小是个被人瞧不起的缺点，可我觉得这是个了不起的优点。"

"优点？为什么是优点？"比利迷惑不解地问。

詹姆斯爷爷说："胆小还有另外一个名字——谨慎。如果你不做危险的事是出于对安

自我容纳的人能够实事求是地看自己，能从自身条件不足和所处的不利环境的局限中解脱出来，去做自己想做的事。

全的考虑，那你就不是胆小，而是谨慎了。谨慎和勇敢好比银子与金子，银子也很好，只不过因为金子更闪光，人们的注意力就全放在金子上了。但事实上，银子也同样具有价值。”

比利点点头。詹姆斯爷爷继续说：“你喜欢说话啰嗦的人吗？”

比利摇摇头说：“当然不喜欢，我的妈妈说话就很啰嗦，每天都数落我。”

詹姆斯爷爷说：“可大作家巴尔扎克就是一个啰嗦的人。你去看他的小说，每一个人物、每一个场景、甚至每一个物品都不厌其烦地描写。而他小说的特色就在这里。他把啰嗦运用好了，啰嗦就成了他的优点。”

比利兴奋地问：“那我也可以把胆小变成我的优点吗？”

詹姆斯爷爷点点头，说：“当然可以。只要你多读书、多思考，不断拓宽见识，考虑的事情越来越周全，那你的胆小就会变成优点——谨慎。”

成长悟语

所谓的缺点，至多不过是个营养不良的优点。如果你是位战士，胆小显然是缺点；如果你是司机，胆小肯定是优点。你与其想办法克服缺点，还不如想办法增长自己的学识、才干，当你拥有见识、视野的时候，即使你想做个懦夫，也很困难了。

万木庄园

一天夜里，大雨忽至，雷电引起的山火烧毁了树木葱郁的“万木庄园”。眼看着美丽的庄园烧成一片灰烬，主人迈克一筹莫展。突如其来的打击让他痛苦万分，闭门不出，茶饭不思。

转眼之间，一个多月的时间过去了，迈克依然深陷在悲痛之中不能自拔。年已古稀的外祖母非常担心，意味深长地劝告他说：“孩子，天有不测风云，庄园变成了废墟并不可怕，可怕的是，你被灾祸打垮了，天天这么消沉，你看看，你的眼睛都失去了光泽。眼睛如果老去，又怎么能看得见生活的欢乐和希望呢？”

在外祖母的悉心劝说下，迈克觉得自己不能这么一蹶不振，应该多出去转转，调整好心态。他一个人走出庄园，开始了漫无目的地闲逛。有一天，在一条街道的拐弯处，他看到一家店铺门前人头攒动，热闹非常。好奇的他不禁走上前去，原来是一些家庭主妇正在排队购买木炭。一块块乌黑锃亮的木炭整齐地躺在纸箱里，静静等待人们的挑选。看到这些，迈克不禁眼前一亮，仿佛发现了新大陆似的，兴冲冲地跑回家中。

到家之后，迈克立马雇了几名烧炭工，热火朝天地干起来。忙活了两个星期后，庄园里烧焦的树木已经被加工成了优质的木炭。迈克把这些木炭送到集市上的经销店里，很快就被抢购一空。短短几天，迈克就得到了一笔丰厚的收入。他用这笔收入购买了一大批新树苗，一个新的庄园初具规模了。

几年以后，“万木庄园”再度绿意盎然。

迈克的生活在庄园烧毁之初黯淡无光，因为他的思维沉寂于烧成废墟的庄园，看到的都是毁灭。如果他一直这么悲观下去，也许他的生命会和他的庄园一样荒芜。幸好，他转换思维，抛开那种可能让他生命成为废墟的心念。他的人生态度积极起来，再度绿起来的不仅是庄园，还有迈克的生活。给大脑洗个澡，转换我们的思维方式，就会看到更加明媚的风光。

成长悟语

懒于思索的人，会让生活变得贫乏，转动脑筋的人，困难会远离它。生活不会因为我们的遭遇而改变，但是我们的遭遇会因为我们的头脑而改变！

受排挤的眉毛

眉毛长在脸上，可它并不受小伙伴的欢迎。一天，眼睛、鼻子和嘴巴在一起开会。他们都对眉毛表示抗议。

眼睛说：“我多重要啊，有眼睛才能看见东西，我要是看不见，连路都走不了。眉毛有什么用处？就是一点点缀而已。凭什么可以在我上面？”

鼻子听眼睛这样说，深有同感。它叹了一口气，说：“我不是一样吗？鼻子感觉最灵敏，可以嗅到香和臭，眉毛算什么？它凭什么可以站在最上面？”

嘴巴早就对眉毛有意见了。听了眼睛和鼻子的抱怨，气鼓鼓地说：“脸上我才是最重要的！我不吃不喝了你们谁也活不了。可是我却在最下面，我是最委屈的。我和眉毛的位置应该互换一下才对，眉毛最没用，他应该站在最下面才对！”

眼睛、鼻子和嘴巴都在互相争执，对眉毛发出忿忿的抗议。

眉毛受到同伴的攻击和抱怨，并没有生气，而是心平气和地对他们说：“既然你们都以为自己最有用，那我就在你们的下面吧！”

说着，眉毛就走到眼睛下，后到鼻子下，再到嘴巴下，结果别人觉得这张脸真是难看极了，只好决定让眉毛回到原处去，那儿看起来才比较适合。

成长悟语

火车如果脱离了轨道，就有可能倾覆；飞机如果不受航线的约束，就有可能坠落；植物如果不依四季生长，就有可能衰败。有一只无形的手总在摆弄着我们。

所以，人们要想得到预期的结果，一定要使自己的思想符合客观规律。这就好像一支没有规律的队伍，你又怎么能够期望它拥有合作的战斗力呢？

第五辑

创意：成功前需要异想天开

特殊的作战思维

美国军人有几条不同寻常的作战规定，据说在战场上非常管用。

第 1 项：有时候重要的事反而简单；

第 2 项：如果敌对双方都觉得自己快要失败了，很有可能他们都是对的；

第 3 项：你急需火力支援的时候，也是无线电最容易断掉的时候；

第 4 项：声称能燃烧 5 秒的手榴弹引线一般会在 3 秒内烧完；

第 5 项：时刻牢记军队里的武器可都是由那些出价最低的承包商们制造的；

第 6 项：越平坦的路越可能埋藏着地雷；

第 7 项：再周详的计划，遇到敌人后也不会被完全实施；

第 8 项：不要跟比你勇敢的人待在一个掩体里；

第 9 项：作战时，假装自己是个无用的人（因为弹药有限，敌人会用来击毙重要人物）；

第 10 项：不引人注意的敌军部队可能才是需要去攻打的主力；

第 11 项：记住，你不是超人；

第 12 项：越简单的事情越难完成；

第 13 项：假如你发现作战异常顺利，很抱歉，你可能中了埋伏；

第 14 项：如果你缺少一切，就是不缺少敌人，那说明你一定在交战中；

第 15 项：子弹有道路优先权，挡它的路你就死定了；

第 16 项：不要因为敌人进入你的射程而沾沾自喜，因为你也进入了他的射程；

第 17 项：需要配套使用的武器装备通常不会一起送来；

第 18 项：不要强出头，那样容易引来危险；

第 19 项：我们可以预测职业军人的行为，可是怎奈到处都是业余选手；

第 20 项：比敌人的子弹更恐怖的是友军的炮火；

第 21 项：做任何事情都可能为你招来致命的子弹，当然任何事情也包括什么都不做；

第 22 项：如果一个方法被认为是愚蠢的，但只要它能解决问题，就不愚蠢。

成长悟语

当规则不通行的时候，那就把它换掉。因为这时只有打破规则，才能建立更适合当时当地的新规则。

所以，想要成功的人，不要总是走别人已经踩踏过千百遍的道路。

解放孩子的双手

有一次，艾利尔把父亲十分喜欢的一块表给拆开了，虽然表最近出了点毛病，但父亲仍然想把它拿去修一修。而这时，表的零件散了一地。

他的父亲知道后立即暴跳如雷。他愤怒地说道："艾利尔，你太调皮了，你不知道这块表对我很重要吗？你这是想干什么？"

母亲看到这种情景，赶紧上前制止了父亲的行为。父亲更加生气地说："你还护着他！你看他把我的表弄成什么样子了。"

母亲说："他是弄坏了你的表。但是你要知道，是表重要还是自己的孩子重要。"

就在这时，艾利尔哭着说："我没弄坏表……我……我只是想要拆开看看它哪儿出毛病了……"

听了艾利尔说的话，父亲一时竟不知该说什么了。

母亲接着说道："不管孩子是修表还是拆表，你都不应该吼他，恐怕又一个'爱迪生'就这样被你给'扼杀'了。"

父亲愣了一下："真有这么严重吗？"

母亲对父亲分析说："孩子的这种行为是创造力的一种表现，你不该对他发脾气，要解放孩子的双手，让他从小就有动手的机会。"

后来，母亲找到了一个补救的方法，让父亲和孩子一起把表送到钟表铺，让孩子站在钟表匠的身边，亲自看一看表的内部结构，以及钟表匠是怎么把表修理好的。

成长悟语

别一边折断天使的翅膀，一边责怪天使飞不起来。

创造力是人类最原始的基因，它是否生成和发展，只是看是否有人为它提供一种引导和环境。当然，这个故事也告诉我们，发掘创造力的过程，不一定要这么粗暴，而是可以更理性。

用冰做管子

一支探险队历尽千辛万苦来到了南极，准备在那过寒冷的冬季。他们用船从日本运来了汽油，准备用输油管道将这些汽油运到南极的基地里。

在队长的指挥下，队员们冒着寒冷，齐心协力把一根根铁管连接起来，管道在延伸，眼看就要接通了，突然，大伙儿发现铁管不够了！

在南极基地，也没有备用管子，如果现在再回国运输，时间最快也要两个多月。这可怎么办呢？大家一时也想不出什么好办法来。队长向国内请示，并准备返程。

有一名队员喝水的时候，无意中把水泼洒在一张卷成筒状的报纸上，在南极那样超低温的条件下，报纸自然很快就结成了冰。队长恰好拿起了这张报纸，发现它非常坚硬而且光滑。队长突然灵机一动，说："我有办法找到备用的输油管了。"

"什么办法？"大家都焦急地等待着。

"用冰做管子！"队长胸有成竹地说。

"用冰做管子？"众人疑惑不解。

队长解释说："冰在南极是最丰富的东西，我们不是有医疗用的绷带吗？就把它缠在铁管上，上面淋上水让它结成冰，然后拔出铁管，这不就成了冰管子了吗，然后把它们一节一节连起来，要多长就有多长。"

队长讲完后，大伙儿一拥而上，动手工作起来。很快，一根根冰管连接起来，一直通到了探险队的南极越冬基地。

成长悟语

队长的聪明之处在于，以已知的东西为参照，将许多毫无关系的要素组合起来，再制造出新的物件。

巧借其他的力量以达到自己的目的，这是一种智慧。所以，当我们自己的力量还不够时，最好利用好现有的条件来帮助自己做事。

你选择哪一种方案

在一个暴风雨的晚上，杰克开着一辆车在路上行驶。当他经过一个站点时，看到有三个人正在等公共汽车：

一个是奄奄一息的老人，病得让人可怜；

一个是医生，正好是杰克的救命恩人，曾经在一次手术中把濒临死亡的他挽救了过来，杰克做梦都想报答这个恩人；

一个是漂亮的女孩，从她的外貌和举止来看，她特别符合杰克心目中完美妻子的形象，他想，也许今天晚上是上天安排他遇到这个女孩，他可不想错过。

但杰克的车只能坐两个人，如果你是当事人杰克，将会如何选择？

方案一：帮老人，毕竟他是个老人。这个老人在世上的时间可能已经很少了，让他多感受一些人世间的温暖。

方案二：帮医生，毕竟他救过自己的生命，一直就想好好报答医生，这是一个很好的机会。

方案三：让那位漂亮的姑娘上车，也许这就是一场美丽的邂逅。

哪种方案好像都不妥，无论选择哪一种方案都会丢下另外两个人。那到底应该怎么办呢？

杰克灵机一动，有了主意。他马上把车钥匙给医生，让他带着老人去医院，而他正好留下来陪那个女孩一起想办法回家。

这样，杰克既救了可怜的老人，也报答了医生的救命之恩，又可以借机认识那个女孩。可谓是一举三得。

成长悟语

人们总是习惯性地只想到利用自己的优势来处理问题，结果往往手足无措。正如我们从未想过要放弃自己手中已经拥有的优势（车钥匙），如果我们能巧借劣势搭建一个解决问题的平台，我们可能会得到更多。

不肯去南方过冬的燕子

一群燕子，居住在温暖的夏洛克庄园的房檐下，这里环境优美极了，百花盛开，绿树掩映。

但是，秋天到了，大地枯黄，燕子们决定要飞去南方过冬了。

但其中一只燕子，今年刚长大，觉得自己年轻，不需要遵守那些老规矩，它想打破常规。

它对其他燕子们说："我们为什么要秋天飞去南方，春天又回来呢？这样不是很累，我们为什么不留下来，你看这里多美啊，我们的邻居麻雀不是冬天在这里过得很好吗？"

其他燕子觉得它说得太可怕了，因为几百年来，燕子都是按照这种"秋天飞去南方，春天回北方"的习俗生存的，现在要打破这种习俗，太可怕了。

看见其他的燕子没有听进它的建议，于是，这只燕子又说："你们去南方不就是为了暖和吗？我们可以去那边的那个牛棚啊，那里肯定很暖和，你看牛每年都在那里过冬呢。"

别的燕子说："但是我们之前都没有尝试过，不能冒险，还是去南方吧！"

一群群的燕子出发，飞去了南方，最后只剩下这只燕子了。这只燕子不屑地对着那些飞远的身影说："我要留下来过冬，让你们瞧瞧，你们这些愚蠢世俗的家伙们！"

叶子落光了，天气转冷，这只燕子窝在牛棚的房檐上，沐浴着太阳，觉得很温暖，心想："你们这些愚蠢的燕子，我现在很温暖。"

但是好景不长，下雪了，冷冽的北风灌进窝里，这只燕子感觉冷极了。

它现在心里后悔极了，自己应该去温暖的南方，它没有麻雀过冬的羽毛，不能抵御冬天的严寒。

几场雪过去，春暖花开，一群群的燕子回到了夏洛克庄园，它们在房檐上唧唧喳喳地叫个不停。在不远的处的地下，躺着一只死去的燕子。

成长悟语

创新也要在遵守常规的基础上，有选择地创新，而不是打破所有的常规，一味地去创新。因为常规之所以存在，也是有它的合理之处的。

于连铜像的“啤酒尿”

很多啤酒商都发现，要想打开比利时首都布鲁塞尔的啤酒市场非常难。

于是就有人向畅销比利时国内的“哈罗”牌啤酒厂取经。哈罗啤酒厂位于比利时首都布鲁塞尔的东郊，无论是厂房建筑还是生产设备都没有很特别的地方。但该厂的销售总监林达是轰动欧洲的策划人员，由他策划的啤酒文化节曾经在欧洲多个国家盛行。

林达刚到这个啤酒厂的时候还是一个不满 25 岁的小伙子，那时他看上了厂里一个很优秀的女孩，然而那个女孩却对他说：“我不会看上一个像你这样普通的男人。”于是林达决定做些不普通的事情。

那时的哈罗啤酒厂市场份额正在一年一年地减少，因为啤酒销售的不景气，而没有钱在电视或报纸上做广告。

善于借助别人的力量，让弱小的自己变得强大，让强大的自己变得更加强大，使自己的成功更持久。

销售员林达多次建议主管到电视台做一次演讲或者广告，但都被主管拒绝。

林达决定冒险做自己想做的事情——他贷款承包了厂里的销售工作。

正当他为怎样去做一个最省钱的广告而发愁时，他徘徊到了布鲁塞尔市中心的于连广场。广场中心的铜像启发了他，广场中心撒尿的男孩铜像，就是为了纪念那个用自己的尿浇灭了侵略者炸城的导火线，从而挽救了这个城市的小英雄于连。林达突然决定了，他要做一件让所有人都意想不到的事情。

第二天，路过广场的人们发现于连的“尿”变成了色泽金黄、泡沫泛起的“哈罗”啤酒，旁边的大广告牌子上写着“哈罗啤酒免费品尝”的广告语。

一传十、十传百，很快全市居民都从家里拿出自己的瓶子、杯子排成队去接啤酒喝。电视台、报纸、广播电台争相报道。年底结算，该年度的啤酒销售产量是上一年的 18 倍。

林达成了闻名布鲁塞尔的销售专家。

成长悟语

适当做一些别人没有做过的事情。

最有可能成为捷径的道路，就是别人没有走过的路，这需要一定的风险，但是在这风险之后则是创意的成功。

试穿的魅力

赫达是一家高跟鞋公司的营销总监。虽然听着职位不低，但是赫达的日子并不好过，因为她的公司还在创业的起步阶段，资金有限，在市场上的知名度和美誉度并没有打开。因此，每一次她都必须精心设计营销方案，一方面保证丰厚的盈利，另一方面还要逐步建立良好的品牌口碑。

这一次，公司新推出一款叫“蓝醉”的高跟鞋。这款鞋是公司这一年的重点设计，通体透蓝，后跟还镶满了水钻，鲜艳夺目，造价并不低。但不好搭配衣服，可能最后买的顾客不会太多。因此，如何定价是关键的制胜策略。

赫达的桌上摆着一摞市场分析材料，这些材料中分别有从生产造价、市场定位、销售区域等方面分析的，基本上各执一词，难有定论。赫达看得头昏脑涨，一头雾水。

正好这时，好朋友婕西来看她，得知她的烦恼后，婕西说：“我看看是什么样的高跟鞋，不妨让我先试穿一下。”

穿上后，婕西在屋里走了几圈，高兴地说：“真不错，我都有点舍不得脱了。”一边说着，她一边低头望着那双鞋，“这鞋多少钱一双？要不你先卖给我一双吧？”

一连问了好几声，赫达都没有回应。婕西抬头才发现好朋友正奋笔疾书，好像很怕漏了什么似的。很快，一份新的定价方案出炉了。

赫达先后把200双鞋无偿送给200位不同背景的女性顾客试穿一个月。

一个月后，公司派人登门收回。试穿者若想留下，每双鞋付300美元。其实，赫达并非想收回鞋而是想知道300美元一双的高跟鞋会是什么样的人购买。

最后统计结果显示，购买这款高跟鞋的女性大部分是收入较高的职场丽人。得到这个消息后，赫达首先缩减了生产规模，其次将销售点布置在职场女性常去的中高档商场，然后精心增加了鞋的包装，里面还有穿衣搭配指南，最后把价格定在400美元。

推向市场后，这款鞋果然大受职场女性的欢迎，为公司盈利不少。同时中高档的定位也提升了公司的形象，可谓一举而两得。

成长悟语

唯一验证想法是否可行的途径，就是把它放到现实中去。我们的创意一旦脱离了现实生活，那它就永远只是一个空想，而当它能够为现实中人接受的时候，它就成为一个创举。

口香糖雕塑

阿图罗是佛罗伦萨国立美术学院的一名普通学生。在这座大师云集的世界最高美术学府中，到处都是才华横溢的青年学子，他们的画作闪现着夺目的光华。而阿图罗在长期的学习过程中并没有展现出让人惊艳的艺术造诣，他常常为自己的平凡黯淡而自卑。

转眼间，毕业的时候到了，阿图罗和其他所有的同学一样，正为毕业考试的作品而日思夜想，愁眉不展。但凡他能想到的创意，别人都已经实践过了，而且做得细致完美，基本上不可能超越。此刻，他才真正明白文思枯竭的痛苦。

“难道这一次又要创意平平、成绩普通地通过考试吗？”阿图罗在心中问自己。

“不！我早已厌倦了平庸，这一次我要向所有人证明自己！”一个倔强的声音从他心底冒了出来。

“可是，你拿什么证明呢？你身上有什么独一无二而且让别人无从超越的特质吗？”那个自卑的阿图罗又出现了。

“我不清楚，但是我知道自己不能放弃，我要不计一切地尝试一次。”不甘终于战胜了自卑，阿图罗下定了决心。

当时他正为戒烟而咀嚼口香糖，被困的思维加剧了他的烦躁和焦灼，他像以前疯狂地抽烟一样，疯狂地一块接一块地咀嚼口香糖，在最后使劲吐出的那一刻中释放久积的压力。有一天，他一如既往地疯狂地咀嚼着，突然爆发了灵感：为什么不用口香糖做一件雕塑？这是别人从未尝试过的！

说干就干，阿图罗决定用口香糖做一件300年前已在地球上绝迹了的形似雕的大鸟——“度度”。然而，这并不是一件易事。首先，这需要上千个口香糖。再者，一块口香糖要嚼到一定程度才会有足够的柔韧与黏度，才能做出精确的造型。这都是耗时又费力的事，但阿图罗没有放弃，他开始把嚼过的口香糖根据自己的设计模型一块块粘起来，以前为压制烟瘾而嚼口香糖的麻木，变成了一种目标明确后的激动与急切，他从以前的一天几片到后来的一天几十片，甚至上百片地咀嚼口香糖，直嚼得下颚酸楚，牙出血，疼得眼泪直流。

3个月后，用3800块口香糖做成的“度度”雕塑如期完成，不仅为平凡的学生时代赢得了第一名的好成绩，而且使他一举成为最受瞩目的年轻艺术家。

成长悟语

优势已经消失，要么创新，要么死亡。而创意的过程，总是充满着革新的流血和痛苦。

有创意的年轻人，不是因为他比别人更加聪明，而是因为他并不把规则当作规则，不把定律视为定律，这样的人做出的事情往往容易让人大吃一惊。

真正的杰出不是拼凑

一次哲学课上，教授对学生们的论文进行评述。说到学生奥布里的时候，教授的表情异常严厉，他很生气地说：“你缺乏想象力，如果继续这样，你将来会一事无成。”奥布里听了很不服气，觉得教授的评价太过片面，于是就和教授争论起来。教授说：“好吧，那咱们就用事实来证明。请你来为大家画一只自己想象出来的怪兽吧。”

奥布里迟疑地走到黑板前，拿起标记笔，一边思考一边画。十分钟以后，他的大作完成了，同学们看了不禁哈哈大笑。他画的怪兽有着教授的头、老虎的身子、老鹰的爪、蛇的尾巴，还有两个鱼鳍。奥布里似乎对自己的作品十分满意，得意地等待着教授的评价。教授看了，微笑着说："奥布里，我说得没错吧，你就是一个缺乏想象力的人。你画的怪兽不过是把一些真实存在的事物东拼西凑起来，你的论文也是如此。学会真正的创造才能成为杰出之人，而东拼西凑最终只能是个平庸之辈。"

成长悟语

如果学生在学校里学习的结果是使自己什么也不会创造，那他的一生永远是模仿和抄袭。虽然模仿是人的本能和天性，但是，它也是人的最大缺点之一。

而创造力和模仿力最本质的区别就是，谁先踏出那第一步！

1 美元的轿车

乔治开着自己的豪华轿车出现在朋友聚会上，没有任何一个人会相信这辆轿车是乔治仅花 1 美元买来的。

乔治在聚会中询问大家："你们没有在报纸上看到一则广告吗？有人要以 1 美元出售一部豪华轿车。"乔治的朋友芬妮说道："我两周前看到过，那一定是骗人的……"其他人也附和芬妮的猜测。但是乔治大笑道："我一开始也这么认为，但是，你们知道吗？那居然是事实！"于是乔治开始讲述他获得这辆豪车的经过：

"当我在报纸上看到这则广告时，我以为是愚人节。但是我那天可能太无聊了，于是就揣着 1 美元去了广告上登的地址。到了地方后我看到一位女士，她带我去参观那辆豪车，也就是我今天开过来的这辆。

"我当时想：这车八成是赃物，或者是犯罪留下的证物。但是那位女士给了我这辆车的全部证件，而且愿意和我签署保单。我又想：这车一定是坏掉了。但是女士却让我开着车在四周转了好几圈，好车就是这样，开一圈就知道它是好是坏，果然完好无损。于是我付了 1 美元，女士就把车给了我并和我办了相关的手续。

"临走的时候我依然非常疑惑，于是非常冒昧地问了女士，为什么这么便宜就把这样的豪车卖掉？她说，这是她丈夫的遗物。因为丈夫把所有的遗产都留给了她，只有这辆轿车，是属于丈夫的情妇。但丈夫在遗嘱里把这辆车的拍卖权交给了她，而所卖款项需要交给情妇，于是，这位女士决定卖掉它，而且只卖 1 美元！就这样，这份幸运属于了我！"

成长悟语

我们为自己创造了一个适于生活的世界——接受各种看似合理、所谓科学的因与果、形式与内涵，好像没有这些"值得相信"的事情，我们就没有办法存活下去一样。其实，这些东西也并未经过验证。生活不是论据，也不是规定，有些事情我们不去经历，永远都不会知道它究竟能给我们带来什么。

餐厅电影院

很多人一想到电影院，脑中闪现的就是一排排整齐的椅子，一个宽大的屏幕。但是年轻的道费兄弟改变了人们固有的认知。1974 年，佛罗里达州的道费兄弟想吸引更多的人走进电影院，但他们并没有像其他人那样放映更多更好的电影，而是改造了电影院的传统格局。

他们选定了一个热闹的购物中心，花大价钱租了一块场地，并投资 10 万美元建成一个餐厅电影院。在影院里，观众可以坐在舒服的椅子上边吃三明治边喝酒，还能悠然自得地看电影，如同上酒吧的顾客一样。

开张之后，这种别出心裁的新格局立刻受到人们的欢迎，尤其得到了年轻人的热捧。传统的一排排固定的座椅取消了，代之的是更加宽松的桌椅。人们在这里可以吃到三明治、意大利脆饼等各种食物，还有穿着燕尾服的服务员彬彬有礼的服务。店堂里布置得也很雅致，人们常常不觉得自己是在看电影，而是在家中与亲朋好友聚会，大家吃着点心，看着电视节目，非常放松。

而且，来这儿来看电影只需付 2 美元门票，而当时一般电影院的门票是 5 美元。不过，道费兄弟并不亏本，单是食物和饮料的利润就非常可观了。更有趣的是：许多观众或顾客并不在意放什么影片，吸引他们的是这种“家庭影院”的气氛，还有不少人是冲着饮料和食物来的。毕竟，边吃东西边看电影的精神物质双重享受能给人们带来更多的乐趣。

成长悟语

在已有的东西上进行更符合需求的改造，会产生一种新的创意。这种创意如果能够调动起人们的喜好，那么势必就会成功。

很多时候，我们不需要“无中生有”，只需要“有中更优”。

喷着香水的假向日葵

路易十四是法国最为奢华的几位国王之一。有一次，他为了能穿到更精致华美的衣服图案，便把宫廷里两个最顶尖的裁缝叫了过来：“我现在要看看你们俩人谁的本领更高，我就奖赏他 1 万个金币！这样吧，3 天后你们用同样的材料绣出一朵向日葵来给我看。”

3 天后，两名裁缝带着绣好的向日葵来到宫廷。两位裁缝的技艺可谓是不相上下，这可难坏了国王和大臣们，因为他们二人绣出的向日葵实在是太逼真了，真的很难判断谁上谁下。

正在国王和大臣们都发愁的时候，大臣中有人说了一句：“干脆就将这两块绣好的向日葵放在外面，如果哪个能够吸引蜜蜂、蝴蝶，那就说明哪个造型更逼真，手艺更好！”听到这个提议，众人都赞成。

于是众人带着这两朵向日葵来到了宫廷前的一片草地上，没过多久，空旷的草地上飞来了蜜蜂、蝴蝶，而它们竟然都三三两两地落在了第二朵向日葵绣花上。

有了蜜蜂和蝴蝶的认证，国王自然将 1 万金币赏给了第二位裁缝。这位裁缝领赏时，国王问道："你们两人的技艺明明不相上下，为什么蜜蜂、蝴蝶却偏偏喜欢你绣的向日葵呢？"

"其实很简单，尊敬的陛下"，裁缝说，"因为我在绣好的花上喷上了花香味的香水，散发着香味的'花'自然会吸引蜜蜂和蝴蝶来啦！"

成长悟语

考虑好一方面并不难，难的是全方位都考虑到。你要比别人做得更好，就要比别人想得更多。这就好像你要从上帝的手里接住苹果，当别人都伸出左手的时候，你如果两只手都伸出来，那么，你势必比别人拿得多。

OSPOP 和解放鞋

班·沃特斯走进纽约市的一家商场，拿起一双 OSPOP 的最新款鞋，看了看标价：75 美元，满意地笑了，如果换到几年前他怎么也想不到，自己偶然从中国带回的几双解放鞋会给自己带来人生的又一桶金，要知道，在中国一双解放鞋的售价仅仅 2 美元。而自己只不过是让设计师在原有的基础上稍加改动，然后换了个名字：OSPOP：One Small Point of Pride，一丁点儿的骄傲，居然让价格变为原来的 37.5 倍。

事情要回到 2003 年，沃特斯因公事来到中国的上海。一个偶然的机会在四处闲逛时，他发现在工厂打工的劳工们，下井劳作的矿工们，包括在田里劳作的农民们，大多都穿着同一款鞋，这款鞋设计极为简单，上面印有"工"的标志，这一点引起了沃特斯的兴趣。

沃特斯经过了解后才知道，这款鞋叫作"解放鞋"，最早是生产给中国解放军穿的，所以从材料和制作上来讲简单大方，但是它的耐磨性，结实的程度甚至不亚于一些名牌的登山鞋。在沃特斯眼里，这仿佛是一种中国人的韧性和坚强的代表，也是一种中国劳动者的"流行色"，最后他怀着一种敬意买了几双带回美国。

随后，沃特斯脚下的解放鞋受到很多随行同事的认同，这让沃特斯想到：自己可以重新在美国生产解放鞋，让欧美民众也青睐它！于是沃特斯付诸行动，他认为解放鞋虽然不大，但是代表着中国人的骄傲，没想到在中国很多人都忘记的解放鞋会成为欧美的时尚潮流……

成长悟语

"世上不是缺少美，而是缺少发现美的眼睛。"这句话似乎永远都不会过时。眼光和眼界是财富的导航仪，变废为宝、从贫困走向财富，往往不需要什么大智慧、大发现、大投资，需要的就是一双独特的眼睛从沙砾中看到金子，然后有足够宽广的眼界把这粒金子放到它应该存在的地方。

创意很多时候就是一种眼光。

黑白照片的启迪

法国波莫瑞香槟酒公司的广告部经理尼克真是寝食难安，伤透了脑筋。原来，公司自从决定在杂志上刊登广告以来，尽管投入了巨额资金，但一直收效甚微，老板为此大为恼火，扬言要是尼克再想不出一个好法子来，就让他收拾东西走人。

最具创意的广告策划，最专业的平面广告设计团队，最有影响力的品牌杂志，究竟是哪里出了问题呢？尼克百思不得其解。他毫无头绪地翻看着整本杂志，色彩明艳的各色广告不停地涌入他的脑海，几乎使他无法思考。

突然，尼克快速翻阅杂志的手慢了下来，紧接着又迅速往回翻，一张上世纪的黑白照片出现在眼前。尼克取出照片，看着照片中小时候的自己，骑在父亲的肩上，笑得那样无忧无虑，可是现在，他的事业遇到瓶颈，而已经去世的父亲却再也无法给他指点迷津了。想到这里，尼克几乎要绝望了。忽然，盯着手中的这张黑白照片，尼克有了一个有趣的想法，他决定放手一搏。

一周后，新一期的杂志面世，而随着杂志销量的上升，尼克公司的香槟酒销售业绩也节节攀升，老板对尼克大加赞赏，追问尼克究竟是怎么想出这么别致的广告创意的。

尼克谦虚地笑了笑，拿起一本杂志，在一片五颜六色的彩照中，轻易地翻出一张大气的黑白照片，这幅黑白的香槟酒广告，在五颜六色的广告中显得格外素净典雅，自然让消费者过目不忘。

成长悟语

当所有人都在追求五颜六色的所谓丰富的生活时，你回归了黑白却显得更加独立和自然。你只要坚持自己心中的简单，不需要去追求别人的多彩。

我长得实在不好看

20 世纪 60 年代，那个时候，美国大街上跑的都是美观气派、设备豪华的极速快车。绝大多数汽车公司的广告也都在这方面大做文章，夸耀自己的车型是多么优越迷人。而德国福斯的金龟车外形古怪，马力小，档次低，不合美国消费者的口味，所以登陆美国已经十年了，依然打不开市场。

为了在重围中杀出一条血路，福斯决定头脑风暴，面向全社会征集创意广告，来重新塑造金龟车的形象。

在众多的广告当中，美国 DDB 广告公司伯恩巴克的一系列广告创意显得尤为特别，他不像别的广告公司那样，极尽所能地夸耀金龟车的优越性能，而是推出了一系列“自曝其短”的金龟车广告，它们以各种自嘲的方式告诉消费者金龟车“长得实在不好看”、“不再是新奇事物”，然后从缺点中带出优点。

比如说，有一组广告的主体画面是登陆月球的宇宙飞船，下方的介绍词是：“虽然我的外形不美观，却能把人搬运到月球上去。”旁边配以显著的福斯汽车标志。在《想一想小的好处》里，则娓娓诉说金龟车的省油、耐用，“一旦你习惯金龟车的节省，就不再认为是小缺点了。”

当所有的广告都在极力表现自己优雅的一面时，伯恩巴克的这种“坦白”和“自曝其短”让人耳目一新，瞬间便赢得了消费者的好感与信赖。一时间，福斯的金龟车大卖，而且“小而美”的人生哲学竟也因此成为当时的主流观点。这一系列广告也被认为是广告界的创意经典之作。

成长悟语

暴露出缺陷，也可能是引起注意的一种方式。当然，这种“缺陷”不见得是真的缺陷，而也有可能成为有趣的特点。关键不是暴露它，而是让大家被它吸引，然后再将它接受。

角落的优势

亚当和阿道夫是一家房地产公司的职员，他们每天的职责就是到广告牌那里张贴公司的售楼广告。

公司规定，他们每通过广告拉到一个客户，就能从中抽取10%的提成。

亚当和阿道夫每天奔忙在城市的各个角落，在那些广告牌上张贴自己的广告。

可是每个月，亚当的销售成绩总是阿道夫的一倍多，这让阿道夫感到纳闷，难道自己不如亚当勤奋？

于是阿道夫起得更早了，回家也更晚了。可是，一个月下来，亚当还是比自己卖出的房子多得多。

阿道夫不理解，于是就问亚当：“难道你有什么秘诀吗？”

亚当说：“我没有什么秘诀，如果非要说出秘诀的话，那就是我喜欢把广告贴在广告牌的角落里。”

我们不能只看到别人的成功，只学习别人成功的经验，更要看到别人的失败，从别人的失败中去总结思考出可以借鉴的东西。善于吸取教训能使我们进步得更快。

阿道夫不明白，把广告贴在了广告牌最高处。那个地方最显眼，不是更能吸引人们的眼球？

亚当看出了阿道夫的不解，于是说：“从早到晚，每个广告牌差不多有五六十人到这里贴广告，每个人都想把自己的广告贴在最显眼的高处。”

亚当接着说：“这样的结果就是：每一个广告都在那停留很短，就被新的广告纸盖住了。”

亚当又说："我把广告贴在了广告牌的角落里。一连好几天，它都在那儿，直到我的那套房子被卖掉，我才去把它撕下来。"

成长悟语

当所有人都挤在"捷径"上的时候，那条路再好，我们也未必走得通。当所有人都在高处的时候，高处的风景再优美，我们也未必能看得见。

找准自己的位置并不意味着我们要一味地追求"好位置"，"好位置"应该是能够帮助我们自己达到目的，而不是能够帮助所有人达到目的的位置。

鲑鱼市场的斗争

德瑞海鲜食品公司现在是美国海鲜食品行业的佼佼者，不论在品质、创新，还是宣传上都是首屈一指的。今年公司在全国年度食品排行榜上又是名列前茅。经理杰米站在办公室的落地窗前，细想这些年公司经历的风风雨雨，一时感慨万千。当年德瑞还是一个名不见经传的小公司时，鲑鱼销售的崛起拉动了整个德瑞发展的步伐。

那时，美国鲑鱼市场上的红鲑鱼和粉红鲑鱼销售竞争激烈难分，各自都在广告词中信誓旦旦地说比对方更胜一筹，多年未分高下。

然而过了不久，粉红色鲑鱼占据销售先锋，不论是从知名度、销售额还是利润上来说，都远远地高于红鲑鱼。当时杰米还只是公司的一个普通推销员，由于经理下达命令要求 90 天内缩短与粉红鲑鱼的距离，这无疑给了杰米很大压力。杰米也是绞尽脑汁，毕竟他也想为公司、为自己赢得这场没有硝烟的战争。经过分析，杰米认识到很多老店之所以能够经久不衰，其原因就是正宗。他本着这个理念为红鲑鱼找到了卖点："正宗挪威红鲑鱼，保证不会变成粉红！"这条标签在红鲑鱼的销售中迅速推广，而红色也成了正宗鲑鱼的代名词，一时间红鲑鱼迅速脱销。而杰米也因此一步步走到了今天总经理的位置。

成长悟语

人人都有自己的办法，有的人用谎言宣传自己，有的人用事实证明自己，有的人把别人的资源变成自己的力量……无论用什么方法，掌握了事态的主流，也就为成功打好了地基。

聪明的跟跑者

MBA 课堂上，黑板前的多媒体在播放着幻灯片，幻灯片里是一群人在参加马拉松比赛，前边领跑者大汗淋漓地奔跑着，后面给到几个特写，跟跑者在身后蓄势待发，随时准备着超越领跑者。

伍德教授指着幻灯片里的场景，缓缓说道："在赛场上，领跑者需要承受更大的心理压力，而且往往战术意图容易被对手识破，相反，聪明的跟跑者往往以逸待劳，战术意图不容易被发觉，随时准备发力超越领跑者。”

随即伍德教授停顿了一下，打开了下面一组幻灯片。

“经商也是如此，和马拉松比赛有许多相似之处，我们来看下面的案例，日本的日产汽车公司动用大量人力物力开发出‘SANI’大众化汽车，丰田汽车公司却欣喜若狂，因为借助日产汽车铺天盖地的宣传攻势，人们对汽车的兴趣越发增强，丰田公司适时推出了‘卡罗拉’系列汽车，推出市场后供不应求，节省了大笔前期研发和广告费用，获得了丰厚的收益。”

伍德教授看着下面若有所思的学生，总结道：“作为一个跟跑者，看似起步比较慢，然而如果能紧跟领跑者的步伐，逐渐积累自身优势，后来居上者的优势比比皆是。经商也是如此，作为一个成功的企业家，我们的着眼点要放在企业的长期规划与发展上，在企业缺乏核心竞争力的情况下，可以不计较一城一池的得失，暂居人后是为了韬光养晦，以便厚积薄发，只要我们保持积极的心态，做一个商场上的跟跑者也不失为一个好的选择。”

成长悟语

跟着巨人跑，他永远都会为你挡住前面的风沙，别把力气放在跟跑的时候，而应该是放在最后冲刺的阶段。你可以在一开始不做第一，但是，在最后你可以争取冠军。

低价的智慧

贝蒂和布兰特是热恋中的小情侣，今天是周末，两人相约来到亚特兰大石头公园游玩。周末的游客显得很多，人们有条不紊地排队等着买票。布兰特排队的时候，看到前边售票处张贴着一张醒目的价格表：

通票售价：每人次 8 美元，可以玩遍公园内所有设施；

缆车票售价：每人次 16 美元，只能用于乘坐缆车使用。

开始的时候，布兰特以为是自己看错了，再次仔细看了一遍，发现票价确实是这么规定的。布兰特赶紧指着前面的价格表，对贝蒂说道：“亲爱的，你看前面的票价多奇怪啊，是不是价目表弄反了？”贝蒂看了一下，也是一头雾水，这时候已经排到他们买票了，他们决定购买通票，发现价格竟然真的只有 8 美元。

布兰特和贝蒂进去公园开始游玩，他们花费了一天的时间，几乎玩遍了公园内的所有游乐项目，中午饭也是在公园内的餐馆里解决的，看着天色渐晚，两人打算再买一些纪念品然后回家。

购买纪念品后，两人粗略地计算了一下，一整天在公园内的花费竟然超过了一百美元。

这时候，他们看着那些单独买缆车票的游客经过，才恍然大悟，原来公园的经营者才是最精明的，通票看起来不合情理低了很多，但是正是因为通票的吸引使游客在公园内逗留的时间大大延长了，加上吃饭、购物等消费，收益不可小觑；而那些买缆车票的游客，乘坐时间很短，收入也就只有那固定的 16 美元了。

在追求利润最大化的常规经营中，有些时候，以少胜多的创举不仅让人眼前一亮，而且让人回味无穷。

成长悟语

对于利益来说，重点不在于你当下能够获得多少，而在于长远下来哪个得到的更多。

利益通常都有两面，有些人看到的是双手能够碰触的正面，而另一些人却能够看到反面。

神奇的沏宝模式

2006年德国世界杯期间，几个百无聊赖的南非球迷走在柏林街头，四处张望打算找个地方打发时间。眼前出现了一座咖啡厅，招牌上写着沏宝咖啡店，于是他们推门走了进去。店里面显得有些凌乱，除了提供咖啡，竟然还售卖手机、充值卡、手表之类的东西，甚至还能提供办理签证服务。几人喝着香浓的咖啡，目光看到前方柜台上摆放的最新款手机，走过去随手把玩一番，然后掏钱买了下来。

这就是传说中的沏宝模式，类似的场景在沏宝一千多家连锁店里每天上演着。

“难道将一些不相干的东西放在一起卖，就能起到意想不到的效果？”沏宝咖啡店就是面对着类似的非议开始探索自己的新方法的。沏宝的经营者认为，联合营销的方式能够充分发挥产品的整合效应。一位顾客来到咖啡店喝咖啡，走的时候却购买了一张充值卡；另一些消费者在购买手机的时候，难耐咖啡的诱惑，忍不住也会来一杯。沏宝用现实行动回答了人们的质疑。

由于沏宝咖啡店遍布德国的大街小巷，它根据消费潮流和人们对现代科技的预期，独创了一种新的营销模式。沏宝以“每周一次新体验”为主题，每周限量推出15件特选商品。这一创新的营销手段使原本普普通通的产品销售变成了独特的个性化体验，一件普通的商品，上架一周之后如果不能购买到，就再也买不到了，这样就激起了顾客内心深处的购买欲望。

成长悟语

资源整合从某种程度上来讲，就是各种领域之间的渗透，这是一种很有趣的行为和思维模式。你可以把哲学的东西放到动物学上，可以把动物学的信息引申到营销学上，可以把营销学的概念放在文学上，可以把文学的观点用在社会学上，可以把社会学的想法结合到数学上……

这些渗透或许会出现一些新鲜的东西，也说不定。

第六辑

正直：问心无愧是最舒服的枕头

建游乐场的默克

默克是德国人，他经营一家建筑设计公司。

马萨里小城的游乐场招标，他以绝对的优势中标了。但是，游乐场建成后，因为工期延长、经费过多、设计繁复等问题，市民对这个游乐场总感觉不尽如人意。之后，这个小城的一些招标项目，也没有请默克参与。

而邻近的瀑布镇，最近几年也完成了一个游乐场项目，这个建筑公司用了默克公司一半的时间和资金，却完成了同样的项目，而且在布局上显得更为完美。

马萨里小城的市民更觉得请默克设计这个游乐场，实在是笔亏本的买卖。

有一年的雨季，瀑布镇的游乐场被大水淹没了，损坏了很多设备，造成了很大的损失。而马萨里的游乐场却安然无恙，因为默克在设计这座游乐场的时候，在地下铺设了排水管道，地面也垫高了几英尺，这样游乐设备就不会受到雨水的侵蚀。

炎热的夏季，瀑布镇的游乐场为了显示整体布局的整洁，没有栽树，只是在一个地方设计了遮阳的凉亭，但这些凉亭在人多的时候，并不能容纳很多人。而马萨里的游乐场，绿树成荫，人们不仅可以游玩，也可以观赏这里的风景，而这些绿树，曾经一度被指责成多余的累赘，差点被叫停。当地人曾一度认为，德国人做事太死板，愚笨至极。

现在看来，德国人的做法是对的。默克在设计时考虑到了天气与季节、地理与环境等因素。为此，默克的很多同行问默克：“你怎么会这么精明？”默克回答：“我只是实在，并非精明，精明的倒是你们。”

成长悟语

聪明反被聪明误的道理，大多数人都懂得，但是在生活中我们仍然常犯这类的错误。我们在人际交往中，总以为耍点小聪明，就能从对方那里占到便宜。我们往往忽视了一点，你只要有这样的心态，别人也可能用同样的方式对待你。所以，我们不管做什么事，都要真诚，这才是成功最重要的。

一枚戒指

农夫家里有三个儿子。一天，他们一起到森林里面砍柴，大儿子发现有个东西在阳光的照耀下闪闪发光，走近一看原来是一枚戒指。他偷偷地捡起来，带回了家。几天以后，不妙的事情发生了。农夫气喘吁吁地赶回家，对他们的三个儿子说："公主的戒指不见了，听说那是公主母亲的遗物，现在士兵们正在全城搜索。"

三个兄弟你看看我，我看看你，并不觉得是什么可怕的事。农夫一看三个儿子似乎不太明白，接着说："大家都在传言，说肯定是有小偷潜入皇宫偷走了，这要是被抓住，肯定要被杀头了。"大儿子一听吓坏了，他明白自己捡到的那枚戒指就是公主的。虽然很值钱，但是会招来杀身之祸。所以趁着大家晚上睡着了，他就偷偷把戒指放在了二儿子的枕头下。二儿子醒来，看到枕头下的戒指，就像看到了病毒。他赶紧捡起来，偷偷地放到了三儿子的口袋里。

第二天，士兵们搜到了农夫家里，他们在三儿子的口袋里面找到了那枚戒指，并把三儿子带到了皇宫。

公主问三儿子戒指是从哪里来的，三儿子知道这个戒指应该是哥哥们放的，为了保护两位哥哥，他回答说："是我在森林里面捡到的。"正在三儿子为自己的性命担忧的时候，公主笑了，她说："女巫果然没有骗我，她说那是一枚能够赐予我美满婚姻的戒指，让我把它丢在森林里，戒指自然会为我找到命中注定的人。"

就这样，三儿子娶了美貌的公主，和她一起在皇宫里过上了幸福的生活。

成长悟语

这个世界最神奇的事情，就是我们需要随时面对的瞬息变化。坏事可能变成好事，好运可能变成灾难。

没有人能够给即将发生的事情和未来做一个定性。而无论外界的环境如何改变，我们要做的就是守住那颗最诚实的心。

丘吉尔为母亲办婚事

在丘吉尔26岁那年，母亲要嫁给比自己小20岁的运动员。丘吉尔开始觉得难以接受，父亲死去才5年，母亲就另嫁他人，而且对方年龄还那么小，这种情况下的婚姻根本就不会长久的。况且，现在母亲和自己生活在一起，不是很好吗？衣食无忧，每天还和自己聊聊天，多么的惬意。其实，心里觉得母亲要嫁给他人，母亲的爱就不能完全属于自己一个人了。可母亲执意要这样做，自己做儿子的不能耽误她寻找自己的幸福。

丘吉尔想通之后，真诚地对母亲说："母亲，您有权利开始新的生活和幸福。我虽然爱您，但给您的爱再多，也不是伴侣之间的爱。"之后，丘吉尔为母亲举行了一个十分隆重的婚礼。可这段婚姻正如丘吉尔所料的那样，后来那个运动员抛下她走了。

过了几年，丘吉尔发现，快50岁的母亲又偷偷恋爱了，对方竟然比自己还小3岁，名字叫蒙塔古！这次丘吉尔忍无可忍，他觉得母亲似乎做得有点过分。难道，跟自己生活在一起，就不能幸福吗？

可是看见母亲那热切的期待，丘吉尔又一次放下了个人的情绪，觉得母亲应该有自己的伴侣和生活。

之后，丘吉尔设宴款待蒙塔古，并举杯祝酒时说："这第一杯酒，祝愿您和母亲今后幸福美满！"就这样，母亲快乐地过完了她人生最后的7年。

丘吉尔的母亲临终时颇感欣慰地说："我能为自己养育一个丘吉尔，是幸福；我能为英国养育一个丘吉尔，是骄傲……"

成长悟语

所有杰出的人物，似乎都有一位出色的母亲。一个让母亲感到不幸福的人，不管他的地位有多么高，也不管他的名声有多么大，他仍然是一个卑劣的人。一个让至亲获得幸福的人，起码是一个对得起良心的人。

装修教堂

一个国王笃信基督，他想整修一座老旧的教堂，就派人去寻找技艺高超的设计师，希望能将教堂整修得美丽而庄严。几天之后，两组人马赶到王宫，一组是技艺精湛的工匠与画师，另外一组只是几个普普通通的牧师。

两组人马哪一组比较好呢？大家都不知道答案，只好让他们比试一下：两组人员各自去整修一个小教堂，并且要面对面，互相监督。三天为期，由国王验收成果。

接到任务后，工匠们向国王要了很多工具，还要了一百多种颜色的油漆；非常奇怪的是，牧师们只要了一些抹布与水桶等简单清洁用具。

三天过去了，国王亲自来教堂验收。他先去了工匠们所装饰的教堂，这些能工巧匠用众多的颜料，以精湛的手艺把教堂装饰得五颜六色，灿烂辉煌。国王看过后，非常满意。

接着，他回过头来看看牧师们负责的教堂。只看了一下，他就愣住了。原来牧师们没有在教堂上涂任何颜料，他们只是把所有的墙壁、桌椅、窗户等都擦拭得干干净净，恢复了所有的物品本来的颜色。它们光亮的表面就像镜子一般，无瑕地反射出外面的色彩，那天边多变的云彩、随风摇曳的树影，甚至是对面教堂五颜六色的油彩，都被这座教堂吸纳进来，辉映成趣。总之，这座教堂只是宁静地接受周遭的一切色彩。

成长悟语

美，必须是干干净净的。不在于繁复的装饰，不在于艳丽的色彩，而只是还原最本真的状态。清清白白的真实状态，在形象上如此，在内心中更是如此。

用一只干净的手和一颗纯洁的心去战斗，用自己的生命发扬神圣的正义，这真是优美的事情。

不怕排队的英国人

英国约克郡人口不多，卢克一家几代都住在这里。

傍晚的餐桌上，卢克 12 岁的大儿子约翰一直在抱怨。他今天去了一趟邮局和超市，发现那里到处是排队的人群，他足足花了一上午才把父亲交代的事情办完。

卢克觉得约翰到了这个年纪，该学会一些英国特有的绅士礼仪了。于是他决定第二天带着约翰去参加一年一度的“迪士尼嘉年华盛会”。

第二天，他们先去银行取钱买门票，在那里他们排队等着叫号。卢克让约翰看一对工作人员。那是一名老员工正在指导一个新手：“办理好一个顾客的业务之后，要把纸张放置到指定的位置，要是此时铅笔断了，就先把铅笔削好，一切办理妥当再叫下一个顾客。这样虽然很慢，但是不会出错，纠正错误更浪费时间，保证不出错，工作才会做得更快。”

约翰看到这个情形，似乎有所触动。在接下来的时间里，他们按照顺序取到了钱，在这个过程中没有一个人加塞。

而到了迪士尼嘉年华的门口，约翰见到了最壮观的景象——弯弯曲曲的队伍延伸到了街角的面包房那里，足有一两公里，按照迪士尼公布的每半个小时可以进去 30 个人计算，排在后头的很多人肯定没机会进去了。

接近中午，有工作人员到队伍后面挨个劝，请第二天再来，后面的人都没有异议，安安静静地走了。留下来的人则被一一告知具体的进入时间。卢克和约翰被告知进去的预计时间是 1 点之前，可眼看 1 点都要过去了，门口还没有动静。约翰抱怨说：

“他们怎么能不讲信用呢？”

没等卢克回答，只听见他们后面一个小女孩也问了她妈妈同样的问题：

“是不是已经 1 点了？”

母亲平静地回答：“这个嘉年华事情很多，也对外开放没几年，他们也没有经验，我们给他们点时间吧。”

周围不少人表示赞同地点头。就这样，大家在寒风冷雨中冻得缩在大衣里，表情从容，不急不躁。

成长悟语

做事效率不高，固然有做事死板的原因。但是，对于可以从容排队的人，却应该对其由衷地尊敬，因为那是一种源自内心的宽容和安全感。

不撞那条蛇

盖尔开车带几个朋友去犹他州郊游，行进到一片戈壁沙漠地带。

在大家都欣赏大漠风景的时候，突然后座的艾伦喊起来：“有蛇，赶紧碾死它，我们到了郊外可以做一顿美味蛇羹。”

朋友们都异常兴奋起来，似乎对艾伦这个提议十分赞同，都督促盖尔开得快一点，这样蛇就没机会爬走了。

可是盖尔似乎没有听见他们的话，只见他迅速减速后，又打开报警闪灯，提醒后面的车前方有危险。

等车开过时，盖尔急急地打了方向盘，避开了蛇，车迅速开了过去。

可就在这时，只听见后面的车发出一声尖锐的刹车声，接着“嘭”的一声。

待盖尔他们停下车的时候，发现后面的车开出车道，撞到了路边的护栏，那条蛇被碾死了，躺在了车道上。

他们赶紧上前救人，只见驾驶座上的司机被变形的车前身卡在车内，双腿鲜血直流，另一个副驾驶的人已经被甩出车外，生死不明。他们赶紧叫了医护人员，不久，伤者被带走了。

盖尔没说什么，再次开车上路。

一路上，他的朋友都很沉默，没再说什么。他们内心都明白，如果盖尔刚才没避让那条蛇，那么这次出事故，生死不明的就是他们。

盖尔刚才已经给后车开了警示灯，后车得到信号并没有避让，结果在碾压蛇的时候，蛇皮导致轮胎打滑，方向盘跑偏，来不及刹车，车直接撞向了护栏。

善恶常在一念之间。一切恶念、恶言、恶行，对于自己和他人都是地狱；一切善念、善言、善举对于自己和他人都是天堂。

成长悟语

现如今，有些人越来越冷酷，逐渐在麻木中丧失了善良和理智，直到悲剧发生。有时候，我们把好心中的方向盘，始终存着一颗善心，不仅能拯救别人，也能拯救自己。

职业尊严

布朗先生和太太去巴西的里约热内卢旅行。

临行前，朋友告诉他，一定要注意当地的出租车观光司机和导游，他们为了赚钱，什么事情都干得出来。他们看见你是外国的游客，对当地的路线肯定不熟，那么他们往往会带着游客绕一大段弯路，然后才到达目的地。他们看似热情，可是递上来的东西你一定不能吃。因为这些吃的里面，可能放上了迷药，你吃了就会被迷倒，然后他们抢劫你的财物。

……

他们带着对于当地的惊恐上了飞机。到达目的地，他们被当地那热带情调迷住了，那些导游和出租车的司机热情极了。布朗先生和太太内心谨记朋友的教诲，行事很谨慎。但是毕竟也要找一个出租车观光司机啊，这样他们才能到处游玩，毕竟他们不熟悉路线，自己去很浪费时间。

他们通过筛选，终于找了一个导游兼司机的当地小伙子。这个小伙子很热情，一个劲地给他们介绍当地的美食和好玩的景点，但是布朗先生和太太很怕他欺骗自己，所以对这个小伙子表现出很冷淡的态度。小伙子也没有因此降低自己的热情，他仍然很高兴地对他们说着话。在交谈中，布朗先生和太太知道，这个小伙子只上到小学，就没再念书了。所以很早就做导游这个行当了。

这几天，他们在小伙子的引导下，逛了很多地方，吃了很多美食，玩得也很尽兴。布朗先生和太太通过几天的了解，发现这个小伙子很不错，他每天穿的衣服虽然很旧，但是很洁净；每次提前十分钟到门口等他们；每天车子都擦得很亮；每天座套都更换；车上准备了免费的垃圾桶、矿泉水、湿纸巾和睡觉盖的薄毯。

最后，布朗先生和太太玩得很高兴，在上飞机的时候，这个小伙子送给他们几张照片，是他默默拍下布朗先生和太太观景时的背影或远景。

布朗先生和太太以为，这是职业尊严。

成长悟语

职业尊严跟教育程度、社会地位甚至眼界都没有必然联系。他在于一个人知道自己是谁，正在干什么，并且问心无愧。

我们心里有眼睛

伯特是一位享誉北欧的著名建筑师，在设计上从不投机取巧，在同行中口碑极好。而且他非常自律，亲朋好友把房地产界的一些内部股票信息透露给他，即使胜券在握，他也会婉言谢绝。有一次记者发布会上，当有人问到他如何达到如此境界，伯特动情地讲述了下面的故事：

伯特出生于有着“千湖之国”美誉的芬兰，童年时期的他最喜欢的就是到湖中小岛的别墅里度假。

那里四面湖水环绕，树木葱郁，花香飘溢，是绝佳的钓鱼圣地。那里还有一个盛大的鲈鱼节，只有这个时候才能垂钓，热闹非凡。

10 岁那年，他们一家又来这里暂住。尽管鲈鱼节马上就要开幕，但他和父亲决定提前过过钓鱼的瘾。于是，他们扛着钓竿，在节前的午夜，来到了湖边。

这一晚月色如洗，星光灿烂，湖面波光粼粼，一片银色的世界。

突然间，小伯特觉得有东西沉甸甸地拽着渔竿。父亲吩咐他沉住气并赞赏地看着他慢慢地把钓线拉回来，那条用尽了力气的鱼被伯特小心地拖出水面——这条鱼足足有 70 多厘米，是一般鱼的两倍大，这也是他们见过的最大的一条鲈鱼了！

父子二人欣喜异常，但是猛然间，父亲好像想起了什么，他擦着了火柴，看了一眼表说："10 点，再过 2 小时鲈鱼节才开始，把鱼放回去吧。"

"爸爸……"小伯特一听要把鱼放回去，委屈地大声地哭起来。

"这里还有别的鱼嘛……"

"但是没有它那么大。"他比着手势，希望父亲能够同意。

此时，月色依然明澈，湖面上万籁俱寂，四周也没有任何人和船，似乎还有一丝希望。

小伯特不哭了，眼巴巴地恳求着父亲，怯生生说："爸爸，这里没有别人，没有人会看到的。"

"可是我们心里有眼睛。"父亲坚定地说。

成长悟语

心里的眼睛就是我们的良心。一颗真实的良心，能够抵得上千百个见证者。它天生就在我们的心中，生来就带着智慧和仁慈。

真相，不一定要让别人知道，别人也不一定能够知道，但是如果自己知道并能够心安理得，这就足够了。

鲍勃是个"笨蛋"

鲍勃是个笨蛋，这是小镇上都知道的事情。

鲍勃上小学的时候，同学们都到操场上打球，可是他一个人在打扫落叶。

他的好朋友说："你这个笨蛋，都没有人要打扫，你为什么不去一起打球？"

鲍勃说："落叶还没扫完啊！"

鲍勃的父亲每次出席宴会，介绍自己的孩子说："我的大儿子杰瑞在念大学，小儿子学习成绩也很好，就是二儿子鲍勃是个笨蛋。小时候发烧，脑子烧坏了。"

每个人都不可能完美无缺，只有从内心接受自己、喜欢自己、欣赏自己，坦然地展示真实的自己，才能拥有成功快乐的人生。

鲍勃想找份工作，可是他是个笨蛋，谁也不愿意要他。一个学校的校长愿意给他一份工作，让他负责点名、泡咖啡、招生等琐事。

一年后，鲍勃竟然被提拔为后勤部的主管。很多人不理解，校长解释说："没见过一个员工能像他那么勤劳，每天打扫教室、清理厕所。没人让他这么做，他像个笨蛋，但是每天做得比别人多。我觉得，如果学校所有的人都有背叛我的可能，那么有一个人就不会，那应该就是鲍勃了！我不重用他，要重用谁呢？”

两年后，学校来了一个新老师，金发碧眼，漂亮极了。学校很多单身的男老师都疯狂地追求她，可是半年后，她却嫁给了鲍勃，那个笨蛋。

一个男老师不服气，问那个女老师为什么没选择自己。自己有钱、还懂得情调，那个鲍勃就是个笨蛋！

女老师说：“别的男老师都约我看电影，送我花。但鲍勃这个笨蛋，竟邀我去看他的祖母，到了那里不是为了玩，而是收拾房间。后来，我觉得嫁一个老实的人，应该比较有安全感！”

鲍勃是个笨蛋，但是鲍勃得到了很多人得不到的幸福。

成长悟语

笨蛋，就是把一件事情坚持到底，无视其他的诱惑；笨蛋，就是做自己能做的事情，无论别人是否要求；笨蛋，就是懂得把自己的爱无偿地给别人，而不索求任何回报；笨蛋，就是所有人都朝着明亮的地方跑时，他独自一人留下收拾别人身后的狼藉。

这就是一个彻头彻尾的笨蛋，但是，我们都想做一个笨蛋。

一棵树什么最重要

有一个哲学家叫作科恩，他在哲学界和教育界都享有很高的声誉。

这一天，他像平常一样上完哲学导论课，突然一名女学生向他提了这样一个问题：“科恩教授，我想问您一个问题，对一棵树来说，什么是最重要的？”

听到这个问题，科恩若有所思地问学生们：“大家觉得一棵树什么最重要？”

学生们有的说是树枝，可以输送养分；有的说是叶子，能进行光合作用；还有的说是花朵，甚至是果实。答案各不相同，还各有各的道理。

这时，科恩教授说：“很遗憾，现场没有一个答案是对的。”

“那一棵树什么最重要呢？”同学们困惑地追问道。

“大家想想看，树靠什么获取养分和水分的？”

“树根。”一个同学大声答道。

“对了。所以对于树来说，根是最重要的。一棵树如果没了根，它就会枯萎死亡。而树身上最重要的根却长在了我们看不见的地里。同样的道理，世界上最重要的东西往往也隐藏在生命的深处，平时我们很难发现。”

成长悟语

最重要的东西往往都在看不见的地方：

要裁定一个家庭的幸福程度，就看他们关上门都发生了什么；

要挖掘一个团队的合作态度，就看他们在彼此身后的评价都是什么；

要发现一个国家的能力和素质，就看最底层人民的生活都是什么。

拿破仑和马

在一次战役中，拿破仑掉了队，他骑着马奔跑了整整一夜。之后，他在郊野的一片草丛中停了下来，一缕小溪潺潺而下，又饥又渴的拿破仑急忙跳下马来，跪在草地上，用手捧起清水准备喝。

这时，一旁的马却像是受了惊吓一样，嘶鸣一声，两个前蹄高高扬起，一下将地上的拿破仑撞倒在地。拿破仑看到这番情景，赶忙环顾四周，看看是否有敌军跟了上来。确定周围暂时安全之后，他摸摸马长长的鬃毛，说道："没事了伙计，这一整晚的奔波也够你受的了，关键时刻看来还是你能救我啊。今天我们就先好好休息休息吧！"

说罢他又用双手捧起清水，正要张嘴，一旁的马再次扬起双蹄，拿破仑被他撞得连翻几个跟头。"嘿！你这是怎么了！你跟我可都已经经过无数次战斗，怎么受了一点惊吓还这样！我现在可是又累又渴，喝几口水咱们还要赶紧上路呢！"骂了几句之后，拿破仑又一次蹲在地上准备喝水，这次双手刚刚从水里伸上来，马儿直接用双蹄踩向拿破仑的双手，马又不安地嘶鸣了起来，声音十分刺耳急促。看着自己的双手被踩出了血，一旁的马也焦躁不安，拿破仑气得拔出腰间的剑，刺向马的后腿，受了伤的马立刻倒了下来，血流一地。

泄愤之余，拿破仑突然看见顺着小溪流的上游，一条巨大的毒蜥蜴正蜿蜒而下，从它的巨口中，毒液正一滴一滴地滴入清水之中。望着倒在血泊中的马儿，拿破仑这个身经百战的人不禁也流下了泪水。

成长悟语

曲解别人的善意会给我们造成伤害——不是在可能到来的灾难中受到损害，就是在真相大白的悔恨中遗憾终生。

所以，学着把对方的所有情绪看作善良的反映，不是为了让对方显得高尚，而是为了保持自己的平静和愉快。最正直的眼睛，就是在他眼里人人都有"好人"的一面。

金灿灿的易拉罐

三十多年前，密达利还是一个住在郊区的穷小孩，每天上学他都会经过一座垃圾场。一天，在上学路上，他一边走着一边踢着一个易拉罐，发出"咣啷、咣啷"的响声。恰好有一位收垃圾的大叔与他擦肩而过。

大叔停下脚步，回头对他说："孩子，我们做笔交易如何？"

"交易？"他疑惑地看着眼前这位邋遢的大叔。

"你把易拉罐给我，我给你一美分。"

"真的？这个东西也能换钱？"他的语气中满是惊讶。

邋遢大叔自信地说："那当然。"

就这样，密达利像模像样地做了有生以来的第一笔交易，他的人生也由此改变。

从那以后，密达利就像中了“魔”一样，乐于捡拾别人弃置的东西并将其变卖。从小学到高中，他一共卖了近九吨的废纸、1 吨的塑料包装袋、200 余箱的易拉罐还有 3000 多只废酒瓶。他身边许多同学都不理解他，甚至出言挖苦、讽刺他，但是他认为自己这样做并不傻，反倒是那些错过身边财富的人才可惜。这 10 年间，他从未向家里要过一分钱，也没有因此而影响学业。相反，因为这项副业使他比同龄人拥有更多的见识与阅历，成绩总是名列前茅，后来，他顺利地考入了一所知名的大学。

自由的大学生活让他重操旧业，同时他也希望自己能有所改变。不久机会来了，在一次捡拾易拉罐的时候，他被站在别墅阳台上的一位西班牙商人发现，商人请求他能把门前草坪上的易拉罐拿走。他用流利的西班牙语回答了对方，并捡走了草坪上的易拉罐，转身要走。那个西班牙商人用异常兴奋地语气留住了他，因为他的夫人正需要一位西班牙语流利的草坪保洁员。就这样他成为这家人的草坪保洁员，每日帮助修剪草坪、喷洒药剂，而这家人也会付给他每周 50 美元的报酬。后来又经过商人的介绍，他成为整片别墅区的草坪保洁员。

大学毕业前，他用自己 4 年间赚的 4 万美元申请成立了当地第一家草坪保养公司，业务也开始扩展到许多其他的住宅小区。从修剪草坪、护理草坪到兼营肥料、除草剂、甚至除草机械，凡是有商机的事情他都不会漏过。许多房地产商、建筑商纷纷找上门来，邀请他们公司前去做草坪养护工作，因为光洁整齐的草坪环境可以提升房屋的租金、售价。现在，他们公司已经包揽了当地 70% 的草坪养护工作，并打算研发新的项目。

成长悟语

无论何时，只要可能，你都应该“模仿”你自己，成为你自己。上帝永远不会因为你契合灵魂的决定而嘲笑你，你所做的事情，只要问心无愧，就是正确的，也会有理想的未来。

诚实的人和小偷

上帝要处罚一个小偷下地狱。小偷不停地辩解，说自己是逼于无奈才起了贼心。上帝却告诉小偷，对他进行处罚并不是因为他做了小偷，而是因为他对自己不够诚实。

小偷愤愤不平，上帝为了让小偷服气，就和他打了个赌。于是，上帝给小偷一个非常诚实的朋友，让小偷回到人间，如果小偷能让这个诚实的人也偷东西，那么上帝就不会责罚他了。回到人间，诚实的人和小偷做了朋友，经常在一起，但是小偷好吃懒做的品行实在是难以改掉，又怕回到上帝那里再次受罚，于是小偷就想尽一切办法，让这个诚实的朋友陪自己偷一次东西。

这天，小偷和诚实的人晚上一起来到一家钟表店的门口，他压低声音和诚实的人说：“朋友，我进去一下，如果你发现有人来了或者看见我了就喊我。”然后小偷打开门溜进钟表店，开始行窃。不一会儿，诚实的人就喊道：“朋友，有人看到你了！”小偷吓得马上跑出来，向四周看了看，但是一个人也没有看到。

小偷又带着诚实的人来到一家服装店，还是让诚实的人把风，但依然是刚刚溜进大门，诚实的人就喊："朋友，有人看到你了！"

于是小偷再次失败了。

最后，小偷带着诚实的人来到一家金店，依然让他把风。不出意外，诚实的人又在小偷刚刚进店的时候喊道："朋友，有人看到你了！"

可是这次小偷没有落荒而逃，而是偷了东西再出来，并且讥笑诚实的人："我就知道没人，你怎么老说有人看见我？"诚实的人无奈地说："上帝看到了你所做的一切。"

成长悟语

每个人的心中，都应该有一双眼睛，它的名字叫作"良心"。良心会告诉你什么事情该做，什么事情不该做。因为总有一双眼睛在盯着你，是上帝的，也是你自己的。

上帝的铲子非常大

蒂米是凯斯特农庄的农夫，他是个虔诚的基督教徒，为人乐善好施，经常资助贫困的人，还向各个慈善机构捐赠大笔钱款。

邻居和亲友们都心存疑惑：他捐出那么多钱，并且时常施舍，为什么反而会越来越富有呢？蒂米听到这些问题，只是笑而不语。

有一年，蒂米农庄里的大麦获得了大丰收，但是这一年大麦的市场价并不高，来农庄收购的客商也很少。数万斤大麦都积压在仓库中，蒂米很是忧虑。

一天，一辆华贵的马车来到了农庄，车上的绅士一下车就开始打探蒂米的住处。很快，他就找到了蒂米。蒂米开门后，一脸疑惑地看着他。

绅士激动地自报家门："先生，还记得我吗？我是小彼得呀，天使福利院那个瘦弱多病的孤儿。"

蒂米一下子想了起来：十几年前，他曾资助过一个可怜的小孤儿。只是没想到，他长这么大了，还成了一个风度翩翩的绅士。

受人恩惠，不是美德，报恩才是。当他积极投入感恩的工作时，美德就产生了。

蒂米兴奋地上前给了这位绅士一个大大的拥抱，拍着他的肩膀说："哦，小机灵鬼，原来是你，你都长成大小伙子啦！我真为你高兴。"

"是的，先生，当年多亏您的慷慨帮助，我才有机会上学、读书。现在我自己开了一家大型的啤酒厂，听说你的农场经营大麦，我特意过来收购的，有多少要多少。你愿意卖给我吗？”

这无疑是解了蒂米的燃眉之急，他痛快地答应：“我很乐意。”这位绅士买走了蒂米的所有大麦，蒂米因此赚到了不少钱。

蒂米对着来看热闹的邻居们说：“今天我赚到的钱，是当时资助小彼得的20倍。而诸如今天的事情时常会发生。就像我用铲子不断地往上帝的仓库里铲，而上帝也不断地往我仓库里回铲，你想想，我的铲子能有上帝的大吗？”

成长悟语

生命的意义并不是在于活着，既不是为了某种交易，也不是为了被赋予某种概念，更不是为了削足适履以纳入某种体系。

只为了活得心安理得，活得像自己，上帝会给你祝福的。

愿意生活在表层

1957年，柏林被英国王室授予勋爵头衔，这个消息让所有的政客和媒体都大跌眼镜，因为柏林是著名的“用嘴巴思考”的思想家。

柏林一生最辉煌的时候几乎是在“论战”中度过的，在他几十年的生命里，从死去的康德、马克思、韦伯到活着的哈耶克、维特根斯坦、维克，无一不成为他攻击的目标。然而每一次激烈精彩的论战，柏林几乎都没有获得最后的成功，反而是以自己的偏执和看似无懈可击的言论证实了对手的伟大，为他人做了嫁衣。

柏林没有从论战中得到胜利，但也没有从论战中得到失败的痛苦。让人意外的是，这个屡战屡败的人一直是那样的愉快，他在论战中的激昂，在指责他人时的怒气，从来没有在日常的言论中看到一丝一毫。即便是授勋那天，有人讽刺地说女王给他的勋爵是表彰他“对谈话的贡献”，柏林依然一派好心情的模样。

柏林晚年，为他写传记的作者伊格纳蒂夫忍不住问柏林，为什么可以活得如此安详愉快？

柏林神秘地告诉他：“你看见过在浅水中游的鱼吗？还有在低空中飞的鸟，吹过树梢的风……这些生活在表层的东西。而我也和他们一样，我不愿深入，我愿意生活在表层！”

说着柏林露出孩子一样无邪的笑容，就像他所说的一样，是一种很透明、很纯洁的表达。

成长悟语

当我们决定做一件事情、成为一类人、经历一种人生的时候，我们不需要为自己的选择大肆宣扬，也不需要为别人的反对而放弃原有的道路。因为那是我们自己的事情，是别人有可能永远都不会理解的情况。

我们需要做的，就是保持这种状态，少走一些歧途。最终，时间会告诉我们结果到底怎样！

小乞丐

罗伯特是一个货车司机。

一天，他正从乡村运送一车鱼到市区，为了保持整车鱼的新鲜，罗伯特决定抄近路、赶时间。他要走的近路是一片人烟稀少的树林，这条路只有一些经验丰富的司机才知道。因为这片树林离闹市有一段距离，所以只会偶尔遇见一些伐木工和流浪的乞丐。

意外发生了，罗伯特的货车走到一半的时候，一个轮胎爆了，而他也没有备胎可以替换。

罗伯特郁闷地走下车点上一根烟，考虑自己是该在原地等待路过的车，还是把车扔在这里自己去最近的电话厅找拖车。

这时候，罗伯特看见了一个小孩子，那是一个小乞丐。他希望小乞丐能够去最近的公共电话厅打电话叫来拖车，可惜罗伯特身上没有零钱能给眼前的小乞丐，最小的面值也是一张 50 美元。内心挣扎了一会儿，罗伯特决定信任小乞丐，于是把 50 美元给了他，看着小乞丐离开。

等了几个小时，天也慢慢黑了下来，罗伯特开始为自己的轻信感到懊恼，幸好这时候有一辆路过的车帮助了罗伯特，一整车的鱼最终还是安全地送到了目的地。罗伯特与朋友说起自己的经历，也遭到了讥笑。

一个月后，罗伯特和朋友一起运货，再次走那条近路。走到一半，罗伯特看到路边一个小孩子朝着自己的货车招手，罗伯特停下车才看清楚这就是当时那个小乞丐。

原来那天小乞丐真的是去找公用电话，只不过原来有电话的地方拆除了，想找人借手机反而被一群孩子打伤，再回到这里的时候罗伯特已经走了。

小乞丐记得罗伯特的样子和车牌，一个月来只要有时间小乞丐就在这里等着，希望能再见到罗伯特把钱还给他。

说着小乞丐把一张皱皱巴巴的 50 美元塞给罗伯特，开心地走了。

成长悟语

也许，生活可以庸俗地把人分为三六九等。但是，我们应该相信，“良心”作为一种古老的品质，可以让任何一个人发出天使一样的光芒，同时也照亮别人的人生。

考拉是怎么来的

从前，有个男孩懒惰又淘气，成天无所事事，在村子里流浪惹事。

刚开始大家可怜他，给他一些吃的。可是，让他做点什么，他从来都不做，只会玩各种各样的恶作剧。久而久之，大家就讨厌他了。他上门讨吃的，大家都装作没看见，还会把吃的藏起来。

这一年冬天特别冷，家家户户储备的粮食都不够了。往年堆满了面粉的仓里，今年却空荡荡的。男人们都出去打猎了，女人和小孩儿就待在家里。只有男孩一个人在村子里闲逛。他又冷又饿，偷偷摸进一户人家里找吃的。他找了很久，终于在厨房放干柴的角落发现了仅存的黑面包，他坐下来吃了个痛快。

吃饱后，男孩生出一个大胆的想法："如果把每家的黑面包都藏起来，饿了之后不就随时有吃的了吗？"于是，他搜光了所有人家的黑面包，把它们都藏到了一棵橡树上。之后，男孩在树干上躺下来，正打算睡一觉。这时，不可思议的事情发生了——橡树突然莫名其妙地快速长大，越长越高。男孩害怕得紧紧盘着树枝。几个小时后，橡树终于停止了生长。而这时，男孩已经离地面很高很高了。

傍晚，大家回到村子里，发现藏好的黑面包都不见了。他们四处寻找，很快就发现了那棵奇异的橡树和树枝上挂着的黑面包。

"还不赶快把面包还给我们！"大家愤怒地朝着男孩大喊。

"你们想要面包，自己上来拿啊！"他得意地说。

于是两个年轻人爬上树，打算把男孩揪下来。但是，却被挣扎的男孩从树上踹了下来，狠狠地摔在了地上。为了不被愤怒的人们抓到，男孩又飞快地爬上了树。人们刚想再去追的时候，神奇的事情发生了，他的全身开始变形——身上长出了厚厚的毛皮，耳朵开始逐渐变大了，鼻子也变成了黑色，还闪闪发光，看起来就像是一只小熊！

从此，人们就叫他——考拉。

从那以后，考拉都生活在橡树上，再饿，它也不会下树找食物吃，就摘几片树叶。如果有人爬上橡树，它就开始哀号、呻吟，就像当年那个淘气的男孩一样。

成长悟语

世界上最美好的东西，都是由自己的劳动和智慧创造出来的。正是劳动本身构成了你追求幸福的主要因素，任何不是靠辛勤努力而获得的享受，很快就会变得枯燥无聊，索然无味。

不劳而获的人除了霸占别人的劳动果实，也会让自己失去创造和体验快乐的机会。最后，只能变成禁锢在一棵树上的"考拉"。

最后一声铜锣

汤姆和杰瑞是一个村子的，他们相约到外乡淘金，各自挣了满满一口袋金币。

就在他们回乡的途中，遇到一个白胡子老人，老人坐在石头上，手里拿着一面铜锣。

两个人走过去问："老先生，您坐在这里干什么呀？"

老人说："我在等你们呀。我是负责敲响人生命中最后一声铜锣的人。你们两个的生命就要结束了，三天之后，我来找你们。"说完，老人就消失了。

汤姆和杰瑞闷闷不乐地回到村里。

汤姆回到家把所有金币都倒出来，一枚一枚地数，心想自己吃了这么多苦，赚了这么多钱，结果一个都没用上。越想心里越难过，就不吃不喝，愣愣地坐在那里数钱。

三天过去了，白胡子老人如期而至。他站在村口敲响铜锣，汤姆一下子就听见了，还没来得及再看一眼心爱的金币就倒地身亡了。

杰瑞回到家没有像汤姆一样苦闷，他觉得既然自己都要死了，那不如就把钱分给大家。他召集村里所有人，把金币分给大家，最后大家共同决定在村里建一座教堂。

到了老人约定的第三天期限时，整个村子的人都正忙得不可开交，除了憋在家里数金币的汤姆。

大家从城里请来了神父和建筑师，一起采石头、运木材准备开工。

分享快乐，快乐加倍；分担痛苦，痛苦减半。

没有活儿干的就拿出笛子吹奏唱歌给大家取乐。

整个村子热闹非凡，声音盖过了白胡子老人的铜锣声。老人敲了半天杰瑞都没有听见，最后只带走了汤姆。

教堂建好了，杰瑞成了村子里的大功臣，他每天和村民们一起到教堂做礼拜，幸福快乐地过完了一生。

成长悟语

很多人过于在意和恐惧灾难的到来，灾难反而会如期而至，因为他们把心中的预想当成了现实。当我们放松心情大睡的时候，再大的敲门声也吵不醒我们！因为我们正在心安理得地享受生命！

三轮车

格鲁受雇于一个吝啬的商人。

商人每天都要坐人力车往返市场和自己的仓库，所以每天都要花费一美元用来运输货物和自己，这让吝啬的商人非常心疼。于是商人就叫来了格鲁，询问他是否会骑车，没想到格鲁竟然会骑，这让商人非常开心，商人给了格鲁 12 美元去买一辆车，让格鲁每天载着自己和货物往返市场和仓库。

格鲁空手而归，告诉商人："亲爱的老爷，您给的 12 美元最多只能买三个轮子，根本无法买一辆车。"吝啬的商人想了想，三个轮子就足够了，随便组装一下，只要能动起来载着货物就行，自己走路也更能省钱。于是商人就让格鲁买回三个轮子，格鲁就组装起一台摇摇晃晃的三轮车，从第二天开始，格鲁就骑着三轮车运货，货物多商人就走路，货物少，商人也会坐在车上。

毕竟这辆三轮车是组装的，从一开始就摇摇晃晃，总有一天会发生意外。

这一天原本和平常没什么区别，格鲁骑着三轮车载着货物到市场，今天载的都是鸡蛋，因为货物不多，所以商人也在车上。眼看就要到市场门口了，三轮车的一个后轮脱离了车身，格鲁无法掌握车把，前轮撞到了路上的一个老人，而且所有的鸡蛋都摔碎了。

商人看着自己的鸡蛋，还有被撞伤的老人，知道自己即将损失一大笔赔偿费，于是只有拿格鲁撒气。“格鲁，你这个笨蛋，你撞伤了人，是要负责赔偿的，还有你把我的货物全打烂了，你也要赔偿我！”说着，三个人就来到了法庭。

商人一再向法官申明都是格鲁的错，法官问道：“按照法律来说，车子出现问题，要追究车子主人的责任，你们谁是车子的主人？”商人立马喊道：“是格鲁，我只买了三个轮子，只有三个轮子是我的，整辆车都是格鲁组装的！”

法官问被撞的老人：“请问是车撞了你？还是轮子撞了你？”

老人回忆道：“是轮子，尊敬的法官，我身上还有轮子的印记！”

法官于是说道：“是你的轮子撞伤老人，所以需要负责的人是你。另外，所有人都看到，是后轮先掉了才引起这场事故，所以要追究后轮的责任，也就是说，你还要赔偿格鲁的车子！”

成长悟语

人的生命品质和德行，往往只能在对别人的态度上体现出来。想要忽视自己人性弱点的人，往往都可能受到惩罚。

一个混乱的故事

有一个哲学家在一本少儿故事书上看到了一个让他想不通的故事：

很久很久以前，有三个猎人一起去打猎，两个枪法好的猎人没有带枪，一个带枪的猎人枪法不好。他们在打猎的过程中碰到了三只兔子，两只中弹的兔子逃走了，一只没有中弹的兔子被抓住。猎人们提起逃走的两只兔子往前走，在一家没门、没窗、也没有墙壁的屋子里要了一只没有底的锅，在生不了火的炉子上煮了逃走的兔子美美地吃了一顿。

哲学家琢磨了很久，终究没明白故事是什么意思。于是，他找来了自己的哲学家朋友，准备就这个话题开一个讨论会。

会议上，大家各抒己见，最终得出结论：这是一个逻辑严重错误的故事：其一，中了弹的兔子怎么能逃走，没中弹的兔子又如何会倒下？其二，既然兔子逃走了，猎人如何能将它煮着吃？其三，没底的锅怎么能煮熟逃走的兔子，且美美地吃了一顿？得出这个结论后大家都很满意，仿佛哲学家们有了自己的研究成果一般。

这时，一个在整个讨论中并没有说多少话的人发言了：“我们何必为这个故事如此大费周章呢？或许这个故事就只是想告诉孩子们：有很多可能的事会成为不可能，不可能的事却会成为可能……仅此而已。”

成长悟语

别告诉自己这个世界上有不可能发生的事情，也别告诉自己这个世界上一定会有绝对会发生的事情。

世界很复杂，有颠倒黑白，有不符逻辑，有偏颇公平，重要的是，我们自己知道真相，然后问心无愧地做事，而不要被混乱的现象带着走。

第七辑

勇气：比放弃更艰难的选择

勇敢的斯诺

斯诺和他的家人生活在加里亚洲的一条街上，这条街的尽头是一个贵族学校，斯诺就在这个学校上学。可有一段时间，斯诺表示不想去学校，因为她感觉自己的身体很不舒服。

周末，斯诺被家人带到医院看医生，医生的诊断结果是白血球过多症。接下来的几个月，她都必须定期到医院接受治疗。

医生建议使用化学疗法，因为这可能是一个治愈的机会，但这种治疗的副作用会让她失去那一头漂亮的头发。

斯诺每隔一段时间都要回医院治疗，病情是好转了，但她那极漂亮的头发却越来越少了。直到要升入七年级时，她不得不戴上假发，虽然感觉不太舒服，会痒，可是她还是戴着。

以前斯诺相当受欢迎，很多同学都喜欢她，总有一大堆孩子围绕在她身旁。但现在似乎变了，孩子们会用怪怪的眼神看她，有人甚至还在背后嘲笑她。对斯诺伤害最大的是，会有同学把她的假发拉掉，故意让她难堪。

每当此时，斯诺总是弯腰捡起并戴好她的假发，抹着眼泪走到自己的座位上，她埋怨为什么没有人为她挺身而出。

这样的事情持续了一段时间，斯诺再也无法承受了，她把一切告诉了妈妈。斯诺说："我没有头发不算什么，我走在校园里，而他们却远远地把我隔开。没有人愿意和我做同桌，没人陪我一起去餐厅吃饭。只因为他们怕和一个戴假发、得怪病的女孩在一起。

他们摘我的假发不要紧，可是他们难道不知道我也需要朋友吗？"

妈妈安慰斯诺说："我可怜的孩子，如果你觉得在家比学校快乐，你可以不去上学。但我要给你讲一个故事，你听了之后再作决定好吗？"斯诺点了点头，妈妈讲了一个这样的故事。

"有一个六年级的女孩从遥远的地方，随着父母搬到阿肯尼亚，女孩把她最爱的一本

自卑感在每个人身上都或多或少地存在，但我们不应被自卑吓倒，而应超越自卑，让它升华为一种良好品格。

书——《圣经》也带来了，但是新同学并不接受她的《圣经》。尽管如此，女孩还是每天上学都随身带着《圣经》。一次，有几个男孩翻出她的《圣经》说：‘你这胆小鬼，宗教和祈祷都是为胆小鬼设的，别再把《圣经》带到学校来。’女孩却虔诚地把《圣经》递给看起来年龄较大的男孩，说：‘看你有没有胆子，把它带到学校，绕着校园走一圈！’男孩一时无话可说，女孩因而和这几个男孩成了好朋友。”

斯诺听完妈妈讲的故事，被那个女孩的勇敢所鼓舞，周一，她又戴上假发上学。她尽量把自己弄得很漂亮，告诉她的父母：“我今天要回学校上学。我必须去发现谁是我最好的朋友，谁是我真正的朋友。”

到了学校，斯诺摘掉了假发，把它放在自己的座位旁。她想，如果是真正的朋友，就必须接受自己原来的样子。奇迹发生了，她经过运动场，走进学校，没有人大声讥嘲，没有人敢作弄这个充满勇气的小女孩。从此，她又回到了快乐的生活中。

成长悟语

当你必须面对一些似乎无可逾越的障碍时，最重要的是做你自己，运用上帝给你的天赋，即使在困惑、痛苦、恐惧和磨难中，坚持你认为对的东西是生活唯一真实的道路。只有当你面无惧色地面对每一次经历，你才会得到力量、经验与信心……

“不安分”的麦当劳兄弟

一手创办全球最大快餐企业的麦当劳兄弟迪克·麦当劳和马克·麦当劳属于典型的“不安分”分子。

1937年，这对历经挫折的犹太兄弟，抱着永不服输的念头，借钱开办了全美第一家“汽车餐厅”。在这家餐厅，你不用下车，等着餐厅服务员直接把三明治和饮料等送到车上就好了。当时麦当劳兄弟做的就是路边餐馆，自然选择这种服务到车、方便乘客的经营方式。

由于形式独特，用餐方便，一经推出，餐厅就一炮打响，“汽车餐厅”在当地独领风骚。其他人看到收益后，纷纷效仿，越来越多的人加入到创办“汽车餐厅”的行列，直接影响了麦当劳兄弟的生意，利润每况愈下。

面对如此激烈的市场竞争，麦当劳兄弟冥思苦想应对的良策，没有丝毫的退缩、沮丧和消沉。他们果断摒弃了“汽车餐厅”的服务理念，转而在快餐店的“快”字上大做文章，例如要求服务员快速作业，在15秒之内交出客人所点的食品。他们打出了“想吃花哨和高档的请到别处去，想吃简单实惠和快捷的请到我这儿来”的全新经营理念，简单醒目，吸引了成千上万的顾客蜂拥而至，经营状况得到了根本扭转，而且形成了难以企及的快捷风格，赢得赞声一片。

但是，兄弟二人并没有满足于现状，而是继续敢想敢干，在“冒尖”和“出奇”上制胜。比如，为了实现标准化，他们把菜单简化到只有汉堡包、吉士汉堡、饮料、牛奶、咖啡、炸薯条和馅饼。所有汉堡包都预先切成标准大小，并以标准程序进行加工。产品线简化后，他们能预先对食物进行包装，这样就大大提高了对顾客的反应速度。为了降低成本，他们把瓷器餐具换成了纸袋、纸杯和包装纸，这样就不用洗碗了。为了确保顾客吃得放心，他们把餐厅建筑也改成了八角形，巨大的玻璃窗从屋顶直落到柜台。顾客订餐时可以看见食物加工的全过程。经过一系列的创新改革后，麦当劳兄弟精准地控制了配餐比例和制作成本，他们的汉堡包才能低到15美分一个，在餐饮业一枝独秀，成为今天无可撼动的“巨无霸”。

成长悟语

一点思考和计划都没有的冒险，就等于自杀！获得成功的冒险经历，基本上都有一个共同点，那就是他们既有勇往直前的勇气，又有能够出奇制胜的智慧。

两颗种子的不同人生

春天到了，又是万物复苏的季节。两颗种子躺在肥沃的土地里，憧憬着自己的未来。

第一颗种子很有志气：“我要努力生长，我要触摸天空！我要向下扎根，我要探索甘甜！我要冲出地面，出人头地！让泥土冲刷全身，让茎叶随风摇摆。我要用蓬勃的朝气，歌颂春天的到来！我要享受阳光照耀脸庞的温暖，还有晨露滴落花瓣的喜悦。”想到这些，种子更加努力向上生长。

第二颗种子却静静思考着：“我没那么勇敢，我没那么莽撞。我若向下扎根，也许会碰到硬石，撞个头破血流；我若向上生长，可能会满脸泥土，碰一鼻子灰；我若长出幼芽，难保不会被蜗牛啃食，被虫蚁践踏；我若开花结果，只怕蜜蜂会把我叮咬，蝴蝶会把我吸干，小孩看到还会把我连根拔起。我还是等情况安全些再做打算吧。”想到这些，种子又缩了缩自己的小脑袋继续瑟缩在土里。

转眼到了晚春，第一颗种子早已不再是种子，这时的它已经长成了美丽动人的鲜花。蜜蜂因它环绕，蝴蝶为它飞舞，虫蚁因它仰望，蜗牛为它臣服。小孩看到也走过来轻嗅它迷人的芳香，欣赏它动人的美丽。在青青的草地上，它沐浴着阳光，任轻风轻抚它的脸颊。曾经撞到硬石流下的泪水如今都被晨露的甘甜代替，曾经冲破泥土遭受的疼痛如今都被外面世界的美好融化。曾经的勇敢，曾经的莽撞，曾经努力生长时经历的一切，现在看来都是那么值得……

而就在这时候，一只母鸡来到了庭院，她东啄西啄，把第二颗种子啄进了她的肚子。

成长悟语

没有冒险，就没有资格享受冒险后的成功生活。

接受挑战，就可以享受胜利的喜悦。

要冒一次险，整个生命就是一场冒险。走得最远的人，常是愿意去做，并愿意去冒险的人。

每一次冒险，都是一次跨越

深海里，一只小龙虾与寄居蟹做了邻居。这个龙虾可真小啊，只有寄居蟹的一个钳子那么大。

一天，这只小龙虾费劲地把自己的硬壳退了下来，丢到了一边。此时，它露出了粉红色的小身躯，显然它的身体软弱极了，仿佛一个波浪就能把它卷走。

寄居蟹看见了，恐惧地大叫起来："小龙虾，你为什么把保护身体的硬壳脱掉，难道你不怕鳗鲡来吃了你？"

小龙虾没有害怕，反而挺了挺自己的身体，说："我不怕！"

寄居蟹摇了摇头，说："果然是只年轻的小龙虾啊，不知道这深海的危险！你还是赶紧穿上你丢掉的硬壳吧！"

小龙虾说："我们龙虾每次成长，都要脱掉之前的旧硬壳，才能长出更大更坚实的新硬壳。寄居蟹，你也可以脱掉你的硬壳，长出新的硬壳试试？"

寄居蟹说："你说的可能有道理，可是我可不敢冒险。我的身体本来就很软，我现在的硬壳还是好不容易捡到的一个海螺的壳，我可不能丢掉，否则必死无疑！"

小龙虾见寄居蟹这样固执，也没有劝他。几个月过去了，小龙虾脱了很多次壳，变成了一只大龙虾，现在寄居蟹只有龙虾的螯子那么大了。寄居蟹不打算让自己成长得更强壮，整天躲在那个海螺的壳里。

成长悟语

每个人都有自己的安全底线，如果想成长，就要勇于跨出自己的安全线，接受挑战新的自我，最终，我们会发现一个全新的自我，肯定比现在的自己更强大。对于那些惧怕危险的人，危险却无处不在。

寻找最美丽的公主

在北欧大陆的王国中，世界上最美丽的金发公主被怪物掠走了。国王发布布告：谁能救回公主，谁就能娶公主为妻。

很多年轻人都纷纷离开家门，去寻找最美丽的公主。邻国的一个王子也喜欢公主很久了，他这次离开自己的王宫，发誓不管遇到什么困难，也要救回心爱的公主。

他白天冒着烈日在荒原行走，夜里蜷缩在大树下睡觉，一天天过去了，转眼到了冬天，可是他还是没有找到心爱的公主。

有一天，他走在茂密的森林中，发现了一个受伤的姑娘，于是救下了她。姑娘没有可去的地方，于是王子就在森林的湖边暂时搭了一个小棚子，把受伤的姑娘安顿在那里，他打算等姑娘的伤好了，自己再踏上寻找心爱公主的旅程。

这个姑娘不美丽，脸上有一块红色的疤痕。但是她唱歌很好听，每天姑娘唱歌给王子听，王子感觉过着快乐的日子，并认为娶姑娘做妻子也很不错。

可是王子想了很久，觉得这个姑娘不美丽，他还是喜欢美丽的公主。

姑娘的伤渐渐好了，有一天，王子告诉她，他要离开了，要去找最美丽的公主。

姑娘流泪了，感谢王子对自己的照顾，并转身离开了，王子望着姑娘远去的身影，突然发现姑娘的身影在晨曦的照耀下，发出耀眼的金光，瞬间那个姑娘变成了金发的公主，她正是自己要找的最美丽的公主。

王子赶紧顺着姑娘远去的方向追去，可是等他到了那里，公主已经消失不见了。

王子寻找的最美丽的公主，其实已经在自己的身边，只是公主被怪物施了魔法，变丑了而已。

如果公主等到了真心爱自己的人，她就会恢复之前的美貌。王子不知道，机会就这么错过了。

成长悟语

不要指着月亮起誓，它是变化无常的，每个月都有盈亏圆缺。所以，提前规定自己想要的东西也是一种悲剧。因为我们永远不知道接下来会发生什么事，我们想要的东西是否也会发生变化，我们对人生的追求是否会调整。

给未知的未来提前下一个已知的前提，其实是墨守成规、害怕冒险的行为。有时候，我们真正想要的东西往往不知道在什么地方，由什么人带来的。

拒绝将军命令的士兵

三名将军谈论起什么是真正的勇气。

第一位将军说："我告诉你们什么是勇气。"说完他招来两个士兵。"你们一人头上顶一颗苹果，一人开枪射击，要求一定要打碎苹果！"

两位士兵想都没想，马上准备好苹果和枪支。"嘭"的一声后，任务完成。

"呵，真出色！"第二位将军称赞说。他对自己的两位属下命令道："你们一人头上顶上一颗柠檬，一人开枪射击，要求一定要打碎柠檬。"

这两位属下非常出色地执行了命令。

"啊，先生们，这真是一次令人难忘的表演。"第三位将军说，"但我现在要告诉你们，什么才叫真正的勇气。"

他命令两位士兵："你们一人头上顶一颗樱桃，一人蒙上眼睛射击，要求一定要打碎樱桃。"

“什么？要我去干这种事？长官你一定神经错乱了！”这两位士兵瞪大眼睛叫了起来。

“瞧，先生们，”这位将军得意地说，“这才是真正的勇气。”

勇敢的士兵敢于拒绝，那么真正的男人就应该是懂得反抗的人。

成长悟语

勇气如果没有智慧帮忙，那么它一定会成为一场闹剧。

当智慧与勇敢携手合作，人生才会精彩。所谓蛮力之勇并非是真正的勇敢，真正的勇气来自于一个充满智慧的心灵。

勇于尝试

有一个男孩，他的座右铭是“勇于尝试”。

他第一次喊出这句话的时候，是他想要开一家公司，但被父母讥笑自己是个“白日做梦，什么都不懂的小屁孩”。

男孩在很小的时候就和哥哥开了一家公司，而且还以自己的名字命名。这家公司主要的业务是上门服务，推销各种各样的商品。这些商品大多数都是亲戚朋友用剩下或者不要的东西，又或者是附近商店正在打折的东西。男孩会带着这些商品挨家挨户地拜访，很多人都会因为便利而买一些自己需要的东西，男孩则从中赚取差价。尽管利益微薄，但是随着不断地推广，销路越来越好，甚至很多不想出门的人都会直接打电话向男孩订购物品。

当男孩将一沓钱放在父母的面前时，他们全都傻眼了，从那以后，家里再也没有人敢轻易对男孩说“不行”，而男孩也更加坚信自己的座右铭。

大学毕业后，男孩出人意料地去了宝洁公司应聘经理，而他的同学们都在找一些容易进入的小公司。很多人劝他说：“宝洁公司可是一家大公司，我们刚刚毕业，最好还是把目光放低些，免得期望越大，失落越大。”

果然，男孩被宝洁公司拒之门外。男孩并没有灰心，他居然去了俄亥俄州辛辛那堤，那是宝洁公司的总部。凭着年轻人的干劲，男孩硬是争取到了面试的资格，被聘用为品牌经理助理。

有信心的人，可以化渺小为伟大，化平庸为神奇。

27岁那年，男孩的梦想是成为第二个盖茨或者第二个乔布斯，于是他很快就与人合开了一家名为“量子”的计算机信息数据公司，主要为计算机用户提供在线信息服务。当时不少业界人士都不太看好“量子”，因为男孩大学所学的专业是政治，他对电脑技术十分外行，并且对市场也缺乏了解。但是男孩则认为其他电脑公司过于依赖技术，却忽略了消费者本身。

最终，男孩的想法被证明是对的，他并没有进行技术研究与开发，而是把重心放在为消费者提供优质、舒适、快捷的服务上。正是凭着这一经营理念，“量子”吸引了众多的普通消费者，短短二十年就成为消费者信赖的品牌，并成为全球第七大公司，市值超过了 1600 亿美元。

“量子”就是现在全美最大的网络服务商“美国在线”，而这个男孩就是公司总裁史蒂夫·凯斯。

成长悟语

外人只能看到一双鞋对你合不合适，但无法预测你穿这双鞋将会走出什么样的路。

面对生活中的困惑，每个人只有自己亲自动脑去想办法、动手去实践，才能全方位地把握局势，设定最佳的行动方案，从根本上解决问题、摆脱困境。

左手和右手

在一所乡间小学里，艾米丽老师每次提问问题的时候，小奥瑞克总是积极举手。但是当艾米丽老师让他回答问题的时候，他总是吞吞吐吐，不知所云，显然，小奥瑞克实际上并不知道问题的答案。可是他为什么每次都举手呢？

下课的时候，艾米丽老师把小奥瑞克单独留下了，并耐心地问他：“为什么不知道问题的答案，还那么积极地举手？”

小奥瑞克怯生生地回答说：“我不想当傻瓜。”

原来，如果在班上他不举手的话，其他的同学就会在课下叫小奥瑞克傻瓜，并且还一直拿这事讥笑他。于是艾米丽老师想出了一个办法，他跟小奥瑞克约定：如果他真的知道问题答案就举起左手，不会的时候就举起右手。

几个月过去了，小奥瑞克举起左手的次数越来越多，回答课堂问题也准确到位。老师满意极了，小奥瑞克也成了一个积极乐观的孩子，别的孩子再也没有讥笑过他。

成长悟语

其实，每个人都有很优秀的一面，只是有的人不善于表现罢了。

只要你记着，当你真正优秀的时候，把你的左手举得高高的，让所有的人都看到你的能力。

威尔斯的意外升迁

如果不是那天那封紧急电报，威尔斯或许现在仍是美国西部铁路管理局一个普通的电报员。

有一天，威尔斯所在的铁路管理局的局长外出了，只有威尔斯一人在管理局值班。

中午时，威尔斯收到一封加急电报："在阿尔图纳附近的单轨路线上，一列火车已经被堵4个小时。"铁路管理局有一个铁的纪律：不管遇到什么情况，只有管理局长才有权下达对列车的调度命令，如若有人胆敢违反禁令，不问任何理由，立即革职。威尔斯想尽办法都无法联系上局长，而且他根本不知道局长什么时候能回来。威尔斯明白，不能一直这样等下去，铁道公司的经济和名誉都将受到重大损失……

"必须尽快处理问题。"威尔斯这样想着。他鼓起勇气，走进局长的办公室，通过查看货车配位图找到了阻塞的原因，然后自己拟好文件并冒名签上局长的大名，将电报发了出去。不久，塞车的问题解决了。

又过了几个小时，局长回来了，在得知威尔斯擅自处理了塞车事故后，一语不发地盯着威尔斯。威尔斯紧张极了，尽管局长最终什么都没有说。

一年后，局长晋升为宾夕法尼亚铁路局的副董事长，在离开前，局长特意找到威尔斯谈了一次话，让威尔斯印象最为深刻的一句话就是："你的才能远非只是做一个电报员，我已向董事长推荐你任铁路管理局局长，年轻人，好好干吧！"

就这样，威尔斯意外地升迁了，他接任了局长的工作。

成长悟语

成功与生命的价值取决于瞬间的决断力，生活的机遇常爱挑战人的这一份敏锐与担当。很多时候，成功的人并不是最优秀的人，而是最会抓住机会表现自己的人。而大多数人缺少的就是这样一种勇气。

种苹果的木村

木村是日本北海道果农，他不施肥、不洒农药，却培植出了令人惊奇的苹果。以他的故事为原型的书蝉联日本亚马逊图书榜首50周，为他录制的节目在电视台播放不下100遍。对一个果农来说，这几乎是创造了神话。

真正的神话是从1978年开始的。

那时候，木村偶然见到一本农业杂志，封面上写着"不施肥、不洒农药的农业，原始的生态农业"。木村像触电一样被这句话击中，他决定践行生态农业，在不使用任何肥料、农药的情况下培育出优质苹果。

最初几年，由于营养不良和害虫侵蚀，木村的苹果树根本结不出苹果，木村一家过着衣食不给的日子。白天，木村带着家人在果园里除草、捉虫；晚上，木村就去商业街的居酒屋打工赚钱。

然而，木村凭着对种植生态苹果的信念，度过了最初这艰难的几年。经过不断改良土壤和苹果园的生态，在停止使用农药的第八年，木村的苹果园里开出了七朵花。这七朵花中有两朵结了果子，而这两个果子好吃得出奇。

如今木村已经生态种植苹果三十多年了，有人问他成功的原因，他说："我只想着，做个一心往前冲的傻瓜就好。不要瞻前顾后，不要害怕困难，像个傻瓜那样什么都不想，坚持做下去就能成功。在我之前，肯定也有人尝试过生态种植，但种了四五年不成功就放弃了。而我，像个傻瓜一样一直种，最后苹果树受不了我，只好开出花来了。”木村还说：“人总得为一件事疯狂，直到有一天，你从中找到了答案。”

成长悟语

世界上对勇气的最大考验是忍受失败而不丧失信心。生活就是一种艺术，它提供给我们许多不充分的前提，但是，还是有人得出了充足的结论。

你也不例外

山迪是新加坡著名的园艺家，参与过众多大型市政工程。然而，谁能想到，这个卓著的园艺家，并没有读过大学，连高中都没有念完，完全不懂微积分，甚至都不能说一口流利的英文。

山迪从小就很笨，但是，读书很用功，不过成绩总是不理想。读到高二的时候，一位心理学家把16岁的山迪叫到办公室，语重心长地说：“孩子，读书不合适你，你退学吧。”

听到这么残酷的宣判，小山迪一下子就蒙了，他委屈地说：“我一直在用心学啊，每节课都认真听，每次作业都认真完成。我还给自己加了课业，每天都做到很晚。”

“问题就在这里，孩子。”心理学家说，“你付出了巨大的努力，但取得的进步一点也不对等。这说明你不适合读书。现在是高中课程，你就有点力不从心。再学下去，只有浪费宝贵的时间，趁着年轻，学点别的本领吧。”

山迪的眼中已经噙满了泪水，倔强的他用双手捂住了脸，带着哭腔说：“我要是退学了爸爸妈妈会难过的。他们一直盼望我有出息。”

看到孩子这么难过，心理学家也难受极了，他双手握着山迪的双肩，动情地说：“退学不一定没有出息。工程师不识简谱，画家背不全九九乘法表，歌唱家不会算微积分，这都是可能的，也是很正常的。我们每个人都有难以克服的短板，同时也都有自己的特长——你也不例外。终有一天，你会发现自己的特长。到那时，你就是爸爸妈妈的骄傲了。”

从此，山迪再没去上学，他开始在城里找活干。那时，零工还很难找，为了糊口，山迪几乎什么都做过了，但是他并没有发现自己的特长在哪里。他开始怀疑心理学家的话了，觉得自己根本就是一无是处，心情很是沮丧。

有一天，山迪接到了一个修剪园圃的活儿。一看到那些蓬蓬勃勃的花草，山迪一下子觉得心里清爽了好多。他根据自己的感觉修剪起来，很快就完工了。没想到，主人看后大加赞赏，确实，整个花园参差错落、精致有序，比原来好了不知多少倍。这家主人又把山迪介绍给了朋友，很快，山迪就获得了“绿拇指”的美名。

山迪不再沮丧了，因为他发现自己真的不是例外，在园艺、色彩方面，他有超出常人的悟性。后来有一天，他凑巧来到市政厅，发现这里有一块污泥浊水的垃圾地，稍加改造就能成为一个花园。于是，他主动找到参议员，自告奋勇地说明了改建的想法。

“市政厅缺这笔钱。”参议员说。

“我不要钱。”山迪说，“只需要允许我办就行。”

参议员大为惊异。他当即就把山迪带进了办公室，迅速办妥了批准手续。

当天下午，山迪就拿了几样工具，带上种子、肥料就开始干起来。朋友给他送来一些树苗；相熟的雇主请他到自己的花圃剪用玫瑰插枝；有的则提供篱笆用料……不久，一个美丽的公园就出现了：绿茸茸的草坪，红艳艳的花朵，曲幽幽的小径，人们在条椅上坐下来还听到鸟儿唱歌。全城百姓争相夸赞山迪的能干。此后，山迪的名气越来越大，他终于成为让父母骄傲的专家。

成长悟语

你是否也有正在做但是进步很缓慢的事情呢？你是否想过自己是否真的适合做这件事呢？你是否思考过其他能够发挥潜能的发展方向呢？

有些时候，放弃并不意味着懦弱的失败，而是开拓创新的成功，那就意味着那只是放弃了一件事情，而不是放弃了自己整个人生。

按自己的想法努力

杰西卡是从阿拉巴马州到纽约闯荡的少女。她从小就爱好流行与时尚，希望自己能成为一名发型师引导时尚潮流。

杰西卡很快在一家理发店找到了工作，她每天勤奋地为客人洗头、染发，在给理发师打下手时观察他的手法、技巧。

闲暇时，杰西卡就在练习用的假发上进行修剪。店长非常喜欢这个勤奋的小姑娘，经常额外给她一些指导。

这天，店里来了一位客人，她拿出一本时尚杂志，要求按照封面模特的发型来剪。那是时下流行的齐耳短发，适合尖长脸型的女性，而这位客人腮部较宽，并不适合。店长请这位客人坐下，让杰西卡过来帮她修剪。

自信是一种可贵的心理品质，它一方面需要培养，一方面也要依赖知识、体能、技能的储备。只有自己真的相信自己，才能让别人相信你。

客人坐下后就闭着眼睛睡着了，杰西卡拿着杂志仔细研究了一下，觉得这位客人如果剪齐耳短发会显得腮部更宽。

于是，在修剪的时候，杰西卡把客人两鬓的头发留长，遮住了腮部。

很快，服务结束了，客人一觉醒来发现发型与自己期望的不同，就大发脾气，指责杰西卡擅作主张。

店长过来询问清楚情况，为客人免去了这次理发的费用。在客人气呼呼地离开后，杰西卡终于忍不住哭了出来。

这是她第一次为客人剪发，而且自己真的非常用心。这时，店长安慰她说："我觉得你做得很棒。

你的想法非常正确，而且你也按照自己的想法努力了，不是吗？"

一个月后，那位大发脾气的客人又回到这家理发店，找杰西卡为她剪发。原来，她上次的发型受到了朋友们的一致好评。

杰西卡在这件事中获得了莫大的鼓励，此后她更专心于对发型的研究，并不断努力。

在她 30 岁的时候，杰西卡已经在纽约拥有一家备受好评的理发店。

成长悟语

当你停止尝试的时候，你就完全失败了，成功常常取决于知道对尝试的坚持和自信。而且，也只有那些有耐心圆满完成简单工作的人，才能够轻而易举地完成困难的事。

最重的门

从前，在地中海沿岸有一个独特的小镇，这个镇上的人尚武好勇，每年都会举办盛大的格斗赛事来评选出最勇敢的人。这个小镇的年轻人都以参赛夺冠为荣。

这一年，赛期如期而至，家家户户开始推选代表家族出征的勇士。戈登一家也是如此。戈登年轻的时候曾经连续两年获得格斗比赛的冠军，他非常希望儿子能延续这份荣光。但是，三个儿子都很优秀，选哪个参赛呢？

冥思苦想之后，戈登终于找出了一个考验大家的办法。他把儿子们带到镇上教堂里的一扇巨大无比的门前，对他们说："这是教堂中最大的门，也是最重的门。你们三个谁能把它推开，谁就有资格参加今年的格斗比赛。"

儿子们都知道，这扇门过去从没打开过，所以，他们觉得父亲是在开玩笑。但是，父亲神情那么严肃，那么认真，并不像在开玩笑。谨慎的大儿子考虑了一会儿，觉得这是个不可能完成的任务，无奈之下只好放弃。聪明的二儿子怕父亲说自己不争取，就装腔作势地走上前去看一阵，但并不动手。他猜想，父亲或许另有用意，静观其变才是最稳妥的态度。

这时，平时有些鲁莽的小儿子向大门走了过去，只见他双手猛力向大门推去，门被豁然打开了。原来，这扇门本来就是虚掩着的，没有锁也没有插栓，任何人都能轻易地推开它。

于是，小儿子获得了参赛的资格。

成长悟语

在人生的道路上，每一扇门都应该去推一推，因为你永远不知道那扇看上去沉重的大门是紧闭着还是虚掩着。即使发现它推不开，这也是一种人生的成功。

人生中的5枚金币

在沙漠的绿洲旁边有一个小村子，村子里有一个叫拉曼的少年。从小他就跟爸爸住在一起。

这一年，天气异常干燥，绿洲里的水都干掉了。

父子俩只好提着两个水壶去别的地方找水。可是走了很远的路，也没有发现新的水源。更糟糕的是，他们在沙漠里迷路了！

眼看着时间不早了，带出来的水也早就喝完了，拉曼又渴又累又怕。坚持着又走了一段路，他终于挺不住了，一屁股坐在沙子上说："爸爸，我实在太累了，不想再走下去了。"

爸爸虽然心疼累得不行的儿子，但是看着西沉的太阳，只得想办法激励儿子。

他摸了摸身上，除了5枚金币，其余什么也没有了。

他拿出来一枚，弯腰扒开一个小沙坑，一边将这枚金币埋了起来，一边鼓励儿子道："拉曼，其实我们这一生啊，相当于这5枚金币，童年、少年、青年、中年、老年，这五个阶段各对应着一枚。现在的你，只用了一枚，也就是我刚刚埋起来的那枚，剩余的四枚，你应该一点点地用，而且每一次都要用来做别的用途，这样，这5枚金币才算发挥了它们应有的价值。同样的，我们今天努力走出了这片沙漠，那未来我们还可以创造很多精彩，这样才不枉我们活这一辈子。我知道你现在很累、很渴，但是，儿子，我们今天一定要走出去，你将来也一定要走出这片沙漠。外面的天空是很宽广的，我们活着，就要走出去多看看世界，多走一些地方，不要让你的金币还没发挥它的作用就扔掉了。"

拉曼似懂非懂地接受了爸爸的鼓励，两人一步一步地走着，终于在太阳快要落山的时候回到了村子里。

从此以后，拉曼读书非常勤奋。长大后，他考上了飞机驾驶员，离开了沙漠，每天都自由地翱翔在蔚蓝的天空下，每年都要去很多国家，看很多别样的风景。

成长悟语

困住我们的是环境，走出去的是人。

你还年轻，告诉自己，现在你正在用第一个金币，将来你还有4枚要用，如果你现在放弃了，就等于放弃了未来的4枚。不要怕受伤，不要怕痛苦，不要浪费自己人生中的5枚金币。

两份简历

简历一：1571年12月27日生于德国符腾堡魏尔，是7个月的早产儿。父亲早年抛弃了家庭，剩下脾气很差的母亲。4岁时，天花在他脸上留下疤痕，猩红热使他的眼睛受损，患有高度近视，一只手半残。1601年，他人生的导师不幸离世。1612年，他至爱的妻子也离开了这个世界。他的一生都生活在贫困之中，他，生于战争年代，一生在宗教动乱中艰难度过。1630 年 11 月 15 日，他在索要薪资的途中病逝于雷根斯堡。厄运却没有因为他的死亡而结束，在“三十年战争”期间，他的墓地被对立派夷为平地，尸骨荡然无存。

简历二：他一直没有为家庭增加负担，而是靠着自己的智慧和努力，赢得奖学金完成学业。1587 年，他顺利考入杜宾根大学学习神学与数学。他是天文学教授麦斯特林的得意门生。1591 年，他获得硕士学位。1594 年，他应奥地利南部格拉茨的路德派高校之聘讲授数学。1600 年，他成为了天文学家第谷的助手，到布拉格近郊的邦拉基堡天文台工作。1601 年第谷去世后，他继承了宫廷数学家的职位，继续第谷未完成的工作。1612 年，他移居奥地利的林茨，继续研究天文学。他的一生致力于天文学，发现了行星运动三大定律，对牛顿导出万有引力理论都有着深远影响。

很难想象这两份简历是同一个人，但事实就是如此！这个人就是德国天文学家开普勒，他被誉为“天空的立法者”。

成长悟语

痛苦有到来的一天，就有离开的一天；眼泪有流下来的时候，就有擦干的时候。这个世界上，没有任何事情，值得我们一辈子为之沮丧。

很多伟大的人，并不是自己走出了苦难，他们只是学着带着苦难继续前行。所以，即便跌入万丈深渊，我们也要记住自己身后有上帝赐予的降落伞——我们总有自救的能力。

勇敢面对自己的恐惧

黛比的家住在神秘瀑布镇的郊外，每天她上学都要经过一大片麦田。一天，黛比回家比较晚，等她回去的时候，天色已经渐渐黑了下来，她经过那片麦田的时候，发现里面有一个黑色的人影站在那里，身体还似乎在左右地摆动。

刚开始她以为是这片农场的主人沃伦叔叔，于是她朝着那个黑影喊：“沃伦叔叔，是你吗？”

可是没有得到回答。那个身影还在摇摇晃晃，似乎朝着自己这边扑来。黛比吓坏了，觉得那肯定是一个魔鬼，于是尖叫起来，拔腿向着自己的家奔跑。她摔倒了，鞋子也掉了，却赶紧爬起来又往前狂奔。黛比跑了一段，似乎听见自己的身后有“哒哒哒”的响声，那声音分明是那个魔鬼在追赶自己。黛比更加恐惧了，她吓得大哭了起来。

到家的时候，她样子狼狈，满脸泪痕，头发凌乱，膝盖也被磕得出血。妈妈问她发生了什么？黛比惊慌地说：“有一个魔鬼在追我，我不小心摔倒了，我没有怕疼，只是拼命跑回来了。”妈妈微笑着安慰黛比，说：“世界上没有魔鬼，你看到的可能是树的影子罢了！”之后，黛比每次经过那片稻田都不敢抬头看，只管低头迅速地跑过。就这样，黛比在整个小学期间，都不敢往那片麦田瞧一眼，那个魔鬼始终住在她心中。

其实，那片麦田里哪有什么魔鬼，只是沃伦叔叔为了驱赶那些可恶的乌鸦来破坏他的麦穗，在稻田里安了一个稻草人而已。

成长悟语

恐惧是一面哈哈镜，它那夸张的力量把一个十分细小的、偶然的筋肉悸动变成大得可怕、漫画般清楚的图像，而人的想象力一旦不小心被激起，又会像脱缰的马一般狂奔，去搜寻最离奇、最难以置信的各种可能。

四个兄弟

一个小岛上长大的四兄弟，当他们长大时，四人便决定去外面的世界看一看，寻找自己的理想之地。

四人划着小船便出发了，无际的海面上风平浪静，四个兄弟在船上谈笑风生，好不快活。

突然，海上狂风大作，电闪雷鸣……

年纪最小的老四首先就被这样的景象吓呆了，抱着手中的船桨，战栗地说："赶快回去吧！快点调头，前面还不知道有什么更大的风险呢！"

老三同样也被吓得发抖，结结巴巴地说道："快改变方向，去别的地方吧！前面太危险了！"

而一旁的老二则一直蜷缩着身子，躲在船舱里不敢出来。

只有老大还坚定不移地手握船舵，仍然向着目的地不断前进。

正在此时一个巨浪打来，将小船劈成了碎片，兄弟四人全部葬身大海。

过了一阵，太阳出现，海面恢复了平静，而奇怪的景象发生了：

老四变成了一尾虾，喜欢向后退着游走；

老三变成了一只蟹，总是横着爬行；

老二变成了一只鳖，时时躲在甲壳里面；

只有老大，变成了一条大鱼，始终迎着风浪，面向阳光，义无反顾地勇往直前！

成长悟语

遇到挫折了，你可以选择后退逃避，也可以选择另辟蹊径，还可以选择躲避起来……这无可厚非，但是，一旦这样做了，你就永远不可能知道，你勇往直前后可能获得的伟大和成就。

你可以说义无反顾地勇往直前是一种鲁莽，但是，这种鲁莽却是蒙上眼睛的果敢。

聋子和盲人过桥

在美国亚利桑州的一处大峡谷，有一座连接两岸的桥。这座桥由铁索组成，两旁有铁索扶手，桥下是湍流迅疾的深涧。几乎没人能安全从这座铁索桥通过，因此这座峡谷也被人称作"死亡峡谷"。

一天，两个人来到桥的一端，他们两只手相互紧握，另一只手抓住旁边的扶手，一步一步向前行进。速度虽慢，但走得很稳，眼看就要走完整座铁索桥。

哈利是住在铁索桥一端的村民，是个冒失的小伙子，他见两个陌生人走过去了，就大着胆子走上铁索桥。

每走一步，桥都会随着步伐上下晃动，谷风从耳边呼呼地吹过，哈利感觉脑袋一阵眩晕。

走到桥中间，哈利彻底崩溃了，桥下的流水奔突翻涌，像要把他卷下去。

就在他试图转身的时候，一个大浪打来，桥身剧烈地晃动，哈利吓得闭上了眼睛。

风在耳边呼呼地咆哮，哈利觉得耳朵要被风胀破了，就伸手去堵耳朵。这时又一个大浪打来，哈利不幸被激流卷走了。

两岸观看的人们吓得大喊大哭，高呼上帝之名，然而无济于事，哈利已经被浪头卷走了。

人们想起刚刚安全度过铁索桥的两个陌生人，赶紧蜂拥上去问他们有什么秘诀。

“这是‘死亡峡谷’，没人能安全通过，你们是怎么做到的？难道不怕湍急的流水和咆哮的狂风吗？”

“什么？这里是‘死亡峡谷’，天哪，上帝保佑！”其中一个回答说：“我是个瞎子，根本看不见水有多急、桥有多险。”同时指了指另一个人说：“他是个聋子，虽然看得见路，但根本听不到可怕的水声和风声。”

人们纷纷感慨，没想到安全通过“死亡峡谷”的竟然是聋子和瞎子，而哈利那样耳聪目明的人，却正因为耳聪目明而葬身于此了。

失败也是对人的意志的严峻考验。不明智的人，在成功面前就会骄傲自满；清醒的人，在失败面前更能锻炼自己的意志。

成长悟语

拇指大的恐惧在进入心里之后就变成了巨人。有时候，我们在不必要的时候，浪费了太多的敏感度去感受不必要的事　情——　恐惧、悲伤、痛苦、脆弱……当我们越关注这些，它在我们的心里的形象就越扭曲，而它带给我们的畏惧感也就越强。

木雕家与儿子

法国有一位著名的木雕家，他的作品享誉全欧。年幼的儿子经常央求父亲为他做玩具，但木雕家从来都是拒绝，而且每次都反问：“你自己不能动手试试吗？”

看到父亲这么坚决，儿子非常沮丧，同时，倔强的他决定自己动手。为了学习，父亲工作的时候，他不再像原来那样在旁边散漫玩耍，而是留心父亲的每一道工序，常常站在大台边观看父亲运用各种工具，然后模仿着运用于玩具制作。木雕家看到儿子动了真格，心里非常高兴，但他从来不向儿子讲解什么，完全放任自流。

一年后，儿子已经初步掌握了一些制作方法，能做成一个像样的小玩具了。这时，木雕家才开始指点一二。但小少年的脾气非常倔，从来不把父亲的话当回事，我行我素，自得其乐。木雕家也不生气。

又一年，儿子的技艺显著提高，随心所欲摆弄出各种人和动物形状都栩栩如生，引来旁人的一片赞誉。他也常常将自己的“杰作”展示给父亲看，但木雕家总是淡淡一笑，仿佛并不在乎。父亲的轻视进一步刺激了儿子，他学习起来比原来更用功了。

有一次，儿子在工作室苦干了四个多月，终于做出四件精湛的小木艺。它们的形象生动有趣，活灵活现。儿子想：这次父亲一定会夸赞他的创作。然而，第二天醒来，他发现作品全部不翼而飞，这太奇怪了！木雕家说：“昨夜可能有小偷来过。”儿子没有办法，只得重新制作。半年后，儿子终于重新做好，但工作室再次被盗！又半年，工作室又失窃了。

为什么工作室接二连三地失窃呢？儿子有些怀疑了，他觉得是父亲在捣鬼，因为每次父亲都不为失窃而吃惊、防范，总是表现得很平静。他决定一探究竟。偶然一天半夜里，儿子醒来，见工作室灯亮着，便溜到窗边窥视：只见父亲在雕塑作品前来回踱步、仔细观看。好一会儿，父亲仿佛做出某种决定，转身抡起斧子把完成的作品打得稀巴烂！接着，将这些碎木块丢到壁炉里烧掉了。儿子疑惑地站在窗外。这时，他又看见父亲走到他的那批作品前，拿起每件作品仔细端详了一番，然后，父亲又将儿子所有的作品扔到壁炉里烧起来！当父亲回头的时候，儿子已站在他身后，瞪着愤怒的眼睛。父亲面有愧色，温和地抚摩儿子的头，语重心长地说：“儿子，只有砸烂差的，我们才能创造更好的。”

十年之后，父亲和儿子的作品多次同获国内外大奖。

成长悟语

你要跑得比别人更轻快，那就只有放弃自己身上已经有的东西。这是一种比负重前行更大的勇气和智慧。

第八辑

领悟：接纳生命的天性

皇冠与杂草

一个年轻的女模特非常虚荣和自负，无论做什么她都要争第一，读书时她喜欢拿第一，参加模特比赛她更要拿第一，为了拿到第一她可以不惜一切代价。但是她总是觉得自己很累，总是没有停歇的时候，因为怕别人将她比下去，独自一人的时候，她总是郁郁寡欢。为了改变现状，她决定去向一位德高望重的智者请教。

智者问女模特："得第一时，你的感觉如何？"

女模特想了想，回答道："哦！那种感觉奇妙极了！庄重的加冕典礼，隆重的颁奖仪式。之后，冠军的皇冠便有了神圣的意味。一旦拥有了它，我自己就感觉跟着一起神圣起来，所有人都会向我投来赞美和崇拜的目光，那真是太令人兴奋了！"女模特有些情不自禁起来。

智者问道："那你为什么还会感觉很累而不快乐呢？"

女模特又落寞了下来，喃喃地说："是啊，为什么我还会不快乐呢？"

智者微笑，说："看到你对皇冠带给你的光环的热衷，让我不由想起另外一些动物来。"

女模特不解地问："动物？"

智者缓缓地讲了一个故事："在野生的麋鹿群之中，每年夏秋的季节就会爆发一场王位之战。战胜者可以拥有王者的统治地位，同时拥有自由享用群落中所有母鹿的交配权。"

女模特打断说："这是自然界的规律，并没有什么特别之处啊！"

智者自顾自地说："但是让人感兴趣的是，获胜的鹿王在夺得王位之后，总是会挑起地上的杂草或枯枝顶到自己强有力的鹿角之上，然后在自己的鹿群中炫耀几圈，受用着群鹿看着自己头顶上的杂草温顺后退的美妙感觉。哦！就像你刚才所说的那样。"

智者接着说："或者，再扩大一点，与人类某些顶着'皇冠'掌握了一定权力和荣誉的人物也很近似。因为拥有了这些杂草或'皇冠'，便有了生杀予夺的威权和受人膜拜的光环。所以，也难怪人们会觉得'皇冠'是如此神圣令人向往了。"

女模特激动地说："对啊！就是这样！"

智者笑了，语重心长地说："可你不要忘记了，皇冠有时也只不过是一些杂草啊！"

成长悟语

有多少人又想过自己头上的并非皇冠、光环，而只是一些杂草呢？

又有多少人为了这些杂草，费尽了时间、精力、快乐呢？

尤其是年轻人，觉得所谓的“名誉”要比任何美丽的装饰品都要来得更有价值，但是，这种没有任何根基的“名誉”，也会像脆弱的花朵一样，经不起一阵风吹雨打就衰败了！

不必大惊小怪

夏天到了，汤米老师组织孩子们去海边游泳。一到海边，孩子们纷纷跳入水中，奔跑着、欢呼着，玩得开心极了。

一天的欢乐时光很快就过去了。汤米开始呼喊孩子们上岸，一定要在天黑之前确保他们平安回到学校。

就在这时，他突然发现，几个小女孩可能是因为衣服湿了黏在身上，让她们感到不自在，便在大庭广众之下脱下了衣服，开始拧起来。汤米惊呆了，他刚想大喊一声制止她们。

可是他犹豫了，此刻除了他自己，别人似乎并没有注意到这些女孩的“异常”行为，男孩子们没有觉得这有多么稀奇，也没有因此而大惊小怪。女孩们拧干衣服，然后穿好。大家依然欢声笑语，你追我赶，仿佛刚才不曾发生过什么特殊的事情。

汤米不禁为自己的正确决定暗自庆幸，如果他当时大声止住女孩们，会发生什么呢？男孩们会大声嘲笑她们，其他女孩也会奚落她们，脱衣服的女孩们会为此羞愧不已，甚至留下终生的阴影，这次游玩会在孩子们心里贴上“尴尬”、“不堪回首”的标签。

成长悟语

有些事情，如果不被大惊小怪地提出来，就不会有人认为有什么不妥，就不会有人认为这是一件不得了的严重的事情，从而引发一连串的问题。

《圣经》与竹篮

一位神父和他收养的小男孩住在一个简陋的小教堂里。每天早上，神父都会坐在厨房的桌边读《圣经》。

一天，神父正在火炉边煮晚餐，小男孩突然拿着一本《圣经》跑了过来，满脸沮丧地对神父说：“神父，我每天都读《圣经》，但是很多时候，我却并不明白里面的意思。那我读它还有什么用呢？”

神父安静地将篮子里最后的几块煤投进了火炉，然后把篮子递给小男孩说道：“你拿着这个篮子去提一篮水回来！”

但是，篮子哪里能够盛得住水呢？小男孩打水回来的时候，水漏了一地。等他回去的时候，篮子里的水早就已经漏光了。他十分沮丧，这样做根本就行不通。但是，神父却说，“你可以的，再去试试。”

小男孩又照做了。这一次，小男孩加快了速度，从水里提起篮子就赶快往回跑，但是篮子里的水依然在他回来之前就漏光了。他对神父说道：“用篮子打水是不可能的。”

无论他漏水了几次，神父总是鼓励他，对他说你可以的，你应该多试几次。他每次都加快速度，但是每次都以失败告终。

“神父，这根本没用！”

“真的没用吗？你再看看这个篮子！”

小男孩看了看篮子，发现它已经因为多次提水变得十分干净了。“我的孩子，《圣经》的智慧，你可能现在不懂，但是，它却可以在无形之中帮你洗涤灵魂，这样，你还能说读它没用吗？”

成长悟语

我们每一个人都应该有一本心灵的《圣经》，即使我们未曾记住一句话、一个字，却依然会受益终生。因为，它会让我们的心灵如泉水般清澈、纯净。竹篮打水虽然行不通，但是也并不是一场空。很多事情我们努力了，即使没有得到预期的结果，但是也总会有意外的收获。

被蝎子蜇了以后

一天夜里，士兵托巴和桑尼一起站在城堡边上站岗。突然，不知道是什么东西在托巴的脖子上爬，托尼一把拍上去，突然被蜇了一下，疼得他直冒汗。

原来是一只蝎子，托巴气得咬牙切齿，他刚想把蝎子踩死，就被桑尼拦下了。桑尼说：“不要杀死它，它也不是故意的，它以为你要伤害它，不得已才反击的。怎么说也是一条生命，放过它吧。”听了桑尼的话，托巴就把蝎子放了。

过了几天，两个人又一起站岗。桑尼站累了，就准备靠着墙休息一下。不过，当他准备扶墙的时候，突然被蜇了一下。他脱下鞋来，把蝎子弄到地上，紧接着就是一顿乱砸。

等他回过神来一看，蝎子已经被打得稀巴烂了。这时桑尼开口说道：“这个忘恩负义的东西，那天托巴要打死你，我还替你求情呢，今天居然来蜇我！”

成长悟语

当灾难发生在别人身上的时候，我们可以做一个十分冷静的评述家，甚至是道德家。我们奉劝着别人应该如何释怀、如何重新开始、如何学会原谅……

但是，当事情同样发生在我们自己身上的时候，旁观者的立场即刻消失，那种装模作样的冷静，自然也消失了。剩下的只有对自己受害者身份的悲悯，和对加害者的诅咒。这并不可耻，因为，很多时候，这就是人性。

扔掉金子

理查德和妻子珍妮，厌倦了城市的喧嚣，于是到一个乡村的小溪边定居了下来。

这里有溪流、山雀、青天、绿树。

他们用原木搭建了一个房屋，上面用巨大的松柏树枝遮盖。

在屋子的后面，他们挖出一个圆形的池塘，在里面种上睡莲，养上鱼。

在屋子的前面开垦出一片菜地，可以在那里种自己喜欢吃的各种蔬菜。

傍晚的时候，他们在院子的空旷地带点上篝火，两个人互相依偎着躺在摇椅上，猎狗乖巧地躺在他们的脚边。

一天，理查德去小溪中捉鱼，在水中发现了一块金子，足有 2 公斤重。

夫妻二人兴奋极了，毕竟他们的生活也不富裕，要是拿到城里卖掉，就能过上富裕的日子。

人生是一趟没有返程票的旅行，只有摆脱金钱的累赘和捆绑，才能让人生变得轻松自如，方能领略到旅途中的风景，品尝到人生的快乐。

可是，他们转念一想，如果卖掉金子，很多人就会知道金子的事情。

不久，有大批人就会到这里来淘金，他们现在的美好家园就会被毁掉，他们不想毁掉现在自由、幸福的生活。

一个完美的弧度，这块金子被丢进了屋后的池塘中，理查德和妻子看着金子没入了水中。

他们也放下了悬着的心，他们觉得自己的美好生活总算保住了。

他们觉得，扔掉的只是一块黄色的金属罢了，相反，保住的却是他们生命中最宝贵的金子。

成长悟语

一旦我们学会了真实而平静地对待自己的生活，感受到真正的人生需求时，我们就会承认贪欲、痛苦、恐惧、退缩的存在，而这时，我们已经踏上了精神之旅。我们不为那些负面感觉的存在而感到羞耻，我们不为此诡辩，不为此谴责，只是单纯地允许它们的存在，就像是金子默默地沉入池塘里一样。

鲜花哲学

颜色淡的花几乎都很香，颜色越艳丽的花越缺少芳香。人也一样，外表越质朴单纯的人，内在越丰富有内涵。

清晨的莲花才美丽，因为早晨是莲花盛开的最好时间，如果清晨不开，那中午和晚上就更不会开。人也一样，如果年轻的时候没有朝气，那到了中年、甚至晚年就很难成大器。

玫瑰虽美丽，但身上却长满了刺，如果想拥有它，就要避开刺。人也是一样，每个人都有自己的个性，就像一个个的刺，如果两个人想拥有彼此，就要不被对方刺到，也不要伤害对方。

越是价格昂贵的花，越容易凋谢。这就告诉我们，一定要珍惜青春，因为青春是最宝贵的时间，也最容易凋谢。

其实，夜来香白天晚上都很香，只是因为白天人心浮躁，没有人能闻到。这就告诉我们，只要沉下心，就能发现别人发现不了的美妙。

成长悟语

人类的行为都要遵循某些道理。为什么呢？

因为人类行为本身是具有超越性的，或者说，是有预见性的：它总是在“现在”就开始孕育，然后朝着特定的方向发展，如果一直正面地坚持，就有可能走向原计划的未来的结局。

“不亏”的计算

莉丝下班了。走出办公大厦时，她发现外面下起了大雨。现在这种情况，去地铁站肯定会被淋湿，于是她打算坐出租车回家。

但是，一个小时过去了，她还没等到车。在这样的深秋季节，她等在那里，感觉身上越来越冷。她的父亲就是一个出租车司机，平时经常听见父亲抱怨同行太多，太抢生意。现在下雨，打车的人应该更多。

可是眼看天渐渐黑下来，莉丝也不打算继续等下去，只好冒着雨跑向了最近的地铁站。到了家，全身湿透了，父亲也早就坐在了餐桌旁。

她问父亲：“您平时回来得很晚，今天下雨，打车的人应该很多，您怎么反而这么早就回来了？”

父亲说：“我们这一行，很多时候都是通过每天‘要赚多少才不亏’的方式来计算自己的工作时间，一旦赚的钱超过了这个限度，我们就会回家休息了。下雨天打车的人多，所以我很早就回来了。”

莉丝听后，就给自己的父亲算了一笔账：如果在下雨天多接几个顾客，晴天的时候少接几个，这样赚钱更多。父亲按照她的说法，在接下来的一个月果然赚了不少钱。

成长悟语

“宁愿不赚也别亏”，又有多少人是抱持着这种想法呢？

这种观点其实就和走一步休息一天一样，把多数的时间放在最基本的底限满足上。虽然这种方式也的确是一步一步走向成功，但是，我们又有多少时间可以拿来“休息”？我们又有多少激情是可以拿来冲刺的呢？

所以，当我们无法掌控人生的时候，我们也就没有资格享受它。

长在神庙旁的栎树

苏格拉底被公认为是古希腊最有智慧的人。这天，他和门生柏拉图在一座神庙旁散步，讨论什么才是最大的智慧。

柏拉图凝神思索：“到底什么才是最大的智慧呢？看清真理吗？正确地认识自己吗？还是掌握宇宙运行的规律？”他百思不得其解，只好绕着神庙踱起步来。当他绕到神庙后面时，惊奇地发现这里竟然长着一棵巨大的栎树。这棵栎树的树荫足以遮盖几千头牛，枝干能造数百个独木舟。这么大的树，为什么没人采伐呢？柏拉图很是疑惑。

他问自己的老师苏格拉底：“这棵栎树如此巨大，一根枝干就能做一条船，为什么没有人来采伐呢？”

苏格拉底回答说：“栎树是没用的木材。做船，很快会因为浸水腐烂；做门窗，会因为频繁地开合而断裂；做盛水的器具，会分泌汁液污染水质。栎树什么都不能做，所以没有人来采伐它。”

这天晚上，柏拉图梦见了栎树的神灵，他对柏拉图说：“我之所以活得这么久远，就是因为我没有任何用处。只有毫无用处的我，毫发无损地活到了今天。对我们来说，没用才是最大的用处啊。”

柏拉图醒后，把这个梦告诉了老师，但是他还有疑惑：“既然栎树不希望人们注意到它，为什么还要长在神庙旁呢？长在路边不是更好吗？”

苏格拉底回答：“如果它长在路边，不是早被路过的农夫砍倒当柴烧了吗？”

柏拉图似乎明白了什么才是最大的智慧。

成长悟语

生活不只是有实用，它还有精神。实用、功利的东西在使用过后转瞬即逝，而精神的丰足则会因为它的“不实用”而长久地存活。

多数人的痛苦正在于过分追求此时此刻的使用价值，而忘了“没用”本来也可以是一种意义。

镜子与窗子

斯诺是个刻苦的教会学生，每天他都把自己关在书房里学习拉丁文。

可是有一天，斯诺突然觉得书房里太狭窄了，四周的墙壁仿佛一起向他压过来。斯诺这样烦闷了好几天，终于想到一个绝妙的办法。他请来街上的工匠，为他在墙上安装了四面大镜子，这样，书房看起来就像有无限的空间。

起初斯诺觉得很舒服，呼吸顺畅，行动自由，可没过多久，又开始觉得书房小了，甚至比安装镜子之前还要小。这让斯诺非常不理解，明明眼前有无限的空间，为什么感觉比先前还要小了呢？

斯诺请来教会的老师，向他请教这个问题。老师是个智者，走进斯诺的书房就发现了问题所在。他对斯诺说："安装镜子之前，你觉得书房小，是因为你看到的只有书。安装镜子之后你觉得书房大了，是因为除了书，你还看到了你自己。后来又觉得书房变小了，是因为你只能看到你自己。"

斯诺恍然大悟，问老师："那我该怎么办呢？"老师说："为什么不把镜子拿掉呢？"

斯诺听了老师的话，请工匠摘掉镜子，并且打通了临街的一道墙，改造成一座大大的落地窗。这样，斯诺每天就能看见外面的世界了。他看到形形色色的人，听到纷纷扰扰的声音，闻到各种各样的气味。可是，斯诺再也没有办法安心坐在书桌前学习了，外面的世界太过精彩，太多诱惑。

烦恼的斯诺又把老师请来，向老师倾诉自己的烦恼。老师听后哈哈大笑，说："这个问题再好解决不过了，你为什么不在自己的心里装上镜子呢？"斯诺听后迷惑不解："在自己的心里装上镜子？那是什么意思？"

老师说："镜子可以让你看到自己，窗子可以让你看到世界。只看自己就会狭隘，只看世界就会迷失。最好的方法是镜子、窗子都要。然而，什么时候看镜子，什么时候看窗子，就决定于你内心的把握了。"

斯诺恍然大悟，此后能安心学习，成了教会有名的拉丁文教师。

成长悟语

封闭的环境，再显得宽广也是虚假的，你要做的只是打开几扇窗户，用真实去拓宽你的世界。

这个世界上有多少人自以为自己正在广阔的天地中呢？有多少人认为自己知识广博？有多少人认为自己胸襟开阔？有多少人认为自己能力第一？有多少人认为自己走在最前沿？

小偷与智者

一位智者遇见一个背着大包袱的人，问清那人的去向之后，就与他结伴同行。两人来到山脚下的一个旅店，就在旅店里过夜休息。

到了夜深之时，智者听见同行的人偷偷起来，翻自己的行李。

然而智者的行李里并没有财物，那人翻了几遍都没有发现其他东西。

"你在做什么？"智者问。

"我在偷东西。"那人回答。

"哦，那你偷过多少次了？"

"我记不清了，只记得每次偷完都会有一种强烈的快感，不偷的话，整个人就像悬在深渊里一样难受。"

智者继续问："那你每次偷完，快感会持续多长时间呢？"

小偷回答："一两天吧，也有三四天的。但快感过去之后，随之而来的是更强烈的痛

宽容不是纵容。否则，对方会一而再、再而三地犯禁，因为你的过度的宽容，恰恰显示了你的软弱。

苦，我就不得不又去偷。”

智者说：“这种快乐是短暂的，只能暂时麻痹你自己，终究不能使你获得解脱。”

小偷听智者这样说，立刻跪拜在地说：“充满智慧的人啊，请您告诉我一种解脱的方法吧。”

智者说：“你之前是小偷，获得的都是小快乐，为什么不像我一样做个大偷，获得大快乐呢？”

小偷迷惑不解地问：“您也是贼？”

智者点点头说：“我平生只偷过一样东西，但偷了之后，就获得了长久的快乐。”

小偷大喜过望，他急切地对智者说：“请您告诉我，您偷的是什么东西？”

智者突然跳起来抓住小偷的心口说：“你要偷的东西就在这里，你偷了它，就会享用到无穷无尽的快乐。你明白了吗？”

小偷恍然大悟。

成长悟语

人生有几件绝对不能失去的东西：自制的力量，冷静的头脑，希望和信心。而这些东西都是从人心之中来的。

关键时刻不关键

打保龄球是一个非常有意思的运动，初学者常常轻易拿到满分，经验丰富之后反而很难拿到，这真是一个奇怪的现象。

罗斯就正被这种怪现象所困扰：初学的时候，他常常可以连续几球都击倒 10 个瓶，引得身旁的陌生看客一阵惊叹，认为他是“高手”。

可是，累积一段经验后，罗斯很少再打出满分了，无论怎么瞄准或用力。

而且，罗斯发现新来学打球的朋友都像他当初一样，不时能碰个满分，这使他很不解。

于是，他开始细心地观察这些初学者，很快，他就发现了规律，原来打满分的诀窍在于“放松”二字。

新手打球的时候，一般都很放松，完全把打球当作游戏，不计成败，嘻嘻哈哈地“玩”而已。

只要他们稍微掌握一点“感觉”，就能把球扔在一条恰当的轨道上。

他们更注意前方的10个瓶，而不在乎手上的球，正是这种心态，导致他们能碰上好运。

而经验丰富的选手成败心一般比较重，过多地关注结果，心态不稳。而且不仅关注前方的10个瓶，还在意手上球的运作，精力比较分散，差错随时可能出现。

在只剩下最后1个时，这种心态最明显，失败率往往最高。

一般来说，面对10个瓶时的心情，比面对1个瓶心情要放松得多。

最后剩一个球时，是保龄球场上常见的“关键时刻”，投球手往往最紧张，精力最集中，但是，这通常导致连续失败。

看出“诀窍”之后，罗斯开始放松自己，提醒自己越是在“关键”时刻，越要保持一颗平常心，看清看淡。看准瓶后，尽量平稳地把球扔出去——虽然不能次次得高分，却没有出现过太大失误。特别是面对最后1个瓶时，这种心态减少了连续性失败。

成长悟语

当你把一个东西、一个人、一件事情看得很重的时候，他就真的会变得很重，重到成为你很难承受的负担。当你所重视的东西成为负担的时候，他除了增加你窒息般的痛苦外，还能给你带来什么呢？

试着放松，试着再“打倒最后一个瓶”！

60个路口

25岁的阿道夫是个有理想的新闻记者，他曾经游历过大半个欧洲，积累了深厚的见识。后来，他怀着澎湃的美国梦踏上了纽约这片冒险家的乐土，希望经过一番奋斗后功成名就，拿到记者的至高殊荣——美国普利策新闻奖。可惜，现实远没有理想那么灿烂，人才聚集的纽约竞争激烈，阿道夫作为一个德国人，英文写作水平与同行相距甚远，对美国民众的新闻口味也把握不准，前几天，他还因为一次街头枪击事件报道失误被报社解雇。失业后的他身无分文，忍饥挨饿，白天只好在马路上乱走，目标只有一个，躲避房东讨债。

一天，他正在24号大街闲逛，碰巧遇到了著名歌唱家戴纳尔先生。戴纳尔先生有一次去欧洲演出时，阿道夫曾经采访过他。但他没想到的是，戴纳尔竟然一眼就认出了他。

“很忙吗？”戴纳尔先生热情地和阿道夫打招呼。阿道夫含糊地回答了他，他想戴纳尔一眼就看出了自己的落魄。

“我住在第103号街，没什么事的话陪我一同走过去好不好？”

“走过去？你确定我们要走过去吗？戴纳尔先生，60个路口可是很长的一段路呢。”

“胡说，”戴纳尔笑着说，“只有5个街口。是的，我说的是第6号街的那家儿童游乐园。”阿道夫并没有弄清楚他的意思，但是想着自己也没地方可去，就暂且跟他走吧。

“现在”，到达游乐园后，戴纳尔先生说，“只有11个街口了。”

不大一会儿，两人到了保利尔剧院。

“现在，只有 5 个街口就到咖啡馆了。”

又走了 12 个街口，他们在戴纳尔先生的旅馆停了下来。奇怪得很，明明是很长的一段距离，但走下来后，阿道夫并不觉得怎么疲惫。

看到阿道夫一脸的困惑，戴纳尔向他解释步行的原因：“之所以选择走路的方式，是我想告诉你，很多时候，我们离自己的目标都有遥远的距离，但那并不重要，重要的是我们把精力集中在 5 个街口的距离，愉快地往前走就好了。”

成长悟语

别让那遥远的未来令你烦闷。我们要做的不是设想未来是多么痛苦，也不是为可能带来的危难感到无奈，更不是为漫长的等待而叹息。我们要做的，就是一步一步地走下去。走好现在的每一步。我们会发现，未来没那么遥远、痛苦和难熬。

有第一次就会有第二次吗

山姆是一位富有的商人，这一天，他和自己最好的朋友犹太裔美籍画家哈沃德一起到一家犹太餐馆吃饭。乘等菜之机，哈沃德便取出画笔和纸张，给吧台谈笑风生的女主人画起速写来。两三分钟的工夫，速写就画好了。山姆凑近一看，果然是大家手笔，栩栩如生，生动传神，不禁连声称赞道：“太棒了，实在是太棒了。”

听到朋友热情的夸赞，哈沃德便侧转身来，正对着他在纸上勾画起来，还不时向山姆伸出左手，竖起大拇指。在一般情况下，画家在估计各部分比例时，都用这种简易方法。

山姆一见这副架势，知道这是开始给他画速写了。但是因为位置关系，看不见他画得如何，只好摆好了姿势让他画。十分钟过去了，山姆一动也没动，他有点累了，但是哈沃德也没有喊停的意思，他只好保持着姿势让好友继续画。

终于，哈沃德起身说道：“画好了。”听到这话，山姆长松一口气，他迫不及待地凑过去看，不禁大吃一惊，哈沃德画的根本不是他而是哈沃德自己左手大拇指的速写。山姆觉得自己受到了戏弄，连羞带恼地说：“我特意摆好姿势，还坚持那么长时间，你却作弄人。”

哈沃德却笑着对他说：“人们都说你做生意很精明，我就是想故意考察你一下，你也不问别人画什么，就以为是在画自己，还摆好了姿势。从这一点来看，你同犹太人相比，还差得远。”

“为什么？”山姆问道。

画家不慌不忙地反问道：“你以为有了第一次，就一定有第二次吗？”

成长悟语

你以为自己遭受了一次苦难，以后的人生就都充满悲伤了吗？你以为遇到了一个坏人，这个世界上就再也没有好人了吗？你以为承受了一次不公平，就处处都寻不到正义了吗？你以为自己跌倒了一次，就再也爬不起来了吗？

一道特殊的测试题

哈莉主修社会学，毕业以后就会成为一名社会工作者。

一次，教授做了一次课堂测试，题目是：“请写出我们学校餐厅那位配餐工的名字！”

哈莉看到这个题目的时候，头都蒙了，这个配餐工她几乎天天看到，每次都是拿着一个勺子，给大家卖力地分配食物。

记忆里，她个子很高，一头金黄色的头发，站在餐厅也很显眼，但她的名字是什么呢？

她记得这个配餐工的胸卡很显眼，但是也没有看过，现在怎么也记不起来了。

哈莉觉得教授出的这个题目，可能只是一时兴起的玩笑罢了，于是就交了空白卷。其他同学也纷纷交上去了，看见空白卷的很多。

哈莉有点担心这个测试也计入分数，于是就问教授：“这个题目算分数吗？”

教授严肃地回答道：“当然要算，这不是一个玩笑，这是作为我们社会工作者一个严肃的题目。作为社会服务人员，你们出了校门，就要和各种社会受关爱人士打交道，这需要我们有极大的爱心，呵护他们的同时，也要在心理上对他们进行疏导，尊重他们。”

教授接着说：“至于怎样做到尊重这些社会受关爱人士，我们的内心似乎没有一个答案。那么，我想说的是，我们首要做的就是要记住这些人的名字，让他们知道你是多么的重视他们。”

教授又说：“现在，你们做的显然不尽如人意，我们的配餐工，每天为我们付出艰辛的劳动，可你们中有几个人能记住她的名字？你们中有几个人和她打过招呼？甚至说过一句感谢的话？”

记住人家的名字，而且很轻易地叫出来，等于给别人一个巧妙而有效的赞美。

成长悟语

我们无意中错过许多美好的事物、友好的人、感动的事情。所以，不是我们身边没有美好，而是我们的观念中根本就不认为那是值得关注的事情。

为自己添脚的蜈蚣

传说蜈蚣刚被上帝创造出来时，是没有脚的，但是它仍然可以爬得和蛇一样快，这是它非常骄傲的一点。

有一天，蜈蚣伏在树枝上休息，它看到羚羊和梅花鹿在赛跑，它们矫健而有力的四肢纵情伸展着，跑得非常快，激起的尘土像大地给出的热烈回应。没有脚的蜈蚣深受刺激，它又观察了几天，发现其他很多有脚的动物都跑得比它快，心里很不舒服，便嫉妒地说："哼！有什么了不起，脚愈多，当然跑得愈快。"

于是，满怀委屈的蜈蚣跑到上帝面前控诉说："上帝啊！你为什么没有给我脚呢？我要拥有比其他动物更多的脚，我要跑得最快，谁也别想追上。"

上帝一言不发，他只是把好多好多的脚放在蜈蚣面前，任凭它自由取用。

蜈蚣看到这么多脚，非常高兴，迫不及待地往身上贴起来。一只一只又一只，直到全身上下，从头到尾再也没有地方可贴了，它才依依不舍地停下来。

看着满身是脚的自己，蜈蚣终于满意了，心中暗暗窃喜："现在我可以像箭一样飞出去了！"可是，等它要迈开步子时，才发觉自己完全无法控制这些脚。这些脚噼里啪啦地各走各的，顾前就不能顾后，顾左又无法顾右。它非得全神贯注，才能使一大堆脚不致互相绊跌而顺利地往前走。

这样一来，它走得比以前更慢了。

成长悟语

欲望是人遭受磨难的根源。诚然，欲望可以使人得到欢乐和幸福。但欢乐、幸福的背后却是苦难，乐极是要生悲的。一切欲望实现之后，却也免不了灾难。

最有价值的愿望

很久以前有一个农夫，他每天都辛勤地耕种，把自己的收成拿到集市上去卖，换来微薄的金钱维持生计。

一天，农夫来到河边打水，碰到一位老妇人。

老妇人请求农夫帮助她挑水，农夫爽快地答应了，但是老妇人的家很远，等到农夫帮完她之后，自己却没有时间打水了。

为了表示感谢，老妇人送他一枚戒指，并告诉他："这是一枚魔法钻戒，当你说出你想要得到什么，同时摩擦它，它就会立刻变出你想要的东西。但是，这枚戒指只能实现你一个愿望，所以你一定要仔细考虑清楚什么愿望才是最有价值的。"说完老妇人离开了。

农夫心怀感激，带着这枚戒指回到家中，并把魔法戒指的事情告诉了妻子。

妻子按捺不住心中的想法，激动地对丈夫说："赶快试试看，就让它带给我们更多的土地。"

农夫想了一会儿说："也不知道土地会不会是最有价值的愿望，不要忘了，这个戒指只能帮我们实现一个愿望啊。不如我们再努力一段时间，如果我们还是不能创造更多的土地，就让戒指变出来。"

从此，农夫竭尽全力地工作，几年后获得了足够的钱，买下了他和妻子所希望拥有的土地。

在拥有足够的土地后，农夫的妻子想要几头牛帮忙耕地，于是妻子就想让农夫使用魔法戒指。

农夫想了想，说："亲爱的，我认为几头牛依然不是我们最有价值的愿望，我们何不再继续苦干一年？"于是一年后，他们又拥有了好多头牛。

就这样，每次妻子想要使用魔法戒指时，农夫都认为可以凭借双手实现愿望。

直到两个人白发苍苍的时候，他们靠着自己的努力拥有了希望的一切，仿佛只要有足够的时间他们一切都能获得，而那枚魔法戒指依旧完好地保存着。

成长悟语

一个人就好像一座山，山里蕴藏着数不尽的宝藏，金银铜铁都有可能。但是，这些宝藏需要我们自己挖掘。在挖掘的过程中，还要有一颗永不满足的心。因为当你挖到铁后就停止就很难挖到铜了；当你挖到银后就停止就很难挖到金了。而如果你挖到金后依然不停歇，你就可能挖到更有价值的东西。不要急着量化自己这座山的价值，因为不断挖掘的过程就是不断刷新的过程，最高的价值永远在不断奋斗的过程中。

商人的四个朋友

一位富商有四个朋友。

第一位朋友最喜欢和商人一起玩，吃饭、逛街、购物、旅行……商人非常喜欢这位朋友，因为自己最快乐的时光都是和他在一起的。

第二位朋友喜欢和商人一起工作，商人总是在别人面前夸奖这个朋友的能干，但是商人同时非常担心这位朋友会跑去帮助别人，尤其是自己的竞争对手。

第三位朋友是商人在人生低谷的时候遇到的，这位朋友总是非常体贴，只要商人遇到什么样的问题，这位朋友总会耐心地听他讲完，然后帮助他分析，并找出渡过难关的方法。

第四位朋友是商人从小就认识的，他一直陪伴着商人，无论商人做什么都一直不离不弃地追随着他。但是这位朋友却总是沉默寡言，他默默地为商人料理一些琐碎的事情，商人渐渐忽略了这个朋友的存在。

一天，商人病了，他知道自己的生命就要走到尽头，又害怕自己死后非常的孤单，所以想要自己的四个朋友仍然能跟随着自己。

商人以为自己把钱都花在了第一个朋友身上，那么这个朋友一定会跟随自己。可是，商人遭到了拒绝，这位朋友的回答是："既然你死了，就无法再给我钱花，那我还跟着你做什么？"

商人以为自己把荣誉都给了第二个朋友，他也许会愿意和自己一起。但商人又遭到了拒绝："如果你不能继续拥有商业上的成功，那我宁愿去为别人服务！"

同样，第三个朋友也拒绝了商人，他的理由是："我帮助了你那么多，已经仁至义尽了，我不能拿自己的生命去帮助你。"

每一个朋友的拒绝都像一把利刃插进了商人的心里，他心灰意冷。

这时，一个声音响起："我会随你而去。不管你去哪里，天堂还是地狱，我都会跟着你！"

商人抬头一看，是他的最后一位朋友，那一个几乎从来没有得到商人关爱的朋友。

第一位朋友是"肉体"。穿着华丽的衣服，吃着精美的食物，我们觉得这是最值得炫耀的。但很多时候，让我们痛苦的也一定是它。

第二位朋友是"名誉"。名誉这个朋友就像一只飞蛾，光越强它越近，光越暗它越远。

第三位朋友是"亲人"。他们会给我们最关键的帮助，但是，很多时候，只能陪自己走人生中的一段路程。

第四位朋友是"灵魂"。在追逐物质、财富和肉体的享受时，它常常被我们遗忘，但是，它却从来没有抛弃过我们。

成长悟语

肉体和名誉的快乐是短暂的，亲人的快乐是阶段性的，灵魂的快乐才是永久的。当外在的东西带来痛苦的时候，内在的快乐能够与之抵消，甚至战胜。

寻找幸福的斯特凡先生

富翁斯特凡先生住在自己的庄园里，那里风景美极了，偌大的房子掩映在明镜似的湖面上，围栏的旁边是一片蔷薇树丛，每年春天，千万朵的蔷薇花红得像火一样。

村子里的人都羡慕斯特凡先生，觉得他的生活非常美好，自己能过上一天也好。可是斯特凡先生不开心，整天觉得自己不幸福。

一天，他去找村里的智者问："我怎样才能得到幸福？"

智者问："你觉得自己生活缺少了什么？"

生活中的痛苦和忧虑，不过是自己对现状的过分安逸所致。当生活出现落差以后，幸福自然就会有所体会。

他想了想回答说："我觉得没有什么可缺的。我娶了一位美丽的妻子，生了两个可爱的孩子；我有成堆的钱财；我的父母也很健康；我每天吃着各种美味佳肴；我每年都拿出钱财帮助村里的穷人……"

斯特凡先生说了半天，始终没有觉得自己缺什么。

智者说："我明白你到底为什么不幸福了，我帮你找回来。"

他一听很高兴，急切地问："什么好办法？快点告诉我！"

智者说："你要想找回幸福，那么

在接下来，我让你干什么，你都要听我的。”

他立即点点头。

智者把斯特凡先生送到了一个偏远的小镇，给他找了一个破旧的屋子居住，没有给他留下一分钱，就转身离开了。经过斯特凡先生的观察，这个小镇穷得实在是可怕极了。人们的房子破败不堪，垃圾四处蔓延，家畜随便在大街上乱窜。

第一天，他实在是饿极了，可是身上没有一分钱，他只好饿着肚子睡了。

第二天，他饿得受不了了，就到街上溜达，希望能发现点吃的，到了傍晚，他也没找到吃的，最后只好硬着头皮敲开了一家农夫的大门。农夫给了他几个煮熟的马铃薯，条件是帮他把门口的那捆木头劈完。斯特凡先生拿起斧头，笨拙地把活干完，已经深夜了。他回到自己的住处，发现自己的手已经磨得出血，胳膊也疼得要命，可是吃着那几个马铃薯，感觉十分的香甜。就这样，一个月过去了。斯特凡先生给村子里的很多人干活，他耕地、翻猪粪、造房子、采摘葡萄……他受了很多苦，才勉强生存下来，期间也受到很多人的冷遇和蔑视。

一天，智者来接他了，问他：“你现在找到幸福了吗？”

他回答道：“找到了。我之前的生活就是幸福的，只是我之前没有发觉罢了。”

成长悟语

如果一个人身处在幸福当中，仍旧觉得不幸福，那么最好的办法就是把他丢进痛苦当中，让他品尝到不幸福的滋味，才能知道幸福其实就在自己身边。这就好像一个人从不知道甜是什么滋味，那么我们先让他品尝一下苦味。

泰格与山洞

调皮的泰格在村庄后的山上独自玩耍，这时他发现了一个山洞。

泰格好奇地走进山洞，他站在山洞中间大喊：“谁在那里？”

山洞将泰格的声音反射回来：“谁在那里？”

泰格并不知道那是回声，气呼呼地想，明明是我先问的，他不回答还反过来问我！于是，他气愤地大喊：“你这个笨蛋，快点回答我！”

响亮的回声立刻从山洞里传来：“你这个笨蛋，快点回答我！”

泰格听到回声十分生气，大吼道：“我要咬死你！”

然而，山洞仍旧将同样的话反射了回来。泰格愤怒地扑到山洞里，用力地吼叫，可是山洞里一片漆黑，只有碎石和一些枯草，灰头土脸的泰格气鼓鼓地回家了。泰格的妈妈看到狼狈的泰格，问他发生了什么事，泰格生气地把山洞的事告诉了妈妈。妈妈抚摸着泰格，没有告诉他回声的秘密，而是说：“孩子呀，是你有错在先。如果你恭恭敬敬地对山洞说话，相信他也会十分礼貌地对待你。”妈妈看了看懵懂的泰格，说：“你以后不论遇到谁，你对对方好，对方便对你好；如果你自己没有礼貌，就绝不会得到友善的对待。”

泰格低下了头，说：“妈妈，我知道该怎么做了，我以后不会这么粗鲁了。”于是第二天泰格再次来到山洞，对里面大喊：“你好！我是泰格，我想和你做朋友……”山洞同样回应这样有礼貌的话。

成长悟语

世间的一切都像是一面镜子，它给你的全部都是你给它的一切。朋友是一面镜子，他给你的友情和信赖是你对他的礼貌和教养的折射；家庭是一面镜子，它给你的温暖是你对这个家庭的付出；薪水是一面镜子，它的数字是你对整个工作的努力的量化……我们活在一面一面的镜子面前，看到的一切其实都是自己的一面。

让孩子哭出来

埃利12岁的时候，就已经是英国著名的芭蕾舞童星了，但是在这一年，她不幸患有骨癌，需要截肢。

每一个来探望埃利的人都在鼓励她，这里面有埃利的亲人、朋友甚至是喜欢她的观众。

有人说：“你一定是个坚强的孩子，这只是上帝给你的考验，我们都在为你祈祷，一切都会好起来的。”

也有人说：“放心吧，现在医学这么发达，而且医疗中的奇迹屡屡发生，也许过几天医生就会告诉你，你已经康复了！”

对于这些人的鼓励，埃利知道他们都是对自己好，所以埃利都回以坚强的微笑。

媒体采访埃利时问她有什么心愿，埃利说她非常想见一下戴安娜王妃，因为王妃曾经赞美过她的舞姿，说她像一只“洁白的小天鹅”。媒体报道后，戴安娜王妃真的抽时间来探望埃利，只不过探望的过程出乎所有人的意料。

戴安娜王妃没有像其他人一样劝解埃利，也没有鼓励她，而是对她说：“亲爱的孩子，如果你想哭，就在我的怀里哭出来吧！”

接下来的十几分钟，埃利真的是在王妃的怀里放声痛哭，那似乎是在宣泄自己一直以来的坚持。

成长悟语

眼泪的存在，是证明悲伤不是一种幻觉，也是宣泄内心承担的重量。当一个人遇到坎坷和磨难的时候，如果我们帮不上忙，那些看起来华丽的安慰之言，也许会成为对方心里的负担。在苦难中一直坚持着的人，他们最需要的往往是一个痛哭的机会，一个真正可以用来宣泄痛苦的依靠。

第九辑

独立：模仿你自己

我们变得不认识自己了

爱德华的整个童年，似乎总是缺少父亲的陪伴。这并不怪他的父亲，他之所以没有时间陪孩子们，是因为他们家太穷了，父亲没有什么能力，只有靠在码头干体力活才能勉强养活一家人。那时，爱德华就发誓，自己要是有了孩子，一定要多陪着他们。

现在爱德华是一个拥有三个孩子的父亲，他的事业也很成功。他每天很早就出门，那时候孩子们还没起床，等晚上回来的时候，他们都睡了。因为公司的事情太多了，他不得不这样的忙碌。他也习惯了这样的生活，他觉得要是自己不这样拼命工作，自己的孩子们怎么有幸福的生活。

一次，爱德华答应陪三个孩子一起去打球，但是还没出门，秘书告诉他一个重要的客户到了，要他去商谈。可是三个孩子怎么办？妻子也是因为工作忙没法照顾他们。于是爱德华把孩子们反锁在家里，让他们自己玩，而他则匆忙赶去和客户谈事情了。

傍晚，等他忙完了事情回到家，面对熟睡的孩子们，他突然觉得自己好像当年的父亲，没时间陪孩子和家人。他觉得自己很陌生，似乎不认识自己了。

成长悟语

我们拼命地赚钱，到底是为了什么？又有多少人还记得最初奋斗的理由？

我们有多久没有和父母通过电话？我们有多久没有和孩子们开过玩笑？我们有多久没有和妻子进行一次烛光晚餐？我们有多久没有和丈夫在公园散步？我们是否还能够记得当初的理想？

一棵橡树

在一个美丽的花园里，生长着各种各样的植物，苹果树、梨树、橘子树、玫瑰花，等等。

在这花园里最受人们喜爱，同时也受到所有植物仰慕的，是一棵高大挺拔的橡树。

这棵橡树生长得非常茂盛，它是鸟儿们的家，也是人们在欣赏花园时最好的选择。

不过，在这棵橡树还是一棵小树苗的时候，它几乎每天都很不开心。因为，当时花园里没有植物认识它。

橘子树说它看起来更像橘子树，于是就劝说它耐心地长出花然后结果，并且橘子树还特地给橡树示范如何长出饱满的橘子。小橡树努力学着橘子树的样子，但是仍然无法长出橘子，甚至自己连像样的花都没有开出来，于是它越发伤心了。

有一天，一只雄鹰来到花园，看到伤心的橡树在哭泣，它从其他植物那里了解到了原因，就对着橡树说："孩子，你怎么会在这里生长？你知道吗？你是一棵橡树，当你长成的时候，就会像柱子一样高大！"说完这些话，雄鹰展开双翅飞走了。

听了雄鹰的话以后，小橡树顿时觉得浑身上下充满了自信和力量，它对自己说："我不是橘子树，所以我永远都结不出饱满的橘子。我是一棵橡树，我就是要长得高大挺拔，给鸟儿们栖息，给游人们遮阴。"

最后，橡树终于找到了自己，快速地成长起来，变成了一棵十分高大挺拔的大树。

成长悟语

勇敢地追随自己的心灵和直觉，只有自己的心灵和直觉才知道你自己的真实想法，其他一切都是次要的。

一个完整的人，首先是一个真实的人，虽然坦诚真实的一面可能让人少不了痛苦，但是，追寻内心、做真实的自己，是通往成功之路最有效的准则。

布莱迪的偶像

布莱迪今年 10 岁了，他觉得自己是个大人了，并且应该做一个有思想的人，他已经为自己选了座右铭，现在他还缺少一位偶像。

他的第一个偶像是自己的爸爸。爸爸高大威猛，让他很有安全感，而且爸爸会修理各种电器和交通工具，布莱迪觉得爸爸是一个无所不能的人。可是有一天，他竟然发现爸爸背着妈妈偷偷地吸烟，布莱迪失望极了，他觉得自己看走了眼，爸爸竟然背弃曾经许下的诺言，他是个不讲信用的人。

他的第二个偶像是音乐老师。老师弹琴非常好听，总是对他们微笑，和老师一起上课的时候是他一天中最快乐的时光。可是有一天，布莱迪的朋友朱迪告诉他，音乐老师非常严厉，那天把朱迪叫到办公司训斥了一番，仅仅是因为朱迪说她长得丑。布莱迪难过极了，他是那么喜欢音乐老师，没想到她是这么小气又严厉的人。

布莱迪的第三个偶像是邻居莫奇哥哥。因为那天别人欺负布莱迪的时候，莫奇帮他出了气，他顿时觉得莫奇就是自己心中的英雄。可是莫奇却因为布莱迪拒绝把自己的零花钱给他，而对布莱迪大打出手。

一个个偶像在布莱迪心中崩塌了，他感到一切都黯淡无光。他问奶奶："为什么这些偶像都靠不住，是不是自己永远都找不到偶像了？"

奶奶说："别担心，我的孙子。不是他们不够优秀，而是人本来就没有十全十美，你不能只看到他们的缺点，而要把他们的优点当作榜样。"布莱迪听了恍然大悟。

成长悟语

一个人即使再能干，他也只有一双手；一个人本事再大，他也有许多的事情做不了。每一个人都有自己认识的局限性，谁都不敢保证自己的所知是最多的；每一个人都有失误的时候，谁都不敢保证自己是永远的成功者；每一个人都有缺陷的一面，谁也不敢保证自己是最完美的。

最美的歌喉

在维也纳音乐学院的美声系，有一个女孩叫露西。露西从小热爱音乐，再加上她刻苦的练习，她的演唱技巧进步非常快，连院长都赞叹露西拥有"天籁般的声音"。

这天，毕业生演唱会如期举行，露西是首席演唱者。随着伴奏悠扬地响起，一曲《纸醉金迷》开始在音乐厅回荡。露西随着音乐的起伏酝酿着情绪。观众们清楚地看到，露西把全副身心都融入到了音乐中。随着音乐，露西时而皱眉、时而大笑、时而哭泣、时而掩面，音乐中要表达的每一个细节都完美地体现在露西身上，美妙的歌声和全身心地投入让所有观众都屏住呼吸，聆听这"天籁般的声音"。透过露西的歌声，人们似乎看到了歌剧中那个拜金女和她自欺欺人的性格。

然而，在这场演唱会前，露西却付出了很大的努力。为了唱好这首歌，露西一遍一遍地揣摩歌剧要表达的心理，她对每一个细节都不敢马虎，高音到底要高到什么程度，低音应该低到哪个音阶，她都要对此反复练习。即使大家已经觉得很完美了，她还是不肯放过。就算是细微到眼睛到底该睁多大这样的问题，露西也练习了一遍又一遍。有了露西对完美细节的不懈追求，才让她准确地把控整段歌剧的节奏，为观众们奉上如此精彩专业的演唱。

在维也纳像露西这样的歌剧演员还有很多，作为世界音乐之都，这里汇集了无数技艺高超的歌唱家。每一位歌唱家都曾经像露西这样刻苦练习，而维也纳也正因为歌唱家的青睐而扬名世界。

成长悟语

专业，就是把最小的细节都做到精致。而最美的艺术，就是对自己能力的认可，和高要求的自我"折磨"。没有一个所谓的天才和伟人，不是经过各种痛苦、思考、完善而成长起来的！

比分数更重要的事

约翰学习很优秀，成绩几乎都是A，可是老师艾米还是很担心他，因为他似乎把分数看得太重了。他不善与人交流，行事还霸道。

一次，艾米打算调整一下座位，她让约翰和个子相对矮小的杰森调一下位置，因为约翰个子高，已经挡了坐在他后面的杰森看黑板。可是约翰不愿意，他觉得自己的位置靠近黑板，便于自己学习。艾米百般劝说，他始终不肯把位置让给杰森，并觉得调位置了，影响自己的分数怎么办。

艾米觉得是时候跟约翰谈谈了。

艾米问他："你考完试之后，打算做什么？"约翰一脸茫然，显然对这个问题没有什么概念。

艾米接着说："这个问题，你还没有概念的时候，别的孩子已经开始在想同样的事情了。有些年龄与你同岁，有些甚至还比你小。他们在生活中，互相友好地交往，有了需要，也互相帮助，你如果不跟他们交往，不帮助他们，等将来你需要帮助的时候，如果没人帮助你，你怎么去和别人竞争？"

约翰显然有点急躁起来，艾米说："现在，杰森因为个子矮小需要你调换一下位置，其实并没有对你造成多大影响，你却不愿意帮忙。杰森的棒球球技很棒，如果你想让他教你，那么就很难。"

约翰与杰森调换了座位，也常常帮助同学，朋友也渐渐多了起来。

成长悟语

学习成绩永远不能说明一个孩子的德行和聪慧，那只能说明，他们可能在某一方面很擅长。我们要做的，就是帮助他们在为人处世上面加强自己的修养，只有全面发展了，才是真正独立、健全的人。

没有不受伤的船

在西班牙港口城市巴塞罗那，有一家大型的造船厂，该厂有一间陈列室，是专门用来陈列该厂出产的船只模型的。由于造船历史悠久，该陈列室至今已经陈列了近 10 万只船舶模型。

据说，所有走进这间陈列室的人都会被深深震撼，并从中得到深刻的启迪。这倒不是因为它的超大规模或者千姿百态的船舶模型，而是因为每一个模型上雕刻的文字——关于本船的航行历史。比如，那艘名为"西班牙公主"的船上这样记录着：本船 1984 年下水，共计航海 50 年。在这 50 年间，它曾经 138 次遭遇冰川、116 次触礁、27 次被海上风暴扭断桅杆、21 次因为故障抛锚搁浅、13 次遭海盗抢劫、9 次与其他船舶相撞，但是，它却一直没有沉没。

另外，在该陈列馆最里面的墙上还有这样的文字记录：该厂成立几百年来，共出厂近 10 万只船舶。在这 10 万只船舶中，有 6000 只在大海中沉没，有 9000 只因受伤严重不能再进行修复航行，有 6 万只遭遇过 20 次以上的灾难……"最后的结论是：凡是下过水，没有一只船不曾有过受伤的经历。

我们的人生，不也如此吗？

成长悟语

在海上航行，没有不受伤的船；在人世间行走，也不会有一帆风顺的人生。而不管遭遇什么样的风雨伤痛，都坚强勇敢、百折不挠地前进，这便是成功的秘诀。

苦难是信念的试金石

菲尔德是一个登山爱好者，他非常喜欢爬山。他有一个愿望，那就是决心遍游各座名山。他也按着这个愿望一一实现。

有一次，在攀登一座山时，他以为很顺利，却没想到脚下的岩石突然松动滑落，菲尔德猝不及防，被重重地摔到山崖底下，被人送进医院，他在医院昏迷了一个月。当他醒过来时，发现自己少了一条腿。

这个打击让爱好登山的菲尔德崩溃，然而在迷茫后，他又重新找到了希望。他认为苦难让他更加成熟，更加坚定自己登山的愿望。养好伤后的菲尔德拖着那条残腿，决定再去征服那座山崖。有人见了，对他说："你已经失败了一次，并且付出了惨重的代价，难道就不怕再一次失败吗？"

"我并没有失败，"菲尔德坦然地拍着那条残腿说，"我把上次的失败看成是通向成功的垫脚石，它告诉我，下一次，你得小心一点，否则别想登上山顶。现在，至少在爬同一座山的时候，我知道应该当心什么了。这次我一定可以成功的。"

成长悟语

在低情商的人眼里，苦难是魔鬼；在高情商的人眼里，苦难则是天使。苦难让我们变得坚强，苦难让我们始终保持着清醒的头脑，苦难让我们知道一切都是如此来之不易，苦难能更加坚定了我们的信念。

哈佛智慧教导学生：世界上的任何事物都有其价值，苦难也一样。苦难并不是故意捣乱我们的生活，而是在挑剔我们身上的不足，帮助我们走上成功之路。

抛玩具

某玩具品牌雄踞业界多年，谁也不能动摇它的霸主地位。

后来，有一家玩具公司研制出了一款玩具，向这一玩具王国发起了冲击，最终成功地获得了玩具市场的一席之地。

但是，在刚开始时，新研制的产品是并不受欢迎的，为此公司专门召开高级职员会议，商量对策。

在会议中人们展开了讨论——

有人说："要想产品得到认可，最好的办法是破坏性现场试验，公众眼见为实，通过这种公开的试验，让大家了解我们产品的良好性能。"

还有人建议："我们应该扩大宣传，让所有人都知道我们这款玩具的名字。"

这一建议得到了一些人的赞同："对，应该大做广告，但现在的广告过多过滥，公众对广告已经失去兴趣，我们还能不能采取其他更好的办法呢？"

有人补充道："我们可以采取奖励性的措施，最好的奖品莫过于我们的产品本身，这样能把我们的玩具迅速推向市场。"

……

后来在与会者们的献计献策中，终于制定了一个大胆的方案。

不久，这家玩具公司通过媒体发布了一条令人咋舌的消息，某时将有一架飞机在某地抛下一批玩具，谁捡到就归谁。这条消息在社会上引起了很大的轰动。有人惊喜，有人好奇，也有人怀疑，人群潮水般涌向指定地点。

时间到了，在指定地点周围等满了人，人们大多数都是抱着看热闹的心态去的。不久，一架直升机飞到人群上空，盘旋片刻后，人群旁的空地上洒下一片"玩具雨"。期待已久的人们纷纷奔上去捡玩具。人们在惊喜之余还发现，玩具虽然从高空落到地上，居然没有一丝坏的痕迹。

这件事甚至还引起了当地电视台的关注，播放了这次抛玩具的实况录像，这家玩具公司从此很快深入人心。

成长悟语

有价值的东西在任何时候都不怕经受他人的考验，实力是说服一个人最直接有效的途径。当他人无法信任你时，不妨将你的实力展示出来，用事实说明一切。

我只想跑第三

小弗兰克个子矮小，体格瘦弱，但是他想参加学校的赛跑比赛。

同学们中体格高大的孩子都嘲笑他，说："你那个小个子，还想跑第一？真是做梦吧！"

小弗兰克却说："我就是想参加，我不想得第一，我只想跑第三。"

同学很奇怪："比赛不都是要得第一吗？你为什么非要得第三名？"

小弗兰克说："第三名是一双好看的鞋子，我想跑第三名。这样我的妹妹就不用光着脚上学了。"

同学们沉默了，其中几个还为他能跑第三加油！其实，他们内心觉得小弗兰克太弱小了，跑第三对他来说也是一个很大的挑战。

比赛开始了，其他的学生们都迅速地跑到了他的前面，他奋力地紧跟在后面。好不容易，他超过了几个同学，可是他却被别人推倒了。他的手和膝盖都磨破了皮，可是他心里非常想要那双鞋子，于是又爬起来再跑。

这次，他仰着头，拼命地往前跑，鞋子掉了，他也丝毫不顾，最终他跑了个第一名。站在高高的领奖台上，小弗兰克接过了校长递给他的一件球星签名的T恤，台下的学生都兴奋地高喊，可是小弗兰克却难过得流下了眼泪。尽管第一名有着很高的荣誉，能得到比第三名更好的奖品，但他想要那双并不贵重的小鞋子。可是，他不但没有得到，而且还把自己唯一的一双鞋子跑掉了。

成长悟语

很多时候，我们真正需要的东西是在退而求其次的地方，不是永远跑在前面就是最好的。别人的幸福感是第一名获得的T恤，并不是说明你第三名获得的鞋子就不重要！想要的就是最好的！

那些都是别人的事

在美国戛纳繁华的街道上，一家高档的皮鞋店坐落在那里，可能对出入这家店的很多人来说，他们不知道这家店的老板其实就是鞋匠威廉，只知道威廉品牌的鞋子很昂贵也很时尚。

可乔治却知道，毕竟他作为朋友，一路陪着他，从落魄走向成功。

原来威廉年轻的时候，只是一个鞋匠的小学徒，因为他资质愚钝，几年了，还没做出一双合格的鞋子。他裁剪出的皮料，总是不合尺寸，为此没少受别人的嘲讽，他们觉得威廉不是做鞋子的料。同时期的学徒，陆陆续续都已经学成，出去自立了门户，但威廉还是一个学徒，他坐在橱窗前，做着歪歪扭扭的鞋子。

这样一晃几年过去了，威廉的鞋子虽然有了起色，但是仍旧不是很合规矩。鞋匠师傅看见这一切，觉得威廉虽然不是一个天才的鞋匠，但是他的态度很勤恳，本本分分地做事，于是把他介绍去了一家流水线的鞋厂，这里做鞋子都是模具裁剪，这样威廉按照模具做鞋子总不会出错。

但是威廉的鞋厂生活，也同样受到了别人的轻视，因为他做活很慢，总是耽误工期。同事们指责他，最好转行吧，总不能这样耗着自己，也拖累大家，但是威廉总是说，会做好的，大家多给他点时间学习吧。于是威廉加班加点，早上来得最早，晚上走得最晚，这样下来，也勉强能赶上大家的进度。几年过去了，他被提升为主管。面对同事的惊讶与不解，鞋厂老板说，他是我见过的最称职的职工。当然，凭他的能力，也会是最好的主管。

现如今，威廉成了老板，拥有了自己的高档鞋店，乔治作为朋友，问威廉为什么面对质疑，不替自己辩解，他说："别人所说所做的任何事情，都是别人的事情，而我更应该做的就是继续自己的梦想，并且更加努力。"

成长悟语

有的人做任何事情，都会想思考一下别人对自己的看法然后再去做。如果别人觉得这样做不对，那么他就会放弃自己的初衷；如果别人觉得这样做很对，那么他就欣然去做。但是决定之后，做的过程中又会一直在想，我能做好吗？

这样的人到底是在为谁而活呢？

做事才是最重要的

一个年轻人成了一家大公司的领导。他虽然很有能力，但是对这个公司的环境还不熟悉，做起事来谨慎小心，生怕得罪什么人，从而造成业务上不必要的麻烦。

可人际交往久了，有些事总不能做到面面俱到，于是，一些人就会觉得这个年轻的领导不是很完美，这样的话，使得这个年轻人感到十分忧虑。

为此，这个年轻人在之后的工作中，只要有人表现出对他工作的不满意，他就极力地想办法取悦他，直到这个人满意为止。

但是，这样做，也会让别人看不习惯。于是他又调转矛头，又去讨好另外一些人。

这样时间久了，自己却身心疲惫。

这个年轻人最后发现，他越是想讨好别人，别人越是对自己敌意加强。

所以，既然自己怎么做大家都不买账，依旧照样得罪人，还不如做好自己。

他觉得只要自己超群出众，总会听到怨言，受到批评。

那么还是趁早习惯这样的指责，省出更多的精力投入到工作中。

这个年轻人成功了，成了公司里的精英。

在一次接受采访时，他说道：“我之前怕人家对我以及我的工作不满意，但我觉得尽自己的最大能力去做事情，才是最重要的，这样才无愧于自己的良心。”

他接着说：“这就好比说，我把破伞收起来，让批评的雨水从我身上流下去，而不是滴在脖子里。”

不要忘了，我们有权利决定自己该做些什么事，不应由别人来代做决定，更不能让别人来左右我们的意志，让自己成为傀儡。

成长悟语

我们不能阻止别人对我们的看法，那么我们为什么还要费尽心思去揣摩别人的心思？我们只要按照自己的想法，尽最大努力去做事，才是最重要的。

一棵野生的雏菊

小雏菊生长在森林里一棵茂密的橡树下。橡树为她遮风挡雨，是她最坚实的依靠。

狂风过后，小雏菊会摇着脑袋致谢：“谢谢您，我亲爱的橡树！谢谢您为我抵抗狂风。”暴雨过后，小雏菊会抖着枝叶鞠躬：“我的朋友，谢谢您为我遮挡暴雨。”连阳光强烈的中午过后，小雏菊都会兴奋地大叫："橡树先生，您真是我的保护伞，阳光一点都没有晒到我，太感谢您了！"

一天天过去，小雏菊仍旧只有一个花苞。

这天，伐木工人来到森林，他们需要一根又长又直的木材，于是他们选中了小雏菊身边的橡树。电锯发出刺耳的鸣声，木渣与汁液四处飞溅。小雏菊哭喊："不！不！求求你们不要砍掉他！砍掉他，我也没办法活了！"然而，她的哀告没有任何效果，伐木工人并没有停止手中的刀锯。

这时，橡树开口对小雏菊说："小雏菊，你总是躲在我的树荫下，不接触阳光和风雨。然而，没有阳光照射和雨露滋润，你是开不了花的啊。所以，坚强起来，独自面对世界，努力开出美丽的花吧。"

伐木工人终于砍倒橡树，拖着巨大的树身离开了。小雏菊看着头上豁然出现的蓝天，决定听橡树的话，接受磨难。

于是小雏菊努力吸收阳光、水分，终于在某天清晨，绽放出了一朵鲜黄明亮的花。

成长悟语

当我们把生命的重量倚靠在别人的身上时，那个倚靠者崩塌了，我们也会坠落深渊。当我们靠自己的力量站直身体时，哪怕是狂风暴雨的摧残，也照样会屹立不倒。

白纸般的人生

在一个偏僻的山区，有两个思想很单纯的年轻人，别人说什么他们都相信，自己从来没有判断事物真假的能力。

有一天，一个外地商人来到这个镇子，他带来了几只小鹅，并对镇子的人说，这只小鹅长大后能下金蛋，售价仅 10 个金币。镇子上的人觉得这个外地商人很可笑，鹅怎么能下金蛋？他不过是一个骗子罢了。

可是这两个年轻人相信了这个骗子商人的话，他们分别买了一只小鹅。

几个月过去了，那两只小鹅长大了，不但没有下金蛋，甚至连一只普通的鹅蛋都没下，因为它们是两只公鹅。

镇子上的人都觉得他们真是愚蠢，这样的事情也能相信，甚至有人叫他们"傻子"。

他们很伤心，于是就去请教智者，问："我们思想单纯，没有判断是非的能力，那么我们人生的价值是什么？"

智者说："你们的人生就好比一张白纸，你们在上面怎样涂鸦，就走出怎样的人生。所以你们的价值就在于你们是一张白纸。"

其中一个年轻人听了智者关于白纸的理论，心想：我的价值就在于自己是一张白纸，那么我的价值就是始终如一地保留自己现在白纸的状态，不让任何外面的事情污染自己。

随着岁月的流逝，这个年轻人思想越来越愚钝了，最终他变成了一个真正的傻子。

这就好比一张白纸随着时间的流逝而发黄、变霉，最后成了一张无用的废纸。

而另一个年轻人在智者的话中受了启发，心想：我的价值就在于自己是一张白纸，我要好好利用好自己的“白”，不断提升自己的价值。

于是，他找到镇上最有学识的老师，教自己学习各种文化知识。

岁月也同样流逝，他最终成了一名学识渊博的人。这就好比画家把白纸画成了一幅价值连城的画，让人们永久珍藏。

成长悟语

每个人刚出生时都是一张白纸。人的价值不在于这张纸的质地怎样，而在于是否在这张白纸上画上了自己想要的图案。

生活终究会在这张白纸上留下痕迹，有些是断裂的折痕，有些是美丽的画笔。而折或画的人都是我们自己。

一滴红墨水

荣格先生是大学里著名的心理老师，他经常会做一些有趣的实验，来探索人们心理方面的问题及成因。

这天，荣格先生在一张纸上滴了一滴红墨水，他把纸带到教室挂在黑板上。学生看到后都议论纷纷，不知道今天老师又要测试什么。

荣格先生开口了，他问：“有没有人能回答，这张纸上画的是什么东西？”

一位艺术系的男生回答说：“这是一朵玫瑰，鲜红的色彩代表爱情的炽烈，尖锐的边缘代表爱情的勇气。这张纸上传达的，就是爱情在现代物质社会枷锁中的突围。”

荣格先生点点头，继续问大家：“还有人要回答吗？”

一位法医专业的女生说：“这是一滴被害者的血。未变色的血质说明死亡时间不超过五分钟，血块的倾斜角度说明死者生前遭到了重击。这张纸上传达的，是一名死于凶杀案的被害者的申诉。”

荣格先生仍未发表评论，他继续问大家：“还有人要发言吗？”

气氛越来越活跃，服装设计专业的学生说，这是对明年春天女装的预设，狂放不羁的色彩代表时尚对沉闷工业生产的反叛。生物专业的学生说，这

是一种新的细胞培养液，能对细胞质进行染色，从而观察细胞质的代谢活动。政治专业的学生说，这是冷战后各国摩擦日益升温的象征。五花八门，答案不一。

荣格先生点点头说：“这是一滴普通的红墨水，但是在不同人的眼中，它会变成不同的东西。看来，它真是一个收效甚佳的心理测试工具。”

成长悟语

每个人都有自己鲜明的主张和个性，不要试图去改变他人，同样，也不要被他人所改变。轻易改变了，就不是自己了。

宝拉的发型

宝拉生来一头卷发，长长之后很难打理，这让她烦躁不已。这天，她决定把头发拉直，并且剪成短的，但是又有些担心别人对她发型的意见。

"同事们将怎样评论我呢？突然大改发型，他们会不会猜测我是遇到了什么特别的事情？他们会不会认为我是失恋了才这么做？会不会引起太多人的注意而影响我在公司的工作呢？"宝拉烦恼了三周，最后终于付诸行动。

这一天，她终于顶着一头轻盈的短发上班去了。刚进办公室，她还有些忐忑，但大家都在忙着自己的事，没有一个人对她的短发发表评论。继而开了一次例会，她作为项目代表人发言，也没有人注意到她的短发。直到午饭，大家坐在一起谈天说地时，宝拉终于忍不住开口了："你们觉得我看起来怎么样？"

"很好啊，你看起来很好啊。"同事们被问得莫名其妙。

宝拉急切地说："我是说头发，我的头发看起来怎么样？"

同事们仔细打量了宝拉的头发，恍然大悟："哦，原来你是黑头发啊，我们还以为你的头发是茶色的呢！"

成长悟语

这个世界上没有人比你更关注自己了。

会不会有人认为我自作聪明？会不会有人觉得我很傻？会不会有人认为我是一个势利眼？会不会有人觉得我不诚实？会不会……

天底下哪里有那么多"会不会"呢！

郁金香皇后

麦考林夫人独自居住在一座已有百年历史的古屋里，她年过七十，唯一的亲人就是远房侄子霍尔。霍尔深知姑妈的孤独，他劝姑妈搬出来和自己居住。然而无论怎样劝说，麦考林夫人都不肯离开。霍尔没有办法，只好请一位著名的心理医生前去游说。

心理医生到达麦考林夫人家，麦考林夫人彬彬有礼地接待了他。医生开始参观这座百年古屋，他发现，麦考林夫人的处境比霍尔描述得还要凄惨。

这座古屋有十几个房间，大部分都紧锁着，似乎几十年没有打开过。屋里光线非常昏暗，墙角散发出潮湿的霉气。当医生走到麦考林夫人的卧室时，他发现卧室的窗台上摆放着几盆郁金香。这是从荷兰运来的极其珍贵的品种，没有人能种得好，而麦考林夫人这里的几盆却格外有生气。

医生问："尊敬的夫人，这些郁金香都是您种的吗？"麦考林夫人回答："是的，我没有其他事情做，每天就是侍弄这些郁金香。"医生想了想，对夫人说："您为什么不多种一点呢？教堂有婚礼或圣洗，您可以送一些给他们。"

麦考林夫人听从了医生的话，她在后院中开辟出一块园地，精心种植郁金香。她的郁金香鲜艳饱满、馥郁芬芳，甚至比从荷兰移植过来的原株还要美。此后，不管谁家举行婚礼或接受圣洗，麦考林夫人都会送一盆珍贵的郁金香过去。

渐渐地，郁金香开始传遍全城，麦考林夫人被请到各家教授培育方法。她走在大街上，人们纷纷向她打招呼，麦考林夫人感到前所未有的欢欣与充实。她迎着阳光向前走，享受着人们为她起的新称号——郁金香皇后。

成长悟语

如果我们都去做自己力所能及的事情，我们会让自己大吃一惊。

最容易发现你的人是自己，最容易关注你的人是自己，最容易忽视自己的人还是自己！

闪亮的石头

有一位渔夫在河边发现了一块闪亮的石头，它晶莹而剔透，散发着夺目的光泽。渔夫情不自禁地赞叹说："真是块漂亮的石头，和宝石一样！"

石头听见有人赞美，愈加骄傲地闪现出耀眼的光辉，让身边那些平凡的同伴显得更加黯淡无光。它们无比羡慕地感叹："太美了，能有一半这样的光芒，我们就很幸福了。"

石头非常得意。但是越听这样的夸奖它反而越难过，因为既然它是如此耀眼出众，为什么还是要和这些丑石为伍呢？

于是，石头不断央求渔夫："把我带走吧！和这些粗鲁的石头在一起只会拉低我的档次，我再也不能忍受了。"

渔夫皱着眉道："你确实艳丽，但毕竟不是真正的宝石。"

你或许和太阳相关，而且和太阳一样闪耀，但是绝对不能和太阳一起出现。

石头生气地说："我浑身闪闪发光，和宝石有什么区别！你不认为我是宝石，别人未必这样看，求求你，带我走吧！"

话已至此，渔夫只好带它去找切割宝石的工匠。工匠把它捧在手里仔细地看了看，惋惜地说："确实是难得一见的漂亮石头，可石头就是石头。不能做戒指，不能做项链，就算做个挂饰，也给人一种蠢笨的感觉。"

最后，工匠把石头和宝石们放在了一起，希望有人看上后可以买走。刚一放进去，宝石们就开始强烈地抗议："那是什么不方不圆的怪物啊！丑死了，还和我们待在一起！"

石头一向被人夸奖，乍听到这番攻击，一时局促不安，慌乱中压住了一只闪闪发亮的镯子。镯子生气地数落它："蠢货，一边去，我可是价值连城的，弄花了我，一千个你也赔不了。"

石头急忙退到角落里，却没看见身边的小戒指，撞了它一下，戒指愤愤地说："滚开，傻瓜！我比那只镯子贵出几十倍，你根本赔不起！"

面对接二连三的排挤，石头急得直掉眼泪，它大声地呼唤着渔夫："求你！还是让我和那些石头在一起吧！"

这下渔夫糊涂了："为什么呀？你不是一直梦想着这里吗？"

石头苦笑道："不……石头堆里才是真正属于我的地方，那里有我的骄傲，我的荣光，我才能抬起头来。"

渔夫只好又把它带回来，石头们见它回来，都高兴地说："哎呀！漂亮的石头你回来了，看你多漂亮、多幸福，我要是有你这一身的光彩就好了。"

石头听了这些赞美之声，再也骄傲不起来了，因为它见过了什么才是真正闪亮的宝石，它和蔼地和这些石头打着招呼，不再认为自己有多了不起了。

成长悟语

在不如你的人身边要想到比你更优秀的人，不是为了无谓的对比，而是为了更好地认识自己。明白你自己是谁，明白自己的位置，只有这样的人才配生活得自由。

会编草席的王子

很久很久以前，一位波斯王子爱上了一个牧羊女，他对自己的父亲说自己爱上了一个牧羊女，并且想娶她为妻。

国王回绝了王子，说："我是一国的国王，你是一国的王子，你怎么能爱上一个牧羊女呢？"

王子说："我的父亲，我深爱着她，我不知道王子不该娶牧羊女，但我知道我爱她，我要和她共度一生。"国王被王子的真诚打动，便派使者去找牧羊女提亲。

"王子？"牧羊女一边剪羊毛一边问使者，"王子是什么工匠呀？"使者笑着说："王子不是工匠，他是国王的儿子，是将来的国王。"牧羊女头也不抬地说："那请您回去吧，我不会嫁给一个连一门手艺都不会的人。"

使者回到王宫，转达了牧羊女的话。国王问王子："你还要娶她为妻吗？"

王子回答："是的，我要娶她为妻。"

国王说："可她要求你会一门手艺。"

王子回答："那我就去学一门手艺。"只过了三天，王子就学会了编织草席，他能编出各种各样的图案，他把对牧羊女的爱慕都编在了草席上。

使者带着王子编的草席找到牧羊女，牧羊女仔细看了草席上的花纹，便跟使者回到王宫，嫁给了王子。

一天，王子在巴格达的街道上散步，他看到一家食店，就走进去坐下来。谁知这是一家黑店，强盗们把王子抓起来关进了地下室。

最初几天，王子很绝望，但后来他想到了办法，就找来强盗的头领说："我是一个有名的手艺人，国王只用我编的草席。你们拿一些席篾来，我编好了，你们送进王宫，国王会给你们很多金子。"

强盗果然听信了王子的话，让王子编好草席，他们送到王宫。此时牧羊女已是王妃，她一眼就认出了王子编的草席，并从草席上的花纹中看出王子被关押的地点。于是国王派出士兵找到强盗的地牢，顺利地救出了王子。

成长悟语

有时候，一门技艺比高贵的身份更有价值。身份在某些时候会失去它的功效，而一门技艺却长久傍身。不因为身份高而有优越感，因为你不知道自己什么时候就会遇到无法解决的麻烦；不因为身份卑微而有自卑感，因为你不知道自己什么时候就会成为拯救他人的英雄。

乌鸦学鹰

乌鸦在农场的围栏上吃着捡来的腐肉，看着农场里的鸡鸭牛羊感慨不已："什么时候我才能吃到新鲜的肉啊？"

这时，一只老鹰从天空中向着羊群急冲而下，以非常优美的姿势极速俯冲，把一只正在奔跑的羊羔抓了起来飞走了。乌鸦看见后非常羡慕，它的脑海中想到的不仅仅是老鹰抓走羊羔的英姿，还有想象中老鹰能够饱食一顿鲜肉的样子。

乌鸦心想，老鹰一定是靠完美的俯冲才把羊抓走的，如果我拥有那么好的俯冲技能，一定也可以吃到鲜美的羊肉。于是它反复练习俯冲，模仿老鹰的姿势，希望自己也能像鹰那样抓到一只羊。

终于有一天，乌鸦觉得自己的俯冲技能已经练到和老鹰不相上下了，就锁定一只羊羔俯冲而下。抓到羊羔后乌鸦拼命地想飞起来，但是无论如何也飞不起来。当乌鸦想要放弃飞走的时候，它的脚爪却被羊毛缠住，挣脱不了了。

农场主看到后，跑过去将乌鸦一把抓住，然后把它绑了起来。晚上农场主带着乌鸦回家，交给他的孩子们玩。孩子们问这是什么鸟，农场主笑笑说："是一只乌鸦。"这时乌鸦"嘎嘎"叫了好多声，农场主大笑道："它好像是在说它是老鹰……"

成长悟语

世界上没有完全相同的两片叶子。上帝非常公平，他给了每个人光芒独具的优点，也给了每个人难以掩盖的缺点。所以，不要盲目地学习别人的优点，因为那是上帝赐予的独一无二的礼物，可以欣赏、称赞、吸收，但是不要妄想据为己有。找寻属于自己的那份礼物，让自己的优点最大程度地发光，立足自身、经营出自我的完美就是最大的人生赢家。

残疾的小狗

山姆大叔开了一家裁缝店，与他相伴的是一只小蝴蝶犬。这天，蝴蝶犬生了7只小狗，这可忙坏了山姆大叔，既要经营店铺，又要做活儿赶工，还要照顾小狗。

转眼一个月过去，小狗渐渐长大，山姆大叔的店里也越来越拥挤。

7只小狗打闹得不可开交，不是把模特撞倒，就是在布料上撒尿。于是山姆大叔在店门口挂了一块牌子："出售小狗"。

一群孩子显然被"小狗"二字吸引了，欢呼雀跃着要看小狗。山姆大叔一声呼哨，7只小狗毛茸茸地从店里冲了出来。

孩子们有的抱起小狗抚摸，有的拿绳子逗小狗来扑，有的甚至喂小狗糖果。

其中一个孩子不与其他人嬉戏，目光停留在一只小狗身上。他指着小狗问山姆大叔："山姆大叔，它怎么了？"

原来这只小狗的右后腿有残疾，走路一瘸一拐的，虽然也和其他小狗打闹，但行动不便，总追不上别的狗。

山姆大叔说："哦，它生下来就是那样，腿上有点毛病。你来看这6只，有喜欢的就抱走。"

小男孩固执地抱起这只腿有残疾的小狗，翻遍身上所有的口袋，凑了一把零钱放在柜台上："山姆大叔，这些钱够吗？不够的话，我回家去取。"

山姆大叔有些感动，说："这只小狗不要钱，你把它抱走吧。"

"不！"小男孩倔强地说，"我一定要花钱买。这只小狗和其他小狗一样，它并不比别人差。"

小男孩抱着小狗离开了，这时山姆大叔才发现，小男孩走路也一瘸一拐的，原来他的腿也有残疾。

看着眼前的这群孩子和小狗，还有远去的孩子和小狗，山姆大叔发自内心地觉得，他们确实没有什么不一样。

成长悟语

人的价值并不因为残缺而有所折损，从人格上来说，所有人都是等同的。不需要怜悯，不需要同情，不接受轻视，不接受鄙薄，不可以自贱，不可以自卑。

瘸腿的小狗和其他所有的小狗都是一样的。

少年和上帝

一位少年去拜访上帝。

少年问："我怎么做才能在自己愉快的同时，也为别人带来欢乐呢？"

上帝说："要做到这一点并不容易，需要经过四层的修炼。首先，把自己当成别人。

你能说说这句话的含义吗？”

少年回答说：“这是不是说，在我伤心难过的时候，要学会抽离出来，把自己当成是别人，冷眼旁观时，痛苦的重量自然就轻了；当我春风得意时，也要剥离开来，把自己当成别人，那些属于自己的荣耀就会变成旁人的，随之而来的狂喜骄傲也会变得平淡中和一些？”

上帝微微点头，接着说：“第二层修炼，就是把别人当成自己。”

少年沉思了一会儿，说：“把别人当成自己，才能感同身受，真正同情别人的不幸，理解别人的需求，尊重别人的选择，在别人需要的时候也能给予更加恰当而有效的帮助？”

上帝继续说道：“第三层修炼，把别人当成别人。”

少年说：“这句话的意思是不是说，每个人都是世上独一无二、不可或缺的个体，要充分地尊重别人的独立性，任何情形下都不要刺痛他人的敏感部位，侵犯他人的核心领地？”

上帝哈哈大笑：“很好，你理解了这几句话的含义。第四层修炼是，把自己当成自己。对每一个人来说，这一层都是最难理解，也是最难修炼的，你以后慢慢品味吧。”

少年说：“一时之间，我确实体会不出这句话的含义。但是这四层修炼之间有许多自相矛盾的地方，我怎样才能把它们统一起来，融会贯通呢？”

上帝说：“很简单，用一生的时间和阅历。”

听到这句话，少年陷入了长久的沉默，然后叩首告别。

后来少年变成了青年人、壮年人，又变成了老人。再后来，他安然地离开了这个世界。只是在他离开很久以后，人们仍然时时提到他的名字。人们都说他是一位智者，因为他是一个愉快的人，而且也给每一个见过他的人带来了欢乐。

成长悟语

不要过于重视自己的痛苦，那会让每一个细小的裂痕都变得更大；不要不懂得同情、尊重别人，不要有自以为是的“善意的帮助”；不要把别人当成自己的私有财产，每一个人的生存都有自己的方式和权利；不要轻易让自己改变，坚守自己的灵魂，再聆听别人的声音。

第十辑

磨炼：在伤痕中找到正解

上帝的脚印

一天晚上，年近迟暮的约翰做了一个奇怪的梦，梦中他来到了浩瀚的大海边，正在和一个身着朴素的人一起走在沙滩上，这个人就是上帝。

空中像放电影一样神奇地闪过他一生所经历的点点滴滴。而他发现在闪过的每一幕场景里，沙滩上都留下了两双脚印，一双是他的，另一双是上帝的。

当最后一幕人生场景在空中闪过之后，他转身回头看了看与上帝一起走过的沙滩上，发现沙滩上有好几段距离都只有一双脚印而已，而那些时候都正好是他的人生陷入困境和走入低谷的时候。

他一脸困惑，转过身问身边的上帝："哦！我的上帝！你曾答应我的，你说你会寻声救苦，只要我誓愿跟随你，你就会一直走在我身边陪伴我、呵护我，但是为什么在我陷入人生低潮的时候，沙滩上却只有一双脚印呢？为什么在我最需要你陪伴和帮助的时候，慈悲的你却舍我而去？"

上帝仁慈地笑了，双手抚摸着约翰因年迈而略显颤抖的双肩，柔和地回答他说："我的孩子！你的诚心让我感动，所以我一直在挂念着你、陪护着你，而且从来没有离开过你。在那些你最困难、最痛苦的时候，你只看到一双脚印，那是因为我一直在抱着你走啊！"

成长悟语

许多人在面临人生的考验之际，往往会认为自己在孤军奋战而倍感凄凉和失意。上帝是仁慈的，他为你关了一扇门，总会再为你打开一扇窗。所以，在你最孤立无援的时候，不妨静下心来看一看，你会发现其实很多人都在你的身边陪着你。

踩冰激凌的小男孩

彼得是一个穷人家的孩子，平时难得吃上一次零食，只有在彼得考试得高分的时候，妈妈才会奖励他一支冰激凌。

这天，彼得拿着刚买的一支牛奶冰激凌，一边走，一边开心地吃着。忽然一不小心，整支冰激凌掉在了地上。彼得试图将冰激凌捡起来，吃掉没被弄脏的部分，但事与愿违，香甜的奶油和巧克力很快和泥沙混在一起。

彼得愣愣地待在那里，一句话也说不出来，只是睁大了眼睛看着地上的冰激凌，他越想越伤心，这可是平时少有的美味啊！

这时，有个老奶奶走过来，了解了发生的事情后，微笑着对彼得说："孩子，别担心，虽然你不能吃这支冰激凌了，但我教你一种方法，让你享受这支冰激凌带给你另一种前所未有的乐趣，请脱下你的鞋子！"说着，老奶奶也跟着脱下了鞋子。

老奶奶一边用脚重重地踩上正在融化的冰激凌，一边说："孩子，像我这样，用脚踩冰激凌，重重地踩，看冰激凌从你脚趾缝隙中冒出来。"

彼得照着她的话去做了，滑腻的冰激凌从彼得的脚趾缝中不断冒出来，让彼得觉得整只脚都非常凉爽。很快，彼得便忘记了冰激凌掉在地上的事，开始开心地享受踩冰激凌的感觉。

看着彼得开心的样子，老奶奶高兴地笑："我敢打赌，这里没有一个孩子尝过脚踩冰激凌的滋味！你是第一个这么对待冰激凌的人，现在跑回家去，把这有趣的经验告诉你妈妈，你妈妈将为你而高兴。"

接着，老奶奶说："要记住！不管遭遇什么，你总可以在其中找到乐趣！"

成长悟语

有些不好的事情发生了，我们已经无力回天。与其为失去的东西而烦恼，不如努力学会改变，让自己享受现实。

事情总有两面性的，消极的背后，很有可能隐藏着截然不同的境遇。

别急着下定论

奥吉失恋了，他觉得生活没有任何希望，爱情再也不会来了。

父亲看到他的情况后，非常担忧。他带着奥吉到沙漠边上的旅馆度假，想办法开导他。父亲带着一团毛线、一块石头和奥吉进入沙漠，父亲指着一株卷柏说："看，一株卷柏。"奥吉没精打采地说："您是想告诉我，要像这株卷柏一样顽强不屈吗？"父亲笑着说："别急着下定论。"父亲把带来的毛线拴在卷柏上，另一头拴住石头，放在卷柏旁边。

一周之后，父亲带着奥吉重新进入沙漠，回到一周前发现卷柏的地方。奥吉惊奇地发现，卷柏竟然朝远处移动了十米！"这是怎么回事？"奥吉惊奇地问父亲："是您移动了它吗？"父亲回答："不，卷柏这种植物是可以自己移动的。当它发现自己所在的地方水分不足时，就会拔出根系，团成一个球滚到远处，到达水分充足的地方重新扎下根来。"奥吉恍然大悟，说："您是想告诉我，不要把自己局限在一个地方？"父亲笑着说："不要急着下定论。"

父亲用石头压住卷柏的大部分叶子，又带着奥吉离开沙漠。奥吉心想："这下卷柏移动不了地方，会被渴死了吧？父亲可能是想通过一株卷柏的死亡告诉我什么道理。"

一周后，奥吉和父亲回到沙漠，他欣喜地发现，卷柏还活着。原来，当卷柏发现自己被石头压住、移动不了时，就把根深深地扎入沙漠，吸取沙子之下的水分。奥吉恍然大悟，说："把根扎入地下……"父亲刚要打断他，奥吉就抢着说："不要急着下定论。"父亲高兴地笑了，奥吉也扫去了之前失恋带来的阴霾。

成长悟语

每个人都有自己的活法，当直走不行的时候就走弯路，当上面受阻的时候就往下走。生活永远不会把人逼到绝路，人之所以认为自己已经无路可走，是因为他们根本就没有想办法让自己的双脚动起来！

天才是超前于时代的

有人说，如果现代艺术史只留一位艺术家，那这个人一定是毕加索。

毕加索是现代艺术的创始者，他多变的画风打破了自然秩序与传统规则，昭示着一个新时代的到来。毕加索的代表作《亚威农的少女》是立体主义的先锋，引发了立体主义革命式突破。

西方绘画是以精确的透视著称的，在透视与高度的写实中完成对现实世界的还原。然而《亚威农的少女》却故意打破透视，在二维空间中表现三维空间，我们可以看到，明明是侧面的脸庞，却长有两只正面的眼睛，明明是左边人的肢体角度，却加在右边人的身上。这种怪异的表现手法是一种螺旋透视，甚至可以说，毕加索的立体主义是探索"光是螺旋照射"的先驱。现在的人们已经知道光并不是直线照射的，而在毕加索那个年代，光的螺旋照射可谓是天方夜谭。

由于毕加索的艺术远远超出其所在时代的接受能力，有批评家不无讥讽地称他为"前卫的画家"。对此，毕加索只能苦笑，一个超前于时代的艺术家的苦衷，只有艺术家自己知道。领先于时代的天才无论视域还是感受力都较常人更为高远，他们能看清时代的走向，引领时代走向更新更强的境地。然而他们要接受更多的非议，遭到循规蹈矩的平庸者的非难。毕加索就是这样一位天才，深信自己的艺术，拥有打破成规的勇气，他知道，在不久的将来，在一个突飞猛进的新时代，他的作品会为大众所推崇。因此，面对讥讽，毕加索只是淡淡地说："所谓前卫，就是受到的从后面来的攻击比从前面来的多得多。"

成长悟语

走在最前面的人，他们的身前没有领路人帮助他们减少探索的压力，而在他们的身后还有来自落后者的嘲讽和无知。

最痛苦的事情就是这种两面夹击的尴尬，而最大的成就也往往来自于这种尴尬！

学会忍耐

梵高是最伟大的艺术家之一，很多人将他的成就归功于他的天赋和迷狂。然而，天才的光环掩盖了天才的苦难，梵高在追求自己艺术的过程中承受了很多苦难。他有超强的忍耐力，将这些苦难全部转化为他的艺术。

就在梵高年轻的时候，他曾经在一个矿区做过牧师。可以说，这段矿区经历让梵高学到了成就他艺术生涯的最重要的东西。

一次，梵高陪同矿工下井作业，就在升降机吱吱嘎嘎的启动之后，梵高觉得自己简直是踏上了一次死亡之旅。升降机的铁索摇摇晃晃，似乎随时都会拉断，脚下的踏板也不停地移动，仿佛随时都会掉下去。黑黢黢的矿井像有几百万英尺深，梵高一度觉得自己是在被送往地狱。

这次经历给了梵高很大的刺激，他一直思索为什么其他工人能神态自若，难道是因为他们胆子比自己大吗？终于，一次给井下失事矿工举行葬礼的机会使他再次来到这个矿区，葬礼结束后，他问一个白发苍苍的老先矿工："请问，您是如何做到下井时神态自若的？是因为习惯了吗？"

"习惯？"老矿工不可思议地看着梵高，"我们一辈子都不会习惯的。没有人能习惯死亡带来的巨大恐惧，只不过我们早就学会了忍耐。"

梵高仔细体会老矿工的话，随即开始了自己的艺术生涯。他的画不被人认可，他忍受着落寞；他连续几天靠咖啡充饥，他忍受着饥饿；他被所爱的人拒绝，他忍受着孤独；他的精神疾病不断发作，他忍受着痛苦。就这样一天天、一年年，梵高忍受着无数苦难，创作出了无数令人惊叹的艺术作品。

成长悟语

苦后甜比先甜后苦迷人得多。前者是在漫长的路程中，终于实现了自己的理想；后者是在挥霍的享受后，终于承受了惰性带来的压力！当别人笑的时候，你正在哭，慢慢地，当别人哭的时候，你能够笑了！

人的一生只有这么长

唐纳德 80 岁了，最近他找到镇上的报社，想通过报社刊登一起寻人启事，他想寻找多年失去联系的大卫。

报社的工作人员觉得这个大卫肯定是他最亲密的人。可是一问，他们才知道，这个大卫是唐纳德的仇人。

他们觉得这两人之间的仇恨一定很深，否则唐纳德不会怨恨他这么多年。

原来，唐纳德的父亲是小镇上的警长。

一天，镇上的珠宝店被窃贼洗劫一空，而且店主也被开枪杀死了，这可是一起大案。

唐纳德的父亲和其他警察费了很长时间，才把这个杀人犯抓住，并把他投进了监狱，这个杀人犯就是大卫的父亲。

大卫的父亲杀了人，被法庭宣判终身监禁。可是，一天夜里，大卫的父亲越狱了，他深夜进入唐纳德的家，杀死了这位老警长。

当然，大卫的父亲再次被抓，这次他没有那么幸运，直接被执行了死刑。从此，唐纳德就十分憎恨大卫一家。

小镇上的居民，也对大卫一家很痛恨。不久，大卫随着他的妈妈搬走了，至今，很少有人知道他们搬去了哪里。现在，唐纳德想见一下大卫，做一件早就应该做的事情。

包容他人，也是善待自己的一种方式。

报纸发出去了一个月之后，大卫敲开了唐纳德的家门。大卫离开的时候，还是十几岁的少年，

现在也成了70多岁的老人了。

唐纳德告诉大卫："我想告诉你，我已经原谅你们一家了，甚至包括你的父亲。"

大卫说："我对我父亲的行为很抱歉，我们伤害了你们一家，我应该把这句话早说出来。"

唐纳德说："人生只有这么长，我们本应该早点享受短暂的人生，但是，我们明白得似乎有点晚了。"

成长悟语

人的一生只有这么长，我们没有能力也没有时间去承载过多的东西。我们有一千个理由可以去憎恨、抱怨、痛苦、忧伤……但是，只要有一个理由，我们也要坚强地过好人生的每一天。

充满热忱的老太太

有一位老太太曾经遭遇过严重的车祸，医生不得已锯掉了她的一条腿。很多人为她感到难过，觉得她生活无法自理，这辈子注定是个不幸的角色。但是，这个老太太已经90岁了，而且精神矍铄，气色比那些肢体健全的人还要好。

长久以来，老太太都是独自生活，无人照料，但她完全可以应付，并且乐在其中。有一次，一个记者来探望她，觉得她一个人孤苦伶仃，要呼吁社区义工照料她的饮食起居。老太太急忙说："我一点也不觉得自己的生活困难啊，坐着轮椅我能做很多家务，像打扫房间、准备三餐、铺床叠被，我都可以做得很好，就像年轻时一样。"

"可是，你年纪大了呀，腿脚本来就不方便，现在更不方便了。"记者忧虑地说。

"我的腿已经锯掉5年了，我早就习惯了。而且，我也只是少了一条腿呀，肢体的残缺并不影响生命的完整。我还可以去追求很多喜欢的事，前几天我还和其他老人一起排练合唱呢！”老太太兴奋地说。

“我奶奶还时常给我们打气，”正当他们聊着，老太太27岁的孙子插话了，“我每隔两天来看她一次，每次都能从她身上得到一份新的热忱。而且那份热忱也时刻鼓舞着我，使我充满了活力。”

“难道你不觉得沮丧吗？毕竟少了一条腿。”面对这个90岁高龄依然充满热情的残疾老人，记者忍不住要一探到底了。

“沮丧，当然有了，我想我比任何人都更熟悉它的滋味。”

“当你沮丧的时候，你怎么办呢？”记者进一步问。

“我只是努力克服这种不好的情绪，不然还能怎么办呢？”她用手指着和她谈话的记者说，“孩子，你要记住我今天告诉你的诀窍：无论遭遇了什么，你都要努力让自己的生命丰富起来。每当心情不好的时候，我就会去读《圣经》，并且相信里面所说的话，其中给我最大启发的是以下这句：‘我深信，我是拥有生命的，我将拥有更丰富的生命。’《圣经》的这项诺言适用于所有人，难道我坐在轮椅上，少了一条腿，又是90岁就可以例外了吗？不，《圣经》不允许，它只允许丰富的生活，因此，我不断对自己重复这个诺言，不断尝试，不断挑战，过着丰富的生活。我很幸福，因为我从未减少对生活的热忱。”

成长悟语

如果人生是一次赌局的话，洗牌的是上帝，但是打牌的却是我们自己，打得好与坏全在于我们。哪怕是拿到了一手烂牌，我们也可以有两个选择：一个是明知道是输定了，但是还是很享受打牌的过程；另一个是用自己的技巧和智慧，把烂牌打赢！

跳入大江的鱼

广袤的非洲大地是典型的热带气候，炽热的旱季将湍急的河流变成了一个个小水洼，高悬的烈日使干枯的河床出现急速扩展的龟裂。为了活命，无奈的鱼只好追逐着从大江里传来的隐隐涛声，从一个水洼奋力跳到另一个水洼。

“你知道不知道还有多远啊？”一个面积不大的水洼里，一条大鱼气喘吁吁，问躺着歇息的一尾小鱼。“还很远呢！别费傻劲了，反正到不了大江。”小鱼一边在水洼里悠然地游圈一边漫不经心地回答，“别做大江的美梦了，现实点，就在这儿待着吧！”

“可在这儿能待多久呢？太阳这么大，这水洼也会很快被晒干的。”

“晒干又怎样？大江那么远，你需要跳多少个水洼啊？反正终究是被晒成鱼干，谁又会在乎你的尸体是在离大江五十步的地方还是一百步呢？结局都已经定了，你还折腾个什么劲啊？”

“谁说结局就定死了，没有试过怎么能知道呢？只要还有一线希望，我就绝不坐以待毙！就算我拼尽全力还是到不了大江，那我也对得起自己了，因为我不会后悔。”

“可是，你看看你，伤痕累累，还有什么力气拼啊！”看着在小水洼中根本难以转身的大鱼，小鱼更加坚信自己的聪明决策。它自如地扭动着自己保养得很好的身体，继续挖苦大鱼说：“我这么轻盈还在这儿老实待着呢，你拖着这么笨重的身体还想奔大江，简直就是不知天高地厚！别自以为年轻了，如果真有鱼能到达大江，也轮不到你呀！”

小鱼这番话戳到了大鱼的痛处，它望着小鱼说：“确实，我很羡慕你们娇小的身材，即使水洼越来越浅，你们也能自如地呼吸。可是，我们大鱼难道因为身体笨重就自暴自弃吗？不，再苦再难，我们也得朝前奔，把命运攥在自己手里。”说完，大鱼纵身一跃，跳入了下一个水洼。尽管这个动作非常笨拙，尽管身上的鱼鳞又脱落了几片，尽管肚皮上渗出了斑斑的血迹，尽管听见了小鱼抑制不住的笑声，大鱼依然对自己说：“此时此刻，除了向前，我别无选择。”

水洼的面积越来越小，前行的路越发艰难，大鱼已经很难喝到水，偶尔只能用自己的泪滋润干唇。它还看到大片大片的鱼干横亘在途中，其中不乏比它灵活许多的小鱼。每路过一个水洼就能看到无力再动的伙伴，它们大口大口地喘着粗气，疲惫不堪地对大鱼说：“别跳了，省点力气吧！没用的。”而此时的大鱼分明听见了越来越近的涛声。“坚持，”它对自己说，“唯有坚持，才有希望。”

不知又跳了多久，大鱼终于看见了奔腾的大江，它用尽最后的力气，拖着遍体鳞伤的身躯纵情一跃，投入了大江的怀抱。转眼之间，干旱以无可阻挡的步伐占领了这片土地。面对已经干涸的河床，只有跳入大江的鱼知道成功已经来过。

成长悟语

一个人的坚持总是痛苦的，意味着你要顶着所有人的压力。无论最终的结果怎样，你走的是一条永远都不会后悔的路，那么你的选择就是正确的。真理往往掌握在少数人的手里，所以，多数人所说的话也不一定是真理。

你就是被救的孩子

有一位年轻人曾经和两个朋友做了三年皮货生意，但这两个朋友欺骗了他，带着三年来的所有收益和存货跑了，连一张御寒的皮子也没给他留下。经过这件事后，年轻人不再相信友情，对人与人之间的关系也充满了怀疑。他变得非常自闭，不愿意去人多的地方，甚至不愿意和他人沟通交流，每天都把自己锁在家里。

眼见儿子这样，做母亲的非常心疼，但是母亲也知道儿子这次是真的伤心了，毕竟那两个跑了的人是和他从小长大的伙伴。因此，母亲觉得不能着急，要耐心地劝解儿子。有一次吃完晚饭后，母亲特意把儿子叫到身旁，给他讲了一个故事：

一位年轻的父亲和好朋友都是建筑工人。有一次，他们站在高架的木板上给一座大楼装玻璃，支撑他们的木板有几十米高。突然，他们站立的木板断裂了。两个人瞬间从几十米的高空落下。当时他们都觉得自己这次死定了。万幸的是，五层有一根伸出的防护杆拯救了他们。但两个人实在太重了，远远超过了脆弱的防护杆的承重，两人中必须有一个人放开手，然而谁愿意死呢？求生的欲望如此强烈，他们都紧紧地抓着防护杆。时间一点点过去，防护杆开始吱吱作响，并且声音越来越大，眼看着就要断了。

这时，年轻的父亲含着眼泪乞求好朋友说："我还有孩子！"

未婚的好朋友听到后，想了两秒钟，静静地说了一句："那好吧！"然后就松开了手，像一片树叶一样落向了水泥地面。

"妈妈，现实中不会有这样的事，它只存在在故事里。"年轻人不以为然地说。

"不要这样说，我的孩子，你不知道，那个得救的人就是你的爸爸，而他所说的孩子就是你。"说这话的时候，母亲眼里满含着泪水。一刹那间，空气完全凝固住了，年轻人望着母亲，颤抖地说："叔叔一定是空中飘着的最美丽的树叶，是吗，妈妈？"

"是的，那片美丽的树叶现在一定飞上了天堂。"母亲默默地闭上了眼睛，一滴泪水悄然滑落脸庞。

成长悟语

不要被伤害一次，就否认世界的善意。或许在你脚边是一片黑暗，但是，你只需要向前跨一步，你会看到很多爱和善良。

不要在冬天砍树

布朗出生的时候，有过呼吸暂停的意外，造成了大脑缺氧，直到现在他连字母也背不全，右手只有两根手指能动弹，提起手来扶一扶鼻梁上的眼镜都显得异常的艰难。

因为这样，布朗也没有朋友，所以他经常一个人坐在窗边发呆。

9岁那年，爸爸很担心他，于是把他带到阿拉斯的城郊，在那里，布朗的祖父有一个小小的农场。

祖父的农场对布朗来说很新鲜，那里不仅有很多动物，而且还有一个小树林。

布朗和祖父在天气晴朗的时候，就去那个小树林里看山雀。

一天，布朗在树林中发现了一棵死掉的山樱桃树，布朗顺势掰断了一根枝条，拿给祖父看，说："祖父，这个山樱桃树，树皮已经剥落，枝干也不绿了，而且完全枯黄了。我轻轻一碰就吧嗒一声折断了一枝。这棵树死了，把它砍掉吧，这样我们可以再种一棵新树苗。"

无论遇到什么不公平，都不要怜惜自己，而要咬紧牙根挺住，然后像狮子一样勇猛向前。

祖父摇摇头说："可能，它的确看起来像是死掉了。但是来年春天，可能还会抽出新芽！说不定，它现在是在把精力投到根部，暂时休息呢！记住，布朗，不要在冬天砍树！”

第二年春天，这棵山樱桃树果然抽出了嫩芽，而且长得很快，不久，就长得绿绿的一大丛，真正死去的只是几根小树枝罢了。

夏天到来了，这个山樱桃长得枝繁叶茂。

这时，祖父对布朗说：“这棵山樱桃树，就是你啊！你现在虽然手不是很灵活，但是那只是在休息罢了，等你长大了，你的手会重新恢复过来，跟别人没有什么区别。”

布朗从此开朗多了，他告诉自己的小伙伴说：“我的手很快就好了，只是暂时休息罢了。我亲眼见到山樱桃树又活了过来。”

成长悟语

别诅咒自己此刻的无能为力和痛苦，也许我们只是在为美好的未来储存能量而已。

当我们遭遇到无法承受的痛苦时，当我们认为自己已经到了极限时，当我们觉得周围人都在议论着我们的失败时，只要记一句话——“我只是暂时休息罢了，我还会活过来的！”

放飞雄鹰

农场的老人捡到一只怪鸟，这只怪鸟和刚满月的小鸡一样大。它实在太小了，又不会飞，老人就把这只怪鸟带回家当小鸡一样养起来。老人将怪鸟放在小鸡群里，充当母鸡的孩子，让母鸡养育。母鸡没有发现这个异类，成了这只怪鸟的母亲。

怪鸟一天天长大了，后来，人们发现那只怪鸟竟是一只鹰。

老人欣喜地看着鹰长大，但是农场里的其他人都说鹰不应该生长在农场里，它应该有属于自己的天空。老人虽然舍不得，但还是决定帮助这只鹰回归天空。

也许是在鸡群里待的时间太久了，老人用尽了方法都不能让鹰飞起来。打它的时候，它也是本能地躲在了母鸡的身后。老人终于明白：原来在这只鹰的心里，它已经把自己当成是一只鸡了。

最后，一个农场附近的猎人说：“把鹰交给我吧，我会让它找到属于自己的天空。”

猎人将鹰带到附近一个最陡峭的悬崖旁，然后将它狠狠摔向悬崖下的深涧。

开始的时候，那只鹰就像石头般向下坠去，然而快要到涧底时，它终于展开双翅托住了身体，缓缓滑翔，然后轻轻拍了拍翅膀，飞向了蔚蓝的天空。它越飞越高，越飞越远，越飞越自由，越飞越舒展，渐渐变成了一个小黑点，飞出了人们的视野，再也没有回来。

成长悟语

人没有退路，就会爆发出自己也想象不到的一种力量，这便是所谓的潜能。其实，我们每个人都像那只鹰一样，总是对现有的东西不忍放弃，对舒适安稳的生活恋恋不舍。只有在面临绝境不得不拼搏的时候，才会激发出自己的潜能。

带着微笑拍照片

在俄罗斯东海岸的一个小镇上，住着一个穷苦的寡妇乔娅，她的丈夫在出海打鱼时被海浪吞没，只留下她和4岁的女儿伊凡娜相依为生。乔娅不能出海，只能织些渔网挣点钱。她们的生活很拮据，一年到头总是吃鱼，大人小孩的脸色都很憔悴，面黄肌瘦的，更没有什么漂亮衣服可以打扮自己，伊凡娜的衣服都是别人接济的。

有一年圣诞节前夕，母女二人到镇上卖渔网，回来的时候她们路过一家新开的照相馆。照相馆的大橱窗中摆满了精彩的照片，照片里的人都穿着鲜亮的衣裳，脸上满是幸福的神情。小伊凡娜被这些美轮美奂的照片吸引住了，半天没有挪步，乔娅只能回过头来拽她。照相馆的老板看到后，急忙跑出来，弯下腰问伊凡娜："小姑娘你是不是想照相啊？"

面对这样的邀请，伊凡娜不觉往后退了两步，她扯着妈妈的衣角，小声央求说："妈妈，让我照一张相吧。"乔娅心疼可怜的女儿，很想满足她这个小小的愿望，但是，今天并没有卖什么钱，她只好弯下腰，把孩子额前的头发拢在一旁，安慰她说："我们这次不照了，你的衣服太旧了。"小伊凡娜沉默了片刻，抬起头来说："可是，妈妈，我会面带微笑的。"

听完这句话，乔娅的心中一颤，是啊，不管多么艰难，只要面带微笑，每一天都是崭新的生活。想到这儿，她拉着女儿进了照相馆，用一天的收入为女儿拍了一张漂亮的照片，也记录了女儿最美的微笑。

成长悟语

你正在遭受不幸，你正在心痛不已，你正在痛哭流涕，你正在无休止的伤心；你没有美丽的衣饰，你没有精美的食物，你没有富丽的居所，你没有体面的朋友……

但是，亲爱的，别忘了，你还有微笑，一切都会过去，一切都不会再让你伤心，一切都会变好！

地球为什么是圆的

汉斯是一个聪明好动的孩子，对一切事物都充满了好奇。他特别喜欢地理，房间里贴满了地图。每天回家写完作业，汉斯都要站在地图前研究很长时间。他的地理成绩也一直非常突出，汉斯为此感到很自豪。

但有一次地理考试，汉斯因为感冒，没有发挥好，最后才得了一个C。他特别伤心，好几天都闷闷不乐。

这一天，汉斯的妈妈买了一个地球仪回家，拿到汉斯身边说："孩子，你知道这是什么吗？"

汉斯说："这我当然知道，是地球仪！"

"那你知道，地球为什么是圆的吗？"妈妈接着问道。

这一问就把汉斯给问住了，只好敷衍地说道："也许上帝在造地球的时候，随手就把它捏成了圆形的了。"

"那上帝为什么要把地球造成圆的，而不是方的或者是扁的呢？"妈妈继续追问道。

"我怎么知道，上帝也许什么也没想，就随意造成了这样。"汉斯继续敷衍道。

"不，孩子，上帝既然把地球造成圆的，肯定是有特别的意义。它是想以此来告诉我们，无论我们身在哪个角落，都不会是世界的尽头；无论我们走到哪里，也都不是绝境。人生总还会有其他路可以选择的。所以，孩子，一次考试不成功并不能说明什么，重要的是你会不会更加努力，继续像以前那样热爱地理呢？"

汉斯终于明白了妈妈的用意，他使劲点了点头，重新振作起来。

成长悟语

不要妄图给人生加上一个悲惨的定义——我失败了，我走到了尽头，我已经完全没有办法了，我已经彻底完了！这种说法除了让自己看到绝望之外，对我们没有任何帮助。要知道，英雄并不是能够拯救一个国家的人，而是能够欣然拯救自己的人。他们不是在任何时候都保持希望，而是在任何时候都不绝望！

互换车票

本不相识的汤姆和杰瑞，在成年后决定到城里去看看，并谋求发展。他们在乡村的火车站相遇后聊了起来，原来汤姆要去纽约而杰瑞打算去波士顿。两个人聊得正开心的时候，火车站站长告诉两个年轻人：纽约人非常市侩，指个路都要收钱，波士顿的人则非常有同情心，即使素不相识的人，看到你有困难都会给予帮助。

汤姆和杰瑞听后各有想法，汤姆感觉自己应该去波士顿，这样就算出现最惨的情况，自己乞讨也不会饿死；而杰瑞则认为自己应该去纽约，因为他感觉指路都可以赚钱的地方一定有很多钞票在等着自己，只要付出心思和努力一定能有一番作为。

于是两个人就互换了火车票。

杰瑞去了繁华的纽约市，他发现这里真的可以赚到钱，因为人们喜欢拿钱来购买更好的生活。杰瑞在纽约的第一周并不好过，因为他对这个城市一点都不熟悉，几乎花掉了身上所有的钱才找到一个地下室可以居住。杰瑞本着农庄成长的经历和自己坚韧的个性，在一周的摸索中，他发现纽约有很多人非常喜欢花卉，但是他们对养花并不擅长。这下杰瑞找到了自己挣钱的方向。

他先去了一家花店打工，向花店老板展示自己如何用农庄的土办法养殖花卉，紧接着杰瑞用挣到的钱购买花盆和种子。他开始在自己租的房子的屋顶上种花，等花长好了，他就利用休息日的时间带着自己养的花挨家挨户地敲门推销，还留下自己的联系方式，并且还定期免费上门负责花卉保养的售后服务。就这样，杰瑞最终攒够了钱，开了一家自己的花店，而且生意兴隆。

去波士顿的汤姆，一开始就非常幸运。波士顿的情景果然像那个站长说的一样，这里的人非常朴实，汤姆来了一个月什么也没有做，其实什么也不需要做，商场里自有“欢迎品尝”的食物可以果腹。而随着时间一长，汤姆发现自己在这里只要靠着别人的施舍就可以生存。

转眼间十年过去了，杰瑞准备在波士顿开一家花卉连锁店，于是他到波士顿旅行，刚进入波士顿大街，迎面走来了一个乞丐，杰瑞掏出10美分，但是当他要把钱放到乞丐手里时，他认出了眼前这个人——汤姆，那个和他换了车票的人。

成长悟语

在年轻人的颈项上，再也没有什么比事业心这颗灿烂的珠宝更迷人的了。而在一个“唾手可得”的环境里，这样的珠宝也会被蒙蔽。选择一个苦难的环境给自己，往往能让自己变得更加闪光！

逆行的鱼与顺流的叶

安吉娜是一个懒惰的女孩，什么事情都懒得动手，整天幻想着衣来伸手的安逸生活。

安吉娜的妈妈实在看不惯女儿这种懒散消极的人生态度，这一天，她想了一个办法，提议说：“现在这个季节的风景最美了，咱们开车去乡下玩，好不好？”

这个提议招来了安吉娜的强烈反对，因为她只想待在家里，那样多舒服啊！去乡下多累啊！

不过安吉娜还是拗不过父母的一致坚持，只好撇撇嘴答应了。但一路上还是一直在抱怨：“你看，坐在家里多舒服啊，不用晒太阳，为什么非要跑这么远的路出来玩呢？”

到了乡下，一家人下了车，走到了田野间的小河边。安吉娜看见几条鱼在使劲地逆流而上，说：“这些鱼也真傻，逆水而上多费劲、多辛苦啊？为什么不顺流而下呢？那样多省事！”

一旁的妈妈回应道：“你说它们辛苦，但是你没看见它们很欢快的样子？”

“明明这样很辛苦，怎么可能会快乐呢？”安吉娜嘟囔道。

“因为它们在享受奋斗的快乐啊！”妈妈接着说道。

“顺着水流行走，不是会更舒服、更省劲？不是可以享受到更多的安逸和快乐吗？”安吉娜反驳妈妈道。

这个时候，河里正好飘来了一片黄叶子。妈妈指着那片叶子说道：“安吉娜，你看见那片枯黄的叶子了吗？只有像它这种快要死去的东西才会随波逐流，才会早早地享受所谓的安逸和舒适啊！”

成长悟语

平静的湖面磨炼不出强悍的水手，安逸的生活打造不出生活的强者。

奋斗的想法和拼搏的过程是活着的证明，只有死去的人才能彻底享受没有任何烦恼的安逸，就像顺流而下的黄叶终究会在河底腐烂消失。

从零开始的芭娜

年轻的时候，芭娜是一位节目制作人，她精力旺盛，才能出众，是一个少见的可以独当一面的女强人。那时的她做什么都精益求精，力求做到最好，拼尽全力想抓住每一个晋升的机会。有一段时间，她手上同时拥有十三个广播节目，每天从早上睁眼到晚上躺下，她就像一架高速运转的机器似的，忙得昏天暗地，她形容自己：“简直比狗还要累！”

芭娜的事业虽然蒸蒸日上，但她的压力也是与日俱增。越到后来，芭娜发现更多的金钱、更大的事业，甚至更显赫的荣耀都不能给她带来快乐，反而是一种沉重的负担，让她觉得越来越不堪重负。她的内心始终笼罩着一种强烈的不安情绪。

果不其然，“灾难”发生了，她独资经营的传播公司被恶性倒账四五千万美元，同时，交往了7年而且马上要步入婚姻殿堂的男友也在此时和她分手……事业、爱情的双重打击向她直奔而来，叱咤风云的女强人变得极度沮丧，有些时刻她甚至考虑过结束自己的生命。

在身心崩溃之际，她向一位朋友倾诉说：“这些年我不断努力，终于有了这家公司，如果我把公司关掉，我不是一无所有了吗？一无所有的我还能做些什么呢？”朋友沉吟片刻后回答：“你什么都能做，别忘了，当初我们都是一无所有，从‘零’开始的！”

“从零开始”这句话让她恍然大悟，也让她勇气重生：“是啊！我本来就是一无所有，这些年得到的种种，本来就是意外收获啊，本就不属于我也无所谓失去了。既然如此，我还怕什么呢？”经过了这样的思想疏通，她的心境终于扭转了，就像是厚重的云层被一线灿烂的阳光射穿，一下子豁然开朗，将前行的路看得格外分明。随着心情的好转，她的运气也好起来了。在后来的短短半个月之内，她连续接到两笔不小的业务，濒临倒闭的公司起死回生，东山再起。

经过这些坎坷起伏后，芭娜对人生中“无常”的一面有了深切的体会，她意识到：费尽了力气去强求的东西，虽然勉强可以得到，但最后通常也留不住；倒不如放空自己，顺其自然，反而能够聚集更大的能量。

为了简化生活，她谢绝不必要的应酬，还搬离了150平方米的大房子，索性以公司为家，挤在一个10平方米不到的空间里，淘汰了许多不必要的家当，只留下一张床、一张小茶几，还有两只作伴的小狗。

当她习惯了这种生活，芭娜才赫然发现，原来一个人的需要本质上是如此有限，许多附加的东西只是徒增无谓的负担而已。

作为一个终生的乐观者，尽量把烦恼和忧愁从自己的心中排除出去，这样就可以做到每一分钟都过得有意义、有价值。

成长悟语

既然基础属于零，那就从零开始。如果跌倒后又要重新来过，那也不需要害怕，虽然还是从零开始，但是你已经不是当初的你了。零是你路的起点，却并不意味着你精神的起点。

同时，感谢自己可以重新开始，那意味着你懂得了舍去不必要的负担，又走上了一条轻松的道路。

脱茧的帝王蛾

帝王蛾是一种双翼长达几十厘米的蛾子，当它扇动翅膀时，威风八面。然而，帝王蛾还是幼虫的时候，是在一个洞口极其狭小的茧中长大。当它生命发生质的飞跃，要破茧而出时，这天定的狭小通道就成为最大的限制，无异于令人胆寒的鬼门关。因为没有出茧的帝王蛾身躯还非常娇嫩，在破茧时，又需要巨大的冲力，必须拼尽全力才行。无数幼虫都在这个过程中力竭身亡，成了“飞翔”这个词的悲壮祭品。

曾有人怀着悲悯恻隐之心，用剪子剪大洞口，帮助幼虫拓宽这唯一的生命通道。自然，这样不必费多大力气，幼虫轻易就从牢笼里钻了出来。但是，人们惊疑地发现，得到别人救助而见到天日的蛾子无论如何也飞不起来，只能拖着累赘的双翅在地上笨拙地爬行！

原来，那“鬼门关”般的狭小茧洞也是帝王蛾必须要跨越的障碍，是促使两翼成长的关键所在。无比艰难的破茧，需要用力挤压翅膀，血液才能顺利送到蛾翼的组织中去；唯有两翼充血，帝王蛾才能振翅飞翔。人为地将茧洞剪大，蛾子的翼翅就失去充血的机会，生出来的帝王蛾便永远与飞翔无缘。

成长悟语

当一个人先从自己的内心开始奋斗，从自己的内心开始突破的时候，他才是有价值的人了。

镶着金边的乌云

男孩是木匠的孩子，可能在一般人的眼里，未来他也只能成为一个木匠。

可是男孩却非常喜爱诗歌，他的父亲也非常支持他。父亲把家里所有的积蓄拿出来为他第一本诗集印了1000册，但是，可惜的是一本也没有卖出去，最后只能送给别人。

然而，大多数人依然以“木匠的儿子”来衡量男孩的诗集水准，大诗人惠蒂埃甚至把它丢进了火炉里。从外界传来的奚落和嘲笑就像大片的乌云一样遮盖了男孩的世界，男孩感觉自己的世界变成了无边无际的大雨。

就在男孩快要绝望的时候，意外地收到了一位诗人的回信，那人对他的诗集大加赞扬，男孩仿佛看到了希望，但是并没有感受到这唯一的鼓励对他的未来有多大作用，于是男孩回信说："我依然感觉到我的世界全都是乌云……"

那位诗人再次回信给男孩，只有一句话："天空上每一朵乌云都镶着金边！"

男孩似乎从这句话里得到了力量，他看到了一丝希望，坚定了自己诗歌的信念。

多年以后，男孩成为美国甚至全世界公认的伟大诗人，他就是华尔特·惠特曼！而写信鼓励男孩的诗人，就是当时美国文坛的名宿爱默生。当时刊印的那1000册诗歌，则是现在风靡世界的《草叶集》。

成长悟语

天使总是披着死神的黑袍向我们走来，希望也总是伪装成绝望的样子。

弹弓

傍晚的时候，莫森在公园里散步，看到远处的空地上有一个男孩在练习弹弓，这个情景让莫森想到自己小的时候，所以他停下来看着眼前的男孩。

男孩的母亲坐在他的旁边，不停地往男孩手里递小石子。十米外有一个玻璃瓶，可惜的是，男孩始终没有击中远处的玻璃瓶。莫森心中非常着急，于是走上前去说道："嘿，孩子！我也非常擅长弹弓，不介意的话我可以教你如何瞄准……"就当男孩循声回头的时候，莫森心底一颤，这个男孩居然是个盲人。

男孩的母亲向莫森点头微笑，示意莫森不要在意。莫森只能尴尬地回以微笑，男孩回过头继续练习着弹弓。莫森奇怪地小声询问男孩的母亲，为什么男孩看不见还要练习弹弓，他只能知道一个大致的方向，根本打不中玻璃瓶。

男孩的母亲并不同意莫森的说法，她相信自己的孩子可以打中，也希望莫森能够相信。莫森陪着这一对母子，看到每一次男孩打偏后，母亲都会告诉他如何调整方向。男孩听从母亲的指导，自信地射出下一枚石子。

夜色笼罩，莫森都看不清远处的玻璃瓶了，他只能叹息着摇摇头打算回家。可就在他走出几步远的时候，却听到了身后一个玻璃瓶被打碎的声音……

成长悟语

如果上帝让一个人双目失明，那一定是为了让这个人看清楚别人看不到的一切，或者让这个人在别人看不到的时候，自己能看清楚所有。

谁登上过山顶

半个月前，洛萨率领着一支探险队翻越了一座险峰，现在他们正在一场新闻发布会上。

"请问在整个探险过程中，最让团队想放弃的时候，是如何打破僵局的？"记者问了一个最普通的问题，但这个问题却是整个团队最难以忘怀的。

代表团队发言的米勒看了一眼队长洛萨说道："那是在离山顶还有几步的路程，一路的艰辛已经把我们折磨得处于精神崩溃的边缘。一路上，我们丢弃了很多行李，路越走越窄，四处都是悬崖峭壁，看起来真的是无路可走了。这时队长洛萨执意要一个人先试试爬上山顶，如果可以就继续，如果真的不行我们就放弃。队长一个人选了一条路，自己艰难地先爬向山顶，半小时后，我们听到队长呼喊的声音，让我们都上去。所有的队员都已经快要坚持不住了，我们互相搀扶着才爬上了山顶，看着队长指着一块大石头，石头上竟然刻着‘8 月 7 日，到此’，当我们看到留言时都被振奋了，居然有人已经翻越过这座山……”

“可是据记载，你们是第一个翻越这座山的探险队？”一个记者打断米勒的话。

“据记载是这样，但是我们必须诚实，的确是有人在山顶留字，虽然我们还不知道是谁，但是的确是这个人留下的字给了我们很大的鼓励，才让我们有了翻越山岭的心态。”米勒诚实地解释道。

场中一片喧哗，这个消息太让人意外了。

但就在这时，队长洛萨站了起来说：“没有必要猜测谁登上过山顶了，因为字是我写的！”

成长悟语

希望是人世间最美好的东西。有了希望，你就能生存下去，即使痛苦；没了希望，你也无法生存下去，即使锦衣玉食。希望，无异于你心目中的上帝，在遭遇厄运时给你一种精神的力量去忍受苦难，给你一种理智的神力去创造奇迹。

第十一辑

成功：不是目的而是奋斗的过程

五个成功小故事

一个心理学教授在一次授课中讲了几个成功的小故事。

故事一——赚钱：杰克是一个法国的小伙子，他有着法国人的浪漫特质。他觉得自己的人生就要奢华，住好的房子，穿名牌衣服，跟最美丽的姑娘约会。但是这些都需要花费很多钱，那么自己为了实现梦想，就需要努力赚大钱。在法国，他觉得没有什么赚大钱的机会，于是只身一人到了美国。经过几年的努力，他赚到了很多钱。面对成功，他说："如果我当初没有赚到钱的想法，我可能就不会有现在的成就。"

故事二——施舍：布莱克是一个小农场的主人，他虽然没有多少财富，但是他懂得施舍。每次有人遇到困难找到他，他都是尽力帮忙。有时候，他还把自己多余的东西送给真正需要的穷人。一天，一个年轻人想开一家磨房，但是缺少资金，于是布莱克给了他资金，并且不要回报。几年过去了，年轻人做大了磨房事业，拿出更多的资金帮助布莱克扩大农场规模。现在布莱克已经成了拥有上万头奶牛的大农场主，当地很多鲜奶加工企业，都用他的牛奶。

故事三——冒险：强尼从小就敢于冒险，19岁的时候，曾经一个人穿越一片森林。镇上通往外面最近的路被一条大河阻隔了，每次去外面都要绕行几十里的山路，很不方便。镇长决定要在河上修一座大桥，可是在公开招标的时候，没有一家建筑公司愿意做这个项目。因为河面太宽了，水流太湍急了，他们觉得桥墩根本不能修上去。可是强尼接了这个项目，最终他成功地把大桥修好了。这次强尼解决这么大的难题，镇上的人们都觉得他能力强，以后不管有什么项目，都找强尼来完成。

故事四——躁动：卡特在一家汽车修理厂工作，每天的工作很累，也很脏，但是却拿着很微薄的收入。卡特觉得很不满意现在的工作。于是，他辞职了，向朋友借了些钱，买

谁若不能主宰自己，就将永远是一个奴隶。

了维修设备，在家门口开了一个小型的汽车修理厂。几年过去，他的修理厂规模扩大了几十倍。

故事五——贫穷：生长在贫穷家庭的艾比，因为穷怕了，一心想赚很多的钱，不想再过之前的日子。她这几年一直做推销员。一天，她在推销的过程中，发现一个老妇人，她制作的衣服装饰品很好看，还带有印第安的狂野风格。她跟老妇人学习了这门手艺活，回去之后，她招了几个工人，开始了自己的装饰品买卖。不几年，她有了固定的客户，也赚了不少钱。

教授最终总结说：成功的终点可能都一样，但是通向它的道路却有千万条，而且有一些道路的起点不一定有明确目标。

成长悟语

有时候，成功的起点不一定是拥有未来的明确方向，而是想要改变现状。不是每一个目标都能够实现，不是每一个人都注定成功，但是，想要努力在“现在”活好的人，就一定不是失败者。

做好“现在”的事情，过好“现在”的生活，哪怕对“未来”迷茫，那么无数个正确的“现在”积累出来的道路，又能够错到哪里去呢？

我可以穷

布埃尔是一个著名的雕塑家，他非常热爱艺术，热爱他精心创作的每一个作品。

一次，一幢地标级建筑即将落成，建筑投资商和建筑师特别邀请布埃尔来给建筑物雕塑一件不朽的作品。

同时，为了表示诚意和对布埃尔的重视，他们提供了不菲的制作费，但是为了谨慎起见，他们还是先请布埃尔制作一个模型，以便能够对布埃尔的创作理念有个大致的了解。

没过多久，布埃尔的作品模型就完成了，当这件作品被送到投资商的办公桌上时，所有人都为这件令人惊艳的作品赞不绝口，同时也对布埃尔登峰造极的手笔深感佩服。

但是有一个人却与众人持有不同的意见，他认为这个作品的一些细节可能影响大楼未来的招商运营。

这个意见让投入庞大资金的投资商心神不宁。

于是，他们去找布埃尔，希望他能在大方向不变的情况下，适当对作品做一些细微的修正。但是布埃尔断然拒绝了，双方会谈陷入了僵局。

投资商对布埃尔的态度感到很意外，但是从商多年的他马上认为布埃尔这样做是为了钱，于是他趾高气扬地提醒布埃尔，如果经过修改雕塑完成后，布埃尔就依据双方合约名利双收；但是若他不同意修改，那么协议就不会达成，相应地，布埃尔将一分钱都得不到。

布埃尔对投资商的提醒嗤之以鼻，什么也没说就起身离开了，在他心里，自己的创作是独一无二、毋庸置疑的。

但是布埃尔走了几步突然停了下来，转过身问投资商和建筑师：“你们知道，我为什么会成为如此知名的雕塑家吗？”

还在为布埃尔的拒绝不解的投资商此时回过神来，态度也不再趾高气扬：“那还不是因为您热爱艺术，喜欢雕塑嘛！”

布埃尔冷笑了一下，反驳道：“不，是因为我可以穷！”

成长悟语

“因为我可以穷”，道出了布埃尔对艺术梦想的痴心，不因眼前的利益而放弃对信念的坚持，不会因为金钱而卖掉自己的灵魂，这是可贵的，也是可敬的。而那些以利益去诱取他人灵魂的人是可笑的，也是可悲的。

真正的成功，重要的不是懂得做什么，而是懂得不做什么。

成功一次不代表什么

在广阔的大草原上生活着一群角马，角马头上长着一对弯弯的犄角，它们世世代代在草原上繁衍生息。

一次，角马群遭到了狮子的袭击，角马们惊惶失措，四处逃窜。眼看一只小角马就要落入狮子的口中了，情急之下，一头角马冲了过来，用犄角一顶，正好顶在了狮子的肚子上。当时也不知道哪里来的力气，角马用力一挑，狮子被甩了老高，然后一下子摔在了石头上，就这么一命呜呼了。

角马群顿时沸腾起来，欢呼一片。它们认为这只角马是大力神，是角马家族的英雄，它们让这只角马做它们的领袖，希望在它的带领下摆脱被狮子们捕食的厄运。

这样一来还真是见效。

角马杀死狮子的事情传遍了整个草原，狮子们听说了这件事情既震惊又害怕，没想到一只角马竟然这么厉害，从此它们再也不敢袭击角马了。

没有了狮子的威胁，角马们开始安逸起来。成为首领的角马也变得不思进取，它每天悠然地吃草、休息，也不去运动，慢慢地它变得越来越胖，肚子越来越大，腿越来越短，奔跑起来就像一个滚动着的肉球。

雨季过后，角马群开始迁徙，在首领的带领下成群结队地前往新的领地。当它们经过一片陌生的草原时，遇到了一头狮子。这头狮子已经饿了很久了，看到如此多的角马，口水直流。它隐蔽在枯萎的树干后面，寻找目标伺机出动。这时，角马首领进入了它的视线。这只角马又肥又大，走路缓慢，非常容易得手，还能美美地吃顿饱饭。狮子欣喜若狂，一个箭步冲上前，向角马首领发起了攻击。角马首领看到狮子袭来，心想：“我可是顶死过狮子的角马，我可一点儿都不怕你！”

于是，这只肥硕的角马不但没有逃跑，反而将犄角对准狮子猛冲过去。可是身材肥胖的它动作迟缓，发起攻击的一瞬间，狮子已经扑在了它身上，一口咬在了它的脖子上，鲜血四溢。其他的角马都吓坏了，没想到大家崇敬的首领竟然被狮子一招致命，大家目瞪口呆，四处逃窜。

成长悟语

角马和狮子的实力差别显而易见，那只是一次巧合、一次偶然，偶然不能复制。

可怜的角马却把这次成功当作自己实力的体现，以为自己真的力大无穷、动作灵敏，进而不思进取，最后成了狮子的大餐。真正的本事要靠不断地锻炼，万万不能骄傲自大，否则，一次的成功反而会导致终生的失败。

这湖里有多少桶水

一天，老师带着学生们到湖边散步。

经过湖边的时候，老师看似不经意地问学生："你们谁知道这湖里有多少桶水？"

学生们很是惊讶，看着这广阔的湖面，一时不知道怎么回答。

过了一会儿，他们开始议论起来。

一个说："这么大一个湖，一桶一桶地量，那要量到什么时候？所以，湖应该是由无数桶水组成。"

另一个回答："我们可以利用数学公式，先计算出湖的体积，然后再除以桶的体积就可以知道到底有多少桶水了。"

第三个反问说："怎么计算湖的体积呢？我们根本没法计算啊！"

老师听见他们的回答，微微摇了摇头。

这时一个学生高声回答说："其实这个问题很简单，我们可以做一个假设：假如桶的大小是和湖一样大，那湖里的水就只有一桶；假如桶的大小只有湖的一半那么大，那湖里的水就有两桶；假如桶的大小只有湖水的三分之一，那湖里的水就有三桶；假如……"

老师听了这位学生的回答，满意地笑了。

这个学生就是柏拉图。

老师接着说："你们心中的桶是一成不变的，所以你们遇到问题的时候，就走向了僵化的地步。

成长悟语

在20岁的时候，觉得社会中很少有这么成功的年轻人，自己没有成功也是应该的；30岁的时候，觉得大有所成的人也很少，不成功也没有什么不好；40岁的时候，觉得大部分人都没成功，人生也不算失败……这样的人，到80岁也不会有所作为。

当我们给自己设定所谓的极限时，也就是极限出现的时候！

不要轻易模仿别人的成功

威廉在自己父亲留下来的农场里种植燕麦。每年的收入不多，但是也能满足生活的需要。

一次，他到酒吧喝酒，碰见了多年未见的朋友威利斯。威利斯告诉他，自己卖掉了农场，积攒了本钱开了一家服装公司，现在赚了很多钱。

威廉羡慕威利斯的成就，回去之后，他打算卖掉自己的农场，也开一家服装公司。

他的妻子劝说他不要这么做，毕竟这是父亲多年留下来的产业，加上威廉只会种燕麦，也不懂经营服装。

威廉不听，没过几天，就把农场卖了。他用这些钱在小镇的郊外建了一个服装厂，买了几十台缝纫机器，雇了几个会缝制衣服的员工……服装做出来了，可是麻烦来了，这些服装在裁剪上出现了大问题，威廉赔了很多钱。

他很苦恼，于是又到那家酒吧喝酒，他在那里又碰见了威利斯。他把自己开服装厂的遭遇告诉了威利斯，并且感慨地说："我们都是农场主的儿子，怎么你就能成功，我却失败了呢？"

威利斯沉默了一会儿，回答他说："你可能不知道吧，我的祖父当年是这个小镇有名的裁缝。我的父亲虽然经营农场，可是继承了祖父的服装手艺并传给了我。你的失败，可能是因为你没有一个做裁缝的祖父吧。"

成长悟语

没有一条道路注定是成功的步骤，每条道路都会带给我们注定需要经历、积累和学习的人生课程。如果成功是一个固定的模式的话，那么，多数情况下，受益最大的永远是第一个人。

而且，我们能够看见别人的成功，却并不能说明我们能看到别人成功的前提和基础。

一块冰的旅行

在遥远的北极圈内，有大片大片的冰山。在这些冰山脚下，有一块刚形成不久的冰块。这块冰有一个愿望，就是想穿过茫茫的冰山，去赤道看一看。它简单收拾了一下，就上路了。

它走了两天两夜，终于走出了北极圈。可它继续往南走的时候，却发现身上开始发热，再仔细一看，它已经开始慢慢融化了。难道我要消失了吗？我要死了吗？它这样想着。如果到达赤道的代价就是死亡的话，那我还是回去吧！

冰块想到这里开始往回走。可它刚走了几步路，就听到有人说："如果你想去赤道，我可以带你去，不过你要融化成水才可以。"原来这是河流在说话，河流一边说一边扬起一片浪花。"我这里有很多想去赤道的孩子，它们都融化成了水，我将带它们去赤道欣赏美景。"河流温和地说道。

"化成水？不不不！我现在晶莹剔透多漂亮啊！我才不要化成水和它们在一起呢，那样我就死了。"河流继续说道："其实，你原来就是水，只不过遇到了寒冷的空气使你凝结成了冰，你从赤道再回到北极圈，你还是会变成晶莹剔透的冰的。"

冰块开始思考河流说的话，但仍半信半疑。这时河流里的水开始向它呼唤："快来吧！我们结伴一起去赤道！你看我们玩得多开心啊，哈哈哈！”

这时，冰块想到它之前就是河流里的一汪水，它想到了曾经那个快乐的自己。于是，它一纵身跳进了河流中。很快，它变成了水，跟随河流一起流向了赤道的方向。

成长悟语

换一个形态并不影响成功的获取。或者，换句话说，想要获得同样的成功，那么我们就需要改变一下形态。这个形态代表的可以是生活方式，可以是形象外表，可以是理想方向，可以是独立程度……

一粒豌豆的梦想

一粒豌豆破土而出，它发现这个世界真是美丽，尤其是头顶上的那朵白云，在蓝天下显得洁白美丽而耀眼。

它想：要是自己能够和白云拥抱一下，那该多好啊！

可是自己是一粒豌豆，蔓藤柔弱而纤细，根本不能直立起来，更不用说到天上了。

但是它实在太喜欢白云了，它一定要和白云拥抱一下。于是它试着直立起来，可是不管自己怎么尝试，始终不能成功。

一天，它把自己的想法告诉了苍鹰，苍鹰说：“你为什么不爬上那棵松树试试看？它是森林中最高的。”

梦想是永远的特效药，是奇迹的萌发点。

豌豆接受了苍鹰的建议，于是试着往松树上爬，刚开始它顺着树干向上爬，根本就攀附不住也站不起来。

几次跌下来之后，有一次它终于爬上了一段，但是很不牢靠，风一吹，它又掉了下来。

豌豆爬不上去，急得围着大树团团转，它转啊转啊，不知转了多少圈。

等它回过神来的时候，发现自己已经到了大树上，离地面已经很远了。

它仔细观察了自己的藤蔓，发现自己是绕着树干螺旋向上爬的。

于是它总结经验：

首先，抱住树干，抓牢靠了，然后再螺旋向上攀登。

这样，可能走的是弯路，虽然慢些，但最终还是成功地爬了上去。

就这样，豌豆努力爬了几个月，到达了大树的顶端，在那里它拥抱了云朵，幸福极了。

成长悟语

豌豆的成功并非是最聪明的，而是它的天性就是需要弯曲着生存。这也说明，通往成功的路并不是越短越好。有些时候，成功必须走弯路。因为只有走过弯路，才知道我们错在哪里，以后才能避免同样的错误，从而走向成功。

神射手和狮子

神射手力大无穷，箭术百发百中，草原上的动物都被他的威力震慑住了。

狮子是草原之王，它听说了神射手的威力，觉得自己不能惧怕他，这样岂不是灭了自己大王的威风?

一天，神射手又来到草原打猎，动物们都纷纷逃跑了。只有狮子没有逃跑，它决定要与神射手一决高下。神射手面对一头凶猛的狮子，内心也很害怕，因为他不知道狮子的进攻速度到底有多快，他不能冒险。

人与狮子搏斗，力取是不可能的，只有智取。于是神射手拿起了自己的箭，射了狮子一箭，故弄玄虚地说:“先让你尝尝我的箭的厉害，等你不服气的时候，再来找我本人搏斗，到时候，我的厉害就不止一支箭那么轻巧了。”

狮子被射中了后腿，害怕极了，吓得惊慌逃窜。

其实，狮子完全不必害怕猎人，它皮毛很厚，单凭人的力量是射不死的。况且，如果与人正面对峙，一个猛扑，咬住人的脖颈，几分钟就能把人杀死。

狡猾的狐狸看出了神射手的玄机，劝狮子要勇敢些，不要轻易示弱。狮子回答说:“他的一支箭都如此厉害，我怎能经受住他的袭击呢？”

成长悟语

有远见卓识的人，能够在复杂的情况下做出正确的判断；而缺乏眼光的人，一点小小的征兆就束缚了自己的手脚，这两种人最终的命运截然不同。

成功与年龄无关

据说有人调查了包括莫扎特、肖邦、爱迪生、奥斯汀、福特、丘吉尔和尤比·布莱克在内的100位世界名人的成功经历，下面是一部分调查内容:

莫扎特从小就表现出非同寻常的艺术才能，3岁就能弹奏古典钢琴，并能记住只听过一遍的乐段;

肖邦7岁就创作了G小调波罗乃兹舞曲，让他周围所有的人感到吃惊;

爱迪生10岁那年，在父亲的地下室建立起一个实验室，一个人常常一待就是一天，从此便开始了世界上最伟大的发明;

奥斯汀从小就喜欢创作，在21岁那年出版了世界巨著《傲慢与偏见》，令世人震撼;

福特在50岁那年才开始采用了“流水装配线”，实现了汽车大规模生产，使汽车售价大幅下降，开始在全世界普及。

丘吉尔从首相位置上告退后，回到下议院，随后又获得一次议会选举。他开始学画，并成功展示了自己的作品。当时他已经 80 多岁了。

爵士音乐钢琴演奏家、作曲家尤比 · 布莱克在他 100 岁那年成功举办了自己的专场音乐会。直到他逝世的前 5 天，他还对别人说："早知道我能活这么久，我会更加努力些。"

从这些调查结果中，我们可以发现一个奇怪的现象，那就是这些名人的成功经历并不按照一般的成功模式进行。

现实生活中，很多人都认为人在年轻时，因为精力充沛，常常朝自己的目标努力奋斗，年纪大了，精力不够旺盛，常常力不从心，安身立命是最好的选择。事实却并非如此，在成功者眼里，时空限制并不能左右他们。

成长悟语

成功对一个人来说，并没有时间的限制，处于各种年龄段的人都可以大有作为。关键在于一个人的心态，如果一个人的心死了，那么一切都远去了。

有一种成功叫速度

有一种生长在沙漠里的植物，它被誉为"沙漠卫士"，它的名字叫作"梭梭"。

梭梭作为灌木植物，虽然只有三四米高，外形也不太让人喜欢，但是能够在沙漠这种恶劣的环境中生存，这足以证明它顽强的生命力。它给沙漠带来了生机和活力，成为沙漠独特的景观，也成了沙漠最优良的防风固沙植物之一。每一个去过沙漠见过梭梭的人，都会被它在风沙中昂首挺立的样子震撼。

每一种生物成功的生存都有它的独特之处，梭梭的成功就在于它的速度，让人惊叹的速度。植物学家发现，梭梭的种子可能是这个世界上发芽最快的种子，只要遇到水，几个小时之内就能萌发生长。

很多植物的种子都是错过了机会才没有生根发芽。它们就像是在观望，即使是发芽时间较短的花生，在遇到雨水之后都要三四天的时间才能发芽，在这段时间内水如果干涸了，那么这粒种子就会永远埋在土里直到腐烂。而梭梭的种子从来不拖泥带水，只要感受到雨水，就在几个小时内生根发芽，然后迅速地蔓延。这样的速度，成就了梭梭"沙漠植被之王"的美誉。

成长悟语

人的一生中，没有什么会为自己等待，没有机遇会为自己停留，成功也需要速度。一味地按部就班、谨小慎微，在应该行动时却坐等机会溜走，就会时时落后、事事落后。要知道，光说不做，只想不行动，既不能增加成功的砝码，也无法增加人生的能量。

善于找方法，掌握主动权

美国船王丹尼尔·洛维格获得的第一桶金，乃至他后来数十亿美元的资产，就和他善于寻找方法的特点息息相关。

创业初期，他需要向银行贷款。当他第一次跨进一家银行的大门，人家看了看他那磨破了的衬衫领子，又见他没有什么可做抵押的东西，自然拒绝了他的申请。

他又来到大通银行，千方百计见到了该银行的总裁。他对总裁说，他有一个计划，购买一艘货轮，他把货轮买到后，立即改装成油轮，他已把这艘尚未买下的船租给了一家石油公司。石油公司每月付给的租金，就用来分期还他要借的这笔贷款。他说他可以把租契交给银行，由银行去跟那家石油公司收取租金，这样就等于在分期付款了。

之前的银行听了洛维格的想法，觉得荒唐可笑，且无信用可言。大通银行的总裁却不那么认为。他想：洛维格一文不名，也许没有什么信用可言，但是那家石油公司的信用却是可靠的。拿着他的租契去石油公司按月收钱，这自然十分稳妥。

洛维格终于贷到了第一笔款。他买下了他所要的旧货轮，把它改成油轮，租给了石油公司。然后又利用这艘船做抵押，借了另一笔款，又买了一艘船。这种情形继续了几年，每当一笔贷款付清后，他就成了这条船的主人，租金不再被银行拿走，而是顺顺当当地进了自己的腰包。

当洛维格的事业发展到一个时期以后，他嫌这样贷款赚钱的速度太慢了，于是又构思出了更加绝妙的借贷方式。

他设计一艘油轮或其他用途的船，在还没有开工建造，还处在图纸阶段时，他就找好一位顾主，与他签约，答应在船完工后把船租给他们。然后洛维格才拿着船租契约，到银行去贷款造船。

当他的这种贷款“发明”畅通后，他先后租借别人的码头和船坞，继而借银行的钱建造自己的船。这样他有了自己的造船公司。

就这样，洛维格靠着银行的贷款，爬上了自己事业的巅峰。

成长悟语

可以说，洛维格的例子就是一个善于找方法，并最终掌握主动权的成功例子。调查表明，失败者，往往相信困难比方法更多，而那些成功的人士，总是那些在困难或者逆境前面，能够主动寻找方法的人。他们信奉方法总比困难多的哲学，因此他们往往能够最终取得成功。在这点上，值得我们每个人学习。

主动出击，拓展人脉

克拉克夫妇结婚很久了，但是他们一直没有孩子。这一年，盼望已久的宝宝终于降生了，夫妇二人高兴不已，非常宠爱这个迟到的孩子——小女儿爱玛。所以，他们给她买的所有东西，哪怕一个奶瓶也要最好的。

一天，克拉克的朋友查德先生来看望小爱玛。查德先生是个成就斐然的工业设计师，作品多次荣获世界大奖。

他发现小爱玛总是抱不住奶瓶，每次都需要克拉克太太帮忙，若有所思地说："总有一天，有人会在这些奶瓶上安上把手的，这样就会容易拿了。"

尽管查德只是随口一说，但克拉克真的听进去了。他和太太商量，我们为什么不来制造这种瓶子呢?

克拉克搜集了很多建筑黏土，并用它们捏出各种形状的瓶子，有的时尚、有的可爱、有的复杂、有的简单，类型繁多，不一而足。

太太把这些黏土瓶子给爱玛，看她拿不拿得住。结果都是失败，因为这些瓶子都只带了一个把手，小孩子的手很小，手腕没有多少力量，根本拿不稳。

后来，克拉克捏了一个形状像拉伸过的油炸圈饼一样的瓶子。它有两个把手，每个把手都是中空的，里面可以盛流质。这下，小爱玛可以用双手抓握瓶子，稳固多了。

克拉克夫妇立即行动，找到一家公司为他们制造出了塑料模子。紧接着，他们又找了一家公司为他们制造这种新款的奶瓶。

令他们没想到的是，新奶瓶一投入市场就被抢购一空，很多年轻父母都表示这种瓶子方便实用，节省时间。同时他们提出了建议，这种瓶子色彩艳丽但不透明，不能看到里面的东西，改成透明的会更方便。克拉克夫妇立刻着手改变设计，将不透明的瓶子改成了透明的瓶子。

瓶子生产出来后，6 天内就售出了 5 万个。没过几个月，他们就搬到了一个大仓库。他们第一年的销售额达到了 150 万美元。

成长悟语

你也许不是第一个想到这个主意的人，但你可以是第一个着手去做的人。

有多少人是在别人的提醒下获得了成功，有多少人又是在提醒了别人后放弃了自己的成就。

没有时间

吉姆从小就表现出了出众的绘画天赋，他对色彩非常着迷，两岁的时候就能用蜡笔在墙上涂鸦，画出的小动物憨态可掬，引得整个小镇一片惊叹，纷纷赞誉他为“神童”。吉姆的父母也很重视孩子的教育，为他聘请了专业的美术老师。在老师的指导下，小吉姆的画艺得到了迅速提高，并多次获得儿童绘画比赛的大奖。很多小朋友都非常羡慕他，特别是小迈克，他和吉姆是邻居，又比吉姆小一岁，对这位天赋异禀的哥哥很是敬仰，常常缠着他学画画，吉姆都有些烦他了。

可是，随着年龄的增长，吉姆需要顾及的课业越来越多，不得不缩减练画的时间。渐渐地，他基本不动画笔了，先是忙于考取理想的大学，大学毕业后又为找一个好工作而忙碌。参加工作后，吉姆想，这下总算稳定了，我要重拾童年的爱好，不能浪费宝贵的天赋。然而，工作并不是如想象的那么简单，业务上有不少困扰，公司里的人际关系打理也是一件伤人脑筋的事。每天工作完到家，他觉得自己浑身都要散架了，只想好好休息，根本没有时间拿起画笔，精心作画。

一天，他整理房间时偶然发现了小时候参加绘画比赛得的一摞获奖证书。看着那些蒙尘褪色的证书，吉姆想起年少时辉煌的画家梦，心里不由得一阵悸动。

最后他无奈地叹道："没有时间啊！我要是一直像小时候那样悠闲，现在一定是个著名的画家了。"

一次出差，吉姆来到了艺术之都——巴黎，正赶上卢浮宫里举办一个大型画展。吉姆心想，能在卢浮宫展示自己的作品，那必定是世界级的大家。他兴致勃勃地观看起来，果然，画风鲜明新颖、形象饱满突出、色彩运用巧妙丰富、线条勾勒流畅自然，让人一看而生向往之意。吉姆不仅好奇：这么精美的画作是出自哪位大师之手呢？看到最后一幅画上的落款，一个熟悉的名字跳入眼帘，他当时就怔住了：迈克·库珀！难道是小时候隔壁那个跟屁虫吗？吉姆的心中好似一团乱麻。正当他毫无头绪时，迎面走来了一位神采飞扬的青年人，没等他反应过来，那人就激动地叫出了他的名字："吉姆！你怎么在这儿呢？我太高兴啦！"原来这位激动的年轻人就是这些佳作的创造者——新锐画家迈克·库珀！他一眼就认出了吉姆。

"迈克，你太棒了，在卢浮宫办个人画展，真厉害！"吉姆忍不住赞叹道。

"我只是把所有时间都用在绘画上，其他事情都做得不好，也没有时间做。"迈克边笑边说。

同样是"没有时间"，吉姆不免陷入沉思：命运真是弄人，天赋优越的他没有成为画家的原因是没有时间，天赋平平的迈克成为画家的原因也是没有时间。只是自己没有时间去为梦想努力，而对方却是没有时间做梦想以外的事！

成长悟语

人生就像是通向天堂的阶梯，天赋只能说明你比别人站得高了一层台阶，但是，当你停下而别人继续前进的时候，你比别人高的那层台阶就不再有任何优势了。

而当你祈求世界给你更多时间去做更多事情的时候，成功的人只是把所有时间放在一件事情上。

小机会变为大成功

有一个画家，他在意大利的一个村庄独自创作，但是没有人欣赏他的作品，他一幅画也卖不出去，甚至连换取一个面包都很难。画家的生活虽然很辛苦，但是他依然坚持创作，而且每一幅作品都认真地对待。

在画家 30 多岁的时候，由于生活的困窘，他只能远赴米兰投靠一位喜欢艺术的公爵。这位公爵虽然非常喜欢画画，但是他并不喜欢这位画家的艺术风格，在公爵的心里，这位画家的水平仅仅是够在街头给平民画画像罢了，所以画家从公爵那里能得到的仅仅是最低的待遇。

公爵买下了一座新的城堡，整个城堡的建筑和装饰都非常漂亮，但是，餐厅一侧的空白墙壁，却令他非常不满意。公爵打算在3个月之后的重大节日里，请自己的好朋友到城堡共进晚餐，而一面空白的墙壁实在是显得突兀，所以公爵想要找人在上面作画。

之后，这位画家一直向公爵苦苦央求这个机会，感动于画家的诚意，公爵终于答应了。

开始创作后，画家一遍又一遍勾勒草图，一次又一次地在那堵墙壁前徘徊思考。一连几天了，他还迟迟没有动笔。公爵认为这个画家一定在虚张声势，仅仅是一面普通的壁画，还能有多难，所以公爵总是催促画家尽快动笔。

公爵把这面墙看成是一面普通的墙壁，但是画家并没有这么想，他把它当成一件精品去做。画家查阅了大量的资料后才开始动笔，可是他并没有像公爵说的那样随意完工，而是每画一笔都很谨慎，有的时候甚至思考几天才画出一个人物。

虽然公爵催促了多次，但是画家依旧缓慢进行，就这样，街头画匠只要十几天就可以画好的壁画，他却整整画了3个月。

当公爵在节日当天请来所有朋友就餐时，每一个来用餐的人都注意到他的这幅壁画，最后公爵宴请的客人都加入了讨论和欣赏这幅壁画的队伍当中，公爵非常开心，而画家也声名鹊起。

许多年过后，这幅公爵餐厅里的壁画成了世人皆晓的一幅名画，它就是《最后的晚餐》，而这位画家就是达·芬奇。

成长悟语

“星星之火，可以燎原。”对于人生而言，再小的机会也有造就大成功的可能，就看你愿不愿意用心抓住每一个细小的机会。

毫不费力的成功

伯纳用了不到四年时间，从一个普通的小员工成长为一个拥有上千员工的大企业老板。

巴德曾经和他是室友，共同租住在一个公寓里。

巴德觉得很奇怪，自己每天都见到他，从没看到他多么努力，怎么就一下子成功了呢？

于是问他：“你看起来毫不费力就成功了，你是怎么做到的呢？”

伯纳笑着说：“我给自己制订了一个计划表，每天严格按照这个表有条不紊地做事，从不打破。”

巴德感觉更加奇怪，我怎么从没看见你这么做？

伯纳接着说：“我早晨5点起床，锻炼身体，而你在睡觉。7点我开始享受丰盛的早餐，我注重营养搭配，牛奶、蔬菜、蛋白质一个都不能少，这样可以为新的一天做好营养准备。可这个时候，你还在睡觉。”

巴德想了想，觉得事情的确是这样。

伯纳说："我利用上午的时间，完成了很多工作。在这期间我可能发现了一个新的商机，我把这个商机作为人生的机遇去尝试。可是你呢，刚刚起床。你感觉到饿极了，也不管什么营养不营养，直接打开冰箱，拿出了昨晚剩下的芝士草草解决了早餐。我午睡之后，重新积极地投入工作，而你也坐在电脑前，玩起了游戏。晚上我回到家里，打开电脑，上网看一些对职业有用的信息。而你却还在沉迷于游戏。"

伯纳接着说："22点到了，我关上电脑，躺在床上。睡之前我会想一想，自己在这一天都做了什么，有什么收获，又有什么不足之处。而你还在网上忙着，到了深夜，才肯睡去。我的成功看起来毫不费力，是我靠着加倍的努力换来的，你也不妨努力试一试。"

成长悟语

生活中，很多人只看到别人成功的光鲜，却看不到他们背后的汗水。

我们周围很多人把没有成功归咎于没有好运气，可是，在好运气来临的时候，他们根本没有能力抓住。

想进斯坦福想疯了

杰克是一名大学生，做着与别的大学生一样的事情，参加各种社团，让自己充实得像一个陀螺，但他快乐地旋转在其中。

他热爱文学，时常发表一些文章，也因此成了校刊的主编。除此之外他还喜欢演戏，多次代表学校去参加校际之间的演出，而他出色的舞蹈功底又为他赢得了美国舞蹈大赛的邀请函。虽然杰克很出色，但是大学里这样忙碌和出色的人比比皆是。让他与别的学生区别开来的是他成功地申请了斯坦福大学。

众所周知，斯坦福大学的入选条件是多么苛刻，很多成绩比杰克好、阅历比杰克丰富、条件比杰克优秀的人都被拒之门外，杰克是怎么做到的呢？

关于这个问题，斯坦福大学的主考官曾说："我从没见过这样疯狂的人，以前任何一个进入斯坦福的人都会被他的疯狂信念比下去。别人上交的只有一份斯坦福大学的申请表，而他，除了申请表外，还有一份记录他经历的杂志，记住，是杂志！杂志里面记录了他上学期间的经历，他的舞蹈、演戏、文学修养、工读经历等，然而斯坦福大学看上的，并不是他入学时的条件，而是他MBA毕业后的潜力！"

当朋友们问及杰克成功进入斯坦福大学的秘诀时，杰克只说了一句话："因为我想进斯坦福想疯了！"

成长悟语

追求成功的"秘诀"，就跟你追求人生中的工作、爱情、婚姻、幸福一样，就是：你必须想要！非常、非常想要！想要到想疯了！想要得到它，就要付出别人想象不到的努力。大多时候，我们之所以得不到我们想要的东西，并不是因为我们命不好，只是因为我们没有想要到发疯！

设计师安妮特

这是一个再普通不过的早晨了，女孩依旧要在天不亮就起床，匆匆忙忙地洗漱、更衣，等到她要出门的那一刻，俨然是一名有着精致妆容的时尚女性。

纽约市一家高档裁缝店——这便是女孩打工的地方。每天在开始工作之前，女孩都会对着试衣镜，很温柔、很自信地微笑，她想象着自己是穿着漂亮时装的夫人，待人接物落落大方，彬彬有礼。一起打工的同伴们不理解女孩为什么这样“做作”——她们觉得女孩只是个打杂女工而已，何必每天把自己装扮得那么体面，好像真的是个贵妇人一般。于是她们嘲笑女孩不知天高地厚，做着丑小鸭变成白天鹅的美梦。女孩并没有因此而放弃，她假装自己是老板，工作积极投入，尽心尽责，她也因此有机会接触到更前沿、更高端的时尚资讯。

由于自己打扮得时尚漂亮，再加上对服装的独到见解，很快，女孩就成为这家裁缝店的时尚顾问。又过了不久，女孩凭借她的认真执着、敢想敢做的精神，开始大胆尝试设计服装，向店里的裁缝学习制作服装。终于，这个默默无闻的女孩有了一个响亮的名字——安妮特，并且成为服装设计界的“著名设计师安妮特”，而那些曾经嘲笑过她的同伴们，如今仍然是打杂女工。

成长悟语

假装自己已经成功，就是预习成功后的状态，这会更早一步让我们感受到成功带来的快乐，并且持之以恒。别把自己再当作普通人，而是看作成功者，像成功人士那样去做人、学习、工作，在你的精神、肉体都做好准备的时候，成功还能不来吗？

复制成功

007 系列电影是电影史上的一个奇迹，影片中激烈的格斗画面，充满悬念的情节以及各式风格的邦女郎无不给大家留下了深刻的印象。

007 系列影片创造了高达 40 亿美元的票房神话，从第一部 007 影片问世，几十年后的今天，007 电影仍在续写自己的传奇。

故事要追溯到 19 世纪 60 年代，当时美国的电影市场正处于低潮期，面对不景气的市场，哥伦比亚电影公司也陷入了困境。

为了缓解当时的困难，公司里有人提议以英国 007 为原型，拍摄一部全球发行的影片，公司老板科恩看好这个提议，拍板决定拍摄 007 影片。

经过半年的精心制作，首部 007 电影终于上映，火爆的打斗场面，悬念起伏的故事情节，还有硬派小生肖恩·康纳利的倾情演出，电影一时间叫好又叫座，最终创下了六千万美元票房，在那个年代可是相当了不起的成就了。

随后的两年，哥伦比亚公司决定再拍一部 007 电影，面对不少人的质疑，科恩坚持了自己的想法，随即推出了第二部007影片。

影片不仅延续了前一部的优点，还增加了邦女郎这一新的看点，英俊潇洒的007邦德，香车美女的画面，斗智斗勇的情节，第二部007影片取得了更大的成功，票房达到了惊人的八千万美元。

面对无数的质疑声，第二部007影片取得了成功，这次经历使得哥伦比亚公司意识到，007电影是一个非常好的卖点，为什么不可以将007拍成一个电影系列呢?

后来的事情大家都看到了，几十年的时间里，邦德的扮演者从肖恩·康纳利到最近的克雷格，邦女郎从一个到现在同时出现好多个，然而007系列的传奇一直在续写，007的形象已经成为荧幕史上的一个经典形象，007系列电影也取得了空前的成功。

成长悟语

成功一次是侥幸，成功两次是幸运，成功三次就是趋势……

如果我们抓住了成功的精髓和真谛，为接下来的成功做好准备工作，那么，复制成功也并不难。

成功未必都要经历失败

南非亚马逊河流域周围地势险恶，到处是暗藏的沼泽，假如人和动物一旦陷入其中，就很难挣脱出来，必死无疑。据调查发现，在那里生活的土著居民，却很少在沼泽区发生意外。

有人前往那里调查发现，土著居民并不是对那些沼泽的具体方位很熟悉，而是凭借几十年的生活经验。

他们在外出打猎的时候，只要按照既定的路线走，就很容易避开沼泽地的危险区域。

英国银行协会也发现了这个“避开沼泽”的原理，并利用这个原理对自己的银行职员进行培训，目的是帮助银行职员识别出假钞。

在培训的一系列课程上，职员们都是在使用真钞做模拟演练，从没接触过假钞，老师教授的也全是关于真钞的一些特点。

如果连假钞长什么样都没见过，试想这样的培训会起到什么效果呢？很多人提出这样的质疑。

银行方面解释说，之所以这样培训自己的员工，让职员们上课时摸到的、看到的都是真钞。

通过这样反复触摸真钞，他们的手指、眼睛都对真钞产生了一定的感觉。

这样，在以后的工作中，一旦接触到假钞，他们就会感到很不适应，虽然他们对假钞的特征不是很了解，但他们的潜意识会告诉他们：“这绝对不是真钞！”

每一个渴望成功的人永远不要害怕失败，永远不要丧失你尝试的勇气。

据不完全统计，接受了这种培训的银行职员，对假钞的识别能力相对厉害得多。

成长悟语

成功并不是每次都要经历失败，人生完全可以走一条没有失败的成功大道。现实也是如此，有些挫折是没必要去经历的，有些失败是没必要去忍受的，人生完全可以走一条捷径，去抵达成功。

“简单”的成功

1913年，世界第一高楼落成，在以自己的名字命名的大厦剪彩仪式上，弗兰克·伍尔沃斯面对出席仪式的总统先生和其他民众，内心感慨万千，不禁又回想起自己年轻时的经历，正是当年的一件小事改变了他的人生轨迹。

19世纪70年代，年轻的弗兰克在一家杂货店当售货员，然而由于生性怯弱，不善言谈的他在接待顾客的时候，总是显得语无伦次。杂货店老板经常不客气地说他是最不中用的售货员。

老板虽然言语犀利却并没有解雇弗兰克，反而多次寻找机会锻炼他。有一次，老板有事外出，临出门的时候叮嘱他：“年轻人，看到这些刷子了吗？还有那些刀子、盘子，我回来之前你必须把它们都卖出去！”

看着远去的老板，弗兰克不禁愁容满面，这样的任务对他来说简直太困难了。他绞尽脑汁，想出了一个笨办法，为了避免跟客人打交道，他给每件商品贴上了纸片，纸片上注明了老板要求的最低价格，对于其他一些零散的小物件，他干脆都集中到了一块地方，旁边放上一块木牌：“一律5美分。”

奇迹发生了，这个小小的改变使得商品销量大增，弗兰克也超额完成了自己的任务。弗兰克受到鼓舞，后来，他借了300美元开始创业，开设了自己的商品零售店，所销售的货物一律是5美分一件。随后，他的5美分连锁店形成了规模，遍布美国、加拿大、欧洲等地。时至今日，弗兰克的连锁店数量已经成为世界之最，他也从一个不起眼的售货员，成为现代商业的“鼻祖”。

成长悟语

你可以不善言辞，但是，你不能不善于开创生活的新局面。有时成功并不复杂，只要一个很简单的改变，就能在细微之处见宏大。

第十二辑

强大：强弱时刻在变化

野兔和刺猬

在茫茫平原上，刺猬一家过着幸福的生活。

一天早上，阳光明媚，刺猬伸了伸懒腰，漫无目的地散起步来。

正走着，迎面碰到了野兔，刺猬热情地上前打招呼："早啊，野兔！"

野兔觉得自己是平原上的贵族，根本就没把刺猬放在眼里，它语气傲慢地说："哦，你啊。怎么这么早就往这边跑啊？"

"我在散步。"刺猬微笑着回答。

"散步？"野兔嘲笑说，"就你那小短腿，还会散步啊？哈哈哈！"

这句话刺到了刺猬的痛处，因为它本来就很痛恨自己天生的小短腿。于是，它一改原来的态度，直接反击："哼！你以为你的腿就比我灵便很多吗？"

"我正是这样认为的！"野兔傲慢地回答，"如果你不信服，我们可以比试赛跑，你永远也别想追到我。"

刺猬自信满满地接受挑战："好，那我们拿什么做赌注？"

"一个金路易和一瓶白兰地"，野兔轻松地说，"现在就可以开始！"

"不，不用这么着急！"刺猬立即阻止，"我还没吃过早饭，我先回去吃饭。半小时后我就回来。"

回家的路上，刺猬一直思考应对的方法："野兔腿长，想要赛跑胜过它，确实不易。但这家伙却是个愚蠢的笨蛋，赢它也不是没一点办法。"到家之后，刺猬把这件事告诉了妻子，妻子想到了一个计策。

刺猬听完后，赶紧去找自己的双胞胎弟弟，拉着它来到比赛场地。刺猬对它说："弟弟，你现在听我的。我会把这里定为比赛的终点，一会儿野兔会从那边跑过来，当它快到你身旁时，你就对它大叫：'我早就在这里等候多时了。'这样我们就赢定了。"

嘱咐完毕，刺猬就去起点找野兔。野兔倚在大树旁，懒洋洋地问："可以开始了吗？"

刺猬自信地说："当然，咱们一起跑！"说完，它们就各自准备。"一、二、三，跑！"野兔如箭一般冲了出去，而刺猬跑了两三步就蹲在旁边的沟里，安静地停住了。

当野兔以为自己胜利冲向终点时，却发现刺猬早就停在那里，还大声地对它叫："喂，我早在这里等候多时了！”野兔喘着粗气，很不服气，“我们再跑一次，刚刚我开小差了。”说完，它一扭头又全力地冲了回来。可这次起点上，还有一只刺猬，并且还是那句话：“我早就在这里等候多时了。”这下野兔可气坏了，要求还要比一次。

就这样，野兔跑过去、跑回来，跑了十多次，每次都“输”给了刺猬，最终筋疲力尽地倒在了地上。而刺猬则兴高采烈地捧着金路易和白兰地回家了。

成长悟语

我们可以从这则故事里懂得三个道理：

第一，嘲笑弱者的人，除了展示自己品行的缺陷外，也并不为此显得高大。

第二，再弱小的个体，只要有人力和智慧，就有机会战胜强大的个体。

第三，别太执着于胜利，否则身心疲惫的那个人肯定是自己。

被伤害的弗朗

弗朗是五年级的学生，他是个很爱笑的小家伙，同学们都“喜欢”他。但大家对他的喜欢是建立在戏弄他的基础之上的，当然，弗朗禁得起开玩笑。他总是对玩笑报以微笑，好像一点也不在意。

对五年级的同学来说，弗朗就是大家捉弄的对象。据说弗朗的父亲还在监狱里，家里只有母亲靠给人洗衣维持生活，弗朗总是穿着大大的旧外套，他的膝盖、手肘和指甲也很脏。同学们常常以此嘲笑他，他从不反击。

有一次，他的同桌杰克竟然作了一首诗来嘲讽他。他似乎还相当感激。

弗朗·瑞克不吃蛋糕，
他的姐姐也不吃派，
假如没有社会福利津贴，
弗朗·瑞克一家都会死掉。

大家都很喜欢这首诗，而不管它有多么蹩脚。

同学们不明白，弗朗为什么要忍受这样的屈辱来赢得大家的友谊？虽然他们从心里厌烦他，至少弗朗愿意作为他们取笑的对象而存在着。

按照惯例，同学们周末都会去其中一个同学家里聚会。这周正好要去杰克的家，杰克安排大家去他家附近的树林里露营，但他并没有邀请弗朗。

真正的爱不是占有，而是无私的付出，是时刻为对方着想。为对方着想，不仅体现在遭遇不幸的时候，也体现在日常相处的点点滴滴。

大家很快搭好了帐篷，个人的勇气因人多势众而倍增了，现在他们成了对抗丛林的“男子汉”。他们决定找点更刺激的事情玩玩。

有人马上想到捉弄弗朗，看他到底会不会生气。大家都说要杰克马上去邀请弗朗。

弗朗得到被邀请参加露营的消息，骑着自己那辆破旧车穿过一条林荫小道，兴奋地向树林走去。黄昏的阳光透过树荫照在他又旧又脏的衬衫上，他的样子看起来是那么兴奋，也许他正感受着第一次被人邀请的快乐。

弗朗看到杰克在等他，高兴地挥挥手。而杰克却无视他快乐的招呼，等弗朗走到自己面前才说：“弗朗，我们其实一点也不欢迎你。”弗朗听到这话，愣了好大一会儿，他的眼眶里涌出两滴巨大的泪珠，嘴唇颤抖着没有说一句话，就决绝地转身，在失望中走向回家的漫漫长路。

杰克转身看了看同学们，这次全体同学都没笑，也没人说话，但大家都意识到，他们做了件可怕的事，犯了个残忍的错误。大家这才想起往日对弗朗的种种不友好的态度，其实他一直都明白。

后来，弗朗再也没去学校了，他永远离开了学校，离开了大家。

在这个沉重的时刻，同学们终于明白：他们摧残了一个照上帝的形象做出来的人，他毫不设防，而他们却深深伤害了对方。

成长悟语

人们总是喜欢直接或间接地嘲笑别人的“弱点”，以此来证明自己的“强”。这种把自己的欢乐建立在别人的痛苦之上的行为是不可取的。因为真的“强”是不需要证明的，需要证明的“强”其实只不过是清楚地自证的“弱”。

老鼠与大象

一只老鼠在偷豆子的时候，不小心掉进了一只木桶里。桶壁非常光滑，根本没有可以攀爬的东西。小老鼠上上下下试了好多次，怎么也出不来。老鼠急得团团转，吱吱地叫着，发出求救的哀鸣，可是它的声音太小了，谁也听不见。可怜的老鼠心想，这只桶大概就是自己的坟墓了。正在这时，一只大象经过桶边，不经意往桶里看了一眼，发现了这只身陷困境的老鼠，就用鼻子把老鼠吊了出来。

“谢谢你，大象。你救了我的命，我将来一定会报答你。”

大象听到后，只是觉得好笑：“你准备怎么报答我呢？你不过是一只小小的老鼠。”

过了一些日子，大象不幸被猎人捉住了。猎人用非常有韧性的绳子把大象捆了起来，准备等天亮后运走。大象使劲地挣扎，但是他的体型太庞大，动起来非常笨重，不仅不能把绳子扯断，反而被绳子越箍越紧。伤心的它只好躺在地上，觉得明天就是自己的死期。

这时，小老鼠出现了。它用它强劲的牙齿撕咬绳子，一根一根，终于在天亮前咬断了所有的绳子，替大象松了绑。

大象十分感动地说：“谢谢你救了我的性命！你真的很强大！”

“不，其实我只是一只小小的老鼠。”小老鼠平静地回答。

成长悟语

这个世界上没有绝对的强势和弱势，只有不同的优势和劣势。

一个真正有道的人，即使别人看不起他，把他看成是卑贱的人，他也不受影响，因为他知道自己的人格、道德，不一定要求别人来了解和重视。他依然会在自我的生命驿旅中将智慧的种子撒播到世间各处。

一定比我厉害得多

马萨隆是一位科学家。他的儿子无论遇到书本上的任何问题，他都能够快速地给予解答。儿子一直认为父亲是无所不能的，原本这是马萨隆引以为傲的事情。

一天，马萨隆去学校接儿子放学，看见儿子在取笑自己的同学："汤姆，你爸爸一定不会今天的数学题。但是，我的爸爸是科学家，他什么都会，哈哈哈！"马萨隆听了儿子说的话后，并未说什么，只是他带着儿子走了另一条回家的街道。马萨隆先带着儿子来到一家意大利饭店，这家饭店的意大利面非常美味，而且是厨师公开制作，所以很受欢迎。马萨隆的儿子透过橱窗，看着厨师非常迅速而有条不紊地料理出一份份美味的意大利面，觉得厨师熟练的手法简直太不可思议了。马萨隆问儿子："你猜爸爸和厨师比赛做意大利面，会怎样？"儿子抬起头来说："我想那个厨师赢定了！"马萨隆微笑着拍拍儿子的头，然后继续带着他往前走。

紧接着马萨隆又带着儿子去了面包店买面包。在马萨隆的恳请下，面包店的经理允许他们参观制作面包的厨房，看着面包师傅把白色的面粉变成各式各样的面包，儿子再次被震撼住了，而且还主动和马萨隆说："爸爸，虽然你什么都知道，但是和这些叔叔比做面包的话，你一定会输的。"马萨隆笑笑说："不但会输，而且会输得很惨！"

回家的路上，马萨隆问儿子："放学时，和你说话的那个孩子的父亲是做什么的呢？"

儿子羞愧地低着头，轻声说："是一个裁缝。"

马萨隆说："那他做衣服一定比我厉害得多！"

成长悟语

人之所以有价值，就在于对"千篇一律"的驳斥；人之所以有价值，就在于行为和性格上的互补；人之所以有价值，就在于永远有比人强的地方，永远有比自己强的人。

两个国王

亨利和威廉是两个邻国的国王，亨利谨慎保守，威廉激进争强。

威廉国王想要让自己的国土扩张变大，于是就大力兴兵，不停地攻打国家周围的小部落。时间一长，周边的小部落结成了联盟，合力攻击威廉国家最薄弱的地方，由于国土无规则地扩张，威廉的部队根本无法全面顾及新增国土的每一个位置，所以当部队打胜一个地方占领它的时候，自己国土的另一个地方也被侵占。

表面上看起来，经过多年的战争，威廉国王的国家版图是比以前大了，但是国家的人民由于战火的侵袭，生活过得非常痛苦，整个国家外强中干。

亨利国王也希望自己的国家能够生存并且扩张。但是他“胆小”，害怕自己如果开始战争会引来外族的敌意，于是亨利国王就勤于内政，让百姓过上好日子，而对外示弱。其他国家看到亨利的国家兵力很弱，于是就想办法攻打他，但是一旦打起仗，亨利国家的民众就会为了保护自己的家园拼命抵抗。其他国家的人感觉很奇怪，明明是一个看起来这么弱的国家，为什么战斗力却这么强大呢？于是，他们分别派探子进入亨利国内进行调查，随后才知道亨利统治之下人民的生活非常幸福，国力也并非看上去那么弱。

之后，其他国家都不再攻打亨利的国家，而是和他互通贸易，甚至有一些小国都愿意合并国家版图，上交了管辖的土地换取和平的生活。

成长悟语

把力量收拢在自己的怀里比放出来到处炫耀要保险得多。前者能够有更多的时间和机会积蓄更多的力量，而后者只能招来更多的猜忌和打击。

分寸的力量

今天是学期末的最后一天，爸爸妈妈准备了一桌丰盛的晚餐等着小迈克回家。

门轻轻地被打开了，小迈克走了进来，可是今天的他却不像往常那样开心。爸爸妈妈关切地上前询问，小迈克手一摊，递给了他们一份老师写的期末评语。

老师的评语是这样写的：迈克的父母，您好。非常高兴这一学期结束了，迈克也成长了很多。他是一个非常听话的好孩子，我们都很喜欢他。但是我希望迈克以后要学会保护自己，不要一味地忍让，这样其他同学就更会欺负他了。

看了这些，妈妈惊讶万分。他的儿子又高又壮，她总是担心儿子欺负别人，没想到儿子居然受到了别人的欺负。

爸爸问迈克：“我的迈克，这究竟是怎么回事？”迈克的眼泪一下子就涌了出来，他说道：“他们总是推我、挤我，有的时候还动手打我，甚至叫我‘笨蛋’，叫我‘胆小鬼’，我真的很生气，有几次我差点还手。可是每当我冲动的时候，我就想起妈妈的话。妈妈教育我不要仗着自己身强体壮就欺凌弱小，一定要与人为善。如果我动手打了别人，她一定会伤心难过的。”

爸爸妈妈终于恍然大悟。原来迈克不是一个受气的胆小鬼，而是没有掌握好忍让的分寸。

爸爸为迈克擦干眼泪，鼓励他说：“我的儿子，这不怪你。可是，你要知道一味地忍让，不仅不能解决问题，还会带来更大的灾难。动手还击，也不是好办法。但如果掌握好了分寸，一定能让他们知道你的厉害，从而不敢欺负你。”迈克眨了眨眼睛，似乎听懂了什么。

一星期后，爸爸突然接到老师的“传讯”。他急忙赶到学校，可老师却面带微笑跟他说：“别担心，听我说。迈克和朋友在篮球场玩，经常欺负他的一群‘小霸王’过来嘲笑他，这一次迈克没有退缩，也没有像小猫一样躲在一边不敢出声。他大声呵斥他们，‘小霸王’们不但不听，还越来越过分，迈克迫不得已就把其中两个人摁在了地上，当时所有人都惊呆了！迈克没有打他们，只是把他们摁在了地上，他做得很有分寸。不过，以后可不能这样了。”

这次惊人的举动，使迈克成了同学们心中的小英雄，“小霸王”们再也不敢欺负人了。

当年这位举止得当的小英雄，就是后来无数球迷为之欢呼的迈克·乔丹。

成长悟语

强大，不能欺凌弱小；但忍让，也不等于懦弱。过犹不及，凡事要掌握好分寸，才能发挥最好的效果。

没有人会带你去钓鱼

魏特利是国际著名的潜能激励专家，每次演讲前，他都会强调这样一句话：在开发潜能时，没有人会带你去钓鱼。而他之所以会这么说，是因为年少时一次特殊的经历。

“二战”爆发时，魏特利刚刚9岁，父亲当时身在国外。小男孩非常孤独。后来，他家附近驻扎了一个陆军制空炮兵团。很快，他就和这些士兵成了好朋友。他们会送魏特利一些军中纪念品，魏特利则以糖果、杂志，或邀请他们来家中吃便饭作为回赠。

有一天，一个魏特利很崇拜的士兵对他说：“星期天上午8点，我带你到船上钓鱼吧。”他听后兴奋不已，因为他还从未靠近过一艘船。每次在桥上、防洪堤上或岩石上垂钓时，他看着一艘艘驶入大海的船只，羡慕不已。他总是期盼着父亲能够早点回来，带他下海。他满怀感激地说：“太谢谢你了！我要告诉妈妈，下星期六请你过来吃晚饭。”

还没到周日，魏特利就已经非常激动了。为了防止迟到，睡觉时他都没敢脱衣服，还穿着网球鞋。即使已经躺在床上，他也难以入眠。刚到6点，他就迫不及待地从床上爬起来，开始准备渔具箱，还带了备用的鱼钩及鱼线，又为钓竿上的轴上好油。他还专门为士兵准备了花生酱和果酱三明治当午餐。之后，他就坐在家门外的路边，等待着士兵出现。

很多人能够认识到诚实守信的重要性，也希望自己能够成为一个有诚信的人。但不少人认为诚信的原则只是在大事中才能体现，而事实上要做到诚实守信，必须从小事做起。

然而他左等右等，那位士兵都没有出现。时间一点点过去，8点到了，还是看不到一点影子。小魏特利又呆呆地等了一个多小时，还是没有等到。很显然，士兵失约了。

满满的期待好像一下子被抽干

了，小魏特利非常难受。但是，他并没有灰心丧气，而是想到——“为什么我非要别人带我坐船钓鱼呢？难道我自己不行吗？”

他一下子来了勇气，自己跑到附近戏院空地上的售货摊，花光所有的零花钱，租了一艘补缀过的单人橡胶救生艇。他把皮艇滑入水中，使劲摇着桨，就好像在启动一艘豪华大油轮，航向海洋。他就这样一个人坐着船在大海上钓鱼，还真的钓到一些鲇鱼。一番忙碌之后，他开始享用带来的三明治，喝着果汁。那一刻，他觉得无限美妙，就像完成了一项不可能的任务一样。

成长悟语

你比自己想象的要更加强大！你比自己想象的能做更多的事情！你比自己想象的能够更加有勇气和坚定。上帝对你的阻挠，不是对愿望的否定，而是他希望你把愿望合并和提升到一个更高的意识水平上，就像给你自己再添一对翅膀。

一只狼的困惑

有一只逃过猎人追捕的狼，独自走在荒凉的山坡上。他与那些粗野的狼不同，他受过文明社会的熏陶，至少他自己是这么认为的。

“唉，为什么人类非要杀死我呢？为什么人类都对我恨之入骨吗？难道仅仅是因为我吃了一只整天抱怨个不停的老母鸡、一头蠢得记不清自己名字的毛驴、还有一条爱偷吃主人肉骨头的狗吗？可我吃它们完全是为了生存呀，连上帝都说，”狼在山坡上直立起来模仿基督徒在胸前画着十字，“狼必须填饱肚子，阿门。”

他继续在山坡上游荡，突然萌生出一个伟大的想法，自己可以吃素，然后和人类和平相处。他立刻朝人类的村子飞奔，决定和人类达成和平协议。他跑着跑着，突然闻到一阵烤肉味，朝山坡下一看，一个农夫正坐在那里烤全羊。农夫用刀子割下羊肉，旁边还扔着血淋淋的内脏和羊皮。

狼怔住了，又重新陷入困惑。眼前的场景击碎了他所有的合理解释与伟大构想，他不禁自言自语：“人类自己都这么血腥残忍，为什么偏偏只给我们冠上残忍之名呢？阿门。”他还不忘加上那句象征文明的结语，尽管他不知道那究竟是什么意思。

一只乌鸦飞过，听到狼的言语，不禁呱呱大笑：“你可真是愚蠢，规则的约束向来都是弱者，强者只负责制定和执行。人类是强大的，他们可以说人吃羊是为了生存，狼吃羊是贪婪残忍。你是弱小的，只能服从，不能质疑这一规则的合理性甚至试图改变。”

成长悟语

当你正遭遇不公平的时候，说明你还不是制定规则的人。

只有强者才有话语权，所以，你要做的不是抱怨身边的不公平，不是诅咒制造不公平的伪善者，不是痛恨这个世界对你的欺压。要改变现况的唯一道路，就是成为掌控环境的那个人。

给花儿撑伞

小白兔一家四口住在森林里，它是家里最小的成员，除了它，还有爸爸、妈妈和哥哥。一家相亲相爱，过得非常幸福。

这一天，小白兔提着小篮子，和家人一起到森林里去捡蘑菇。如果捡到足够的蘑菇，他们就可以做一顿非常可口、美味的晚餐。

正在捡的时候，突然下起了大雨，可是出门的时候，兔爸爸只带了一把伞。

于是，兔爸爸将雨伞递给了兔妈妈，兔妈妈接过之后想都没想就递给了哥哥，而哥哥又把手中的伞递给了小白兔。

小白兔看着一把伞被递来递去，就问："爸爸，为什么你要把伞给妈妈，妈妈又把伞给了哥哥，哥哥为什么又递给了我呢？"

兔爸爸摸了摸小白兔的头，笑着说："孩子，因为爸爸比妈妈强大，妈妈比哥哥强大，而哥哥又比你强大呀。弱小的对象都是需要被保护的。"

"原来是这样啊。"小白兔左右看了看，发现旁边一株小花在风雨中摇摇摆摆的，它蹦蹦跳跳地跑了过去，把雨伞撑开，挡在了这朵娇弱的小花上面。

成长悟语

保护弱者，不见得能被称为高尚，但是却能够作为一个人的义务而被赞扬。

如果你比其他人都弱，那么适当地接受帮助，是对援助者的尊重和回馈。如果你比其他人都强，那么适当地帮助别人，则是对自己灵魂的尊重和回馈。

毒蛇、青蛙与蜈蚣

在广阔的大自然中生存着多种习性不一的动植物，令人赞叹的是，在长期的相处中，它们之间形成了一种互为依存的双赢关系。

例如在亚热带，有这样一条闭合的食物链：残忍的毒蛇最喜欢吃的就是青蛙，它们常常潜伏在河边的草丛中，青蛙只要出现在它们的视线里，基本就会沦为它们的美食。但处于弱势的青蛙可以吃有毒的蜈蚣，而这些蜈蚣又足以使比自己体形大得多的毒蛇毙命，一环扣一环，一物降一物，谁都是既有"绝招"又有"七寸"。

更有趣的是，冬季里，这三个冤家可以相安无事地同居在一个洞穴，和平地相处。三者经过长期的自然选择，不仅懂得了捕食弱者以强大自己，也学会了利用自己的克星保护自己的本领：显而易见，如果毒蛇吃掉青蛙，自己就会被蜈蚣所杀；而蜈蚣杀死毒蛇，自己就会被青蛙吃掉；青蛙吃掉蜈蚣，自己就成为毒蛇的盘中餐。

最后，为了生存，青蛙不吃蜈蚣，以便让蜈蚣帮助自己抵御毒蛇；毒蛇不吃青蛙，以便让青蛙帮助自己抵御蜈蚣；蜈蚣不杀死毒蛇，以便让毒蛇帮助自己抵御青蛙。三者相克又相生，这是一个多么美妙的平衡局面。

成长悟语

强弱没有固定的定义，有的只是能力上的制约和克制。看似最强大的，也会有自己的弱点；看似最弱小的，也会有自己的杀手锏。

每个人的价值并不在于对自己的定性，而在于如何发挥自己的天性和能力。

做弱者是智慧

美国心理学家曾做过这样的实验：选择一座独木桥，桥面很窄，一次只能通过一个人，他们让一个莽夫与一位身体残弱的老人站在中间，看在桥上不期而遇的人的反应，结果只有 50% 的人会给莽夫避让，而几乎全部的人会给老者避让，让他先通行。为什么结果会是这样？

在加勒比海滩上的蓝甲蟹，会告诉我们一个答案。

在加勒比海滩上有两种蓝甲蟹，它们来自同一祖先，性情却迥异。一种性情暴躁凶猛，互相之间鏖战不断，遇到危险，勇往直前；另一种性情温和，同类之间互相谦让，遇到天敌，善于伪装，四脚朝天，一动不动。这样过了千百年，现在凶猛的蓝甲蟹濒临灭绝，而另一种却爬满了整个海滩。

动物学家研究发现，凶猛的蓝甲蟹就是败在了自己的性情上，它们互相之间鏖战，之后就会两败俱伤，死伤过半；再者，遇到天敌，不知躲避，只有被吃掉的下场。这样一来，不得不走向末路。另一种比较谦和的蓝甲蟹懂得生存的策略，互相之间团结，一致对外；遇到危险，放低姿态，伪装自己，更多地保存了自身，也保存了种族的实力，所以繁盛起来，霸占了今天的加勒比海滩。

成长悟语

强势不等同于成功，弱势不等于失败。做一个弱者，不是强调一味地弱，而是更懂得柔性的策略。

大鱼吃小鱼

在每年的十月份，草鱼、鲢鱼等鱼类为了繁衍后代，会成群结队地洄游数千公里到江河上游产卵，那里有更适宜的产卵条件，也更适宜小鱼的成长。繁殖完成以后，大鱼们又要返回食物丰富的水域。冬天过后，小鱼们全都孵化出来，甚至学会了游泳和寻找食物，一场浩浩荡荡的寻亲之旅便展开了。

它们游过急流，游过小溪，日夜不停地向爸爸妈妈奔去。在一处静谧的小支流里面，它们遇到了危险。一群大鱼向它们袭来，张开血盆大口将小鱼一条条吞进肚子里。寻亲的队伍被击溃，小鱼们被追得四处乱窜，浩浩荡荡的鱼群不一会儿就只剩下了一小半。一只英勇的小鲑鱼站了出来，它把伙伴们召集在一起，气愤地说：“我们都是鱼类，为什么要自相残杀呢？它们真是太可恶了。”于是，在小鱼们的鼓励和帮助下，小鲑鱼冲破重

愤怒使别人遭殃，但最终受害的还是自己。

重困难，终于到达了鱼王国的宫殿。它向国王求救，希望国王下令停止这种鱼类自相残杀的行为，否则鱼类可能会面临灭亡的危机。国王同意了小鲑鱼的请求，让它去大鱼经常袭击小鱼的区域张贴法令。

小鲑鱼拿着国王的法令拼命往回游，这一来一去，大半年过去了。小鲑鱼回到了出发的地方，伙伴们都长大了，一个个身强体壮。小鲑鱼冲向伙伴们，高兴地说：“伙伴们，欢呼吧，国王下令不允许大鱼吃小鱼啦！”本以为大家会沸腾起来，甚至像对待英雄一样为它欢呼，可是没想到大家却异常平静。短暂的停顿之后，议论声四起。“大鱼吃小鱼，天经地义，鱼类自古就有这样的传统。”“这叫优胜劣汰，被吃掉的都是劣等鱼。”“这是一场比赛，胜利的鱼才配活下去。”正当大家争论的时候，一群小鱼从这里游过，大家纷纷冲过去捕食那些像它们当初那样弱小的小鱼。

小鲑鱼明白了，半年前大家都是被捕食的小鱼，如今时过境迁，大家的地位变换，从弱者变成强者之后，是非黑白也就此颠倒了。

成长悟语

当我们弱小的时候，我们愤慨世界上为什么有这么多的不公平，我们斥责居心不良的富豪商人，我们打击看上去满口谎言的政客，我们想着要改变这个让人痛苦的环境。

其实，变的不是环境，而是我们自己的立场和心。

一枚硬币

皮特是一家拥有数百万美元资产的公司老板，他有一个习惯——老是捻弄一枚一角硬币。

一天，记者采访他时问道：“我看到您一直在捻弄手中的这枚硬币，您能告诉我这枚硬币对您有什么特殊的意义吗？”

皮特说：“我是家里第一个走进大学校门的人。父母为我感到非常骄傲，他们每个月都会给我寄来很少的一笔钱作为生活费。而学费则要靠我在棉花田里干活和在杂货店里打工来挣。那个月，我没有收到生活费。我还清楚地记得那天是星期天，15号，而我只剩下最后一枚一角的硬币了。我用那仅有的一枚硬币打了一个电话给我的家人，是我母亲接的电话。一听她的声音我就知道，家里一定出事了！果然，我的父亲生病了，还失业了，所以那个月他们才没有寄钱给我。”

“当时，你失望了吗？”记者问道。

“简直是绝望。当时只剩下一个月，那个学年就要结束了，然后我就可以利用暑假去打工，挣下一年的费用。而且我已经获得了下个学期的奖学金。”皮特说。

“那你打算怎么办呢？”记者问道。

“当我挂上电话时，我听到一阵响声，接着，硬币就开始从投币电话里流出来。我大笑着伸手去接那些钱。我当时的第一想法是，我可以拿走这些钱来应付迫在眉睫的生计问题，而且没有人会知道这儿发生了什么。但我又意识到这样做是不诚实的。”皮特说。

“但以你当时的窘迫情况，把钱还回去是很需要勇气的。”记者说。

“是的，不过我还是努力尝试着去做了。我打电话给电话管理员，告诉他发生的事情。”他微笑着回忆道，“他说钱是属于电话公司的，我可以把钱放回到机器里。我照他的话去做了，但是，我一把钱塞进去，机器就又把钱吐了出来。我试了很多次，结果都是一样。我只好又打电话给管理员。他向上级请示后告诉我，电话公司不愿意为了收几美元的硬币而专门派一个人跑这么远的路，因此到最后，我只能自己处理那些钱了。”

说到这里，他笑了起来，笑声里带着一种感动的情绪。“我很开心，数了数那些硬币，一共 17.2 美元。我决定用那些钱买些食物，然后去找份工作。”

“那你找到工作了吗？”记者问。

“是的。在我挑选食物的过程中，我把所发生的事情告诉了杂货店的经理。他一听，就让我第二天到他店里开始上班。”皮特说。

“那你最后完成了大学的学业吗？”记者追问道。

“是的。我从商贸专业毕业后，就开始经营这个今天拥有数百万美元资产的公司。”皮特说。

“那你手中的这枚硬币是从付费电话里流出的硬币中的一枚吗？”记者问。

皮特摇了摇头。“不是，当时我拮据极了，那些钱全用完了。不过，当我拿到第一笔薪水的时候，我省下了一枚硬币，并且一直把它带在身边。”

“那你后来告诉过那位电话管理员，那些钱对你意味着什么吗？”记者问。

“毕业的时候，我写了一封信给当地的电话公司，告诉了他们我的情况，并问他们是否想要收回那些钱。公司的总裁特地写了一封祝贺的信回给我，并且告诉我，这是他们公司花得最有意义的一笔钱。”皮特说。

“你认为这是纯属侥幸，还是另有原因？”记者问。

“这么多年来，我也经常想到这一点。我怀疑那位电话管理员可能从我的声音里听出了恐惧，也许是他阻止了机器接受那些硬币的。或者也许……这是上帝的旨意。”皮特说。

成长悟语

接受他人的帮助，并不说明自己是个弱者、失败者，恰巧相反，能够欣然接受别人救助的人，能够对未来迈开更自在的步子。

如果你是一个优秀的人、有价值的人，那么就会有很多优秀的人、有价值的人为你提供帮助。

别嘲笑麻雀

蜘蛛一家和麻雀一家住在同一个破旧的房檐下，但是，蜘蛛根本就看不起麻雀。

有一天，小蜘蛛看到隔壁的麻雀阿姨带着小麻雀飞出去找吃的了，就转身爬到在一边辛苦织网的妈妈旁边，问道："妈妈，我好羡慕小麻雀啊，你看它飞得多高！"

蜘蛛妈妈听到这个，非常惊讶，没想到自己的孩子竟然会羡慕那种懒汉！它当即放下了手中的活，语重心长地解释："孩子，你还小，不知道麻雀是天底下最蠢、最懒的家伙。"

"为什么呀？"小蜘蛛满脸都是疑惑。

"麻雀连一个固定的家都没有，它不会像咱们这样不辞辛苦地织网，也不会给自己造一个稳固的家。它最擅长的就是不劳而获，躲在房舍一个现成的缝隙里，藏在门洞上一个不起眼的小孔中，铺点软草便是安身的'巢'。这都不是它亲手缔造的，哪有我们这样自己盖房自己住快乐。"蜘蛛妈妈很是骄傲。

"可是，它们会飞呀。自由自在，多么快活。"小蜘蛛还是挺羡慕的。

"傻孩子，你以为它们每天飞来飞去都是游玩吗？那是它们在找吃的呢！咱们这样多稳定啊，只待猎物自投罗网，用不着来回奔波，逍遥自在。"蜘蛛妈妈很是自豪。

小蜘蛛听完后，觉得妈妈说得很有道理，麻雀造窝实在是太敷衍啦！小麻雀回巢后跟它打招呼，它也开始爱答不理的。不过，小麻雀没有时间与蜘蛛争辩，它觉得生存比造房子重要，它要出去觅食。蜘蛛则继续迷迷糊糊地逍遥着。

可好景不长，一天风云突变，大风吹来刮破了蜘蛛的网，而麻雀的"窝"安然无恙。可三天了，那该死的天气一点收敛的样子都没有，风还是照例地刮着。

"妈妈，我好饿呀！"小蜘蛛抱怨道。可是蜘蛛妈妈也饿得眼睛发花了！没有网，它根本不知道如何捕获食物，只好继续饿着。

终于，风停了！蜘蛛妈妈赶紧忍着饥饿补网。正在这时，麻雀一家出去觅食了。小蜘蛛又开始羡慕麻雀能飞了。

成长悟语

并不是先有了生存的勇气才敢去更好地生活，而是在更好地生活时培养了生存的勇气。

真正的强者并不是拥有多大的势力和财富，而是敢于充满勇气地活着。

可悲的王鱼

在辽阔的太平洋上有一个神秘的布拉特岛，岛上生活着一种非常独特的鱼类——王鱼。

王鱼有一种神奇的本领，就是只要它愿意，就可以将一些较小的动物吸附在自己的身上。

当然，它需要先给它们一点好处，一点自身的分泌物。

人常说："生气是拿别人的错误来惩罚自己。"在怒火中放纵，无异于燃烧自己有限的生命。

紧接着，王鱼就会千方百计地把这些小动物身上的物质吸干，让它们成为自己身上的一种鳞片。

其实那也不是鳞，只能说是一种附属物。周身吸附这么多附属物后，王鱼的体形就会发生巨大的变化，成为一个鼓囊囊的大气球，威风凛凛，比没有鳞的王鱼，最少大出四倍！

而那些没有吸附小动物的王鱼，样子不会变，看起来比较渺小，远不如吸附了外界物质的王鱼那么"气宇轩昂"。

可惜威风只是一时的，吸附了外界物质的王鱼，生命进入到后半生时，身体机能会逐渐退化，附属物会慢慢脱离它的身体，使它重新回到原本的面目，那个较小的外形。

而失去了这些附属物，王鱼就相当于失去了盔甲，变得痛苦不堪。

眼前的水域世界在它看来是如此陌生，它根本无法适应。

在无法自处的环境里，它会变得异常烦躁，甚至要通过无端地攻击别的鱼类来解脱自我。

可悲的是，这时的它已经没有了往日的能力，在攻击别人的时候，反过来被撕咬得遍体鳞伤。

原来不可一世的王鱼竟会沦落到如此境地，绝望的它就会去自残，往岩石上猛撞，撞得血肉模糊，惨不忍睹。

而这时，它往日主宰的一切，甚至包括自己的生命，都不再属于它。

成长悟语

外界的浮华和虚荣是不会长久的，任何不切实际的幻想只能带来无穷的痛苦和烦恼，一个成熟的人应当追求真实、自然的生活，不要过于追求表面上的强大，否则受伤害的还是自己。

玻璃钢的小碗

波什的小女儿刚刚一岁，吃饭的时候总是因为乱动而把面前的碗碰到地上摔碎。于是波什在超市给女儿买了一个玻璃钢的小碗，小碗像玻璃一样晶莹剔透，女儿非常喜欢，最重要的是它十分坚硬，多次被女儿失手掉在地上也安然无恙。

之后，波什就十分乐于向来到家里的客人展示这个小碗的坚固，他一次又一次地将小碗摔到地上，然后拿起来给客人看。

一天，波什的一位新朋友来家里做客，在吃饭的时候，女儿再次不经意地将小碗碰到地上，那个碗依然完好如初。这时波什和朋友就聊到这只可爱的玻璃钢小碗，波什称赞这只碗虽然看起来像是玻璃，但像精钢一样坚硬，说着，他再次把碗往地上扔去，但是，这一回，随着“砰”的一声响，那碗在一瞬间碎开了。

成长悟语

许多的强大，其实都不是绝对意义上的强大，只不过是它比一般的事物承受力大一些而已。我们钦佩这些事物或人的强大的时候，也应该看到它脆弱的一面，不摧残它、不伤害它，让它保持一种状态上的完好。

对于强者，更加苛刻

泛美航空公司拥有悠久的历史，是第一家飞跃大西洋到达五洲的航空公司，号称美国的“天上帝国”。公司的标志像一个蓝色的旅行袋，更像一个白色的地球，加入泛美航空成为无数青年心中的梦想。

但是，仅仅因为一场事故，这个“帝国”竟轰然崩塌。

1988 年 12 月 21 日，泛美航空 103 号班机像往常一样飞行在苏格兰洛克比的上空，但突然消失在雷达中。原来恐怖主义分子在飞机上安放了炸弹，一场突如其来的空难发生，270 人遇难。

悲剧远不止这些，泛美航空也因这场空难，蒙上了阴影。三年以后，泛美航空的航班上座率不到 20%，1991 年被迫宣布破产。

其实，灾难发生后，泛美航空进行了一系列挽救名声的措施，提高了服务，加强了安保。可是人们对于这个“天上帝国”似乎并没有那么宽容，大家不容许这个高高在上的“完美帝国”出现一点点瑕疵。

成长悟语

如果一个普通人犯了错误，也许更容易得到宽恕。因为人们本来就对他没有什么过高的期许，一两次错误并不会产生什么特别的影响。只有那些人们心目中的“精英”，他们高高在上，完美无缺，一旦出现任何错误，便会从高高的领奖台上摔得头破血流，甚至不如普通人，拥有翻盘的机会。

所以，想要做强者，就需要对自己更严格，要把握好每一次成功的机会。因为对于强者，人们的评判更加苛刻。

为什么不说“不”

西泽尔小的时候父母就分开了，工作繁忙的父亲常常把他寄养在姑妈家。善良的姑妈像母亲一样疼爱他，给他带来了莫大的温暖，西泽尔一直对姑妈满怀敬意和感激，心里暗暗下定决心要好好报答她。

这一天，大学毕业的西泽尔在芝加哥刚参加工作不久，姑妈来看他。没有来过芝加哥的姑妈对这里的一切都充满了好奇，西泽尔带着姑妈到很多有标志性的地方逛了逛，很快就到了吃晚饭的时间。西泽尔刚刚工作，并没有多少积累，当时他身上只有 20 美元，但这已是他能拿来招待姑妈的全部资金。他很想找个小餐馆随便吃一点，可姑妈却偏偏相中了一家很体面的餐厅。西泽尔虽然心有顾虑，但是又不能拒绝姑妈，无奈之下，只得随她走了进去。

坐下来后，姑妈开始点菜，当她征询西泽尔的意见时，囊中羞涩的西泽尔只是含混地说："随便，随便。"此时，他的心中早已七上八下，焦急地考虑着钱不够该怎么办，放在衣袋中的手里紧紧抓着那仅有的 20 美元。

可是姑妈好像一点也没注意到西泽尔的不安，她不停地称赞着精致的饭菜，西泽尔却什么味道都没吃出来。最后的时刻终于来了，侍者彬彬有礼地奉上了账单，看着他径直向自己走来，西泽尔张着嘴，却什么也没说出来。

这时，姑妈突然在西泽尔伸手前接过账单，付钱给侍者，转过头温和地对西泽尔说："孩子，我知道你现在的情况，也很了解你的感觉，姑妈一直在等你说不呢，可你为什么不说呢？要知道，有些时候一定要勇敢坚决地把这个字说出来，这是最好的选择……"

成长悟语

在人生的信念中，除了超越别人之外，是否也应该同时有"坚持自己"的决心和勇气呢？如果你能坚持下去，总有一天，连上帝都会为你屈服。我们所希望和赞美的勇敢不是体面地去死，而是勇敢地去生活。

展示自己此刻的痛苦、脆弱，并不影响你心灵和身体的强大。

以诚实赢得成功

葡萄厂家研制出了新型口味的葡萄酒，因为这种葡萄酒是葡萄加榛子一起酿制而成的，所以有略微的苦涩，跟其他的葡萄酒口感不一样。而这种口味并不受顾客喜欢，也就造成了滞销。

为此，葡萄厂家招聘了一批推销员，希望通过他们的努力，为这批新型的葡萄酒打开市场。一个月过去了，这批推销员中，有的业绩出色，一个月销售出了 30 桶；可是也有业绩很差的推销员，他一个月只销售了 2 桶。这个业绩最差的推销员就是威尔逊。

同事们都看不起他，厂家也觉得威尔逊不适合做推销员。

两个月过去了，威尔逊销售了 15 桶，而上个月销售最好的那个推销员这次只销售了 5 桶。

第三个月，威尔逊销售了 30 桶。

第四个月，威尔逊销售了 50 桶。

威尔逊的销售业绩惊人地增长，厂家问威尔逊有什么好的推销策略，可以拿出来和大家一起分享。

他说："我没有什么好的办法，只是对顾客诚实而已。我每天出去推销葡萄酒，每次顾客前来购买，我都事先告诉他们，这个酒有苦味，并让顾客亲口品尝一下，要是他们喜欢这个口味，再推荐他们买。时间长了，他们觉得我诚实，葡萄酒也值得信赖，买的自然也多了。"

威尔逊最后成立了自己的葡萄酒品牌，他逐渐打败了其他的竞争者，最终占领了整个欧洲市场。

成长悟语

工作上的信用是最好的财富，没有信用积累的人，非成为失败者不可。走正直诚实的生活道路，定会有一个问心无愧的归宿。

之所以威尔逊能够卖好商品，是因为他出售的不仅是商品，还有自己的名誉。正是这种诚实的人，才能经得起时间的检验。

乌鸦的歌声

国王在森林中打猎，遇见了黄鹂，国王认为黄鹂的歌声非常好听，于是就把黄鹂带回了皇宫。

从此以后，黄鹂再也不需要为自己有没有东西吃而担心了。

这件事情被乌鸦知道，乌鸦平时总是和黄鹂一起在森林中捉虫捕食，于是乌鸦就飞去皇宫看望黄鹂。

当看到黄鹂只需要叫几声就可以得到丰美的食物后，乌鸦心中非常不甘。

乌鸦心想："平时和黄鹂一起，它能唱歌我也可以，那一天如果国王遇见的是我，也许带进皇宫的也会是我，只要让国王听到我的歌声，那么我也会得到宠爱和舒适的生活……"

于是乌鸦在晚上飞到国王睡觉的地方，开始叫起来。

国王正在睡觉，当他被乌鸦嘈杂的叫声惊醒后，感到十分气愤。

于是，国王吩咐人把乌鸦赶走。

乌鸦并不知道这是国王的意思，还以为是士兵要赶走自己，于是就更加大声地"唱歌"。

国王实在是受不了乌鸦的叫声，只有让士兵把乌鸦捆起来，甚至还给了乌鸦一些教训。

天亮后，乌鸦浑身疼痛，拖着满是伤痕的身体地回到鸟群中

它恼羞成怒，到处对别的鸟儿说："这都是黄鹂害的，不要相信黄鹂，它让国王只喜欢它一个人的歌声，其他的鸟儿叫得再好听都没有用！"

成长悟语

嫉妒本身已经是信心不足的软弱表现，因为一个内心真正强大的人不会担心别人超过自己，他只会直面现实，承认现实，欢迎竞争，与对手共同进步！由嫉妒而生出的诋毁将自信力的疲软展露得更为充分，因为只有那些已经彻底失掉竞争领地的人才会选择在言语中中伤他人。

第十三辑

修养：富人的气质，穷人的格调

不要让世界改变自己

拉丁拿着购物清单跟着爸爸妈妈去超市。超市里熙熙攘攘人很多，一家三口突破重围终于选齐购物清单上所有的商品，然后排队付钱走出了超市。拉丁有些不悦，嘟囔着这个超市的购物环境实在太差了。

拉丁报复似的随手把购物车丢到一边。爸爸建议拉丁把它送回到原来的地方。

拉丁不情愿地说："爸爸，难道你没有看到吗？购物车扔得到处都是，没有一个人送还的，我为什么要这样做？"

妈妈也说："如果你是一个讲礼貌的孩子，最好把购物车送回去。"

拉丁又反驳说："那些工作人员不就是专门负责收集归拢购物车的吗？这些本来就是超市应当提供的服务。"

爸爸妈妈一时竟找不到有力的语言来解释。就在这时候，旁边正好有一对年迈的老夫妇，他们迈着蹒跚的脚步，小心翼翼地一起推着一辆购物车，将它送还到了原位。然后，步履缓慢地离开了。

一家人共同目睹了这一情景。拉丁一半尴尬一半情愿地把购物车归位了。

成长悟语

修养和素质主要表现在别人看不到的地方。主动做最好的自己，不要被动地接受安排，前者是自我突破，后者是无奈之举。

嘲笑野兔的竹鸡

野兔、竹鸡共同生活在一个村庄附近的树林里，生活平静安逸，但猎狗和老鹰的存在却让它们平静的生活时刻潜伏着危险。野兔常常自夸说自己是飞毛腿，猎狗是追赶不上的。竹鸡不服气，它认为自己的翅膀才是最厉害的，无论什么时候都能摆脱险境。

一天，野兔正在树林里悠闲地吃着青草，竹鸡也昂首挺胸地出来散步了。突然，一群猎狗来了，野兔不得不马上逃跑并找个地方藏身。它飞快地逃到了树林深处的草丛中，这让猎狗一时失去了追寻的踪迹。但是狗群中有一只外号叫“哈姆”的狗鼻子非常灵敏，它从野兔身上散发的气味找到了线索，并跟踪着野兔，狗群慢慢地向野兔逼近了。

在这种危急的时刻，竹鸡却远远地嘲笑野兔说：“哈哈！你还说自己是飞毛腿，还不是被猎狗抓到了，看来你的腿连竹竿都不如……”

正在竹鸡取笑野兔时，噩运降临到它的头上。一只老鹰从天而降，任凭竹鸡不停地扑打翅膀，还是抵挡不住老鹰的利爪尖喙，结果，它成了老鹰的点心。

成长悟语

生活就像坐过山车，有高峰，也有低谷，这意味着，无论眼下是好是坏，都只是暂时的。所以，千万别去讥讽不幸的人，谁能保证自己一辈子走运呢？

波士顿大学的厨师

波士顿大学一年一度的新生报到开始了。大学的校园里到处都可以看到前来报到的一年级新生。

这些新生里面，有一个学生叫莱斯。莱斯家境富裕，从小就养成了嚣张、跋扈的性格。中午吃饭的时候，莱斯故意点餐厅里没有的饭菜，然后对厨师大发脾气。其他同学都觉得莱斯在无理取闹，可厨师依然笑吟吟地听着莱斯的训斥，一点儿都不生气。莱斯在发过脾气之后，随便点了一份面条。

可面条刚一上桌他就吼道：“我点的明明是意大利面，你为什么给我做的是肉酱面！重做！”

其他同学听后都感到很惊讶，因为几乎所有的同学都听到莱斯点的是肉酱面。厨师一听这话马上跑过来，微笑着对莱斯说：“真不好意思，我马上给你重做一份。”

不一会儿，一份热腾腾的意大利面端了上来。可接下来莱斯还是不断挑刺，不是说洋葱不新鲜，就是面条太硬，厨师仍然仔细地记下了莱斯的每一句话。终于，莱斯吃完了面条，离开了餐厅。

晚上安排的是开学典礼，莱斯当然也去参加了。开学典礼的第一项就是校长讲话。校长说：“今天，很高兴见到大家。在此之前，我特别要感谢一位同学，这位同学让我体会到了育人的重要性。波士顿大学敞开怀抱欢迎所有同学，我们的主要责任就是将各位同学培养成栋梁之才……”莱斯在听演讲的时候几乎惊呆了，因为站在主席台上的校长就是今天被他训斥过的厨师！

原来为了了解学生对学校用餐环境的满意程度，校长给学校的新生安排了这场别出心裁的初次见面。

成长悟语

谦逊有礼正是对冒犯的最好回击。对冒犯你的人谦逊有礼并不是认输，而是用自己的伟大衬托出对手的渺小。实际上，当我们大为谦卑的时候，便是我们最接近于伟大的时候。

来自山村的贵宾

美国西部一个偏僻的山村里，有一个奇怪的人名叫尼拉吉。尼拉吉小的时候就喜欢物理，长大后大学念的也是物理系。毕业后，尼拉吉跟随导师做研究，最终在自己的努力下研究出一项重要成果，并获得一项国际物理学大奖。

尼拉吉获奖归来，当地的贵族都十分敬重他，当地的一位贵妇卡加拉女士更是邀请尼拉吉在一家豪华的酒店参加一场晚宴。尼拉吉从小在山里长大，从来没有去过如此重要的场合，因此做了精心的准备，他甚至拿出了只有重大节日才会穿的衣服。

宴会上，尼拉吉被当作贵宾请到了最重要的位置上，参加晚宴的贵族们都问候着尼拉吉，分享他获奖的喜悦。

在晚宴开始前，侍者端来一个个精致的小水盆，放在各位宾客面前。水盆十分小巧，是用纯银打造的，雕刻着精美的花纹，看起来更像个大碗。盆里的水更是清澈见底，十分纯净。水盆放好后，大家都在等待今晚最尊贵的尼拉吉发言。

尼拉吉不知道那盆水是拿来洗手的，他以为是开场的饮料，于是说了一些祝词后就将盆里的水一饮而尽。

在场的宾客看到尼拉吉的举动后，都感到十分惊讶，但随即卡加拉女士也喝了盆里的水，紧接着所有的宾客都开始喝盆中的水，宴会继续进行。

成长悟语

真正的高雅很简单，它是在不经意间对一个人尊严的维护。不以金钱和地位作为优越感的理由，才是真正的贵族风范。

而我们同时也可以知道，学术知识和生活知识在头脑中并不一定都成正比，我们只要懂得尊重其中价值更大的部分就可以了。

有教养的孩子才有礼物

鲁德是村里最没教养的孩子，成天想着怎样捉弄别人。

这天，他和小伙伴们在村口玩耍，看见一个陌生人走进村子。鲁德粗鲁地对他大喊：“嘿，陌生人，看你穿得这么讲究，估计是个花花公子吧！”

陌生人听到鲁德的话吃了一惊，显然他从没见过这么没教养的孩子。鲁德见陌生人不说话，心里有些气愤，就拿起石头朝陌生人扔过去。谁知，陌生人并不理睬他，继续往前走，没有被鲁德的石头砸到。

鲁德的小伙伴们见鲁德失手了，都哈哈大笑。鲁德觉得，这个陌生人弄得自己很没面子，就捡起更多石头跑到陌生人跟前，狠狠地朝他砸去。一块石头打中了陌生人的左眼，陌生人的左眼流出了血。鲁德和小伙伴们大笑着逃走了。

黄昏时候，鲁德回到家，看到厨房里多了很多东西，妹妹告诉他，是他们离家多年的叔叔回来了。叔叔在外面挣了一大份产业，这次来给他们带了很多礼物。“但是，”妹妹接着说：“叔叔一进村就被一个坏孩子打伤了，他用石头打伤了叔叔的眼睛，现在叔叔正在客厅里休息呢。”

听完妹妹的话，鲁德知道自己闯祸了，他赶紧跑到楼上自己的房间，把门关起来。这时，妈妈来叫鲁德下楼见叔叔，不得已，鲁德被妈妈拖下了楼。躺在沙发椅上的叔叔一眼就认出了鲁德，他惊奇、愤怒而又失望地对鲁德的爸爸说：“这就是打伤我的孩子。”

“教养能成就一个人，也能摧毁一个人。”一个人如果有教养，就等于成功了一半；反之，就离失败不远了。

结果，爸爸、妈妈、妹妹都分到了礼物，为了惩罚鲁德，爸爸把给鲁德的礼物分给了妹妹。鲁德只能眼睁睁地看着别人快乐地分享礼物。

成长悟语

懂得尊重别人，才会赢得别人的尊重。有教养和有礼貌是一个人起码的素质，而没有教养的人会失去很多难得的机会。有教养的人能在美好的事物中发现美好的含义，这是因为这些美好的事物里蕴藏着希望。

忠诚是通向荣誉之路

希曼斯基被称为40年代法国诺特丹大学足球队最好的中锋。他一直以低调谦虚的形象在公众中出现。

直到一位记者透露的一件轶事。

希曼斯基被邀请在某项民事诉讼中出席做证，记者恰好在席旁听，有幸记录了希曼斯基和法官的一段对话：

“你是希曼斯基先生吗？”

“是的，法官大人。”

“你是诺特丹大学足球队的球员吗？”

“是的，法官大人。”

“你在比赛中打什么位置？”

“我的位置是中锋，法官大人。”

“你打得有多好？”

坐在椅子上的希曼斯基先是动了动身子，随即以坚定的语气回答：“法官大人，我是这个球队有史以来最好的中锋。”

希曼斯基的教练在旁听席上听到这句话颇感意外。凭他对希曼斯基的了解，他一向谦逊，从不自吹自擂。结束后，教练问他："这可不符合你的风格，你为何愿意承认你是这个球队有史以来最好的中锋？"

希曼斯基红着脸说："教练，我本来不想这样说，但我已对着《圣经》发誓，所言要句句属实啊。"

成长悟语

谦虚是个人修养，忠实则是对外不做假。谦虚地表达自己无损自身，对外不忠实则是不负责。希曼斯基忠实的一句话丝毫不降低他谦虚的品质，反而更加高大。忠诚的问题真正解决了，诚信问题也就迎刃而解。

请你为国争光

丹布拉申请了半年的年假终于被批准，他可以享受为期不长的马尔代夫之旅了。

出发的前一天，他却被通知入境签证签错了，出发日不是明天而是一个月后。整个假期的计划和安排突然乱套了。

丹布拉气愤极了，心头一股怒火，立即去大领事馆理论一番。

当他对的士司机说出目的地的时候，口中吐出的火气，足以令空气燃烧。

的士司机是个中年男子，他没话找话地说："先生，你这要是赶去参加宴席吗？"

"都两点多了，还能参加什么宴席？"丹布拉语气很不友好地反问。

"啊，我知道了，你一定是去马尔代夫领事馆！"丹布拉没作声，此时他一点也不想说话。

司机却又自顾自地说了起来："假如你去了国外，你一定要为我们的祖国争取荣耀。"

丹布拉听到这里，心里不禁一动，随口就问："争取荣耀？怎么争？"

司机微微一笑，说："先生，你可以把修养和尊重带过去，让外国人看看我们的国民素质。"

这一句话，让丹布拉突然有点不好意思起来，刚才的火气似乎也没有了继续燃烧的根基，继而竟然还有一股使命感、责任感。

车到达目的地，他握着司机的手，郑重其事地说："我答应你，为我们的祖国争取荣耀！"司机开心地笑了。

马尔代夫领事馆以最快的速度，为丹布拉重新办理了签证。拿到新签证时，他心境平和地对工作人员说："谢谢，给你们添麻烦了。"工作人员的脸上有了被谅解的释怀。

次日，丹布拉如愿飞到马尔代夫，开始了他愉快的假期之旅。

成长悟语

愿望受阻似乎让我们有充分的理由气愤，甚至迁怒于人。这并不能解决任何问题，也不会产生让人畏惧的力量。生气是一种没有力量的行为。冷静而理性地处理问题是底气、是自信，而且有时候你代表的不是你自己，还有背后一个群体的形象。

欣赏别人

春日一个暖洋洋的午后，黛西和爸爸在公园散步。在玫瑰花圃前，她看见一个很滑稽的老太太。

天气已经非常暖和了，她还紧紧裹着一件厚厚的羊绒大衣，脖子上围着一条毛皮围巾，脚上还穿着翻毛的大厚靴子，这一身严严实实的“武装”仿佛天上正下着鹅毛大雪。

黛西忍不住轻轻地拽了一下爸爸的胳膊说：“爸爸，那位老太太的样子真可笑呀。”

听到黛西这样说，爸爸慈祥的脸庞一下变得特别严肃。他沉默了一会儿，认真地对女儿说：“黛西，我突然发现你缺少一项宝贵的本领，那就是不会欣赏别人。爸爸为你难过，因为我女儿在与别人的交往中少了一份真诚和友善，同时，爸爸为你惋惜，因为不会欣赏别人就不能从朋友身上感受更多的美好。”

听到爸爸如此严厉地批评自己，黛西不好意思地低下了头。看到女儿已经意识到自己的错误，爸爸换了语气，耐心地说：“那位老太太穿得这么多，很可能是大病初愈，身体还不太舒服。但你看她的表情，她那么专注地注视着树枝上一朵清香、漂亮的丁香花，表情是多么的沉醉，这说明她热爱春天，热爱生机勃勃的大自然，这是多么可爱的老人啊，我觉得这老太太令人感动！”

说完，爸爸领着黛西走到那位老太太面前，微笑着说：“夫人，您沉醉在春日美景的神情真让人感动，春天也因为您变得更美好了！”

那位老太太似乎很激动：“谢谢，谢谢您！先生。”说着，便从提包里取出一小袋巧克力递给了黛西。

老太太走后，爸爸对黛西说：“我们都要学会真诚地欣赏他人，因为每个人都有独特的闪光点，值得我们为他鼓掌。当你这样做时，你就会获得很多朋友。”

成长悟语

看不到别人的闪光点，只能说明自己心里阴暗。心中有阳光，别人的形象也会鲜明很多，心中失去了太阳，别人的形象就变得阴冷。你要学会去发现别人的优点，而不要等着优点自己浮现出来。

赠送不是慷慨

父亲告诉布鲁斯要做一个慷慨的人。布鲁斯认为赠送给他人东西就是一种慷慨，所以他经常会送人小礼物。

布鲁斯买了新的夹克，穿了不到一周感觉不好看，然后就赠送给了自己的表弟；妈妈送给布鲁斯一套文具，布鲁斯只挑选出自己喜欢的留下，然后把不喜欢的送给同学；在自己生日的时候，布鲁斯收到了很多礼物，但是他同样把自己喜欢的留下，把不喜欢的随意送给别人……布鲁斯仿佛在用“赠送”来彰显自己的慷慨。

这一天，父亲带着布鲁斯一起拜访自己的老板，并且带着老板最喜欢的巧克力作为礼物。做客期间，父亲和老板谈天说地，但是布鲁斯总是感觉并不是那么融洽。要离开的时候，老板送给布鲁斯一盒点心，原本布鲁斯想礼貌地拒绝老板的礼物，但是老板执意要布鲁斯收下，在父亲的同意下，布鲁斯带着一盒点心回家了。

回家打开点心后，布鲁斯非常生气，因为这里面的点心明显是被打开动过的。布鲁斯在广告中看过这种点心，而自己手中拿到的却少了巧克力的一部分。布鲁斯明白，这一定是老板吃剩下的，这种心情让布鲁斯十分恼火。

布鲁斯把事情告诉父亲，父亲并没有像布鲁斯一样生气。“从这件事情可以看出来，第一，这点心一定也是别人送给老板的，否则他不会买自己不爱吃的点心。第二，老板把自己喜欢的巧克力部分吃掉，剩下的扔了又感觉浪费，于是送给我们，想让我们感受他的慷慨，但事与愿违！”

布鲁斯一下子就想到了自己，一直把别人当作傻瓜随便送东西，还以为自己非常慷慨，其实自己才是最大的傻瓜。

成长悟语

赠送的仅仅是物质，而慷慨的却是一颗真诚的心。把赠送和慷慨混淆的人往往都是“自以为是”，这些人常常觉得自己做得如何好，也许就是“自以为是”的好罢了。

20 分钟和 15 分钟

身材有点胖的女儿，穿着漂亮的晚礼服，高高兴兴地参加自己的毕业舞会。可是，回来的时候，却一脸的沮丧。

母亲问其原因。原来，一个男孩嘲笑她说：“你简直就是一头母牛！”当着那么多同学的面，那个男孩的话使得女儿窘迫极了，因此还没等舞会结束，女儿就早早地回来了。

母亲听完，告诉她说：“胖并不是你的错。如果别人对你出言不逊，那么，最好的办法就是反击回去。这是为了维护自己的尊严，也是做人的第一个原则。”

她给女儿讲了一个关于“20 分钟”的故事。

1910 年，罗斯福下野了。一天，他作为威廉·塔夫脱总统的特使，前去参加英国国王爱德华七世的葬礼，葬礼结束后，他被安排与德国皇帝会晤。见面后，德皇觉得罗斯福下野了，非常傲慢地对他说：“下午两点钟准时去我制定的地方见面，我只能给你 45 分钟的时间。”罗斯福

“静坐常思己过，闲谈莫论人非。”这是一种修养，更是一种品质。

没有生气，笑着答道：“我会在两点钟准时到达的，但是我很抱歉，陛下，我只能给你 20 分钟的时间。”

女儿说：“那么，以后别人只要对我不敬，我都要反击吗？”

母亲说：“你要知道，并不是每件事都要反击，还要学会忍让。”

接着母亲给女儿讲了一个关于“15 分钟”的故事。

林肯的妻子玛丽·托德·林肯做了美国第一夫人之后，整天抱怨别人不尽心做事，因此，很多跟她接触的人都被她斥责过。一天，有人到林肯那里诉苦，他说自己被林肯夫人折磨得受不了了。林肯双手抱肩，苦笑着听完他的诉说，最后对他说：“先生，我已经被她折磨了快 15 年，你忍耐她 15 分钟，不就行了吗？”

成长悟语

有时候，对别人无理的诋毁保持沉默，并不是修养的证明，更好的修养就是智慧的回击，而不是向别人示意自己的无能为力。

但是，并不是每一个攻击都需要回击，并非出于诋毁尊严的攻击，往往沉默和忍让是最好的化解方式。

天使为什么会飞

珍妮即将毕业，但是在她走出校门之前，必须要找一所学校去实习。和珍妮面临相同情况的还有她的三个同学，于是四个人相约一起到一所州立小学。她们在一起度过了美好的实习生活。在这里的日子非常开心，孩子们很可爱，经常和老师们一起玩耍，四个美丽的女孩成了这所学校里一道美丽的风景。

可是好景不长，实习期马上就要结束了。残酷的事实摆在了大家的面前，那就是四个女孩中只能有一个人留下来，继续做老师。

说实话，所有人都希望自己能留下来，不仅因为这段实习的日子使她们对这里有了感情，而且这是一所非常有名、实力雄厚的学校，在这里一定能有所成就。可是，四个人又不想面对残酷的竞争，她们曾经是要好的同学，现在是一起实习的同事，彼此之间感情非常深厚，她们不愿意彼此伤害。

于是，校长就对四个女孩进行了一次能力测试，表现优异者就可以留下。但是考试结果十分令人意外，四个女孩的表现都非常优异，她们不仅专业知识过硬，讲起课来也非常生动有趣。校长真是太喜欢这几个女孩了，他真的不知道如何取舍。但是现实决定他必须选出一个，其他的都要离开。

经过了这次测验，仍没有评出结果。四个女孩再也不愿意让校长为难，也不愿意让彼此难受，一个个善意的谎言接连而至：这所学校离家太远了，我的父母希望我能在家附近找份工作；已经有另外一所不错的学校答应聘用我了；我觉得教师的职业不适合我，我决定去做自由职业者了……

在实习期即将结束的日子里，学校组织了一次野外郊游。四个女孩跟着忙前忙后，有的负责制定路线，有的负责采购食物，有的负责统计参加人数并预定巴士，准备工作尽可能详尽，大家对此都非常尽心，每个人都期待着这次郊游顺利完成。约定的日子到了，孩子们背着小书包一个个朝学校走来，然后排着队上了汽车。

安顿好一切以后，校长、教务主任、医务室医生、两个班主任，以及四名实习老师也都纷纷准备上车出发。可是没想到，当四位实习老师上车之后，只剩下了三个座位。人数和座位数明明是一致的啊，怎么会这样？原来是因为一位没有报名参加的孩子今天突然决定要来郊游，这样一来座位就少了一个。

这次郊游，每个实习老师都有自己的任务，都有非去不可的理由，大家都在犹豫着。突然，珍妮下了车。她对校长说："这次我就不参加了，你们赶紧出发吧，别耽误了时间。负责分发食物的工作就让佩博帮我完成吧。"说完，珍妮向司机招招手，示意他们赶紧出发。

开心快乐的郊游结束了。回来以后，校长找到珍妮，询问她："这次郊游大家都想要参加，而且你们之前为此付出了很多努力，你为什么最终要放弃呢？"珍妮回答说："其实，我很想参加，但是座位不够也是没有办法的事情，而且我也不是不可替代的，只要大家能够顺利去郊游，我就很开心了。"

最后，珍妮成为最终的胜利者，她获得了留下来任教的机会。校长这样解释道："这次郊游，不仅是为了让孩子们去玩、去亲近自然，也是对四位实习生的一次实地考察。珍妮之所以获胜，是因为她懂得一个道理——天使之所以能够飞翔，是因为他把自己看得很轻。"

成长悟语

当我们意识到自己无知的时候，说明我们已经开始认识到世界的广博。所以，人站着的时候，可以看到地平线的风景。但是，当我们趴在地上躺下的时候，看到的却是一整片天空。

谦卑地活着，是对自己最好的尊重。这样，我们可以不用计较所谓的不公平，可以不再为别人的漠视而忧伤，可以不需要为了获得他人的认可而一味地勉强自己。

轮船何时进港

从伦敦开往阿姆斯特丹的轮船经过安全的航期，还有半个小时就要到达港口了。

这时，轮船得到紧急的通知：由于阿姆斯特丹港口大雾，轮船需要延迟进港，具体推迟时间大约是一小时。

大副想把这个消息赶紧广播出去，让乘客们知道。但是船长觉得这个消息一旦广播出去，肯定引起乘客们的不满。于是他建议广播的时候可以修改一下内容："由于阿姆斯特丹港口大雾，无法按时进港，轮船大约延缓两小时进港。因此给各位乘客带来了不便，敬请谅解。"

乘客们听到这个消息，都感觉很气愤，整个行程才几个小时，结果要晚点两个小时，真是不能让人接受。

“太不准时了！”

“简直不像话！”

“我们应该投诉轮船公司！”

乘客中一片抱怨声。

过了一些时间，船长让大副再次发布广播：“告诉乘客们一个好消息，由于阿姆斯特丹港口大雾的情况有所好转，轮船大约延缓一小时进港。各位乘客可以耐心等待！”

听到这个广播，所有乘客的怒气似乎消了一半，毕竟已经缩短了一小时，比刚才的状况好多了。

又过了几分钟，船长又接到了紧急通知：“轮船基本可以准点进港了，只是晚点大约10分钟。”

于是，广播就变成了：“再告诉大家一个好消息，轮船的晚点时间将由一个小时缩短到半小时。”

听到这个消息，乘客们都激动起来。

又过了几分钟，广播再次响起：“再告诉大家一个好消息，轮船的晚点时间将由半个小时缩短到10分钟。”

乘客们听后，都高兴极了。虽然轮船晚点了10分钟，但乘客们感觉比正点到达还要高兴……

事后，大副不明白船长为什么不按照实际的晚点时间播报，而是采用这样的方式？

这位在船上工作了20年的船长，微笑着说：“假如乘客对正点到达的期望越高，对晚点的失望就越大。假如乘客对正点到达的期望越小，对晚点的失望也就越小。我抓住乘客的这一心理，把他们抱怨的心情变成宽容的心情，失望的心情就变成了期望的心情，事情就好办得多。”

成长悟语

面对一整箱的宝石，我们只选择拿走一颗，这样，既免除了争夺的烦恼，又远离了贪欲带来的痛苦。

降低自己的心理预期，并不是降低自己的人生质量，而是对自己命运的诚实回答——我不要那么多也可以！

我们都需要帮助

星期天，史蒂芬带着他的儿子到公园里玩。儿子在滑梯上跟别的孩子玩耍，史蒂芬就坐在一旁的长椅上看着他们。这时候，一个衣衫破烂、满脸污垢的人朝这边走来，一眼看上去就知道他是一个乞丐——没有房子，没有家，没有钱。

如果平时遇到这种情况，史蒂芬会慷慨地施舍一点零钱，以展示一下自己的爱心。可是眼下，他正沐浴着阳光，享受着美好的生活，他不想这种完美的状态被打扰。也就是说，这次他不准备做一个大善人。

他尽量回避着，不去看那个乞丐，心想：他千万不要开口向我要钱。的确，乞丐没有开口，而是默默地坐在了史蒂芬对面的草坪上，悠闲地欣赏起周围的美景来。

一阵沉默之后，乞丐开口了："今天天气真好啊！"说话的语气和内容显然与他的衣着很不搭，一个衣衫破烂的人，居然有闲情逸致跟别人谈论起天气来，而且那语调带着些许庄重，仿佛是某位中世纪的伯爵。

史蒂芬应了一声："啊，是的。"然后又是一阵沉默。史蒂芬担心的乞讨行为并没有发生，但是这种异样的平静更加让他难受。

"你是不是需要什么帮助啊？"史蒂芬脱口而出。

而乞丐接下来的一句话却让他终生难忘。

"我们不都需要帮助吗？"

瞬间，这位脏兮兮的乞丐变得形象高大起来，他是那么的充满智慧、神圣庄严，就像一位天神拯救了史蒂芬这个平凡人。

史蒂芬有美好的家庭，漂亮的妻子，健康的儿子，看上去幸福无比，他比乞丐强得多。但是，他也需要帮助，就像乞丐需要钱，需要吃的，需要温暖的房子一样，史蒂芬也有自己需要的东西。

史蒂芬给了乞丐一些钱，足够乞丐吃几天的饭。同样乞丐也给了史蒂芬一样东西，一个新的认识，一个新的观点，一些对生活的热爱。

心态决定一切，一个好的心态可以成就一个人，而一个坏的心态可以毁掉一个人。

成长悟语

也许我们一无所有，也许我们厄运缠身，也许我们无依无靠，也许我们债台高筑，但是我们依然能够给予别人帮助。就像富人能给予穷人钱财，穷人能给予富人尊敬。

给予我们富裕的，收获我们需要的。

改变你正抱怨的生活

街角的一家咖啡屋掩映在一大丛蔷薇中，从一个木制的拱门穿过，就能看见它粉红色的房子，蓝色的玻璃窗，还有麦秸秆做成的屋顶，既古朴又有格调。咖啡馆的老板是一个胖子，他站在吧台边，始终微笑着等待每一位顾客上门。

一个叫亚当斯的年轻人一进咖啡馆，就被这样安宁舒适的气氛迷住了，舒缓而又略带忧伤的蓝调萦绕在屋子的每个角落。他找了一个靠窗的位置坐下来，老板很热心地问他点什么咖啡：蓝山？哥伦比亚？还是摩卡？又问他音乐合不合适？这位老板还告诉他可以自行选择喜欢的音乐。

咖啡上来了，老板又拿来了一些报纸和杂志，并说前面的小冰箱中有果汁和可乐，如需要可自行取用，咖啡也随时可以续杯，想喝多少都可以。

过了一会儿，老板又问，如果需要在这休息，那边还有免费的书吧和休息室，无条件为顾客开放，在那里，顾客可以上网、学习、听音乐和看电影。这些特殊的服务，让亚当斯大感吃惊，他不禁望了一下老板，老板愉悦的表情就像窗外和煦的阳光。

在咖啡屋待了一下午，亚当斯要走了，在吧台边，他不禁问老板："你什么时候开始这种服务方式的？让顾客感觉舒适极了。"

老板回答说："从我觉醒的那一刻开始！"

老板说以前自己的咖啡馆不景气，经常入不敷出，于是就经常抱怨命运不公、人生没有意义。但是，有一次，他看到了一个白发苍苍的老妇人，她是那么认真地、快乐地打理自己的花园。他就问老妇人能够这么快乐的原因。老妇人告诉他："你相信什么，就会得到什么，如果你觉得日子不开心，那么所有发生的事都会让你感到倒霉，相反，如果你觉得日子很快乐，那么每次你遇到的人，都可能是你的贵人。"

所以，老板开始精心打理自己的咖啡馆，微笑对待每一个人，现在有很多人受到这家老板积极人生态度的影响，都喜欢来他的咖啡馆坐坐。至今，即使在经济萧条的艰难日子，他的咖啡馆也挺了过来，这家老板不仅在事业上有了成就，在生活中也找到了自尊。

成长悟语

你可以选择你要的人生。抱怨只会让事情更混沌，你可以选择早晚抱怨别人，也可以在觉醒后力图振作，它不一定是推翻过去所有生活的步调，它可以是一个当下念头的转换，或是一个行为的修正。不放纵自己的言行，让自己的善言善行慢慢变成良好的习惯，而人的机运也将随之改变。

制度与人性之美

去年秋天的一天，库克力和朋友们相约一起从墨尔本出发，开车去加拿大内陆的亚当斯河看三文鱼群洄游的壮观景色。

他们兴奋地驱车行驶在路上，库克力拿出手机看新闻。新闻上说当地正在举办一场盛大的摩托车赛，大家听了开始担心起来。因为一个小时后他们将走上亚当斯河的唯一一条乡间公路，而且据一位当地人介绍，摩托车赛结束以后，散场的选手和观众也将从这条路返回。如果他们继续前行，恐怕会与返回的车队汇合，被卷进塞车的洪流；如果就此掉头回家，那将错过今年异常浩荡的鱼群洄游，留下遗憾。

正当库克力犹豫不决的时候，道路前面车灯闪烁，大批的摩托车朝这边涌来。摩托车、跑车、媒体用车、应急的急救车，一辆接着一辆。摩托车手们似乎在赛场上还没有过瘾，回来的路上也开得极快，从库克力的身边呼啸而过，轰鸣声震天。这浩浩荡荡的车队，川流不息，绵延不绝，似乎永远没有尽头。

可是令人惊奇的是，没有一辆车子越过路中间的分界线。一侧虽略显繁忙，却穿行流畅；一侧只有库克力他们这一辆车。在这条小路上，没有交通警察，没有监控装置，甚至没有一个路标，只有路中间那条模糊了的白线。可是竟没有一个"聪明人"越过来，飞奔离去。在这极度失衡的道路上，一边密密麻麻，一边空空荡荡。在美学上讲，真是没有丝毫美感可言，却给人的内心震撼一击。

每一个人都有自己的习惯，每个人都是习惯的奴隶，一个良好的习惯会使你一辈子受益。

库克力被眼前的景象惊呆了，他从没有看到过这么震颤人心的美景，这美景甚至超过了看成群结队的鱼溯游而上。因为这条川流不息的车队，展示出了人类最美的道德光辉，展现了制度之美、人性之美。

成长悟语

能够推动一个国家文明前进的枢纽，就是这个国家人民的美德和素质。

一个国家可以制定自己的制度，这是为了表现一种公平原则。而一个群体能够毫无芥蒂地遵守这个制度，并且自然得就像是本来就应该如此，从而表现出群体中每一个人的道德水平。

让我们震撼的，往往不是一个人遵守制度这一点，而是整个群体对制度的认可。

难能未必可贵

亚当斯人生的开端是不幸的，从小患上小儿麻痹症，结果小腿落下了残疾，走路的时候有些瘸。后来，亚当斯喜欢上了摄影，学习摄影的过程中他收获到了许多欢乐。当然，摄影的过程中，身体有缺陷的亚当斯也付出了远多于常人的艰辛，但他仍然乐在其中。

最近有一场摄影比赛，邀请到摄影大师爱德华作为评委会主席，有大批的摄影爱好者参与其中，亚当斯也报名了。他精心挑选了自己最为满意的作品，并且附带上一封介绍信，信里面详细介绍了自己的经历和遇到的困惑，希望得到摄影大师的指点。

面对众多的参赛作品，评委都非常满意。然而，当一位评委看到亚当斯的作品，感觉整幅作品构图一般，色彩搭配也无甚可取之处，算不上一张上乘之作。当他正要取消这幅作品的参赛资格的时候，他看到了亚当斯的信件。评委被亚当斯自强不息的精神感动了，他决定给亚当斯一次机会，把他的作品通过了。

这时候，爱德华大师走了过来。他看到了亚当斯的作品，问其他几位评委："这幅作品为什么会通过呢？谁能告诉我一个理由。"

几位评委围拢过来，将那封信件交给了大师。爱德华将信件看了一遍，坚定地说道："如果是因为这封信而入选，是因为参赛者残疾人的身份，我会有不同的意见。"其他的评委沉默了，过了一会儿，审阅的那位评委解释道："身为残疾人的作品，我们以为这样的水准已经是难能可贵了，所以不想打击这个追求上进的年轻人。"

爱德华却严肃地说道："如果一个人这么容易受到打击，我坚持认为他也不会把摄影作为毕生的事业来追求！如果因为同情而让他获奖，会把他引导上一条完全不适合他的道路，一个人是不可能靠别人的同情取得成功的。"

比赛结束了，亚当斯的作品没有获奖，却收到了一封大师的回信。在信中，大师点评了他的作品，委婉地指出，他的摄影水平和天赋都不是很高，一个人可以有自己的爱好，但是不一定要把爱好当成自己毕生的事业去做，如果在其他领域付出同样的努力，可能会收获更大的成功。

亚当斯看完回信，陷入了沉思中，他觉得自己要做出一些改变了……

成长悟语

不要把自己身体的缺陷，当成不如别人和被人同情的理由。

你可以不需要同情，你可以不需要更多能力以外的关注，你并不比别人更聪明，但是，你也不比别人更愚笨。你的努力和希望，总能够把别人的目光引向自己的闪光点而非缺陷。

第十四辑

处世：现实中跌倒后记得再爬起来

为什么不反抗

“孩子，从今天开始你就要在我这里工作了，你要记住：你的工作时间是早上 6 点到晚上 8 点，你不可以进我的房间，不可以随便触摸任何东西，不可以看电视。当然了，更不可以发出太大声音，你知道的，楼下住着一个警察，我可不想惹到他！”路易斯太太无情地对丽莎说。

丽莎是这里的保姆，路易斯太太今天第一天雇用她。

尽管丽莎是一个开朗的小姑娘，但听到这些话，她还是低下了头，轻轻“嗯”了一声，表示接受路易斯这些苛刻的要求。

开始工作了，路易斯要求丽莎收拾房间，丽莎拿起抹布走进了卫生间。此时路易斯正在看电视，她便开始抱怨水声打扰了她的清净。丽莎去擦玻璃，路易斯又开始吼叫了：“我说过了不让你触摸任何东西，这样吧，今天的工钱我只给你一半好了。”可是打扫房间怎么可能不触摸任何东西呢？路易斯很显然是在难为丽莎。100 平方米的房间丽莎打扫了近两个小时……

一天的工作让丽莎非常劳累，可她刚睡下，路易斯的声音又传来：“丽莎，帮我倒杯咖啡。”咖啡刚送到路易斯的手上，路易斯就像触电一样叫道：“为什么这么烫？”丽莎耐着性子倒了一杯温咖啡后，终于结束了今天的工作。

当丽莎正想离开的时候，路易斯叫住了她。“你觉得今天的工作怎么样？”

丽莎没有说什么。而路易斯却焦虑地站起来，来回踱步。她停了下来，对丽莎说，“你知道的，打扫卫生哪有不碰触东西的呢？你也知道，我让你倒咖啡的时候，已经超过了工作时间，而且，我在一开始就跟你说过，楼下有一个警察，你只要敲开楼下的门，这一切都将结束……我的孩子，你为什么不知道反抗呢？”

成长悟语

面对那些不公正的待遇、不合理的要求，我们必须学会拒绝和反抗。因为没有人会对你的委屈负责，也没有人有义务为你的委屈负责，因此，你必须学会对自己负责。

人工训练智能鸟

西瑞是一位著名的动物爱好者，她经常到丛林里考察。

一次，她在玛雅山东部潮湿的热带雨林中发现了一种食虫鸟。这是一种益鸟，每年为雨林清除大量害虫，但是它们的“智商”却有点低，经常被其他的动物捕食。

为了增强这种鸟的生存能力，西瑞便偷了一些刚刚孵化的小鸟带回家，进行人工智能训练。

她训练小鸟们的力气，这样它们就不至于被树藤绊住腿脚，被其他动物抓住；还训练小鸟们团结协作的能力，这样遇到敌人，集体反抗能提高生存几率；还有逃生的能力，小鸟们学会了钻火圈，面对森林火灾的时候，就更容易逃生。这些小鸟在西瑞的精心训练下，拥有了很多特殊的本领。

西瑞给训练成功的“智能鸟”做了标记，然后放回到丛林里。几个月后，她来验收成果，她满怀希望地想看到这些鸟是如何给它们的种族带来改变的。可是，令人惊讶的是，这些“智能鸟”全都死了。西瑞吃惊极了，她不知道究竟是什么地方出了问题。

回到实验室，她把这些鸟解剖了，发现它们的胃里竟然是空的！

原来，西瑞只顾着训练它们的生存能力，却忘了教给它们最基本的“捕食”能力。

成长悟语

这像不像我们生活中的场景呢？

很多孩子都被告知，这个世界很可怕，你要学会在这个世界生存，就需要懂得各式各样的生存技巧。

然后，我们又告诉他们，总有一天你会长大，总有一天我们不能再保护你，总有一天我们不能再给你更好的建议，那个时候，我们的孩子是否还能够独自面对这个世界？

盐和公平

泰勒从城里搬回乡下，准备请朋友来家里吃饭。然而他在做牛肉酱汁时，发现家里没有盐了，就让儿子比利去村子里买。

比利回来后，洋洋得意地向父亲炫耀自己的成果，他只花一半的价钱就买回了盐。

泰勒停下手中的活儿，严肃地对比利说：“你在城市里的时候，可以和卖盐的人讨价还价，但是在这里不可以，你必须支付与其相应的价钱。”

比利感到困惑，问父亲：“为什么在这里不能讨价还价呢？我省下了钱，不是很好吗？”

泰勒说：“在村子里，人们肯同意低价卖掉东西的只有两种情况，一是他急需钱，二是出于他对你的友谊。如果你利用这两条压低价格，就是趁人之危或利用别人对你的善意获利。这是不道德的，是有违交易公平的。”

比利继续问：“为什么在城市里就可以呢？”

泰勒摸摸他的头说："城市里的人为了防止人们压价，大家都把价格抬到超出实际价值好多倍。我们也就不得不深陷其中，用不公平对抗不公平。现在乡村还保留着最起码的道德与公平原则，所以我们要保护它，不能让它轻易遭到破坏。"

听了父亲的话，比利知道自己该做什么了。他跑回买盐的地方，把压掉的钱还给了人家。当他回到家时，香喷喷的牛肉酱汁已经出锅，他觉得这次买的盐具有让一切食物变美味的神奇力量。

成长悟语

开始的时候，世界上只有很少的不公平，但是，由于每个人都认为这是很小的事情，根本无关紧要，这样一来，后来者所做的每一件事累积起来，世界就出现了更多的不公平。

我们改变不了大趋势，但是我们可以学会维护身边最小的公平。

主动出击，拓展人脉

哈维·麦凯从大学毕业那天就开始找工作。当时的大学毕业生很少，他自以为可以找到很好的工作，结果却徒劳无功。好在哈维·麦凯的父亲是位记者，认识一些政商两界的重要人物，其中有一位叫查理·沃德。查理·沃德是布朗比格罗公司的董事长，他的公司是全世界最大的月历卡片制造公司。4 年前，沃德因税务问题而入狱。哈维·麦凯的父亲觉得沃德的逃税一案有些失实，于是赴监狱来看望沃德，写了一些公正的报道。沃德非常感激那些文章，他几乎落泪地说："在许多不实的报道之后，哈维·麦凯终于写出公正的报道。"

出狱后，他问哈维·麦凯的父亲是否有儿子。

"有一个在上大学。"哈维·麦凯的父亲说。

"何时毕业？"沃德问。

"他刚毕业，正在找工作。"

"噢，那正好，如果他愿意，叫他来找我。"沃德说。

第二天，哈维·麦凯打电话到沃德的办公室，开始，秘书不让见。后来他 3 次提到他父亲的名字，才得到跟沃德通话的机会。

沃德说："你明天上午 10 点钟直接到我办公室面谈吧！"第二天，哈维·麦凯如约而至。不想应聘变成了聊天，沃德兴致勃勃地谈到哈维·麦凯的父亲的那一段狱中采访，整个谈话过程非常轻松愉快。

聊了一会儿之后，他说："我想派你到我们的'金矿'工作，就在对街——品园信封公司。"

为找工作奔波了一个月的哈维·麦凯，现在站在铺着地毯、装饰得富丽堂皇的办公室内，不但顷刻间有了一份工作，而且还是到"金矿"工作。所谓"金矿"是指薪水和福利最好的单位。

那不仅是一份工作，更是一份事业。42年后，哈维·麦凯仍在这一行继续勤奋开采着“金矿”，他已成为全美著名的信封公司——麦凯信封公司的老板。

哈维·麦凯在品园信封公司工作期间，熟悉了经营信封业的流程，懂得了操作模式，学会了推销的技巧，积累了大量的人脉资源。这些人脉成了哈维·麦凯成就事业的关键。

事后，哈维·麦凯说：“感谢沃德，是他给我的工作，是他创造了我的事业。”试想，如果没有沃德的帮助，麦凯可能也就没有如此辉煌的成就了，所以，丰富的人脉，可以让你的生活更精彩。

成长悟语

每一个伟大的成功者背后都有另外的成功者在支撑着。没有人是只靠自己一个人达到事业顶峰的。所以，如果你想成为出类拔萃的人，就一定不能忽略人脉的拓展。

狐狸和猎人

猎人捕获过很多的动物，可就是没有抓住过狐狸。因为它太狡猾，往往猎人还没端起枪，狐狸就要起花招，逃走了。

森林中，一些动物都很崇拜狐狸，于是纷纷到它那里寻找躲避猎人的方法。

狐狸说：“我有对付猎人的8个好策略！你们回去等着吧，我把这些策略印成小册子，分发给你们。”

几天之后，森林里的每个动物都收到狐狸的小册子。只见上面写道：

1. 面对猎人，一定要逃跑，能跑多快就跑多快。
2. 面对猎人，要懂得使用诈死这门技巧。
3. 面对猎人，站得笔直，要把自己伪装成狮子。
4. 面对猎人，不要畏惧，要尽量保持平静的心态。
5. 面对猎人，要大胆反抗，内心要有敢死的勇气。
6. 面对猎人，不要哀求他可怜自己。
7. 面对猎人，要仔细观察，活下去的机会总会有的。
8. 面对猎人，千万不要把猎人想得多么厉害，要知道人类也有弱点。

当动物们得到这些箴言的时候，他们觉得自己以后一定不会被猎人抓住。但是，几天后，猎人捕获了比以前都多的猎物。原因是，他也有一本狐狸写的小册子。

成长悟语

当我们把自己的秘密公之于众的时候，即使是出于好意，我们也要明白一个道理：看着你的不只是你的朋友，还有你的对手。不恰当地公开自己的秘密，就好比亲手递给敌人一把对付自己的尖刀！

蜥蜴和麝

在东非的绿洲上，生活着一种美丽的蜥蜴，它们有着色彩绚丽的表皮，太阳出来的时候，它们就会三三两两出现在岩石上晒太阳，这个时候，他们皮肤的色彩艳丽极了。

捕猎者们为了得到它们美丽的皮肤就猎杀它们，剥下它们的表皮。当地居民试图活捉它们，但无论怎样高明的捕猎者，都无法实现这个愿望。因为这种蜥蜴的身手非常敏捷，只要有一丝风吹草动，它们就会溜之大吉。令人惊奇的是，蜥蜴只要一经猎杀，它们的表皮就会在几秒钟之内黯然无光，最后变成像泥土一样粗糙的东西。

同样还有一种名叫“麝”的动物，它们跟东非的蜥蜴一样都有“报复”心理。麝的身上有一种香，是珍贵的香料。麝香只产于雄麝身上，想获得麝香，就需要猎杀麝。但所有的猎人都知道，麝是一种“聪明绝顶”的动物，只要发现自己的生命出现危险，就会在猎人开枪之前，迅速咬破自己的含有麝香的囊。

成长悟语

美丽依附在生命之上才显得高贵。

如果我们的优势为自己带来的是灾难，那么掩饰住自己的光芒永远比锋芒毕露要显得安全。如果让自己显得不那么优秀，能够没有危机地活着，那么，这也不失为一个很好的生存技法。

枣树和小麻雀

果园里有一株结满了枣子的枣树。

有两只麻雀在其中一棵枣树上筑了个窝，它们生了几只小麻雀。全家饿了就在树上抓虫子吃，渴了就挑树上熟透了的红枣吃。

有一天，枣树对那对站在枝头梳理羽毛的麻雀说：“你们全家最好尽快搬走，果园的主人是不会答应你们常住在这里的。”

麻雀们听了非常生气：“你太吝啬了，这么大一棵树，我们不过借了你一点点地方住下，你就赶我们走，你心肠也太狠了吧。”

麻雀们心想：“反正这棵树身子硬邦邦的，既伸不了手，又弯不了腰，更别提赶我们走了。”这样想着，它们底气更足了，用强盗的口气说：“这里是我们千挑万选选中的，既能遮阳，又能挡雨，周围还有抓不完的虫子吃，我们为什么要走？再说，你现在让我们走，我们又能去哪里？”

听它们这么一说，枣树长长地叹了口气。

就在这时，果园的主人拿着一根长长的竹竿过来了，二话没说，“啪啪啪”几下就捣毁了麻雀们的窝，麻雀们惊得四散逃走了。果园主人一边敲打鸟窝，一边还说：“这些让人讨厌的麻雀，红了的枣子都让它们吃光了，太可恶了！”

成长悟语

将自己的幸福寄托在别人身上，始终是不牢靠的。

我们虽然可以靠父母和亲戚的庇护而成长，倚赖兄弟和好友的扶助而生存，因爱人而得到幸福，但是无论怎样，归根结底还是得依赖自己。

依靠自己而拥有一切的人，不可能不幸福。

传说中的英雄

草原上生活着十三只野羊，它们是一个家族，每天一起出门觅食。

这一天，除了最小的那只羊待在家里外，其余的十二只羊都出去了。在觅食的过程中它们碰到了一只狼，情急之中，大伙慌忙地往前跑，终于远远地把狼甩在了后方。

汇合后，领头羊想知道是不是所有的成员都到齐了，便把大家聚在一起数数。可是它忘了数自己，所以怎么数都只有十一个。

“不好了，不好了，有一个伙伴不见了。”领头羊朝大伙喊道。

“真的吗？你没数错吧？”一只羊回应道。

“你自己数数吧。”领头羊回答。

结果第二只羊也忘记数自己了：“队长说得对，有一个伙伴不见了！”

这时另外一只羊也数了一遍，但它还是没数自己。它大叫道：“哎呀，真有一个伙伴掉队了，它肯定被刚刚那只狼给抓走了！”

大伙都为那只失踪的羊伤心起来。后来，它们往回赶。一路上，大家都在责备自己没有好好照顾同伴。

“刚刚我不应该一看见狼就着急逃走的。”中间有一只羊说。

“是啊，应该帮助它一起逃出来！”另一只接着说道。

“刚刚那只狼那么凶猛，不知道它是不是已经逃出来了！”第三只说。

“它赤手空拳地跟凶残的狼对抗，真勇敢，它是英雄！”第四只嚷道。

“对，它是英雄，是我们家族里最勇敢的羊之一，”第五只肯定地说，“从始至终，我们都没有听见它因为害怕而叫过一声。”

“可是，它真可怜啊，它还那么年轻。”第六只悲伤地接着说。

“它不但勇敢，而且又高尚、又善良。”第七只说。

十二只羊痛哭着悼念自己的伙伴，直到回到家中。一直在家的小羊见到大家一脸悲伤的样子，感到非常奇怪，问：“大家怎么都这么悲伤啊？”

“唉，太不幸了！我们觅食回来，路上遇到了一只可怕的狼！”回来的羊大喊道。接着大家就讲起来，那个失踪的同伴是怎样跟狼搏斗，怎样英勇地牺牲。

晚上，大家围坐在一起吃晚饭时，小羊知道家里少了一个成员，就少上了一套餐具。结果，吃饭的时候居然少了一套。它数了数餐桌边上的家族成员，除了自己，整整十二个。

“我们没有少同伴啊。”小羊说。

“别瞎说，我们说的都是大家亲眼所见的。”一只羊回答道。

“我没骗你们，不信，你自己数一数啊！”

其他羊一听，自己点了一下数。“没错，是十三个。”

领头羊开始点今天外出觅食回来的伙伴。

“现在是十二个了，”它说，“掉队的那个伙计回来了。”

大家一听，顿时高兴得喧嚷起来了。

“它独自战胜了凶狠的狼，现在回来了！”一只羊说。

“它赤手空拳打死了狼！”另一个嚷道，“这是多么光荣的事情啊，这个英雄就是我们家族的成员！”随后大家举行了盛大的庆祝会。

成长悟语

这个世界上有一种人，他用自己的无知杜撰出所谓的勇敢。他们总爱无中生有，移花接木地编出故事来，不但妄图以此歌颂生平，还想要粉饰自己的懦弱和无能。

擦妆又化妆

丽莎是一个小学老师，在教学过程中，她常常会有很多创新。

一次，她为学生讲述安徒生的著名童话——《丑小鸭》，丽莎老师决定采用真人扮演的方式。

这一天，丽莎老师正在紧张地进行着出演前的准备工作。她好不容易套上鸭子的造型，就看到班上一个比较内向的小女孩朝她跑过来。到跟前之后，这个女孩攥着湿巾，怯怯地对她说：“老师，你的脸弄脏了。待会你就要表演了，我帮你擦干净吧。”

“好啊，你真是个懂事的小甜心。”丽莎老师笑着夸奖了小女孩，并俯下身来，耐心地让小女孩一点一点地把脸上的脏东西擦掉。

等到小女孩离开后，丽莎老师又用化妆道具把脸画脏了。

旁边一个老师不解地问道：“丽莎老师，你怎么又把脸给画花了啊？”

“因为我就是想通过真人演出来向孩子们展现丑小鸭的状态，丑小鸭刚开始是个脏兮兮的遭人嫌弃的小可怜啊。把脸画脏些更能体现丑小鸭的悲惨境遇和不幸。”

“那你刚刚为什么不这样告诉那小女孩呢？”

“那个小女孩平时有点胆小，不敢主动和他人交流。这次她主动跑过来，不知自己下了多大决心呢！而且她细心地发现我的脸脏了，还体贴地帮我擦干净，我一定要保护她的这种热情和积极性，并及时给她鼓励。至于我为什么要把脸弄脏，相信等她将来懂事了，她自然会明白的。”

成长悟语

学会保护别人的善意。哪怕别人和你意见相左，哪怕对方误解了你的行为，但是，只要对方是出于衷心的善念，我们又有什么理由一定要较劲解释呢？又有什么理由一定要打击别人对这个世界的爱呢？

狮子的“朋友”

鲍勃是一位摄影师，他的梦想就是能够到广阔的非洲草原上拍摄一组记录狮子真实生活的照片。他希望自己能够近距离地接近狮子，拍到狮子们最自然的状态。

初次见到狮子，他紧张极了，虽然在越野车里，但是他总是感到莫名的恐惧。有时候狮子就贴着车身追赶他，甚至用厚重的爪子拍打车门，鲍勃吓得满头大汗，赶紧加快油门逃跑。但是躲在车里拍狮子，角度终究不够完美。

鲍勃试图走出车子，走进大自然。

他尽可能镇定和安静地向狮子表达着自己的友好和善意。随着接触时间的增加，狮子一点点确定了鲍勃并无冒犯之意，它眼中的敌意一点点褪去。

4个月以后，鲍勃决定踏出重要的一步，他想要验证一下自己与狮子之间的关系进展到了哪一步。于是，他朝一头狮子迎面走去，狮子也发现了他，扭头朝他走来。此时的鲍勃，已经吓得不能动弹了，狮子一步步靠近，鲍勃的额头渗出了冷汗，他故意装出轻松自在的样子，其实紧张到几乎能听到自己怦怦怦的心跳声。狮子一步步走来，鲍勃的心也提到了嗓子眼。可是令人没有想到的是，这头狮子竟然丝毫没有介意鲍勃的存在，径直走了过去。

虽然害怕，但更多的是欣喜，几个月来的辛苦没有白费，狮子已经习惯了鲍勃的存在，终于不再把鲍勃当成敌人了。当然鲍勃的目标并不止于此，他努力将自己与狮子的距离一步步缩小。有时他会静静地待在狮群周围，有时候会亲手送一些美食给狮子，狮子们也渐渐表示出友好。

终于，鲍勃和狮子们成了朋友，他可以抚摸着狮子的头与它谈话，狮子们也时常跟着他一起嬉闹玩耍。就这样，鲍勃成功地拍摄到了许多非常珍贵的照片。鲍勃离开草原以后，一个猎人来到了这里。他试图杀死一两只狮子，然后将他们的皮卖给有钱人。这是一个风险很大的活儿，可是金钱的魅力实在太大，甚至让人变得无所畏惧，异常残忍。猎人在草原中寻觅了半天也没有看到狮子的影子，他又累又困，就躲在一棵枯萎的大树旁休息。睡梦中，他隐隐感觉有什么东西在舔自己的脸，朦胧中睁开眼睛。天啊！一头狮子近在咫尺，它是那么强壮，那么威猛，仿佛一口就能够把自己吃掉。他吓得丝毫不能动弹，也不敢出声。可是这头狮子，仿佛并没有什么恶意，舔他、蹭他，还不时看看别处。这头狮子以为猎人像他的朋友鲍勃一样，不会伤害它们。

事物总是不断发展变化的，如果一成不变地凭老经验办事，不注意发现新情况，提高警惕，就免不了会吃大亏。

但猎人可不是什么喜爱动物的摄影师，他握紧手中的猎枪，上好膛，对准狮子。狮子以为枪管是相机镜头一类的东西，甚至凑过去瞧一瞧、咬一咬。“嘭”一声枪响，紧接着就是狮子倒地的巨大声响，仿佛整个草原在颤动。猎人瞪着大眼睛，有点摸不着头脑，没想到猎杀狮子比抓只小鸟还容易。

成长悟语

这个世界上，有些人可以和我们一起分享快乐，和我们享受彼此真诚的相处。但是，部分人的善意，并不代表所有人都值得信任。有些人能够对我们充满友善、温和、体贴，却不足以证明下一个人仍然会如此对待我们。

珍惜曾经最好的相处，以此回报对方的真诚。同时，永远不要对目的未知的人放松警惕。

当爬地草遇到参天大树

农场里有个大花园，里面有很多花。春天里百花齐放，特别漂亮。

玫瑰抖了抖娇艳的花瓣，高傲地说：“你瞧，你瞧，我多漂亮。红红的花瓣绿绿的茎，特别惹人喜爱！”

一旁的向日葵面对太阳，笑呵呵地说：“光漂亮有什么用，你看，我多么特别，只有我能每天都面对着太阳。”

看它们俩喋喋不休，一旁的郁金香插嘴道：“你们都别争了，我才是最特别的。看，我的名字多有意境——郁金香！”

一时间，花园里热闹极了。这时，地上有一种叫爬地草的植物开始在花园里蔓延，它看了一眼正在斗艳的花儿们，暗自嘀咕道：“它们真傻，还在这比美，不知道我已经在悄悄占领它们生活的空间了吗？”

爬地草继续生长，它悄悄地顶出污泥，肆意向四方伸展。它根茎的蔓延力非常强，而且繁殖迅速、不怕践踏，看见空地就占，遇到缝隙就钻，妄想称霸整个花园。

没多久，玫瑰、向日葵、郁金香都感觉自己的空间越来越小，低头一看，花园的地面上都是爬地草的身影了。没过多久，爬地草已经欣欣向荣地占满了整个花园，而之前那些争着出风头的花儿们都相继凋残了。看着鲜花一株株地凋谢枯萎了，爬地草洋洋得意，神气十足地说：“光是漂亮、特别有什么用？不还是被我占去了地盘，连生存的机会都没了？”完全占领了花园的爬地草开始变得盲目自大、不可一世起来。

有一天，它爬到了一棵参天大树下时，却被那粗壮的树干顶住了，任凭它怎么使劲，都无法向前再迈进一步。

于是，爬地草非常嚣张地厉声吆喝：“喂，你还不知道我的厉害吗？花园里那些浑身带刺的玫瑰花，还有高高大大的向日葵，都被我赶走了。你是谁？居然敢拦住我前进的道路！”

“放心吧！”巍然屹立的参天大树看了一眼矮小的爬地草，说：“我是谁你不需要知道，你只要知道一件事就好——我是不会和你争空间的！你在乎和抢占的不过是你脚下那狭窄的土地。而我追求的，是头上这辽阔蔚蓝的天空。”

成长悟语

不是每一个人都想侵犯你的利益，因为你追求的利益在某些人眼里或许根本就不值一提。当你把对方幻想成敌人时，对方或许连你是谁都不知道，那你的敌人除了自己，还会是谁呢？

难产的金锅

有一天，科拉罗到巴依家去借铁锅。巴依以吝啬出名，当然不肯借给科拉罗。最后科拉罗表示用自己的小毛驴做抵押，巴依才允许他拎铁锅出门。

第二天，科拉罗准时归还铁锅，并且同时还带来一口小锅，巴依好奇地问：“科拉罗，你带这口小锅来干什么？”科拉罗神秘地说：“巴依先生，你昨天借给我的铁锅是一口怀孕的锅，今天早上到你这儿来的时候，它刚好生了一口小锅，所以我一并带来还给你了！”巴依当然不信铁锅会怀孕生子，他自作聪明地以为科拉罗是个蠢货，为了占便宜，得到这只小锅，他装腔作势地说：“是啊，是啊，我昨天借给你锅时，它正怀着孕呢！”然后让科拉罗牵走了小毛驴，并装作一副慷慨的样子说：“科拉罗，今后不管你借什么东西，都尽管来我这儿好了。”

此后，科拉罗每借一件东西，都会像上次一样还给巴依一件小东西，巴依脸上笑得合不拢嘴，心里却在不停地嘲笑科拉罗。

过了半个月，科拉罗愁眉苦脸地来找巴依：“巴依老爷，我的母亲生病了，我想借你那口祖传的金锅为母亲煎药。”巴依一想到过几天就有两口金锅到手，便毫不犹豫地把金锅借给科拉罗。谁知这次科拉罗过了很久都没来还锅，巴依等得不耐烦，决定亲自上门去讨回来。正在这时，科拉罗匆匆地跑进来，上气不接下气地说：“巴依老爷，不好了，你借给我的那口金锅由于难产不幸死掉了！”

巴依瞪大眼睛，厉声骂道：“胡说，金锅怎么会难产死掉呢？”科拉罗立即提高声音说：“巴依老爷，你既然相信锅会生孩子，那为什么不相信它会难产而死呢？”

成长悟语

想让别人顺着你的步调走，就得先按照他的步调来！对方的性格，可以成为你与之交往的原则。对善意的人返回以仁爱，对恶意的人回馈以严厉。

水晶球

从前，一位女巫有三个儿子，这三兄弟手足情深。然而，女巫却不信任他们，总担心兄弟三人会夺取她的魔法。于是她把长子变成一只苍鹰，她把次子变成一头鲸鱼。兄弟两人一天内只有两个小时可以恢复人形。

小儿子听到哥哥们的事情后，赶紧偷偷地离开了家，开始远行。他听说一位公主中了魔法，被关在金太阳宫内等人去解救。小儿子决定要去寻找金太阳宫。他日夜兼程地赶路，可连宫殿的影子都没找着，后来他进入一片茂密的森林中。森林深处，有两位巨人在争吵，年轻人赶过去询问事情的起因。原来两位巨人偶然得到了一件宝物——如意魔法帽——可以送佩戴者去任何他想去的地方。年轻人突发奇想，对巨人说："你们先把帽子交给我保管，然后你们再进行比赛，谁赢了，帽子就归谁。"两位巨人认为很合理，就把帽子给了年轻人，转身进行赛跑。看他们跑远了，年轻人就把帽子戴在自己的头上，大声地说："我要去金太阳宫！"话音刚落，他就来到了一座高大的宫殿前。

年轻人走进宫殿，在最后一间屋内找到了公主。然而令年轻人没想到的是，公主丑陋无比。公主叹了口气，解释说："我是被巫师施了魔法，只要能找到水晶球，我就能恢复美丽的容颜。""怎样才能找到水晶球呢？"年轻人问道。公主告诉他，金太阳宫坐落在一座山上，在山下有一口泉水，旁边会有一头公牛在等待冒险者。公牛的肚子内有一只火鸡，火鸡会生下一颗火红的蛋。火红的蛋会燃烧一切，而蛋的核心就是水晶球。公主悲伤地说："这根本就是不可能完成的任务。"年轻人陷入了沉思。

年轻人来到山下看到一泓清泉，果然一头野牛正喘着粗气向他怒吼。恰巧两位巨人跑到这里，看到年轻人后他们很生气，因为年轻人骗了他们。年轻人灵机一动，挥挥帽子，说："你们谁能打败那只野牛，谁就能得到帽子！"对于巨人而言，打败野牛小菜一碟。然而当野牛倒下的瞬间，一只火鸟飞一般地从它肚子里冲向了天空。这时，年轻人的大哥赶到。他化作一只雄鹰，不断地啄咬火鸟，鸟儿逼得无奈，只好将火红的蛋抛向大地。眼看它就要燃烧一切的时候，一股水浪包裹住了它。原来，年轻人的二哥也来帮他，他化作巨鲸，掀起水浪，将火红的蛋紧紧围住。火慢慢地熄灭了，年轻人幸运地打开蛋，从中得到了水晶球。

年轻人手握水晶球，顿时浑身充满了魔力。他推开宫殿大门，公主的魔法已经被破解了。更幸运的是，他两个哥哥的魔法也被破解了。

成长悟语

一个小故事总能给我们一些惊喜：

第一，过去认为的灾难，谁能料到它不会是未来的转机呢？

第二，你不必事事亲力亲为，借助别人的力量帮自己做事，也是一种智慧。

第三，事情是否能够完成，并不取决于它的难度有多高，而是你是否愿意去做。

第四，最困难的时候，往往就是决定亲情价值的时候。

拴在驴子前面的青草

父亲老了，干不动磨房的活了，于是就把磨房留给了儿子威尔。

一天，威尔买了一头刚成年的驴子，打算让它磨面粉。威尔把它拉到磨房里，给它套上磨盘鞍子，让它拉磨，可是这头驴子不肯往前走。

刚开始，威尔觉得它可能因为刚成年，性子不驯服的原因，于是他用鞭子狠狠地教训了它一顿，可是驴子还是不肯走。接着，威尔又试了很多方法，它还是不肯动。威尔实在没办法了，就去请教父亲。

“我新买的驴子不肯拉磨，怎么办？”

父亲微笑着说：“你得给它点好处，它才肯干活！”

威尔：“我已经喂了它很多青草和黑豆。它还是不肯走！”

父亲说：“我告诉你一个办法。你在驴子的前方系上一把鲜美的青草，那青草的位置，恰好让驴子想吃而又够不着。”

威尔按照父亲的办法给驴子系上了青草。驴子开始往前走了，它似乎想吃青草，可总是够不着，于是驴子努力地往前走，希望距离青草近一些，再近一些。就这样，驴子被骗了，还在努力地拉磨盘。

成长悟语

我们每个人都会遇到一把这样的“青草”，并非我们愚蠢到看不见“青草”上吊着的“线”，而是因为我们过于把视线集中在“青草”上。

每一个陷阱中都放着诱惑，只看到诱惑的时候，自然就看不到陷阱。为了避免这种情况，我们要做的就是往后退一步，把自己的视野放大。

气场，人类的精神名片

几年前，哈佛大学的罗宾斯博士去巴黎参加研讨会，开会的地点不在他下榻的饭店。他仔细地看了一遍地图，发觉自己仍然不知道该如何前往会场所在的五星级宾馆，于是他走到大厅的服务台，请教当班的服务人员。

这位身穿燕尾服、头戴高帽的服务人员，是位五六十岁的老先生，脸上有着法国人少见的灿烂笑容。他仪态优雅地摊开地图，仔细地写下路径指示，并带罗宾斯博士走到门口，对着马路仔细讲解前往会场的方向。

他的热忱及笑容让人如沐春风，他的服务态度彻底改变了罗宾斯博士原来觉得“法式服务”冷漠的看法。

在致谢道别之际，老先生微笑有礼地回应：“不客气，祝您顺利地找到会场。”接着他补了一句，“我相信您一定会很满意那家饭店的服务，因为那儿的服务员是我的徒弟！”

“太棒了！”罗宾斯博士笑了起来，“没想到您还有徒弟！”

老先生脸上的笑容更灿烂了：“是啊，25年了，我在这个岗位上已经工作了25年，培养出无数的徒弟，而且我敢保证我的每一个徒弟都是最优秀的服务员。”他的言语中流露出发自内心的骄傲。罗宾斯博士看着他，心里有一种很奇怪的感觉。

“什么？都25年了，您一直站在旅馆的大厅啊？”

罗宾斯博士不禁停下脚步，向他请教乐此不疲的秘密。

老先生回答说："我总认为，能在别人生命中发挥正面影响力，是件很过瘾的事情。你想想看，每年有多少外地旅客来到巴黎观光，如果我的服务能帮助他们减少'人生地不熟'的胆怯，而让大家感觉像在家里一样，因此有个很愉快的假期的话，这不是很令人开心吗？这让我感觉到自己成为每个人假期中的一部分，好像自己也跟着大家度假一样的愉快。

"我的工作是如此的重要，许多外国观光客就因为我而对巴黎有了好感。所以我私下里认为，自己真正的职业，其实是'巴黎市地下公关部长'！"他眨了眨眼，爽朗地笑道。

罗宾斯博士被老人的回答深深地震撼了，他从老人朴实的言语中感受到了一种不同寻常的力量。

成长悟语

热情就如同生命。凭借热情，我们可以释放出潜在的巨大能量，发展出极有影响力的气场；凭借热情，我们可以把枯燥乏味的工作变得生动有趣，使自己充满活力。

敢于大声地说："不！"

威廉姆斯学院是一所全世界入学条件最为苛刻的高等学府，学术声望排名全美第一名，超过哈佛、耶鲁等常春藤名校。每年有数以万计的年轻人报名，但最终入学的都寥寥无几。然而，对于后进生的他而言，入学的可能性几乎为零。

果不其然，他也和大部分年轻人一样，收到了那张薄薄的信封：里面只有一个醒目、刺眼的"不"字。身边的同学纷纷叹气，转身离开，而他却伫立在那里思考着——他们严苛地回绝了我，那我为什么不能大声地拒绝他们的回绝呢？

于是，倔强的他找到威廉姆斯学院招生委员会副主任科尼利厄斯·雷福特的电话。他拿起电话，拨通号码，礼貌地说："你好，先生。我叫皮巴迪，我不能接受威廉姆斯学院对我的拒绝！"

电话那头沉默了很久，最后还是回答他说："对不起，麻烦你再说一遍刚才的话？"

"我非常想进入威廉姆斯学院深造，所以我不能接受威廉姆斯学院对我的拒绝！"他斩钉截铁地说，"恕我冒昧，我认为你们的招生委员会出了问题，我希望和你们一起解决这个问题。我正式地向威廉姆斯学院提交申请，但是你们却轻易地拒绝了我，那我也有权利拒绝你们对我的拒绝。"

"你的意思是说……"

"对，没错！我一定会进入威廉姆斯学院，或许不是今年，也可能不是明年，但是终有这么一天我会进入威廉姆斯学院学习的。我还年轻，有的是时间去学习，我打算以后每年都向威廉姆斯学院提交一份申请，直到你们可以接受。"

电话那边又传来长时间的沉默，而他也紧张得感觉时间像凝滞了一样。

“咳咳，年轻人。我非常欣赏你对进入威廉姆斯学院学习的渴望，我也非常钦佩你的勇气。这是我第一次接到如此有趣的入校申请，那么威廉姆斯学院欢迎你。”

这位敢于拒绝回绝的年轻人就是后来叱咤商界的“三角架”公司创始人——波·皮巴迪。

皮巴迪在商界传奇的经历令人赞叹——他以6000万美元的价格在网络泡沫破灭前将“三角架”公司卖给了莱科斯公司，又将这笔钱以公司股票的形式持有，在股市遭受重创前，将其中的一半以股份的形式卖出了3亿美元。每当皮巴迪陷入困境的时候，他都会回忆起当年拒绝威廉姆斯学院时的经历：遭遇困境、遭遇拒绝时，大多数人都会简单地选择接受；但是只有那些敢于选择大声说“不”的人，才会品尝到最后的成功。

成长悟语

别人有权利拒绝你，而你也有权利拒绝别人的拒绝。

遭到拒绝时，大多数人只是简单地接受。但是，你是否想过，当你听到“不”时，正是开始奋力争取的时候。

两粒种子

乔夫和贝尔同时向一位智者询问自己该如何成功，两个人问的问题也相同：“心中有很多理想，但是却不知该如何取舍，该怎么办呢？”

成功学家于是给他们每个人一粒种子，并且嘱托：“一定要照看好这粒种子，它的价值将会相应体现你们的价值，你们也会从它的身上发现自己成功的秘密。”

若干年后，成功学家遇到在上班的乔夫，好奇地问乔夫是如何处理手中的种子的。

乔夫带成功学家来到自己的家里，拿出一个木质盒子，打开木盒以后里面有一颗保存完整的种子。

乔夫对成功学家说道：“您告诉我保护好这粒种子，会让我知道成功的秘密，所以我为它建立了一个恒温室，时时刻刻都妥善保存，相信现在它依然完好无损。”

成功学家看到这样的情景后苦笑不已，提议和乔夫一起去找贝尔。

等找到贝尔的时候，两个人发现贝尔已经有了自己的房子和车，生活得非常惬意。

乔夫就问贝尔：“你是不是从种子里知道了什么？”

贝尔非常茫然地说：“确实没有，因为我不知道该如何保存它，我只是把它随手种在了后山，谁知道过了几年，它长成了一棵树，于是我就把结的果子拿来吃，你知道吗，味道好极了！”

“后来继续种树，之后的几年就像你们看到的，满山都是树，好多人来买这种果子。然后我就有了现在的生活……”贝尔接着说。

成功者笑道：“其实我给你们的只是一粒非常普通的种子，但是我想贝尔已经用自己的方式找出种子里成功的秘密了。

“乔夫啊，你只是守着它，永远不会有结果；只有用汗水灌溉，才能有丰硕的果实，回去也把你的种子取出来吧。”

成长悟语

自以为聪明的人做事情很难成功，原因有二：一是不愿下笨工夫；二是他们没有找到自己价值体系中最重要的事情去做，却做一些在他的价值体系中不怎么重要的事情。所以他们内心缺少全力以赴的动力。

“专业”的古董专家

亨利是一个古董专家，同行们都很佩服他的眼光，经他看过的古董，从来没有失误过。事实上，亨利确实有过一次“失误”。

那天，亨利到一家餐厅吃饭，餐厅角落里有只小狗正在用一个旧碟子吃着残羹剩饭。他好奇地看了看那只小狗，惊奇地发现这只狗所用的碟子竟然是个古董，估算一下至少应该在30万美元。

亨利开始想：怎样才能不让餐厅老板知道用来喂狗的那个碟子是个古董，又能顺利地从老板手里得到这件古董呢？很快，亨利就想出了一个办法，他让服务员把餐厅的老板找来。

亨利首先向餐厅老板夸奖那只小狗，它是那么的乖巧，实在是太可爱了。然后才表达出自己想买下那只小狗的意图，他不等餐厅老板点头就急切地询问那条小狗要多少钱。

餐厅老板淡然一笑，说自己也很喜欢这只小狗，如果古董专家实在想买，就要出300美元才能把它带走。

亨利觉得太不可思议了，一条小狗竟然这么贵！一番讨价还价之后，餐厅老板还是坚持300美元才能成交。古董专家想：为了得到那只古董碟子，出300美元也是值得的。想到这里，亨利答应了老板的要求，但有一个条件，就是把小狗用的碟子也一起送给他。

餐厅老板听了亨利的附加条件坚决不同意。

做事情的时候，不能被表面现象所迷惑，要透过现象看本质，否则，就会做出错误的判断。

亨利装作很生气的样子责问餐厅老板：“我都花了那么高的价钱买了这条小狗，一只旧碟子你都不舍得送我？”

餐厅老板镇定自若地说：“我这个旧碟子是一个价值30万的古董。如果没有这个碟子，又有谁会买这些小狗呢？事实上，我用这个方法已经卖掉10条小狗了。”

听了餐厅老板的话，亨利目瞪口呆。

每当想起这件事，亨利就觉得羞愧难当。

成长悟语

专家也会有吃亏的时候。

其实专家并不一定代表着专业，故事中的古董专家可谓是一个技术专家，他一眼就能看出来那只碟子是个值钱的古董，但是，餐厅老板则比专家更“专业”。

学生会主席

戴维和特里同是牛津大学的新秀。

在一次竞选学生会主席的活动中，两个人的支持率不相上下，只剩下两周的时间就要公开投票了，学校每一个人都在猜测到底谁能得到学生会主席的位置。

距离投票日期还有 10 天的时候，意外发生了，特里突然爆料：戴维在过去就读高中期间，因为向其他学生兜售违禁品而遭到处分。

这件事情的公开使得戴维的支持率明显下降。戴维知道这个消息后马上开展校园演说，澄清自己当时仅仅是因为好奇吸食过大麻，还因此得到过处分，但是自己从来没有向任何人贩卖过违禁品。

投票前 3 天，戴维曾经就读的伊顿公学相关领导做出证明，戴维当年确实仅仅是因好奇吸食过大麻，还被罚禁闭一周并抄写 500 行《圣经》，但是，他的确没有贩卖过违禁品。

投票前 2 天，戴维郑重地要求特里向他公开道歉，本来戴维以为特里会拒绝道歉，但是没想到特里果断地向全校发出邀请，聆听第二天自己的公开道歉。

投票日的前 1 天，特里在全校师生的面前，做了一场道歉演说，这场道歉演说感人肺腑，特里对自己做了自我批判，并做出承诺在学生会主席的竞选中，自己将会投戴维一票，这场演说几乎让所有人重新认识了特里。

学生会长公开投票当日，奇妙的事情发生了。许多人都以为会是真诚道歉的特里获选学生会主席，但是，却是戴维当选了主席，因为他诚实地道出了自己过去的错误并不隐瞒。

在角落里的戴维露出满意的笑容，仿佛在庆祝自己一手导演的“违禁品”闹剧。原来，特里之前获得的消息是戴维让人传出去的。

成长悟语

故事不到最后一刻，你永远不知道真相是什么。

所以，不要轻易地给自己定下一个是非观，因为你片面的判定永远决定不了到底谁是受害者谁是施害者。面目狰狞的男人身后可能是藏着鲜花的天使，童真可爱的女孩身后可能是藏着尖刀的恶魔。

第十五辑

财富：金钱是品德的行李

就是一颗石头

每天，芬妮都要经过一座大桥，才能去河对面的镇上上学。

一天，她放学回来之后，从书包里拿出一颗闪亮的石头给妈妈。妈妈拿过这颗石头，说了句："真漂亮！这是从哪儿来的呢？"就随手还给了芬妮。

芬妮说："一个叔叔给我的，说它是一种叫作钻石的石头。"

妈妈听她这么说，就详细地问芬妮事情的经过。芬妮只是说："我在大桥上遇见了一个叔叔，他给了我这颗石头。"

妈妈说："你做了什么？他凭什么给你？"

芬妮说："我什么也没做！"

妈妈觉得事情有点蹊跷，就去珠宝店。结果那颗钻石竟然是真的。这颗钻石有鸽子蛋那么大，竟然有人随便把它给了一个小姑娘。

很快，小镇上的人们都知道了一个小姑娘得到一颗大钻石的事情。很多人都不解，为什么这个小姑娘得到了这颗钻石？她一定做了什么。而芬妮呢？不管谁问："你做了什么？"她始终回答："我什么也没做！"

一时间，对于芬妮的流言蜚语充斥着这个小镇，一个人说："她肯定和这个男人有什么关系。兴许，这个小女孩是被领养的，那个男人是这个小女孩的亲生父亲。"另一个人说："这个小姑娘肯定隐瞒了什么，这么小就知道撒谎了！"

之后，这件事就引起了社会上的广泛议论，有的记者甚至开始去寻找这个送钻石的男人。

不久之后，这个男人出现了。他拥有一个庞大的家族企业，原本他们一起齐心协力经营事业，可是，他的父亲有一天得到了一颗价值连城的钻石，他们的家族就不平静了。他的哥哥姐姐们都想得到这颗钻石，经常在家里吵得不可开交。因此，自己的父亲被气得病死了，临死之前，把这颗钻石给了这个男人，也就是他最小的儿子。

父亲的死给了他很大的打击，加上哥哥姐姐争夺钻石的行为很令他伤心，于是他打算把这颗钻石扔到这条河里，可是正在犹豫的时候，他看见了这个小女孩。小女孩称赞他手上的石头真漂亮，并一脸微笑地望着自己。他愣了一下说，"对，这只是一颗很漂亮的石头！我把它送给你吧！你值得拥有它。”

成长悟语

在成年人的眼中，钻石等同于金钱，它是财富的象征。但是，在孩子眼中，钻石就只是闪亮的石头而已，他们第一眼看到的并不是钻石暗含的价值，而是它最简单的美。所以，他们享受的是它最本质的一面，更不会因为拥有这种美好而惶恐万分。

多丽丝的圣诞节

圣诞节就要到了，妈妈给了多丽丝两枚银币，让她去买些圣诞礼物。

多丽丝走在街上，一个乞丐跑过来向她伸出手，看样子他真是饿得不行了。多丽丝就慷慨地给了他一枚银币，这足够他一整天的生活费用了，乞丐连连点头表示感谢。

不远处，还有一个上了年纪的乞丐蜷缩在那里，他全身围着破旧的衣服，只有脑袋露在外面。风一吹，老人就冻得打了个冷战，多丽丝看了，难过极了，她把自己的围巾围在了老人的头上。

多丽丝继续向前走，一个冻得瑟瑟发抖的小孩躲在墙角，多丽丝赶紧走过去，把自己的大衣给了他，她想，就把这件大衣当作送给这个孩子的圣诞礼物吧，也许这件大衣能帮他平安度过寒冷的夜晚。

商店就在眼前了，多丽丝加快了脚步。一位老奶奶拦住了她，老奶奶说：“孩子，我很冷，你能给我件衣服吗？我送给你一个零钱袋做交换，好吗？”多丽丝觉得老奶奶实在太可怜了，就把衬裙脱下来，穿在了老奶奶的身上。她接过老奶奶送给她的零钱袋，把剩下的一枚银币放在里面。

等多丽丝哆哆嗦嗦地跑到商店，打开零钱袋一看，里面的一枚银币竟然变成了好多枚金币。她简直不敢相信自己的眼睛，这些钱足够她买好多好多礼物了。

后来，可爱的多丽丝把买来的礼物分给了更多的人，她希望大家都能过一个快乐的圣诞节。

成长悟语

同情别人能为自己带来快乐，对他人慷慨也能使自己有所收获。

当我们把自己更需要的东西给了别人，这个才叫作慷慨。所以，这种行为可以称之为一种牺牲，也正是这一点牺牲，才让我们有资格得到别人的感谢！

人应该有所藐视

在西方乡间的铁杉丛林镇，一直流传着这样一个故事。

很久以前，镇子上住着一个很穷的农夫，他人穷，志气却不短，他不喜欢奉承有钱的贵族。

贵族对此很恼怒，于是前去责问他："我这么有钱，你却穷得可怕，你为什么不奉承我？"

这个农夫回答说："你有钱是你的事情，是你自己有本事赚那么多钱，你又不会分给我一分一厘，我为什么要奉承你？"

贵族想了一下，回答说："我把自己的钱分给你三分之一，你说几句好话，奉承我一下？"

农夫说，"这不是一个公平的买卖，为了一点点的钱财，就出卖自己的尊严，不值得。"

贵族又说："给一半，行不行？"

农夫立即回答说："我们的财产相等了，我还用奉承你吗？"

贵族气急了，跳起脚来说："我把自己的财产全都给你，你总该开一下你的金口，奉承我了吧？"

农夫皱了下眉头，很不赞同地回答说："这样一来，我成了富人，你成了穷鬼，我还有必要奉承你吗？"

说完，农夫转身走了。

成长悟语

人与人之间的差别，不是用金钱来衡量的。金钱的多少，只代表了你的过去，未来还是一个未知数。所以，一个富人不要以为自己从此高人一等，目空一切；一个穷人也不要以为自己低人一等，自卑难堪。我们每个人都要保持一个不卑不亢的心态，位高的时候不骄傲，位低的时候不自卑。

"昂贵"的晚礼服

胡克一家来自佛罗里达的乡下，虽说已经搬到城市里10年了，但生活还是很清贫。最近，胡克先生升职了，他打算办一个宴会，招待一下自己的同事和朋友。

办宴会这件事让胡克太太犯难了，自己连一件晚礼服都没有，这种穷酸样可能被丈夫的同事和朋友看不起。经过深思熟虑，她打算找自己的朋友借一件晚礼服，毕竟她的朋友嫁了一个有钱人。

事情很快就办妥了，宴会当天晚上，来的人都穿着奢华，胡克太太穿着曳地的紫色晚礼服，与各家太太们谈笑，心情愉快极了，似乎自己也是一个有钱的阔太太。

宴会的第二天，胡克太太收拾礼服，打算给自己的朋友还回去的时候，发现礼服的一角被自己踩坏了。她大惊，这可怎么办呢？这件礼服一定很贵，自己现在的生活条件根本赔不起啊。

经过与丈夫的一番商量，他们拿出了自己所有的积蓄，打算前去赔给朋友这笔钱，要是不够，剩下的，等有了钱再补上。他们到了朋友那里，说明了来意，朋友听完后微笑着说："没关系，这件衣服就10美元而已，不需要赔的。"

胡克太太很惊讶，说：“怎么会呢？你这么有钱，怎么会穿 10 美元的衣服？”

朋友笑着说：“现在衣服的样式翻新太快了，不需要买贵的。”

成长悟语

一个富人结婚的时候，花了很少的钱买了一条假的钻石项链，戴在脖子上，没人觉得这是假的；一个穷人结婚的时候，用去了全部的积蓄，买了一条真的钻石项链，戴在脖子上，没人觉得是真的。人就是被这样的理念禁锢：一条无形的价值观在操纵着人们看待事物的标准，那就是金钱。

但是，这个标准却又充满了假象！

农夫和赌徒

莫西酒馆走进了一个农夫和一个赌徒。

莫西见来了顾客，赶紧让服务生把他们引到桌子旁，两人各自挑了一张桌子坐下来。服务生把二人的菜单奉上。

赌徒看也没看那份菜单，就对服务生说：“水煮缅因州龙虾、脱脂乳酥洋葱配干式熟成肋眼牛排、德州慢烤牛胸肉、芝士梨沙拉、苹果派和香草冰激凌，另外，再来一瓶 XO。”

服务生点了一下头，笑容满面说：“您稍等！马上来。”

接着，服务生去了农夫的桌子，只见农夫正在仔细地研究那份菜单，看到服务生过来了，很不好意思地说：“您稍等片刻，我再看看。”服务生没说什么，只是嘴角扯起了招牌式微笑，心想，这个农夫真是小家子气，跟刚才那位先生真是没法比呢！

农夫想好了，点了家常的菜：“阿斯旺家常烩菜，外加一份小牛排。”

服务生转身走了，不一会儿，两个人的菜都上齐了。

赌徒对着满桌子的美食，抓起牛排，大吃海喝。最后，酒喝光了，菜还剩下很多，有的动了一点，有的原封未动。赌徒摸着自己圆滚滚的肚子，把几张大钞往服务生的盘子里一放，起身就走。

节俭不仅适用于金钱问题，而且也适用于生活中的每一件事，从合理地使用自己的时间、精力，到养成勤俭的生活习惯。

服务生叫住他：“先生，请稍候，还要找你 50 美元呢！”

赌徒打了一响指，头也没回，说：“不用找了，算是小费吧！”

农夫也埋单了，他慢条斯理地把最后一块小牛肉送进嘴里，对着服务生叫道：“服务生，您还没找我两美分呢。”

服务生不乐意了，转身拿了钱递给农夫，回身对老板莫西抱怨：“农夫这么小气，小费不给就算了，连两分钱也要。”

老板莫西笑了笑，回答说："农夫的钱里有血汗，赌徒的钱里有什么？"

成长悟语

只有靠自己的努力得来的钱财，才懂得珍惜。因为他们知道，这些钱财里包含自己的汗水和拼搏。不择手段地追求得来的钱财，必然不懂得珍惜，因为他们不知道钱财来之不易的道理。

天上不会掉馅饼

有个乞丐每天都在小镇里要饭吃，每次只能要到一点儿，勉强填饱肚子。有一天，他想：镇上的有钱人没几个，再怎么要也要不到什么。还是要去大城市，那里有钱人多，他们不给是不给，一给就很多。下定决心后，他就孤身一人来到大城市。

四处侦察之后，他锁定了一片别墅区，这里住的都是大老板。在来回别墅的必经之路上，他等着有钱人出现。

差不多半天的时间，终于来了一个人。这人边走边打电话，看上去非常匆忙。快到乞丐面前时，乞丐一把拦住他："好心的人，可怜可怜我吧！我做生意被骗了，欠了一屁股债。一把大火又把我家烧得一点不剩，求求你帮帮我吧！"这个人看他枯瘦如柴，破衣烂衫，觉得他确实挺可怜的，直接给了100美元就走了。乞丐行乞这么多年，还是第一次要到这么多钱。他非常激动，心想来大城市是来对了，有钱人出手就是不一样。

第二天，他又坐在这里等，又等到了昨天那个富翁。他又上前拦住，哀求道："家里遭了火灾之后，我妻子就跑了。唯一的女儿还得了白血病，现在手术需要一大笔费用，求求你发发慈悲吧！"富翁还是什么都不说，直接递给他100美元。

后来，乞丐每天都在那里守着富翁经过，富翁也好像习惯了一样，每次都是一声不吭，扔下一张100美元就走了。

到一个月的时候，富翁突然一改往日的做法，他把钱给乞丐之后没有立刻走掉，而是和他聊起来。富翁说："不用再骗我了，我知道你没有被骗，你家里也没有被火烧，你女儿更没有得病，你是为了自己吧？"

乞丐一听富翁突然揭穿自己，一下子措手不及，但他还是强撑着说："既然你都知道，为什么还给我那么多钱呢？"富翁说："我帮助你，是因为曾经我也是个乞丐。我一天给你100美元，一个月了，你应该有3000美元了。我最初就是以3000美元做本钱，倒卖海鲜，后来越做越大，现在已经掌控了这个城市所有的海鲜销售渠道。我希望你也可以做点小生意，尽早自食其力。"乞丐没说什么，拿了钱就走了。

三天过去了，富翁都没有再看见乞丐，他猜想乞丐可能真的去做生意了，心中十分高兴。但是第四天，乞丐又出现在富翁面前，说他这次做生意赔了，给的钱全部搭进去了。富翁问他做的什么生意，乞丐说："也是海鲜生意，我弄了些鱼去卖，没卖出去，都烂了。"富翁听了，冷笑一声，说："我都告诉你了所有的海鲜生意都在我这儿，你还去做，根本就没动脑子！你就是做乞丐的命。"说完，富翁看也没看一眼就走了，更没给他一分钱。

成长悟语

一个人有钱没钱不一定，但如果这个人空有梦想而没有实现的才能和思考，那么，这个人是穷定了。你可以提供别人财富的帮助，但你永远提高不了他思维的进步。

谁是真正的慈善家

纽约大都会恐怕是最以举办慈善舞会而著称的了。这里每年都会聚集成百上千的慈善家，他们穿着燕尾服，举着鸡尾酒彬彬有礼地相互称赞。

某千万富翁正游走于诸多捐赠者之间，向他们一一问候，在称许对方慈善的同时，欣然接受对方的赞美。突然，他一眼瞥见一个坐在角落里的神情严肃的人。要知道，越是这种不入群的人，往往实力越强，隐藏得越深。

“您好，先生！”富翁走到这个人跟前，向他举杯示意。

“您好。”这个人不温不火地搭话。

“这个舞会的受邀者都是大慈善家，捐款都在100万以上，我想您也一定捐了不小的数目吧？”

“5万美元。”

“什么？”富翁以为自己的耳朵听错了，再次询问：“您说多少？”

“5万美元。”

富翁立马流露出鄙夷的神色：“那我可比你多多了，我捐了100万。”

谁知坐在角落里的人缓缓站起来提高音量说：“我是一个周刊记者，5万美元是我全部资产的二分之一。而您是一位千万富翁，100万只不过是您全部资产的十分之一。二分之一与十分之一相比，谁更慈善呢？”

这番话传遍了大厅，所有人都听得清清楚楚。于是这些富翁不再虚伪地相互称赞，而是默默地低下头，反思这位资产只有10万美元的周刊记者的话。

成长悟语

的确，慈善不是可以量化考核的标准，慈善没有大小，只有真伪。真正的慈善是发自内心地对苦难的关怀，是为自己能够从事慈善事业而感到荣幸。虚伪的慈善是以金钱获得慈善之名，进而从慈善之名中感到荣耀。

在场的所有富翁都对自己的灵魂进行了审视，他们感谢主办方邀请来这位周刊记者，教会他们什么才是真正的慈善。

石头与钻石

这是一艘从英国开往印度的普通客船，载满背景不同的各色人等。乘坐头等船舱的都是一些绅士、淑女，其中有政界显要斯科特夫妇，也有商界领袖史密斯夫妇。

这一天，他们在甲板上散步、聊天。

“非洲可不比印度，那可不是发财的好地方。”斯科特先生对史密斯先生说，“热带有各种想象不到的危险动物，我认识的一个人就是在加纳淘金的时候被一条巨蟒吞掉了。”史密斯太太显出震惊而赞同的神情说：“是的，在一些野蛮地区，甚至还有骇人听闻的食人族。淘金可不是稳定的工作。”

斯科特太太似乎想到了什么，一脸鄙夷地说：“是的，我的家乡就有许多这样的亡命徒，结伙到阿拉斯加去淘金。天晓得有几个人能活着回来。不过想赚大钱，肯定要冒大风险。”斯科特先生挽起她的手说：“所以，我宁肯陪在你身边过拮据日子，也不愿去追求那含在狮子口中的财富。”斯科特太太推掉他的手说：“我倒宁愿你去拿狮子嘴里的金子。”

四人哈哈大笑，气氛十分轻松。这时，一个瘦弱的印度女孩从他们眼前走过，浑身黝黑，衣服像从垃圾堆里捡来的，肩上背着只藤条筐，里面有些红薯、干粮。她径直走向甲板的角落，一屁股坐下啃起红薯来。史密斯先生指着这个女孩说：“你们看她，我敢说，虽然她的衣服是破的，但她的内心肯定是幸福快乐的。因为她不像我们要随时保持上流社会的风范，不用追求名利，不必为欲望奔波。”史密斯太太点点头说：“是的，小小的乐趣就能使她满足，我敢说，这次旅行对她来说肯定是足以回味一生的记忆。”

说着，四人的目光落在印度女孩戴的项链上。项链是用草茎编织的，穿着一颗颗晶莹璀璨的大“玻璃”。

斯科特先生忽然严肃起来，他走到女孩面前指手画脚地示意，女孩用蹩脚的英语反问：“你要看这个？”斯科特先生如获至宝地点点头。他接过项链在放大镜下仔细观看，呼吸越来越急促以致脸颊通红。他兴奋得语无伦次地叫道：“天哪！天哪！你们猜这是什么？没人敢相信！天哪！这都是钻石！你从哪里弄到的？天哪！每一颗都至少值一千万英镑！”余下三人几乎同时叫出声来：“一千万英镑！”

女孩显然没有完全听懂斯科特先生的话，她拿过项链重新戴上说：“这是从山里捡的，山里有很多这种石头。”说完，她丢下惊奇到不知如何形容的两对夫妇，穿过嘈杂喧闹的人群，钻进光线昏暗的下等舱中去了。

只有理解了财富的本质意义，才算是拥有了真正的财富。

成长悟语

金钱只是金钱社会里的金钱，是发达的欲望和欲望的发达，它需要“环境”来培养人们对它的尊敬。脱离了“环境”，淡化了欲望，金钱就失去了它主宰人心的魔力，成为一文不名的“石头”。

我还没有认真考虑

一位年轻人来到上帝面前向他探求成功人生的意义。

上帝似乎已经被这样的问题问烦了，他并没有直接回答，而是问了年轻人一个与此无关的问题："年轻人，在你的一生中，你想得到什么呢？"

"对不起，您的意思是……"年轻人不解地问。

"一生中，你想获得什么？比如幸福、财富、地位……"

年轻人思考了一会儿，回答道："嗯，我想要健康、快乐和……当然，还有富足。"最后说到"富足"，他显然还有点不好意思。不过他又为自己辩驳："每个人不都是这样吗？"

"是的，每个人想要的都是这三个，但这也是他们最终都不能拥有快乐、健康并且富足的原因。"

"这是什么意思？亲爱的上帝，我并不明白。"

"一个人如果连他想要寻找的东西都没有搞清楚，你觉得他能找到吗？"

"可是已经很清楚了呀！就是刚刚说过的健康、快乐和富足。"年轻人坚持道。

"健康、快乐、富足，这三样东西看似很明确，实际很模糊，没什么特别的意义，它们到底是什么意思呢？"

"对不起，我还是没有搞明白您的意思。"年轻人急忙说。

"好！那我说得更明白一点，就拿富足来说，多少钱才是富足，怎么样才会感到富足呢？"

这次年轻人终于理解了上帝的意思，他想了一下说："我现在的薪水并不高，要是富足的话，那么薪水最少要翻三倍。"

"好！这是个开始。还有呢？"上帝微笑着问。

"我要拥有一所房子，没有贷款负担，还要一部车子。"

"哪种房子，哪个牌子的车子？"上帝打断他说。

"我不知道。"年轻人回答，"那个并不重要，随便什么样子的都好。"

"是吗？"上帝说，"那么，没有卫生间，没有厨房的房子你也无所谓吗？"

"不！当然不行！"年轻人说。

"那怎么样才行呢？"上帝又问。

"卫生间和厨房必须要有，而且不能太小。房子的面积也要大一点，装修要精致，让人一看就觉得很温馨。还要有一个开阔的阳台供人休息，最好还要有个花园，这样的家才算完美。"

"好！这个答案就非常具体了，很好。"上帝表示肯定，"可是，你觉得薪水只要翻三倍就能负担得起一部豪车吗？"

"不能。"年轻人笑了，"翻三倍估计还不能买一部车呢！"

"那你刚才为什么说薪水翻三倍就会感到富足呢？"

“哦……那个时候，我还没有认真去思考这个问题。”年轻人承认。

上帝说：“现在你看到矛盾之处了吧！”

成长悟语

人们都想要富足，可是极少有人会仔细考虑富足的标准是什么。人们总是觉得自己缺少很多东西，却又经常不清楚到底要什么以及为什么要。而且明白这些还是不够的，你必须把最细节的部分想清楚，比如知道是什么样的房子，哪种牌子、型号、颜色的车子。只有考虑得越细，帮助才越大。

金粉与灰尘

阿诺是一个既贪婪又吝啬的穷人，他不愿意踏踏实实工作，每天做着发财梦。不过，还真让他撞上了大运：偶然一次，在一座废弃的金矿闲逛时，竟然发现了一盒金粉。自那以后，他每天都把金粉盒戴在身上，不时观看把玩，非常得意。

这一天，他正趴在桌子上数金粉。突然妻子推门进来，门外的疾风钻空袭来，把金粉吹进了他眼睛里，难受极了。他正要埋怨妻子，却被妻子打断了，原来妻子也被灰尘迷了眼睛，她揉了半天没揉出来，就用手绢捂着眼睛跑进来想叫丈夫带她去医院。

阿诺说：“你真以为咱们成富豪了？不就是灰尘迷了眼睛吗？还上医院！吹吹就好了！倒是我一定要去医院，不然把金粉吹跑了划不来。”

妻子说：“那你帮我吹好，不然我眼睛疼得难受。”

阿诺忍着自己眼睛的疼痛趴在妻子面前吹了半天也没有吹好，最后两人只好去医院。在路上阿诺一个劲儿地抱怨：“灰尘进了眼睛都要上医院，世道真是变了。”

见到医生之后，阿诺一屁股坐到治疗椅上说：“医生，我眼睛里进的可是金粉，你必须得保证既治好我的眼睛又不能弄丢金粉。不然我会要你赔偿的。”

医生听了后，淡淡地说：“那你先去补交医疗费吧。下一位。”说着就把阿诺拉了起来叫他妻子坐了上去。

“凭什么呀？这不公平，都是眼睛里进了东西，没道理我要多交费。”阿诺非常着急。

医生一边给阿诺妻子治疗一边说：“因为你眼睛里进的是价值不菲的金粉呀！还有你还必须到保险公司交保费，不然我可不敢保证你眼里的金粉不被药水冲走！”两三句话的工夫，治疗已经完成了。

阿诺计算了一下，觉得多交两份钱实在太亏。他对医生说：“算了，我自己冲，自己找，这样我不用交费了吧。你把冲眼睛的水给我！”

医生拿出一个托盘交给阿诺说：“你可自己拿稳了，到时找不到金粉我可不负责。”

就在医生拿起药水准备治疗时，阿诺又叫了起来：“我眼睛里进的是金粉！你怎么能用治疗进灰尘的办法治呢？”

医生说：“在我的眼里，金粉和灰尘是一样的，都是能让人眼睛失明的异物，当然是用同样的方法治疗。”

成长悟语

当金钱给你带来痛苦的时候，它和迷眼的灰尘又有什么不同呢？而且，当你把金钱当成万能的上帝时，它就会像魔鬼一样折磨你。

温暖的恩惠

深秋的夜晚，麦克独自一人在大街上散步。

迎面走来一个衣衫褴褛的老人，挡住了麦克的去路。他向麦克伸出红肿、布满污渍的手，呻吟着，哀求施舍，浑浊的眼睛里都是对麦克的期待。这位老人的脸色惨白瘦削，没有一丝血色，嘴唇因天气寒冷而冻得发紫，衣服肮脏、粗糙甚至无法完全遮体，还可以看到身上已经结痂的伤口……

麦克怔怔地看着这个老人，然后在身上每一个口袋里摸索。可是，他只是出来散步，什么都没有带，没有钱包、没有手表，连一块手帕也没有……他只好站在原地，对老人报以一个歉意而无奈的笑容。

老人摇摆着手，示意没有关系。这时麦克更加愧疚了，他突然走上前去，紧紧地握住了老人布满污渍的手："非常抱歉，我身上什么也没有带。"

老人仿佛惊叹于麦克的举动，然后他用红肿的眼睛凝视着麦克，笑了笑："哪儿的话，朋友。"他紧紧地回握住麦克的手说，"这已经是很值得感谢的了，这也是恩惠呀。"那一刻麦克居然感受到的是来自老人手心的温热，在老人眼中看到的也不再是凄楚。

麦克顿时感受到一种来自人与人之间的温暖，他笑着说："我明白了，我的朋友，我也从你这儿得到了难以言表的恩惠。"

成长悟语

拿金钱衡量一切的人，灵魂是非常贫穷的。那些自以为高高在上，在物质上给予他人施舍而不舍得给予真切关怀的人，不过是用物质在贫穷的内心建造一个空中楼阁。给予一份真诚，才能让对方和自己同时感受到温暖，也感受到自己并不孤单。

致命的财富

老戈登是一个成功的珠宝商人，他常常乘船从南半球搜罗奇珍异宝带到北半球的港口贩卖。

这一次，他和儿子运送着一箱珠宝途经加勒比海。父子二人心中都有些忐忑，因为这个地方经常有海盗出没，非常危险。他们守着箱子寸步不离。

这一天，老戈登吃完午饭走到甲板上晒太阳，路过水手间时，突然听到里面几个人正粗声大气地合计一桩阴谋。

"我看见那老头儿带的箱子了，里面全是珠宝！干成这一笔，咱们能在文茨皮尔斯港醉生梦死好几年了！哈哈哈哈……"

“等天色暗下来就动手，晚上多给他们灌些伏特加，独眼龙约克，这次就由你动手。”

“没问题，看我的吧！不行我就直接杀了他们！”

老戈登听到这些话吓得险些晕倒，他满以为只要安全经过加勒比海就毫无问题，没想到海盗的活动如此猖獗。但是生气归生气，他很清楚自己和儿子两人在这茫茫大海上是绝对斗不过他们的。他踉跄着回到船舱，把刚才听到的话告诉了儿子。儿子更是如临世界末日，一边抱怨老天一边给自己做起临终祈祷。

突然，老戈登一脚踹开船舱，拽着儿子，把他拖到甲板上，冲着儿子大吼：“你这个撒旦派来的恶魔，我真后悔当初没有把你扔进马厩里！”

儿子错愕不已，也朝着父亲大喊：“你疯了吗？”激烈的争吵声把水手们都吸引出来，在甲板上围了一圈。

老戈登趁势冲进船舱，把珠宝箱拖了出来。他把珠宝箱拖到船头，冲着儿子大吼：“我就是把这些扔进海里，送给鲨鱼，也不会送给你这个畜生！”说完就把箱子扔进了大海。

父子两个看着船头激起的浪花，因惨痛的损失落泪。水手们面面相觑，也只好打消了这次计划。

成长悟语

当一个人有钱而没有智慧，钱就可能变成他的祸患。

三个愿望

比利是生活在乡村的一个小男孩，他和爸爸妈妈住在一个小房子里，每天父亲和母亲都做农活或者进森林里打猎来维持生计，虽然日子很清苦，但是一家人非常快乐。每当天气晴朗的时候，比利就会和小伙伴们在森林里玩，或者在草地上无忧无虑地嬉闹。

有一天，母亲让比利去河边捕几条鱼回来做晚饭，比利拿着渔网走到河边，撒下渔网。当他收网的时候，他发现渔网里有一条金色的小鱼，它的每一片鳞都像金子一般闪耀。

金色的小鱼哀求地看着比利，竟然开口说话了：“善良的男孩，请你放过我吧，我是海神的儿子，可以满足你三个愿望！”说着，金色的小鱼摇摇尾巴，甩给比利三片金色的鱼鳞。它告诉比利，把鱼鳞扔到水里就可以许愿。于是，比利就张开渔网放它走了。

比利想起家里的父母还饿着，于是就许下了第一个愿望：希望回到家里能看到一桌子丰盛的晚餐。然后就把一片鱼鳞扔到了水里，拿着空空的渔网向家走去。到了家门口，比利听到父母的欢呼声，打开门一看，果然家里桌子上摆满了食物：火鸡、面包、牛奶、奶酪……什么都有。比利开心极了，他问父母现在最想要的是什么？父母想要的是金子，因为有了足够的金子，家里就能过上更好的生活，于是比利偷偷把第二片鱼鳞放到家中的水缸里，许下“金子”的愿望。第二天早上，比利的家中有了花不完的黄金。

可是，幸福却没有和黄金一起到来。当父母看到家里有了这么多黄金，开始害怕会有人知道，他们每天都担惊受怕，甚至再也不让比利和其他孩子一起玩，担心比利告诉别人自己家里有黄金……

最终，比利偷偷把第三片鱼鳞放入水中，心里默念：我要找回自己的生活，回到过去。

成长悟语

当一只玻璃杯中装满牛奶的时候，人们会说“这是牛奶”；当改装油的时候，人们会说“这是油”。只有当杯子空置时，人们才看到杯子，说“这是一只杯子”。

当我们心中装满成见、财富、权势的时候，就已经不是自己了；人往往热衷拥有很多，却难以真正地拥有自己。

财富和成功跟随爱

菲尔正在准备晚饭，突然听见门铃响了，打开门一看，三个衣衫褴褛的老人齐刷刷地立在门口。菲尔猜想他们一定是无家可归的流浪老人，就邀请他们共进晚餐。

三个老人听后相视一笑，他们告诉菲尔自己并不是流浪老人，而是财富、成功和爱。而且，她只能邀请三位中的一位，于是菲尔就回到房间询问丈夫和女儿。

菲尔一家人开始商量，菲尔想让财富进屋，这样就能给自己的女儿买更多的玩具，给家里买更多的食物。而菲尔的丈夫更想让成功进屋，因为菲尔的丈夫想承担起一个家的责任，自己越成功就越能给整个家带来更好的生活。这时菲尔的女儿说道：“为什么不让‘爱’进来？有了爱，我可以不要玩具，可以不吃好吃的，不住大房子……”

菲尔和丈夫笑了，他们走到门口，告诉三个老人他们选择“爱”。

菲尔一家人簇拥着爱进了家门，家里立刻充满了欢声笑语。才过了一盏茶的工夫，他们惊奇地发现财富和成功竟然不请自来也围绕在他们的身边，菲尔甚至不知道他们是什么时候进来的。成功笑着回答：“不错，如果你们选择了我或者财富，那另外的两位就会留在门外。但是你们选择了爱，没有了爱我们也不知道该去哪儿，所以我们偷偷跟在他的后面，依赖着他而生活。”

成长悟语

抢来的财富总会流失，骗来的成功无法长久。爱才是人生最伟大的信念，有了爱才会有一切。因为心中有爱，你才会对自己的工作和生活充满热情，你才不会让自己在困境中沉沦，拥有爱心，你的人生就会获得财富和成功。

克服自卑的莱德

莱德是美国一名杰出的新闻记者，曾经获得过著名的普利策奖。然而，即使是这样一个才华横溢的人，也曾因为自己是黑人而陷入深深的自卑。

回忆艰辛的童年时，莱德坦诚地说：“小时候，我家很穷，父母没有学识、没有技能，只能靠卖苦力谋生。那时，父亲是一名水手，他每年都要冒着生命危险，奔波在大西洋各个港口之间。我那时常常想，我们这样地位卑微的黑人，怎么才能有出息呢？我的一生不过也会像父亲工作的船只一样，四处漂泊，居无定所。”

直到 10 岁那年，父亲带莱德去参观梵高的故居。小男孩并没有看到他想象中的富丽堂皇的大房子，而只是看到那张著名的嘎吱作响的小木床和那双龟裂的皮鞋。小小少年心中充满了疑惑，他不解地问父亲：“梵高不是世界上最著名的大画家吗？大画家不都是百万富翁吗？”父亲回答他说：“梵高的确是世界著名的画家，但是，他也是一个和我们一样的穷人，甚至是一个一辈子连妻子都娶不上的穷人。”这一件事给小莱德极大的震撼。

11 岁时，父亲又带着莱德去了丹麦。这次，他们参观了安徒生的故居，年幼的莱德无法想象，这位闻名世界的童话大师怎么会生活在如此狭小、简陋的房子里。莱德又困惑地问父亲：“安徒生不是生活在皇宫里吗？可是，这个房子却这样破，还没有咱们家里好呀。”父亲答道：“安徒生的爸爸是个泥瓦匠，而且在他 11 岁时就去世了，安徒生一生中长期处于贫困中，他生前就住在这栋残破的阁楼里。皇宫在他的童话里才会出现。”

从此，莱德的人生观完全改变了。他终于走出了自卑的阴影，不再以为只有那些有钱、有地位的人才会出人头地。他说：“我庆幸自己有位好父亲，他让我认识了梵高和安徒生，而这两位伟大的艺术家又告诉我，人能否有所作为与贫富没有关系，与地位也没有关系。”

成长悟语

不要因为贫穷而卑微，也不要因为富有而高贵。人生是一场单程的旅行，即使有些遗憾我们也没有从头再来的机会，与其纠结无法改变的过去，不如微笑着开拓未来。

木匠家走出的孩子

西奥多·帕克在美国是一代风云人物。他是废奴运动的倡导者，曾经做过国务卿西沃德、首席大法官蔡斯、总统加里森等人的顾问，他在整个美国的影响力是非同一般的。

西奥多·帕克有这么辉煌的成就，可是谁又能想到，他是木匠家走出来的孩子。

在莱克星顿的一个小农场里，西奥多·帕克小时候就住在这里。他没上过学，从 8 岁就开始自学，可是时间也很有限，他只有在冬天才比较清闲。于是他在这宝贵的 3 个月里，拼命地学习。而在其他的时间里，他都在父亲的木匠作坊里忙碌。但是干活的同时，他都在心里一遍遍地默默背诵以前学习过的知识，直到把它们熟记在心为止。

可是，学习需要买书，没有书怎么办？在闲暇的时候，他就到处借阅书籍。有一次，他需要一本拉丁词典，这本书对他来说很重要，他到处借也没借到。他只能去买一本，但是他没钱，于是他靠上山采摘浆果，背到波士顿去卖，最终攒够了买拉丁词典的钱。

西奥多的父亲是一位制造水车的木匠，很多人都找他做水车，可是在那个经济困难的年代，他和孩子们每天辛苦地干活，也只能勉强维持一家人不至于饿肚子。每天，他们都在忙碌着。一天，西奥多对他的父亲说：“我想请一天的假，出外办点事！”父亲很奇怪地望着自己的小儿子，毕竟家里有很多活要做，现在他又请假，那岂不是影响整个的工作计划？但是，西奥多企盼而坚决的眼神让他不忍拒绝，于是他答应了这个要求。

依靠自己，不等不靠的心态，才是决心依靠奋斗改变命运的标志。

第二天，西奥多赶了10英里崎岖泥泞的山路，才到达哈佛大学，参加一年一度的新生入学考试。每门课的考试，他都取得了优异的成绩，最终被哈佛大学提前录取了。

父亲听到他通过考试的消息，高兴地赞扬了他，接着，父亲很苦恼地说：“但是，西奥多，我没有钱供你到哈佛上学啊！”

西奥多说：“没有关系，我不用去学校，在家自己学也可以通过考试，这样也能获得学位证书。”后来，他成功地拿到了哈佛大学的毕业证书。

成长悟语

我们无法选择自己的出身，但是我们可以改变自己的人生。如果你生在一个贫困的家庭，也不要觉得生活压垮了你，因为你的贫困可能是促使你创造成功的奇迹。

被钱砸死的乞丐

上帝每天都能听见一个乞丐在向他抱怨，抱怨上帝不公平，没让他出生在豪门之家，还抱怨上帝不让财运之神光顾他，一直没让他发大财。上帝决定要见一见这个乞丐，希望能给他一些指引。于是，上帝来到了乞丐的家。乞丐见到上帝欣喜若狂，跪在地上哀求上帝能给他指明一条迅速发财的路。

上帝对乞丐说：“这个很简单，我这就指给你。”

乞丐十分高兴。

“我的孩子！只要你能做到多一些辛勤汗水，少一些懒惰之心；多一些坚定之心，少一些怨天尤人；多一些智慧，少一些贪欲……”

“哦！不不不，我要的不是这些大道理，”乞丐不耐烦地打断了上帝的话，“请您快告诉我，怎样才能快速让我变成富人，最好是立即、马上！”乞丐满眼都是贪婪的光。

上帝长叹一声：“唉，我的孩子！发财之道我可以告诉你，但是快速的致富之路却实在难找啊！”

乞丐一脸失望。上帝见状微微一笑，抚摸着乞丐的头对他说：“不过，孩子，你可以说一个愿望，只能一个，我可以满足你。”

乞丐大喜过望地说："真的吗？那我现在就要拥有全世界所有的钱。"

乞丐话音刚落，只见大把大把的钱突然从天而降，铺天盖地砸在他身上。

愿望是实现了，但是，乞丐最终却被大把的钱砸死了。

成长悟语

上帝可以给我们运气，上帝可以赐予我们财富，但是，能够承接这些运气和财富的容器，却只能靠一些"大道理"获得。

上帝可以满足我们的愿望，但是，我们需要锻炼承接这个愿望的结实的臂膀。

拿到很多土地的伊万

伊万是一个贫穷的农夫，他耕种着西伯利亚最贫瘠的土地。他每天早出晚归，拼命地劳作，家里的四个孩子还是因为饥饿而啼哭不止。伊万愁眉不展，随着孩子们越来越大，他也越发感到生活的吃力。

一位天使路过伊万的家，看到伊万的处境后十分同情，就现身在伊万面前，允诺帮他改变困境。

天使问伊万："受上帝庇佑的农夫，你需要我为你做什么呢？"农夫回答说："请给我足够的土地，有了土地，我就能养活我的家人。"天使说："出门去吧，向前奔跑，你跑过的土地都归你所有。"

伊万立刻开始奔跑，使出全身力气快速地奔跑，他脑子中只有一个念头："土地，我需要更多的土地。"跑了很远很远，伊万累得气喘吁吁，他本想停下来休息一会儿，但想到家里挨饿的妻子和孩子，就又使尽全力向前跑去。又跑了很久很久，他跑了足够远，这时可以停下来休息一下了吧？"不，我还需要更多土地，"伊万这样想，"要摆脱贫穷的生活，我必须更努力地奔跑，获得更多的土地。"

突然，"扑通"一声，伊万因为过度劳累倒在地上死去了，而此时，他的妻子和孩子正站在家门口等他。伊万虽然拿到了很多土地，却再也不能跑回家了。

成长悟语

得到太多就等于什么都没得到。

人生最大的幸福不在于不停地拥有，而是感受适可而止的幸福。有所缺乏、有所祈祷、有所欲望、有所野心，这才是最好的状态。

优雅的格蕾丝

格蕾丝与父亲并肩走进了宴会厅。

只见父亲衣着讲究，一尘不染、风度翩翩。格蕾丝穿着蕾丝滚边的裙子，梳着高高的公主头，美丽极了。参加宴会的很多名流都过来与他们攀谈，以为他们是自己不认识的新贵。

其实，格蕾丝的父亲是这次宴会的厨师，因为人手不够，他回家带了女儿格蕾丝前来帮忙。虽然他们不是社会名流，但他们总是穿着考究，神态优雅，哪怕生活再艰难，他们也没有放弃自己的原则，那就是父亲对女儿说的：“精神富足才算是真正富有，无论贫困还是富贵，都要优雅地活着。”

这次，格蕾丝优雅的神态吸引了一个富少的注意。之后的日子里，他猛烈地追求格蕾丝，格蕾丝也被他的真诚打动，不久，他们结了婚，并生了一个可爱的女儿。但好景不长，格蕾丝的丈夫另觅新欢，抛下她们母女。格蕾丝只好去了一家公司做勤杂工，做着领报纸、送文件、打开水、拖地板之类的琐碎事，每月薪水也很微薄，但是她从没失掉自己的优雅。

每天，她一身熨帖的套状，面带微笑，走过公司的大门，见过她的人都会投去羡慕的目光。她的高雅气质和灿烂微笑，毫不做作。

她坚信父亲的话，美好的生活靠心灵去追求。她从不奢望贵族的生活，可她讲求生活的品质。她只是一名打工者，但从不觉得自己比别人低贱。她极少穿名牌的衣服，但打扮得却优雅脱俗。她也常常告诫自己的女儿，不要过度追求物质的东西，心态平和最重要。

成长悟语

有人说，没有金钱何谈优雅？没有物质何来快乐？可在实际生活中，多数人生活在平凡里，还有部分人生活在贫困中，那么他们不能快乐、优雅地生活吗？当然不是。如果处在平凡的人生境遇中，就要学会放松心态乐观地面对一切，同样可以优雅地生活。

重视知识的犹太人

犹太民族是世界上最有智慧的民族之一，犹太人无论在财富还是自然、社科等各个领域的成就都名列前茅。在诺贝尔奖获得者中，犹太人所占比例奇高，美国百分之二的犹太人更是占有着美国大部分的财富。但是，他们拥有智慧并非源于上帝的特别垂青，而是因为他们重视知识。

再穷也不能穷脑袋，变化总是从内部开始的。

在犹太人出生后刚刚具有认知能力时，母亲就会在《圣经》上滴一滴蜂蜜，然后让孩子去吻《圣经》。孩子尝到了蜂蜜的甜美，就从心灵深处种下印象：书是甜蜜的，书是值得爱的。

随着孩子慢慢长大，母亲会不断地给他灌输知识是多么宝贵的思想。一位母亲这样问她的孩子："如果家中着大火了，你该带什么走呢？"孩子眨眨眼，说："带我的玩具小狗，如果没有它，我肯定会闷死的。"母亲摇摇头，笑着说："在你闷死之前，早就因为没有吃的而饿死了。"孩子灵机一动说："我知道了，带面包，这样我就不会饿死了。"母亲又摇摇头说："面包带得再多，也有吃完的那一天，到时候还不是会挨饿？"孩子被母亲弄糊涂了，他不知道到底该带什么好。母亲说："应该带知识。有了知识，就有生存的能力，走到哪里都不会挨饿受冻。"

等孩子长大了，父母会专门为他打一个书柜，里面放上各种书籍。犹太人的爱书是举世闻名的，他们会在床头放一本书，而坚绝不会把书放在床尾，他们觉得那样和践踏书籍一样有罪。犹太民族每一个城镇、村庄都有藏书丰富的图书馆，出于教规，犹太人每周都有一天"安息日"停止劳作，而图书馆的工作是永远不会停止的。

正是由于对知识的热爱和尊重，犹太民族得以在多次残酷的打击与毁灭中存活，并在失去土地的颠沛流离中产生许多伟人，最终在贫瘠的土地上重新建立起一个文明富有的国家。

成长悟语

与其积攒满箱子的金银，不如积攒满肚子的学问。知识是头上的花环，而财产是颈上的枷锁。

知识是青年人的最佳荣誉，是老年人最大的慰藉，是穷人最宝贵的财产，是富人最珍贵的装饰品。

第十六辑

亲情：父母是孩子最亲密的伙伴

一双鞋

在北爱尔兰的某个村子里有一个老妇人。她的丈夫很早就因病过世了，唯独留下一个儿子。老人很疼爱这个从小就失去了父亲的儿子，含辛茹苦地把他养大。终于，儿子长大了，成为一个男人，他结婚了，还生了一个孩子。

而这个时候，老人却老得步子也迈不动了，走到哪儿都磕磕绊绊的，眼睛也看不清东西了。

男人开始觉得老人是个累赘，总想着把她赶出家门。这一年冬天，他终于很委婉地跟妻子说："母亲一辈子都待在这里，什么世面都没见过，咱们让她到外面的世界去闯闯吧。"

妻子求他不要这样做。可是男人想，"我已经没有义务再照顾她了，她现在老得只能成为我的负担。"于是，他坚持要把年迈的母亲赶出门去。

妻子只好说："那至少给她买一双鞋吧，这样，她才能走好外面的路。"

他禁不住妻子的哀求，说："好吧，就给她买一双新鞋吧。"

就在这个时候，他那还睡在摇篮里的儿子突然说话了："爸爸，你根本没必要给奶奶准备新鞋，随便给她一双就行了。剩余的钱，您就好好保存着。等我将来长大了，我还可以给已经老去的你买一双鞋，让你也到外面的世界去闯闯。"

成长悟语

父母是天然的教师，他们对孩子，特别是幼儿的影响最大。所以，孩子身上的多数习惯——无论是好习惯还是坏习惯，都是我们做父母的有意或无意培养出来的。

在这个过程中，父母在教育孩子的同时，也应该进行自我教育。

苹果树

男孩很小的时候，特别喜欢在一棵苹果树下玩。他每天都在树上爬上爬下，果实成熟的时候，他就上树摘苹果吃，有时候，他又会在树下打盹，而苹果树为他挡风遮雨，给他讲故事。

随着时间流逝，男孩长大了，他看见了苹果树以外的世界，心思就不在苹果树上了。男孩看见了新奇的玩具，非常想要，而苹果树就把自己的苹果送给了男孩，让男孩卖掉苹果，然后买心爱的玩具。

男孩到了要工作娶妻的年纪了。他一直在努力挣钱，更加没有时间和苹果树在一起。男孩告诉苹果树自己需要一栋房子。苹果树就让男孩把自己所有的枝干砍下来建造房子。男孩住在房子里，和妻子幸福地生活，就更少去看望那个只剩一个树干的苹果树了。

之后，男孩怀抱着雄心壮志，望着大海想要完成自己旅行的梦想，苹果树就把自己仅剩的大树干送给男孩做一只船。

当男孩老了的时候，看着只剩下一个树墩的苹果树，他对自己说："这样也好，我现在没有牙齿，吃不了苹果。腿脚也不利索，爬不了树……现在，我就只想坐下来好好休息一下……"

这个时候，树墩说话了："你就坐在我的身上吧。"

成长悟语

对逐渐长大的孩子来说，父母慢慢地变成了一棵苹果树。她曾经给予我们果实、木材，她曾经是我们休憩的场所，为我们带来保护和温暖。

但是，有些人永远不会和一棵树去交流。得到果实的时候，他不会说"谢谢"；砍掉树枝的时候，他不会说"对不起"。

妈妈的账单

小班森的妈妈经营着一家服装店，小班森有时会到店里转转。

店里常常需要经办一些收款和付款的账单，每当这个时候，小班森都会主动要求妈妈派他去邮寄这些账单。因为这让他觉得自己似乎也成了一个小商人。

看多了这些账单之后，有一天他突发奇想："何不开一张账单寄给妈妈，索取他帮妈妈做事的报酬呢？"

没过几天，妈妈在卧室发现了一份账单，上面一列列清楚地写着：

妈妈欠儿子班森如下款项：
早上取报纸 10 美分；
为客人洗茶杯 10 美分；
帮妈妈洗围裙 20 美分；
为班森一直是个乖巧的好孩子 10 美分；
共计：50 美分。

仔细看完这份账单后，妈妈什么也没有说，只是把账单叠好放在了抽屉里。

晚上吃饭的时候，小班森如愿以偿地在他的餐盘发现了他期望的 50 美分报酬，正当他喜滋滋地要把钱放入口袋时，突然发现在餐盘旁边还放着一份给他的账单。账单内容如下：

班森欠妈妈如下款项：

为班森提供了八年幸福生活 0 美元；

为班森八年中的吃喝、教育、玩具 0 美元；

为班森生病时的悉心照顾 0 美元；

为班森一直有个慈爱的妈妈 0 美元；

共计：0 美元。

小班森还没有读完就感到羞愧万分！过了一会儿，忐忑不安的他蹑手蹑脚地走到妈妈身边，将小脸蛋藏进了妈妈的怀里，小心翼翼地把那 50 美分塞进了她的围裙口袋里。

成长悟语

没有爱是理所应当的，不要把别人的付出当成是理所应当。父母对你的关心照顾，并不因为你是他们的孩子，而是因为你是他们的爱。

请不要漠视父母为我们付出的辛劳，更不要忽略了父母那颗默默奉献的心。

救命之水！要命之水！

在撒哈拉大沙漠里行走，水是最不可或缺的。你看，连以耐渴著称的“沙漠之舟”骆驼们都快支撑不住了。

这队骆驼显然是一个母子群，那只大的是骆驼妈妈，几只小的是它的孩子。在炙热的太阳下，驼队走得缓慢而无力，眼看着就要渴死了。可是即便在生命不保的情况下，一个令人感动的细节还在重复着：骆驼妈妈不停地朝不同方向驱赶着自己的孩子，以使它们尽量走在自己的影子里，少遭受一点儿炙阳之害。

终于，在黄昏到来之前，它们找到了一个不大的泉。见到清澈见底的泉水，几只骆驼兴奋地跑起来，一边跑一边打着响鼻。可是等它们来到泉水前面时，却又异常失望了：泉水深了些，站在高处的骆驼们怎么也无法喝到泉里的水。

怎么办？骆驼妈妈焦急地望着泉水，然后开始绕着孩子们走，一个接一个地亲吻着，显得极为恋恋不舍。突然间，泉里溅起了一片白色的水花，骆驼妈妈不见了——为了让孩子们喝到救命的水，它纵身跳入了深潭，而涨高的泉水，刚好能让小骆驼们喝到！

成长悟语

世界上最细腻的人是母亲，最伟大的爱是母爱，为了换取孩子的幸福与生命，母亲会不计一切代价、心甘情愿地去吃苦受罪，有时候甚至会毫不犹豫地献出自己的生命！

我是鞋匠的儿子

林肯出身于一个鞋匠家庭，在当时极其看重门第的社会里，他的奋斗之路极为艰辛，甚至在竞选总统的时刻，都有人以此来羞辱他：“在你开始演讲之前，你首先要记住你是鞋匠的儿子。”

没想到林肯却真诚地道谢道：“非常感谢您使我想起我尊敬的父亲，没错，我的父亲是一位鞋匠，而且是位伟大的鞋匠。我知道，无论怎么样，我做总统都无法像他做鞋匠做得那么好，但是因为从小受到他的影响，我对鞋的式样也颇有研究，所以，如果您脚上穿的鞋是我父亲做的，而您感觉不舒服，我完全可以给你修改。我知道我的手艺比不上我的父亲，但是我的心一定会像我父亲那样诚实善良，不仅仅对你们，当上总统以后，我会对全美国的人民兑现这一点。”说完，沉浸在回忆里的林肯便流下了眼泪。

这席话让所有的嘲笑都变成了真诚的掌声，连那位试图羞辱他的议员，也情不自禁地鼓起了掌。

出身卑微的林肯到最后之所以能够坐上总统的位子，唯一可以仰仗的恐怕就是他这种出类拔萃的变不利为有利的才华了。

成长悟语

出身并不能决定我们的一生，即使出身卑微，只要自己不小看自己，就没有谁敢看轻我们。尊重自己的出身，尊重自己平凡的父母，这本身就是值得他人尊重的一种优良品性。

永远敞开的大门

在美国的德克萨斯州，一个小女孩像很多其他的孩子一样，厌倦了枯燥的家庭生活、厌倦了看起来“无休止”的父母的管制。

于是，她偷偷一个人离开了家，去追寻自己所谓的理想——她要成为世界名人。可外面的世界并不像小女孩想的那样，在经历多次挫折后，小女孩花光了从家里带出来的所有钱，最后，她只能走上街头开始乞讨——她觉得自己没有脸回家了。就这样，许多年过去了，女孩的父亲因病离开了，母亲也老了，可女孩仍过着乞讨的生活。

这期间，母亲曾尝试通过各种途径找她，可无济于事。不过尽管过去了这么多年，母亲仍没有放弃，每当母亲听说女儿的下落，就会不辞辛苦地找遍全城的每个街区、每条街道。母亲到过每一个收容所，她哀求道：“请让我把这幅画贴在这儿，好吗？”画上是一位面带微笑、满头白发的母亲，下面有一行手写的字：“我仍然爱着你……快回家！”

过了一段时间，女孩懒洋洋地晃进一家收容所，那儿等着她的是一份免费午餐。她排着队，心不在焉，双眼漫无目的地从告示栏里扫过。就在那一瞬，她看到一张熟悉的面孔：“那不是我的母亲吗？”

她挤出人群，上前观看。不错！那就是她的母亲，底下有行字：“我仍然爱着你……快回家！”她站在画前，泣不成声：“这会是真的吗？”这时，天已黑了下来，但她不顾一切地向家奔去。当她赶到家的时候，已经是凌晨了。站在门口，女儿迟疑了一下，该不该进去？终于她敲响了门，奇怪！她只是轻轻地敲了敲门，门就自己开了，怎么没锁？！

不好！一定有贼闯了进去。记挂着母亲的安危，她马上冲进卧室，却发现母亲正安然地睡觉。她把母亲摇醒，喊道："是我！是我！妈妈，我回来了！"

母亲不敢相信自己的眼睛。她擦干眼泪，一看果真是女儿。母女俩紧紧抱在一起，女儿问："门怎么没有锁？我还以为有贼闯了进来。"

母亲温柔地说："自从你离家出走后，这扇门就再也没有上过锁。"

成长悟语

任何时候，家永远都是你的栖息之港，等在家里的父母会随时为你开门。父母的爱是伟大的，它没有任何附加条件。无论你是优秀还是普通，甚至是残疾，父母是那个永远视你如宝贝的人，父母是那个为你的一点点进步就无比自豪的人，父母是那个能大度地原谅你的无知的人，父母是那个永远不会抛弃你的人。

数鞋子

在贫困的埃塞俄比亚，教育条件非常有限，每一个入学的儿童都很珍惜读书的机会，菲比就是他们中的一员。但是这天上课时，她的状态很不好，老是走神。放学后，老师特意把她叫到办公室，问她为什么心不在焉。

原来是为了一双鞋子。她想买一双漂亮的新鞋，就问父母要钱，没想到父母没有给。

老师既没有安慰她也没有责怪她，沉思片刻之后说："我给你布置一道家庭作业，你要认真完成。回家后仔细数一数你和父母的鞋子，明天把结果告诉我。"

第二天，老师见到菲比就问："昨晚数鞋子了没有？"她说："数了。"老师追问："你爸爸有多少双鞋？"菲比说："4 双。""你妈妈呢？""6 双。"老师停了停，又问："你有多少双鞋？"菲比的脸上显出了愧疚的神色，羞红一片，好一会儿才小声说："12 双。"

"那你还生气吗？"这时，菲比的眼里已满是泪水，她哽咽着说："老师，我错了。可是，老师，您又没去过我家，怎么知道我父母的鞋没我的多呢？"老师感叹说："父母的鞋总是比儿女的少，家家户户都一样，只是做儿女的常常忘了数一数。"

成长悟语

即使父母不富有，也会把自己最好的生活留给孩子。不是不关心你，也不是不爱你，只是环境和能力阻碍了他们对你需求的满足。

忏悔的罪人

肖申克是世界闻名的监狱，这里关押着数以千计的犯人。

2014 室关押着四名犯人，一个过失杀人犯，一个抢劫犯，一个受贿官员，还有一个经济犯罪者。

抢劫犯拿起一本杂志说："看看这款钻石戒指，要卖四千万英镑。我年轻时抢过不少珠宝，那时候钻石戒指只值两百万。"

“只值两百万，”经济犯罪者故意重复抢劫犯的话说，“只值两百万，两百万对你来说是个小数目吗？”

抢劫犯枕着双手躺在床上说：“现在当然不是个小数目，两百块都不是小数目，但当时我根本不把这些东西放在眼里。抢过来当天就能卖出，卖的钱不出三个月就挥霍一空。现在想想，唉——”抢劫犯叹了一口气说，“我抢过那么多珠宝，却没有一件送给我的母亲。我记得小时候，母亲经常站在橱窗外看首饰，一看就是半天，却没有钱买。”

经济犯罪者接过话茬说：“我才不会送珠宝这种东西。”他翻了几页杂志，看到别墅设计那页，说：“要是我，就会建这样一栋别墅送给母亲。小时候，我们兄弟姐妹六个挤在一间小屋子里，说真的，还没有现在这间牢房舒服。”

受贿官员拿过杂志翻了翻，指着新款汽车说：“当然要送汽车，我母亲膝盖受过很严重的伤，出门很不方便，她需要一辆汽车。以前我有的是机会，现在，也只能说说吧。”

过失杀人犯坐在角落里不说话，受贿官员把杂志扔给他说：“嘿，你要送你母亲什么？你平时不是挺能发表议论的吗？今天怎么哑巴了？”

过失杀人犯坐在角落里哭起来，他说：“我想送我母亲一个好儿子，她要是有一个和别人一样的儿子就好了。”

成长悟语

对亲人最好的回报，就是做最好的自己。当错误已经酿成的时候，再多的金钱都已经挽回不了既定的事实。

还父母一个好孩子，还社会一个好人。

劳碌命的艾米丽

艾米丽和瑞特结婚十多年，有了3个可爱的孩子。

又是平静且温馨的一天，两个人像往常一样看着电视。艾米丽说：“我要去睡觉了，亲爱的，晚安。”

可怜天下父母心，可叹天下儿女心……

说着，她朝厨房走去，开始准备明天的早餐。她先从冰箱里拿出火腿，然后切成片，这是要夹在三明治里的。打开牛奶箱子，检查一下牛奶还够不够。瑞特每天早上是要喝咖啡的，艾米丽都要提前一天准备好咖啡粉和砂糖。

孩子们的球衣还在篮筐里，艾米丽一件件扔进洗衣机。还有瑞特的衬衣，她用熨斗烫平，然后挂在更衣室里，以便明天瑞特一早就能穿上。

客厅里各处散乱着孩子们的玩具，她一件件收起来，分门别类装进整理箱，再把箱子搬进孩子们的房间。这时，孩子们都睡着了，她把孩子的书桌收拾整齐，然后一个挨一个给孩子们盖好被子，最后她在小女儿的额头上亲吻了一下，关掉灯，走出了房间。

艾米丽打着哈欠，伸了一个懒腰，走到阳台上，给她心爱的花花草草浇了水，又修剪了枝叶。浇花的水壶漏了，她明天需要买个新的。

这时候，瑞特也困了，他喊了一声："艾米丽，我要去睡觉了，你也快点睡吧。"艾米丽答应着，四处看了看猫咪的踪迹，她确认猫咪在厕所之后，又将厨房的门锁紧。然后走到大门口，确认门锁了之后，关掉客厅的四个开关，才安心走向卧室。

她坐在梳妆台前，整理了一下头发，在脸上抹了一些晚霜。然后把瑞特明天要穿的衣服全都拿出来，又拿出了一双厚点的袜子。最后，把自己和瑞特的手机都充上电。突然，她想起来，洗衣机里还有衣服，就走到楼下，把衣服一件件挂起来。

等她再次回到卧室，瑞特已经沉沉地睡去了。艾米丽在备忘录上添加了几条："明天早上给妈妈打电话。要给三个孩子买件羽绒服。"放下笔，她又定好了闹钟，关了床头灯，钻进温暖的被窝，安心地睡去。

艾米丽就是这样一个劳碌命，所以她会很长寿，不会过早地死去，因为她还有很多事情要做，有做不完的事情。

成长悟语

一个女人，既有女性天生的脆弱，又在撑起一个家时变得无比坚强；既平凡得如普通的妇人，又伟大得堪比上帝；既自私得只爱着自己的孩子，又无私地把所有都奉献给了他们。无私的母爱，会让所有的道德都相形见绌！

难怪人的嘴唇所能发出的最初的一个词，也是最甜美的一句呼唤就　是——"妈妈"！

背着爱的母亲

迈伦到中国旅行的时候，想去喜马拉雅山的圣庙进行朝拜。同行的导游告诉迈伦，如果是真心想要拜佛，就要从山脚下开始步行，沿着山路一直走到圣庙才能表达自己的真诚。于是，迈伦第二天就和翻译朋友一起带着简单的行李向圣庙步行走去。

高山上的空气十分稀薄，虽然迈伦两人带的行李并不多，但是在缺氧的情况下，身上背包的重量已经让迈伦气喘吁吁了。

当迈伦和翻译坐下来休息的时候，他们看到一位母亲背着一个孩子正蹒跚地走着，看样子也是往圣庙的方向去。这位母亲的双手一直护着背上的孩子，虽然山上一点都不热，却能看到她额头上满是汗水，看起来，她身上的孩子加上食物和水，一定非常的沉重。

迈伦用蹩脚的藏语问这位母亲："肩膀上的重量一定很辛苦吧？需要帮忙吗？"

谁知这位母亲却说："你的背包也许很重，但我的肩膀上是我的孩子，一点都不重。"

当身边的翻译把这位母亲的话翻译给迈伦的时候，迈伦顿时感受到一种深沉的母爱：自己背上的是行李，而这位母亲背上的是母爱，爱不是负担，所以不重。

成长悟语

爱不是负担，而是一种喜悦的关怀与无求的付出。如果有人认为爱是沉重的，那么这一定不是真爱。

母亲的爱永远最真挚

卡瑞达的母亲在受过一次惊吓后就得了失心疯，除了卡瑞达之外谁都不认识。没有其他兄弟姐妹的卡瑞达在忙的时候只能把母亲托付给邻居照顾。幸好邻居是一个热心的老太太，对自己的母亲照顾得十分周到。

这天，卡瑞达又把母亲送到了邻居家里。“真抱歉，爱丽丝太太，我母亲又需要您照顾了。您知道我要出一趟差。”爱丽丝太太会心地笑了，像往常一样微笑着将卡瑞达的母亲迎到了房间里，并嘱咐卡瑞达放心。

卡瑞达走后，爱丽丝太太家里来了几个客人。爱丽丝把卡瑞达的母亲安置在卧室后就去招待客人了。

午饭时间，爱丽丝做了一些批萨饼，香味扑鼻。客人们品尝过美味的批萨后，开始和爱丽丝聊天。

这时，卡瑞达的母亲偷偷走出房门，不一会儿又回到卧室里面，可她看爱丽丝太太的眼神明显不对。爱丽丝太太感觉到了异样，检查了一下房间，发现刚才吃剩的几块批萨饼不见了。回想起卡瑞达的母亲衣服的口袋鼓得很明显，爱丽丝很快明白发生了什么事情。

她轻轻地进入卧室，温柔地跟卡瑞达的母亲说：“亲爱的，我想我得看看你的口袋，要知道你这样做卡瑞达也会不高兴的。”

卡瑞达的母亲一开始很不愿意，但听到卡瑞达会不高兴后，她还是不情愿地拉开了自己的口袋——里面正是几块批萨饼。

卡瑞达的母亲接下来的一句话让爱丽丝太太不禁流下了眼泪，她说道：“我不是想偷你的东西，但卡瑞达最喜欢吃批萨饼了，我要把这些留给他。”

成长悟语

惊吓使这位母亲失去了理智，但不能动摇她对儿子的爱。这种爱是来自心底最深处的，任何变动都不会改变它的存在。

结束自己生命的母亲

尚卡尔的家传来了撕心裂肺的哭声，尚卡尔36岁的妻子塔米兹切维自杀了。邻居们觉得奇怪，他们夫妻和睦，还有两个可爱的儿子，妻子怎么会走上这么一条路？可是尚卡尔明白妻子的苦衷。

他们的确是有两个可爱的儿子，但是不幸的是，两个儿子都患有先天性眼疾。大儿子两眼分别只有 18% 和 12% 的视力，小儿子仅一只眼有 2% 的视力。对他们夫妇而言，儿子能看见这个光明的世界，是这辈子最大的心愿。

他们曾经带着儿子去眼科医院，而医生告诉他们，现在没有合适的眼角膜，需要等待。但是即使有了合适的眼角膜，手术费用也是一个大数目，对他们这个不算富裕的家庭来说，也是可望而不可即的。回来之后，经过夫妻俩的再三商量，他们决定在马德拉斯当地的眼科医院进行登记并约定：夫妻两人中一方先去世，就把眼角膜捐给两个儿子。但是万万没想到，妻子为了让两个儿子重获光明，竟然采取了这种极端的方式。

妻子已经远去，为了实现她的夙愿，尚卡尔迅速通知了眼科医院，希望尽快进行手术。但是，医院却说："塔米兹切维的眼角膜已经轻微受损，无法用于移植，只能用作医学研究。"

这位母亲死得毫无价值，真是一件让人悲痛的事情。

成长悟语

惠特曼说过："全世界的母亲是多么的相像啊！她们的心始终如一。每一个母亲都有一颗极为纯真的赤子之心。"母亲为了儿女，往往可以牺牲自己的一切，甚至不惜舍弃自己的生命。

但是，不少母爱的失败也正是如此——并不是失败于过于吝啬，而是过于慷慨。

母亲最珍贵的珠宝

在古罗马城中，康妮黎亚一家过着幸福愉快的生活。

这天清晨，康妮黎亚叫来正在玩耍的两个孩子："孩子们，今天有一位贵妇人将会来我们家做客，你们可要懂些礼貌。"

下午客人来了，她真的是一位名副其实的贵妇人——手臂上有光芒耀眼的金镯子，脖子上有夺人眼球的项链，手指上有闪闪发光的戒指，发髻上还有晶莹剔透的珍珠。

弟弟惊讶得张大嘴巴："哇，她看起来如此高贵，我从来没见过这么漂亮的女人！"哥哥也点头说："是啊，我也这么觉得。"他们羡慕地看着客人，又回头看向母亲。只见母亲只穿了一件朴素的外套，身上没有任何珍贵的饰品。相比之下，显得有点寒酸。

贵妇人不禁骄傲地说："你们还想看看我其他的珠宝吗？"兄弟俩不住地点头。贵妇人的仆人拿来一只漂亮的盒子，打开之后，又是一堆琳琅满目的珠宝。只见里面有像血一样红的红宝石，像天一样蓝的蓝宝石，像海一样碧绿的翡翠，像阳光一样耀眼的钻石。这对兄弟呆呆地看着这些珠宝，心想："要是母亲也能有这些东西那该多好啊！"

贵妇人看着兄弟二人痴痴的表情，自满而又怜悯地说："康妮黎亚，你真的穷得什么珠宝都没有吗？"康妮黎亚坦然地笑道："不，我当然有珠宝，并且比你的珠宝更为贵重。"贵妇人不相信，惊讶地睁大眼睛："是吗？快拿出来让我看看吧！"

和善的笑容在康妮黎亚脸上荡漾，光芒远胜于任何宝石。金棕色的长辫子犹如一顶皇冠照亮整间小屋。她把兄弟俩拉到自己身边，微笑说："他们就是我的珠宝，我最为贵重的东西。”

这两个男孩，特贝瑞斯和卡尔斯永远不会忘记母亲当时骄傲的表情和深深的爱意。数年后，他们都成为罗马伟大的政治家，但他们仍然常常忆起当年的这一幕。

成长悟语

在孩子的心中，母亲就是上帝；在母亲的心里，孩子就是珍宝。

母亲的摇篮中，培育的是孩子的未来。当摇篮中充满爱的时候，孩子的未来又怎么能够不光明呢？

让母亲来洗盘子

珍妮被介绍到麦森教授家当佣人，因为麦森教授家原来的佣人老了。

当天晚上，麦森教授一家吃完饭，珍妮赶紧把桌上的杯盘收拾下去，正准备洗盘子的时候，麦森教授走进厨房，对她喊道：“不急，不用你洗。”

麦森教授将盘子放进水池，先大略地冲去上面的油污，然后，把自己年迈的母亲扶进了厨房，笑着说：“妈妈，该洗盘子了，要不明天的早饭就得耽搁了。”

珍妮很不解，家里都请了佣人，为什么还让老人洗？可是，转眼一看，只见老人一改餐桌上的萎靡，一脸兴奋地走到水池边，慢腾腾地洗起盘子来，花了足足半个小时才把杯盘洗完。仔细看，那些杯盘上面，有的还残存着油污。

珍妮更加不理解，老人都洗不干净，为什么还让她来做呢？

麦森教授却很高兴地对老太太说：“妈妈，您累了吧，歇歇吧！今天您受累了，要不是您把碗洗干净，明天的早饭都没办法吃了呢。”他拿了块毛巾，给母亲仔细地擦手。

麦森教授搀老太太回房后，又返回厨房，把碗重新洗了一遍。在珍妮不解的目光下，麦森教授说：“我只是想让自己的母亲感受到，她是被需要的。”

成长悟语

不管父母年龄多大，都觉得自己的孩子永远长不大，什么时候都需要她来照顾。我们在孝敬父母的时候，也要懂得尽孝的方式，不要以为给了父母物质上的需要就算尽孝了。父母的精神需要，也是我们一定要关注的。

送给母亲的“康乃馨”

刚吃过晚饭，妈妈正在厨房里忙着。4岁的女儿不时地推开爸爸的房门进进出出，样子显得很神秘。爸爸这时正在看球赛，丝毫没有注意到女儿。

女儿拉了拉爸爸的衣角：“爸爸，你能不能告诉我……”

爸爸看球赛兴趣正浓，就对女儿说：“爸爸现在没时间，你去问妈妈吧。”

女儿回答道：“不行啊，这件事千万不能让妈妈知道。”看到爸爸不理自己，女儿失望地回房间了。

过了没多久，妈妈叫女儿出来吃水果，可女儿就像没听到一样，躲在房间里面。妈妈以为女儿生病了，谁知道女儿关掉了灯，只说了一句“我要睡觉了，妈妈”，就再也不作声了。

第二天早上，妈妈做好了早饭，时间不早了，还没见女儿下来吃饭。她刚要上楼去叫女儿时，女儿下来了，双手背在身后，手里好像拿着什么。

“妈妈您闭上眼睛好吗？我有一个惊喜要送给您！”女儿有些神秘地对妈妈说。

妈妈看着女儿认真的表情，就闭上了眼睛。

当妈妈再次睁开眼睛的时候，她看到了满满一大束花！

“祝您母亲节快乐！妈妈！”

“哇！”妈妈略略迟疑了一下，但马上故作惊喜地叫了起来，说：“这可是我最喜欢的康乃馨，谢谢女儿，你让我感受到了做妈妈的幸福！”

女儿听了妈妈的话，满脸兴奋地拉着她的手说：“妈妈，我真是太开心了！”

女儿开心地上学去了。妈妈一边开心地笑，一边却流下泪来。原来，女儿知道今天是母亲节，特地用零花钱去买了花，可女儿根本不认识康乃馨，她买回来的其实是一束紫罗兰！妈妈也许不知道，女儿推开爸爸的房门是想问他自己买的是不是康乃馨，但是，妈妈肯定体会到了女儿对她深深的爱意。

成长悟语

孩子知道各式各样的爱的语言，他们用最直接、最纯真的方式将自己的爱表达出来，温暖的是整个世界。

而有些人，却在忙碌的节奏中往往吝啬这种爱的表达。

当火车开走之后

世界上，只有母亲的生命是随时为孩子准备的。

“二战”时期，纳粹党卫军从集中营内选出了几个孩子，打算送到柏林。

那里的一些高层军官大多都随军，他们的子女也随着他们过上了随军生活，所以他们没有玩伴，都很孤独。

这次，他们打算把这几个孩子送到一些军官的家里去，这样可以让他们充当玩伴。

一个军官还特别要求：他需要一对母子或母女。因为家里缺少一个女佣，因为孩子在身边的话，就会更加卖力地为自己服务。而且，他还想看一下是否有母亲会为了孩子而冒险。

火车启程的那天，他们把那几个孩子押上了火车，让那几个孩子的母亲在站台上送行。

这是多么残忍的一个场景，母亲们眼含着热泪，目送着自己的孩子。

作为母亲，她们的内心是多么的煎熬啊！孩子这次离开自己，未来生死未卜，可能这一生她们也不会再见到孩子了。

车厢中的孩子声嘶力竭地哭泣着，车下的母亲更是心痛得要昏厥。

火车开始鸣笛了，巨大的车轮已经开始滚动，这时，一个母亲疯了般跑向火车，迅速跳进车厢，紧紧地把自己的孩子搂在了怀里。

党卫军逼近了这个母亲，这个母亲觉得自己就要死了。

但是她不怕，刚才的一刹那她已经下定了决心，就是死也要和自己的孩子死在一起，她不能眼睁睁地看着自己的孩子被带走。

其中一个党卫军开口说："你不会死，你赢了。你不顾一切的勇敢给了你一个机会，你可以跟你的孩子待在一起了。"

母亲激动得紧紧抱住了孩子的头。

成长悟语

什么力量都抵不过为了孩子而发狂的母亲，多数性格温和、怯懦的女性，会在孩子遇到危险的时候爆发出英雄般的力量。

亲手将花献给妈妈

有一个年轻人在异乡为事业打拼，他的工作非常忙，很少回家。母亲节这一天，他开车到了花店，挑选了一束鲜艳的康乃馨，把地址交给花店员工，请他们送给远在故乡的母亲。

正要走出店门时，他发现一个小男孩正坐在对面的马路边上伤心地哭泣，于是，他走到男孩面前问：

"孩子，你为什么坐在这里哭？"

"我妈妈最喜欢玫瑰花，我想买一朵送给她，可我的钱不够。"孩子沮丧地说。听到小孩的话，青年一阵心疼。

"这样啊，那我帮你好不好？"年轻人又牵着小男孩返回花店，帮他买了一朵玫瑰花。走出花店时年轻人又热情地向小男孩提议，要开车送他回家。

"你真的要送我回家吗？"

"当然啊！"

"那你送我去妈妈那里好了，可是我妈妈住的地方离这里很远。"

"是吗？早知道就不载你了。"年轻人开玩笑地说。

在男孩的指引下，年轻人一路开了过去，没想到走出市区大马路之后，沿着蜿蜒山路前行，最后，竟然来到了墓园。

下车后，男孩静静地把花放在一座新坟旁边。原来他走这么长的路，就是为了给一个月前刚过世的母亲献上一朵玫瑰花。

年轻人非常感动，同时也意识到了什么。将小孩送回家后，他又一次折返花店，取消了预订的花束，而改买了一大束鲜花，赶了一夜的路回到故乡，亲自将花献给了母亲。

成长悟语

别以为自己还有时间和机会，当你想要再去爱的时候，那个等着你爱的人是否还在？

为爱走了一夜

卡洛琳生气地挂断了妈妈的电话，上床的时候是晚上 11 点，窗户外面已经下起了雪。

她其实很想买一件羽绒服，它看起来是那么轻柔，那么暖和。可是，家里的生活状况太困难了，根本没有条件给自己买昂贵的羽绒服。

刚才她给妈妈打电话，希望妈妈能给自己送几件棉衣。可是，妈妈为难地说，父亲去了别的城市送货了，她还要照顾幼小的弟弟，只能等父亲回来，才能送棉衣去学校。

卡洛琳虽然觉得委屈，可是只能这样了，弟弟毕竟还小，需要有人照顾。她缩在被窝里想，明天上课，自己只能穿那件毛呢大衣了，虽然不能抵御太多的风寒。

早上起来，地上铺满了厚厚的雪，天气冷极了。卡洛琳穿着自己的毛呢大衣，瑟缩着飞快地往教室跑。在教室的门口，她发现妈妈挎着一个包，站在那里，微笑着等自己。卡洛琳高兴极了，几步上前与妈妈拥抱在了一起。毕竟，自从来学校，就没见到妈妈了。

激动之余，她很惊讶，妈妈怎么来了？弟弟怎么办？

妈妈说：“弟弟托付给邻居玛丽阿姨照顾了！我怕你冷，就连夜赶来了。”

卡洛琳一听，更加疑惑了，说：“晚上没有从镇上来这里的车，你怎么来的？”

妈妈笑着说：“没有车，我可以走路啊，况且，从镇子到学校也没有多远。”

卡洛琳眼里溢出了泪水，从家里到学校有十几公里的路程，在天黑又下雪的情况下，母亲需要走一夜才能到学校。

成长悟语

母爱是巨大的火焰，它能够温暖所有的寒冷。这种纯净的力量，无私得仿佛能把世界上最痛苦的事情都变轻松。

盛满碎玻璃的箱子

有一个老人，他年轻的时候是一个裁缝。后来年纪大了，妻子也去世了，他只能一个人生活。儿子们都各自成了家，但却很少回去，只是义务式地一周回去一次，然后很快就走了。

老人知道，儿子们根本不喜欢他，怕他成为累赘。但对儿子的思念却让老人整夜睡不着觉，他经常捧着死去的妻子的照片流泪。

这天，是孩子们回来看老人的时间了。老人拿出一个上了锁的木箱子放在饭桌底下，儿子们来吃饭时，脚碰到了盒子。

“这盒子里装的什么呀？”他们看着桌子下边发问。

“哦，什么也不是，”老人回答，“只是我攒下的东西。”

儿子们眼睛里闪过一丝光，大儿子故意使劲踢了一脚，听见里面发出哗啦啦的声响。“里面肯定装满了老头子这些年积攒的金子。”他们彼此嘀咕着。

从那以后，儿子们再也不像以前那样，而是每天都回家和老人在一起，小儿子甚至直接搬到了老人家里常住。

后来，老人得了重病去世了。他的儿子们在给老人办了一个体面的葬礼后，开始商量着如何处理箱子里的金子。

“这段时间来，我对爸爸照顾得无微不至，这个箱子理应归我。”小儿子趾高气扬地说道。

“爸爸经常在我们家住，箱子里的东西我当然有份。”二儿子也毫不示弱。

这时大儿子说道：“都别吵了，现在你们都听我的，我们先打开箱子看看里面到底是什么吧。”

他们满屋子搜寻，终于找到了盒子的钥匙，打开了盒子。最后，他们发现里面全是碎玻璃。

“天啊，他竟然对自己的儿子做这样卑劣的事！”大儿子喊道。

“他不这么做又能怎么样呢？”二儿子伤心地说，“在没有见到这个箱子之前，我们确实对他不够关心。”

“我真感到羞愧，”小儿子哭泣着，“我们逼着自己的父亲欺骗儿子，因为我们完全忘了小时候他对我们的教育。”

成长悟语

父母给我们生命，所以我们要善待父母；父母宁愿自己挨饿受冻，也要让我们吃饱穿暖，所以我们要善待父母。

等到父母年老之后，我们更要爱他们，一如他们当初爱我们那样！

西瑞的爸爸

一天晚上，西瑞的爸爸突然病了，全家人都吓坏了，西瑞和妈妈赶紧把他送到了医院。

检查、填表格、交款……两个人忙着办理各种手续，慌乱极了。可爸爸一点儿也不安分，起来、躺下，自言自语……折腾到半夜。到了第二天，他根本不知道发生了什么事情。又经过一整天的各种检查，万幸的是，医生说西瑞的爸爸各项指数都很正常，只是需要住院观察一段时间就好了。西瑞和妈妈终于松了一口气。

晚上，西瑞决定留在医院陪爸爸。清晨，病床上的爸爸对西瑞说："我的女儿，你昨晚睡得可真香啊。"当时，西瑞笑了笑，并没有多想。

直到爸爸病好出院后，有一天，父女俩在一起聊天，说起了医院病房的弹簧门。那门一关一闭都没有声音，可能是担心打扰病人休息才这么设计的。而且这门也没有锁，不过这也难怪，一整天护士们都进进出出的，锁上了也不方便，这倒也说得过去。可最让人不安的是，病房的窗户外面连个铁栏杆都没有，这样太不安全了。爸爸说："那天晚上，我非常担心坏人进来伤害你，所以我就一直盯着。"原来那个夜晚，爸爸一直克服着睡意，强打着精神为女儿"站岗"。刚一犯困，他就猛地一下惊醒，眼皮刚一合上，他又赶紧抖擞精神，看一眼熟睡的女儿。就这样，一晚上醒醒睡睡，折腾了一夜。

西瑞看着年迈的爸爸，心想如果坏人来了，爸爸又能怎样呢？他病了，一整天都没怎么吃东西，手上还打着点滴。凭着这样的身体如果真的遇到了坏人能做什么？可是，就是凭着这样的身体，爸爸居然守护了自己一整夜。西瑞陷入了沉思，她觉得爸爸的想法很好笑，可是她却笑不出来，只有眼泪一滴滴地簌簌落下。

成长悟语

对于女孩来说，这个世界上再也找不出第二个男人，能比自己的爸爸更爱自己！

父亲，即使在风雨交加的时候，也不会让一滴雨水落在我们身上。他就像一颗北极星，即使在黑暗的夜里，他也会帮我们辨明方向。正是这份伟大，在乌云密布的日子里，我们也能够感受到他的光芒。

让孩子自己上学

"妈妈，再见！"

杰西卡站在自家的阳台上看着儿子渐行渐远，眼睛被不舍的泪花迷蒙了。作为母亲，杰西卡多想和昨天一样再送自己的孩子去上学，毕竟这仅仅是上小学的第二天。可是杰西卡知道，自己不能照顾儿子一辈子，他终究会成为一个男子汉，拥有属于他的一生。就这样，杰西卡从儿子上学的第一天开始，就放开了牵儿子的手，把他交给了这座城市……

孩子的品性，就是父母的品性。如果我们对孩子怀有某种期待，最好先对自己这样要求。

杰西卡看着儿子消失在街角，轻声对着天空说道："如果他走在马路上，一直跟着人流循规蹈矩还好，但是，匆匆的路人会不会无意间撞到这个小男孩？我把自己最重要的人交给充满危险的马路，真的对吗？"

淡淡地回忆这么多年，杰西卡放弃了搬家，去更好的街区居住，也放弃了让自己的孩子去上更好的私立学校，放弃的这一切都是为了让自己的孩子熟悉和适应自己住了7年的地方，让孩子能够自己走出人生的第一步，之后再走向自己的未来。

杰西卡知道，孩子慢慢会开始识字、读书、看报纸、听音乐或者看电视、电影。从这一天开始，她把孩子交给了未知的信息，让孩子学会自我挑选、自我吸纳。他会因而变得正直忠信，还是学会奸猾诡诈？

作为一个母亲，杰西卡感觉自己是在拿孩子作为筹码去相信这个社会。杰西卡真的想问一问上帝："当我把自己的孩子交给这个世界，当我的孩子也对这个世界有所期待和渴望的时候，他会从这个世界得到什么呢？……"

杰西卡自言自语了一阵，慢慢闭上眼睛，试图给自己信心和勇气。

今天早晨，一个母亲，把她可爱的小男孩托付给了这个世界，而世界将还给这个母亲一个男子汉。

成长悟语

鹰把自己的孩子扔下悬崖，用这样的方式来告诉它们如何展翅高飞，这种伟大的母爱叫作"放手"。每一个真正懂得爱孩子的母亲，一定会知道自己无法陪伴孩子一辈子，而如果不让孩子去尝试能力之外的事情，他可能永远不会成长。

第十七辑

真爱：爱情是经历，不是结果

不寻常的贝壳

春天来了，林子里的园丁鸟到了寻找配偶的季节。

雄鸟们都露出了自己蓝色的脊背，跳起了摇摆舞。雌鸟们当然不会被这些雄鸟的小花招俘获，它们选择配偶的关键，还要看这些雄鸟建造的精致的巢穴。一些雄鸟用树枝搭建巢穴，并用贝壳、羽毛、花朵或者是真菌类植物等装饰。

有一只非常美丽的雌鸟，它羽毛颜色是绿黄相间的，漂亮又独特。因此这只雌鸟成了众多雄鸟追求的对象。

很多雄鸟每天都到这只雌鸟的窝边唱歌、跳舞，热闹极了，可是这只雌鸟也很骄傲，它选来选去，始终没有选中自己满意的配偶。眼看着其他的园丁鸟成双成对地在一起嬉戏，它内心也很着急。

春天就要过去了，雌鸟这才选中了自己的配偶，但是烦恼又出现了。它同时选中了两只雄鸟。一只雄鸟雄壮有利，跳舞狂野又热情；另一只雄鸟感情细腻，唱歌婉转动听。

雌鸟没了主意，它只好答应去看看它们装饰的巢穴，再决定到底选择谁。

参观了两只雄鸟的巢穴，这只雌鸟发现，它们都是那么漂亮，里面都放着精致的贝壳。两只雄鸟的装饰都相差不大，它都很喜欢。怎么选择呢？它又没了主意。

于是它跳到一只雄鸟的巢穴边来回踱步思索，它发现，这些贝壳好似都被细致地打磨过了，边角圆润而光滑。

它不解地回头问那只雄鸟，雄鸟说：“我怕那些贝壳在你造访的时候，不小心弄伤你的脚。”

雌鸟选择了这只雄鸟，因为它觉得那些打磨过的贝壳代表了无尽的爱。

成长悟语

即便用12把锁，把“美”牢牢锁在密室，“爱”也照旧能把锁个个打开而斩关直入。而对自己有利的爱，不是真爱，那只是一种欲望；对别人有利的爱，才是无私的真爱。

真正的爱其实没有我们想象的那么巨大，它很小，小到我们对别人最微末的关怀和思考。爱的本质并不华丽，而是以最朴实的面貌展现在最需要它的人面前。

被血染红的牙齿

罗伯特和妻子玛丽是公司的白领，每天都很忙碌，没有什么自由的时间。

一天，他们决定去爬山，改变一下他们紧张的生活状态。山很高，罗伯特和玛丽历尽困难终于攀到了山顶。站在山顶上远望，远处城市中白色的楼群在阳光下变成了一幅美丽的画，仰头看去，蓝蓝的天白白的云。两个人高兴得像孩子一样。对于终日劳碌的他俩，这真是一次难得的旅行。

但是，罗伯特因为太高兴一脚踩空，高大的身躯打了个趔趄，随即向万丈深渊滚去，周围是陡峭的山石，没有可以抓的地方。

当时玛丽正蹲在地上拍摄远处的风景，短短的一瞬间，她明白将要发生什么事情，她下意识地一口咬住了丈夫的上衣。同时，她也被惯性带向岩边，仓促之间，她抱住了一棵树。

你能相信吗？两排洁白的牙齿承受起了一个魁梧躯体的全部重量。罗伯特悬在空中，玛丽牙关紧咬。他们能坚持多久？

他们就像一幅画，定格在蓝天白云高山峭石之间。玛丽不能张口呼救，更不能动，罗伯特也不敢动。就这样一小时过去了，过往的游客救了他们。

而这时的玛丽，美丽的牙齿和嘴唇早被血染得鲜红。

这时有人问玛丽："为什么你能挺那么长时间？"

玛丽回答："当时，我头脑里只有一个念头：我一松口，罗伯特肯定会死。"

成长悟语

对于整个世界来说，他仅仅是一个人，但对于你来说，这个人却是整个世界。原来这就是爱情的力量，它能让一个柔弱的人创造奇迹。

美人鱼的双脚

深海的一条美人鱼想变成人类，它潜心练习了几百年，仍然是一条鱼尾巴，为此，它很苦恼。

据"美人鱼世界"的规矩，美人鱼要想拥有人类的腿，必须有一个契机：帮助人类实现一个愿望。等愿望达成之后，就会渐渐长出人类的腿。这几百年，它不知为人类达成了多少愿望，可自己始终还是美人鱼。

一天，美人鱼游到水面上嬉戏，不巧遇到了大风暴，一艘船眼看就要被大海浪吞没。美人鱼救下了落水的少年，并把他送到了岸上，并得知这个少年是一位王子。王子感谢美人鱼的恩德，把她带回了王宫。

美人鱼与王子在王宫里住了几个月，他们相爱了。可是细心的王子发现，美人鱼在这段日子里始终不开心，于是问她为什么不开心。美人鱼就把自己想变成人，始终不能达成心愿的事情告诉了他，并且问王子有什么愿望，它可以帮忙达成。

王子想了想，觉得没有什么心愿可以达成，他整天陪着美人鱼在水中嬉戏，日子惬意极了，但是要说愿望的话，他可以帮助美人鱼达成她的心愿。于是，他告诉美人鱼，他的愿望就是希望美人鱼长出人类的双脚。

美人鱼听完王子的心愿，愣住了，眼泪溢满了眼眶，并紧紧地握住了王子的手。刹那间，美人鱼长出了双脚，并能走路了。

之后，当然是王子与美人鱼快乐地生活在一起。

成长悟语

如果你以为爱情就是你付出了多少就能收获多少，那么，你就想错了。爱情，无论能不能得到相等的回报，仍需要无怨无悔的付出。生活就是如此，我们不要总想着从生活那里得到什么，而应该反思我们对生活付出了什么。

单身的苏珊

苏珊 30 岁了，还是独身一人。

很多人不明白，她漂亮，有一份好的工作，怎么会没有爱情?

有人问，你不寂寞吗?

苏珊说，她也寂寞。

但是，有时候她却很享受自己的这份寂寞，她在寂寞中幻想着自己的白马王子，骑着中世纪的高头大马奔向自己。

那个时候，自己觉得幸福极了。如果和一个男人交往，两个人并不合适，那么也就没有什么共同的话题。即使两个人坐在一起，还是寂寞。

苏珊有时候静下心来会觉得自己的执着很可笑，为什么不去恋爱? 为什么要让自己单身而孤独呢? 苏珊转过头来想，爱情就要执着，不要轻易地去恋爱，不要去欺骗别人，也不要欺骗自己。

真正的爱情不仅仅只有花前月下、甜言蜜语的浪漫，而是将两人的命运紧紧联系在一起，有福同享，有难同当。

她始终认为，总有一天会遇到自己等待的那个人。一旦遇到自己等待的那个人，就要用心去爱。

当遇到一个喜欢自己但自己不喜欢的人，苏珊会尊重地向对方说：“对不起，我们不适合，所以不要再交往下去了。”她觉得在爱情方面，要尊重自己也要尊重别人。

如果对方觉得恋人做不

成，可以交个朋友，苏珊每次都很乐意。但是对方如果想要改变自己的想法，苏珊都不会轻易妥协，因为自己等待的那个人还没来到。

苏珊等待的那个人来了，他坐在咖啡屋里，优雅地喝着咖啡。苏珊知道这就是那个自己等待了 30 年的人。

他们在一起了，很幸福。

成长悟语

有一种独身主义，是为了等待对的那个人。

不要随意地开始一份爱情，也不要轻易地结束一份感情，要学会尊重和珍惜。如果有人对爱情抱持的是轻贱的态度，那么他也不会收获一份慎重的真爱。并不是说付出和等待就一定会得到真爱，但是，连付出和等待都没有，真爱又怎么会来探望你呢？

“稻草人”的童话

在遥远的国度，王子得罪了邪恶的女巫，他被施了咒语，变成了一个稻草人。稻草做成的身躯，一根树干支撑起来，就能蹦跳着走路了。

稻草人虽然丑陋，但行动自如，这本也没什么。但悲剧在于他仍拥有人类的感情……

大约一个世纪过去了，稻草人蹦跳着途经一个山谷，一个美丽的公主乘坐着马车经过，稻草人立马爱上了公主。因为蹦跳着走路太累，他请求乘坐公主的马车一起回城，可是公主嫌弃他丑陋，拒绝了他。

稻草人只好蹦跳着跟在马车后面，可不幸地是，走到半道遇到大风雪，公主乘坐的马车失去控制，一下子滑下了山谷。稻草人看见了这一情形，丝毫没有犹豫，纵身跳下山谷，用自己的树干卡在马车的前面，试图阻止马车停下来。可是马车的速度太快了，单凭自己的力量根本没法阻止，只见稻草人支撑身体的树干磨得碎屑乱飞。快到谷底了，马车的速度才逐渐慢了下来，缓慢滑到谷底。公主得救了，可是稻草人支持身体的树干已经磨没了，没法站起行走了。

公主并没有因为稻草人的牺牲而感激他，相反，她觉得谷底太冷了，她让稻草人点燃自己身上的稻草取暖。稻草人为博得公主芳心，点燃了自己四肢的稻草。

四肢渐渐烧完了，风雪还是没有停止。稻草人仅剩一个头颅了。但是，即使这样，外表美丽内心自私的公主却仍旧未被感化。她命令稻草人献出剩余的稻草为自己取暖。稻草人明白，只要自己这样做了，生命也就完结了，但是他为了自己的爱情，为了心爱的公主，甘愿牺牲自己。

稻草人点燃了自己的头颅，他觉得自己快要死了，于是对公主说：“既然命运把我变成稻草人，我宁愿为爱情壮烈地自焚，这样的死法，总好过毫无意义地多活一个世纪，虽然，我明白你在利用我对你的爱，但我甘愿受你利用。”稻草人化为了灰烬，可公主没有流一滴眼泪，她一向心肠狠毒，任何人为她的付出，她都不会感恩。

这时，女巫出现了，她对着稻草人的灰烬感慨地说："你要是再等一天，你的诅咒就打破了，你会变回人类，因为你的咒语是一个世纪。"

成长悟语

如果我们是先知，能预知未来，不知道我们是否还会愿意做出牺牲呢？有时值得和不值得，可能只是毫厘之间的事情。试问有谁能很明确地知道呢？世上的"稻草人"又何止一个。

简历里的病历

弗兰克学历很低，不够他要应聘的公司的入职资格，但却被这家公司录取了。

入职的第一天，几个老员工聚在一起闲聊这件事。

一个说："他不是重点大学出身，也没有博士学位，凭什么被录取？"

另一个说："他虽然曾在一家大企业任职，也是从一名基层员工做起，在很短的时间内，因为业绩突出，被破格任命为总经理助理。但这些工作经历，别的面试者也有，算不得长处。"

第三个人说："他生活在英国的乡村，可能有着一个农夫百折不挠的精神吧，但这些都不足以成为他破格进入我们公司的优势所在。"

就在这时候，这家公司的经理走了进来，面色严谨地说："他有一颗爱人的心，能够忠贞地对待爱情，我看中的就是这一点。"

原来，弗兰克的妻子出了车祸，伤到了尾骨，下半身不能动弹，他为了照顾自己的妻子，辞掉了待遇优厚的工作，专心在家照顾妻子。其实，他妻子的下肢并不是完全没有知觉，对热、冷和触摸都有一定的感觉，只是神经系统恢复很慢，两年时间过去了，医生也束手无策。弗兰克觉得，妻子肯定能康复，只是没有找到合适的医生罢了。

鉴于生活和医药费的压力，他现在不得不出来工作，但是他没有放弃给妻子治疗。他每天都把妻子的病例带在身上，希望一旦遇到专家和朋友，便送给他们一份，以便获取更多最新的医疗信息……

这次，就是弗兰克在面试的时候，匆忙中把妻子的病例附在了简历的后面，面试的经理看到了这一份多出的简历，破格给了弗兰克一个工作的机会。他觉得一个能如此忠贞地对待爱情的人，相信也一定可以很忠诚地对待工作和公司。

成长悟语

德行，在某种时候存在一种统一性。虽然，真诚的未必朴实，朴实的未必聪明，聪明的未必谦虚，谦虚的未必敬业，敬业的未必顾家，顾家的未必真　诚……　但是，一种品德却可能遍及他生命的所有角落。

我们的爱情价值观，也体现一个人的职业价值观和人生价值观。一个对爱情忠诚的人，也是一个对待事业和生活忠诚的人。

大衣与婚姻

米琪最近很想要一件大衣。她最近升职了，接待的客人也更多了，如果自己穿着太寒酸，就会显得十分不礼貌。

一天，她接待一位客人，对方是一个女经理。她上下打量了米琪一番，然后对米琪说："你的大衣很漂亮，只可惜上面的皱褶太多了。你接待客户，是代表了公司的形象，不可以穿廉价的衣服，这样对接待的客人也不尊重，你说对吧？"

米琪尴尬极了，她借口去了卫生间，在她转身关上门的时候，眼泪从她的脸上流了下来。

她和丈夫是在大学相爱的，他们互相深爱着彼此。毕业后，他们结了婚，为了买一套属于自己的房子，攒钱成了他们生活的全部。米琪的衣饰和化妆品都是买的廉价品，她之前从没有在乎过价格问题，但是现在她感觉到自尊心受挫了。

有一天，她同丈夫路过商场，正巧碰到大衣在做促销活动，售货员看见了米琪，热情地为她介绍一款最新的名牌大衣。大衣穿在米琪的身上，让她显得既美丽又高贵，这令她十分心动，她下定了决心要买它。丈夫看出了她的心思，去付款台结账，结果发现这件大衣价值 1000 美元。丈夫犹豫了，觉得太贵了没必要买。米琪这次感觉自己的自尊心再一次受到了打击，她丢下丈夫走了。

之后，他们之间的感情渐渐变了。米琪时常感到失落，她甚至觉得自己当初嫁给丈夫不是一个正确的选择。

不久，她认识了一个有钱人，就和丈夫离婚了。很快，米琪和那个有钱人结了婚，在结婚的那一天，她收到了丈夫寄来的一份贺礼，就是自己之前看上的那件大衣。

米琪的这次婚姻也没有持续多久，因为建立在金钱基础上的婚姻，一旦新鲜感过了，就无法继续了。

在离开第二任丈夫的时候，米琪只带走了那件大衣。

成长悟语

当你以为金钱能够战胜爱带来快乐的时候，它会将你的爱和快乐一并带走。米琪的大衣象征着虚荣，当虚荣超过了爱的分量时，我们的眼睛就会被蒙蔽。

钻戒与牙齿

在一场宴会上，太太先生们纷纷讲述各种趣闻。其中一位说，在南卡罗纳州的一个村庄，有个渔民从打捞上来的鱼肚子里发现了一颗红宝石。这个趣闻引发了各种在鱼肚子里发现宝物的话题，大家纷纷发表议论，只有一位老者默不作声。

过了一会儿，老者开始说话了，他说："我家在南部温暖的奥尔良，后来因为高薪原因受雇于纽约一家会计事务所。我在事务所待了三年，做了各种各样的账目，赚够一笔钱后准备回家娶我的未婚妻。我精心订制了一枚钻戒，希望它能给我的未婚妻一个惊喜。我坐着船回南方，满心都是对婚姻的美好幻想，直到我在一张报纸上发现我的未婚妻和另一个男人登的结婚启事。我觉得末日来临了，就把钻戒扔进大海，随船回到了纽约。”

老人叹了一口气，接着说：“回到纽约后，我继续在暗无天日的会计事务所工作。我赚了很多很多钱，却再也没有遇见一个心仪的女人。我从来没有意识到时光的流逝，环境的改变，我的心仍然在那离我而去的未婚妻身上。后来一个偶然的机会，我到夏威夷出差，在一家餐厅吃海鱼。当侍者把鱼端上来，我夹起一口放到嘴里时，突然感到有一个硬东西卡住了我的喉咙。太太先生们，我吃到了什么，你们应该已经猜出来了吧？”

“钻戒！是钻戒！”太太们尖叫着，为这浪漫而不可思议的故事欢呼。

“我把它吐出来拿在手里，才发现是一颗早就晃动得该掉下来的牙齿。”

成长悟语

对于一些事情的坚持，当我们以为那是坚强的浪漫时，我们能够发现的恰巧是最美的时光的流逝。当我们沉湎在痛苦中的时候，最美的回忆和时间已经走了。

当坚持变得干瘪，剩下的就只能是悔恨。

韦博图山

1141年，在中世纪德国的一场温斯城堡战役中，公爵弗雷德里克及其兄长康纳德国王的军队包围了温斯城堡数月之久，城堡里被围困的是公爵沃尔夫。

沃尔夫知道，自己只能投降了，于是两边的信使开始频繁来往，沃尔夫给出的投降要求也被康纳德应许，几乎所有的安排都已就绪。沃尔夫和他的军官们已经做好了准备，将自己交给死敌。

但是这一切都还仅仅是沃尔夫的决定。城堡中的女人们并没打算放弃。

女人们给康纳德国王送去口信，请求能够得到康纳德国王的许诺，让他保证温斯城堡内所有女人和儿童的安全，因为她们是无辜的，并且允许她们离开时，带走她们双手能够带走的所有东西，给这些女人一个活下去的机会。

女人们恳切的要求被准许了。

但是，当城堡的大门打开的时候，康纳德和他的军队都被眼前的景象惊呆了！

每一个走出的女人，她们双手抱着的既不是金子，也不是珠宝，而是她们的丈夫。她们要救出自己丈夫，不能让这些男人受到这支获胜军队的屠杀。

康纳德看到这一幕，他既震惊又感动。康纳德国王知道：一个拥有爱的地方是不会被征服的。于是他马上向这些女人宣布，她们的丈夫会有绝对的安全和自由，随后康纳德与沃尔夫签订了和平条约，条约中的款项比公爵事先预想的要友善得多。

而温斯城堡因为这些坚贞女人的壮举，更是被改名为“韦博图山”。“韦博图”在德语中的意思是——女人的坚贞。

成长悟语

把爱拿走，我们的地球就变成一座坟墓了。爱的力量是和平，从不顾理性、成规和荣辱，它能使一切恐惧、震惊和痛苦在身受时化作甜蜜。

普雷斯钓鱼

从上一次无意来到海边，在钓鱼区的报摊上买了一份报纸开始，普雷斯就经常来这一片海域钓鱼。当然只有普雷斯自己知道，他爱上钓鱼的原因，其实是想经常看到负责报摊的米莎——那一个他第一眼看到，就深深爱上的女孩。

钓鱼的人需要很大的耐心，所以他们等待鱼上钩的时候都喜欢在报摊上买一份报纸，一边看报纸一边等，这也给了普雷斯一个合理的理由去接近米莎。

普雷斯做了非常周密的计划：他每周来钓鱼两次，这样就不会表现得太明显，以致让米莎发现。他要事先准备好话题，好在买报纸的几分钟内和米莎搭上话。几周过后，相信他们就可以顺利地交上朋友。虽然米莎的手上没有婚戒，但是也要在最短的时间内确定她是否有男朋友……普雷斯甚至把自己的计划写在了本子上。

于是，在之后的交往中，普雷斯不仅成功地和米莎说上了话，同时，他也爱上了钓鱼。

他喜欢等待鱼上钩时的心情，就像是喜欢等待每周和米莎见面的心情；他喜欢和咬钩的鱼周旋，就像每次和米莎聊天的心情，不能着急也不能放松。普雷斯从未这样认为：钓鱼真的是太有意义了。

一天，普雷斯再去钓鱼，发现报摊没有了，他强压着心中的疑虑，询问身边那些经常一起钓鱼的人。

“哦，报摊啊？听说昨天这里发生枪击案，子弹不小心打中了卖报纸的女人，好像是当场死亡了……”后面介绍枪案的话，普雷斯一点也没有听进去。

十几分钟后，普雷斯把自己所有的渔具送给了眼前的人，对方问他怎么不钓鱼了，他无神地说：“那个人走了，就再也没有意义了……”

成长悟语

一件有意义的事情，或许是因为一个有意义的人。当这个人消失的时候，这件事情或许就没有多少价值了。你有做过这样的事情吗？遇见过这样的人吗？

所以，两个人的相处有时候并不需要太多的交流、通话，而只是因为“你在，我就安心了”。

谁能得到美丽的莉比

莉比是小镇上最美丽的姑娘，很多小伙子都热烈地追求她，想要她为妻。其中在这些追求者中，有三个小伙子追求得最为猛烈。莉比都很喜欢他们，但是选择哪个呢？她一时间没了主意。

她去问自己的父亲："我在三个小伙子中，到底选择哪个合适呢？"

父亲说："我有一个主意，会让你选择一个最爱你的人。"

一天，他把三个小伙子找来，给他们每人一袋金币，告诉他们："一年为期，你们用这些金币作为资本，为你们的未来做一个筹划。"

很快，一年过去了。三个小伙子都到莉比父亲那里报告这一年的成果。

第一个人用金币买了一所大房子。他希望自己和莉比结婚后能够有一所房子来抵挡风雨和寒冷，这样就会过得很幸福。

第二个人用金币开了一家咖啡馆。他希望自己能够做一番事业，这样以后就有了生活的来源，莉比嫁给自己就不会为了生计奔波。

第三个人用金币学习了很多技术。他希望自己能够学习一些本领，这样即使自己以后失去了房子和事业，他也可以凭借自己的技术，再次创造美好的生活。

莉比的父亲听完三个小伙子的汇报，悄声对莉比说："你可以选择第三个小伙子，他能够给你真正的幸福！"

最终，第三个小伙子娶到了美丽的莉比。

另外两位小伙子不明白其中的原因，莉比的父亲说："只有经济基础牢固的爱情，才会更幸福！一个拥有本领的小伙子永远不会让我的女儿挨饿。"

成长悟语

没有面包的爱情，很容易被饿死。所以，爱情最美丽的不是那句"我爱你"，而是"在一起"。现实中，"在一起"的爱情，靠的是一种能力——一种生存实力。房子和工作都有可能被夺走，只有坚实的生存能力和技巧，才能让你很好地活下去。

再画掉一个

这是美国的一所大学，一位特邀教授正在给前来听讲的人们上课，只听他说道："现在，我要和大家一起做个游戏，谁愿意来配合我一下？"

一位女士站起来，走上了讲台。

教授对这位女士说："请你在黑板上写下你难以割舍的20个人的名字。"听清要求之后，女士转身写下了20个人的名字：她的亲人、朋友以及邻居等等。

"现在，"教授说道，"请你找出一个这里面你认为对你最不重要的人，然后画掉他的名字。"

女士轻而易举地便画掉了一个邻居的名字。

"和刚才一样，再画掉一个你认为对你不重要的人。"教授又说道。

女士于是又面无表情地画掉了一个。

游戏按照这种规则继续了下去。

20分钟过去了，女士身后的黑板上只剩下了4个人：她的父母、丈夫和孩子。而教授的要求还在继续："请再画掉一个不重要的人。"

话音一落，原本议论纷纷的教室里立刻安静了下来，大家都静静地看着女士，都感觉这已不再是一个游戏了。而女士则迟疑着、犹豫着，久久不肯动笔。

“请再画掉一个。”教授温和却不容置否地说道。

女士慢慢地转身、举起粉笔，目光艰难地在四个人的名字上来回游动着。最后，她颤抖着，同时画去了父母的名字。

“请再画掉一个。”教授立刻又要求道，像是一个冷酷无情的命运裁判者。

“还要画掉一个？”女士情不自禁地脱口而出，脸色异常难看。

“对。”教授简洁地否定了她的怀疑。

女士转身、举手，把目光集中在了孩子的名字上，但是未等落笔，她便“哇”地一声哭了出来，看样子她非常痛苦。

教授非常平静地看着女士，不催促，脸上的表情却十分坚决。

泪眼朦胧中，女士缓慢地划掉了儿子的名字。

“现在，请你告诉我，”教授以非常温和的语调说道，“和你最亲的人应该是你的父母和你的孩子，因为父母是养育你的人，孩子是你所养育的。而丈夫，失去之后还可以重新寻找，为什么他反倒成了你最难割舍的人呢？”

“因为，”女士紧紧地咬了咬嘴唇，平定了一下情绪，“随着时间的推移，父母会先我而去，孩子长大成人后也会离我而去，能够真正陪伴我度过一生的，只有我的丈夫。即便失去之后我能够重新寻找，可对方依然逃脱不了这个意义。”

成长悟语

夫妻不仅是共同劳动者和新生命的缔造者，更是唯一可以相守到老的伴侣。父母、子女或早或晚都会离我们而去，却基本不影响我们的幸福，但如果失去了爱人，我们的幸福便会成为无源之水、无根之木。

上帝的婚姻观

女人是脆弱的，她们往往视婚姻如生命。因此为了能使婚姻长久，她们到上帝那里寻求建议。

未婚的女人们说：“我们怎样使婚姻长久？”

上帝回答说：“很简单，只要记住两点。

1. 嫁个好人。

2. 自己做个好人。”

未婚女人们高兴地回去了。

已婚的女人们不解，问：“如果没有做到这两点呢？怎么办？”

上帝思索了片刻，回答说：“这样的话，你们要记牢 4 点。

1. 容忍对方。

2. 习惯性地容忍对方。

3. 让自己变成傻子。

4. 一辈子做一个傻子。”

已婚女人们满意地走了。

婚姻陷入危机的女人更加急切，问道：“没有做到上面说的四点，怎么挽救婚姻？”

上帝沉默了很久，说：“如果这 4 条做不到，你又想有一个稳固的婚姻，那你就得做到以下 16 点。

1. 不要随意发脾气。

2. 不要大声吼叫。

3. 不要始终想着赢过对方。

4. 不要在第二天解决前一天的矛盾。

5. 不要离家出走超过 8 小时。

6. 不要拒绝接受对方的批评。

7. 不要在乎谁对谁错。

8. 不要把谣言当真。

9. 不要过度干涉对方的隐私。

10. 不要带着气上床。

11. 不要没有家庭责任感。

12. 不去打扰对方的工作。

13. 不要指使对方做家务。

14. 不要存私房钱。

15. 不要安于现状。

16. 不要苛责对方的父母。”

长相厮守的意义不是用柔软的爱捆住对方，而是让他带着爱自由飞翔。

婚姻陷入危机的女人走了。

那些离婚的女人站起来发言说：“我们对这 16 条感到失望，你还有什么更好的主意吗？”

上帝叹了口气说：“那你们只有做好 365 条建议了……”

离婚女人满意地走了。

可是上帝那里还有女人没走，她们的眼角噙着泪，始终没有滚落下来。

成长悟语

当我们要求越多、麻烦越大的时候，我们要遵守的原则也就越多。但是，问题总会层出不穷，与其在问题越来越复杂的时候，找到更多的解决方式，不如一开始就做好两点——找一个好人，做一个好人。

10 头羊的聘礼

富商约翰尼，生活在赤道附近的岛屿上，今天是他结婚一周年纪念日，他在海边洁白的沙滩上，举行了一个盛大的宴会。

宴会开始了，约翰尼挽着一个身材高挑、姿态高雅、美艳动人的女人，缓步走出来。很多人议论，这个女人是谁？听说他的妻子丽塔长相并不出众，而且还有点驼背，显然，这个女人不像是他的妻子。下面的人议论纷纷，窃窃私语，很多人猜测，这个女人是约翰尼的情人。约翰尼似乎觉察到大家的猜疑，于是微笑着，郑重地向大家介绍："我身边的这个漂亮女人，就是我的妻子丽塔，是我用10头羊的聘礼娶来的。"

原来，约翰尼生活的这个岛屿，有一个传统，要想娶哪家的姑娘，必须用几头羊作为聘礼，当时，4头羊是最高的聘礼。约翰尼很富有，他本可以挑选岛上最美丽的姑娘作为新娘，但是他却钟情于丽塔，那个不漂亮的姑娘，还显得精神萎靡，没有一点青春的气息。

最终，约翰尼不顾亲朋的反对，前去向丽塔的父亲提亲。丽塔的父亲召集自己的族人商量，尽管丽塔不是太出众，但是聘礼也不能太低，1头羊总得要到。求婚仪式一开始，约翰尼就平静地说："我愿意用10头羊作为聘礼，请把您的女儿丽塔嫁给我。"丽塔的父亲高兴地答应了。

就这样，约翰尼和丽塔就结了婚。婚礼仪式上，丽塔的不出众多少也为婚礼打了折扣。当时，岛上的人们始终不明白，约翰尼究竟为什么用10头羊作为聘礼来娶丽塔，一个十分不出众的姑娘。

现在，参加宴会的人们还是很疑惑，丽塔怎么变得如此漂亮了，真是天壤之别，约翰尼幸福地回答说："当一个女人知道自己的丈夫用10头羊的价格把她娶回家，给了她岛上女人最高的荣誉，那么她自然而然地就觉得她应该成为岛上最幸福、最高贵的女人。并且，我爱她，我的爱可以改变一个女人。而最重要的却是她如何看待自己。而我也想要一个真的值10头羊的妻子。你看，我的梦想也成了现实。"

成长悟语

对爱人最大的尊重，就是告诉对方你值得更好的待遇，你的价值会比你想象的更大。

一块黑面包的幸福

在维多利亚时代，一个渔夫和自己的妻子住在海边，他靠打鱼为生。可是，随着渔民越来越多，鱼也越来越少了，渔夫每天凌晨出海，傍晚却带很少的鱼回来。

这时妻子就抱怨："鱼这么小，还这么少，卖的钱仅够买一块黑面包，这样的日子真是受够了。"

渔夫无奈地说："有黑面包吃，我们不会饿着肚子，这样的日子还是幸福的，你应该知足。"

妻子不屑地说："如果你能让我住上大房子，用松软的白面包抹上奶酪，那才算是幸福呢！"

日子一天一天过去了，渔夫带回的鱼也越来越少，妻子的抱怨也越来越多。

一天，妻子竟然嫌弃渔夫打回的鱼少，指着渔夫大声抱怨起来："你真是没用，打了一辈子的鱼，竟然带回这么几条小鱼，这样的日子真是过不下去了……"

面对妻子的抱怨，渔夫内心又是愧疚又是烦恼，于是趁着月色，去海上打鱼，希望能抓几条大鱼让妻子高兴。可是，等他到了深海，就起了大风暴，他的船被打翻了，渔夫也掉进了深海。

渔夫再也没有回来，妻子的日子更加窘迫了，因为之前还能靠着渔夫捕来的小鱼，吃上一块黑面包，现在呢，她连买一片黑面包也买不到了。

成长悟语

别抱怨对方只能给你黑面包的生活，当有一天对方消失了，或许有些人连曾经瞧不起的黑面包都得不到了。爱，不是把所有的负担都堆给一个人，而是两个人共同体验现在的生活，无论贫穷或者富有。

苛刻与客套

马克太太喜欢抽烟，这是一个多年的习惯，怎么改也改不掉。但是马克先生却是一个很讲究的人，他不喜欢自己的房子很乱，也不能忍受花园里有一根杂草。当然马克太太抽烟这一习惯，也不被马克先生喜欢，为此夫妇二人经常发生口角。

马克太太："你为什么不允许我抽烟？"

马克先生："吸烟对身体不好，而且，你看，烟卷的烟雾会把我们洁白的窗帘弄脏的。"

马克太太："我这么大年纪了，就这么点小爱好，也被你剥夺？"

马克先生："这个房子是我们两个人的，你要顾及我的感受！"

诸如此类的口角经常发生。

一天，马克一家宴请好友参加宴会，马克太太觉得在自己朋友面前抽烟也无妨，结果这一行为被马克先生制止了，在座的朋友因为礼貌也没抽烟。

但是，不一会儿，一个晚到的朋友不知道这个小插曲，拿出自己的雪茄抽了起来。马克先生没说什么，反而觉得出于待客之道，应该陪着抽一根，也点起雪茄。

在烟雾缭绕中，马克太太那神情复杂极了。

成长悟语

相爱的人之间是否思考过这样的问题——我们对自己的亲人过分苛刻，却把宽容和客套留给了外人。

有爱才有意义

盖姬的祖父和祖母结婚已经超过了50年，他们非常恩爱。一天，90岁的祖父却在睡眠中去世了，祖母不相信这一事实，在床边一直喊着祖父的名字，可他再也没有醒来。

从那时起，祖母的生活彻底失去了快乐，她开始进入无休止的哀悼期。她甚至想从这个世界中退缩。祖母的这种状态持续了好长一段时间，全家人都很担心。在这期间，盖姬每到周末都去看她一次。

一天，盖姬又去看望祖母，并打算帮她尽快从失去祖父的痛苦中摆脱出来。当盖姬到了祖母家，意外地发现她坐在安乐椅上摇着，而不像平时总是在昏睡状态中。盖姬还没来得及为她的明显变化感到惊讶时，祖母已经对她招手。

“祖母，原谅我一时反应不过来。告诉我，为什么你突然变得快乐起来了？”盖姬问。

“我终于知道为什么上帝带走你的祖父并留下我一个人。”祖母充满喜悦地回答。

看着盖姬吃惊的表情，祖母又说：“你的祖父知道，生活的秘密就是爱，而他每天都在爱中生活。我明白他无限的爱，但并没有完全在爱中生活。这就是为什么他先走，而我必须留下来的原因。”

盖姬还是听不懂，只听到祖母又坚定地说：“很长时间以来，我一直认为自己为了某种原因而被惩罚，但昨晚我才明白，我被上帝留下来是一种礼物。他让我留下来，以便让我的生活进入爱中，所以我从现在开始要学习生活在爱中。”

从这天开始，盖姬每一次去看祖母，都能听到她说她要朝一个目标努力，并带给盖姬一个新的惊喜。

有一次，祖母兴奋地对盖姬说：“今天早上，你姑姑对我说话时很生气，但我却没有生气！我接收了她的怒气，把它转变成爱，变成快乐还给她。有趣的是她的怒气消失了！”

盖姬的祖母虽然年纪越来越大，但她的生命却在不断更新，生活也变得生气蓬勃。这一切都归根于，她有了生活的目标和继续活下去的理由。

成长悟语

有人说：“爱的生命可以超越坍记的年岁。”正如盖姬的祖母用目标照亮了自己的生命，一直到生命尽头，她同时也变成其他人的亮光了。

第十八辑

友谊：朋友就是用来麻烦的

你何时才能明白

贝克在新奥尔良拥有一大片土地，这片土地上种满了甘蔗。每年的甘蔗产量，会给他带来很多财富。他住在一所豪华的大城堡里，雇佣了成千上万的工人。

贝克对朋友很慷慨，他每次都在家举办大型的宴会招待他们。他们一起聊天、一起分享美味，一起品尝上好的葡萄酒，日子惬意极了。每次朋友经济上有了困难，他都给他们提供资金，从没有吝啬过。时间一长，贝克花费在朋友交往的钱，也是一笔不小的数目。

贝克的母亲却对此很担忧，她觉得贝克应该在心里清楚，谁是真心对待自己的朋友。但是贝克觉得，他们跟自己在一起这么快乐，自己也真心对待他们，他们都是真正的朋友。

贝克的母亲摇摇头说："你什么时候才能明白？"

不久，贝克的甘蔗遭遇了大海啸，造成了绝产。贝克一时资金周转不开，于是找朋友借钱。朋友们都说自己经济很困难，实在是没钱拿出来帮助他。贝克也觉得一时让朋友拿出这么多钱，也是不可能的。于是他打算卖掉其中的一部分地，暂时解决目前的困境。买地的人很快就找到了贝克。他们似乎都清楚贝克急需用钱的处境，一再压低购买土地的价格。贝克一时也找不到其他的买家，只好低价卖了。

这一笔钱帮贝克解决了目前的困境，可是自己的土地却减少了一半。他很心痛，但是也没有办法。几个月后，他无意中发现：利用自己的困境低价购买土地的那个人，竟然是自己的朋友。

他很苦恼，把这件事告诉了母亲。母亲说："你现在终于明白了！"

成长悟语

最糟糕的事情是人们在生活中经常受到错误志向的阻碍而不自知，直到摆脱了那些阻碍时才能明白过来。

而一个人在患难的时候，最能明白：谁是自己真正的朋友，谁是无耻的小人，谁的话忠言逆耳，谁的话巧言令色。从而明白了在以后的人生道路上，朋友该怎么交，道路该怎样走。

普通朋友与真正朋友

玛丽是个贵族小姐，她有很多朋友，但哪个是值得自己倾诉的真正朋友，她一时很困惑，于是她找自己的祖母询问。

“谁是我真正的朋友？谁又是普通朋友呢？爱丽丝应该是真正的朋友，还是乔治？”

祖母给她念了一首诗。

一个普通的朋友从未看见过你的眼泪。
一个真正的朋友的肩膀会被你的眼泪打湿。
一个普通的朋友不知道你父母的姓氏。
一个真正的朋友会把你父母的姓氏牢记。
一个普通的朋友会在物质上讨好你。
一个真正的朋友会在心灵上安慰你。
一个普通的朋友总是怕生活被你打扰。
一个真正的朋友总是喜欢在生活上与你纠缠。
一个普通的朋友找你议论你的困扰。
一个真正的朋友帮你解决你的困扰。
一个普通的朋友总把自己作为一个客人。
一个真正的朋友会把自己当成主人。

玛丽听完，不是很理解祖母的意思。于是祖母说：“你举办一场宴会吧！”

宴会举办得很顺利，玛丽的朋友都带着精美的礼物参加，只有爱丽丝没有带礼物来。

等宴会散了之后，玛丽到祖母那里，她显然对爱丽丝没带礼物来的事情很生气，并对祖母抱怨说，爱丽丝没经过自己的同意，吃了冰箱里的苹果派。

祖母指着爱丽丝正在收拾宴会桌椅的忙碌背影说：“这就是你真正的朋友！她并不觉得礼物是最珍贵的东西，相反，帮你收拾宴会的残羹，怕你太劳累，这才是最珍贵的友情！”

成长悟语

真正的友情，是一棵成长缓慢的植物。这棵植物在成长的过程中，可能会充满艰辛，你需要灌溉、剪枝……这样精心地呵护，它一定会开出美丽的花。

毛毛虫与蜘蛛

在遥远的阿尔卑斯山脉生活着一对好朋友，他们是毛毛虫和蜘蛛。毛毛虫能分泌一种美味的液体，这是蜘蛛最喜欢的食物。一旦蜘蛛来找毛毛虫玩耍，毛毛虫就会分泌这种液体给蜘蛛。

蜘蛛对毛毛虫也很好，它每天撒网捕捉食物，但是从来不吃毛毛虫。

毛毛虫要吐丝做茧了，这是它一生中最脆弱的时候，它几乎丧失了抵御外敌的能力。此时蜘蛛就成了它的卫兵，日夜守护着毛毛虫，使它免于遭受其他动物的攻击。等茧做成了，毛毛虫在里面准备化成蝴蝶的时候，蜘蛛也坚守在毛毛虫的周围，直到毛毛虫破茧成蝶，振翅高飞。蜘蛛就这样站在原地，看着昔日的朋友越飞越远，慢慢离去。

从此，毛毛虫成了美丽的蝴蝶，它和蜘蛛一个在天上，一个在地上，再也没有往来。蜘蛛只能抬头仰望蝴蝶，但蝴蝶再也不会为它分泌美味的液体了。

成长悟语

“朋友”这个词，世界上有多少人认为是能够一起吃饭闲聊的人，是能够彼此勉强容忍对方缺点的人，是能够“我帮你之后你再来帮我”的人……

但是，这些事情又和真实意义上的“朋友”有什么关系呢？

“现场直播”的友情

有一个叫德诺的少年，10 岁那年，他的眼睛突然发炎，进而越来越严重，最后竟然失明了。

由于德诺的眼睛肿得厉害，小伙伴们感觉德诺就像个怪物，因此都躲着他，只有大他 4 岁的爱笛依旧像从前一样跟他玩耍。

以前德诺最喜欢看当地电视台的一个动物节目，里面奔跑的狮子和喝水的大象都是他的最爱。

现在他失明了，再也看不到蟒蛇在森林里穿行，老鹰在天空中盘旋。

每当动物节目又开始时，德诺就一个人躲在角落里哭泣。

这时，爱笛出现在了德诺身边，他开始认真地给德诺讲电视画面的内容。通过爱笛的讲述，德诺仿佛真的看到了画面中的内容。

从此以后，每到节目的播出时间，爱笛总会准时地出现在德诺身旁，给他“现场直播”节目的内容。

一次偶然的机会，爱笛在杂志上看见一则消息，说医生们找到了治疗德诺的病的药物，这让他兴奋不已。于是，在一个夜晚，他带着德诺悄悄地前往新奥尔良。

一路的跋涉，德诺病倒了。这天夜里，德诺冷得直发抖，眼睛也肿胀得更加厉害。

他告诉爱笛，自己坚持不下去了，他的眼睛好像要炸开了一样。

幸好爱笛还记得当天动物节目的内容，于是便重复地讲给德诺听，这才使德诺安静下来。

身上的钱差不多用完了，可离新奥尔良还很远。无奈，爱笛不得不放弃计划，带着德诺回到家乡。

爱笛回到家，抽泣着对德诺的妈妈说：“我很难过，没有给德诺找到药。”

德诺的妈妈此时已经泪流满面：“不，孩子，你早就已经找到了。最好的药就是你们两人的友情，他一直为你们两人的友情而满足。”

成长悟语

和你一同笑过的人，你可以把他忘掉；但是和你一同哭过的人，你却永远不能忘。友情就是这样一种东西，它总是在你最需要它的时候出现，在你寒冷的时候给你温暖，在你燥热的时候给你凉爽，在你生病的时候给你一剂良药……

友情就是这样需要报答，但不需要偿还。

沙漠中的巴尼

在撒哈拉沙漠的边缘，总活跃着不少探险队伍。他们的愿望就是凭借人的力量穿越撒哈拉沙漠，巴尼和拉里就是其中的两位。

他们刚开始走的时候，精力充沛，水量充足，所以走得非常快。可走到中途，水喝完了，食物也吃得差不多了，他们的身体逐渐虚弱下来。巴尼尤其严重，他浑身发烫，几乎不能行动了。

拉里看到病重的巴尼，把随身带的一支枪递给巴尼，再三吩咐他："枪里有五颗子弹，我走后，每隔两小时你就对空中鸣放一枪，我在远处听到枪声就知道你还安全，我就可以放心地找水，同时枪声会指引我前来与你会合。"

说完，拉里满怀信心地找水去了。

就这样，一望无际的沙漠里只剩下巴尼。巴尼躺在地上满腹狐疑：拉里能找到水吗？能听到枪声吗？我和他不是很熟，他会不会丢下自己这个"包袱"独自离去？

天一点点黑了下来，在拉里离开的这几个小时里，巴尼虽然也在鸣枪，但他认为巴尼应该不会回来了。枪里只剩下一颗子弹了，而同伴还没有回来。巴尼认为自己只能等待死亡了。他想象着沙漠里的秃鹰飞来，狠狠地啄下他的眼睛，啄食他的身体，他甚至听到了远处秃鹰的鸣叫……

终于，天完全黑下来之后，巴尼彻底崩溃了，他怀着极度的愤怒把最后一颗子弹送进了自己的太阳穴。

枪声响过不久，拉里出现了，他正提着满壶清水，领着一队骆驼商旅向巴尼赶来。

成长悟语

相信和你同行的人，这些人很可能在最关键的时刻扶你一把。如果失去了对同伴的信任，自己就会越来越孤单，最后走向失败。

战争中的友谊

"二战"时期，大学时非常要好的两个朋友汤姆和杰姆参加了战争。两个人从小一起长大，感情非常好。

在一次激烈的战争中，杰姆被安排上战场，而汤姆负责后援工作。

临行前，杰姆告诉汤姆："如果这次我不能活着回来，请你一定照顾好我的家人。"汤姆则表示一定会像照顾自己亲人一样照顾杰姆的亲人。

战争结束了，杰姆活了下来，他第一时间就飞奔到家中看望家人。

可没想到，他只看到满院的狼藉和已经干涸了的大片血迹。杰姆想汤姆肯定没有帮他照顾家人，导致家人遇害了。

杰姆好像看到了一家人被敌人的子弹射中心脏的场面，老母亲含泪倒下时的惨状以及可爱的孩子呼唤“爸爸”时的惊慌和恐惧。

杰姆越想越生气：亏你还是我的朋友，平时觉得你是个言出必行的人，没想到你竟然这样辜负我们之间的兄弟情谊……

就这样杰姆离开了家乡，一个人独自漂泊。

多年以后的一天，杰姆偶然遇到了曾经的邻居。邻居见到他兴奋地说：“杰姆，你怎么会在这呢？你知道吗？你的家人一直都在找你啊！”

什么？杰姆简直不敢相信自己的耳朵，难道邻居也在嘲笑他？谁知邻居接着说道：“那天敌人的炮火轰炸到了我们这里，汤姆拼命把你的家人救出来了，说是送到了另外的城市。汤姆为了救你的家人，左臂都被炸伤了！后来汤姆得知你没死，就和你的家人一起搜寻你的下落，这么多年过去了，他们一直没有放弃啊！”

友谊缺失了信任，剩下的唯有被冤枉、诽谤和攻击所笼罩了。

成长悟语

当友谊失去了信任，留下的就只剩下辜负。无论是友情还是爱情，都建立在信任的基础上，没了信任，就没有一切。

得到一份友情不容易，如果一个人动不动就怀疑自己的朋友，不仅自己不开心，身边的朋友最后也会一个个离你而去。

海鸥和男孩

加勒比温暖的南海岸是各种海鸥的家园，它们在这里筑巢、繁衍。一个渔民的儿子非常喜欢海鸥，从他很小的时候开始，就天天去那里看海鸥，长此以往，人和海鸥都相互熟识了，海鸥时而围着小男孩盘旋翱翔，时而一群群栖息在男孩周围，甚至还时常飞到小男孩的手上，同他亲热一番。人和海鸥做朋友，成了那一带的佳话。

渐渐地，小男孩长成了大男孩，原先的小渔村变成了小城市。不知从什么时候起，这里兴起把海鸟作为美餐，当然海鸥也不例外。起初，别人去抓海鸥卖到饭馆，这个喜欢海鸥的男孩极力反对，甚至还彻夜蹲守在海鸥的家园保卫，海鸥似乎明白男孩的心思，围着他叫得更欢快了。可渐渐地，出于利益的驱使，这个男孩的父亲要求他抓海鸥回来的时候，他竟然破天荒答应了。

这个男孩像往常一样去了海鸥家园，看见那些海鸥，他有点做错事的愧疚，面色凝重，神情慌张，刚开始，海鸥看见他来了，纷纷盘旋下来围着他。可不一会儿，海鸥都群起飞到了高高的山崖上，一只也不愿意下来，任凭男孩怎么呼唤。

最终，男孩一个海鸥也没逮到，失望而归。从那以后，海鸥再也没和男孩亲近过。

成长悟语

我们往往喜欢隐藏自己内心真正的情感，但是我们忽视了人的内心情感也往往会通过我们的外在行为暴露出来。在与人交往的过程中，应该坦诚相见，真正的友谊必须用真诚的心来换取。

不可删掉的人

前不久，普雷斯顿的聊天工具 ICQ 出现了故障，他不得不重新申请一个账户，但是自己的所有联系人都储存在之前的账户中，林林总总算起来也有几百位。如果把他们全部重新储存到新的账户中，是一个耗时巨大的工程，于是他决定采取一些取舍的办法，只留下自己紧要的联系人，其他的就删除了。

第一步：删除多年未联系的人。这些人可能是自己曾经的同学、同事以及密切交往的人，但如今多年过去，关系已经淡忘了，删去也是很必要的。

第二步：删除最近有过几面之缘的人。这些人可能在某个时间段内交流得很愉快，但情境一过，大家就彼此淡忘了，可能以后也不会再联系了，删掉也不可惜。

第三步：删除在地域上相距很远的人。这些人生活在别的城市，大家整天疲于生计，估计见面的次数也是微乎其微，删掉也罢。

这样经过几步筛选，剩下的就是自己的亲戚、密友以及现在工作上的同僚。这些人必须留下来，因为我们的生活需要这些人，这些人也对我们的生活有所凭依，都是不该删掉的人。

成长悟语

我们在别人心目中的位置怎样，有一个行之有效的判别标准，那就是在别人时常变动的联系方式中，是否给你留了一个位置，成为一个永远不可删掉的人。

绝交不等于停止赞美

1852 年，托尔斯泰作为一个默默无闻的青年军官，拿着自己的处女作《童年》找到屠格涅夫，屠格涅夫读完之后，惊呼“又一位天才诞生了”！从此，托尔斯泰开始了自己的艺术生涯，从某种意义上讲，屠格涅夫充当了他的文学导师的角色。并且，屠格涅夫以一位长者的姿态对托尔斯泰倍加关注和爱护，他始终认为托尔斯泰即将“有能力在俄国文学中占第一位”。

随着关于艺术探讨的深入，他们两人在观点上产生分歧。两人太固执于自己文学上的看法，不给对方一个缓和的机会，甚至到了剑拔弩张的程度，友谊也因此中断了17年。但是，在这段时期中，两人在评价对方的艺术成就上，并未贬低过对方。

在绝交的17年中，屠格涅夫始终在虔诚地拜读列夫·托尔斯泰的每一部作品，并不断地把他的作品引荐给西欧的朋友。托尔斯泰曾经在对屠格涅夫的信中写道：“我自己的文学声望应该归功于您！”在屠格涅夫死后，托尔斯泰写道：“我永远爱他。”这也表达了他对屠格涅夫的赞美之情。

其实，在1861年2月和1878年，托尔斯泰先后两次放下自己的骄傲，给屠格涅夫写信，希望冰释前嫌。屠格涅夫也低下姿态，回信说：“只要上帝让我们活在世上，我们将永远是好朋友。”

成长悟语

没有闹到绝交的分上，就不要说出利箭一样的话！我们的心胸难道已经狭窄到容不下对方的存在？

爱对方吧，即使对方伤害过你，但是，他至少没有伤及我们的灵魂，那么我们多赞美对方吧！

朋友与熊的故事

小王子想去森林里打猎，但是国王非常不放心，毕竟儿子才16岁，身板也不够结实。而森林中有虎豹出没，一个不小心小王子就有可能成为那些动物的大餐。

于是，国王特意在全国招募了10个和小王子年龄相仿的年轻小伙子，并对他们进行了体能、意志力、自救能力等几个方面的考察和培训。一番辛苦之后，一个身强力壮的年轻人终于脱颖而出，并和王子成了很好的朋友，他们一起共赴森林深处。

这一天，他们正兴致勃勃地走在路上，突然遇到一头大熊。还没等王子反应过来，年轻人已经闪电般地抢先爬上了树，躲了起来，而王子眼见逃生无望，便灵机一动马上躺倒在地上，紧紧地屏住呼吸，假装死了。据说，熊从来不吃死人。

熊走到他跟前，用鼻子在他脸上嗅了嗅，转身就走了。躲在树上的人下来后，问熊在他耳边说了些什么。

王子委婉地回答说：“熊告诉我，今后千万注意，别和那些不能共患难的朋友一起同行。”

成长悟语

没有一起经历过灾难和痛苦的人，他们之间的感情是何其脆弱！如果友谊能够轻易被痛苦、名望、金钱、危机打倒的话，那就不能称之为友谊。

什么才是真正的朋友

一天，汉克放学回来，很生气地坐在沙发上。

爸爸看见他这样，于是问他原因，他回答说："我不想和查理交朋友了！"

爸爸："为什么？"

汉克："今天我打碎了教室的玻璃，可是，那会儿教室里只有我和查理。老师发现了，问谁打破的玻璃，我没有承认。"

爸爸："后来呢？"

汉克："后来，虽然查理没有在老师面前揭穿我，可是放学的路上，查理竟然指责我做得不对，让我去找老师主动承认错误。我讨厌查理！我不想和他做朋友了！"

爸爸："查理没有做错啊，你为什么讨厌他？"

汉克："真正的朋友，不是能够和自己分享秘密吗？"

爸爸："你说得没错，但是你也要知道什么是真正的朋友！那些能愉快地与你相处、能了解你、能跟你说真心话、能告诉你缺点的人，才是真正的朋友。"

成长悟语

一味给予赞美的不见得是朋友，永远给你微笑的不见得是朋友，总是一起享受美好时光的不见得是朋友。

他给予你赞美却又指出你的错误，他给予你微笑却又对你严厉指责，他和你享受快乐却又一起分享痛苦……这才是朋友。当对方让你感到痛苦却又让你成长时，这个人就是你的朋友。

朋友是用来麻烦的

邦尼和卡拉从小一起长大，亲密无间。后来，两个人分别嫁了人。

邦尼嫁给了一个贵族家庭，搬到了郊外风景如画的庄园里，而卡拉则嫁给了同村一个磨房主的儿子。

起初，邦尼时常邀请卡拉来自己的庄园游玩，但是后来，邦尼似乎觉得卡拉的生活与自己不般配，没什么值得交流的，因而就生疏了。

好景不长，邦尼和自己的富翁丈夫因为感情不和，离婚了。

她带着行李离开了庄园，本可以回到父母的家，可是父亲病了，她怕自己离婚的消息再次刺激到他，于是打算前去卡拉的家暂住几天，等自己找到房子再搬出去。

可是邦尼快到卡拉家的时候，她又犹豫了。自己这几年因为虚荣，都不怎么跟贫穷的卡拉联系了。

现在，自己贸然去找她，万一不被对方接受呢？

那样的话，自己的处境是多么尴尬。于是她去村里的一家旅馆住了下来。

这时的她孤单极了，急需找人倾诉一下离婚后的痛苦。就在她心灰意冷的时候，卡拉竟然找来了。

她气喘吁吁，一身疲惫，生气地数落邦尼：“你都离开了庄园也不来找我，我听旅馆老板告诉我这事，就立马赶来了，赶紧跟我回家吧！”

邦尼始终低着头，小声啜泣，说：“这几年不联系了，我以为你生我气了，现在落难，怎么好意思麻烦你。”

卡拉生气地说：“你这个傻瓜，朋友就是用来麻烦的。”

那一刻，邦尼千言万语噎在喉咙里，一句话都说不出来。

成长悟语

当全世界都抛弃了你，却还有那么一个人在那里牵挂着你，并没有因为你的落魄而嫌弃你。如果有这样的一个朋友，人生的道路上，你还怕什么呢？

“朋友就是用来麻烦的”，每当想起这句话，我们的心中是否会充满了前进的力量呢？

鳄鱼与燕千鸟

古希腊历史学家希罗多德学识渊博、见多识广，非常善于观察周围的事物。在游历埃及奥博斯城的鳄鱼神庙时，他发现了一个奇怪的现象：以鸟兽为餐的凶猛彪悍的鳄鱼，在饱食后常张着大嘴，怡然自得地享受一种灰色的小鸟啄食剔牙。

这太奇怪了，希罗多德决定探明其中的原因。经过反复地观察、缜密地推敲，他终于有所收获：原来鳄鱼之所以不伤害这种小鸟，是因为它需要小鸟的帮助。

这种灰色的小鸟叫“燕千鸟”，又称“鳄鱼鸟”或“牙签鸟”，鳄鱼吃完东西后需要这种小鸟飞到嘴里去吃水蛭、苍蝇和食物残屑，小鸟轻柔的触动，也使鳄鱼体验到了触觉上的愉悦。而燕千鸟依靠在鳄鱼的“血盆大口”中寻找食物，补充了给养。此外，燕千鸟在鳄鱼栖居地营巢，可以为鳄鱼站岗放哨，只要一有风吹草动，它们就会一哄而散，为鳄鱼发送信号，使鳄鱼猛醒过来，做好抵御的准备。正因为这样的相互帮助，共同分享战利品，鳄鱼和小鸟相知相惜，结下了深厚的友谊。

成长悟语

有共同利害关系的人很有可能成为朋友。友谊往往是由一种两个人比一个人更容易实现的共同利益结成的，只有在相互满足时，这种关系才是纯洁的。

冬天不适合看望布鲁斯

布鲁斯是个勤劳而忠实的花农，他一个人住在村边一座破旧的小屋子里，但他经营着村庄里最美丽的花园。布鲁斯热情好客，朋友众多，其中有一个油店老板叫巴里。村子里只有一家油店，生意非常好，巴里可以说是村子里数一数二的富人。巴里总自称是布鲁斯最忠厚的朋友，每次到花园来时，他都会使劲强调这一点，然后拎走满满一篮子各种各样的美丽鲜花，在水果成熟的季节，他还会毫不客气地拿走许多水果。每当有人因此嘲笑巴里时，他都会理直气壮地回答："真正的朋友就该分享一切。"但他却从来没有给过布鲁斯什么。

冬天的时候，布鲁斯的花园一片衰败，花儿凋零，叶子也都枯萎了，更没有什么可口的水果，布鲁斯一个人住在小破屋里，忍受着孤独、寒冷、饥饿，"最好的"朋友巴里却从没有来看过他。

冬天的巴里正窝在自己暖和、舒适的家里，对他的家人说："每个人在经受困难的时候，心情都无比烦躁，这个时候去打扰他就好比往枪口上撞，不如让他们自己待会儿，安静一下。所以，冬天不合适去看布鲁斯，而春天就很适合，花园里的花都开放了，他一定很期待别人和他一起分享这份喜悦，我去他那儿采回一大篮子鲜花，会让他多么高兴啊。"

听完这些，天真无邪的小儿子回答道："爸爸，既然冬天不适合去看望布鲁斯叔叔，那就邀请他到咱们家来吧，我会把我的好吃的、好玩的都分给他一半。"

谁想到油店老板却被儿子的话气得七窍生烟，他大骂道："你这个傻儿子，学都白上了吗？什么都不懂！布鲁斯到咱们家后，看到暖烘烘的火炉，丰盛的晚餐，甜美的红葡萄酒，他会心生妒意的，而嫉妒是友谊的大敌啊。"

成长悟语

单方面地享受别人的快乐，远离别人的痛苦，就是在为自己的可耻、无知和吝啬找寻冠冕堂皇的理由。这些所谓的"朋友"是最应该远离的。

富翁的遗嘱

弗兰克是一个大富豪。在他83岁的时候，他因为心脏病而躺在病床上，已经奄奄一息了。病床前有不少他生前的朋友和生意伙伴，除了来探望之外，这位无儿无女的大富豪如何分配遗产也是这些看望者最想知道的，因为他们也完全有可能拿到这位富豪的一部分财产。

在他弥留之际，他向人们交出了他的两份遗嘱，并叮嘱在场的人们，第一个要在他死后立即打开，第二个只能在葬礼之后打开。

人们接过遗嘱，赶忙打开一看，上面写道："我要在清晨四点下葬。"

这个愿望有点奇怪，但他的这个最终意愿受到了尊重。清晨四点举行了葬礼，结果只有五人送殡。

第二个遗嘱此时被打开了，上面写着："我所有的遗产，都将平均分配给来参加我葬礼的人。"

人们知道这个消息后，无不嫉妒这五个去参加了葬礼的人，"哼！真是占了大便宜的人！"

成长悟语

能在对方最痛苦的时候共渡难关的人，别人也会为你的快乐锦上添花。

考验一个人的真实并不是在最能够带来快乐的地方，而是在最让人厌烦痛苦的时候。看看在你最难熬的时间里，都有谁陪伴着你！

燕子的哲学

很久以前，在一个小岛上有个动物王国，岛上的动物总是遭到猎人的捕猎。即使是兽中之王的老虎都没有办法逃过。

奇怪的是，丝毫不起眼的燕子却住到敌人家里去了，还每天都平平安安的，不但没有被猎人追赶着袭击，还过着特别安逸的生活。

黄莺看着燕子长得那么平凡，却什么事儿都没有，而自己嗓音婉转动听、羽毛也要比燕子漂亮，却要每天过着提心吊胆的生活。黄莺对此很是不解。这一天，它正好碰到一只燕子从眼前飞过，就连忙叫住它问道："嘿，聪明的朋友，停下来吧，我有事想咨询你一下。"

燕子一听，便收了翅膀，停在了黄莺身边问："什么事啊？朋友。"

"我很纳闷，在我们忙着东躲西藏的时候，为什么你们却可以在猎人家过得那么安逸啊？"

燕子说："你们呀，都怕人。为了躲避猎人的追击，就将巢筑在了大树上和深山中。但是我们不一样啊，我们直接将窝建在了他们的屋檐下，这样朝夕相处，就能取得人类的信任。他们习惯了我们的存在，就不会故意来伤害我们了。另外一点就是，对于人类，我们既不能离他们太近，又不能离他们太远。离得太近了，他们容易厌烦。特别是孩子出生时，人类很容易嫌烦发火。所以啊，我们一般就举家迁走了。等人类的火气平息下来，因为太久不见我们的身影，想念起我们的好时，我们又飞回来了。这样，我们做到了既与人亲近，又不会因为太近而惹人厌烦。"

成长悟语

我们可以把社会人群比喻为一堆火，明智的人在取暖的时候懂得与火保持一段距离，而不会像傻瓜那样太过靠近火堆；后者在灼伤自己以后，就一头扎进寒冷的孤独之中，大声地抱怨那灼人的火苗。

蝴蝶与火花

蝴蝶是一种天真的动物，它们对美丽的事物总是怀有浓厚的兴趣。

一天，一只蝴蝶透过不远处一座房子的窗户看到一丝亮光，好奇的它立即飞过去想看个究竟。飞近时，它发现窗台上亮着一盏油灯，光就是从油灯的火花里绽放开来的。蝴蝶一边好奇地看着火花，一遍围绕着它上下飞舞着，觉得这陌生的东西非常漂亮、迷人。

蝴蝶想要跟耀眼的火花认识并交朋友。于是它扇动着翅膀，朝着火花直飞了过去。刚一接触，蝴蝶就觉得身上一阵剧烈的刺痛，它赶紧在小油灯旁停了下来，吃惊地发现自己漂亮的翅膀被烧了一个大洞，甚至自己的一条腿也被烧坏了。

“我只想和你交朋友！”蝴蝶莫名其妙地问火花。它怎么也无法相信，如此漂亮、迷人的火花会伤害自己。

它围绕着油灯飞了好几个来回，始终觉得火花对自己丝毫没有恶意。于是，它勇敢地再次向火花飞去，谁知它一飞到火焰中，顷刻间就跌进了油灯里，化成了灰烬。

成长悟语

别像蝴蝶一样，为了交朋友而义无反顾。义无反顾并没有错，错在没有选择正确的对象。所以，对于朋友，我们要有适当的选择。

和一个能给我们能量的人做朋友，这样，他就可以在我们沮丧忧伤的时候鼓励我们；和一个懂得欣赏我们优点的人做朋友，这样，他可以在我们最落魄的时候安慰我们！

测试表的答案

伊莱恩是格罗顿中学的一位女学生。她待人不是很礼貌，喜欢独来独往，有着一副暴脾气，有一点不顺心的事她就会对同学们大发脾气。因为这个原因，同学们都不喜欢她，不愿意与她在一起玩。

有一天，伊莱恩仅仅因为在走路时被人踩了一脚就把对方推倒在地。同学们愤怒地将这件事情报告给了艾琳老师。

艾琳批评了伊莱恩，而没有意识到自己做错的伊莱恩写了一张字条放在课桌上就离开了学校。她决定退学了！

看着她离开，同学们没有人去阻止她，甚至有人为此感到高兴！艾琳老师在看到这张字条后，来到了伊莱恩的家里，她正一个人在看书。

艾琳老师问她：“你难道不喜欢学习吗？”

“不！我非常热爱学习，但是学校里的每个人都讨厌我，所以我不想去学校！”伊莱恩回答道。

“我想事情不是你想的那样，这样吧，你先跟我回学校，咱们做个测试，看看有多少人想让你留下来，有多少人想让你离开，好吗？”艾琳老师说。

听了艾琳老师的话，伊莱恩点了点头。就这样，艾琳老师领着伊莱恩回到了学校。她拿出一些测试表让同学们做，在那些表上，写着这样一道测试题：伊莱恩想退学，你认为：1. 我希望伊莱恩留下；2. 我希望伊莱恩离开；3. 无所谓。

测试完成后，艾琳老师让伊莱恩跟自己一起看测试的结果。让伊莱恩万万没想到的是，除自己外，全班 28 个人，28 张测试表上的勾，无一例外地都选择了希望伊莱恩留下！

“天哪！大家希望我留下来！”伊莱恩惊喜地叫了起来，她高兴地对老师说，“原来大家没有那么讨厌我，我一定要留下来继续读书！”

就这样伊莱恩回来了！重新回来的伊莱恩就像变了个人似的。她现在总是面带微笑，友好地对待每一位同学，甚至主动给同学提供帮助，因为伊莱恩从心底感激同学们在测试表上做出的选择。一段时间过去后，她和同学已经建立起了深厚的友谊，她逐渐变成了一位受同学和老师欢迎的人！

有一天，伊莱恩清理教室垃圾时，她远远地看见艾琳老师正把一堆废纸倒进了垃圾箱。

伊莱恩来到了垃圾箱旁边，看见那些废纸里竟然有一包小小的东西。她捡起来拆开一看，里面是一叠似曾相识的测试表，她一张张地翻看，让她无法理解的是，那些测试表上的勾，全部都打在“我希望伊莱恩离开”的选项上！

伊莱恩明白了，艾琳老师当初在办公室里给她看的，其实是她早有准备的，而那些真正的测试表被艾琳老师暗中藏了起来！那次，虽然同学们的选择是希望自己离开，但伊莱恩深信，如果现在让同学们再做一次选择，他们一定会真正地选择——“我希望伊莱恩留下！”

成长悟语

是什么改变了同学们？是伊莱恩的改变，改变了同学们！真正决定着同学们作出选择的，不是别人，而是自己：你怎么对待别人，别人就会怎样选择和评价你！

不吃鱼的猫

泰迪养了一只叫埃比的猫。这只小猫非常调皮，但是却很有灵性，它甚至能听懂泰迪的话。

泰迪的同学送给他两条小斗鱼。泰迪非常喜欢，也非常珍惜。他了解家里有只调皮的小猫，所以把两只小斗鱼养在自己卧室的窗台上，无聊的时候，泰迪会抱着埃比一起看着两只小斗鱼，然后告诉埃比：这是你的朋友，你不能想着吃它们，还要当成伙伴一样。

当然，从这一天开始，泰迪尽量不让埃比单独走进自己的卧室。

一天，泰迪一家人正在客厅里玩着纸牌游戏，埃比突然冲了过来把整个游戏牌搅乱，这种举动原本对泰迪来说非常正常，埃比一直都是这样调皮。但是，这次，他却看到埃比把一样东西放在一片纸牌上，炫耀地向他们展示着什么。泰迪看了一下，竟然是一只小斗鱼。泰迪大声喊道：“该死的埃比，你怎么敢这么做！”

埃比一看泰迪如此愤怒，吓得把头一沉，一溜烟地跑得不知去向。

母亲第一时间拿起这只小斗鱼跑进卫生间，把它放进盛满水的盆里，而泰迪也想到屋里另一只小斗鱼的安危，马上跑回自己的卧室。当泰迪回到卧室，看见摔在地上已经破碎的鱼缸，另一条小斗鱼已经彻底失去了生机。

正当泰迪为两只小斗鱼的死伤心的时候，母亲大声喊道：“快来泰迪！小斗鱼活了！”泰迪跑到卫生间，看着死而复生的小斗鱼，安慰地笑了。

泰迪回屋整理摔碎的鱼缸和另一只死掉的小斗鱼时，才发现，原来是风吹开窗户，把鱼缸推到地上的。而且，他忽然想到，如果埃比要吃小斗鱼的话，当时就吃了，根本就没有必要把小斗鱼叼到他们的面前。

也就是说，是埃比救了那只小斗鱼……

成长悟语

朋友的朋友不一定是你的朋友，但是，这并不妨碍你对他也拿出百分之百的善意。或许你们关系不亲近，但是，这并不阻碍你对他拿出百分之百的帮助。

交朋友的巨人

一个巨人想要交朋友。

巨人先是在一棵大树上看见一只顽皮的猴子，他看到猴子为了吃到水果要爬很高的树，花费很大的力气才能摘到一个野果。巨人想和猴子交朋友，于是他就靠着自己的身高，随手摘下一个野果送给猴子。但猴子被巨人的样子吓坏了，猴子大叫道："走开，你这个可怕的大怪物！"猴子看都没看巨人送他的水果，一边大喊一边逃跑。

巨人又在河边看见几只水獭正在用它们的尾巴拍打水坝，水獭们忙了半天也没有把水坝建好。巨人想要和水獭交朋友，于是他依靠自己的强壮搬来了大石头，帮助水獭挡住河水，变成了坚不可摧的水坝。可就当水獭看到巨人把石头砸在河道上时，也吓得四处逃窜，都没有给巨人说话的机会。

巨人伤心地坐在河边，看着河水映照着自己的高大身材，非常痛恨自己的样子。这时候，一个小矮人吹着笛子从远处走来，欢快的笛声吸引了巨人的注意力。这一次是小矮人先开口："大个子，这首曲子是我送给你的礼物，你愿意和我做朋友吗？"巨人奇怪："你的笛声这么好听，为什么会选我做朋友？他们都讨厌我的巨大！"

矮人回答说："他们都不喜欢我的矮小。所有人都比我大，大一倍还是十倍都一样，而且我看到你给猴子野果，给水獭砌水坝，我认为你是好人。"

巨人感动了，但是他不知道送给小矮人什么，就单膝跪下，让自己的背成为小矮人的滑梯。

成长悟语

人之所以伟大，是因为他是一座桥梁，而非目的。桥梁是自然搭建起爱、友谊、快乐、幸福，而不是单纯地为了想要这些。

只说实话的人

埃尔伯是一个非常老实的人，他只懂得说实话，所以一直被人排斥没有朋友。无奈的埃尔伯来到教堂找神父诉苦："亲爱的神父，万能的神不是教导我们要做一个诚实的人吗？为什么我的诚实反而成为世人不容的原因？"

神父说:“孩子,这不怪你,这个世上所有人都是有罪的,也许你诚实的光辉被世间的污浊所掩埋,你就待在教堂里吧,神会珍惜你的诚实。”

从这一天开始,埃尔伯就留在教堂。

接下来的一段时间,埃尔伯和神父相处得非常好,埃尔伯把所有的事情都告诉神父,毫无谎言,神父早已习惯听人排解心中的真实和苦闷,所以也不介意埃尔伯的直言直语。

到了节日的时候,神父让埃尔伯牵着教堂的一头驴去市集里变卖,神父非常放心,因为埃尔伯是个非常诚实的人,一定不会私吞卖掉的钱财。可是第一天埃尔伯并没有卖掉驴子,甚至接下来的第二天、第三天,埃尔伯依然在晚上的时候把驴子牵了回来。

神父很奇怪,像埃尔伯这样诚实的人,一定不会漫天要价,一定会给出一个非常合理的价格,这种情况下怎么会卖不出去呢?

第四天神父自己牵着驴去市集,没到中午就回来了,并且很生气地把埃尔伯赶走了。

因为,神父到了市集,就听见大家指责神父:“那个老实人都说了,这头驴非常倔,根本不肯好好干活,屁股上的毛没有了就是因为经常用鞭子抽打才把毛都抽掉了。而且听说您作为神父也每天抽打这头驴,最后实在是用不上了才拿出来卖……”

这一番话让神父无地自容,也容不下埃尔伯这个只说实话的人。

成长悟语

不要和伪善的人做朋友,因为你永远不知道在他的微笑和所谓的善良伪装下到底藏着一颗怎样卑鄙、恶毒的心。与其面对一个伪善的朋友,不如面对一百个实在的敌人。

大富翁贷款

一个人夹着皮包走进银行,服务小姐热情地问道:“先生,请问有什么事情需要我们效劳?”

“我要贷点款。”

“没问题,如果你能提供担保的话。”

“我能提供。”

“那请问您需要贷多少呢?”

“1 美元。”

“多少? 1 美元?”小姐非常吃惊,怀疑自己听错了。

“对,1 美元。怎么?不可以吗?”先生反问道。

“哦,可以可以,只要有担保,多少我们都可以照办。”小姐点头道。

先生拉开皮包,拿出来一大堆票证,有股票、国库券、债券、银行存单等等。小姐清点了一下:“共 120 万美元,先生。”

“对。”先生面无表情。

“那我现在就给您办手续,首先向您说明:我们的贷款年息为 7%,每年年初结息。

当您连本带息还清时，我们就会把所有的担保还给您。”

就这样，这位先生办理了 1 美元的贷款。

旁边一个人实在是忍不住了，便上前问他为何有这么多钱，却还要贷 1 美元的款。先生回答道：“租金库保险箱保存这些票据不仅昂贵，而且有风险。我以这种方式把它们保存在银行里，不仅安全也便宜，你看，一年下来我只需要付 7 美分的保管费……”

成长悟语

对于很多人来说，保存巨额财富是一种负担。如果自己保存，就会担惊受怕；如果请人保存，就要付高额费用。既然如此，不如想办法把这种负担转移给别人。

第十九辑

集体：若不团结，任何力量都弱小

信任是一种逃生手段

在美丽的非洲纳古鲁湖生活着许多漂亮的火烈鸟，这里是它们自由嬉戏的天堂，这里也拥有世界上最大的鸟群。火烈鸟的羽毛就像一件粉红色外衣，两条长腿悠闲矗立，倒映在水中，就像把一团火引入湖中。

火烈鸟生性怯懦，但喜欢群居，湖水中、浅滩边、岩石上尽是火烈鸟的踪迹。成千上万的火烈鸟聚在一起，俨然成为一片“火”海，十分壮观，因此纳古鲁湖的火烈鸟群也被称为“世界上火光永不熄灭的一大奇观”。但是，在这片美丽的湖光艳影中却暗藏着杀机。

一只饥饿的狒狒已经等了很久了，它一直埋伏在火烈鸟群旁边伺机行动。机会来了，狒狒趁火烈鸟们嬉戏的时候，猛然扑向鸟群。但令人意外的是，如此密集的鸟群，竟然没有一只鸟被狒狒抓住，成群结队的火烈鸟一齐冲向空中。狒狒并不死心，它又一次次冲向鸟群，但都失败了。它每次捕食都会惊起一片火烈鸟，这些鸟仿佛是经过严格训练的士兵一样，动作整齐划一，迅速敏捷。

这不禁令人惊奇，如此密集、庞大的鸟群，动作怎么能如此一致，为什么狒狒一只都抓不住呢？

在纳古鲁湖区，人们会经常看到，一只火烈鸟长鸣一声，紧接着成千上万的火烈鸟也都跟着叫唤起来，叫声此起彼伏，震耳欲聋。又或者一群火烈鸟排着整齐的队伍翱翔在空中，其中一只振振翅膀，紧接着所有的火烈鸟都会做出同样的动作。

这就是火烈鸟之间的信任。它们是群居动物，对同伴有着天然的依赖。一旦一只鸟发现敌人，就张开翅膀逃跑，周围的鸟就会想也不想地迅速跟随，根本不去思考发生了什么。这种天然的信任，为它们省去了思考、怀疑、验证的时间，让它们在第一时间躲避危险。

成长悟语

像火烈鸟一样，人与人之间一旦信任丧失，那么离灾难也就不远了。信任是共同生存下去的基础，彼此信任才能同心协力，不管是强者还是弱者都能一起克服困难。

如果内部有间隙和隔阂，恐怕外部的困难未到，这个群体便已被内部的纷争瓦解了。

事不关己

森林里面生活着一群可爱的小动物，大家和睦相处，非常幸福。

一天，小松鼠在家里睡觉，突然听见嗡嗡的声音，它走出家门一看，一个伐木工人正在砍伐它家所在的那棵树。

小松鼠吓坏了，它赶紧找小野猪商量。小野猪说："他砍你家的房子跟我有什么关系？我又不住在树洞里。"

小松鼠又找到了大狗熊，说："快点救救我吧，伐木工人正在破坏我的房子。"大狗熊说："小松鼠，我非常同情你，但是我无能为力，你去想想别的办法吧。"

然后，小松鼠又向老虎求救："老虎，帮我把伐木工人吓走吧。"大老虎说："他砍的是你的房子，又没有妨碍到我，我不能替你出头，万一他拿枪打我怎么办？"

最后，小松鼠找不到人帮忙，只好看着伐木工人把自己的家砍掉。

一个伐木工人走了以后，又来了好几个伐木工人。这里的大树又粗又壮，能卖一个好价钱。森林的面积一点点缩小，动物们四处乱窜。伐木工人看到这么多的动物，就叫来了猎人打猎。小猪被抓住做了烤肉，狗熊被卖到了马戏团，大老虎的皮也成了富人家里的地毯。

成长悟语

永远不要以为别人遇到的麻烦，就不可能成为自己灾难的开始。对别人的困难无动于衷的时候，当自己遭遇同样的事情时，收到的也只能是冷漠。

有一些看似无关的事情，需要我们去思考，才能发现其中的关联。而当别人向我们求救的时候，很有可能也是我们一次自救的机会！

借助他人的力量

本杰明是个倔强的小男孩，他做所有事情都要倾尽全力。

这天，本杰明在花园里的沙地中玩耍，他把所有玩具都倒在沙地中。他给小锡兵建造了一座城堡，让它们分成两队进攻、防御。还给铁皮狗做了一个沙子蛋糕，让它蹲在旁边吃。就在本杰明想给他的小火车建一条铁轨时，一块大石头阻挡了他的路线。

于是，本杰明使尽全力想把这块石头挪开。他先是用手去搬，可石头埋得太深，丝毫不动。他又用铲子去挖，挖掉石头旁边的沙土，然后用肩膀去顶。本杰明耗光了力气还是没能挪动石头。铁轨建不成了，本杰明坐在沙地上大哭起来。

本杰明的父亲站在花园门口看到刚刚发生的一切，他走到本杰明身边，一边为他擦去眼泪一边问："本杰明，你为什么哭呢？"本杰明委屈地说："我用了全部力量，都没有把石头挪开。"父亲问："你确定已经用了全部力量吗？"本杰明点点头。父亲说："可是，你没有借助我的力量啊。借助他人的力量也是全部力量中的一部分，你为什么不借助我的力量呢？”

本杰明郑重地对父亲说：“这位先生，我可以借助您的力量吗？”父亲说：“乐意为你效劳。”于是，在父亲的帮助之下，那块石头被挪开了。

成长悟语

绝大多数人都认为，要想把一件事情办好，前提是必须依靠自己的全部力量，这也就是我们经常说的主观努力。而很少人会考虑到，如何运用自己身旁的可以运用的力量。有些事，单凭自己的主观力量是很难办好的，还需要运用好有条件的客观力量。孤军奋战不是不好，但是能够充分利用客观条件和周围人的帮助，那岂不是会更完美吗？

只做一个士兵

彼得大帝小时候特别喜欢玩军事游戏。可是，皇帝的身份让他有一种与生俱来的优越感。游戏中他总爱做首领，完全根据自己的喜好无礼地指挥小伙伴，还经常随意打骂他们。所以，很多小孩子都不喜欢和他一起玩，但是慑于他的身份，又不敢直接反抗他。于是，他们就一起躲着他，编造各种理由拒绝他的邀请，总是背着他玩各种刺激的游戏。有一次，他们又背着小彼得玩最喜欢的冲锋大决战游戏，正玩得高兴，被无意间路过的小彼得发现。小彼得意识到伙伴们在嫌弃他，他非常伤心，但是他搞不明白到底是什么原因，于是他就去向他的一位叔叔请教。

叔叔听完小彼得的讲述，哈哈一笑，引导他说：“你是不是很喜欢和大家一起玩啊？”

“是呀是呀，我最喜欢和大家玩冲锋大决战。”小彼得回答得非常干脆。

“而且你喜欢和大家在一起亲密无间地玩耍，最不喜欢大家背着你一个人游戏，对不对？”叔叔试探地问。

“嗯，我讨厌他们撇下我。”听到叔叔问到了痛处，小彼得一脸委屈地答道。

叔叔继续引导他：“那你知道问题出在哪里吗？”

“我就是因为不知道才来问您的。”彼得赌气地说。

叔叔说：“你仔细想一下，和大家玩的时候，你是不是总喜欢以皇帝自居啊？是不是总是要当头领啊？而且，你还不够礼貌，总是支使其他小伙伴干这干那，对不对？小男孩争强好胜无可厚非，但你总是利用你的地位压制别人就不好了。”

“他们原来是因为这个啊。”听了叔叔的分析，小彼得终于明白了。原来是自己做错了，小彼得又为难地问叔叔：“那我以后应该怎么改正呢？”

叔叔看到小彼得已经意识到自己的错误，就进一步引导他说：“首先，游戏中大家都是平等的，要把自己当成他们中普通的一员，忘记皇帝的身份，友善对待小伙伴们。然后，做什么事情都要讲理，采取行动时要多听大家的想法，无理取闹就不对了。总之，你要融入集体中，体会和了解同伴的感受和想法，他们都是和你并肩合作的战友。只有大家一起完成游戏，你才能真正体会到游戏的乐趣，从中学到更多东西。”

叔叔最后补充说：“下次游戏的时候不妨就当个普通的士兵，慢慢和你的小伙伴们接近，直到他们接受你为止。”小彼得觉得叔叔说得很有道理，使劲点了点头。

第二天，小彼得找到大家，主动宣布说：“从今天开始，我不当司令了，就当一个士兵吧。”大家都很奇怪，小彼得接着说：“以后大家叫我彼得就好了，咱们在游戏中互相合作，打好我们的仗。”

在以后的军事演习游戏中，小彼得总是身先士卒，和大家冲锋陷阵，摸爬滚打。一场游戏结束，衣服磨破了，手脚也擦伤了，但他毫不介意，还对小伙伴们说：“不要紧的，你们不是也和我一样吗？在这里我只是一个小兵而已。”

成长悟语

如果你正在肆无忌惮地、毫无顾忌地对朋友、亲人、同事说一些伤人的话，哪怕你的目的只是单纯的友好劝诫，那也变成了对对方的不尊重。把对方当成和自己一样平等的个体，是尊重对方的第一步。把自己要说和做的事情让对方愉快地接受，这是融入对方的第二步。

学会与他人合作

克尔塔是物理学领域的研究员，他性格孤僻而高傲，总是不屑与实验室的其他同事合作。克尔塔平时言辞也非常刻薄，总觉得别人不够聪明，会拖他后腿，延缓实验进度。当然，同事们也不怎么喜欢他。于是，他总是选择一些单人完成的研究项目，虽然有所成绩，但是并不突出。

有一天，实验室计划了一个大项目，这个项目如果可以取得一定成果，无疑在学界引爆一个重量级炸弹，会使现有的理论取得重大突破，直接将整个物理学研究提高几个层次。可以说，但凡研究物理的人，无一不为自己能够参与这样一个项目而骄傲。更重要的是，这个项目涉及的领域就是克尔塔钻研的方向，他已经有了相当的实验数据储备。但是，这个项目需要多个人通力合作，没有人愿意和克尔塔在一起做实验，最后，在这个项目上最有优势的克尔塔被排除在项目之外。

这一晚，从不喝酒的克尔塔喝了一整瓶高浓度的威士忌沉沉睡去。在睡梦中，克尔塔梦到自己跑到上帝面前哭诉说：“亲爱的上帝，为什么他们将我排除在外？我是最有资格参加这个项目的人选，现在的我犹如身处黑暗的地狱，看不到一丝希望。”上帝并没有马上安慰克尔塔，而是慈祥地对他说：“孩子，跟我来，我带你看看什么是真正的地狱。”

哪怕是最讲究个性的创新活动，也离不开合作。合作能力，直接决定着创新的成效。

他们走进一个房间。一群瘦骨伶仃的人围着一大锅肉汤，每个人的脸上都写满了饥饿。但是他们手里的汤勺柄比他们的手臂都还长，没法把汤送进嘴里，只能看着香喷喷、热乎乎的肉汤流口水。

“来吧！我再让你看看天堂。”上帝带着克尔塔推开了另一个房间。这里的一切和刚才那个房间一样，也是一锅汤、一群人、一样的长柄汤勺，但这里的人都身宽体胖，还围坐在一起快乐地唱着歌。

“为什么？”克尔塔不解地问，“为什么地狱的人喝不到肉汤，而天堂的人却能喝到？”

上帝微笑着说：“很简单，在这儿，他们都会喂别人。”

成长悟语

一堆沙子是松散的，可是它和水泥、石子、水混合后，比花岗岩还坚韧。当每个人只想到自己的时候，他们势必忽略了集体的力量。

丰年祭祀上的一缸水

有一个古朴的小村庄至今延续着丰年祭祀的习俗，时至秋末，又到了祭祀的时节。今年风调雨顺，庄稼长得特别好，收成翻了一番。因此，村长决定大办今年的祭祀，以感谢老天爷的眷顾，祈求来年的丰收。村民们都热烈响应村长的号召，纷纷献计献策。最后大家商定在村中央的空地上摆了一个大得可以容纳十几个人的酒缸，每一家都贡献一壶自己酿制的小米酒，好让大家有喝不完的酒，男女老少可以把酒言欢，狂欢到天明。

在庆典正式开始前，每一户人家都派出代表，郑重其事地把自家的酒倒入大酒缸中。积少成多，大酒缸不一会儿就被装满了。然后大家围着酒缸载歌载舞，玩笑嬉闹，好不快活。到了庆典即将落幕时，大家都收起笑容，在村长的带领下伏地谢天，诚恳地感谢上天的恩德，并舀起酒缸里的酒，人手一杯。待村长念完一段酬神的祝祷文之后，纷纷举杯向天，一饮而尽。没想到美酒刚入口中，大伙的脸色就全变了，每个人皆面有愧色，你看我，我看你，面面相觑，尴尬得说不出一句话来。

原来每户人家都觉得这么一大缸酒并不缺自己的这一壶，多了显不出来，少了也没关系，所以他们提供的酒壶里，装的都不是酒，而是以清水冒充。最后，满满的大酒缸竟然没有一点酒味，只是满满一缸清水而已，原本喜庆欢乐的丰年祭只好以尴尬收场。

成长悟语

当每个人都不想付出快乐、爱心、善意、仁慈的时候，这个世界上又哪来的温暖呢？无数个“0”加起来还是“0”！

同样的道理，如果每个人都愿意献出一点自己的“酒”，酒缸里的酒水一定很醇香！

团结的大雁

大雁是一种典型的候鸟，春天飞到北方繁殖，冬天要到南方过冬。

秋天来临后，雁群就要准备南飞，它们总是会排成整齐的序列一起飞，并在途中不断变换队形，一会儿排成“人”字，一会儿排成“一”字。

这些变换并不是无意义的，而是与它们的续航有着内在的联系。这是它们在长期飞翔中所形成的最省力的团队飞行方式。

这种一字形或人字形列阵分布，能够使后一只大雁借助前一只大雁鼓翼时产生的空气动力，使飞行更省力。

在飞行一段距离后，位置左右互换可以让另一侧的羽翼借助空气动力缓解疲劳。

如果一只大雁只用自己的翅膀飞翔，即使再强壮，也无法飞得太久。

而分享共同目标和集体感的雁群可以更快、更轻易地到达它们想去的地方。

原因就是这种集体的方式集合了彼此的冲劲、助力，同时继续“鼓舞”尾随的同伴。

这样，雁群飞翔比孤雁单飞增加了70%的飞行距离。当团队已经形成了如此紧密的合作，一旦某只孤雁即将脱离队伍时，它马上就会感到有股动力阻止它离开，借着前一个伙伴的“支持力”，它很快就能回到队伍中。

更重要的也更令人感慨的是，如果一只大雁生病了，或因枪击而受伤脱队时，另外两只大雁就会主动脱队跟随它，帮助并保护它。

跟随落下的大雁一起落到地面，照料它直到它能够再次飞翔或者死去。

只有到了那时，另外两只大雁才会再次飞走，或随着另一队大雁赶上它们自己的队伍。

正是由于有共同的目标而且相互协作，雁群才能够越过万水千山，最终回到它们的栖息地。

成长悟语

个人离开社会不可能得到幸福，正如植物离开土地而被扔到荒漠不可能生存一样。而善恶美丑有一个最简单的区分方法，一切使人团结的是善与美，一切使人分裂的是恶与丑。

花田里有毒蛇

辛西娅太太是法国普罗旺斯的一名富有的贵妇，她在著名的吕贝隆山区有一大片专属的薰衣草花田。

每年还没到花季，无数游客已经慕名而来，他们毫无顾忌地在辛西娅太太的花田里游玩。

小朋友们三五成群地扎到花丛中捉蝴蝶，很多年轻情侣牵着手，赤着脚徜徉在紫色花海中，老人蹲在池塘边垂钓。

有些人甚至在花田中支起了帐篷，喝咖啡、品红酒、闻花香，尽享浪漫的盛夏之夜。

辛西娅太太站在窗前，看着一张张快乐的笑脸，听着他们在她专属的园子里尽情地唱歌、跳舞、嬉闹。

她越看越生气，就叫仆人在园门外挂了一块牌子，上面写着：私人花田，未经邀请，请勿入内。

可是这一点也不管用，那些人还是成群结队地走进花园游玩。辛西娅太太只好派人前去阻拦，结果发生了争执，有人竟拆走了花田的篱笆墙。

后来，辛西娅太太想出了一个绝妙的主意，她换了一块新牌子，上面写着：

热情欢迎大家到美丽的薰衣草花田游玩。为了安全起见，本园主人特别提醒大家，花田的草丛中有一种毒蛇，如果哪位不慎被蛇咬伤，请在半小时内采取紧急救治措施，否则性命难保。最后告诉大家，离此地最近的一家医院在鲁西庸，驱车大约50分钟即到。

这个方法果然有效，游客看了这块牌子后，基本上都对美丽的花田望而却步了。

然而，几年后，当有人再来探访这座浪漫的花田时，却发现这里早已没有令人震撼的成片的薰衣草，而是杂草丛生，一片荒凉衰败，毒蛇遍地横行。这主要是因为园子太大，而走动的人太少。孤独、寂寞的辛西娅太太守着她的大花田，她非常怀念那些曾经来她的园子里玩的快乐游客。

成长悟语

橱窗里的商品列出了高得出奇的价钱，是会让人望而却步的。如果你是商品的话，你被安置在那里展览，供大家欣赏，却永远也卖不出去！

孤独并不可耻，可耻的是你刻意变得孤独。

篓子里面的螃蟹

有一只螃蟹，它看天气很好，便爬到沙滩上晒太阳。没想到，它晒得正舒服的时候噩梦来了——一个渔民抓住它投进了一个头小肚子大的篓子里，里面还有很多只同样悲惨的螃蟹兄弟。

傍晚，渔民回家了，他把篓子随手放在地上便到一边忙去了。螃蟹看见篓子口什么都没有盖，心里就想："这渔民真傻，把我抓回来，却忘了盖盖子，这下我有机会逃出去了。"

但是它一而再再而三地努力往上爬，每次要爬到篓子口的时候，就被旁边的螃蟹给拽了下来。它心里郁闷极了，但还是努力地往上爬，总想着自己能成功逃出去的。

就在它努力爬的过程中，渔民那几岁的儿子兴冲冲地跑过来，趴在地上看着。当小孩看了半天都不见一只螃蟹成功爬出篓子的时候，他问一旁的爸爸："爸爸，为什么篓子口一直敞着，但是没有一只螃蟹能爬出来呢？它们真傻！"

渔民乐呵呵地说："孩子呀，你不知道。如果篓子里只有一只螃蟹，我们才会盖盖子。如果抓到了两只或者更多的螃蟹，我们就不用盖盖子了。因为它们每一只都争先恐后地朝出口处涌去。但是，竹篓口很窄，每次只能通过一只螃蟹。所以当一只螃蟹爬到篓子口时，其余的螃蟹就会用它们那同样威猛的大钳子抓住它，最终把它拽下去，这时，另一只强壮而有力的螃蟹会踩着它往上爬。所以，虽然篓口一直敞开着，但却没有一只螃蟹能够幸运地逃离这篓子。”

成长悟语

踩着别人往上爬的人，终究会变成别人的垫脚石。社会需要竞争，但是竞争并不代表踩踏。

同样的，在面对困境的时候，与其每个人都想着只解决自己的问题，不如集中力量一次只解决一个问题。

乔与她的花圃

乔是一个爱花的卖花女。她千里迢迢从遥远的非洲引进了一种名贵的花，培育在自己的花圃里，她希望自己引进的花能得到全城人的赞美。由于这种花极其名贵而且少见，乔爱护备至，许多亲朋好友向她索要，她都婉言拒绝了。

第一年的春天，那种名贵的花开得很漂亮，这让乔很开心。但是到了第二年，细心的乔发现，这些花朵变小了，而且还有一点杂色在花朵上面。直到第三年，虽然名贵的花已经培植出了上万株，但是花朵变得更小，花色也差很多，完全没有了它在非洲时那种雍容华贵的样子。

于是，乔满面愁容地走进一位当地有名的植物学家的办公室，她刚刚坐下就迫不及待地说起最近困扰她的难题。

“教授，难道这些花变异了吗？在非洲，人们大面积、年复一年地种植这种花，并没有见过这种花会变成这样！”

植物学家思索了一会儿，说：“我们一起去看看吧。”

来到乔的花圃，植物学家在乔的花圃周围转了一周，问道：“这就是你的花吗？”

乔说：“是的，但是它们本该更加美丽。”

植物学家指着乔邻居家的花圃又问：“他们种植的是什么花？”

乔说：“他们的花圃里都是些郁金香、玫瑰、金盏菊之类的普通花卉。”

植物学家慢慢地说：“我知道你的花变异的原因了。尽管你的花圃里种满了这种名贵的花，但

你自己的能力不够强没关系，只要善于结交能人、才人，让他们心甘情愿地团结在你周围，你也就提升了自己的身价。

你邻居的花圃中却种植着其他花，没有什么能阻挡风传播花粉，所以，当这几种花交叉传播花粉的时候，就非常容易产生变异。”

乔迫切地问：“那您说我该怎么办？”

植物学家说：“其实很简单，就像你之前对我说的‘大面积种植’！只要种植面积够大，你的花会重新变回从前的样子。我想你知道该怎么做吧。”

于是，乔主动把自己的花种分给了所有的邻居。第二年春暖花开的时候，乔和邻居的花圃几乎成了这种名贵的花的海洋——花朵又肥又大，花色典雅。很多花市上的商人都来找这种花。

现在乔的花圃已经扩大了好几倍，有好几种稀有名贵的花卉。不管是哪一种花，乔都会无私地分享给邻居，而整条街也被人们称作“花之街”。

成长悟语

没有一朵花可以脱离环境开出一枝独秀，没有一棵树可以脱离环境长到直指苍天，也没有一个人可以脱离环境活成一个孤岛。世界本来就是相互联系的整体，只有不断地沟通、交流、分享，我们才能克服自身的局限，获得取之不尽、用之不竭的机会和资源。

针尖和针孔的争吵

夜晚，一轮月亮升到空中，周围十分寂静，然而，针线盒子里却热闹非凡。

原来，以前针孔负责穿线，针尖负责引线，两者共同缝衣，配合得天衣无缝。可是这一天主人缝完衣服后，有一根针就不乐意了。针孔开始嫉妒起针尖来——“我和针尖都是用一块铁做的，材料一样，做工也一样，凭什么它就能当针尖、做引线，而我永远都只能跟在它的屁股后面呢？难道就不能我当针尖，它当针头？”

一看针孔这样说自己，针尖心里便不舒服了。它回应道：“你这样说我，我还羡慕你呢！每天就我在干活，最累的也是我，你只要跟在我后面就可以，日子过得多安逸、多舒服啊，你居然还不满足！”

针的两头相互嫉妒着对方要比自己更轻松，都想成为对方。它们彼此不停地斗争，而它们的身体在斗争中被磨圆了。终于，它们变成两头都圆溜溜的一根针，既没有针尖，也没有针孔。从此，这根两头都圆的针被主人一直晾在了针线盒里，再也没用过。因为它已经失去了缝衣的功能了。

成长悟语

如果周围有人嫉妒你，那么你可以把他从你的竞争者之列中排除，爱嫉妒的人，难以成大事。

同样，不要因为别人的嫉恨，让自己也扭曲起来，这样，你和对方的优势都可能会消失，变成一根“两头圆”的无用针。

小孩子的智慧

邻居温蒂阿姨办生日宴会，邀请了很多邻居来参加。7 岁的安德鲁也跟着妈妈参加了宴会。

温蒂阿姨为此准备了很多好吃的。安德鲁觉得那些苹果派和松仁饼好吃极了，但是他最爱吃的还是榛子，他在宴会上吃了好多，但是走的时候，他的眼睛还是盯着那个装榛子的盒子不放。

温蒂阿姨微笑着说："安德鲁喜欢吃榛子，就把这盒子给他吧！"

安德鲁的妈妈拒绝了，她觉得温蒂阿姨能邀请自己和孩子参加宴会就很高兴了，最后还要带走榛子，实在不好。

温蒂阿姨看见他的妈妈坚持，于是说："安德鲁自己抓一把吃吧！"

可是安德鲁没有去抓，只是站在那里看着榛子盒子。

温蒂阿姨又邀请安德鲁抓榛子，可是安德鲁还是没有动。

于是温蒂阿姨自己抓了一大把榛子，放在安德鲁的口袋里，对他说："可爱的小宝贝，你喜欢吃，拿去吃吧！如果你愿意的话，明天再来拿，我也很乐意！"

回去的路上，妈妈好奇地问安德鲁："你刚才为什么不自己抓榛子？"

安德鲁说："我觉得我的手很小，拿不了几颗。但是温蒂阿姨的手比我的大多了，她给我抓的话，我就能得到更多的榛子了！"

成长悟语

当我们手太小的时候，那就找一双更大的手。我们的能力都有极限，但是，这不能阻碍我们对能力更高者的寻找。

人有极限并不可怕，可怕的是认识不到自己的极限到底在哪里。我们每个人都有能做的事和不能做的事，能做的就尽力做到，不能做的就换人去做，这并不能说明我们有多愚钝，反而说明了一种生存智慧。

辛普森太太和她做的汤

辛普森太太做汤在当地是一绝。一个周末，她在家里举办了一场晚宴，邀请了很多好朋友来家中做客。从早上开始，辛普森太太就忙得没歇一口气。

晚宴开始前半个小时，辛普森终于把最后一道菜——饭后甜点准备好了。结果，她突然发现——鲜汤还没做。于是，她迅速把汤准备好，然后就去准备晚宴前的水果拼盘了。过了好一阵，她才记起来："糟了，刚才忙晕了头，忘记往汤里放盐了。"但自己一时又抽不开身，就叫女儿帮忙。

"安娜，你帮我去厨房给汤加点盐好吗？两勺就足够了。我现在太忙了，没办法过去。"

"不行啊，妈妈，我在试穿晚宴上要穿的礼服呢。"安娜回答道。

“那莎拉，你现在有空吗？能不能帮妈妈去厨房给汤加点盐？”辛普森太太转过头去问另一个女儿。

“妈妈，你没看见我也正忙着嘛！你叫凯蒂去吧，她没准有空。”

辛普森太太摇了摇头，无奈地朝凯蒂提了同样的要求。

遗憾的是，凯蒂也说自己很忙，没时间过去。辛普森太太只好暂时放下手中的活，进厨房往汤里加了两勺盐，然后盖上盖子去忙别的了。

这时，安娜、莎拉和凯蒂都觉得自己刚刚的态度不对，于是，姐妹三个在不知情的情况下，先后进了厨房，按照妈妈之前的嘱咐，往汤里加了两勺盐。

晚上7点的时候，晚宴开始了。长长的宴席上摆满了各种各样的美食，而最后端出来的，是辛普森太太最拿手的美味鲜汤。掀开罐盖，阵阵香味扑鼻而来，饥肠辘辘的客人们一闻到香味，顿时食欲大动，纷纷站起来盛汤。第一个客人盛完后迫不及待地喝了一大口，突然，舌头一吐，“哇”的一声跳了起来，拿起手边的一杯水，一口气喝了个精光。

看到这情况，辛普森太太知道事情有点儿不妙，她亲口尝了尝汤，顿时全明白了。

“姑娘们，你们谁往汤里加过盐？”她问女儿们。

“我放了，妈妈。”三个人异口同声地回答说。

“我也放了呢，”辛普森太太说。“看来，厨师一多，烧不出好汤来的。”

成长悟语

人与人的合作绝不是人力的简单相加，因为人不是静止的动物，而更像方向各异的能量；相互推动时自然事半功倍，相互抵触时则一事无成。

也就是说，如果意见统一，力量就大；如果意见不统一，力量反而会变小。

把野草莓留给妈妈

乔治出生在一个贫困的家庭，为了帮助父母分担压力，乔治很小的时候就开始利用课余时间帮助家里干活。

一天，母亲让乔治外出捡柴火，他欣然答应。为了能够拾到更多的柴，乔治不辞辛苦深入到离家很远的森林中。天气很好，乔治干得格外起劲。到中午时，他已经累得汗流浃背了。他又渴又饿，嗓子干得如冒烟一般。他准备到小溪边休息一下，顺便吃午餐。

到小溪边后，乔治的眼睛为之一亮。原来他发现在苔藓中间有许多熟得通红的野草莓，表面还挂着晶莹剔透的露珠，十分诱人。“它们配上我的奶油面包，味道一定棒极了！”乔治兴高采烈地采摘着熟透的野草莓，然后坐在了小溪边。

小溪边的环境非常优美，溪水哗哗地流着，为炎热的天气带来些许清凉。乔治感到非常愉快和满足。他不禁想起了家里的母亲，如果母亲在这里那该有多好啊！与母亲一起分享这诱人的美味，该是多么幸福！想到这里，他赶紧把采摘的野草莓统统放到了篮子里。“我还是把它们留给妈妈吧，她一定会很开心！”想到这儿，乔治只是干啃着带来的面包。

“但我可以吃一半啊！”看着亮莹莹的野草莓，乔治又有些犹豫，“把另一半留给妈妈。”于是他把野草莓分成两堆，但这样做后，他觉得每一堆看起来都很小。乔治叹了口气，又把它们放到了一起。

“我还是尝一颗吧！”乔治下定决心。可就在他要把那颗草莓送进嘴里时，他发现那是最漂亮的一颗，他立即停住了。最终，乔治决定：“我要把它们全都留给妈妈！”

太阳一点点地落山了，乔治准备往家里走。将野草莓全都留给母亲，他为自己的举动感到骄傲和开心。离家越近，他就越不想吃那些草莓了。刚进家门，就传来母亲的呼唤：“是你吗，乔治？快进来，我正好做好晚饭啦。”

乔治小跑两步到母亲身边，依偎着她说：“妈妈，这些野草莓是我今天采的，全部留给你吃！”母亲听后，把乔治搂在怀里，抚摸着他的头说：“我的宝贝，上帝会因此而保佑你的！”这个时候的乔治，感觉幸福极了，比吃了野草莓还要幸福。

试想，如果乔治吃了一部分草莓，此刻他就享受不到这种满满的幸福了。

成长悟语

不要独享美味的果实，因为当你吞下的时候，它会变得苦涩。而当你和别人一起分享时，哪怕是半颗，也会显得倍加甜美。

合作的黄金定律

有一位企业家在商界的口碑非常好，他经商二十多年，合作过的伙伴不计其数，不管对象是谁，他都能跟对方合作得非常愉快。

一位商界的朋友非常好奇他是如何做到这一点的，便约他出来喝咖啡，顺便取取经。

“现在社会关系太复杂了，跟人合作也太难了，刚开始还谈得挺好的，可是谈着谈着，不知道为什么，大家就不欢而散，甚至闹上法庭，从朋友变成了敌人。但是你好像从来没有过这样的烦恼，为什么？”

团队的核心是共同奉献。这种共同奉献需要有成员能够为之信服的目标。

“道理其实很简单。很多人和别人洽谈时，为了尽快把项目谈成功，就把自己的所有想法、方案和对未来美好的前景都倒了出来，有时候甚至会通过夸大其词来诱使对方做出决定。可是，一旦对方抱着美好的不切实际的幻想做出决定，开始投入合作时，越来越多的问题会被发现，这个时候，对方就会感觉上当受骗了，矛盾和冲突就会接踵而来，等积攒到一定时候，所有的矛盾喷涌而出，双方闹掰了，也就从朋友变成了敌人。”

朋友表示理解地点了点头，但心中又有些不解：“那你和合作伙伴之间就没有矛盾、冲突吗？”

“有合作肯定就会有矛盾和冲突，关键是看你会不会分而治之。遇到矛盾，我不会逃避，更不允许压制到最后来集中爆发，而是会事先采取分散、化解的办法处理好。”

“那你又是如何化解的呢？”

“我跟别人洽谈合作是有技巧的，我所有的想法不是一次性强加给对方，而是慢慢渗透给他的。举个例子说，第一次见面时，我跟对方基本上都是闲谈，涉及方案的内容只会占到我谈话的3%，而且，下一次谈话之前，我会给对方一定的消化时间，一般选在三天之后。第二次交谈时，工作的内容会增加到6%。下次再谈，再增加一倍，12%。一般情况下，三次之后，对方就会动心了，但心急吃不了热豆腐，这个时候还不能做决定。紧接着是第四次交谈，这一次，工作要占到谈话内容的24%，很多人在这个时候就已经做决定了。如果这时候还不能定下来，那就再谈一次，工作占到谈话内容的48%。这个时候，对方其实在心里已经做出了决定，这也是一个关键点，很多人会在这个时候争着签字，但我不会，还要再谈，而且会提出一些负面的、并不会影响他做决定的问题。这个时候，对方正处于兴奋点上，并不会过于关注那些不会影响到大局的小问题。但我说和不说，结果就不一样了。对方开始和我实际合作时即使发现了问题，那也没关系，因为我都事先和他讲过，他心里早就做好了准备，当然会接受。即使这次合作最后没有赚到钱，对方也不会怨我。要怨，也只能怨他自己当初没有认真考虑我提出的问题。所以很多人最后还反过来感谢我，还会选择继续和我合作。”

成长悟语

没有人是傻瓜，不要试图用自以为最精明的手段去蒙蔽别人，因为当真相爆发的那一刻，你的所有品德在对方眼里就会消失殆尽。

信任的大厦是由一块块很小的砖石堆砌而成的，真诚是最好的水泥，它决定着这座大厦是否牢固。

第二十辑

习惯：刻在身体上的规矩

右手比左手大 4 %

德国有一家规模比较大的服装厂，每年都会生产许多手套，然后在附近的城市销售，因为就此一家，所以他们的销量一直是平稳的。直到有一年，他们得知在距他们不远的地方有人新建了一家专门生产手套的小厂，由于这个小厂无论是规模还是业务量都不大，对他们似乎没有什么威胁，所以他们没有把它放在眼里。但是，一年后，他们突然发现：自己生产的手套在市场上不吃香了，而那个小厂生产的手套几乎占领了附近城市 80%的市场份额。

服装厂的领导这才开始重视起这家小手套厂，他们不明白同样生产手套，为什么小手套厂会这么快占取大部分的市场份额。

后来，服装厂就派人买回了几双小手套厂生产出来的手套研究，最后，研究员通过比对发现了一个有趣的秘密，他发现在这不起眼的手套中有一个微小的数字，这个数字决定了它是否更讨人喜欢——原来大多数人都是右撇子，右手通常比左手大 4 %。而那家小厂生产的手套，即使同一双，大小都是不一样的，这种大小不一的手套，才让人戴起来感觉更合适！

成长悟语

细节是构成金字塔的一块块方石，是铺就铁路时自甘居下的一条条枕木。只有关注细节，把握细节，演绎细节，才能把握人生和命运。

有些人成功往往不是因为他做了多么伟大的事，而在于他看到了别人轻易蔑视的“4 %”并做好了它。

小狗死亡之谜

贝琳达夫人养了一条名叫卡洛儿的小狗，她特别钟爱卡洛儿，甚至把它当作孩子一样爱护。

一天，卡洛儿在散步时跑丢了，贝琳达夫人伤心极了，到处寻找都没有找到。后来，她想到一个好主意，就在当地报纸上发了一则寻狗启事：爱狗丢失，如捡到者归还，付酬金一万。并附有小狗的一张彩照，充满了大半个栏目。

寻狗启事登出后，前来给贝琳达夫人送狗者络绎不绝，但都不是卡洛儿。贝琳达夫人心想：一定是拣到狗的人嫌报酬太少，因为卡洛儿是一只纯正的爱尔兰名犬。于是她就把电话打到报社，要求酬金改为两万元。

此启事再出，引起全城人的巨大反响。一位沿街流浪的老乞丐也听说了，他特意去一个报摊买了一份报纸，看完这则启事及小狗的照片，他想起来，前几天捡到一条小狗，可能就是贝琳达夫人要找的那条。

第二天一大早，老乞丐就抱着小狗出了门，准备去领两万元酬金。这下，他终于不用再乞讨了，两万元足够他吃几年了。当老乞丐经过一个小报摊的时候，无意中又看到了那则启事，他看悬赏金额已变成了三万元。

老乞丐是个做事不果断的人，他总喜欢幻想明天的美好而对现在犹豫万分。于是，他觉得这件事情还有利可图，于是又折回他的桥洞，把狗重新拴在那儿。他想：先不把小狗送过去，主人如果找不到，还会继续加大悬赏金。第四天，悬赏额果然又涨了。

在接下来的几天时间里，老乞丐天天浏览那家报纸的广告栏，当酬金涨到使全城的市民都感到不可思议时，老乞丐返回他的桥洞决定把小狗送还给主人，并领到那份巨额赏金。可他回到桥洞时，发现那只小狗已经死了。因为这只小狗在贝琳达夫人家吃的都是鲜牛奶和烧牛肉，而老乞丐给它的食物都是从垃圾筒里拣来的，小狗实在吃不习惯，就被饿死了。

成长悟语

习惯决定命运。习惯一旦形成，它就极具稳定性，心理上的习惯左右着我们的思维方式，决定着我们待人接物的方式；生理上的习惯左右着我们的行为方式，决定我们的生活起居。当我们的命运面临抉择时，总是习惯在帮我们作决定。

一根树枝的威力

虎克船长号在白令海峡行驶了几十年，船员和克里特岛上的动物都熟悉了，并成了朋友。

一天，虎克船长号在近海触到了暗礁，船底被撞了一个大窟窿，海水瞬间涌进了船舱，船很快下沉，最终被大海覆灭了。克里特岛上的动物们虽然焦急，但是却无能为力，只能眼睁睁地看着他们沉到了海中。

这时，那些动物们发现，一只小鸟在往返地来回飞行。于是好事的猴子就上前查看，发现这只小鸟从树林中衔出一根树枝扔进了大海，之后，接着再去树林，衔起一根树枝，飞到海边，然后扔进大海。

猴子很奇怪，就问这只小鸟：“你不去和我们的船员朋友做最后的告别？”

小鸟说：“我打算救我们的朋友，我把树枝填到海里，等把大海填满了，我们的朋友不就得救了吗？”

猴子双手一摊，似乎对这只小鸟的行为很无奈，接着说：“你的树枝，这么小，什么时候才能把大海填满啊？”

小鸟说：“毕竟，我尽我的所能了啊！这样总比站在那里什么都不做强多了吧！”

于是，众多的动物都往海里填树枝，有的动物力气大，甚至把整棵树干都填到了海里。当然，大海不会被填满的，但是他们的朋友，借助这些浮木得救了。

成长悟语

语言上的忏悔和安慰永远比不上行动上的援助。前者是将善良表现给别人看的伪善，后者是将仁爱藏在心里的真爱。

很多人并不是自己能力不够强，意志不够坚，知识不够多，而是因为做事没能尽自己所能。我们为什么不学习小鸟拿树枝填海的精神？明知不可能，但最终有了希望！

老牛的价值

有个农夫很吝啬。一次，他与邻居去集贸市场上买牛。

邻居挑了一头身强体壮的大牛，花了100美元。农夫却挑了一头看起来十分消瘦的老牛，仅仅需要25美元。农夫的邻居觉得，买一头老牛没有什么用处，劝说他多花点钱买一头好的。可是这个农夫觉得牛的用处都差不多，自己省了很多钱，这笔买卖很划算。

农夫牵着牛回到了家。刚开始，这头牛做起活来显然比邻居的牛好用多了，它听话，而且显然之前干过，对这些事情很熟悉。相反地，邻居家的牛因为年轻就不肯好好干活。农夫渐渐得意起来，觉得还是自己聪明，买了一头便宜的老牛。

可是春天播种的季节到了，农夫带着牛下地耕田。老牛被套上犁具，它使尽了浑身的力气，犁具只微微前进了半寸。刚开始农夫觉得是老牛偷懒，但是任凭农夫怎么鞭打，老牛就是前进不了多少。一天下来，老牛才耕了半亩地。邻居家的牛，拉着犁具，翻起厚厚的深土，小半天就把一亩地耕种完了。

农夫觉得可能是自己的牛吃得不好，一只脚还有点跛，这才让它的牛使不上劲。于是他给牛喂上好的豆饼，并给它钉上一个崭新的牛掌。他想，秋天收获的时候，我的牛肯定能拉着谷物，健步如飞了。可是秋天来了，这匹老牛拉着谷物，连一个小坡都爬不上去，看着邻居的牛大步地从自己身边走过，农夫后悔极了。

又一年牛市开张了，他立马去买了一匹健壮的牛。而原先那匹老牛，在整个农忙季节都拴在栗子树下，悠闲地啃着草。农夫每次看见这匹老牛，都心痛自己的毫无用处的25美元。

成长悟语

没有道理的节省，才是最大的浪费。有时候，图小便宜往往会吃大亏。所以，有些东西虽然价钱不菲，但却有其不菲的价值。

杰斯的怪习惯

杰斯是一个出色的跳水健将，他曾多次获奖。但令人费解的是，他在每一次跳水之前都会先用手轻轻触下泳池里的水，以确认池里真的有水。

和杰斯一起训练的一个队友，十分好奇他的这个动作。一次，这个队友又和杰斯一起练习跳水，杰斯依旧那样做。队友终于忍不住问："你为什么每一次跳水之前，都先用手触下水才开始跳？"

杰斯给队友说了自己的一段经历，队友才明白事情的来龙去脉。

杰斯上大学时就是学校体育队的一员，那时候他就开始练习跳水。一天夜里，他失眠了，怎么也睡不着，索性去游泳池练习跳水。可当他站在跳水台上时，他看到了自己的影子像一个十字架一样映在水池中。他害怕了，有一种不好的感觉，他想：这也许是一种不祥的预示？

于是，杰斯赶紧停止练习，走下跳水台。可当杰斯经过泳池边时却大吃一惊，原来泳池里根本就没有水。如果真跳下去，后果真是不堪设想。他立刻跪下，在胸口画着十字，开始祈祷。

从此以后，杰斯每次跳水之前，都要先确定一下池里是不是真的有水，然后才决定跳下去。

成长悟语

很多时候，一个小小的失误或疏忽，都可以给我们带来不必要的甚至是无可挽回的损失。也许你偶尔一次避过是幸运的，但好运不可能永远陪伴着你，小心驶得万年船。

坚定不移地走下去

桑德是美国一家公司的经理，他不到30岁，已经拿到了12万美元的年薪。每当别人称赞他时，桑德总是把他目前的成就归功于他刚进入公司时的上司。

那时，桑德担任开发部主任，他经过大量的调查策划出一个项目，把项目报告给他的上司。上司看了桑德的策划非常满意，并让桑德着手去做。然而项目进行的过程中，桑德心中开始犹豫，毕竟他是个新人，不知道这个项目能不能做成。桑德的上司是个慈祥的非裔大叔，他在办公桌前写了一张字条装进信封交给桑德。他说："如果你遇到实在解决不了的困难，就打开这封信看，里面有解决的办法。"

桑德拿着上司给他的信开始工作，整个项目的过程充满困难，不管筹集资金还是协调合作，都让桑德筋疲力尽。就在桑德觉得自己实在坚持不下去的时候，开始对自己的策划产生怀疑，或许自己的策划根本就是不成功的。这时，桑德拿出上司交给他的信，打开之后，里面只有一句话："如果你认准了一条路，就坚持走下去。"

桑德从这句话中获得了莫大的鼓励，是啊，连自己都不坚持自己的路，还有谁能帮助自己呢？于是，桑德顶住压力，继续完成项目。很快时来运转，桑德的项目获得了成功，他创造了公司最大的单项收益。之后，桑德的职业道路越走越宽，不出五年就当上了公司的地区经理。

桑德回忆起这段经历的时候，总是感慨："听说上帝创造出人类时，也给每个人创造了一条通往成功的道路。然而，很多人因为途中的荆棘、坎坷停步不前，到达不了成功的终点。所以，一旦你认准了某条路，就坚持走下去，上帝会在路的终点微笑着迎接你。

不是因为有些事情难以做到，我们才失去自信；而是因为我们失去了自信，有些事情才显得难以做到。

成长悟语

每个人身上都有无限的潜能，上帝将这种潜能藏在最不起眼的地方，所以，当我们忽视它时，很有可能我们正在做这些事情：我们用所谓的习惯给自己找借口，我们被时间的流逝所迷惑，我们的耐性被痛苦消磨，我们的理想被惰性掩埋。

学会适可而止

贝蒂和她的朋友一起到海边度假，她们看到了一栋看起来环境很不错的家庭式院落，用木栅栏围成的围墙，各种漂亮的花朵伸到了围墙外面，门口敞开着。她们走进去一看，原来是个宾馆，她们决定在这里住下来。

负责接待的工作人员告诉她们说："这里只剩下5间套房，你们可以自己选择住哪一间，但你们只有一次选择的机会。"

贝蒂说："你都不让我们看，那我们怎么选择呢？"

工作人员说："当然，你们可以一间一间地参观，觉得哪一个房间令你们满意，就可以停留下来。每一间房门上都设立了告示牌，上面写明了本房间的具体布置。一旦你们决定住哪一个房间，就不能再反悔。"

贝蒂和她的朋友觉得这是一件好玩的事情，她们决定进去试试。

在第一间房前，告示牌上写着："这个房间的床板都很硬，地毯也是旧的，而且没有上门早餐的服务。"贝蒂和她的朋友摇了摇头，毫不犹豫地走过去。

第二间房的告示牌上写着："这里床不太硬，有半新的地毯，但没有上门早餐服务。"贝蒂和她的朋友也没有在这里停下来脚步。

走到第三间房前，看到告示牌上写的是："这里的房间很舒适，床很软，而且还有上门早餐服务，唯一不足的是地毯有些旧了。"这个看起来不错，可是后面还有两间房呢。于是，她们还是放弃了。

到了第四间房，这里的告示牌上的内容几乎是完美的，"这里不仅房间舒适，而且所有用品都是新的，并且，明早会有上门早餐服务，我们还会送您水果。"

这一次，贝蒂和她的朋友都高兴坏了。她们商量了很久，还是决定到第五间房看看。

于是，她们又来到了第五间房，走进去一看，她们却傻眼了，这一层空荡荡的，连一个房间也没有，告示牌上写着一行字："这里没有房间，更不用说一个舒适的夜晚。您是又一个被玩笑捉弄的人。"

贝蒂和她的朋友以为宾馆的每一间房都比前一间房好，结果却得到一个最不好的房间。在她们一个劲儿往前冲，争抢着获取更好的房间时，却忘记了要适可而止。

成长悟语

我们渴望的总是太多，人就是太"贪心"，所以不甘心。每当遇到某种选择的机会，总以为每走一步都可能比前一步得到更多。很多时候，多走一步，不如冷静地站在原地多想想。

我们要学会适可而止，适可而止可能会让我们更加从容，不要总对一些人、一些事要求太高。"希望越大，失望越大"，何必让自己陷入一种窘迫的境地？

不识字的企业家

赛恩斯很小的时候得了脑炎，导致大脑发育有点迟缓。上学期间，他都被称作笨蛋，因此寡言少语，一直坐在教室的最后一排。他觉得老师也放弃了他，对他不屑一顾。

1963 年，他高中毕业，各科成绩最多的是 C、D 或是 F。不过，他也有自己的骄傲——汽修和金工课，他的成绩都是 A。当然，上大学无望，他选择了创业。

1973 年，他用自己仅有的 200 美元开了一家小小的铁厂。经过几十年的努力，1999 年赛恩斯荣获"国家蓝筹企业创新奖"。该奖用以表彰那些走出困境的小型企业。而赛恩斯的 B&J 机床公司年营业额达 500 万美元，他成功了。

但是事业上的成功，并不能弥补他文化水平低的创伤，"笨蛋"这个词，一直折磨着他，他希望自己能和妻子一样流利地阅读邮件。而他最希望的还是能和别人一样自由地参加当地一个高层管理人员联谊会——这是一个 CEO 们自我激励性的自发团体。在这个联谊会上，对手们放下了平时激烈竞争的状态，心平气和的 CEO 们互吐衷肠，倾诉着自己在创业路上遇到的各种磨难。

开始，赛恩斯极不情愿去参加，怕别人发现自己目不识丁，虽然有了成就，但他怕别人认为他骨子里还是个"笨蛋"。不过后来，赛恩斯在联谊会上，却大声地向大家说了他的秘密。赛恩斯的坦率让一位 CEO 感到惊叹："我知道他是高中毕业，觉得跟我们不能相提并论，有点看不起他，但是我现在觉得事业上的成就固然令人羡慕，而他的坦诚却更令我敬重。”

之后，赛恩斯聘请了家庭教师，每周五天，每天用一小时教他读书、写字。之后，他开始阅读了，虽然读得很慢，障碍还是很多，但他凭借边请教、边学习的办法，最终还是读完了一本书。

成长悟语

人没有知识和文化不可怕，可怕是不思进取。不识字并不丢人，丢人的是对此听之任之。

丢失的脚踏车

一个周末，威尔逊准备在家里聚会，午饭过后，他就兴奋地骑着脚踏车去附近的超市购物。到了超市门口，威尔逊把车停好，就匆匆忙忙走进超市开始选购食品和水果了。

威尔逊选好所有的物品就直接回家了，却忘记去取超市门口的脚踏车。直到第二早上醒来，他才记起脚踏车还在超市门口。他开始担心脚踏车会不会已经被人偷走了。于是，威尔逊抱着试试看的想法来到超市门口时却惊喜地发现，脚踏车安然无恙地停在原处。

脚踏车没丢失，威尔逊觉得自己特别幸运。他路过一个教堂，决定进去祷告，感谢上帝保佑他的脚踏车没被偷走。可当他拜谢完上帝走出教堂时，却意外发现，原本停在教堂门口的脚踏车找不到了。

成长悟语

生活远比戏剧更精彩，充满变数。有些事情随时随地都有可能发生变化，有些意外是无法逃脱的，有些变化却是可以避免的。所以，不要太随意，也不要太刻意。

甩面条

很多人都喜欢吃意大利面，但是如何将意大利面煮得恰到好处，却是一门学问。有时候人们去小餐厅吃饭，会惊讶地发现这里的意大利面竟然使用普通的面粉冒充。当然除了成本的问题，“意大利面不好煮”则是另一个原因。

如果把意大利面做好了，那滋味真是美妙极了。先煮开一大锅水，然后把面条放进去，算准时间捞起来。再迅速放入冰水中浸泡一会儿，最后一步就是放在灼热的平底锅中爆炒一番。过程相当复杂，动作也要精准迅速。没有两三年的专业厨师经验，是不可能有这么高超的技艺的，也做不出这样好吃的味道。

据说，美国人学习煮意大利面的时候，有一种非常笨拙但是很有成效的方法，就是将面条放入锅中，在煮的过程中，不时捞出一根往墙上甩。如果面条掉下来就说明火候不够，如果黏在墙上，那就可以吃了。

不得不承认，这个方法很笨，也很浪费。如果碰到一个“勤劳”的人，一会儿一根，等到确认熟了的那一刻，估计锅里也剩不下几根了。但是这种方法却很精确，不至于让我们尝到半生不熟的面条，而且浪费仅限于初学阶段，经过这样扎实的训练，慢慢掌握煮面的要领，在之后，一定能够一次就将面条煮好。

成长悟语

如果我们富于天资，勤奋可以发挥它的作用；如果我们智力平庸，勤奋可以弥补它的不足。

学习任何事情都是这样，一定要经过不断的验证和纠正，才能达到最终的成功。即便是笨方法，只要细心观察，谦虚学习，虽不能让你省了时间，走了捷径，但一定能帮助你达成最终的目的。

绅士和流浪汉的狗

一天下午，在英格兰的某个村庄的一棵大树下拴着一只流浪狗，狗的主人是个流浪汉。正在一旁晒太阳的主人看见一个浑身贵气、神气傲慢的绅士牵着一只干净漂亮的贵宾犬走了过来。那个绅士估计是在等某个人，一直不停地抬头张望。

流浪汉看到绅士站得离自家的狗不远，连忙跑过来好心提醒道：“这位朋友，我家的狗性子很烈，很暴躁。你还是站开一点吧。万一我家的狗突然发起狂来，恐怕会伤到您跟您的爱犬。”

绅士斜瞥了一眼流浪汉，看他浑身脏兮兮的，撇嘴不高兴地说：“我就爱站在树底下，不用你多管闲事。”

流浪汉叹了口气走开了。没过一会儿，只听见树底下传来一阵阵凄惨的狗叫声和那绅士歇斯底里的喊叫声。他跑出来一看，只见自家的那只狗正拼命地死咬着贵宾犬的脖子不放，而贵宾犬除了嚎叫，已经使不出来一丝劲了。他赶忙呵斥了一声自家的狗，狗听到主人的呵斥声，立马松了口，知道犯错了似的趴在地上不敢乱动。而那只贵宾犬却蜷缩在地上一动不动，没过多久便浑身僵硬了。

绅士一看爱犬就这样死了，气愤不已，一边不顾形象地破口大骂，一边扯着流浪汉的衣角扭送到了法官那里要他赔偿。

法官一看死的是绅士的狗，便问流浪汉：“是你的狗咬死了这位先生的狗吗？”

流浪汉像没听见似的，一句话也没回答。法官连着又问了好几次，他就像聋子似的，一动不动地站在那里，什么也没说。

无可奈何之下，法官只好转过头来问绅士：“这个人我说什么都没反应，应该是个聋哑人。你来说说到底是怎么回事吧。”

“不，法官大人，他会讲话。刚才他还一直在跟我说话呢。”

“哦，是真的吗？那他都说了什么？”

“他刚刚还让我别站在树底下，离他家的狗远点儿……”

“为什么？”

“因为他……”下半句话还没说完，绅士就已经意识到自己说了不该说的话了。可是前半句已经抛出来了，后面的话又不能不继续说完，他只好硬着头皮吞吞吐吐地说下去：“说他家的狗很凶，小心被咬伤了。”

“是啊，他曾经好心劝过你，可惜你却不听，除了自己，你还能怪谁呢？”

成长悟语

对于聪明人来说，劝告是多余的；对于愚昧人来说，劝告是不够的。

所以，不要让骄傲支配了你。由于骄傲，你会在该同意的时候却固执起来；由于骄傲，你会拒绝有益的劝告和友好的帮助；而且，由于骄傲，你会失掉客观的标准。

一朵花能代表春天吗

妈妈发现安吉拉最近闷闷不乐，不邀请小伙伴来家里玩，也不到小伙伴家里去了。妈妈耐心询问安吉拉，原来是同学们都不和安吉拉玩了。

妈妈到学校里向老师询问情况，也找安吉拉的同学了解情况，大家都说不出安吉拉有什么缺点。

通过悉心的观察，妈妈发现，是安吉拉与人沟通的方式有问题。

安吉拉常常急于让别人接受自己的看法，因此常常在言语上冒犯别人。

妈妈给安吉拉做了开导，然而情况并没有好转，安吉拉越来越自闭，甚至都不愿意走出屋子了。

春天来了，妈妈带安吉拉到郊外游玩。她们跨过一条小溪，转到刚刚返青的小山背后。

和暖的风吹着她们的头发，可是安吉拉仍旧高兴不起来。

这时，妈妈发现小山后面开了一朵小花，非常纤细，但在满山的青草中显得非常醒目。妈妈喊安吉拉快来看，安吉拉的眼里也闪过一道亮光。

妈妈问安吉拉：“这朵花能代表春天来了吗？”

安吉拉回答：“当然能。”

妈妈继续说：“可是，这座山上只开了一朵花，也能说明春天来了吗？”

安吉拉说：“当然能，花只有春天来的时候才开。漫山遍野的花也是春天，一朵花也是春天。”

妈妈拥抱了安吉拉，说：“非常好，我的孩子。你在与人沟通方面的缺点就像这山上的草，而你其他的优点就像这盛开的花。一朵花也能证明是春天，你有这么多优点，不就更能证明你是个好孩子了吗？”听了妈妈的话，安吉拉豁然开朗。

此后，安吉拉努力在各方面做得更好，即使别人不和她玩，她也主动去帮助别人。渐渐地，她在沟通方面的缺点也改掉了，大家开始慢慢接受她。不久之后，安吉拉成了班上最受欢迎的人。

成长悟语

你有无数个优点，但是只要有一个明显地遮掩所有光明的缺点，那么，你就有可能变成不受欢迎的人。问题不在于你要把缺点缩小到看不见，而在于你把优点的鲜花开满山野。

神奇的售货员

一提到美国的诺德斯特龙百货商场，人们就会想起“神奇的售货员”比利。

有一天，百货公司的经理检查新来的售货员的工作情况，当他走到比利面前时，他这样问道：“你叫比利对吗？你今天接待了几位顾客？”

“一位。”比利回答道。

“只有一位吗？这是不是有些太少了呢？”听了比利的回答，经理皱了皱眉，接着又问道：“卖了多少钱的货呢？”

比利回答：“5万8千多美元。”

经理大为惊奇，要比利详细解释一下。

售货员说：“我先卖给那男人一枚鱼钩，接着卖给他钓竿和钓丝。然后我跟他又聊了会，教他该如何更好地使用它们，在聊天的时候，我了解到他打算到南方海岸去钓鱼。我就对他说去南方该有艘小船才方便，他觉得我说的有道理，就买了那只6米长的小汽艇。他又说他的汽车可能拖不动汽艇。于是我建议他换一辆更大的汽车，他被我说服了，于是我带他到汽车部，卖给他一辆大一点儿的汽车。”

听了比利的话，经理惊讶之余感到非常兴奋，经理激动地说：“那人只是来买一枚鱼钩，你竟能向他推销那么多东西！”

比利答道：“不，其实是他老婆偏头疼，他来为她买一瓶阿司匹林药片。我就跟他说：‘这个周六你可自由了，为什么不去钓鱼呢？’”

成长悟语

一个看似无关的细节，有可能会牵连出一系列的问题，事物之间的关联和环节简直超出我们的想象。而现在做出的一个小决定，到底能够带来多大的影响和效应，这个只有上帝才知道了！

试着把眼光放在别人不会注意的地方，或许你会有不一样的收获。

用力看等于盲

迈克是一个魔术迷，一天他邀请好朋友索非亚来观看自己的魔术。

这是一个互动性的魔术，必须要有观众的参与。迈克拿出8张扑克牌，对索非亚说：“请你默默记住其中任意一张牌，不要告诉我。”索非亚照做了，她在心中默念：红桃6、红桃6。

迈克迅速洗牌，然后把手里的牌一张张背面朝上平铺在桌子上。他微笑着对索非亚说："我偷走了你记住的那张牌。"果然，桌子上的扑克牌只剩下了7张，索非亚一一打开，天啊，自己记住的那个红桃6果然不见了。

索非亚不相信，她要求重新来一次，这次她记下了黑桃9。可是这次迈克依然顺利偷走了索非亚的黑桃9。索非亚百思不得其解，哀求着迈克告诉她魔术的真相。

原来，一开始的8张牌和后来的7张牌没有一张是相同的，迈克全部换了新的。问题出在索非亚这边，她将注意力全都放在了一张牌上，死死地盯着，而且此后一心想着自己记住的那张牌，完全没有去关注其他的牌，所以尽管迈克换了所有的牌，她也没有发现。这就是这个魔术哄骗人心的实质。

成长悟语

这个小小的魔术也揭示了一个生活中的真理：总是盯住一件事物，反而忽略了其他，用力看其实就是盲，执着于聪明就是蠢。

奔向牦牛的跳蚤

跳蚤跟随着自己的寄生主人牧羊犬去山上牧羊。在那里它看到了一些奇特的生物——牦牛。

跳蚤之前从未看到过牦牛，它想：这种动物的毛像天鹅绒似的柔软，一定很暖和，我为什么不跳到它的身上呢？

于是跳蚤从牧羊犬的身上跳下来，然后一蹦一跳地钻进了牦牛的身上。

进入之后，它发现牦牛的身上的确和自己想象的一样暖和，这个冬天，自己不用受冻了，之前在牧羊犬的身上，因为狗的毛发稀疏，每到冬天自己都冷得瑟瑟发抖。

不要总是异想天开，脚踏实地比什么都强。

跳蚤不禁发出感叹："真是好极了！我终于找到了自己最满意的寄生主人，我要在这些天鹅绒似的毛里幸福地生活一辈子！"

跳蚤高兴了一阵子之后，发现自己的肚子饿了，于是就打算到牦牛的皮上饱餐一顿。

但是，牦牛的毛实在是太厚了，跳蚤不能轻易地到达皮上，于是他奋力地分开毛层，一点点地往深处钻。

可是，费了很大的劲，累得满头大汗，还是没有到达牦牛的皮，于是它内心安慰自己说："我应当再加把劲，毕竟第一次到这种动物身上居住，遇到障碍也是常事。"

之后，它终于到达了牦牛的皮。"我终于可以饱餐一顿了，太好了！"

可是等它吃饱之后，发现牦牛的毛发是那么的稠密，它想呼吸一些新鲜的空气都很困难，它打算从牦牛的背上跳下来，重新回到牧羊犬的身上。

可是，它需要再努力地从毛发的根处钻出去，这样才能顺利跳下去。

可是跳蚤实在没有力气了，最终它被闷死在浓密的牦牛毛里。

成长悟语

没有理智的决心，就等于是蒙上眼睛找出路，可以勇往直前，却永远也到达不了目的地。

在下决心之前，一定要对事物进行深入研究，然后再做出决断，那样事情就会好办得多。如果像跳蚤那样，凭着一股子冲动的念头，后悔就晚了。

犀牛摇头的启示

大草原上，一位动物学家迎面碰到了一头大犀牛。这可吓坏了这名动物学家，因为犀牛一旦闻到可疑的气味，就会横冲直顶，如果他身上散发出什么味道让犀牛闻见了，那他肯定会被踩成肉饼。

不过这头犀牛并没有直接冲向他，而是一个劲地摇头，动物学家立刻放松了警惕。

犀牛背上的犀牛鸟焦急地给动物学家提醒："快逃啊！这头犀牛的脾气可是喜怒无常，趁它没动之前，你还是赶紧逃命吧！"

动物学家却不紧不慢地拿出手中的书，慢慢地翻了起来："放心！不会有什么危险的！你看这本《犀牛习性科学研究指南大全》中说的，犀牛摇头无非是要么对对方没有敌意，不会主动进攻，要么就是它看到了漂亮的异性而摇头。这头犀牛不会是把我身上散发出的气味，当作是一头母犀牛了吧！"

犀牛鸟刚要说什么，动物学家立刻制止了："安静！这正是千载难逢的好机会，让我来近距离地研究一下犀牛。"说着，他慢慢走近这头摇着头的犀牛。他越靠越近，突然，犀牛猛地冲过来，将动物学家顶翻在地，只听落地的瞬间，他身上的骨头"咔咔"直响，不知摔断了多少骨头。

"为什么会这样……书上明明说……"动物学家倒在地上说。

犀牛鸟失望地摇头："我是要告诉你，这头犀牛刚才摇头，是为了驱赶钻进耳朵里的苍蝇……"

成长悟语

当你把书硬塞进脑子里时，它就会堵塞你的思维。

读书不是为了让你彰显里面的文字，更不是用来炫耀的资本，而是为了让你知道"犀牛为什么摇头"时，更能明白"犀牛摇头"的另一种可能。

修理师老肯特

老肯特是一名机械修理师，如今，他上了年纪，就光荣地“失业”了。

起初，他在家里打理花园，度过了短暂的快乐时光。然而没过多久，老肯特开始觉得不自在，就像漂浮在大海上，身心都没有着落。他不停地走来走去，从一个房间走到另一个房间，从屋子走到花园，从花园走到大街上，但是空落落的感觉丝毫没有减少。

3个月后，当人们再次见到老肯特时，都不敢相信自己的眼睛。老肯特原先虽然年近七十，身体却像五十岁那么壮实，如今容颜憔悴，像八十多岁的老人一样瘦弱。

老肯特坐在花园门口，看着大街上来来往往的人群，忧愁地叹气。这时，一个小男孩跑过来问：“尊敬的先生，请问您是机械修理师吗？”老肯特眼中闪过一道亮光，回答：“是的，我曾经是一名机械修理师。”小男孩高兴地跳起来说：“太棒了！您能帮我修好这支钢笔吗？这是安娜姑妈送给我的生日礼物，可是我不小心把笔尖摔弯了。”

老肯特立即来了兴致，他去屋里搜寻了一番，不出5分钟，他搬出一张小圆桌，把工具都摆在桌子上。“看，这就是曾经修过瑞士自动钟表的工具，别看我上了年纪，我的手拿起工具来可是一点都不抖啊！”老肯特容光焕发，一边修钢笔一边滔滔不绝地讲解。很快，钢笔修好了，小男孩兴高采烈地攥着钢笔回家去了。

望着小男孩的背影，老肯特非常欣慰，他觉得身上每一块肌肉都充满了力量。紧接着，他就在花园门口摆出了一个小摊，还在旁边立了一个招牌：“免费修理各种小机械”。此后，每天都有人拿着坏了的东西来找老肯特，有钟表，有收音机，有音乐盒，还有小孩的机器玩具。

3个月后，当人们经过老肯特的花园时，再次不敢相信自己的眼睛。老肯特精神矍铄，看上去像是四十岁的样子。

成长悟语

漫无目的、无所作为的人生，看上去像是安逸的天堂，其实却是最可怕的地狱。它剥夺了我们感受生活起伏、痛苦、快乐的权利，它让我们没办法再认识自己的能力和作为，它掏空我们的精神继而是肉体。这真是太可怕了！

所以，忙碌是一种幸福，让我们没时间体会痛苦；奔波是一种快乐，让我们真实地感受生活；疲惫是一种享受，让我们无暇空虚。

居安思危

在一片茂密的森林里，住着许多小动物。森林里的景色非常美丽，松树像列兵一样守卫在半山腰，花朵漫山遍野散发着芬芳，小草也长得很茂盛，长满野果的树像母亲一样哺育着森林里的每一个成员。小动物们在这里生活得很快乐、很安详。但是，看似和谐的森林生活却也是危机四伏。凶猛的老虎和带枪的猎人是整个森林的动物们最大的威胁。

一天，所有的小动物都在森林里欢快地游戏，只有野狼卧在草地上不停地把牙齿磨来磨去。

玩得正高兴的狐狸看到了，来到野狼身边对它说："天气这么好，大家都在游戏玩耍，你也来加入我们吧！"

野狼没有理它，继续趴在草地上磨牙，把它的牙齿磨得又尖又利。

狐狸见状十分不解，问道："猎人和猎狗已经回家了，短期之内是不会再来了，老虎也不在附近徘徊，森林里这么安静，没有任何危险，你何必那么勤奋地磨牙呢？"

野狼终于停下来回答狐狸说："虽然现在森林里没有危险了，但是并不是永远没有危险，你想想，如果有一天我被猎人或老虎追逐，那个时候，我还有时间磨牙吗？而平时我就把牙磨好，到那时就可以保护自己了。"

成长悟语

忧患过活是幸福的源泉，安逸享受是苦难的开始。人的生命应当如同河流一样，在平缓细流中不断地积蓄力量，才能越过前方的山丘，继续前行。那些安于现状、无力奔腾的水滴，只会成为一潭死水。

做一个追赶时间的人

安格斯读小学的时候，同桌弄坏了他最喜欢的玩具，爸爸找遍了全市的玩具店都没能找到完全一样的款式。

虽然同桌再三向他道歉，可安格斯还是整天闷闷不乐。

无奈，爸爸告诉他，有些东西破坏了就永远都不会回来了。

"什么是永远不会回来呢？"安格斯问道。

"所有时间里的事物，都永远不会回来，就拿玩具来说，即使你的同桌不把它弄坏，它有一天也会坏掉，以前爸爸也像你一样只有10岁，可爸爸会长大，有一天你也会长大，就像爸爸一样。"爸爸说。

做自己力所能及的事情，并尽力把它做到最好。

听了爸爸的话，安格斯若有所思，他问道："爸爸，那我能不能把时间追回来呢？"

"要想追上时间的话就要比时间跑得快哦。"爸爸笑着回答道。

第二天，安格斯放学回家，便在家里的庭院里看着太阳一寸一寸地沉到地平线以下，他知道今天的时间已经没有了，虽然太阳还会升起来。

于是安格斯决定要追时间，“我要比太阳更快地回家。”他跟爸爸说道。

从此以后，他一放学就飞快跑回家。回家之后，他又飞快地写作业，以前半个小时写完的作业，他十分钟就写完了。当他兴高采烈地向爸爸报告这个好消息时，爸爸紧紧拥抱了他，并且承诺，以后如果安格斯能更迅速有效地完成一些有意义的事情，将会给他一定的奖励。

从那以后，安格斯再也不贪玩，而是把尽可能多的时间放在看书学习上。

他现在刚上三年级，可他却已经把五年级的课本读完了；暑假刚过去半个月，他已经写完了所有的作业，还预习了新学年的功课。

每一次比赛胜过时间，安格斯就快乐得不知道怎么形容。后来的20年里，他因此受益无穷。

成长悟语

虽然我们永远都跑不过时间，但是可以比自己之前跑得快一些，如果跑得快，有时可以快好几步。那几步虽很小很小，用途却很大很大。

果断放弃你人生的7%

有个年轻人在毕业后找到了一份卖保险的工作，他非常热爱这份职业，对未来有着宏大而光辉的设想。为了实现这个目标，他总是起早贪黑地出去跑业务，使出浑身解数说服客户购买他推荐的保险。每一个可能成交的业务他都不会轻易放弃，几次三番登门拜访。但是，这种高强度的投入并没有收回相应的成效，业绩迟迟得不到提高，事业发展很快进入了“瓶颈”。

雄心勃勃的年轻人被现实挫败了不少，他在心里不断问自己：问题到底出在哪里？平日里工作的情景，如一部快进的电影在脑海中一一闪回：不知多少次，他登门拜访，百般努力下，客户终于答应购买，但在最后的关头，客户常常反悔，并说：“让我再考虑考虑，下次再谈吧。”这样，他最终不得不沮丧地离开，再花时间去寻找新的业务。

怎样才能解决这个问题呢？他思来想去还是找不到答案。最后，他开始翻阅自己一年来的工作笔记，并进行细致深入的研究。很快，他就找到了问题的症结所在。在这个基础上，他大胆调整了自己的工作方法，采用全新的推销策略。很快，业绩就发生了扭转，在很短的时间内，他把平均每次赚270元钱的成绩，迅速提高到了427元。这简直是一个奇迹！当年，他作为踏进保险业的新人，第一次突破百万美元大关，引起业界的轰动。

那么，新的推销策略究竟是什么呢？

原来，秘诀就藏在工作日志中，当年他在自己的工作日志中发现了这样一组奇特的数据，从而改变他对工作的认识：在他一年所卖的保险业绩中，有70%是第一次见面成交的，有23%是第二次见面成交的，只有7%，是在第三次见面以后才成交的。而他实际上花费在那7%业务上的时间，几乎占用了他所有工作时间的一半以上。

于是，他采取新的推销策略是，果断放弃那 7% 的利益，不再为它的诱惑所动。这样，他就可以腾出大量时间用于新业务的拓展。于是，他成功了。

成长悟语

想做好所有事情的人，一件事情都可能做不好。在今天和明天之间，有一段很长的时间。趁你还有精神的时候，学习迅速办事。

整洁是一种生活态度

小桑德拉每每向同学讲起自己的爷爷，都会毫不吝啬地夸赞爷爷家很干净。

爷爷独居在一栋别墅里，他每天的日程很固定，一大早到健身房锻炼，然后就回家整理花园和做清洁。尽管房子很大足有 300 平米的 3 层楼，也没请保姆，但还是特别干净，甚至没有灰尘，花园更是漂亮。

小桑德拉的同学说，你爷爷家一定很空，东西肯定特别少才好打扫吧。而事实上，爷爷特别喜欢收藏一些艺术品来做装饰。而且爷爷每天都要把它们擦一遍。每个房间都整洁如新，厨房也是没有一点油迹，洗菜盆也是光亮如新。

桑德拉的爷爷家的清洁工具也非常齐全，而且各自都有特定用途。

桑德拉的爷爷能够把家收拾得如此整洁，不只是勤快就能做到，勤快也会被劳累拖后腿。而爷爷正是把整洁当作生活态度，自然不会有关于打扫起来的负面情绪了。

这就是有些家就算请了专门的保洁员，也未必如爷爷家干净整齐的原因。因为这不仅是时间和体力的事。

小桑德拉经常问爷爷这样累不累，爷爷总说不累，每天如此才心安。

成长悟语

有谚语说："清洁就是圣洁朋友。"做到圣洁自然不易。不求圣洁，先做到整洁同样不错，因为这是让自己更积极的生活态度。

耕牛与野牛

小牛出生时，正是寒冬季节，它天天悠闲地和妈妈一起享受着主人的款待。春耕季节来临时，小牛才发现自己的生活并非像想象中那么轻松自在。只见妈妈被主人用缰绳死死地勒住，一边汗流浃背地干着活，一边挨着主人不断作响的皮鞭。

看到这里，小牛难过极了，它问："妈妈，世界这么大，我们为什么不逃走呢？干嘛要受这份苦呢？"

妈妈一边挥汗如雨，一边答道："孩子，自从咱吃了人家的东西，就注定了要为人家干活，这可是祖祖辈辈留下来的传统和规矩啊。"

小牛不忍再看妈妈受罪，便跑到别处去玩了。跑着跑着，它便来到了大草原上，正好看到一只野牛在自由自在地吃着刚发芽的青草，悠然自得地享受着明媚的阳光。

“咦？你为什么不用辛苦地耕地和挨皮鞭呢？”小牛奇怪地问道。

“逃出来之前，我过得也是那样的生活，因为我吃的是人家的东西。”野牛回答说。

这一下，小牛更奇怪了：“你为什么要逃出来呢？”

“既然挨鞭子的前提是吃人家的东西，那不吃不就可以不挨了吗？所以我就逃了出来。你看，现在我不也过得挺好吗？”野牛一边悠闲地嚼着美味的青草，一边答道。

成长悟语

我们可以成为习惯的奴隶，也可以成为习惯的主人。被习惯奴役，我们必将“身不由己”；驾驭习惯，我们才能拥有幸福美好的人生。

走向生活

曾经有一个初出茅庐的新闻记者接到了采访美国总统罗斯福的夫人——埃莉诺·罗斯福的机会。他非常忐忑，因为埃莉诺·罗斯福不仅政治角色显赫突出，而且还是一位极具社会影响力的女性。而他不过是报社的一名小小的实习生，经验不足，能力也有待提升。他很想推掉这个几乎不可能完成的任务，但是主编并没有同意。

无奈之下，他只好硬着头皮上。为了做好准备，他一早起来就急匆匆直奔图书馆，一头扎进书堆里。先是仔细筛选适合的材料，然后认真阅读、理解，将它们融会贯通。而且，在阅读的过程中，如果想到了好的采访话题，他就会做成卡片记录下来，再把这些问题依次排列，力图使它们中至少有一个不同于她以前回答过的任何问题。经过一番精心准备，他心中终于有了点底气。

采访的日子如期而至。谈话的地点选在一间布置得特别典雅的房间里。当这位小记者进去时，75岁的罗斯福太太已经落座。但她一看见记者进来了，马上站起身，满面慈祥地和记者握手。这热情的举动让年轻的记者放松了不少。

双方落座后，记者就抛出了自己的问题：“请问夫人，在您会晤过的人当中，您发觉哪一位最有趣？”他自认为这是一个非常有趣并能聊得起来的话题，而且他早就预估了一下答案，名字列了一大串。无论罗斯福的太太回答是她的丈夫，还是丘吉尔、海伦·凯勒，或是艾森豪威尔，他都能就她选择的人物不假思索、接二连三地提出若干问题。毕竟，他做了非常充分的准备。

没想到，罗斯福太太莞尔一笑：“是你，小伙子。”

“什么？”显然，这个回答让小记者始料未及，他都没有反应过来。

“对，我一定会选中你。”罗斯福太太坚定地答道。

小记者依然不敢相信自己的耳朵，半天时间，他终于挤出一句话，“夫人，我不明白你的意思。”

罗斯福太太感喟颇深地说道：“和一个陌生人会晤并开始一种关系，这是生活中最令人感兴趣的那部分。小时候，我很害羞，做什么事都缩手缩脚的。为了挑战自己，我强迫自己欢迎他人进入自己的世界——强迫自己走向生活，终于体会到广交新友是多么使人精神振奋。"

有了这样一个轻松而独特的开头，小记者采访得很顺利，一个小时的采访转眼就结束了。这位小记者的采访报道见报后，一举获得了全美学生新闻报道奖。而罗斯福夫人提出的"走向生活"也成为这位小记者一生的座右铭。

成长悟语

你要学会主动走向生活，因为生活永远都不会主动来关照你，它只会关照那些能够自己迈开脚走出第一步的人。

生活或许很陌生，但是，这并不影响它本身的美好，如果你不向它迈一步的话，它又怎么能够和你靠近呢？

怪物还是英雄

一天晚上，一只小蝙蝠和一只小老鼠在房梁上相遇了。

小老鼠指着小蝙蝠的翅膀说："我知道你，你是一只丑得只敢在夜里出来的蝙蝠。我听我妈妈说起过，你们都是怪物！长着翅膀却不是鸟，看着像老鼠又不是老鼠，还有一双招摇的大耳朵，真是丑死了！"小蝙蝠还是第一次听别人这样说自己，非常震惊。看看自己，似乎小老鼠说得一点也没有错，它伤心极了，一句话也没有反驳就灰溜溜地离开了。到家后，小蝙蝠一下子扑到妈妈怀里委屈地哭起来。蝙蝠妈妈急忙问它发生了什么，小蝙蝠抽泣着问："妈妈，我们是不是怪物？小老鼠说我们是天下最丑的怪物！"

蝙蝠妈妈一听就明白了，它一边安抚小蝙蝠一边说："我们怎么会是怪物呢？其实，刚开始的时候，我们和它们一样，都是遍地爬窜的老鼠啊。"

盲目自大的人注定要失败，而能够突破自己、挑战自己的人才能自由飞翔。

听到这儿，小蝙蝠一脸难以置信的表情："真的吗？"

"是啊，那时候，我们的祖先常常受到其他动物的欺负，特别是受到猫的欺负。为了对付猫，我们的祖先开始学习飞翔。"蝙蝠妈妈说。"可是没有翅膀怎么飞啊？"小蝙蝠晃动着自己的羽翼，非常困惑。

"对啊，刚开始不知道多艰难呢！第一只老鼠从高高的峭壁上向远处'飞'去，它拼命地挥动着四肢。但是，它并没有向前飞去，而是向山谷坠了下去，摔死了。活着的老鼠并不因为它没有成功而忘记它，而是把它当成了英雄，为它立下了石碑。后来又有第二只、第三只开始学习飞翔。但一只只都摔死了，它们被活着的同伴厚葬了。在它们后面，无数老鼠跟着学习飞翔。它们知道，每一步尝试都面临着危险，但是，它们的尝试是具有重要而伟大的意义的。它们相信，它们的尝试是不会白费的。”蝙蝠妈妈说着这些，心里非常难过。

“后来呢？”小蝙蝠不知道自己的祖先曾经有过这样悲惨的经历，它很想知道答案。

“后来，它们的四肢长出了翼膜。终于有一天，有一只老鼠摸索到了飞翔的技巧。它能借助于自己舞动时翼膜形成的‘伞’平安地降落到地面上。于是，一只又一只的老鼠学会了平安降落的方法。后来它们又学会了滑翔。为此，它们付出了数不尽的生命。为了这一个小小的进步，它们用了一百万年。后来，它们能飞出一段路程。又过了许多年，它们终于长出了结实的翅膀。”

“这时候，我们就不再是老鼠而成为真正的蝙蝠了，对吗？”

“是啊，尽管我们的翅膀没有羽毛，不能和鸟类相媲美，但是它已经能够保证我们在天空中自由飞翔了。我们再也不

用担心被猫捕杀，更不用像老鼠那样抱头乱窜，而可以成为鸟类和兽类之间的一种特殊物种。所以，孩子，我们不是怪物，我们是能够突破自己、挑战自己的英雄！”

成长悟语

相信别人不如相信自己，相信自己不如战胜自己。不要因为别人片面的定义，而抹杀了自己真实的价值。你永远都不知道自己到底有多了不起，直到你肯去了解和改变！你永远都不知道自己能够做到哪一步，直到你学会了创造和坚强。

第二十一辑

目标：明确接下来怎么走

没有什么不可能

一个星期五的晚上，飓风侵袭了多伦多北方一个叫巴尔的小镇。乔伊斯先生亲眼目睹了悲惨的灾情，灾难造成了 26 人死亡，一片混乱，到处都是倾倒的房屋与翻覆的汽车，数百人无家可归。

乔伊斯非常难过，他决定帮助小镇的灾民。乔伊斯是无线电台的总裁，拥有安大略至魁北克一带许多的电台。

乔伊斯回到单位，立即召集所有的工作人员开会。所有人都赞成他赞助灾民的决定。

统一意见后，乔伊斯又在黑板上并列写着 3 个“3”。

乔伊斯进一步解释说：“要帮助灾民就必须与时间比赛，利用 3 个小时，在 3 天中筹到 300 万。”

会场顿时一阵沉默。几分钟过去了，终于有人说：“乔伊斯，你太疯狂了，你知道这是绝对不可能做到的。”

乔伊斯回答：“我不是问你们……‘我们能不能’或是‘我们应不应该’。我只问你们……‘愿不愿意’。”

所有的人都异口同声说：“我们当然愿意。”

于是乔伊斯在数字下面画了两条线。一边写着“为什么做不到”，另一边写着“如何能做到”。

乔伊斯说：“我们没有时间去想为什么做不到，因为那样毫无意义。”说完他画个大叉。

乔伊斯接着说：“现在，我们就只有‘如何能做到’这一条路

世界之大，有目标凡事皆有可能实现。

了，所以我们应该集思广益，把一些可行的点子写下来，好让我们能达到目标。现在开始，直到想出办法来才能离开。”

又是一阵静默。

过了好久，才有人开口说：“也许我们可以制作一个有创意的广播节目在全加拿大播放。”

乔伊斯赞许地点点头，说：“这是个好点子。”并且随手记下。

但是，马上又有人提出异议：“这节目恐怕不可能在全加拿大播放，我们拥有的电台有限。”

乔伊斯反问：“就是没那么多电台我们才需要讨论方案的呀？”

又有人提议：“我们也许可以请广播界赫赫有名的哈维或罗伯森来承包这个节目。”很快地，许多妙点子陆续出现。

讨论结束，乔伊斯给每个人分配了任务，大家都分头去努力争取其他电台的支持，到了星期一，他们争取到49个电台同意播放这个节目。在哈维和罗伯森的帮助下，在短短3个小时的节目里，3天内募捐了300万善款。

成长悟语

做任何事都应该把焦点放在“如何去做”，而不是只想着“这是办不到的”。把不可能变为可能，需要对目标充分拆解，并为每个步骤积极想办法。我们需要坚定目标，调整手段。

过程与目的

不锈钢餐具的发明与使用是一个阴差阳错的创意。

布利阿里是一位和武器打交道的人，他的绝大多数时间都在琢磨枪支的性能和构造，但他最大的成就之一不是发明了什么武器，而是发明了与武器毫不相干的不锈钢餐具。

“一战”前，英国热衷于殖民扩张，英国在战场上的枪支，总是因枪膛磨损降低射程和命中率而被运回后方。军工生产部门命令研制高强度耐磨合金钢的英国机械专家布利阿里，专门研究解决枪膛的磨损问题。

布利阿里认为如果能找到具有相当硬度的材料，这个问题就可以迎刃而解。于是布利阿里和其助手搜集了国内外生产的各种型号的钢材，各种不同性质的合金钢，在各种不同性质的机械上进行性能实验，然后选择出较为适用的钢材制成枪支。

由于品种繁多，实验时间被拖得很长，实验场地上很快被各种合金钢堆满了。

有一天，布利阿里的助手在清理场地时，发现了一块锃光雪亮的钢材，于是交给布利阿里做实验。布利阿里分析了这块钢材，发现它是一块不怕酸、碱、盐的不锈钢，但并不适合用在枪支上。

就在助手要将之抛弃的时候，他突然觉得这么漂亮的材料没有派上用场太可惜了。当他的视线落在实验室里那些暗淡无光的餐具上时，他的脑中突然灵光乍现，他想：“如果把这些材料用来做餐具，不是十分漂亮吗？”说干就干，他动手作制了不锈钢的水果刀、叉、勺、果盘及折叠刀等。

就这样布利阿里成了一位不锈钢餐具推销商。数年后，不锈钢餐具开始进入家庭。

其实，这种不锈钢是德国的毛拉在1912年发明的，然而，毛拉却并不知道这种不锈钢有什么用途。当布利阿里获得极大收益的时候，毛拉不禁感叹：“我把它扔到了垃圾堆，怎么没有想到它可以成为餐具呢？”

成长悟语

伟大的目标会让人失去“近视”的机会，从而使过程成为一种折磨。过程要比目标重要得多，譬如餐具的妙处胜过枪膛。

一个人总是关注于目标本身，而很少关心目标实现的过程，过程当中的许多本可以唾手可得的美妙之处，就会被无情抛弃。

放下争论，实践才有价值

在一次画展上，三个画家相遇了，他们之间开始了争论。

一个画作很少的画家说：“你们作画好比作坊生产一样，一天批量画出好几幅。我作画的态度可是很严谨的。我的作画原则是：我的存在是为了艺术，我画出的每一幅作品都是艺术。”

另一个画作很多的画家不屑地说：“我不赞同你的看法，我一天作好几幅画。我作画不像你们这些画家，你们作画好像蜗牛爬行，实在画不下去，就拿‘严肃’说事，是倾尽心血之作。我觉得艺术是为人而存在的，没有人的存在，艺术就毫无价值。”

一个自由散漫的艺术家说：“你们说的这些话，对我来说，都没有丝毫的意义。我作画的原则就是自由，想画就画，没有什么拘束。我认为艺术就是一种偶然的状态。”

一个哲学家听见了他们的争论，说：“你们争论的焦点，似乎没有什么意义。世界上，每一个人对同一事物都有自己不同的看法和见解，你们始终停留在理论的层面去谈绘画，没有价值可言！只有实践，才有价值。”

成长悟语

不要在乎怎么去画，重点在你到底画出了什么。

事情的价值不在于争论出哪个方式更好，而在于你最终是否达到了自己的目的。

最美的玫瑰花

在美国西部，有一个美丽的小镇，这个镇上盛产玫瑰花。当地的人非常小气，通常一束玫瑰花的价格要高于市场价十几倍。但由于这里的玫瑰花色泽艳丽，清香扑鼻，不少人都慕名而来。

这天，小镇上来了两兄弟——洛克和杰克。兄弟二人约好了各自去不同的地方购买玫瑰花。

洛克问当地的居民："请问这里最漂亮的玫瑰花在哪儿，要多少钱一支？"一位老婆婆给他指了一个方向。洛克按照老婆婆的指示，顺利地买到了镇上最好的玫瑰花。

"兄弟，你运气真好，"花园的老板笑着说，"今天的玫瑰花开得最鲜艳，你买的那束绝对是我们这儿最好的！"

虽然花了不少钱，但洛克仍然十分高兴，因为他准备将这束花送给自己的未婚妻。多美的花儿，一路上洛克高兴得甚至哼起了歌。

杰克也顺利地找到了最漂亮的玫瑰花，并且和哥哥找到的是同一片花园。虽然花儿娇艳多姿，但杰克总觉得这些玫瑰花不是最好的。他在花园里转了半天，脑子里却总想着是不是还有比这些玫瑰花更漂亮的，最后他觉得这些花儿根本就很难看，甚至连普通的玫瑰花都比不上。于是杰克两手空空地回到了旅店，脸上满是疲惫的神情。

晚上，兄弟两个在旅店相聚了。杰克看着洛克手中的玫瑰花，心里特别不是滋味。两人各自睡下后，洛克捧着玫瑰花做起了梦，他梦到未婚妻爱丽丝嫁给了自己，还给了自己一个甜蜜的吻。而杰克一整夜都没有睡着觉，因为他的脑子里一直在想着那个最漂亮的玫瑰花……

成长悟语

用"最"做定义的时候，本身就具有十足的迷惑性。所以，当我们抬头找"最"的时候，根本就看不到它的尽头，而低头看的时候，它可能就在离我们脚边最近的地方。并不是因为它真的是"最好"，而是因为它在我们弯腰就能拿到的地方。

一杯咖啡里的专业精神

艾娃是一家时尚杂志社的前台接待。有一天，她带客人去见主编，而主编的秘书恰好不在，艾娃只好硬着头皮继续负担接待工作——给客人倒咖啡。为什么说硬着头皮呢？因为主编一向雷厉风行，对下属要求极高，稍有差池就会被骂得很惨。任何人在主编面前都需要提着十二分精神。

艾娃将客人的杯子放到桌上时，看到主编的咖啡也该续了，立马为主编重新冲了一杯放回桌子上。出来后，她长吁一声，自认为做得万无一失。

没想到，客人刚走，主编就把她叫到办公室，劈头就问："你是为谁服务的？"

艾娃只是个小员工，平时工作和主编打交道并不多。所以，尽管她看过很多人被主编"折磨"，但她自己并没有受过严厉的批评。这一次，主编一张口，她心里就是一惊，脑袋里也是一片空白，颤抖着声音说："为你……"

"是的，你是为我服务，可我告诉你，你一点都不合格！你告诉我，我平时是用左手喝咖啡还是右手？"

"右手！"艾娃肯定地回答，平时她还是观察过主编的。

“那你为什么把杯子放在了左面？我喝咖啡时要从椅子上站起身才能拿到杯子，不注意还会把咖啡洒在文件上……”说完，主编端起杯子，走出去，片刻回来，把空杯子递给了艾娃。

很明显，主编是让艾娃再倒一杯咖啡。走到咖啡机前，看到那些材料，艾娃就犯难了：美式、拿铁、摩卡、焦糖，这几款都可以做，但是她并不清楚主编喜欢哪一种。

看到她如此犹豫，主编说：“你在这儿工作也不是一天两天了，平时你就应该注意观察，只有这样，在需要的时候才能拿出专业的水准。就说倒咖啡这么简单的事，除了观察喜好的口味，你还要留心咖啡的量，少了太淡，多了太浓。给客人送杯子的时候，要注意把杯子手把靠着他，这样客人就能正好抓着，而不用再转茶杯。最后，不能倒得太满，太满了，温度不能很快降下来，客人不能马上喝，这就失去了给客人倒咖啡的意义。无意义的服务，既浪费了咖啡，又付出了劳动，客人却没有得到丝毫的好处。无论什么工作，哪怕只是简单的迎宾接待，也要秉承专业的精神，一杯咖啡照样是专业水平的体现。”

那一刻，艾娃终于理解了主编往日的种种“无理”、“严苛”，那都是专业精神的体现啊。

成长悟语

不抱着完美目的去做事的人，永远只是半桶水。

如果你在一开始就没有打算把事情做到最好，那么就不要做。因为这不但是浪费你自己的时间，也有可能影响别人的生活。

2 和 1 的答案

杰瑞老师走进教室，在黑板上写上 2 和 1 两个数字。然后，他问学生：“答案是多少？”

第一个学生回答：“3！”

杰瑞老师问：“你怎么算出来的？”

第一个学生：“很简单啊！ 2 加 1 等于 3！”

老师摇摇头。

第二个学生回答：“2！”

杰瑞老师问：“你怎么知道这个答案的？”

第二个学生：“很显然啊！ 2 乘 1 等于 2！”

老师又摇摇头。

第三个学生回答：“1！”

杰瑞老师问：“你怎么得出的答案？”

第三个学生：“2 减 1 等于 1！”

老师再次摇摇头。

学生们见答案都不对，一时没了主意，3 个答案怎么都不对？那么到底答案是什么？

老师说：“你们轻易就给出答案。可是你们得出答案之前，并没有问我这个到底是什么题目。是加法、减法、乘法或除法？你们没弄明白问题，又怎么能找到正确的答案呢？”

学生们恍然大悟，这个事情对他们以后的人生起了一个很好的警示作用。

成长悟语

没弄明白问题，又怎么能够知道答案呢？

你想要一个富有的丈夫，但你真正缺的却是一个温柔体贴的人，而这个人不一定富有；

你想要一个美丽的妻子，但你真正需要的是一个能够理解你的智慧女性，而这个人不一定美丽。别急着给自己要的东西下定义，在你搞清楚自己到底需要什么之前。

两个挖井人

为了解决镇子上居民们吃水困难的问题，年轻人索罗和迪诺结伴去打井。两个人来到距离镇子一公里左右的空地上，索罗二话不说，拿起工具甩开膀子干起来。而迪诺却不紧不慢地坐在田埂上，一边抽烟一边四处打量着。

大汗淋漓的索罗看了一眼迪诺，没好气地说：“大家让我们俩来打井，把希望全部寄托在我们身上，你可倒好，跑到这里来躲清闲。”

迪诺胸有成竹地说：“你先别冲我发火，要不我们来比赛，看谁先挖出水。”索罗听了，更加卖力地干起来，他想只要挖得够深，总会出水的。

这时候，迪诺抽完了一支烟，拿起工具在离索罗不远的地方也开始干起活来。索罗心无旁骛，埋头苦干，一心想先挖出水来，教训教训不紧不慢的迪诺。

可是迪诺才挖了没一会儿，就看到有水慢慢地渗出来了，这下，索罗可傻眼了。可他还是不甘心地说：“小子，这次算你运气好，选到了有水的地方。”

迪诺笑了笑说：“我的好兄弟，这可不是我运气好。瞧你，不管三七二十一就挖起来，也不看看你选的那块地方寸草不生，怎么可能会有水呢？”索罗环顾四周，果然只有迪诺打井的这里有一小块草丛。

成长悟语

不管前方有多少险滩、暗礁、荆棘、陷阱，你只要找准正确的道路，就能顺利走向前方。无论方向、地形多么复杂，只要找到北极星，你永远都能走对朝北的路。

每双脚都拥有舒适的权利

老罗布是镇子上远近闻名的鞋匠，经营着一家百年鞋店。出自他手里的鞋，不仅轻便舒适，而且与主人的脚贴合得天衣无缝，每个穿过老罗布做的鞋的人都赞不绝口。老罗布有两个儿子，从小就跟着老罗布学习手艺。二人学艺各有所长，大儿子天性敦厚，总是慢

正确对待和认真总结“失败”，找到经验和教训，积极探求并努力去实践。

工出细活，一双鞋能反复修型打磨好几十遍，常常让订做鞋的客人等得不耐烦，却又对他的手艺无可挑剔。相比之下，小儿子对鞋子的耐心远不如对客人的耐心，他宁可每天站着在前厅接待客人，也不愿意抱着一双鞋在作坊里坐一整天。

老罗布去世以后，罗布兄弟共同经营着鞋店。在弟弟精明的商业头脑运作下，鞋店的名声越来越响。可是渐渐地，兄弟俩之间有了分歧。哥哥觉得弟弟没有把心思放在鞋上，店里的生意看似红火，但并不能长久。而且，他绝不能忍受人们穿着一双漂亮但不舒适的鞋走出店门。

于是，兄弟俩不欢而散，各自开了一间鞋店。这下，弟弟完全摒弃了祖辈传承下来的作坊式经营方式，他店里的鞋都是从成品市场批发来的，款式多，种类全，每双鞋都精致漂亮得让人挪不开步子。弟弟以为，这下他的生意可以越做越大了，再也不会有客人因为等不及鞋子做好而转身去别的鞋店买成品鞋了。

奇怪的是，哥哥的店里每天订做鞋的人依然络绎不绝，而来自己店里的顾客越来越少。终于，他坐不住了，来到哥哥的店里想问哥哥原因。

听了弟弟心中的疑惑，哥哥并没有说什么，而是起身带他来到贮藏室里。这下，轮到弟弟大吃一惊了，在这里，他看到许多名流量脚后留下的木制脚模。哥哥说：“每一双鞋都是按照客人的尺寸精心制作的，可以说，我们给予客人的双脚获得舒适的权利，而不仅仅是漂亮。”

弟弟转身惭愧地说：“哥哥，我终于明白我们罗布家族百年鞋店的秘诀了！”

成长悟语

走得最慢的人，只要他不丧失目标，也比漫无目的地徘徊的人走得快。

极夜的故事

一支探险队去了南极。南极分极昼和极夜，所谓极昼，就是太阳终日不落，天空总是亮的。

所谓极夜，就是与极昼相反，太阳总在地平线以下，天空总是黑的。

而在极点上，一年内大致连续 6 个月都是极昼，6 个月是极夜。

这支探险结束探险后，没来得及赶在极昼前离开，他们被留在了南极的极夜。

虽然在此之前他们准备了足够丰盛的食物和生活必需品，但是长达50多天的寒冷的夜晚，没有白昼，生灵绝迹，与世隔绝，在这样生命的禁区，人能挨过这么长时间吗？

每天生活在无边无际的黑暗中，通讯工具也失灵了，除了呆坐，大家什么也做不了。极度枯燥和寂寞的生活，几乎快把大家憋疯了。

一天，一个叫文森特的医生实在忍受不住，他发疯了——整天一个人呆坐在角落里喃喃自语，不吃也不喝，觉也不好好睡。其他队员都急得围着他团团转。

后来，一个细心的队友发现，只要有人和文森特说话，他的症状就会好转一些。

要是有人讲了一个有趣的故事，他的表情就明显地生动起来。

于是大家规定，每人一天，轮流为文森特讲故事，实在不会讲的就自己去编。

为了帮助同伴摆脱困境，每个人都发挥了有生以来最大的想象力、创造力。大家编的那些故事非常精彩。

在每天一个美丽故事的特殊治疗下，文森特的症状逐渐好转起来。而且时间过得很快，不知不觉间，五十多天就过去了。他们终于相互搀扶着，熬过了漫漫极夜。

出了南极之后，文森特对大家说："其实啊，在南极我没病，身为医生，我清楚地知道，若再不采取措施，大家的精神迟早都会崩溃的。所以我想出来这么一个办法，率先'疯'了，大家就会有生活的支撑和动力了。"

成长悟语

去做一件事情，比需要做这件事情和做好之后的成就更重要。一个生活目标，能够告诉人们自己能力的价值；无数个生活目标，能够告诉人们自己活着的价值。

百无聊赖的生活看似安逸，实际上它是在抽离人们活着的意义。

乞丐与商人

一位双腿残疾的中年男人在热闹的火车站附近摆摊卖铅笔。由于他衣衫褴褛，过往的行人都把他当成了乞丐，纷纷把兜里一角两角的零钱扔给他。半天过去了，他手里的那把铅笔虽然一根也没卖出去，但地上的毛票却已经有了不小的一堆。

这时，一位商人经过这里，也和大家一样漫不经心地丢下了一块钱，然后迈步远去。但是没几分钟，那位商人又回来了，他迅速从残疾男人手里抽了一根铅笔，并连连道歉："对不起，对不起，您是一个生意人，我竟然把您当成一个乞丐了，对不起。"看着商人远去的背影，残疾男人似乎若有所思。

几年后，当商人再次经过这个火车站时，一家饭馆的老板在门口微笑着向他打招呼："终于又见到您了，我可是一直在期待您的出现。"

"你是？"商人糊涂了。

"我就是几年前在这里卖给你铅笔的那个'生意人'。"饭馆老板有意地加重了"生意人"这几个字，"在遇到您之前，我一直认为我自己是个乞丐，是您，让我意识到了我原来是个生意人。您看，现在我真的是一个生意人了。"

成长悟语

每个人的潜力都是无限的，如果把自己看得宝贵，你身上的宝贵潜能便会被挖掘出来。但最重要的是，人要善于自己发现自己，而不是老等着别人来发现我们。

铅笔的五大优点

莎士比亚曾经用一支铅笔来诠释一个人一生的哲学。

第一，无论你写下多少篇令世人欣赏的文章，得到多少追捧和荣誉，请你记得，在你的身上总有一只手来引导你，这只手就是“上帝”。

第二，自己并不是永动机，自己也并不完美，所以每经过一段时间都会迷茫，就像铅笔的笔头会变粗无法再写一样。那时我们必须停下来，找一把小刀重新把自己“削”好。这个过程是疼痛的，但却是一种提高、一种磨炼，经得起这种磨炼的铅笔才能重新变得锐利，再次写出优美的诗歌，而经不起这种磨炼的铅笔就会被上帝抛弃。

第三，铅笔写错是允许橡皮擦掉的，这也就是说没有什么错误不能被纠正，而每一次纠正错误都是为了让整篇诗词更美好，让一个人的一生更完美。

第四，也许每个人用的铅笔不太一样，有些外表高端华丽，有些则看起来碌碌无为，但是请记住，写出字的部分永远不是一支铅笔的外表而是它的“芯”，也就是说，一个人注重的是内心而不是外表。外貌再美的铅笔，都将被削去。

第五,一支铅笔总会用完，一个人终将会死去。但是，无论如何，一支铅笔总会写下些什么让人看到，一个人总会留下一些什么让人记住，这就是印记。所以，任何一个人都不该草草地对待自己的一生。

希望每一个人都做好自己，做好一支铅笔，写下一生的诗。

成长悟语

如果你不能飞，那就奔跑；如果不能奔跑，那就行走；如果不能行走，那就爬行。但无论你做什么，都要把握前行的方向。做一支写字的铅笔，哪怕自己会被消磨殆尽。

快乐的渔夫

一位渔夫正躺在沙滩的太阳伞下打盹儿，一位穿着时尚的旅游者在拍照时吵醒了渔夫。

旅游者说:“天气这样好，您今天一定能打到很多的鱼。”

渔夫摇摇头。

“难道这个天气打不到鱼吗，还是您的身体不太舒服？”

“我的身体棒极了。”渔夫舒展着四肢，“而且我已经打过了。我的筐里有几只龙虾，还捕到了很多条大鱼，我甚至连明后天都不用出海，我正在享受生活。”

游客激动起来:“可是你还有足够的时间再次出海。你想想，要是你每天出海三四次……你就能捕到更多的鱼。几年后，你就可以买车买船甚至可以自己当老板，你难道没有想过自己开一家熏鱼厂？

到时候你就不需要考虑天气的因素，随时都可以坐着直升机找鱼群，指挥着你的团队为你捕鱼。

如果还有机会的话，你甚至可以开一家海产品运输公司，无需通过中间商就直接把新鲜的海产运到其他国家，然后……”游客兴奋地为渔夫规划着美好的未来。

渔夫微笑着挥挥手打断游客的话：“最后呢？做到你说的一切又该做些什么？”

“最后……最后，你就可以逍遥自在地坐在喜欢的港口旁边休息，悠闲地躺在太阳下打盹儿，还可以无忧无虑地欣赏大海。”

渔夫撇撇嘴，然后继续躺下打盹，问了一句：“那我现在又在干什么呢？”

获得快乐的方式有很多种，主要在于你的心境如何释然。

成长悟语

世上最可悲的事莫过于不知道自己想要什么，在一开始浪费时间争夺积蓄的一切，最后再去换取从一开始就能够唾手可得，但却被自己的无知摒弃的事物。生命不可能有两次，但许多人连一次也不善于度过。

跳一跳，够得到

什么样的学习辅导才能真正让孩子努力上进，这个课题一直为很多教育学家所探讨。

每一个教育专家都有自己独特的教育理念和风格，然而，所有的成功教学归纳总结，往往都离不开一个重点——把握好一个“度”。

美国一所大学曾做过一次教育实验，在当地任意挑选 30 个三年级的小学生，随机分成 3 组，进行 3 个月的独立教学。

A 组学生，专家教给他们非常简单的知识，尤其是在数学等逻辑方面的知识难度，要比这些孩子年龄段应该接受的难度低一些，可以说是“唾手可得”。

B 组学生则恰恰相反，专家教给了这些孩子超过他们年龄段所能接受的知识，很多知识都是六年级甚至初中才会学习到的，这些知识有点“望尘莫及”的味道。

C 组学生的学习内容分为两部分，一部分是刚好适合他们这个年龄段的知识，另一部分是四年级和五年级的知识。这种知识难度叫作“跳一跳，够得到”，也就是说每个学生凭借自己的努力，正常情况是能够做到的。

3个月后的实验结果非常显著：

A组的学生全部放弃了学业，因为他们认为太容易了，自己完全不需要努力。

B组的9个学生也放弃了，知识实在太难了，无法理解，专家们庆幸的是他们发现了一个天才。

C组10个学生都非常积极，他们甚至在学习过程中学会了互帮互助，由于每个人擅长的学科不同，在一个人努力学习到更高层次的知识后，就会带动其他学生一起学习，因为有一个人、两个人通过努力做到，其他人也会有信心去“跳一跳”试图学会知识。

学习知识应当是快乐的，教育学家曾经把它比喻成葡萄，那么这串葡萄放在什么位置才能激发孩子去摘呢？我们相信“跳一跳，够得到”这个位置，往往是最好的一个度。

成长悟语

太容易得到，是扼杀获取者的能力；太困难得到或者根本得不到，是无视获取者的能力；我们需要给获取知识、食物、生命的人一个最好的空间，让其发挥出自己的本能，让其展现出自己的天分，或者让其挑战、超越自己的极限。

学会让自己停下来

博古特自从自己的小说《时间与爱》出版后，一下子就成了名人，很多地方都找他去做嘉宾或者做演讲。

原本喜欢安静的博古特一下子陷入了快节奏的生活。他这样比喻自己的一天：都不敢睁眼或者下床，因为一旦从床上跳下来，就要开始冲刺，而且是冲刺一天，直到半夜冲刺到自己的床上，也结束不了一天的紧张和焦虑。

又是同样的一天，博古特被邀请到伦敦的一座城市，全天的旅程排得非常满，甚至满到没有坐下来的时间：

8：00点到伦敦，会有专车接博古特到伦敦一所大学做演讲；11：00点演讲完之后，会有人接送他到伦敦的一个书店开始13：00点的签售会；路上的两个小时需要拿出一个小时接受一家报社的采访；午饭只能在车上勉强吃了；15：00点签售会结束，会有专人为他拿来一个电视节目要穿的衣服，换好衣服之后，博古特马上要去电视台录制当晚的节目《作家在伦敦》；大约18：00点录制完毕之后，同样会有专车把他送回旅馆休息一个小时，当然了，在这1个小时里，博古特依然要选好衣服，然后参加20：00点的一个晚宴。

就在博古特要参加这一天最后的晚宴时，他身心疲惫地换好衣服，电话铃就响了，对方说道：“快，快，我们要马上赶到会场。”博古特也很着急地说道：“我立刻下去。”他从房间往外冲，因为太焦急，钥匙几乎插不进钥匙孔里。等到他锁好门，确定自己是穿戴整齐的，然后就冲向电梯，但是却被过道上的服务生撞倒了。

服务生不停地道歉，但是博古特却好像没有听见一样。他似乎突然意识到了什么。他喘着气问自己：“我到底在干什么？这样无止境地赶场到底有什么意义？太荒谬了！”

然后博古特大笑着拥抱了撞倒他的服务生，慢慢走回自己的房间。

过道里只留下迷茫的服务生。

回到屋子里，他脱下外套，脱下鞋子，把脚放在桌子上，就坐在那里。然后随手翻开桌上的《圣经》，以极缓慢的速度朗读起自己平时最爱读的篇章。慢慢地，他找回了自己，找回了原来的博古特。

博古特拒绝了晚宴，也拒绝了很多之后的应酬，他开始创作自己的第二本书——《任何时候都不要忘记让自己停下来》。

成长悟语

盲目地忙碌是最可怕的状态，因为那就等于付出了巨大的时间和精力在演绎什么叫作碌碌无为。

我们以为一直在奔跑，越跑越兴奋，直到光线明亮的瞬间才发现，我们并没有跑，还是在原来的迷宫里乱转，只是比平时跑得更激动、更迷乱而已。

雪的面目

如火的赤道地带，小学老师黛西正卖力地给孩子们讲“雪”的形态，但不管他怎么解释，孩子们始终不能明白。

黛西老师说：“雪是纯白的。”

一个孩子就猜测：“雪是像盐一样的东西吗？”

黛西老师说：“雪是冷的。”

另一个孩子就猜测：“那么，雪是像冰激凌一样的东西吗？”

黛西老师说：“雪的质地是粗糙的。”

第三个孩子就猜测：“雪难道像沙砾一样？”

黛西老师解释了半天，始终不能让孩子们明白，雪到底是什么。期末考试的时候，试卷上的题目就是“雪”，结果有几个孩子这样写道：“雪是淡黄色、味道又冷又咸的砂子。”

黛西老师很无奈，觉得光靠言语无法表达清楚雪这种东西。他说：

“我们要认识雪，只有自己到有雪的国度去；

我们要聆听黄莺的歌声，就要坐到黄莺树下；

我们要闻夜来香的清香，只有夜晚走到繁花满枝的庭院去。”

黛西老师带着孩子们不远万里，去了有雪的国度，让他们亲眼看一下雪。

现在，孩子们站在雪中，什么也不必说，就知道雪了。

成长悟语

有一些事物的真相，用言语是无法表达的，对于没有见过雪的人，我们很难让他知道雪。像雪这样的物质，可看、有形象，但是无法用语言表达出来，那么我们怎么知道雪到底是什么？我们只能自己去寻找雪，找到了，你就知道了雪的样子。这就是实践的伟大力量。

做不完不等于不用做

提杰想在自己家闲置的后院安装一个篮球架，但是又不知道后院的面积是否足够。父亲提议让提杰把后院的杂草全部清除，然后测量一下可以使用的面积。可是提杰去了后院几分钟，就跑回来和父亲抱怨："后院的杂草实在是太多了，没有几天的时间根本清理不完。"

在父亲的坚持下，提杰还是做了一下午的清理工作，虽然没能把草全部清除，但是提杰知道这个后院一定有足够的空间安放一个篮球架。经过几天的努力，后院还是有一些杂草没清理，不过一个小型的篮球场已经完成了。

提杰喜欢篮球运动，父亲就带着提杰去图书馆看有关篮球运动的书籍。一进图书馆，提杰看到满满的书架都是和篮球相关的书籍，又开始抱怨："这么多书，我肯定是看不完的！"

父亲反问提杰："还记得你清理后院的杂草吗？很多事情，我们确实无法全部做完，但是做不完不意味着不需要去做。不动手做就永远没有开始，等到开始的时候你就会发现，有时候不需要全部做完，就能够达到我们的目标。"

成长悟语

人的一生不应该只有0分和100分。很多事情我们终其一生都无法完成，但是我们依然要去做，即使知道自己无法拿到100分，哪怕是80分、60分，甚至是10分，也不应该在百年之后让自己的一生全部都是0分的答卷。

苍蝇和蜜蜂

一窝蜜蜂和一群苍蝇生活在同一棵树上，只是蜜蜂为了保护蜂蜜把家建在树顶的枝丫上，而苍蝇则守着枯败的树根建了一个窝，因为这里常有动物的粪便，它们就是喜欢肮脏的环境。

方向对了，事情就成了。

虽然是住在同一棵树上的邻居，但是蜜蜂从来看不起苍蝇，一是嫌弃它们好吃懒做的做派，二是觉得它们头脑蠢笨，经常毫无章法地乱飞，永远不能像蜜蜂一样富有组织性、纪律性，永远都做不了大事。要不怎么说是"无头苍蝇"呢？有一天，5只苍蝇和5只蜜蜂同时飞进了森林中一个废弃的玻璃瓶里。

这只瓶子非常奇特，瓶底对着有光

源的一方，而瓶口则朝向暗的一方。

蜜蜂根据经验认定有光源的地方才是出口，所以它们不停地重复这种合乎逻辑的行为，一次又一次向底部进攻又一次次被弹回来，最后碰得头破血流，倒地身亡。反观苍蝇倒是全部飞出去了。

为什么会出现这种情况呢？玻璃在蜜蜂的眼里是一种超自然的神秘之物，是它们从来没遇到过的不可穿透的“大气层”，而它们的智力越高，这种奇怪的障碍就越显得无法接受和不可理解。

它们每次朝光源飞，都用尽了力量，被撞后还是不吸取教训，爬起来后继续撞向同一个地方，同伴们的牺牲并不能唤醒它们的觉悟，它们依旧朝那个有光源的方向拼命挣扎，最终导致死亡。

而那些“无头”苍蝇，由于对事物的逻辑毫不留意，全然不顾亮光的吸引，四下乱飞，结果误打误撞地碰上了好运气，这些“头脑简单者”在“智者”消亡的时候顺利得救。

成长悟语

从容思考，从速实行，方向永远比努力更重要。选对了方向，你的努力会成倍地收获；选错了方向，你的努力就是浪费时间。

装好你的子弹

有一位猎人，带着他的子弹袋、弹药、猎枪和猎狗出发了。他是一个老猎人了，经验十分丰富，从小到大，不知打到过多少猎物。临行前，妻子告诉他：“亲爱的，装上你的子弹吧！万一你一出门天空正好就有一只大雁飞过呢？”他似乎没有听到妻子的话，还是带着空枪走了。

“废话，”他嚷道，“以前我没有去过吗？怎么会这么巧？难道那只大雁在这里等着我吗？我真正到达那里，得一个钟头，哪怕我要装100回子弹，也有的是时间。”

的确，在从家里到森林的整个过程中，没有一只猎物出现。猎人对自己的未卜先知充满信心，甚至唱起歌来。

可他刚走进一片灌木丛，就听到窸窸窣窣的声音。他的脑子里“嗡”的一声，好像炸开一样。因为凭他的经验，他能很准确地听出来这是一条蛇爬过的声音，他甚至听到了蛇吐出信子的微小声音。其实，这条蛇不可怕，猎人只要稍微瞄准，“啪”地一声就能使它命丧黄泉——当然，这得是在枪里面有子弹的情况下。

真见鬼！他的子弹现在还完好地放在子弹袋里。果然，他的判断没错，是一条身长超过一米的眼镜蛇，正慢慢地朝他爬过来。如今他匆匆忙忙地装着子弹，可是眼镜蛇看到他装子弹的动作，意识到了危险，于是抢先一步，一跃而起狠狠地咬在了猎人的小腿上。

猎人没装好子弹的猎枪被扔在了一边。很快，他的整条腿失去了知觉……

成长悟语

很多时候，做好准备并不一定是为了等待好事，也可能是为了避免危险。

我们永远没有能力精准预测每一件事情的好坏。我们无法确定一个肯定的结果，就只能为这个结果做好各种准备。

大仰角

1941 年的深夜，美国洛杉矶的一个片场中，一群人正在忙着拍摄一部电影。

“停！”开拍不到 10 分钟，年轻的导演就急躁地大喊起来，他上下比画着，用生硬的语气冲摄影师大喊说：“大仰角，大仰角，这个镜头必须是个大仰角，明白吗？”

又是大仰角！就为了这个所谓的大仰角，摄像、演员、录音师、场工等都反复折腾了十几次，他们都累得筋疲力尽。可是这位年轻的导演全然不顾大家的情绪，一次次地大声喊“停”，一遍遍地向着摄影师大叫“大仰角”！

终于，扛着摄影机趴在地板上已经很久的摄影师对这个初出茅庐的小伙子忍无可忍，站起来大声吼道：“我趴得已经够低了，你难道看不见吗！”

周围的工作人员都停下了手中的工作，幸灾乐祸地等着看好戏。年轻导演一句话也没说，只是镇定地盯着摄影师。突然，他转身快步走到道具旁，抄起一把斧子就向着摄影师走去。

人们都被眼前这一幕惊呆了，谁都没有想到这位年轻的导演这么暴烈易怒。在周围人还没有反应过来时，只见他抡起斧子，用力向摄影师刚才趴过的木制地板砍去，不过五六下，地板就被砸出一个窟窿。

此时，导演平静地对摄影师说：“你站在里面拍，这就是我要的角度。”此时的摄影师已是满脸羞愧，他蹲在洞中，压低镜头，拍出了一个前所未有的大仰角，一个从未有人拍出的镜头。

成长悟语

如果你还没有达成目标，说明你还不够努力。你可以做得更好，你可以变得更优秀，你可以再往下走一步，你可以拥有自己最理想的“大仰角”！

第二十二辑

自信：人之所以能是相信能

商场外的攀岩墙壁

安吉拉是一个不算太富有的商人，为了积累更多的财富，他在市中心租下了一整栋楼，准备开设一个大型商场。因为租金是从银行贷款来的，所以安吉拉特别谨慎。为了获得比较多的利润，他一直在想着如何充分利用这寸土寸金的地方。

安吉拉在这栋准备装修为大型商场的楼房四周巡视了好久，发现大楼除正面外，其他三面的地面都留有一条绿化带，这绿化带一直闲置着，没有人去关注和打理，实在很浪费。

安吉拉马上想到，除了大型综合商场正热门外，许多年轻人还很热衷于旅游、攀岩活动。而真正适合旅游、攀岩的地方不是距离太远、花费时间太多，就是消费太高。事实上，喜欢这些热门活动爱好的人，并不是有时间并且又有钱的人。

想到这里，安吉拉决定在市内建一处人工悬崖峭壁，让爱好攀岩的人既能得到活动的乐趣，又不用花太多的时间和金钱。

于是，安吉拉将那栋楼的外墙修建成三面人工岩石墙壁，楼内做商场，楼外做攀岩活动场地。

这样一来，每平方米就可当两平方米用，这的确是一举两得的项目。

3 个月后，一栋外面看起来像天然的悬崖、实际内部是商场的建筑物出现在市中心内。

整个商场看起来像在山洞里，显得更加富有诗意和神秘莫测，市民们更愿意去“山洞”探秘，如此一来，商场的销售额迅速得到提高。

安吉拉这个创意一下子成了当地的热门话题。媒体不惜版面进行了大量的报道，越来越多的市民纷纷跑来一饱眼福。

商场和攀岩场地开业后，果然生意异常火爆。

成长悟语

不是一味地认可自己，而是有技巧地表现自己。有时候，获得和失去并不是对立的，获得并不一定以失去为代价。珍惜你现在拥有的，争取你应该得到的，不要犹豫。这个世界上没有什么事情是不可能的，当你认为可能的时候，事情就会朝着你所期待的方向发展。

有沙漠才有骆驼

上帝通过七天的劳动与休息创造了世界，此后，他又陆续创造出一些动物。

这天，上帝思考该创造什么新的物种。一个调皮的小天使在上帝身边飞来飞去。

上帝灵光一闪，对小天使说："我要创造一种新的动物，它随身携带储存能量的仓库。"

天使问："为什么要携带仓库呢？"

上帝说："如果没有食物和水，这种动物可以靠仓库里的能量活下来啊。"

上帝一下子来了精神，兴致勃勃地说："它还要有大而厚的脚掌，即使踩在流动的地面上，也不会深陷其中。"小天使似乎对这一条很不同意，她问："哪里有流动的地面呢？"

上帝不理会小天使的反对，继续做着伟大的构想："这种动物必须不怕风，即使在最猛烈的风中，也能睁开眼睛。"

小天使问："您准备怎么实现这点呢？"上帝说："很简单，让它眼前挂一道长长的帘子就行了。

"最后，"上帝一拍手说，"我还要赋予它温柔的性情，任何生物都能借用它的力量。"

上帝的构想结束了，准备着手创造，这时，小天使提出了最关键的问题："您准备把它放在哪儿呢？如果放在水里，那不怕风的能力就没用了。如果放在地面上，那不怕流动地面的能力就没用了。再说，世界上不存在没有食物和水的地方呀，您把它创造出来是要放在展览馆里吗？"

上帝听了小天使的话，觉得有道理，没有发挥能力的环境，怎么体现这种动物的神奇呢？于是，上帝做出了一个伟大的决定——创造环境。

一瞬间，世界上便有了沙漠，同时，也有了唯一能在沙漠中发挥神威的骆驼。

成长悟语

当我们的能力足以改变环境的时候，那就为自己创造一个更好的舞台。世界上有太多的成功都是"无中生有"，那是因为他们对自己的能力有足够的自信。

忍耐力：忍受压力与坚持梦想

联邦快递早在创立之初的三四年里，遇到过五六次重大危机，但是创始人弗雷德·史密斯始终拒绝放弃，设定的目标没有达成他是绝不罢休的。

1971年6月28日，联邦快递公司正式成立。创业之初，弗雷德一直在寻求与美国联邦储备系统的合作，因为当时的联邦储备系统有许多票据需要在银行间传输，是一个极大的客户。在弗雷德·史密斯看来，自己提供的隔夜传递可以为对方节省大量的金钱与

时间，他坚信这笔生意肯定能做成。在与联邦储备系统进行谈判的同时，这个冒险家就已经信心十足地购买了两架飞机，还投资35万美元。

可是，几周以后，弗雷德得到的却是联邦储备系统拒绝接受“隔夜快递”服务的消息，刚刚建立起来的联邦快递公司和年仅26岁的弗雷德面临着首战失利的沉重打击。每个人都对弗雷德·史密斯说，他开创隔夜送包裹的速递服务是疯了，民用航空委员会绝不会批准这么做，可靠的送货员也不可能找到。

从1972年到1973年初，弗雷德投资75000美元成立了由专家、飞行员、技师、广告代理商等组成的高级顾问小组，再次进行市场研究。结论是，小件包裹的快递业务确实有巨大的市场潜力。就这样联邦快递不屈不挠地坚持了两年，最终迎来了重大的转机。由于对商业运输的需求突然猛增，国内主要货运机构对大城市的业务应接不暇，这使联邦的业务量迅速增加。

最后，联邦快递公司终于走出困境，并创造了奇迹。1977年，弗雷德·史密斯被纽约一家杂志评选为全国十大杰出企业家。

成长悟语

不要随便轻视自己，也不要向命运妥协，更不要轻言放弃，即使你是一个不完整的人。世上之事，没有绝对的可能，但也没有绝对的不可能，奋斗可以改变一切，可以弥补身体上的缺陷。

口吃的王子

在古希腊有一个王子，长得十分英俊。但他却有口吃的毛病。国王请了许多名医来医治他的病，但都没有治好。这使得王子非常自卑，因而不愿意在大众面前露面，更别说跟他人交流了。国王见到这种情况非常着急，亲自去请教一个智者，智者帮他出了一个主意。

国王回来后，请来了全国最好的作家，为王子写了一本书，书中的王子不是个结巴，相反是一个充满自信的演说家，他用自己的演讲鼓舞那些对生活丧失信心的人。人们对王子充满了尊敬和仰慕。国王特地将这本书做得很大，并将他放在王子随时都能看到的地方。

当王子读完这本书时，他被深深地震撼了。国王意味深长地对他说：“只要你愿意，你就是这个样子。”

从此以后，王子时时都注意自己的发音，不断地练习演讲，甚至主动跟别人交流。几个月后，见到他的人都说："王子的口吃比以前好多了。"王子听到这些话，更有信心，以后更加勤奋地练习说话。

终于有一天，当王子在和别人说话时，已经能流利地表达自己的思想，他不再是那个结巴的王子了，而是一位成功的演说家，就像书中写的那样。

成长悟语

所有人都是可以创造奇迹的，就看我们是否愿意付出、愿意相信。很多问题不是解决不了，而是我们提前对自己强调了"你解决不了"。很多事情也不是我们无法面对，而是有很多人告诉我们"你可以不用面对"。

我们能做自己想做的任何事，这句话并不一定是真理，关键在于你是否选择去相信，然后坚持到底。

棕榈渔网

从前，有三个人住在一座闭塞的岛上，与世隔绝。

这座小岛上没有食物，他们只能吃四周浅海里的鱼。这里的鱼都属于同一种类，个头非常大，一只就足够一个人吃一天。

但是他们显然无从了解人类先进的捕鱼技术，只能跳进水里用手去抓鱼，这非常辛苦，还好他们基本上每人每天都能抓到一条，不至于挨饿。

三个人中有一个精力特别旺盛，除了捕鱼，他还想做几件好看的棕榈叶衣服，还想盖一个遮风挡雨的住所。

但抓鱼几乎占用了全部的时间，还能做些什么事呢？一定要想办法缩减捕鱼时间，他的大脑飞快运转。

突然，他想到自己经常被沙滩上的棕榈叶划伤，为什么不用它来捕鱼呢？

第二天，其他两个人去捕鱼的时候，发现这个人在沙滩上忙活，好奇地问："你干什么呢？"

"我要用棕榈树叶做个工具帮我捕鱼。"聪明人回答。

他们一脸不屑，嘲笑说："那你这个工具要是不好用，可别哭着来跟我要鱼吃。"

这个人并没有被吓倒，反而干得更起劲了。他找来一些柔软的棕榈树皮，把它们搓成一股股绳子，又将这些绳子横横竖竖地织成一张网。

在织的过程中，他又在捆网结的时候把棕榈叶穿进去，露出锋利的叶尖。

到这一天结束时，一张结实又厉害的渔网终于织成了。他拿着渔网朝海浪冲去，几分钟后，他就捕到了一条鱼。

其他两个人不再笑了。在接下来的一小时里，这个人又捕到了第二条鱼。两个伙伴惊叹不已。

从此以后，他们三个人再也不用花一天时间去捕鱼了。他们腾出了更多的时间忙别的事情，盖房子、做衣服、养动物、游戏，生活比原来丰富精彩了很多。

成长悟语

生活之所以一成不变，是因为你根本就没想着去改变。一旦开动了你的智慧，生活就会浓缩起来！不要说什么是办不到的事情，你今天的想法很可能成为明天的希望和现实。

不做淘金还能做什么

19个世纪的欧洲，曾经掀起过一次去美国的淘金潮。一大批来自欧洲的淘金者们，纷纷涌入当时还只是新大陆的美国，开始他们的淘金之旅。这当中便有一位年轻的小伙子，他也是淘金大军当中的一员。每个白天，他都跟无数个人一起，凑在拥挤的海滩上，一次又一次地用盆淘金。

小伙子又瘦又小，挤在人群中，他总是抢占不到好位置，方便淘金的几个位置总是被几个身强力壮而又霸道的人占领。而且淘金的队伍每天不断壮大，在他所在的这一片海滩上，淘金的人已经是密密麻麻的了，小伙子淘到金子的几率真是太低了。

“见鬼！整个海滩又站满了人！”一天，小伙子好不容易占到了一个稍好一点的位置，却又被汹涌的人群给挤走了。被挤到一边的小伙子只能眼睁睁地看着眼前淘金者们的背影。此时正是烈日当空，海滩上又没有一点遮阴的地方，几乎每个淘金者的衣服都被汗水湿透了。看到这样的景象，他突然灵机一动，想起了一个赚钱的好办法。

第二天，他不再加入淘金者的队伍当中，而是在淘金大军的身后，拉来几马车的淡水，开始向人们出售淡水，一杯淡水只需要5美分。饱受太阳毒晒的淘金者们，看到有人卖便宜的淡水，纷纷掏钱来买，仅仅这一小片海滩上的淘金者们，就给他带来了不小的收入。

当年的淘金者们没有几个能真正淘到金子的，而这位年轻人却另辟蹊径，靠最普通的饮用水大赚了一笔。

成长悟语

不要以已经做过的事情来判断你的成败得失，而要以你将要做的事情来判断。人生有时候需要停几步、走几步，转弯几步、助跑几步，特别是当你还年轻走得动的时候。

马戏团里的劳拉

劳拉是马戏团里“高空飞人”的杂技表演者。每天她都在吊环间飞来飞去，享受着无数观众的鲜花与掌声。可是时间一长，劳拉便开始感到厌倦。一听到下面观众为自己欢呼就愈加厌烦，“哼！真是些无聊透顶的人！”突然有一天，正在表演时，劳拉一不留神，从高空摔了下来，昏迷不醒。全场观众立刻不安起来。

“劳拉，快醒醒！劳拉，快醒醒！”听到有人呼唤自己，劳拉睁开眼，看见自己竟然飘在马戏团上空，一位天使正拉着她。

“我带你去看看那些欢笑的观众吧！看到那个少年了吗？他从一生下来双腿就不能走路，但自从两年前跟母亲来看了一次你的空中飞人表演之后，小家伙就被惊呆了，觉得人们仅仅靠两三个吊环就能在空中飞来飞去简直太绝妙了。从那以后，他每个星期都会来看你的表演，这样他就能暂时缓解自己失去双腿的痛苦。

“再看看孩子身边的那位母亲，她的丈夫得知自己的孩子生下来就双腿残疾后便狠心抛弃了她，这位坚强的母亲一个人将孩子辛辛苦苦养大，每天都靠给别人缝补衣服、打扫花园来赚取家用，但是自己的孩子不能像其他人那样用双腿自由奔跑，这位母亲真的痛苦极了。直到那次来马戏团，她看到孩子的脸上终于露出了久违的笑容，这位母亲便更加努力地赚钱。你看她的手，才 30 多岁的年纪就已经磨得粗糙不堪了。

“再来看看这位紧张得直擦汗的老绅士吧！他年轻的时候可同样在马戏团工作呢！有了儿子以后，他还经常带着儿子来马戏团，有时候还会跟儿子一起表演马戏呢！本来他也想让儿子接手他的这一身技艺，可惜就在几年前的战争中，他的儿子负了伤，永远失去了劳动能力。但是，父子俩每次来看你的表演，就回想起以前的欢乐时光，就会对生活抱有乐观和希望。所以，看到你出事之后，他才止不住地擦汗。”

“劳拉，快醒醒！劳拉，快醒醒！下面该到你的表演时间啦！”还在睡梦中的劳拉醒了过来，原来这是一个梦！

她大大地松了一口气，抖擞了几下精神，便信心满满地走向表演场地，再次为观众带来精彩的表演。

成长悟语

下雨天，你只看到自己伞下被打湿的鞋，却不容易发现你无意中为别人挡的雨。你认为的痛苦，可能是别人的祈求过的生活；你认为的艰辛，可能正成为安慰别人的力量。

做自己的上帝

卡加拉是一个贫穷的妇女，她在一家工厂做丝绸纺织工作，但由于老板经营不善，这家工厂效益一直不好。终于有一天，老板宣布，自己将变卖这家工厂，凡是在这家工厂工作的人都可以低价买下这家工厂——只要支付 8 万美元。卡加拉听后，抢先和老板签了合同。

可谁知，这合同背后却有一个天大的阴谋：这家工厂之前曾借了不少钱，现在工厂的法人是卡加拉，也就是说卡加拉要还清所有的钱，总计 50 万美元！卡加拉听到这个消息后，简直崩溃了，这么多钱她什么时候才能还清啊！

卡加拉甚至动起了轻生的念头。她去教堂真诚地祷告：“上帝，请原谅我的无知，我实在还不起这么多钱，希望您能给我一个机会。”可就在卡加拉准备离开结束自己的生命时，神父出现在她面前，告诉他：“坚持下去，上帝会照顾你的。”卡加拉心里一动，听到神父对她的鼓励，她打消了轻生的念头回到了家里。

第二天，她真诚地向所有的债主宣布：她一定会还所有的钱，只是时间问题，自己也是受害者，希望债主们体谅。从那以后，没什么学历的卡加拉开始认真学习管理工厂的知识，不断和老工人请教经验，甚至提拔了一位德高望重的车间主任做副总经理。经营工厂的日子非常艰难，但卡加拉想到神父的鼓励还是挺了过来。半年过去了，工厂的效益有了一些提高，两年后，工厂开始盈利了。

结果很好预料，卡加拉还清了所有的债务，并且经营着一家红红火火的工厂。卡加拉成为当地艰苦奋斗的典型。

之后，卡加拉回到了当初受到鼓舞的教堂里，他想要感谢在那个时候神父赐予她的力量。她对神父说：“神父，我非常感谢你和上帝对我的照顾。”

神父却说：“孩子，上帝把力量攥一半在自己手中，另一半放在了你的掌心。照顾你这么久的上帝，其实就是你自己。”

成长悟语

上帝对我们最大的帮助，就是给了我们一个可以自主选择的意识，和自主行动的身体。这样，我们就可以用自己的身体经历痛苦、忧伤、灾难、悲剧，然后再用意识学会坚强、自立、振作、快乐。我们所经历的或许选择不了，但是我们学会的东西却一定能够选择。

所以，最可靠的上帝，就是我们自己。

高难度的练习乐谱

一位音乐系的学生走进练习室。

在钢琴上，摆着一份全新的乐谱。“超高难度……”他翻着乐谱，喃喃自语，感觉自己对弹奏钢琴的信心似乎跌到谷底，消磨殆尽。

他跟一位新的指导教授学习已经一段时间了，不知道为什么，这位教授的教学方式异常严厉。每次给他的乐谱都是超过了他能力范围的内容。

而这位指导教授，是个极其有名的音乐大师。但是，授课的第一天，他只是给自己的学生一份乐谱，说：“试试看吧！”乐谱的难度颇高，这个学生自然弹得生涩僵滞、错误百出。

“还不成熟，回去好好练习！”教授在下课时，如此叮嘱学生，之后也不再管他。

学生练习了一个星期，第二周上课时正准备让教授验收自己的成果。但是，教授并没有检验，而是又给了他一份难度更高的乐谱，说：“试试看吧！”

学生再次挣扎于更高难度的技巧挑战，多次都被眼前痛苦的高难度练习折磨得想要放弃。

第三周，更难的乐谱又出现了。同样的情形持续着，学生每次在课堂上都被一份新的乐谱所困扰，然后把它带回去练习，接着再回到课堂上，重新面临双倍难度的乐谱，却怎么都追不上进度，一点也没有因为上周的练习而有驾轻就熟的感觉。

这个学生感到越来越不安、沮丧，他气馁地认为，这样的练习根本没有任何意义，甚至责怪起教授来。

一次，教授走进练习室。学生再也忍不住了，他向教授提出了这段时间来这么折磨自己的质疑。教授没开口，他抽出最早的那份乐谱，交给了学生。“弹弹看！”他以坚定的目光望着这个学生。

不可思议的事情发生了，连学生自己都惊讶万分，他居然可以将这首曲子弹奏得如此美妙、如此精湛！教授又让学生试了第二堂课的乐谱，学生依然呈现出超高水准的表现……演奏结束后，学生感激地望着老师，说不出话来。

成长悟语

循序渐进不是进步的唯一方法，当你有能力一脚走三级阶梯时，为什么还要一步一步地走呢？你可以比别人走得更快，因为这是优势，为什么一定要和传统的方式保持统一步调呢？

你要的是一个好的结果，而这个过程则可以是灵活多变的。

“美国梦”的代名词

7岁之前，他过着奢华无度的生活。20世纪60年代，一场革命让他瞬间失去了一切。曾是古巴哈瓦那大庄园主的父亲也在顷刻间变成了穷光蛋。所有的家当不过是口袋里一沓已被宣布废止流通的纸币。

为了躲避灾难，他们一家来到了美国的迈阿密；为了能在异国他乡生存下来，从15岁起，他就跟随父亲外出打工。每次出门前，父亲都这样告诫他：“只要有人答应教你英语，并给你一顿饭吃，你就留在那儿给人家干活吧。”

很快，他找到了第一份工作——在海边的一家小饭馆里当服务生。由于他勤快、好学又踏实，没多久，他就得到了老板的赏识。老板甚至还把他带到家里，让他和自己的孩子一起玩耍，学英语。

一天，老板告诉他，给饭店供货的食品公司正在招收营销人员，如果愿意做的话，他愿意引荐。于是他获得了第二份工作——在一家食品公司做推销员兼货车司机。

出门时，父亲谆谆告诫道：“在家乡时，父辈们之所以成就了那么大的家业，都得益于‘日行一善’这四个字。现在你要到外面去闯荡了，最好也能将这四个字记在心里。”

他时时刻刻都牢记着父亲的教诲。当他开着货车把货品送到大街小巷的商店时，他总会顺手做一些力所能及的善事，比如帮店主把信带到另一个城市，让放学的孩子顺便搭一下他的车。就这样，他乐呵呵地干了4年。

第5年，他意外接到一份通知，是总部发来的，委派他去墨西哥统管拉丁美洲的营销业务。理由是：该职员在过去的4年中，个人的推销量占佛罗里达州总销售量的40%，应予以重用。

后来他拓展了拉丁美洲的市场，接着又被派到加拿大和亚太地区；1999年，因为业绩突出，他被调回了美国总部任首席执行官。在大家眼里，他的攀升是那样的顺理成章而又理所当然。

就在他被美国猎头公司列入可口可乐、高露洁等世界性大公司首席执行官的候选人时，当时竞选连任成功的美国总统小布什宣布，提名他出任下一届政府的商务部部长。他就是卡洛斯·古铁雷斯——“美国梦”的代名词。

成长悟语

你没有一步登天的勇气，就得学着老实地走完全程的路，你还没有成功，是因为你还没有走到最后一级。

是金子并不一定会被人发现，但是你还是要争取做一块金子。不是为了让别人看见，而是为了让自己有分量。

命运之神的眷顾

毕业于名牌大学的艾克已经成了一家公司的总经理。凭借着自己过硬的专业知识和踏实肯干的作风，公司成立还没几年，他就拥有了不少稳定的客户，业绩也在稳步增长。艾克对自己的公司很满意，他正在考虑扩大公司的规模。

有一次，艾克的大学同学找到他，希望艾克能传授自己一点管理经验。艾克热情地将同学请到了家里。当看到艾克奢华的住所和高品质的生活后，同学由衷地佩服起他来。此时艾克习惯了别人的恭维，爽朗地笑道：“这都是靠我自己的努力奋斗、聪明才智、独具慧眼，才能抓住机遇，获得今天的成就。”

对现在的艾克来说，一切都太顺风顺水了。他似乎已经忘记了自己的成功也离不开公司全体员工的努力，经商在艾克看来，似乎是一件非常简单的事。

之后，他在采购时，并没有亲自审核，而是随便让一个负责物资采购的人去了市场。谁知，这位负责人只是购买了一些价格昂贵、中看不中用的设备。有些办公桌椅根本无法投入使用，打印机用了两次就坏了。开电话会议的设备在使用时突然停止运转，这让艾克损失了几百万的合同。

在接下来的过程中，艾克似乎一直不顺利，公司的业绩也明显下滑，一些固定的客户都离他而去了。朋友见到艾克这样，纷纷表示同情和不解。艾克灰头土脸地说道：“别提了，不知为什么，最近的运气差得很！”

“别放在心上，”朋友安慰他说，“如果命运不愿意看到你幸福，至少它会教你变得谨慎小心。”

成长悟语

自信不代表你可以自大。人们在一般情况下，总爱把成绩归功于自己的才干，如果失败，那就把责任推到命运之神身上。命运之神对谁来说都是一样的，他会因为你的努力而赋予你成功，也会因为你的自大而给予你教训。

战胜自己内心的敌人

布鲁斯病了，医生说是绝症，没法治愈了。

布鲁斯痛苦极了，毕竟他才 35 岁，正是人生的好时候。但是最让布鲁斯伤心的是，他的三个儿女还小，妻子身体也不好，如果自己死了，谁来照顾他们?

布鲁斯告诉自己，他不能死，他一定要坚持活下来。他开始接受治疗，虽然医生说没有什么效果，治疗也很痛苦，但是布鲁斯还是坚持了下来。几个月过去了，布鲁斯的身体状况真的有所好转。

布鲁斯开始经营一家咖啡馆。由于他觉得生命的每一天都来之不易，所以他很努力，而咖啡馆的生意也渐渐好了起来。很多人都喜欢到布鲁斯的咖啡馆喝一杯咖啡，因为布鲁斯不屈的精神是那么值得尊敬。

七八年过去了，布鲁斯活了下来，医生都觉得他是一个奇迹。

布鲁斯的咖啡事业也由最初的一个小咖啡馆变成了如今的咖啡连锁店。

他的“布鲁斯咖啡连锁店”遍布整个城市的街区，总资产也达到千万。

没有永久的幸运，也没有永久的不幸。

布鲁斯的儿女们也长大了，有了自己的事业和家庭。布鲁斯感觉自己也要好好享受生活了，于是把生意交给助手经营。

每天，他和妻子到河边散散步，下午去咖啡馆坐坐，喝一杯咖啡，日子惬意极了。

可是好景不长，布鲁斯的病又犯了，这次他没有像之前那么幸运，在几个月后，他去世了。

成长悟语

意志并不仅仅是精神领域的事情。由百折不挠的信念所支持的人的意志，比那些似乎是无敌的物质力量更具有强大的威力。而当意志一旦松动的时候，垮掉的就不只是精神。

死于特长的章鱼

章鱼是海洋里最难对付的生物之一，它们力大无穷、狡猾多疑，连鲨鱼见了也让它们几分。

章鱼有一个最显著的特长就是身体柔软，它可以把身体塞进任何狭小的空间。章鱼经常藏进死去的贝壳或海螺壳里，这样食肉鱼类就伤害不到它了。同时，这对章鱼来说也是一种捕食技能。它先不动声色地在贝壳里藏好，等小鱼小虾靠近时，猛然伸出触手将猎物牢牢缠住。章鱼有八条触手，每条触手上有300多个吸盘，每个吸盘的拉力是100克，因此，章鱼能缠住比它重几十倍的生物。章鱼捉住猎物后，会把毒液注入猎物体内，这时猎物就会被麻痹，乖乖成为章鱼的美餐。

这能攻能守的技能似乎让章鱼独步天下，可这项特长又是章鱼的死穴。

人们最初想捕捉章鱼时，发现这几乎不可能实现。但人们了解到章鱼的这个特长后，就想出了抓到它们的办法。捕捞者先找来很多小瓶子，用绳子把这些瓶子拴在一起，然后把成串的瓶子放到海面下。章鱼见到这些晶莹剔透的小瓶子，都争先恐后地钻进去。等到差不多的时候，捕捞者把绳子提出来，一瓶瓶的章鱼就成功抓到了。

成长悟语

是什么囚禁了章鱼？是瓶子吗？不，囚禁了章鱼的，是它们自己，而且正是它们那些自身熠熠闪光的特长。

其实，在这个世界上，有多少人正像章鱼一样，本来有着令人羡慕的特长，却不加珍惜，自命不凡，固执己见，结果囚禁了自己，葬送了未来。

裁缝山姆的绝技

从前，有一个裁缝叫山姆，他有一个神奇的宝贝——一根长长的细线。那根线细到只有头发粗，但是人踩上去都不会断。

有一天，山姆去散步时看到一个很忧愁的孩子。于是停下脚步，把大扣子靠墙边放着，问："孩子，你小小年纪怎么如此不快乐呢？"

"我是专门跳钢丝的，但是刚刚有人把我的钢丝抢走了，我没法再跳了。"

"没关系的，我帮你。"说完，山姆从口袋里取出一根很长很长的线来，"来吧，孩子，在这根线上面跳跳看。"

"这根线这么细，苍蝇在上面跳还行，"孩子说，"我这么重，踩上去肯定会跌得很惨。"

"不会的！这线最结实了，它可是我爷爷的爸爸传下来的。"山姆说。没过多久，他就爬到了旁边一座楼的屋顶上，把这根线穿过街道上空牵到了对面的一个屋顶上。

"山姆先生，要不你先试试看？如果你踩上去线没断，那我就上去。"孩子朝着空中喊道。

山姆听完，张开双臂，迈开步子就轻盈地走了起来。街上的行人都停下来，为他精彩的表演鼓掌。可是，山姆不习惯听到掌声，别人一鼓掌，他就脑袋开始发晕。果然，他失去了平衡，像折了翅膀的鸟跌了下来，吓坏了抬头张望的行人。

成长悟语

有自信是件好事，但过分、绝对的自信，就可能会有很大的失败在等待着自己。这就好比戴上一条华贵的钻石项链会显得十分美丽，但是全身都戴上钻石项链则会显得不伦不类。

年轻人和荒岛

布菲特和利亚德是两个年轻人，他们原本生活在一个临海的小镇，但一场海啸吞噬了他们的家乡。两个人只好漂泊海上，寻找新的求生之地。

不知道漂了多久，他们终于到达一座无人的荒岛。两个人都很高兴，但是上岛之后才发现这里虫蛇遍地，处处都潜伏着危机，条件十分恶劣。

布菲特说："我们就在这里定居吧，虽然条件差点，但是我们可以改造啊。只要肯出力气，一定可以打造一个温暖的家。"但是利亚德并不赞同伙伴的观点，他不想再去花心思、费力气打造一片新天地。于是，他辞别了伙伴，继续漂泊，后来他终于找到一座鲜花烂漫的小岛。这个岛上已有人家，他们的祖先正是18世纪海盗的后裔，经过几代人的努力，小岛终于建成了一座花园。利亚德认为这样的地方才适合生存，他留下来，当了一名小工，日子过得不好不坏。

多年后，利亚德乘船经过那座荒岛，想起当年的伙伴，就上岸来探访老友的踪影。刚踏上小岛，这里的一切都让他感到陌生，他甚至怀疑自己走错了地方，因为这根本就不像一座荒岛：高大的屋舍、整齐的田畴、健壮的青年、活泼的孩子……

他惊讶地参观着，四处寻找布菲特的身影。终于，他认出在樱桃树下休息的老人就是自己的老友。于是，他激动地上前打招呼，两个共患难的朋友紧紧拥抱在一起。也许是劳累的缘故，布菲特显得更为苍老，但是他的精神非常好。尤其当说起变荒岛为乐园的经历时，更是神采奕奕。

最后布菲特指着整个岛说："这一切都是我双手干出来的，这是我的岛屿。"利亚德大吃一惊，他没想到当年的计划真的能够变成现实，心里很是愧疚，但是嘴上还在硬撑，他轻声嘟囔："为什么上天这么厚爱你，当时让我留在这个岛上，也许会比现在更好。"

成长悟语

别试想如果当初你也这么做了，你现在是否会获得比别人更大的成就。当你已经开始这么想的时候，你就得问问自己——我当初都干什么去了！世界上关于"当初如果……现在应该……"的说法，只不过是为自己的懒惰和无知找借口罢了。

被上帝照顾的老人

艾德退休后回到乡下老家居住，没了工作忙碌，艾德总是感觉生活很空虚。

一天，他在出去散步时，发现一块长满野草的荒地，而且这块地就在他家隔壁。

艾德找到主人决定买下这块地，尽管很多人都不理解他的行为，但他还是坚持要买下那块无人问津的荒地。

地的主人很爽快地答应了，并且以最低的价格达成了交易。

从此，艾德的生活开始变得忙碌起来，似乎又回到了上班时的状态。

他每天早上6点就起床开始干活，先是将荒地的杂草除去，接着又是松土，然后种下种子。

不久后，种子发芽并长成幼苗，艾德又给幼苗浇水、施肥、捉虫。

几乎每天都忙到太阳下山后才收工回家，真正做到了日出而作，日落而息。

这样的日子不知不觉过去了半年，在艾德辛苦的汗水浇灌下，这片原是杂草丛生的荒地已经变成了一个鲜花争艳的花园了。

这个美丽的花园吸引了无数的人们，所有的人都赞不绝口。

有一个年轻人路过花园，看到如此美丽的景色，忍不住上前对艾德说："先生，上帝真的很照顾你，让你的花园如此好看，我非常羡慕。"

艾德听完了年轻人的话，微笑着答道："年轻人，也许上帝真的很照顾我，但你却不知道这是我辛苦了半年的收获，而且我每天早上6点就开始努力地工作，直到傍晚才收工呢。"

年轻人再也没有说出话来，满脸羞愧地离开了。

成长悟语

上帝负责照顾我们的心灵，我们负责照顾自己的身体。

生活并不会因为你的身体虚弱、疲惫、衰老而变得更坏，它只会因为你的懒惰、放弃、自卑而变得更糟。

拿破仑的孙子

在美国纽约的大街上，亨利像往常一样排队领着救济金。这时候，排在他后面的一个落难友人对他说："我看到一本杂志说拿破仑的一个私生子流落到美国了，这个私生子又生了好几个孩子，他们的全部特征都跟你很像——个子矮小、讲一口法国口音的英语。"

"我倒确实符合这些特点，但这是真的吗？"亨利半信半疑，但他还是愿意把这一切当成真的。可以说这是现在唯一能让他感到振奋的事了。

原来在美国这个由移民组成的天堂里，也有着无数的清贫者，已经30岁的亨利就是其中之一。

他整天只能靠救济金勉强度日。自从知道自己有可能是拿破仑的孙子后，他想要给自己一次彻底的改变。

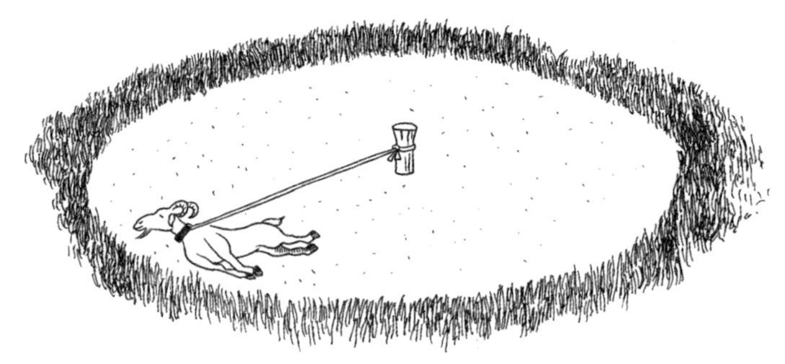

永远不要害怕改变，改变里就有成功的契机，它会让你获得更多的机会，更好地走向成功。

以前，因为个子矮小而充满自卑，而现在的他却因此自豪起来，“我爷爷当年就是靠这种形象指挥千军万马的”；以前总觉得自己英语发音不标准，像一个令人讨厌的乡巴佬，现在却觉得自己带一点法国口音的英语发音实在是悦耳极了。他甚至下决心开创一份属于自己的事业，“我爷爷能指挥千军万马，我一定也能白手起家。”

尽管在创业的过程中他遇到了无数难以想象的困难，但他却仍然毫不灰心地坚持下去。他对自己说：在拿破仑的字典里找不到“难”这个字。现在的亨利已经成了一家公司的董事长，并且在他经常闲逛的那个公园对面盖了一栋30层的办公大楼。

之后，有人让亨利去调查一下自己的身世，证实一下自己是否真的是拿破仑的孙子。

但是，他却说：“我的身世如何，现在还有知道的必要吗？”

成长悟语

人能在这个世界上成功的最主要因素，不在于你身边的谁是什么人，而在于你自己是什么人。

你可以借用别人的影响力，成为自己在战场上百无禁忌的后盾，但是，真正挥剑杀出一条胜利之路的人，只有你自己。

第二十三辑

语言：说话产生的力量

语言的力量

克里夫是一个快乐的邮差，他为人们寄送信件，同时也传递快乐。

在他的口袋里面总是放着一些小字条，上面写着“你今天会很快乐”、“微笑一下，好运来到”、“好心情胜于一切”。每送一封信，他都附赠一个承载着快乐的字条。

平静的日子没过多久，战争就爆发了。克里夫失去了邮差的工作，于是他就去了战地医院做志愿者。看到医护人员们那么忙碌，受伤的战士们那么痛苦，他就想给他们带来一点快乐和希望。像以前一样，他把一句充满力量的话语写在了墙上：“这里不会有人死去。”

大家都说这样做没有丝毫意义，一句标语能起到什么作用？

可是就是这样一句看似疯话的标语，潜移默化地融入了人们的心里。医护人员在这句话的暗示下，鼓足干劲医治伤员，希望这句话能够成真。战士们也受到这句话的鼓舞，产生了坚强的毅力和活下去的信念。

这里成了一家充满希望和活力的医院。

成长悟语

永远不要忽视自己语言中的力量，有时候一句话能够创造一个奇迹。如果是这样的话，那么，我们就需要谨慎且慷慨地表达自己。因为一句鼓励的话语，就有可能给对方一份珍贵的礼物，它在我们的生命里，虽微不足道，却往往重如千钧。

语言是反映内心的镜子

本内特是一位成功的商人，他的公司没开多长时间，却在同行业中独领风骚。这得益于本内特那双犀利的眼睛——能挑选出最优秀的员工。

罗伊是本内特的朋友，在一家报社担任记者，这天，他来找本内特采访他看人的秘诀。本内特说：“很好，今天正好有两位年轻人来面试。”

罗伊跟随本内特来到一家餐厅，两位年轻人已经在那里等候。相互致意之后，大家开始了轻松的谈话。期间，本内特谈到经济大萧条，问两位年轻人各自是什么看法。其中一位年轻人抱怨说：“经济大萧条都是那些大资本家闯的祸，他们无限制地牟利，无限制地垄断，以致供求失衡，但倒霉的还是我们这些穷人。您看，再怎么萧条，资本家也饿不死，而我们穷人连个能糊口的工作都找不到。”本内特笑着点点头。

另一位年轻人说：“我倒觉得，这是社会的必然规律。资源本来就掌握在有能力的人手里，经济大萧条不是某个人或某群人能控制的，既然它已经发生了，我们就要努力找出解决的办法。一味地抱怨是没有用的。”

第一位年轻人反驳说：“那你的意思是，只要我们努力就能解决经济问题？拜托，老兄，我们又不是罗斯福，凭我们的力量能改变什么？”

第二位年轻人坚定地说：“的确，我们每个人的力量微乎其微，但如果大家共同向着积极的方向努力，我相信最终是会渡过这个难关的。罗斯福颁布了政令，不是还要靠大家一起去努力实行吗？”

本内特微微笑着，对第二位年轻人说：“很好，年轻人，希望你能到我的公司来工作，我们共同迎接美利坚的再次繁荣。”

饭后，罗伊不解地问本内特：“您不觉得这样太草率了吗？您甚至都没有了解他的专长和能力。”本内特说：“那些一味抱怨的人，必然不愿通过改变自己获得进步。而那些敢于正视现实的人，总能在不断地自我修正中获得进步。所以，亲爱的罗伊，”本内特拍拍罗伊的肩膀说：“不是我的眼睛看人准确，而是人们的话语最忠实地反映了他们的内心。”

成长悟语

舌尖承载着心灵的重量。

想要了解别人是个什么样子的人，只要看他平时都是怎么说话的，说些什么话，说话后又做了些什么。

想要了解自己是个什么样的人，只要回忆一下自己的口头禅就可以了！

站在对方的角度看问题

一位母亲在圣诞节带着5岁的儿子去买礼物。大街上回响着圣诞赞歌，橱窗里装饰着彩灯，盛装可爱的小精灵载歌载舞，商店里五光十色的玩具琳琅满目。

“一个5岁的男孩将以多么兴奋的目光观赏这绚丽的世界啊！”母亲毫不怀疑地想。然而她绝对没有想到，儿子呜呜地哭出声来。“怎么了，宝贝？”“我，我的鞋带开了……”母亲不得不在人行道上蹲下身来，为儿子系好鞋带。母亲无意中抬起头来，啊，怎么什么都没有？没有绚丽的彩灯，没有迷人的橱窗，没有圣诞礼物……原来那些东西都太高了，孩子什么也看不见！这是这位母亲第一次从5岁儿子目光的高度眺望世界。她感到非常震惊，立即起身把儿子抱了起来……

从此这位母亲牢记，再也不要把自己认为的“快乐”强加给儿子。“站在孩子的立场上看待问题”，这位母亲通过自己的亲身体会认识到了这一点。

成长悟语

在与人交往的过程中也要站在对方的角度看问题，如果把角色“互换”一下，就很可能轻松地打破僵局。

哈佛学者告诉人们：在人际交往中，千万不要以自我为中心而完全不顾他人的颜面、立场，如果将自己的价值标准强加在别人的头上，轻则得到的是不和谐的人际关系，重则可能使自己头破血流、一无所获。

无论面对任何人，都应该礼貌先行

有两个人到曼哈顿出差，其中一个看到了马路对面有个卖报纸的小摊，就想过去买份报纸，让他的朋友在那里等他。接过报纸后，他发现自己没带零钱，只好递过一张10美元的钞票，对卖报纸的小贩说：“找钱吧。”

谁知小贩一听很不乐意，对他说：“先生，我来这里上班可不是给人找零钱的。”

当然，这人没有买到报纸，悻悻地回到了马路对面。

这时，他的朋友安慰道：“不用急，你在这儿等着，我过去试试。”

朋友来到报摊前，递过同样的10美元钞票，对小贩说：“先生，对不起，不知您是不是愿意帮我个忙？我是外地来的，想买份报纸，可是身上没有零钱，你看能不能帮我把这10元钱换开。”

小贩听了他的话，顺手抓起了一份报纸，递给他说：“拿去看吧，这次不用付钱了，等以后你有了零钱，再给我就是了。”

成长悟语

无论是求人办事，还是日常交往，说话时一定要礼貌先行。说话有礼貌，就是对别人的尊重，而只有尊重别人的人，才会获得别人的尊重。

说话的艺术

汉德森先生的玫瑰花盛开了。

邻居布莱克太太带着孩子们去欣赏玫瑰花。她让孩子们在院子里玩，自己和汉德森夫妇在门廊下喝着咖啡。

突然，只听见汉德森先生大喊：“你看那些小鬼真没规矩，把我的玫瑰花都折了。我得去教训教训他们！”

布莱克太太听了这话很尴尬，说：“不好意思，我去教训他们吧！”

汉德森太太小声说：“你不要误会。那些玫瑰花有刺，又刚喷了农药，老汉德森是怕那些花刺伤到孩子们！”

果然，院子里汉德森先生急切的声音响了起来："不要伤到手，我给你们折几枝！"

成长悟语

一个人说的话，可以表现出爱，也可以表现出恶。既然让对方觉得自己被爱着，又何必让他觉得自己是被憎恶着呢？

你要做的不仅仅是要表达出自己的想法，关键是让对方接受你的想法。

不要让人生兜圈子

安娜是一个舞蹈家，因此舞鞋是她必不可少的伙伴。无论哪一次演出，她都必须亲自准备舞鞋。但是，事有例外，一次她在外地参加演出，自己的舞鞋却落在了家里，而化妆间里其他的舞鞋尺码都不太适合她，所以她不得不叫助理去临时帮她买一双。

她再三叮嘱助理："亲爱的，千万不要黑色的，记住，白天鹅不能穿黑色的舞鞋，千万不要忘记呀，35码，一定不要买黑色。"

演出就快开始了，助理急匆匆地赶了回来，把舞鞋交给了安娜。当她打开鞋盒后，安娜差点昏过去：舞鞋竟然是黑色的。

安娜生气地责怪助理："上帝啊！你没有脑子的吗？我千叮万嘱要你别买黑色的舞鞋，可是你却偏偏买了一双黑色的，这是为什么啊？"

助理也感到很内疚，小声地反驳道："你一再强调黑的，黑的，时间又这么紧迫，我急匆匆地走进商场时，脑中只有印象最深的两个词：35码、黑色，于是我就专门找黑色的舞鞋。"

安娜觉得有些道理："是啊！如果我言简意赅地说'请为我买一双35码的白色舞鞋'，相信你也就不会买错了。"

成长悟语

有一些人在交代别人做事的时候总是说，你不许做这个，不许做那个，却从来不告诉他人，到底应该怎么做。

与其给对方一个"否定"答案，不如给他们一个"肯定"的回答——亲爱的，我想这样做或许会更好，因为……

舌头上的英雄

两个水手一起航海，在行至约克小岛的时候，遇到了海盗。

只见海盗爬上了他们的船，拿着大刀朝他们砍过来，其中一个水手吓得立马躲到了船舱里，并顺手把舱门锁上了。另一个水手眼看这种情形，没了退路，于是勇敢地拿起了剑朝着海盗迎上去，与海盗打了起来，最终费了好大的劲，才把海盗赶跑了，自己的肩膀也负了伤。

另一个水手躲在船舱里，看着他们搏斗，亲眼见到强盗死了，他才走出船舱，并对着海盗消失的方向挥着大刀，嘴里喊着："你这个该死的强盗，竟然敢来抢劫我，我可是这一带最勇敢的水手。"

另一个水手没说什么，两人一起乘船回去了。

到了岸上，躲起来的水手大肆宣扬自己是多么厉害，并告诉别人说："当时看见强盗一进来就砍了我的伙伴一刀，我立马恼怒了，迎上去对付那个海盗，我要让他知道，他抢劫的是什么人！"

这时，那名勇敢的水手对他说："赶紧闭上你的嘴吧，否则，我会把你的底细给抖出来。我宁愿你那个时候帮助我，即使站在那里给我鼓劲也好，那样我会更加有勇气去对付强盗，可是你没有。现在还是请你闭紧你的嘴吧，你只能欺骗那些无知的人。"

成长悟语

有一种人总是把自己说得十分英勇，他们很喜欢把自己装扮成英雄。但是，等到真正需要"英雄"出现的时候，他们往往会变成躲起来的那个胆小鬼。

话都是人说出来的，我们不轻信并不说明我们不善良，而是因为事情的真相往往需要思考。

给一个别人接受自己建议的理由

萨维在小溪边养了几百只鸡，可是他的邻居亨利太太却养了一只凶恶的牛头犬。每隔几天，这只狗都穿过篱笆，到萨维的鸡场捣乱，有时还咬死几只鸡。

萨维很生气，于是建议亨利太太把狗拴好，亨利太太当时很歉意地答应了。可是，没过几天那只狗又窜到了萨维的鸡场里，咬死了更多的鸡。

萨维这次真的恼怒了，他拿起了猎枪，打算把那只可恶的牛头犬击毙。他的妻子上前劝阻他说："你最好还是把你的猎枪放好吧！我可不想与自己最亲近的邻居成为仇人。"

萨维说："那么，你有什么好方法？总不能放任这只狗把我们的鸡都咬死吧！"

妻子笑着说："我有好的办法，你等着看吧！"

第二天，萨维的妻子带着十几只小鸡去了亨利太太家，把那些小鸡送给了她。"亲爱的，这里有几只小鸡，我看你平时很喜欢小动物，所以想要把它们送给你。不过，你要知道，你的小狗可能不太喜欢它们……"亨利太太看着这些毛茸茸的小鸡仔高兴极了。亨利太太怕自己的狗咬死了小鸡，于是就给狗拴上了狗链，绑在了院子的树上。

从此，萨维的鸡场再也没被这只牛头犬光顾过。不久，小鸡长大了，为了答谢萨维的好意，亨利太太把自己做的鸡蛋蛋糕送给萨维夫妇品尝。两家开始了友好的交往。

成长悟语

要说服一个人接受自己的建议，最好的办法是让对方从中得到益处，并以此感受到我们的诚意。这样一来，既给自己解决了麻烦，也给对方一个接受建议的理由。

四个小金人

新国王即位，他广开言路，命令大家给自己进献“治国策略”。

一个牧师给国王进献了四个小金人，说它们暗含治国玄机。新国王和大臣们在一起研究了半天，也没发现有什么诀窍。新国王觉得自己被这个牧师戏弄了，命令侍卫把这个牧师抓来砍头。

这个牧师毫无惧色，镇定自若地对国王说：“国王，请不要忙着杀了我，你先慢慢听我把其中的奥秘解释给您听。”

“这是一件治国的宝物，只要有了它们，国家就能繁荣昌盛，”牧师说，“如果您仔细观看，就会发现每个小金人的耳朵上都有个小孔。”

牧师递给国王一根细线，说：“请国王试着从每个小金人的耳朵，把这根细线穿进去。”

国王按照牧师的指示，把细线从耳朵一侧的小孔穿进去，只见：

第一个小金人，细线从另一侧的耳朵孔里出来。

第二个小金人，细线从嘴巴里出来。

第三个小金人，细线没有从任何部位出来。

第四个小金人，细线第一次从另一侧的耳朵里出来；第二次从嘴巴里出来；第三根细线却没有出来。

面对国王的疑惑，牧师说：

“第一个小金人：无论你告诉他什么，他都会从一侧耳朵进，另一侧耳朵出，他不会把任何事情记在心里。

沉默是无声的语言，有一种埋藏在深处的震撼力。

第二个小金人：无论你告诉他什么，他都会告诉别人。

第三个小金人：无论你告诉他什么，他始终埋藏心底，不吐露半个字。

第四个小金人：无论你告诉他什么，他都拿捏好分寸，懂得何时该听，何时沉默，何时开口。”

最后，牧师说：“我的四个小金人代表四种人，第四种人就是我进献的治国策略。”

成长悟语

身处于俗世，总是被这样那样的事情所困扰。可是，有的人就能置身事外，一生清静；有的人却始终绯闻缠身，陷入其中，苦不堪言。这是为什么？因为一生清静的人面对是非，懂得何时该听，何时沉默，何时开口。

那些随风而散的花瓣

凯罗尔是个富有智慧、受人爱戴的神父，大家有什么烦恼都愿意找他。

有一次，一个不受大家欢迎的女孩来到凯罗尔面前倾诉自己的苦恼。其实女孩心眼儿不坏，但她喜欢编故事，一件小事都会被她渲染成一个惊天动地的大事，而女孩的故事往往会给别人造成许多伤害。久而久之，人们都远离她了，这让女孩很诧异。

凯罗尔对女孩说："你不应该对他人的事说三道四，这是你的罪过之处，现在我希望你能为此赎罪。这样吧，你去摘几朵花，然后一边走一遍将花瓣撒出去，撒完后就回到这里告诉我。"

尽管女孩很不理解，但为了解除自己的烦恼，她还是按照神父说的做了。她摘了几朵花，然后沿着一条小路将花瓣撒下。

然后，等她做完后，她回去找凯罗尔。凯罗尔说："你已完成了赎罪的第一部分，现在要进行第二部分。你必须回到你撒下花瓣的路上，捡起所有的花瓣。"

可这时，风已经把花瓣吹走了，根本没有办法再找回来了。女孩回来说："花瓣已经被风吹走了，我根本捡不回来啊！"

凯罗尔说："没错，我的孩子，你是无法捡回所有的花瓣。你那些脱口而出的愚蠢话语不也是如此吗？你不也常常从口中吐出一些愚蠢的谣言吗？你有可能跟在它们后面，在你想收回的时候就收回吗？"

成长悟语

好言一句三冬暖，恶语伤人六月寒。好的语言会像芬芳的花瓣将周围的空气变得芳香，而坏的语言只能像臭水沟一样让周围的空气变得恶臭。而那些带着恶臭的语言将永远收不回来！

善举之后

莫西老头儿住在特兰西瓦尼亚，他生活困顿。

莫西实在无以为继，于是打算给上帝写封信，请求帮忙。写好信后，他签了名，写上地址，然后仔细封好。但接下来，他又犯难了：

"我怎样才能把这封信寄到上帝那里呢？"可是转念一想，上帝无处不在，我的信不管寄到哪里都能寄到的，于是他把写好的信拴在了一只羔羊身上，让它驮着到处走，兴许能送到上帝那里。

羊驮着这封信，在经过马克的庄园时，掉了下来。马克是这一带有名的富翁，马克看到这封信，并被其中的虔诚打动了，于是打算帮助他。

马克很同情这位老人，想尽快地帮助他，于是第二天一大早，他就带上钱按照信上的地址，找到了莫西的家。

“莫西先生住在这儿吗？”马克问道。

“我就是莫西，你是哪位？”莫西回答道。

马克狡黠地笑了笑，说：“我是上帝的使者，上帝收到你的信，特意让我前来帮助你，这是上帝给您的100美元，请收下。”

莫西收下了钱，对作为上帝使者的马克十分感激，可是当马克走后，莫西满腹狐疑，若有所思地想：“这个使者也许跟我耍了滑头。这个使者很可能吃了回扣，上帝兴许给了他200美元让他给我，可是他留下一半给自己作佣金了。”

成长悟语

含蓄的表达方式虽然被大家广泛地接受，但并不一定取得最好的效果。对有些人而言，与其让人捉摸不透留下误解，倒不如开诚布公地收获感激涕零。

鼓励更胜于惩罚

雅各布7岁了，他喜欢在院子里踢足球。

一天，在他玩得尽兴的时候，一不小心把球踢到了邻居米琪阿姨的窗户上，把窗户上的一盆花弄到了地上打碎了。他害怕极了，因为他知道米琪阿姨可不是一个温和的人。

米琪阿姨听见了声音，发现了窗户的异常，走出房子查看，她发现了雅各布，立马明白发生了什么。

米琪阿姨问他：“是你打碎了花盆吗？”

雅各布低着头，显然很害怕的样子，之后，他怯生生地说：“一只野猫从窗外经过，不小心把你的花盆撞到了地上。”

显然，米琪阿姨发现雅各布说的不是事实，因为猫根本爬不到二楼的窗户上。

米琪阿姨说：“猫打碎了花盆，我也没法逮到它了，就这么算了吧！我再买一个花盆把花种上就好了！”

之后，米琪阿姨邀请雅各布到家里玩，并拿出那个打碎花盆的足球递给雅各布，说：“这个足球还给你，因为你运用神奇的想象力，杜撰了一只打碎花盆的猫，以后，你一定可以写出有趣的侦探小说。”

接着，她又拿出一个新足球，递给雅各布：“这个新足球奖给你。因为你做错了事情，没有直接跑开，而是勇敢地面对错误。我觉得你以后会是一个敢于担当的男人。”

最后，米琪阿姨对雅各布说：“我要对你表示歉意。因为知道邻居有一个调皮小男孩，却还把花盆放在那么高的地方，一旦掉下来，砸到人就不好了！”

雅各布最终向米琪阿姨坦白了自己的错误。

成长悟语

鼓励，有时候是最好的惩罚。因为这不仅让对方意识到了我们对他的爱，也能够让对方接受自己的错误并学会真诚地改正。

与其在错误上纠结，不如在好的结果上纠正。

无效的反对

萧伯纳的戏剧曾经轰动一时，他的《巴巴拉少校》出版之后，百老汇大剧院为他的剧本排练了一场精彩的演出。演出当天，剧院请来了社会各界名流，当然也包括萧伯纳本人在内。

演出非常成功，无论内心曲折矛盾的巴巴拉还是嘴脸丑恶的科森斯都极大地打动了观众，他们纷纷喝彩并向台上抛掷鲜花。萧伯纳走上台接受观众的赞美，向观众表达谢意。谁知，观众中突然有一个站起来大喊：“萧伯纳，你的戏剧烂透了！简直就是对观众的侮辱！快停止你那糟糕的创作吧，根本没有人愿意看！”

内心正直、胸怀雅量，才能包容万物，才能以美好善良之心看待万物。

现场一片哗然，所有人都被这突如其来的不和谐者惊住了。大家纷纷把目光投向萧伯纳，等待他狂风骤雨一样的还击。

然而，萧伯纳彬彬有礼地向辱骂者鞠了一躬，说：“这位先生，非常感谢，您的看法与我是完全一致的，我也反对萧伯纳的戏剧。”继而对大家说：“现在请大家投票，同样认为萧伯纳的戏剧糟糕透了的请举手示意。”

人们面面相觑，不知道萧伯纳的葫芦里究竟卖的什么药。

萧伯纳又问了一遍：“认为萧伯纳的戏剧糟糕透了的请举手示意。”仍然没有人举手。

于是萧伯纳转向辱骂者说：“您看，先生，反对萧伯纳戏剧的只有两票，而赞成萧伯纳戏剧的有这么多票，所以很遗憾，我们的反对无效。”

现场爆发出更热烈的掌声与欢呼，他们免费观看了一场萧伯纳机智而不失风度的反击秀。

成长悟语

一个能从别人的观念来看事情，能了解别人心灵活动的人，永远不必为自己的前途担心。面对别人的反对，你只需要从对方的立场思考问题就可以了。

疯子的智慧

聂鲁达是克里特岛最出色的手艺人，他能制造出会唱歌的鸟，还能制造出会写字的小猫。

这天，克里特国王把聂鲁达召进宫，让他制造一个真正的人，这个人必须有血有肉、会唱歌跳舞、能陪人交谈。这可难坏了聂鲁达，会唱歌的鸟和会写字的小猫都是利用齿轮装置完成简单的动作，而会交谈的人需要的可不是这么简单。

聂鲁达回家想了一天一夜，也没想出该怎么制造人。克里特国王残暴专断，常常因为一点不顺心就把奴隶投进狮子笼。聂鲁达知道，如果自己制造不出像真人一样的人，投进狮子笼就是自己逃脱不了的命运。他问遍了克里特岛的能工巧匠和以智慧闻名的人，可大家都不知道怎么解决聂鲁达的困境。甚至有人说：“你干脆从悬崖直接跳进大海算了，免得到时候被国王折磨，生不如死。”

聂鲁达觉得这或许是个不错的建议，就离开城邦，朝郊外的山上走去。他走到山脚的岔路口时，遇到一个人，那个人是克里特最著名的疯子，因为整天胡言乱语被大家驱赶出城邦。

疯子躺在路边，主动向聂鲁达打招呼：“嘿，这位神情恍惚的人，你是被牧神潘的笛声迷惑了吗？朝山上走干什么？”

聂鲁达知道眼前这位是被克里特驱赶的疯子，在他那里不可能得到什么帮助。然而，自己已经是要死的人了，和他说说自己的遭遇也没什么不好。聂鲁达坐下来，向疯子诉说自己的不幸。

疯子听完，哈哈大笑说：“这么小的问题就难住你们了吗？全克里特岛都是傻瓜吗？”

聂鲁达听疯子这么说，仿佛一瞬间看到了希望，他急切地问：“那我该怎么解决呢？”

疯子说：“你回去找到国王，对他说你可以制造出和真人一模一样的人，但前提是，原材料必须由国王提供。要制造出有血有肉、会唱歌跳舞、能陪人交谈的人，需要维纳斯诞生时的大海泡沫、塞壬鸟的喉咙和雅典娜头盔上的猫头鹰。如果国王能把这些东西找来，你就给他制造和真人一样的人吧。”

聂鲁达听了疯子的话，兴高采烈地来到王宫，把需要的原材料告诉了国王。国王立刻派勇士出海寻找这些东西，勇士们在大海上漂流了3个月，无功而返。是啊，谁知道大海上的哪堆泡沫才是孕育维纳斯的呢？谁真的在某个迷雾笼罩的岛听到过塞壬鸟的歌声呢？谁又能见到雅典娜并向她索取宠物呢？

国王找来聂鲁达，对他说自己没办法找到这些原材料，只好放弃制造一个真人的计划。

成长悟语

回击别人的最好方法，就是用他对你说的话再对他说一遍。你要做的就是用对方的矛盾来攻击他自己。

伍德罗先生的侄子

伍德洛先生是欧洲知名的小提琴演奏家，在他身上曾经发生过这样一个动人的故事：冬日里的一天，当他打开家门时，突然听到楼上卧室里传来了小提琴的声音。

“有小偷！”伍德洛先生立马意识到，他急忙走进卧室，果然发现一个大约12岁的陌生少年在摆弄小提琴。少年的头发肮脏而蓬乱，消瘦的脸庞上写满了饥饿，不合身的外套里面好像塞了某些东西。

被逮个正着的少年见到伍德洛先生，眼里充满了羞愧、惶恐、胆怯和绝望。

看到这个可怜的少年，伍德洛先生动了恻隐之心，愤怒的表情顿时被微笑所代替，他热情地询问："你是伍德洛先生的侄子吧？我是他的管家。先生走之前说你要来，没想到今天就到啦！"

少年先是一愣，但很快回答说："叔叔出门了吗？那我出去转转，待会儿再回来吧。"伍德洛先生急忙点点头，看到少年依依不舍地放下琴，他进一步问道："你也喜欢拉小提琴吗？""是的，我很喜欢，但拉得不好。"少年回答。

"那为什么不拿着琴去练习一下？你叔叔听到你的琴声后一定会非常高兴的。"他语气柔和地说。少年疑惑地望了他一眼，犹豫了几分钟，最后拿起了小提琴。

临出客厅时，少年突然瞥见墙上挂的伍德洛先生在歌德大剧院演出的巨幅彩照，他瘦小的身躯剧烈地抖了一下，然后头也不回地跑远了。

黄昏时分，伍德洛太太回到家发现小提琴不见了，忍不住问道："亲爱的，你心爱的小提琴坏了吗？"

"哦，没有，我把它送人了。"伍德洛先生平静地说道。

"送人？怎么可能！它不是你生命中最重要的宝贝吗？"伍德洛太太简直无法想象。

"是的，它是我生命中不可或缺的宝贝，但是如果它能帮助一个迷失的孩子，舍弃它我不觉得遗憾。"说完他将事情的经过告诉了太太，然后问道："你觉得我这么做值得吗？"

"值得，亲爱的，我为你感到骄傲，希望能对这个孩子有所帮助。"妻子说。

3年后，伍德洛先生应邀担任一次音乐大赛的决赛评委。最先登场的是一位叫约克的小提琴选手，他以精湛的技巧、雄厚的实力夺得了冠军。比赛结束后，约克提着一只小提琴匣子跑到伍德洛先生的面前，满脸绯红地问："伍德洛先生，您还记得我吗？"伍德洛先生困惑地摇摇头。

"您曾经送过我一把小提琴，我一直珍藏到今天！"约克激动地说，"那时候，所有人都把我当成垃圾，我也以为自己毫无前途可言，是您让我在贫穷和苦难中重新拾起了自尊，心中再次燃起了改变逆境的熊熊烈火！今天，我可以无愧地将这把小提琴还给您了……"

约克含泪打开琴匣，伍德洛先生一眼就瞥见自己最爱的小提琴。他走上前紧紧地搂住了约克，3年前那个瘦弱的少年如今已是一个意气风发的青年才俊。伍德洛先生眼睛湿润了，少年没有让他失望。

成长悟语

不要在一个人受伤的时候，再给他不必要的伤害。也许你的指责可以被认为是理所应当，但是，从道德上来说，这种行为并不显得你的灵魂有多么的高尚。

如果你做不到替别人缝合伤口，起码你可以选择不去撕裂它。

少说多听是神的旨意

杰尔·厄卡夫是美国自然食品公司的"推销冠军"。一天，他和往常一样，把要推销的芦荟精的功能、效用告诉顾客，刚开始，女主人并没有表示出多大的兴趣。杰尔·厄卡夫立刻闭上嘴巴，开动脑筋，并细心观察。

突然，他看到阳台上摆着一盆美丽的盆栽，他想到女主人应该非常喜欢那盆栽，于是便说:“好漂亮的盆栽啊!平常似乎很难见到。”

“你说得没错,这是很罕见的品种。它叫嘉德里亚,属于兰花的一种。它真的很美,美在那种优雅的风情。”女主人一下子就打开了话匣子。

“确实如此。但是,它应该不便宜吧?”

“这个宝贝很昂贵的,一盆就要花800美元。”

“什么?我的天哪,800美元?那每天都要给它浇水吗?”

“是的,每天都要很细心地养育它……”

女主人开始向杰尔·厄卡夫倾囊相授所有与兰花有关的学问,而他也聚精会神地听着。

最后,这位女主人一边打开钱包,一边说道:“就算是我的先生,也不会听我嘀嘀咕咕讲这么多的,而你却愿意听我说了这么久,甚至还能够理解我的这番话,真的太谢谢你了。希望改天你再来听我谈兰花,好吗?”

随后,她爽快地从杰尔·厄卡夫手中接过了芦荟精。

成长悟语

如果你想要在言语上逞强或者征服别人,你说得越多,出现纰漏的可能就越多。另外,话一旦出口就无法收回,那么由此造成的失误也就很难避免。控制自己的言语,尤其避免讥讽别人的言语。从讽刺人的话中得到的暂时满足远远不及由此引出的灾祸。

安慰

一天,大哲学家西多斐尔碰到了一位刚被丈夫抛弃的贵妇。为了安慰对方,西多斐尔说:“夫人,不要太过悲伤,英国的王后要悲惨得多,她曾经被逐出国,在海上九死一生,最后还要亲眼目睹丈夫上断头台。”

“我为她感到很难过。”说完,夫人又念起了自己的苦经来。

西多斐尔又说:“还有玛丽·斯图阿德,她一片痴心地爱着那个著名的男中音音乐家,而她的丈夫当着她的面把音乐家杀了。她的至亲好友——伊丽莎白女王又把她关在牢狱里,整整十八年啊!最后还砍了她的头。”

在所有阻碍幸福与引起祸端的因素中,喋喋不休是最致命的。

贵妇终于抬了起头,说:“那真是残酷极了。”不过,刚说完,又低下头来哀叹自己的命运。

两番劝慰都没起作用,哲学家又道:“拿波里的美丽王后耶纳被人捉住而掐死的事,你一定听说过的吧?”

贵妇点点头,说:“我有些印象。”

看到对方好像听进去了一些,哲学家紧接着说:“我再告诉你一个死于非命的女王的故事：她刚吃过晚饭就被篡位了，后来孤苦伶仃地死在一个荒岛上。”

不过，这次贵妇只是淡淡地说：“这些事我全知道。”

“还有一位命苦的公主呢！我要把她的遭遇告诉你，我还劝过她呢！和所有美丽的公主一样，她也有一个情人。有一天，她在卧室和情人幽会时被国王撞见，国王感到大为厌恶，顺手就打了青年一巴掌。气盛的青年便拿起一把钳子砸破了国王的头。公主吓昏了头，情急之下，纵身从窗户跳下去，跌坏了脚，到现在走路还看是瘸的，虽则腰身很好看。那个青年自然被判处死刑。你想想，眼睁睁地看着情人被父亲杀死，公主是怎么样的心情。很长一段时间，我常到牢里去看她。她自始至终只和我提到她的苦难。”

听到这里，贵妇反问：“那么，你为什么不允许我想自己的痛苦呢？”

哲学家说：“因为不应该呀。这么多地位显赫的女人都经受过这么多苦难，你再灰心绝望就不应该了。你得多想想别人。”

贵妇阴着脸说：“如果我受到那么多美丽的王后或公主的遭遇，当你在安慰她们时，对她们讲我的苦难，你认为她们会听吗？”

不久，哲家学唯一的儿子死了，他难过得痛不欲生。那位夫人就整理了一份名单交给了哲学家，上面都是死了儿子的帝王。哲学家看后，认为很正确，但他的悲痛并不因此而减少。过了 3 个月，他们重新见面，很奇怪地发觉彼此的心情都还不错。于是，他们叫人立了一座美丽的塑像，下面题着：时间啊，只有你能使人安慰，而不是暂时的言语。

成长悟语

当灾难不是发生在自己身上的时候，我们永远都感受不到别人的痛苦。与其用一些不痛不痒的话来安慰别人，不如让他们自己在时间中逐渐自愈。

靠沉默获救的狗

巴克是一条身手敏捷的狼狗，它能在一大群羊背上玩“草上飞”，还能突然腾空抓住试图跳往另一棵树的松鼠。

巴克的精力很旺盛，它经常跑出十几公里，到离牧场很远的森林里去探险。

这天，巴克沿着一条小溪前行，它征服了两只兔子，三只花栗鼠，一只带着一群宝宝的大雷鸟，和一只不小心撞进它嘴里的蝴蝶。

它兴高采烈，嗅着风向，悉心捕捉风中隐藏的每一丝讯息。不知不觉，月亮从东边的山谷升起来，巴克才意识到天黑了。

它慌张地朝来的方向跑，跨过一条小溪的支流，却发现跑过的地方越来越陌生。

突然，巴克的肩膀受到猛烈的撞击，这使它在地上摔出好远。

它踉跄着站起来才看清前面是一支庞大的狼群，它撞到的正是狼群的首领。

“嘿，你是我们的伙伴吗？”首领身边一只高大的狼粗声粗气地问。

巴克的心几乎要从嗓子眼里跳出来，它知道狼群处置异己者的规则，更何况它是一条被狼群视为叛徒的把灵魂出卖给人类的狗。

巴克不敢发出一点声音，生怕它们在声音中听出异同，只是顺从地点了点头。

“那好，你跟我们来吧。”高大的狼发出命令，整个狼群朝森林深处跑去。就这样，被形势胁迫着，巴克加入了狼群。

这期间，巴克和狼群一起捕杀过驯鹿，争抢过地盘，在月圆之夜一起对着月亮嚎叫。

当然，巴克只是做做样子，不会真的叫出来。又是一个月黑风高的夜晚，狼群在山坡的高处休憩。

高大的狼粗声粗气地问巴克：“喂，新来的家伙，你之前的地盘是哪一块儿？”巴克故作沉思，然后叹了一口气，把深邃的目光投向远方。

高大的狼仔细端详巴克，终于发现了巴克的不同，它大叫着：“首领，它不是狼！”

这在狼群中引起了一阵骚动，所有狼都露出咯咯作响的牙齿，将巴克围在当中。

如果这个异己者有什么举动，狼群就会立刻冲上去将它撕成碎片。

巴克很想狡辩一下，或者干脆拼命冲出去。然而它还是保持住了沉默，安静地趴在原地。

狼群的首领对眼前的景象很是不满，它年龄越来越大，而发出号令的这条高大的狼却正值壮年。

如今狼群都听它的指挥围住巴克，自己的位置不是要被它取代了吗？关于巴克是不是狼的争论，已经上升到首领和高大的狼究竟谁才是狼群真正的王的争论。

首领不高兴地训斥：“它不是狼是什么？”

高大的狼围着巴克转了一圈，叫道：“它的尾巴是直立的，跟我们不一样，它是一条可耻的狗！”

听到这番话，狼群发出更大的“呜呜”声，巴克从它们牙齿摩擦和喉咙哽动的声音中听出了无比的仇恨与残忍。然而巴克还是保持住沉默，安静地趴在原地。

首领说：“它的尾巴直立，是因为它和我并肩作战时受过伤。还有谁有什么疑问吗？”说完用最凶狠的目光注视着高大的狼。

高大的狼不再说什么，蓄势待发的狼群也松弛下来，这场较量以首领的胜利告终。

没过多久，狼群在向北方迁徙的途中遇到一群猎人，猎人用火枪驱散了狼群，巴克就趁势从狼群中逃了出来。

它沿着小溪跑了一天一夜，终于，熟悉的场景再次出现在它眼前！

它越过熟悉的山坡，看到熟悉的羊群，激动地从羊群的背上飞奔过去，一直跑进牧场主的家中！

久别重逢的主仆热烈地表达爱意，主人捧起巴克的脸使劲揉搓，巴克则恨不得将全身都蹭进主人的身体里。

就这样，巴克靠装聋作哑的沉默拯救了自己。

成长悟语

沉默是最难驳倒的论辩。

当别人诽谤我们、欺骗我们、侮辱我们、嘲笑我们、轻视我们、厌恶我们的时候，我们应该怎么办呢？这个时候，只要忍耐他、谦让他、由得他、尊重他，不去理他，再过几年，你再看看会发生什么事情！

不要告诉别人你更聪明

一位年轻的纽约律师赶去最高院出庭诉讼。

法官对年轻律师说："海事法追诉期限是6年，对吗？"

年轻律师愣了一下，看看法官，然后率直地说："不。法官，海事法没有追诉期限。"

法庭内立刻静默下来，气氛相当凝重。

年轻律师坚信自己是对的，而法官是错的。让他意外的是，法官并没有纠正自己的错误，反而脸色铁青。

年轻律师犯了一个"比别人正确的错误"。居然当众指出一位声望卓著、学识丰富的人的错误。在法官看来，律师当众否定了他作为大法官的权威、智慧和判断力。尽管法律站在他这边，但他却铸成了一个大错。

一个蔑视的眼神，一种不满的腔调，一个不耐烦的手势，都有可能带来难堪的后果。"科学家永远不会打算证明什么。他只打算发掘事实。"指出错误不是科学实验，完全可以更高明一些。

成长悟语

苏格拉底也在雅典一再地告诫他的门徒："你只知道一件事，就是你一无所知。"要了解到，人性中也有不积极的一面，比如武断、偏见、固执、自负、嫉妒，不是每个人在任何时候都乐于改变自己对事物的看法的。指出对方的错误要顾及他的接受程度，哪怕你是对的。

告诉他我自己的观念

费舍尔是一名法国的动物保护专家。一天，正当他在非洲参与动物保护工作时，当地的武装巡逻队正好抓获了3名偷猎者。

令人振奋的是，这3名偷猎者中，有一名就是早已被巡逻队员注意的偷猎人的"队长"。这个人不仅凶悍，而且十分狡猾，两年来总是让巡逻队的人头疼不已。这下总算抓到了这个"大人物"，巡逻队员们恨不得每个人都来揍他一顿，但这个人竟然丝毫不惧怕，而是镇定地望着他们。令人遗憾的是，这个国家的法律并没有命令要偷猎者坐牢，巡逻队员费劲辛苦抓来的这几个人，只能分别被关押在黑屋子里。

少了面红耳赤的争论，只会使双方互相尊重，从而增进友谊。

"让我去跟这个人沟通吧，说不定我能帮上什么忙！"费舍尔说道。但巡逻队员哪里听他的话，队员们每天结伴找到“队长”，将他揍得鼻青脸肿，但这个偷猎者仍然不惧怕他们，任凭他们怎么打骂，他还是坚持以后会接着偷猎。几天后，竟然有“队长”的同伙来到巡逻队，企图用金钱来“救出”他们的同伙。巡逻队员得到好处后，也真的想放走这些偷猎者。费舍尔再次跟巡逻队去交涉，最后他终于得到许可：可以与“队长”在黑屋子里同住10天，但10天后，这名“队长”就恢复自由了。

费舍尔得到许可后，拿着自己早已准备好的书、图片和录像机住进了黑屋子，这10天里，他与“队长”同吃同睡，外面的人除了送饭、放风，什么也不管。10天后，“队长”从黑屋子里被放了出来，但曾经凶悍狡猾的他却一反常态，与大家握手道别，还保证以后再也不干偷猎的勾当。而事实也证明这名“队长”果然信守承诺。

当人们问费舍尔那10天究竟发生了什么时，他答道：“要让他改变，不是简单地用武力来使他屈服，我只是每天都告诉他我自己的观念，一遍一遍说服他，他的观念改变之后，行动自然会跟着改变。”

成长悟语

请记住，当你想要成功说服某人的时候，你不是在说服他的身体，而是在说服他的脑袋。唯一能够进入脑袋从而改变行为的东西，就是无形的观念。让对方主动接受你的观念，而不是被动承受。

一条腿的鹅

希伯来是一个地道的法国富商，他最爱吃的是鹅腿。为此，他专门请了高级的私人厨师，这位厨师的拿手好菜就是酱鹅腿，做得肉质松软、肥而不腻、鲜嫩可口。然而，苛刻的希伯来从来没有给予过厨师任何鼓励，厨师非常郁闷。

一天，希伯来又在家设宴招待合作伙伴。他点了数道菜，自然包括酱鹅腿，而且他还极力向朋友们推荐这道菜。厨师奉命行事，然而，当希伯来挟了一个鹅腿给客人后，却找不到另一条了，他悄悄问身后的厨师说：“另一条腿到哪里去了？”厨师说：“咱们这里养的鹅都只有一条腿！”希伯来感到诧异，但碍于客人在场，不便问。

饭后，希伯来便跟着厨师去查个究竟。时值夜晚，鹅正在睡觉。每只鹅都只露出一条腿。厨师指着它们说：“你看，就是只有一条腿。”

希伯来听后，便大声拍掌，吵醒了鹅群，鹅一下子都站了起来。希伯来说：“鹅不全是两条腿吗？”

厨师说：“对！对！不过，只有鼓掌拍手，才会有两条腿呀！”

成长悟语

要使人们始终处于施展才干的最佳状态，有效的方法之一就是表扬和奖励。对方要的不一定是奉承后的虚荣，而是赞美中的肯定。

第二十四辑

决断：善待你的选择

6便士的惩罚

乔叟出生在一个普通家庭，经济条件有限，但是父母都很爱他，经常给他一些零花钱。有一天，放学比较早，天气还很燥热，他走到超市花6便士买了根雪糕，吃着就上了回家的公共汽车。到下车买票的时候，他才惊觉身上没有一分钱了！最后的6便士已经变成了肚子里的冰水。售票员当然不会就此原谅他，而是将他狠狠批评了一番。最后，他被汽车带到了位于郊外的终点站。

时间已经很晚了，这里人烟稀少，一片寂静。小乔叟不仅责怪自己的糊涂，又为那位售票员没有一点儿同情心而愤愤不平。不过小男孩终究好奇心更盛，他很快就被路边的乡村风光吸引住了，心想这不正是一次奇异的冒险旅程吗？

可是，他走了一会儿之后，时间越来越晚，夜色由浅变浓，直到最后如黑布般遮蔽了整个天空。四周漆黑一片，伸手不见五指，小乔叟越走越害怕。再加上偶尔飘过来的面包和土豆沙拉的香味，让他又饿又累，想起父母担心的样子，想起做不完家庭作业后的惩罚，想起这漫漫长路，他沮丧极了，甚至都怀疑能否回到温暖的家。他越想越怕，孤独得想哭。不知道走了多久，他只记得记忆中这漫长的一路充满了黑暗、悔恨、恐惧、绝望。当翻过一个小山坡，城市阑珊的灯火乍然在眼前出现时，他终于流下了泪水。

后来的生命中，乔叟经历过各种跌宕起伏的场面，直面过无数灯红酒绿的诱惑，在那些时刻里，他总会记起这个漫长的黑夜，记起那6便士的惩罚。他常说："善待自己的每一个硬币，不仅仅是因为小时候一次小小的教训，而是因为那一段长长的路只能靠自己走完。"

成长悟语

善待自己的选择也就是善待自己，因为你永远不知道什么时候会遇到一个"6便士的惩罚"。你可以随便做一些决定，但这是否意味着你已经设想了这之后可能会需要你独自走完的"黑暗长路"？

重新选择机

弗兰克是个一心一意扑在实验室里的发明家，他经常发明出许多违背常理的东西，因此被人们称为科学怪人。

经过一个月的实验与研究，弗兰克又发明出一台重新选择机，对这台机器提问过去没有发生过的假设，机器就会告诉你如果那样做了，会有什么样的结果。

弗兰克高兴地围着机器跳来跳去，忘了自己已经一个月没有洗过澡、换过衣服。他问重新选择机："如果当初我和别人一样离开实验室，进入科技公司工作，现在是什么结果呢？"机器计算了一下，回答："你会因为冲撞上司而被解雇，现在正在大街上乞讨。"

弗兰克心满意足地笑了，感谢自己当初坚持留在实验室的决定。他继续问重新选择机："如果当初我和大学同学茱莉亚在一起了，现在会怎么样呢？"机器很快计算完毕，说："茱莉亚会因你的漠不关心而出轨，你现在正因过失杀人在监狱服刑。"

弗兰克吸了一口冷气，"好险，幸亏我没有答应茱莉亚的告白。"他更加得意自己的发明了。

忽然，他灵机一动，既然机器可以计算受过去影响的现在，那是不是可以计算受现在影响的将来呢？于是，他满怀期待地问："重新选择机，我发明了你，将来会怎样呢？"机器计算完回答："你会投入大量资金加大生产，但是我并不受欢迎，你将因高额负债自杀。"

成长悟语

决定你的，不是你拥有的能力，而是你的选择。

你的选择可能通向任何路程，但是，那条路可能好也好可能坏，而你却无法知道，也可能无法避免同样的结果。

上帝的烛台

仁慈的上帝决定在孤儿院中挑选几个小孩成为天使。

这些孩子都非常可怜，上帝左右为难。最后他想到一个办法，他给每个小孩一个烛台，嘱咐他们保持烛台光亮，一尘不染，因为这样烛光才会一直不灭。过些日子，他会来取，如果谁的烛台上的烛光没有灭的话，谁就能够成为天使。

每个小孩都很高兴，因为他们都期待自己能成为天使，每天都要小心翼翼地把烛台擦得干干净净。时间飞快地流逝，转眼之间，两个月过去了，上帝还未出现。有一些小孩失去了耐性，他们不再擦拭烛台了，烛光自然就灭了。不过，大多数孩子的烛光仍然明亮。

又过了一个多月，正好100天。曾经有人预言这一天上帝会来，所以孩子们都穿戴一新，精神抖擞地期待着上帝的到来。可是，一分一秒过去，一直等到天黑，也不见上帝的影子。很多孩子都说上帝是骗子，生气地把烛台扔进了树林里、水沟里。

又是两个月的时光，上帝还是没有来。大家都认为上帝不会来了，他们把烛台扔到一边，不再理会，每天在一起游戏、玩耍。不过，有一个被称为“笨笨”的瘸腿小孩，因为行动不便，总是被伙伴嫌弃，他没有玩耍，依然坚持每天把烛台擦得一尘不染。

在第200天的时候，上帝突然来了。慌乱的小孩们纷纷开始四处找烛台，可是，就算他们找出来了，也是蒙了灰尘的烛台，根本无法点燃的。而“笨笨”的烛光一直未灭，所以这个瘸腿的小孩最后成为美丽的天使，后背上长出了一对洁白的翅膀，和上帝一起飞回了天堂。

成长悟语

人生是一条没有回程的单行线，上帝不会给你一张返程的票。生命太过短暂了，如果你今天选择了放弃，或许明天就不一定能够得到。理想的路总是为真诚相信这个世界的人预备着。

一念放下，万般自在

在南美洲，有两个人因为偷羊而被官府抓获，官府要将他们刺字、发配。家人不想就此见不到自己的亲人，于是筹了钱款来赎他们，结果这两个人都被赎了回来，可是烙在前额的两个英文字母ST却再也不能去掉。ST是“偷羊贼”（sheep thief）的缩写，这种刑罚在现在的人们看来有些不人道，但在当时却被认为是惩罚犯罪的最佳手段，因为烙在前额上的字母永远都去不掉，所以人们为了避免遭受这种羞辱，不到万不得已不会以身试法。

可是这两个偷羊人却因为一时贪心，犯下了偷盗之罪，所以就不得不带着那两个代表着耻辱标记的字母，继续在人们面前生活和工作。这对于任何一个有羞耻之心的人来说，都是一种难堪，也是一种考验。

当时，在这两个偷羊人之中的一位，每天从镜子中看到自己前额上的烙印，都觉得这实在是一种奇耻大辱。他简直不能想象自己无时无处都要带着这种耻辱去面对异样的目光。他整天都不敢出门，最后终于连家里人看自己的眼神他也忍受不了，于是他移居到了另一个国家，希望到一个从来没有人认识自己的地方去开始新的生活。

可是，当他来到了这个陌生的国家后，每逢碰到不认识的人时，对方仍旧会奇怪地问他这两个字母究竟是什么意思，他的心情始终不能平静，每天都感觉生活痛苦不堪，终于抑郁而终。死后，有好心人按照他的遗愿将他埋在了一处荒山野岭之中。那个地方只有他的一座孤坟，也许从此以后他才算免去了心头的羞辱，因为那个地方几乎没有人去。

与前面那个偷羊人不一样的是，他的那个伙伴虽然也深知自己以后的处境，而且他同样对自己过去犯下的罪行感到羞愧。可是他并没有像前面的那位一样远走他乡，而是在人们异样的目光下和一些人明里暗里的嘲讽中留了下来。他心想：虽然我无法逃避偷过羊的事实，但我仍旧要留在这里，赢回我曾经亲手葬送的声誉，赢回众人对我的尊重。

从此以后，他靠自己的双手辛勤地劳动，用自己的劳动果实来孝顺父母、养育家人，而且每当邻居有困难的时候，他都会义不容辞地主动帮助。一年一年过去，他又重新建立起正直的名誉。邻居们每逢有困难时，首先想到的就是他这个大好人，在邻居的介绍下他还娶了一位温柔美丽的妻子，并且生下了一个聪明可爱的孩子。

时间一晃而过，他的孩子也已经长大成人，而他则成了一位白发苍苍的老人。

有一天，有个陌生人看到这位老年人头上有两个字母，就问当地人，这究竟是什么意思。那个当地人说："他的额上有两个字母，已经是多年以前的事了，我也忘了这件事的细节，不过我想那两个字母是'圣徒'（saint）的缩写吧。"

成长悟语

人生的每一次不幸都是一次转机，有的人只是在自己的灾难中沉沦度日，而有的人却能于暗淡的际遇中窥见一个崭新的世界。

生活就是这样，在得失之间平衡着，虽然有时你失去的是珍贵的东西，但是你可能得到的，是更多的美好，只要你有一颗充满希望的心。

托德和杰玛

托德和杰玛是印度贫民窟的一对兄弟，他们的母亲死于教派纷争，父亲由于贩卖毒品进了监狱。

托德和杰玛从小就尝尽世间辛酸，他们靠捡垃圾为生，在别人的施舍下讨生活。托德是哥哥，由于受到别人的白眼、欺凌而变得愤世嫉俗。他不到 10 岁就加入一个盗窃团伙，装扮成残疾人乞讨，然后趁人不备时偷走他们的钱包。托德乐在其中，每次偷来的钱都到酒馆、赌场挥霍一空。

弟弟杰玛和哥哥不一样，他虽然和哥哥一起加入过盗窃团伙，但不忍心偷施舍者的钱。杰玛从盗窃团伙中脱离出来，靠捡垃圾度日。后来攒够一些积蓄，杰玛就批发一些廉价饰品贩卖。到了十几岁的时候，杰玛开始一边挣钱一边读书。

托德有时候也会来找弟弟，劝他跟自己一起偷窃、诈骗。他看到弟弟和其他正常家庭的孩子一样读书时，不禁说："杰玛，我们生在贫民窟，就注定我们一生都不幸福。如果妈妈还在的话，可能境况会好一些。但命运已经把我们放在破船上了，不管怎么挣扎，最终都会沉下去。你还是别上学了，跟我一起搞点钱，享受一天是一天吧。"

杰玛说："虽然我们之前非常不幸，但不代表我们始终都会不幸。命运是掌握在自己手中的，只要我们不断努力，不断朝着光明前进，就一定会改变不幸的境遇。"

托德和杰玛分道扬镳，托德继续坑蒙拐骗混日子，杰玛继续在学校读书。

转眼 10 年过去了，杰玛成了当地一家新闻周刊的记者，他每天为贫民窟的穷人奔走，为他们撰写文章争取权益。托德则是贫民窟流民中的一员，每天在救助站领取食物，偶尔也顺走一些救助站的东西。

这天，杰玛到贫民窟救助站采访，恰巧遇到了托德。兄弟俩已经完全不同，杰玛成为有能力改善贫民窟境况的人，托德仍然是贫民窟里等待救助的流民。杰玛问托德："你觉得，是什么造成你今天的境况？" 托德忿忿不平地回答："是苦难。从童年起，我们就承受那么多苦难，这些苦难像绊脚石一样挡在路上，让我们丝毫没有前进的希望。”

杰玛又问：“那你觉得是什么造成了我今天的境况呢？”托德没有回答。杰玛继续说：“是苦难。源源不断的苦难像一块块石头垫在我脚下，让我不断向上攀登。正是这些苦难磨砺了我的意志，让我有了今天的成就。”

成长悟语

我们的生活既可以卑劣，也可以伟大；它既可以贫穷，也可以富有；它既可以痛苦，也可以快乐；它既可以低沉，也可以奋进；它既可以阴暗，也可以光明；它既可以肮脏，也可以洁净；它既可以是地狱，也可以是天堂！

生活的样貌不在生活本身，而在生活中的选择。

3个犯人

一个美国人、一个法国人和一个犹太人，因为犯罪被同时判了刑。入狱之前，监狱长对他们说：你们可以提最后一个要求。

美国人喜欢抽雪茄，于是便要了几箱雪茄——他想，有了这几箱烟，监狱生活的烦闷足够缓解了。法国人浪漫，便要了一位美丽的女子——他想，有了女人相伴，监狱生活的寂寞就可以避免了。而犹太人想了想，要了一部能够与外界自由通信的电话。

刑期终于满了。美国人第一个冲了出来，看样子他已经疯了。他的手里、鼻孔里、嘴里、耳朵里全都插满了雪茄烟，他一边奔跑一边大喊：“上帝，快给我火，快给我火啊！”原来他忘了要火了。

第二个出来的是法国人。呵，他的负担可真够重的，你看他背上一个孩子，怀里一个孩子，看模样是对双胞胎。后面跟着的美女手里也领了一个孩子，鼓鼓的肚子里还怀着一个孩子。

而最后出来的犹太人却精神焕发，一点儿也不像从监狱里刚走出来的人。他握了握监狱长的手说：“谢谢你送我的电话，它使我能在坐牢期间与外界随时联系，这几年我的生意不但没有亏损，还增长了好几倍。我决定送你一件礼物：一辆劳斯莱斯。”

成长悟语

选择决定生活。今天的生活是你原来的选择决定的，未来的生活是你今天的选择决定的，所以，请慎重对待每一次选择的机会。

爱上夏天

被公司派到非洲的第一个夏天，格兰特感到难以忍受的炎热。第二年开春，草木刚刚葱茏，格兰特就开始忧心夏天怎么过。

这天，格兰特和一位上了年纪的同事在公路上测绘，气温已经升高，即使把衬衫打开还是热得满头大汗。“该死的！”他把笔记本扔在地上咒骂，“这该死的夏天又来了！”老同事马丁一边测绘一边笑着对他说：“你不能这样过分担忧夏天，你的烦躁会让夏天更长。试着换种心情，让自己爱上夏天。”

格兰特有些不解：“爱上夏天？怎么爱？”

马丁问他：“你没发现夏天的清晨比其他时候更清澈吗？夜晚的星空也是全年最亮的时候，就像漂满钻石的海洋。还有，只有在最炎热的下午跳进泳池，才能真正享受游泳的乐趣。难道你没有发现这些事情吗？”

格兰特听了马丁的话，不禁思索起来。是啊，自己总是把注意力放在炎热的天气上，而没有留意过这些美好的晨间夜晚。于是，格兰特打定主意，好好感受这个夏天。

每天清晨5点钟，格兰特就起床到大草原上散步。他听着从梦中醒来的鸟群欢快地鸣叫，看着草叶上晶莹的露珠，心里非常愉快。每天下午，格兰特都和孩子们在泳池中嬉戏，他们不断地跳进水里，感受水的清凉。到了晚上，格兰特就和家人躺在外面看星星，他们一一辨认大熊星座、仙后座、狮子座……整个夏天，格兰特都过得快乐而充实，在他看来，每一天都有新的乐趣，每一天都是一次鲜活的重生。

他真的爱上夏天了，也更加深挚地爱上了生活。

成长悟语

我们要换的不是季节，而是心情。心情会让我们看到炎热，也会看到炎热下的那份清凉。

所以，永远不要停下你的微笑，因为你不知道什么时候就会有人爱上它。

佩妮的丈夫

佩妮又是一个人守在餐桌旁，她的丈夫在外面跑业务，不到深夜是不会回来的。她现在一个人太寂寞了，觉得自己的婚姻是不幸福的。

丈夫是一个事业心强的男人，一心扑在事业上，根本没时间陪着自己，生活中基本上都是自己一个人，她开始后悔自己当初的选择。

耐得住寂寞，就是不为外物所诱，抛开私心杂念，不浮躁、不盲从，保持正确的人生态度和价值取向。

当初，佩妮是小镇最美丽的姑娘，追求她的人很多，其中有两个男孩追求得最为热烈，一个是很有事业心的老实人，另一个则是浪漫极了的诗人。

几经考虑，最终她选择了那个颇具事业心的男孩。现在想来，如果她选择了另一个男孩，现在的日子是不是不会这么寂寞，至少两个人可以厮守在一起。

一次，佩妮在咖啡馆偶遇她年轻时的另一个追求者。他这几年生活没什么变化，只是娶了妻子，又离了婚。

对于这个消息，佩妮很震惊。她觉得他应该生活得安逸舒适，却不知，他的妻子经常为了他的不长进而跟他吵架，最终离婚了事。现在，他也没什么正经工作，为了生存，连房子也卖了。

面对他这样的境遇，佩妮没说什么，只是安慰对方尽量找到自己想要的生活。

回家的路上，她似乎不再害怕一个人的寂寞，至少她觉得丈夫出去打拼，他们才能有经济实力保住这个温暖的房子。

她曾经以为事业心强到不顾家的男人，不是一个合格的丈夫，那么一个没有进取心的男人，更不是一个合格的男人。

她觉得，她既然选择了，就没有对与错。

成长悟语

人生的选择很难，对与错实际上只在一念之间。我们既然选择了，就要按着选择的这个道路一直走下去，不要回头。遇到困难，不要以为当初选择的路不对，你要知道，也许当初选择另一条路，遇到的困难可能更多。假如再给你一次选择的机会，也许你依然不会去选择另一条路。那么就请善待自己现在的选择，善待自己的选择便是善待了人生。

居里夫妇的会客厅

居里夫妇以生活简朴著称，他们结婚时，会客厅里只有一张圆桌和两把椅子。

一次，居里先生的父亲来信说要送他们一套家具，问他们想要什么样的款式。小夫妇开始了对会客厅布置的幻想。

居里先生说窗边可以有一个大书架，摆放人文科学和自然科学的书籍。书架旁要有一个花台，摆上一只中国花瓶，每天更换不同的鲜花。圆桌换成大方茶桌，足够六七个人一起吃饭。椅子换成沙发软椅，配上波斯风情的坐垫。哦！还要铺上花纹细密的地毯，门后得有一个衣帽架，墙上应该挂一幅梵高的仿作，吊灯也要换成更精致的……

居里先生兴高采烈地描绘着自己心里的会客厅，居里夫人却倚在窗边，看着窗外出神。

居里先生问：“你在想什么？”

居里夫人慢慢地说：“要是添置了这些家具，我就不得不每天花大量时间打扫，整理书架，换花瓶里的水，擦桌子，收拾餐具，随时铺平弄皱的坐垫，用小刷子一点一点地扫地毯……那我就没有时间做研究了！亲爱的，我知道你非常想要一个漂亮的会客厅，但我们的全部精力都要花在化学实验上。”

居里先生明白夫人的想法，也知道她决定的事是不会改变的。但他还是试图保留一点家具，说：“那桌子总得有吧，朋友们来了，一起吃饭什么的。”

居里夫人说："桌子大了，聚会就必然增多。快乐的事情没有人能拒绝，到时候我们就会沉溺在无数次没有意义的聚会上。"

居里先生叹了口气："那椅子至少得添一把吧，万一来了客人，都没有坐的地方。"

"那万一要是爱闲谈的客人呢？坐下就不走了，不是也浪费了时间吗？"

最终，居里夫妇家的会客厅里还是只有一张圆桌和两把椅子，而他们的实验室里却出现了一次又一次令人折服的奇迹。

成长悟语

把时间用在最有意义的事情上。

生活中总是会出现各种状况，太多无意义的事情会耗费你的心神，这个时候，最好的办法不是想着如何去更好、更便捷地处理这些事情，而是要学会如何在根源上避免这些问题。

咖啡与杯子

哈伯德教授是一位优秀的导师，他不仅在专业研究上指导学生，更在人生的方向上给予学生诸多引导。

这天，几个学生来拜访哈伯德教授。

詹妮弗是社会福利机构的工作人员，她抱怨福利机构的工作过于繁冗，接受帮助的人素质欠佳，她每天都陷于琐事与争吵带来的烦躁中。"你们看，"詹妮弗抓着自己的头发说，"它们都长成一捧枯草了，我却没有时间打理。"

贾斯帕是一家精密仪器公司的绘图员，他每天做的事情就是伏在绘图板上绘图。精密的测量和计算伤害了他的眼睛，也伤害了他的大脑，他说："我觉得整个世界都被刻度一点一点地切分掉了，连吃牛排时我都会计算，怎样切分才能趋近零误差。"

鲍勃抱怨公司老板的苛刻吝啬，朱利安抱怨客户的难以应付，全职妈妈劳拉也抱怨丈夫的不体贴。整个客厅里弥漫着牢骚抑郁的气氛。

哈伯德教授没有说话，他端来咖啡，同时带来几个杯子。杯子有玻璃的，有塑料的，有水晶的，有金属的，有陶瓷的，有木质的，材质不一。大家纷纷拿起杯子喝咖啡，这时导师才慢慢开始发话。

"你们拿的杯子都是精致的、昂贵的，而粗糙的、廉价的杯子却无人问津。其实你们想要的是咖啡，杯子对你们来说并不重要，不是吗？"

听了导师的话，学生们豁然开朗。

成长悟语

生活就像咖啡，工作就像装咖啡的杯子。杯子好坏或许会影响你品尝咖啡的兴致，但如果把注意力都放在杯子上，咖啡的美味岂不是要错过了？所以，不要太在意杯子的好坏，把注意力放在品尝咖啡上吧。

硬币与花瓶

安德鲁·卡内基无疑是个人奋斗史的传奇。他征服了钢铁世界，跃居世界富豪首位，死后将全部财产捐赠给慈善机构。很多人将他奉为奋斗的楷模，然而，卡内基成功的真谛并不是每个人都能掌握的。在一次商业性质的聚会中，卡内基曾讲过这样一个故事。

卡内基旅居因地斯安那州期间，寄住在一位友人家里。一个夏日的午后，卡内基和友人在书房聊天，友人的妻子在厨房清理餐具，友人的孩子在客厅玩耍。

突然，客厅传来孩子尖锐的哭声，卡内基和友人跑到客厅一看，孩子的胳膊卡在了一个花瓶里。

友人的妻子也从厨房跑到客厅，看到孩子的状况急得不知所措。她用力把孩子的胳膊往外拔，但瓶颈很窄，孩子的手怎么也拔不出来。

孩子的哭声越来越大，唯一的办法就是把花瓶打碎。但这是一只价值不菲的花瓶，不过为了救孩子，只有放弃花瓶了。

友人让花匠拿来铁锤，小心翼翼地敲打花瓶，终于，花瓶裂开一道道口子，最后碎了开来。

孩子的手腕已经卡红了，友人的妻子心疼地看着孩子，诅咒那只该死的花瓶。

然而，孩子的手始终紧握着，这让卡内基迷惑不解。他弯下腰问孩子："亲爱的，你的手受伤了吗？"孩子睁大眼睛摇摇头。卡内基继续问："那你为什么紧握着拳头呢？"孩子慢慢张开手，他手中有一枚硬币。

原来孩子把手伸进花瓶是为了拿这枚硬币，而他的手卡在花瓶口也是因为他攥着这枚硬币而不肯松手。为了一枚硬币打碎一个价值不菲的花瓶，这让卡内基陷入了沉思。的确，有时候我们会被小的利益迷惑，失去大的利益，要想获得大的利益，就必须放弃阻碍我们的小的利益。

成长悟语

利益不是别的东西，只是我们每一个人视为幸福所必需的东西，长远的利益才能更好地满足我们的需求。所以，当我们为了眼前的"一枚硬币"而放弃了整个价值不菲的"花瓶"时，是否有人知道我们失去了更多呢?

随遇而安

大卫是加州中学的高一新生。开学伊始，学校体育社团进行新生纳新，大卫兴冲冲地递交了校篮球队的申请书。虽然他对自己的体格速度充满信心，但是由于身材矮小，他还是落选了校篮球队的名单。心灰意冷的他给远在英国出差的父亲打电话倾诉，父亲意味深长地说，大卫，你已经是一个成年美国公民了，在你成长的路上，会遇到很多疑惑，我给你讲一个故事吧，希望这个故事会对你有所启发。

从前，有一个国王，他有好几个出类拔萃的儿子，大家都争相向父亲表现自己的智慧，希望以后能够继承父亲的王位。一天，国王带领这些儿子到很远的山上去打猎。他们齐心协力，收获颇丰。在他们凯旋的时候，发现来回必经的一条河已经涨满了水。河水汹涌澎湃，根本不可能渡得过去。他们个个都急得像热锅上的蚂蚁，心急如焚地想办法，无论如何要在天黑之前渡过河去。国王平静地看着他的儿子们，发现只有他最小的儿子好像并不着急，而是四处走走看看，像是在考虑其他的事情。过了一会儿，小儿子从不远处的果树上摘下一些野果给父亲送过来。国王欣赏地问他："天快黑了，你为什么不去想办法过河，反而要去摘果子呢？"小儿子泰然自若地告诉父亲："既然已经无法过河了，为什么不先尽情地在这度过一个晚上呢？等明天河水落了，不就很轻松地渡过河了吗？"国王非常满意他的回答，通过这件小事，他已经在心里决定要将王位传给这位最小的儿子了。

大卫听了父亲的故事，恍然大悟。既然篮球队不行，自己可以申请去橄榄球队。由于他出色的身体素质和速度，大卫顺利地成为加州橄榄球队的一员。3年后，大卫更是拿到了职业队的邀请合同，成为北美家喻户晓的橄榄球明星。

成长悟语

剔除了不适合的，才能知道哪些适合自己。这不失为一种选择方案。

多数人都没有办法第一次就确定自己适合的东西，最合适的往往都是在碰撞和磨合中得来的，看似浪费时间的决定或许正是时间的捷径。

卖花的卡列侬

卡列侬是一个花匠。这天，卡列侬拉着一车玫瑰来到镇上贩卖，他工整地写了一块招牌："美丽的玫瑰在此出售。"

一位戴着眼镜的老妇人从他车前走过，又特地折回来盯着招牌看了许久。

"尊敬的夫人，您买花吗？"卡列侬有礼貌地问。

老妇人摇摇头，说："小伙子，你的牌子上写着'美丽的玫瑰在此出售'，难道你的玫瑰不美丽吗？如果你的玫瑰是美丽的，一目了然，为什么非要在招牌上写出来呢？这不是多此一举吗？"说完就转身离开了。

卡列侬想了想，觉得老妇人说得有道理，就把"美丽的"几个字划掉了。

这时，一位拎着手杖的先生走过，同样停在招牌前看了许久。卡列侬问："这位先生，要不要买一支玫瑰送给您的妻子？"

一定要认清事实的真相，不要盲从，要独立决策。

这位先生摇摇头，说："小贩先生，您的牌子上写着'玫瑰在此出售'，不是'在此'，难道还是在'别处'吗？既然事实是在此，为什么非要在牌子上强调呢？"说完就转身离开了。

卡列依想了想，自己确实不会跑到别处去，于是就把"在此"划掉了。

刚刚划掉"在此"，一个拉着干草车的小伙子路过，他招呼卡列依："嘿，我说老兄，你把车停在这里，不是摆明了在出售吗？像我这样停都不停一下，才是不打算出售呢。既然大家都知道你在出售，为什么还要写在牌子上呢？"

卡列依抬起头，干草车已经走远了。他琢磨了一下，就把"出售"划掉了。

一个拎着杏子筐的少女站在玫瑰车前，说："玫瑰，玫瑰……"

卡列依打起精神、做出笑脸问："这位小姐，您要买玫瑰吗？"

少女摇摇头说："你车上的显然是玫瑰啊，大家都认识玫瑰，你为什么还要在牌子上告诉大家这是玫瑰呢？"

卡列依回答不出，觉得自己确实多此一举，就拿起笔划掉了"玫瑰"。

这时，他的牌子上已经一个字都没有了。

成长悟语

决断是不能由多数人做出的，多数人的意见是要听的，但做出决断的是一个人。我们可以腾出头脑的一角来接受意见，另一角则用来思考意见的可行性。

只吃得下两个苹果

一位富翁坐拥亿万财产，却依然觉得闷闷不乐。一天，他来到上帝面前，问："上帝，人的欲望是什么？为什么我有这么多钱还是不快乐？"

上帝没有立即回答，只是说："你先回去吧，明天中午的时候再来，记住不要吃饭，也不要喝水。"

虽然不明白上帝的意图，富翁还是照办了。第二天，他如约来到上帝面前。

"你现在是不是又饿又渴，非常难受？"上帝问道。

"是的，现在你给我一头牛我都能吃下，给我一池水我也能喝光。"富翁舔着干裂的嘴唇回答道。

上帝笑了笑："那么你现在随我来吧。"

走过很长一段路后，二人终于达到了目的地——果林。上帝递给富翁一只硕大的口袋，说："现在这个林子里的果子随你挑，但你必须把它们带回来才可以享用。"说罢转身离去。

天快黑的时候，富翁扛着满满的一袋水果，步履蹒跚地来到上帝面前。

"现在你可以享用这些美味了。"上帝说道。

富翁一把从袋子里拿出两个大苹果，大口大口地咀嚼起来。一转眼的时间，两个苹果便下肚了。富翁的肚子终于有了鼓胀的感觉。

"你现在还饥渴吗？"上帝问。

“不，我现在什么也吃不下了。”

“那么，这些你千辛万苦背回来却没有被你吃下去的水果又有什么用呢？”上帝指着剩下的几乎是满满一袋的水果问。

富翁顿时恍然大悟。

成长悟语

对于我们每个人来说，其实真正需要的仅仅是两个足够充饥的“苹果”，而剩余的欲望只不过是些毫无用处的累赘罢了。你可以不用选择那么多，你可以适当精简一下人生。

天堂在哪里

在加利福尼亚州的一所小学里，天真无邪的孩子们经常缠着邦妮老师问：“老师，天堂在哪里呀？”每次听到这个问题，邦妮老师都很为难，因为这个问题实在太复杂了，它可大可小，可深可浅，怎样给出一个既准确又适合孩子们理解的解释呢？邦妮老师有些犯难了。

为此，她专门为孩子们请来了安其罗神父为孩子们讲解。神父并没有直接做出解答，他首先在黑板中间画了一条线，把黑板分成两边，左边写着“天堂”，右边写着“地狱”，然后对孩子们说：“看到这两个词语，大家都想到了什么呢？请每个孩子都把想象或期望的内容分别写到‘天堂’和‘地狱’两块黑板上面。”

孩子们依次在黑板上写了起来，在天堂这一边出现了这些词语：花朵、欢笑、树木、天空、海滩、爱情、友谊、阳光、诗歌、春天、音乐……在“地狱”这一边，孩子们写下了如下的字眼：黑暗、肮脏、恶魔、哭泣、残杀、恐怖、仇恨、流血、丑陋……

孩子们写完之后，神父对他们说：“正如大家写出的这样，天堂是个充满美好的地方，美好的事物、美好的风景、美好的心灵都在这里，所以人们也会把天堂叫作天国。地狱呢？正好相反，地狱里面充斥了一切丑恶事物与丑恶心灵。那么，有没有人知道：人间在哪里呢？”

孩子们齐声答道：“人间是介于天堂与地狱之间的地方。”

“错了。”神父不假思索地否定了孩子们的答案，大家你看看我，我看看你，脸上都是困惑与不解。

神父告诉孩子们：“人间不是介于天堂与地狱之间。人间既是天堂，也是地狱。当我们心里充满爱的时候，就是身处天堂；当我们心里怀着怨恨的时候，就是住在地狱！”

成长悟语

找到你的天堂：给父母一个真心的问候电话；和朋友聊聊最近的计划并实施；读一本非常好的书；看一场让自己感动不已的电影；吃一顿自己做的美味的牛排……

打开你的地狱之门：抱怨同事和上司都是一群蠢货；因为工作上的微末阻碍烦恼不安；讨厌妻子所谓关心的唠叨；和父母因为近况问题争吵不休……

足球世界杯的吉祥物

足球世界杯是球迷们的集体狂欢节，世界杯的各种纪念品历来受到球迷的热捧，特别是作为标志的吉祥物，憨态可掬，设计巧妙，销量一般都居高不下。

而且，能够被选为特许制作商，本身就是对厂商品质的一种肯定，还能借此拓展国际美誉度，实在是一举多得的好事。

因此，在世界杯开战之前，各路厂家对吉祥物生产制作权的争夺也绝对堪称一场精彩激烈的赛事。

在2006年德国世界杯开赛前夕，经过紧张激烈的角逐，Nici玩具公司终于如愿以偿以两千万欧元拿到了足球世界杯吉祥物的制作权。

这家公司位于德国巴伐利亚州，拥有500多名员工，年平均收入达到1.55亿欧元，在世界玩具行业享有盛名。

这一次又顺利拿到了特许制作权，全公司上下更是欢欣鼓舞，员工们都铆足劲准备大干一场，决心以此为契机，将公司的整体水平再提升一个层次。

出人意料的是，这家公司不仅没有因此再度崛起，而是陷入了万劫不复的绝境，原本的业界领头羊最后沦落到宣告破产的地步。

问题就是出在吉祥物的身上。这届世界杯的吉祥物是狮子格列奥，它身穿德国队6号白色球衣，拥有一头浓密的长毛，与它相伴的还有一只会说话的足球佩雷。

它还有一个独特的习惯：大庭广众之下只穿一件背心、不穿短裤。而德国民众认可的传统标志是飞鹰，狮子的形象让他们觉得这与德国没多大关系。

而且，民众也非常不喜欢“半裸”的造型，曾强烈要求为格列奥穿上短裤。

因此，民众购买吉祥物的积极性并不高。即使Nici公司将售价从两百欧元降到了19.95欧元，还是遭到消费者空前的冷落，这是公司决策层万万没有预料到的。持续的入不敷出终于拖垮了这个知名的公司，他们付出了惨痛的代价。

成长悟语

世界上每100家破产倒闭的大企业中，85%是因为企业管理者的决策不慎造成的。

因为，当决策变得一厢情愿时，它很可能会毫无结果。好的决策是多数人的期望，少数人的浓缩，几个人的决定。

远离消极的论调

戴维是个优秀的戏剧演员，在业内有着极高的声誉，他的演出常常大获成功。曾经，戴维有个非常要好的叫托马斯的朋友，托马斯心肠不错，但他的论调总是特别消极。

在托马斯的眼中，社会就是一场富人掌控的阴谋。他们制定了社会运行的规则，赚取穷人的钱。如果你没有出生在富人堆里，那么很可惜，你永远都不可能凭自己的努力成为富人。

戴维是托马斯最亲近的朋友，当然受他诘责更多。他讥讽戴维的演员梦，劝他早日认清现实，不要在黑暗中做无谓的挣扎。

起初，戴维深受影响，对自己的梦想并不坚定，尤其是在即将演出《秃头歌女》中的史密斯先生之前。这部戏曾经预演过，但是效果并不理想，因为戏剧语言比较抽象，很多观众一时不能理解。有了这次失败，托马斯的论调更加消极了，他对戴维说："这部戏本来就不能算是一出好戏，你以为凭你的热情和演技就能翻盘吗？太幼稚了。演艺圈什么时候相信过演员的实力呢？从来都是那些有名望的人士打算捧谁，谁就红极一时。你又不认识上层人士，什么时候才能崭露头角呢？不如早些放弃吧。"

戴维当然明白，演艺圈中确实有一些人很有时运，轻轻松松就可以蹿红。但是他内心中还是不能完全接受托马斯的这种放弃的论调。因为他热爱戏剧、热爱舞台，对剧本和自己的实力也有信心。因此，他没有怎么理会好朋友的劝告，每天还是组织大家排练，不断改进表演。

努力不会白费，他争取到了在百老汇演出这部戏的机会，结果大获成功。没有任何上层人士的帮助，没有拉拢任何媒体宣传方面的关系，单凭演员的热情与演技，本不被看好的一出戏得到了大家的认可。

十几年过去了，戴维的演艺事业如日中天，而托马斯呢？他在芝加哥一家小公司做文员，既没有可观的收入又没有工作的乐趣。唯一有变化的，是他那消极论调更加消极不堪了。

成长悟语

你无法决定别人言论的好坏，但是你可以选择远离它对你的消极影响。当你无法远离它对你的影响时，那你就用努力证明这个言论的错误。

选择快乐

镇上有名的乐天派老人——阿道夫，被电视台邀请去作为特邀嘉宾。

录制节目的现场，阿道夫回答了主持人的几个问题：

"听说您的收入每天只能吃两顿饭？"主持人问。

"哈哈，我在减肥，并不是只有年轻女士才想要变得苗条。"阿道夫微笑着回答。

"听说曾经有小偷从您的家里搬走了两个柜子？"主持人又问道。

"是的，但我想他们不是小偷，而是上帝派来的天使。你知道吗，我早就在琢磨是不是该把这两个柜子扔掉，两个小偷，不，两个天使来我家的那晚，睡前我就向上帝祷告，希望上帝能够帮我做出决断该不该扔掉这两个柜子，一定是上帝听见了我的祷告，派来两个天使帮我直接把柜子处理掉了。"阿道夫说得绘声绘色，就像真的一样。

"听说还有人和您打赌，您只能活一年了！"主持人很小心地问，因为很多老人在意这样的问题。

“没错，就是波比那个可爱的家伙，而且还有10美元的赌注呢，太好了，我就等着一年后收钱了，你说让人高兴不高兴！哦，孩子，这个世界真是有太多让我们快乐的事情了！”阿道夫继续说道。这时候阿道夫的言语已经感染了全场，甚至用他的乐天派心态给观众们带来了愉悦。

最后，主持人向这位老人问道：“阿道夫先生，请把您快乐秘诀告诉我们吧。”

“孩子，难道我前面说得还不够清楚吗？”

主持人发愣地耸耸肩。老人说：“其实每个人和我一样，每天起床的时候都会有两个选择——高兴还是不高兴，其实我们都明白，高兴也是一天，不高兴也是一天，为什么不选择快快乐乐地生活呢？我总是认为快乐就摆在你的面前，是否选择才是关键。”

成长悟语

当一个人认为自己无从选择只能不快乐的时候，真正的原因往往是你自己已经选择了放弃快乐。

简单的真理往往是人们最容易忽视的，人们的快乐与否往往不来自外在，而在于他们的决定罢了。拥有快乐的秘诀，其实就是我们是否选择了快乐。

放下棉花

卡特和约翰是村子里的邻居，两个人都是樵夫，每天上山砍柴，然后到镇子上把柴卖掉，以此维持生计。

有一天，两个人一如既往地从镇上结伴回家，路上发现两大包棉花，两个人都知道在镇上棉花的价格要比柴贵多了，于是高兴地背起一包棉花回家，打算第二天去镇上卖掉。

两个人高高兴兴地往家走，盘算着第二天将棉花卖掉后，就能够好好地休息一个月了。

两人走着走着，卡特看到路上又有两个大包。走近细看，竟是非常新鲜的水果，足足有十几斤。他欣喜之余，和约翰商量：“放下棉花，改背水果回家，又能吃又能卖，而且价钱比棉花还要好。”

约翰却有不同的看法：“我都已经背着棉花走了一大段路，到了这里放下，那我之前的辛苦不是白费了？我还是不背水果了。”

无论卡特如何规劝，约翰都坚持不肯放下棉花，卡特只好自己背起水果继续往家走。

又走了一段路后，两人经过一片小树林，卡特望见林子里闪闪发光，走近一看，地上竟然散落着好多黄金，他赶忙对约翰说：“放下棉花吧，拿起黄金，这才是我们想要的。”

约翰依旧不肯放下棉花，而且对卡特说：“怎么可能有这么多黄金，一定是假的，再说我都把棉花背到这里了，放下棉花多可惜，你也不要白费力气了。”

卡特只能自己抱着尽可能多的黄金，继续赶路回家。快走到家时，无缘无故下了一场大雨，两人在空旷处被淋湿了。更不幸的是，约翰背上的大包棉花吸饱了雨水，重得完全背不动了，约翰没有办法，只能丢下一路都不肯放下的棉花，空着手和挑金子的卡特回家去了。

成长悟语

人在旅途，瞬息万变，不要固执自己的选择，而要随着环境的变化而及时调整。执着是收放自如的坚持，人因执着而被造就。固执是死抠不放的愚蠢，人因固执而丧失机会。

水的形态

公开课上，教授以水的形态来比喻一个人的一生。

“一个人就像一杯水一样，太自私的人内心就会阴暗寒冷，然后就会冻结自己，成为一块冰。一块冰虽然看起来很美丽，但是却无法行动，那么这个人的一生也就只能站在脚下的地方了。

“如果是一个平常人，也就会像一杯平常的水一样成为液态。这杯水可以随着管道流进江河湖海，然后顺着整个流域走到它心中想去的地方。

“但这不是最完美的，当一个人无私的时候，内心就会像火焰一样，把一杯水变成水蒸气，成为云朵，它将飞起来，它不仅拥有大地，还能拥有天空，它的世界将和宇宙一样大。”

教授讲完自己的言论后，台下一片掌声，这也正是这个教授想达到的效果。可是这一次出现了小插曲，掌声过后，一个学生举手提问道：“教授先生，水的形态都是由外界决定的，您瞧，我们给水降温它就成冰，给水加热它就变成水蒸气。试问如果我们想要走得更远，外界的影响是不是占有绝大部分的原因？”

教授没想到会有学生对自己的言论提出这样的疑问，一时不知道该如何回答。突如其来的意外让整个教室都安静了下来。

几十秒的时间，对在场学生来说不算久，因为他们在等待教授精彩的回答；几十秒的时间，对教授来说实在太久，因为他没想出如何回答。

“抱歉教授，我不该这样问，我明白您的思维了，如果一个人连外界环境都战胜不了，那还谈什么发展，更别说能走多远了。”提问的学生居然自己回答了这个问题，教授再次茫然了几秒钟，站起来给了这个学生真诚的掌声。

成长悟语

与其寻觅一个能够给我们幸福感的人，不如自己做一个感知幸福的人；与其遇到一个优秀的对象，不如让自己变得更优秀来吸引对方；与其为了不可知的未来忧虑，不如从现在开始就好好努力。忧伤的时候，真正能够给自己力量和安慰的还是我们自己。

所以，与其期待环境，不如期待自己！

一夜成名的背后

电影《哈利·波特》系列面世至今，好评如潮。大街小巷无人不晓。《哈利·波特》的原著也再度掀起热销狂潮，席卷几乎所有的书店报摊，作者乔安妮·凯瑟琳·罗琳也一夜成名，成为风云一时的焦点人物。

有敢于冒险的精神，有赢的意愿，成功就离你不远了。

罗琳出生于英国格温特郡一个非常普通的家庭。小时候的她是个相貌平平的戴眼镜的女孩，有点害羞。但她非常爱学习，特别喜欢写作和讲故事，6岁就写了一篇跟兔子有关的故事。大学时，她阅读了大量英国文学作品，特别是西方奇幻经典《魔戒》，她反复读了好多遍，这对她后来写作有着巨大影响。

大学毕业后，她只身前往葡萄牙，不久就和当地一位记者坠入了情网。但这段婚姻却在一场争吵后破裂，罗琳被丈夫赶出家门，流落街头。别无选择的罗琳，只好一手推着童车里只有三四个月大的女儿，一手拎着皮箱回到了苏格兰。

初为单身妈妈，她的情绪一度崩溃。她坦言："那段时间我的精神状态很不好，是女儿让我有勇气去向心理医生寻求帮助。我意识到她是这个世界上对我最重要的人，她需要我，我不能让女儿的成长过程中没有我。"最终，罗琳花了约9个月来接受行为认识治疗。与此同时，她和女儿栖身于一间没有暖气的小公寓里，靠每周约103.5美元的失业救济金勉强维持生计。幸好她那开咖啡馆的妹夫伸出了援手，罗琳得以在咖啡馆里一边照顾襁褓中的女儿，一边继续《哈利·波特》的写作。

就是在这种坚持下，《哈利·波特与魔法石》系列第一部终于成书，她的努力很快得到了回报。这部书一出版便备受瞩目，获奖无数。后来，罗琳相继写出了《哈利·波特与密室》、《哈利·波特与阿兹卡班的囚徒》等书稿，哈利·波特热持续升温。在电影开拍前，就屡次刷新出版史纪录。

所以，没有任何人是随随便便就能成功的，一夜成名的背后是持久的努力和深厚的积淀！

成长悟语

一个人的生命是有限的，有生就有死，但是，只要你活着，就要以最好的方式活下去。困难可能会夺走你的快乐，可能会让你失去财富，可能会让你丢掉爱情，可能会使你感到孤独，但是，世界上只有一样东西是任何人都不能抢走的，那就是生存的勇气和智慧。

解决儿童营养不良问题

1990年，史坦宁被"拯救儿童国际组织"派到越南，希望他能够在6个月的时间里协助解决当地儿童的营养不良问题。

但是当史坦宁到了越南后才知道，事情远比他想象的要复杂很多。越南孩子营养不良的原因很复杂，其中包括公共卫生差、平民收入低、人民基本教育不够普及，等等。如果要从根本上解决问题，不用说6个月，6年都很难做到。

史坦宁一时也毫无头绪，于是他打算到就近的几个村庄做一下调查，采集相关的数据。史坦宁在给村庄里的孩子测量身高体重时，发现有几个同样贫困的家庭，但是他们的孩子却比村庄中其他家庭的孩子要强壮很多，几乎已经达到了正常孩子的体质要求。对于这一点发现，史坦宁决定做进一步的跟踪调查。

经过一段时间的调查，史坦宁总结出强壮孩子家庭的饮食习惯与正常家庭不同的两点：

第一，一般村民家中都是一天两餐，每一餐都是一大锅饭，让孩子们吃到饱为止。而强壮孩子的家庭每天都是四餐，每一餐都是吃得不够饱。

第二，在村子里，虾蟹和地瓜叶是不给孩子吃的，前者是普遍意义上大人才能吃的食物，而后者则是给牲口吃的食物。而在强壮孩子的家庭里，因为过于贫穷，母亲会把虾蟹和地瓜叶剁碎搅拌在米饭里。

史坦宁分析了一下，这两种不同之处，前者很像发达国家强调的“少吃多餐”，而这种饮食习惯更适合贫穷孩子的消化吸收。后者则更好地为孩子补充了蛋白质、钙和维生素。

发现了这个秘密，史坦宁制作了曾经多位专家没有成功的“营养改善推广计划”，并获得成功。史坦宁说：“自己其实没有提出解决问题的方法，而是把原有的微不足道的成功细节尽力扩大。”

成长悟语

宁愿花更多的时间思考，也不要因为忙着解决问题而走错了方向。能够轻易发现的问题，有可能都是表面上的，只解决表面的问题，可能会给你带来更多的问题。

第二十五辑

感恩：回报所有的施予，包括痛苦

一头母熊的故事

有一年春天，猎人德维带着儿子去山上抓岩羊。儿子喝了山涧里的水之后竟然生病了，所以德维只能和儿子在山上暂住，7 天的时间，他们吃掉了身上带的肉干。初春的森林还没有野果，德维知道这样下去一定会被饿死，至少虚弱的儿子会先死掉。

一天傍晚，正当德维想怎样才能打到猎物时，运气来了。他发现岩洞边走来了一只瘦弱的熊仔。这只小熊也饿得走不动，它只是待在原地发出微微的喊叫。德维刚刚拿起猎枪，就听到一只成年熊的低吼。猎人的经验告诉他，这时枪口不能指向熊仔，否则母熊会发疯，于是便放下枪。

母熊转身，慢慢地走开，也许同样是缺少食物引起的虚弱。可是德维看着它走的方向，突然明白那是儿子躺着的地方。德维赶快拿着枪跑到儿子的身边。在离父子两人十几米远的地方，母熊停下来看了一会儿，又慢慢走开了。母熊回来时，带着熊仔，还是站在十米远的地方着看德维和儿子。

德维再次明白了母熊的意思：它们要饿死了，想吃掉德维和儿子。可是父子两人也没食物，想吃掉它们。德维没把握能一枪打死母熊，如果硬拼，母熊一定会在他装子弹的空隙扑过来。德维可以一枪打死熊仔，但母熊也会一掌打死自己的儿子。

人和熊就这样对峙着，谁也不动。

母熊的眼睛一直盯着德维的枪。德维实在受不了这种压力，他举着枪，走到一旁的悬崖边上，把枪扔下山崖。母熊见到这个情景，不知为什用头不停地撞击地面，好像正在感激德维一样。

原本德维以为母熊会离开，可是母熊却不走，也不上来扑杀自己。德维想，母熊一定是想要一点食物让熊仔能够活下去。德维没有办法，他闭着眼，用刀把左小臂齐肘砍断扔了过去，然后，他眼睁睁看着熊仔撕咬自己的手臂。

让德维想不到的是，母熊居然走过来舔他的伤口。这时候，德维还以为母熊是想吃掉自己，之后就痛得晕过去了。

德维最后被母熊的吼声惊醒，他正惊奇母熊为什么不吃掉自己的时候，母熊疯狂地奔向悬崖扑了下去，它摔死在悬崖下的岩石上。

德维哭了，为了母熊无声的报恩。

成长悟语

草木为了感激春的到来而吐露新芽，鲜花为了感激夏的到来竞相开放，硕果为了感激秋的到来挂满枝头，雪花为了感激冬的到来把大地银装素裹。自然界尚且如此感恩，人更应该具有感恩之心。

感谢那些曾经陪伴你的人

有个人因为海难，在一个孤岛上独自待了4年，之后他很幸运地被救了，终于回到了社会中。这个人就是伯纳德哈斯豪夫，他向记者谈及了自己的那段经历。

没出海难之前，他与妻子结婚10年了，生活平淡而幸福，可是有时候总觉得妻子有很多缺点，不够完美，于是，两人经常为一些小事而争执。

而在经历了那次海难后，他流落到了那个荒岛上，那里除了丛林和椰子树，什么都没有，刚开始他很害怕，怕自己回不了家，怕自己就这样死去。时间越长，他越感到无边的孤独和绝望。而这才是他最应该害怕的。岛上只有他一个人，丛林中一点风吹草动，都会让自己吓得心惊肉跳。那个时候，他发现独自一人时，太多的东西都要自己承担。

但是，他不得不学会适应一个人的生活——只有椰子和他的生活。他说自己必须要接受自己，哪怕是缺点。他当时非常怀念与妻子在一起的时光，哪怕他们吵架和闹别扭的日子，也是那么的美好。他觉得两个人在一起，缺点并不算什么，共同分担生活中的压力才是最重要的。

在伯纳德哈斯豪夫回到文明世界见到妻子的第一眼，他就跟她说："感谢你一直以来陪在我身边，驱散了我一生的孤独。"

成长悟语

当我们遇到生活的困境，没什么大不了的，不要为之沮丧。只要你回过头来，你会发现，始终有一个人陪伴在你身边，支持你、鼓励你，驱散你心中的黑暗。这样一来，即使我们失败了，我们也没有遗憾。

搬花的小男孩

在一个小镇上，有一个孩子叫伦安，他的家里很穷。和其他孩子一样，他们经常为了玩具和零食去拜伦斯太太的便利店。不过，他们并不想购买什么东西，也没钱买，但是拜伦斯太太一样会热情地和他们打招呼。

"你好，伦安！今天还好吧？"

"你好，拜伦斯太太。我很好，谢谢。这些冰激凌一定非常甜吧。"

"可不是嘛。伦安你想要点什么吗？"

“不，太太。但是，我觉得这些冰激凌肯定好吃极了！”

“你要带点儿回家吗？”

“不，太太。我没钱买。”

“哦，这是一个坏消息。不过，你可以帮我把那几盆花搬到房间里吗？我刚浇完水，现在不能放在那里了。你帮我搬进去，我给你一支冰激凌做报酬。”拜伦斯太太指着墙角的几盆花说。

“好的，我马上就干。”伦安听了之后兴奋地说。

伦安已经8岁了，这点事对他来说非常容易，不到5分钟，他就干完了活。

“这是给你的报酬。”拜伦斯太太微笑着递过来一支大大的冰激凌。

“谢谢，拜伦斯太太，再见！”伦安开心地接过冰激凌跑开了。

就这样拜伦斯太太每天让伦安搬进搬出那几盆花，或者为花浇水，并付一支冰激凌做“报酬”。有时还会讨价还价地说：“伦安，今天你搬得有些慢，明天如果还慢的话我就考虑要少付报酬了。”伦安听了这话第二天一定会更卖力。

很多年过去了，拜伦斯太太因病去世了。镇上所有的人都去向她的遗体告别并向家属慰问。这些人里面，有一个引人注目的小伙子，他衣着相当体面、庄重。

这个小伙子就是当年靠搬花浇花换取冰激凌的小男孩。现在，他再也不需要别人接济度日了，但是，他永远都不会忘记拜伦斯太太，也不会忘记那几盆花。

成长悟语

通过一种让人保持自尊的方式给予别人帮助。而得到帮助的人也不应该忘记那些曾经帮助自己的人。

同时，人也应该学会感恩，知道自己怎样成为今天的自己，如果觉得一切都因自己能力出众而忽视了别人对自己的影响和帮助，这种自以为是的人终难成就自我。

敲打树根的老人

美国南加州有一位非常有名气的园艺老人。这位老人照料的花圃、园林都非常有生命力。

在老人居住的小镇上有两棵核桃树，但是这两棵核桃树似乎没有什么生气，玩耍的孩子们每年只能从树上摘到几个核桃，大人们则想要把它们砍掉。

有一天，一个孩子找到了老人，孩子希望老人救救核桃树，因为核桃树下是孩子们的乐园。如果大人们砍掉它，孩子们就失去了一切。

从那一天开始，老人每天不忙的时候，就会走到核桃树下，用自己的拐杖敲打两棵核桃树的根部，然后对在核桃树下玩的孩子们说：“明年你们一定能摘到更多核桃。”孩子们用奇异的眼睛盯着老人敲打核桃树根的动作：他绕着两棵核桃树，敲打的位置很均匀，也很有节奏，似乎是在和核桃树说话。

秋天的时候，老人坚持每天敲打核桃树根，一直到深冬。大人们不明白老人为什么这样做，而孩子却调皮地说：“老爷爷是想把两棵核桃树叫醒！”

第二年春暖花开的时候，人们惊奇地发现，两棵原本没有生气的核桃树，似乎真的被老人长时间的敲打唤醒了，它们的叶子长得格外茂盛，而树身似乎也变得比以前还要高大。到了这一年的夏末，两棵核桃树结出了许多的核桃，每一个孩子都捧着大把的核桃回家……

老人知道，震动会传达到核桃树萎缩的根系，给予它生气和活力。他对孩子们说：“生命中的每一次敲打都有意义，也许它会带来丰硕的果实。”

成长悟语

永远感谢那些敲打你的人，他们正在逼着你走向更好的未来，他们正在用疼痛来唤醒你最美好的渴望。感谢这些人，如果没有他们，你会走得更慢。

同时，当没人逼你成功的时候，你应该选择自己逼自己，不是为了让别人看到一个更好的结果，而是为了让自己享受更好的生命。

不服气的鸟蛋

狂风大作，一只鸟蛋从树上掉下来，正好掉在灌木丛下厚厚的落叶上，恰巧没有跌破。

这只鸟蛋非常得意，它向窝里的鸟蛋发出了挑衅：“看我多么厉害，从这么高的地方跌下来也没跌破，你们谁有我这样的本事，就跳下来比试比试！”

窝里的鸟蛋们听了，大部分都默不作声。还有几个把头伸出来看了看，又急忙缩回去了。

看到这种情形，地上的鸟蛋更加神气了，它大声地嘲笑同类：“哼！我早就料到你们没有这个胆量！”

这只鸟蛋在地上滚来滚去，像荡秋千一样，一会儿滚到一棵小草边，小草连忙仰起身子往后让；一会儿鸟蛋又滚到一株小树苗边，树苗也仰着身子，给它让路。

鸟蛋得意极了。它认为自己力大无比、天下无敌。

这时，窝里有只鸟蛋劝告它：“朋友，你没有跌破只是出于偶然，不要就此认为自己是个铁蛋。咱们都是容易破碎的鸟蛋呀！”

“铁蛋有什么厉害？”地下的鸟蛋很不以为然，“刚才你没看见吗？小草和树苗都让着我，不敢跟我碰撞，想来这山坡上也没有什么敢拦着我了！哈哈！”

鸟蛋一阵大笑，蹦跳翻滚，谁知被山坡上一块小石头挡住了去路。

鸟蛋看到一块区区小石头竟然挡在自己前面，非常气愤，厉声喝道：“你是什么东西？居然敢挡我鸟蛋的去路？”

小石头昂着头说：“嘿，多么新鲜！一个鸟蛋也敢在我面前神气？告诉你吧，我是一块阻挡山坡上泥沙往下滑的小石头，这里是我的岗位，我站在这里是绝不会后退一步的！”

鸟蛋更不服气了：“你知道我的脾气吗？我是一个力大无穷的鸟蛋，这山坡上的都不敢和我冲撞。小草和树苗都已经领教过我的厉害，别人怕你小石头，我可不怕。”

小石头也生起气来，大声说：“你还想打架吗？别不知天高地厚了，快滚回去吧！”

鸟蛋为了显示它的勇气，鼓足气，猛地一滚，向小石头冲去。只听到“啪”的一声，鸟蛋碰得粉碎。

成长悟语

一次的侥幸并不代表实力。看到自己的幸运后也拥有别人的付出，比光看到自己获得的“伟大成就”重要得多。你是一个人，但是，在你的身后或许还有很多人的帮助，不要忘了他们给予你的力量！

身边的樱桃

瓦里是个落寞失意的人。他贫穷、悲伤，看不到任何希望。

于是，他找到山坡的一棵樱桃树，准备吊死在这棵树上。

这时，一群孩子走过樱桃树，看见了瓦里。

他们问：“你在干什么？”

瓦里骗他们说：“我在看风景。”

孩子们继续问：“那你看到树上的樱桃了吗？”

瓦里低头一看，果然树枝上挂满了熟透的樱桃，一颗颗像红宝石一样璀璨。

他点点头说：“看到了。”

孩子们一下子兴奋起来，纷纷叫道：“先生，请您帮我们摘些樱桃吧！”

瓦里看着地上满是期待的孩子，就抓着树枝使劲摇晃。他摇啊摇，摇啊摇，樱桃不断地掉在地上。

孩子们在树下越聚越多，欢腾雀跃。

天色越来越晚，孩子们捡了足够的樱桃各自回家去了，樱桃树旁一下子冷清起来。瓦里又重新感到了落寞。

“但是，捡点儿樱桃还不错吧。”这样想着，瓦里爬下树来，捡了满满一衣襟樱桃。

如果你想拥有美好的人生，那就常怀一颗感恩的心吧！

他兜着樱桃向家里走去，远远地看见自己家那间破草屋。他叹了一口气，贫穷的生活还是没有任何改变。

妻子和两个孩子正站在门口等他，两个孩子看见爸爸，朝他跑了过来。

孩子们看到他怀里的樱桃，更是高兴得又叫又跳。

当天晚上，妻子为一家人做了樱桃马铃薯。看着兴奋的孩子和温柔的妻子，他心中充满了无尽的宽慰与感动。

成长悟语

当你认为自己正在承受痛苦的时候，你可以细心地看一下自己的身边，留心一下你身边的“樱桃”！你看见它那宝石一样的璀璨了吗？你需要做的只是摇一摇树枝！

感谢上帝，你还能够活着承受苦难；感谢上帝，你还能做这些事情；感谢上帝，你终究会体验到感动！

只要一个小红果蛋糕

在法国巴黎有一家久负盛名的高级法式糕点店，凡是来巴黎观光的游客基本上都会来这里品尝一番。

一天，一个衣衫褴褛的老太太来到了这家糕点店，她佝偻着腰，拄着一支脏兮兮的拐杖在柜台前来来回回地踱步。最后，她只选了一个小红果蛋糕。要知道这是一家只卖高级点心的铺子，很少接待这样寒酸的顾客，也基本上没有哪个顾客单买一个小红果蛋糕。因此，小伙计在接待老太太时，心里有些不耐烦。当老太太向他询问蛋糕口味时，他并没有热情地解答，只是含糊地给出了一个没有参考价值的答案。现在他又开始为包装一个小红果蛋糕犯愁，因为他从来没有这样卖过。

此时，目睹了这一幕的店主发话了：“等一会儿，让我来接待。”说着，店主详细地向老太太介绍起小红果蛋糕的独特口味，并且亲自把蛋糕装在一个精致的纸盒中，还在纸盒外系了一个红色蝴蝶结。然后，把包装好的蛋糕递到老太太手中。在接过钱的同时，店主又深深地鞠了一躬：“感谢光临！”

待老太太出了店门后，小伙计不解地问店主：“以前咱们店里来过好莱坞的大明星，NBA 的球星，还来过很多官员、学者、巨商，您都是让我们伙计来接待，今天您为什么要亲自接待呢？”

店主淡淡一笑，回答道：“的确，往常不管光顾的顾客多么尊贵，都是由你们和经理接待。但是，今天这位顾客的情况不同。”

“有什么不同呢？”小伙计越来越不明白老板的话了。

“平时来我们店里光顾的大多是有钱人，所以他们来我们店一点儿也不奇怪。可是今天这位老太太她生活并不宽裕，或者说，很拮据，但是为了品尝一下我们店里的小红果蛋糕而把自己的一分钱、两分钱，甚至是把自己仅有的一点儿积蓄都倾囊而出了。你没看到，刚刚她递给我的钱都是零零碎碎的吗？恐怕再也没有比这更难能可贵的事了吧？对于这样的顾客，作为店主的我亲自来接待是理所当然的！”

成长悟语

如果有人在自己的能力范围内帮你做一些事情的时候，这份感谢却很平常。但是，如果有人超出能力范围却仍然能够帮你做一些事情的时候，除了感恩，还要尊重和珍惜这份心意。

能力内外的区别，证明了他对你的善意轻重。

失而复得的幸福

从前，有一个善良的人，他生前总是想尽办法热情地帮助别人，所以死后，他到了天堂，成了一个天使。

但他仍然时常到凡间帮助别人，希望人人都能感受到幸福的味道。

一天，他遇见一个苦恼的铁匠，铁匠向天使哭诉说：“我的大锤被偷了，没有大锤我用什么打铁呢？不能打铁我怎么赚钱呢？”

天使非常同情他，就赐给他一把结实的铁锤，铁匠很高兴，感谢天使让他感受到幸福的味道。

有一天，他遇见一个在异乡漂泊的男人，男人沮丧地对天使说：“我的钱被骗光了，没有办法回家，回到妻儿身边了。”

天使就给他足够的钱做路费，男人很高兴，当他一家团聚时，他觉得自己格外幸福。

又一天，他遇见一个演员，长得英俊潇洒、仪表堂堂，而且才华横溢，演技卓越，他的妻子也是美貌而温柔，但他却过得不快活。

天使问他：“你为什么不快乐呢？我能帮你什么吗？”

演员对天使说：“我什么都有，只欠一样东西，你能够给我吗？”

天使回答说：“可以。你要什么我都可以给你。”

演员直直地望着天使：“我要的是幸福。”

听到这个答案，天使犯难了，他深思了一会儿，说道：“我明白了。”

刚说完他就把演员所拥有的才华、演技、容貌、财产甚至他妻子的性命统统拿走了。

一个月后，天使再回到演员身边，那时他饿得半死，衣衫褴褛地在躺在地上挣扎。于是，天使把他的一切还给他。然后，又离去了。

半个月后，天使再去看演员。这次，演员搂着妻子，不住向天使道谢。因为，他得到幸福了。

成长悟语

最美妙的感觉不是已经拥有，而是失而复得。得到后却失去的东西最让人怀念和哀悼，而失去后又重新得到的东西最值得理解和爱护。

珍惜并感恩上帝给你的第二次机会！

“一无所有”的阿尔瓦

阿尔瓦曾是一位富可敌国的珠宝商人，控制了整个国家的珠宝贸易。不过在最近的一次出航中，他的商船被蛮横的海盗洗劫一空，他自己也险些被杀死。为了归还主顾的订款，他只好变卖所有的财产作抵押。几天时间里，阿尔瓦已经从首富变成了一个一无所有的人。难过的他无法接受这个现实，一蹶不振，精神恍惚，难以成眠。

这一晚，连续失眠一周的阿尔瓦终于有了倦意。模模糊糊中，他梦见自己见到了上帝，并向上帝倾诉自己的不幸遭遇：“亲爱的上帝，为什么让我遇上这种倒霉事呢？现在我觉得活着都没什么意思！”

上帝并没有正面回答阿尔瓦的问题，只是对他说：“拿张纸来，把你剩余的资产一一记下来。”阿尔法深深地叹息道：“还有什么可写呢？现在的我已经一无所有了。”

“没有关系，让我们试试看，你的妻子和父母还在你身边吗？”“你的孩子呢？”“你的朋友呢？”“你的信誉呢？”“你的健康呢？”上帝一口气问出了好几个问题，并对阿尔瓦说：“这些都是你的财富，现在，把你拥有的资产列举出来吧！”

父母康健，我还有机会好好照顾他们；

顾家而贤惠的妻子，相伴相扶 30 年；

体谅我、愿意帮助我的三个乖巧的孩子；

尊重我、理解我，并乐于帮助我的好友；

从来都是诚信经商，口碑很好；

良好的健康状况；

国家稳定、社会非常有秩序；

……

写着写着，阿尔瓦脸上露出了笑容，他感慨地对上帝说：“我原来拥有这么多财富，但是我好像从来没有想过这些，甚至从来没有思索过。是的，我并不是一无所有，事态并不如我想象的那般严重。如果我能获得某些自信，或许我真的能够重新再来！”

成长悟语

每个人都是百万富翁，最贵重的东西往往放在你的身边，因为它只能贴着真实的地面；最廉价的东西反而浮在空中，因为它没有什么实质内容。但是，我们往往只知道抬头渴望，而不知道低头感恩。

聪明的猴子

非洲的塞伦盖蒂大草原广阔无垠，食草动物众多，猛兽也多。它的北边就是撒哈拉沙漠，所以一旦旱季来临，饮水就是这片草原上所有动物的难题。

这一年的冬季，降雨量非常少，塞伦盖蒂大草原异常干燥。为了生存下去，所有的动物都开始四处寻觅水源。终于，经过艰难的长途跋涉，它们找到了一个日渐干涸但仍有水的小湖。

斑马、长颈鹿、角马、猴子陆陆续续到了那里。可是它们到湖边的时候，绝望地发现湖面上很多鳄鱼正紧紧盯着它们，胆小的斑马一下就变得惶恐不安起来。其他动物也开始焦躁。但是，走了那么远的路才找到这处水源，大家又不甘心放弃。

最先冒险的是长颈鹿。它小心翼翼地走到水源边，低下头谨慎地喝了一口，感叹道：“水真甜啊！”它满足地感叹了一句。接着又谨慎地观察了一下四周，鳄鱼们还没有靠近。于是，它又开始放心地低头喝水。其他长颈鹿看没发生意外，也都鼓足了勇气相继靠近，然后低头饮水。突然，一只鳄鱼发起了攻击，一只比较瘦小的长颈鹿成了牺牲品，别的长颈鹿纷纷后退。

动物们亲眼目睹了鳄鱼的凶残，都心有余悸，一时不敢再靠近水源。可是，太久没喝水了，再加上太阳的炙烤，一些动物开始倒下了。无奈之下，大家只好再次选择冒险。斑马、角马、羚羊都先后靠近湖边喝水。于是，这个湖边上演着一场场生与死的较量。越来越多的动物在饥渴难耐之下选择了冲锋，在艰难的喝水过程中，有的不幸落入鳄鱼口中，有的幸运地从鳄鱼的大嘴中逃脱，成功地奔向了岸边。

与湖边激烈拥堵的场面相反，岸边的猴子刚开始一直在观察，并不轻举妄动。当它们发现越来越多的动物成了鳄鱼口中的美食时，果断放弃了这种直接喝水的方式，而是采取了一个巧妙的饮水方式——在离湖不远的岸边挖了一个比较深的洞，因为洞的地势比较低，湖水就会被引过来，这就足以让猴子们生活下去。

成长悟语

当已经看清了别人的经验和教训，我们完全没有必要重蹈覆辙。与其说我们是在防止错误，不如说我们有权不坚持谬误。

同样的，感谢那些犯错的人。如果没有他们向我们提供失败的教训，我们将一事无成。因为我们思考的轨道是在正确和错误之间二者择一，而且错误和正确的选择频率相等。

比金子还重要的东西

有一个五人探险队，其中四人经常出现矛盾，而他们的矛盾也总是由队长来调和。

有一次，探险队去了一个热带雨林。不幸的是，还没有走出雨林，队长就因为突发疾病丧生了。在他死前，他把行李中的一个箱子给了四个队员，并告诉他们里面是比黄金更重要的宝物，只要四个人能够走出热带雨林，并把箱子交给他的好友，他的好友会付与宝物同等价值的报酬给他们。

四个人约定轮流抬箱子，时间均等。所以，开始的时候，谁都不愿意多抬 1 分钟。

路越来越难走，箱子也越来越沉重，四个人的粮食和水快要没有了。他们感觉自己的力气越来越少。但是，谁都不肯倒下，因为倒下就意味着自己的报酬会被他人分割，这只箱子像兴奋剂一样支撑着他们的身躯！四个人再累也互相监视着，不准任何人单独乱动这只箱子。在最艰难的时候，他们想到了未来的报酬是多少……

四个人终于走出了雨林，他们抬着箱子找到了队长的好友，好友拿出钥匙打开箱子，四个人都惊呆了，因为箱子里只有几块没用的石头。四个人开始为自己受到的愚弄而开始诅咒该死的队长。

这时，队长的好友开口了："我想他没有欺骗你们，回想一下你们走出热带雨林的过程吧，你们四个人如果没有这只箱子，怎么可能坚持下来？队长给你们的是生命，这难道不比黄金更加珍贵？”

成长悟语

善意的谎言是美丽的。当我们为了他人的幸福和希望，适度地撒一些小谎的时候，谎言即变为理解、尊重和宽容，具有神奇的力量。

如果有人为了帮助你而撒谎，那么是时候给对方一个拥抱了。

为他人弯腰，拾起善意的心情；为他人着想，换来真切的感激。

魔鬼和天使

德芙是一家普通公司的普通员工，踩着高跟鞋挤地铁，窝在狭窄的写字间里打字，冲咖啡，送资料……德芙的唯一乐趣就是下班后去一家小酒吧喝酒，和吧台的侍者聊天，倾诉工作中的烦恼。

这天，德芙又向吧台的侍者抱怨她的一个同事如何在背后算计她，如何挑拨她和上司的关系，如何使她的工作不顺利。侍者给她拿了一杯白兰地说：“这么说，你工作中的天使终于出现了。”

“天使？”德芙用力撩起眼前的头发，睁大眼睛看着侍者：“你居然说她是天使？我冲进工作间揍她一顿的心都有，你居然说她是天使？”

侍者笑着说：“那你觉得什么是天使呢？画上长着羽毛翅膀的美人？侍奉耶稣·基督的修女？还是在路边免费送你一只红丝带的慈善机构工作者？”

“难道不是吗？天使不就是传播爱与幸福的吗？起码不会背后算计你吧？”

侍者摇摇头说：“有时候天使会以另一副面孔出现。”

“魔鬼的面孔？”德芙笑着讥讽他。

侍者停下手中的活儿，严肃地对德芙说：“有时候我们的路过于平稳或过于平庸，就会忘记出发时的目的地。这时候，上帝就会派一位天使来提醒你，打起精神来，该向着最初的目的地前进了。”

德芙陷入沉思，回想起自己大学毕业时的规划，想起工作后慢慢消极怠工的心态，想起自己每天浑浑噩噩唯一的追求就是在这个小酒吧喝一杯酒。她觉得自己确实该打起精神来，向着最初的梦想努力改变。

她举起杯，对侍者也是对自己的内心说：“敬出现在我生命中的天使。”

成长悟语

不要以对方做的事情的好坏来判断他对你的价值，要以他做的事情带给你的影响来判定他存在的意义。他给你带来的痛苦是否成为你成长的动力？他给你造成的阻碍是否让你跳跃得更高？他给你留下的伤痕是否让你汲取了教训而不再受伤？

试着感谢这个人，因为他让你不必再畏惧和他一样的人。

第二十六辑

成长：成熟不是年龄而是理解

年轻夫妇的典范

本森最近和太太关系紧张，起因就是孩子问题。本森不想要孩子，因为他觉得目前的生活状态不适合要孩子。可是，妻子认为有了孩子，家庭才完满。为了这件事，他们两人最近经常争吵，本森痛苦极了，他很羡慕自己的邻居麦迪逊夫妇。他们是那么恩爱，似乎生活中没有什么烦恼。

麦迪逊先生在一家银行工作，每天开车出门，他的太太就站在门廊下温柔地注视着他离去，而麦迪逊先生经常买一大束花回家，麦迪逊太太微笑着捧着花，幸福极了。这真是年轻夫妇的典范啊！本森有时候也买花给自己太太，可是她每次都很冷淡地说："没事不要买花，很贵的。"本森虽然觉得太太说得很对，可是他内心为太太不懂情调而失落。

一天，本森在自己院子里修剪草坪，结果，他隔着篱笆听见麦迪逊太太在打电话，他本想走开，可是他听见的内容令他停下了脚步。麦迪逊太太对着电话说："你今晚回家，还是在外面玩？我不管你的私生活，但是你也没必要管我，我待会儿也要出去会朋友！我们只是名义上的夫妻罢了，不要太认真了！"

本森震惊了！

成长悟语

当你认为对方十分独立的时候，你认为他可以一个人面对所有的问题，但你没有看到他的脆弱。

当你认为对方十分坚强的时候，你认为他什么痛苦都能够承受，但你没有看到他的眼泪。对自己说，你看到的东西永远都没有那么全面。

黄鹂鸟的启示

杰西亚暗恋兰蒂很久了，今天他终于鼓足勇气决定跟她告白。听了杰西亚的告白，兰蒂很惊讶，也有一丝欣喜。

她问杰西亚："你喜欢打篮球吗？"

杰西亚回答说："我不是很喜欢，比起篮球我更喜欢读书、听音乐。"

兰蒂有些失望，她接着问道："那你喜欢看奥运比赛吗？"

"也没有太关注，那个时候我都在乡下的爷爷家度过。"

兰蒂又追问道："那你赌马吗？"

杰西亚赶紧回答："不不不，我不喜欢赌博。"

"那你总该有自己喜欢的足球俱乐部吧？"杰西亚总结了一下说："对于那些有竞争性的比赛我都不太感兴趣，总觉得那样太累。"

兰蒂很失望，她说："亲爱的杰西亚，感谢你对我的爱，可是我不能做你的女朋友。"

杰西亚有点不知所措地问到："为什么？你刚刚不是很高兴吗？"

兰蒂低下头说："对不起。我的父亲告诉过我一个道理。养黄鹂鸟的人从来都不会把黄鹂鸟关在屋子里面，而是带着它们去见别的朋友，去见识一下别的黄鹂鸟。当它听到别的黄鹂鸟鸣叫的时候，自己也会不甘示弱，提高嗓门叫起来。在这样的竞争之下，黄鹂鸟的叫声会越来越悠扬婉转。相反，如果总是关在笼子里，黄鹂鸟的天性就不会被发掘，它的声音就会暗淡了。这就是养鸟人的秘诀。"

杰西亚看着兰蒂，等待她继续说下去。

兰蒂看了看杰西亚，说道："你既不喜欢运动，也不喜欢比赛，讨厌一切竞赛性的活动，你缺乏斗志，也缺乏竞技比赛所带来的勇气和顽强的精神。我希望我的男友是一个有魄力、有勇气、敢于担当的人。现在看来，你还不是。"

成长悟语

竞赛的关键不是输赢，而是在参与、观看精彩竞赛的过程中所收获的喜悦、面对挫折的勇气、不服输的精神等，这些都是人在成长过程中必需的养分。

有时候，没有任何危机的成长，反而有可能是一种危机。这就好像没有经过锻炼的肌肉，永远不会变得强壮一样，人在没有任何刺激的情况下，肉体和精神有可能都是萎靡的。

你还只是一个孩子

肖恩 12 岁了。

比同龄的男孩子都高大强壮，再加上同学们都服从他，肖恩认为自己是个男子汉了。

一个周末，肖恩对妈妈说："妈妈，我已经是一个男子汉了！把爸爸的剑给我，我来保护你。"

"孩子，如果是那样，真是太好了！"妈妈高兴地说。

于是，妈妈将剑交给肖恩，她笑了。

肖恩激动地接过剑，紧紧地握住它，挥舞起来。

"妈妈你看，我可以轻易地使用它。如果我们在路上遇到狮子或狗熊，我一剑就可以杀死它。"肖恩一边说着一边比画着。

“你真是一个勇敢的孩子。”妈妈笑着夸奖了他。

当肖恩把剑插回剑鞘时，他手指被剑刃划到了，一条长长的伤口瞬间就流出了血。

“哦，妈妈！”肖恩恐惧地叫道，“可恶的剑刺伤了我的手指，你看，这里出血了！太痛了。”他伤心地哭了起来。

“感谢上帝！”妈妈说，“你其实还只是一个孩子。”

妈妈给肖恩包扎好后亲吻了一下肖恩，也哭了，是心疼也是开心。

成长悟语

每个人都在以自己的标准理解和诠释成长和成功。成长是一个过程，成功是一个结论；成长是相关于生命的评价，成功是相对社会的评价；成长是内在系统，成功是一个外在体系。成长的过程中，应更注重心灵、注重自我、注重人格，而忽略外在的标签。

不能省略的路

卡尔和莱顿是业余登山运动员，他们因登山结下了深厚的友谊。然而，在一次登山时，莱顿却在雪崩中丧生了。

故事要从两人攀登到帕尔巴特山腰说起。帕尔巴特是喜马拉雅山脉位于巴基斯坦境内的峰段，略低于珠穆朗玛峰，是很多登山爱好者挑战的目标。卡尔和莱顿攀登到帕尔巴特山腰时，天气突变，阴云笼罩在两人四周。很快，莱顿就在浓雾中失去了踪迹。

卡尔通过对讲机联系上莱顿，原来莱顿已经爬到了自己上方几百米的地方。卡尔说：“莱顿，快下来，这会儿天气不好，很可能发生危险。”莱顿说：“没关系，老兄，这里还算安全。我打算在这里搭起帐篷，等明天天亮时继续攀登。”卡尔劝阻莱顿说：“不，那样太危险了，万一发生雪崩怎么办？你先下来，我们一起去安全地带，等明天天亮再往上攀。”莱顿说：“不行，那样的话，我刚走过的路就得重走，那样太浪费时间了。我就在这里过夜吧，明天见。”

两人各自选好地点搭起帐篷，通过对讲机汇报自己的情况。莱顿说：“我真想让你看看我这里的景色，阴云像大海一样翻滚，我猜里面也住着个波塞冬呢。”卡尔也开玩笑说：“你别惹怒波塞冬就好，小心他拿钢叉把你抓进海里。”卡尔觉得，到第二天早上就可以会合，继续攀登了。

做事不仅要量力而行，更要随机应变，不该逞强的时候，绝不鲁莽行事。

然而，第二天早上醒来，卡尔再也联系不上莱顿，他知道，莱顿那边肯定出事了。之后，救援人员赶到了。原来在莱顿扎帐篷的地方发生了雪崩，积雪把莱顿掩埋进了深沟里。

每年的这个时候，卡尔都会带着孩子们来这里凭吊莱顿。他把事情的经过详细地讲给孩子们听，他说：“如果当时莱顿原路返回，就不会发生危险，省掉这一段路却让他失去了生命。所以，一定要记住，有些路不能省略。”

成长悟语

在未来成长的路途中，需要攀登许多高山，但一定要记住，止步于险境前观望等待，终将失去前进和撤退的最佳时机。当抵达峰顶无望时，应明智地选择撤退，养精蓄锐，在下一个适宜的时候进行新一轮的冲刺。不要惋惜以前的努力，有些路，注定不能省略。

“残忍粗暴”的长颈鹿妈妈

在很多童话故事里，长颈鹿都是善良而温柔的，这可能与它们胆小而沉默的天性，以及形体巨大但食草而生的习性有关。实际上，这只是外表，尽管长颈鹿对别的动物很友善，但是它们对待自己的子女是非常严厉的。特别是子女年幼时，长颈鹿妈妈的教育完全可以用“残忍粗暴”来形容。

长颈鹿个子非常高，分娩时，小长颈鹿从妈妈肚子里掉出来，背部着地，直接落在3米下的地面上。对一个刚出生的小生命来说，这已是重重一击。但是，这只是开始。长颈鹿妈妈不会像其他动物，比如老虎妈妈那样，用自己的舌头把孩子身上的黏液全部舔干。小长颈鹿要自己学着站起来，它翻过身，把四肢蜷在身体下。依靠这个姿势，它第一次得以审视这个世界，并甩掉眼睛和耳朵里最后残存的一点羊水。

看到孩子挣扎着站起来后，长颈鹿妈妈不会鼓励它。她低下头，看清小长颈鹿的位置，以确定自己在小长颈鹿的正上方。等待大约一分钟后，她直接抬起长长的腿，踢向她的孩子，让它翻了一个跟斗后，四肢摊开。

没有亲热、没有鼓励，小长颈鹿从妈妈那里得到的第一个回应就是这无情的一踢。然而，这依然只是开始。如果小长颈鹿不能站起身，长颈鹿妈妈就会不断重复这个残忍的动作，可怜的小长颈鹿一出生就受到这么多“折磨”。在妈妈的重踢下，小长颈鹿只好拼尽全力站起来，一次又一次，不断失败，不断尝试。疲倦时，小长颈鹿忍不住要停止一会儿，长颈鹿妈妈看到后，又是毫不留情的一踢，迫使它继续努力。最后，小长颈鹿终于第一次用它颤动的双腿站起身来。

这真是太难为出生不久的小长颈鹿了，但是，这好不容易取得的进步非但没有得到应有的疼惜鼓励，而是更加严厉的一踢，小长颈鹿再次摔倒在地。长颈鹿妈妈实在是太残忍了！

但是，如果我们深入了解长颈鹿的生存环境，我们就会发现，这接二连三、反反复复的“折磨”都是深爱的体现。在荒野中，狮子、猎豹随时都会向它们发起进攻。长颈鹿体型高大，反应不如狮豹灵敏，因此，它们的腿部力量一定要非常强大，这样才可以给予对方致命的一击。因此，长颈鹿妈妈反复催促孩子尽早站立，就是要强化它的腿部力量。而站起来之后继续踢它，是为了让它记住自己是怎么站起来的。狮子、土狼等野兽都喜欢猎食小长颈鹿，为此，小长颈鹿必须能够以最快的速度站起来，以免使自己与鹿群脱离，只有在鹿群中它才是安全的。

成长悟语

有多少深厚的关爱是藏在痛苦之中的！当你感觉不到爱，而它又确实存在的时候，也是一件幸福的事情。

有一种成长是在逼迫打击之中促成的，虽然过程很艰辛，但是结果却很好。

换一种方法计算

果园里有一棵苹果树。春天，它迎着纷飞的蝴蝶开出几十朵花；秋天，这几十朵花结出了10个苹果。苹果树高兴地想让全世界都知道："快看哪，我结了又大又甜的果子。"

可是果子成熟时，苹果树却遭遇了不幸，它这10个苹果被人摘走9个，只有一个不太大的幸存下来。苹果树的心里一下子失去了平衡，它愤愤地计算："我今年结了10个果子，被人摘走9个，自己只得到了10%。明年我可不结这么多苹果了。"

于是，第二年，苹果树拒绝蜜蜂为它授粉，它只在风的帮助下结出了5个苹果。秋天，苹果树被人摘走了4个苹果，它这样计算着："今年结了5个苹果，被人摘走4个，那我自己得到了20%。我比去年多得了一倍！"这样算着，苹果树不禁为自己的聪明叫好。

此后的几年，苹果树的果子越结越少，最后它一个果子也结不出来了。

其实，这棵自以为聪明的苹果树大可以这样计算："第一年结了10个苹果，被人摘走9个，自己得到1个。第二年结100个苹果，被人摘走90个，自己得到10个。第三年结1000个苹果，被人摘走900个，自己得到100个……"累积下去，苹果树每年得到的苹果会越来越多。

然而，苹果树只会它自己那一种算法，所以最后它一个苹果也没有得到。

成长悟语

其实，得到多少果子不是最重要的。最重要的是，苹果树在成长！等苹果树长成参天大树的时候，那些曾阻碍它成长的力量都会微弱到可以忽略。所以，不要太在乎果子，成长是最重要的。

破花盆也能开出美丽的花

小伊芙是个可怜的小女孩。8岁时，她经历了一场惨烈的车祸，虽然有幸保住了双腿，但走路的时候却一瘸一拐，一点也不优美。这对一个女孩子来说，打击太大了，自卑就如山一样压得她抬不起头来。她一年年地长大，也一年年地沉默。

有一年，她所在的班级换了一个叫凯西的新老师，她年轻又漂亮，充满活力，同学们都很喜欢她。小伊芙也一样，不过她不敢像别的同学那样主动亲近老师。因为上学之后，老师们对她都比较冷淡，可能是觉得班级里有她这样一个身体有缺陷的学生是件非常麻烦的事。小伊芙也从未奢求老师能喜欢她。

一天放学后，小伊芙整理书包准备回家，正要走出教室，迎面看到凯西老师走了进来。

“老师，你有什么事吗？”小伊芙怯怯地说。

“小伊芙！我是专门来找你的啊。”老师亲切地叫着她的名字，“你能帮老师一个忙吗？”

“什么忙啊？”她紧张地问。老师的热情让她觉得很不习惯，她的心里充满了莫名的惊恐。

“老师想请你帮忙给花浇浇水，老师太忙了，小伊芙帮帮老师好不好？”

“好的！”她连连点头，激动得脸都红了。这是老师第一次委派给她任务啊！

凯西老师的家就在学校附近，不大的院子里摆满了山茶、丁香、凤仙花……一片姹紫嫣红中，最吸引小伊芙的是一株她不认识的植物，枝干清秀而挺拔。她一直很好奇，这样的植物会开出怎样的花朵。

终于有一天，当她再次来浇水时，惊喜地发现这株植物开花了。花朵好像喇叭，颜色纯白，一尘不染，优雅地立在枝头，就像一只高贵的天鹅。

“好看吧？这是百合。”不知何时，凯西老师已走到她的身边，轻轻地揽住了她的肩膀。她无言地点了点头。“你看看它的花盆。”老师指着花盆说。

她顺着老师的手指往下看，第一次发现原来那是一只废弃的脸盆，颜色差不多已经掉尽，边沿也锈得几乎没有了。

“一盆花，能开成什么样子，起决定作用的是种子，而不是花盆……”老师温柔地对她说。

那一刻，小伊芙心里的冰层似乎一下子被捅破了，一股暖流从心底流向全身。她突然感觉自己充满了力量。从那以后，她就像换了个人似的，变得阳光而开朗，成绩也取得了突飞猛进的进步。那个自卑的小姑娘再也不见了。

成长悟语

肉体是精神居住的花园，信念则是这个花园的园丁。信念既能使肉体“贫瘠”下去，又能用勤劳使它“肥沃”起来。

当你畏惧的时候，征服畏惧建立自信的最快、最确实的方法，就是去做你害怕的事，直到你获得成功的经验。那样，破旧的花盆里也会开出美丽的花！

被老虎吃掉的人

在意大利的叙拉古郊外有一座卡塔尼山，山上有这样一块墓碑，碑文是用古希腊语写成，记述了一位名叫托比的人是怎样被老虎吃掉的。

这段碑文的内容是这样的：一个叫托比的人从雅典去叙拉古游学，在途经卡塔尼山时，发现了一只老虎。进城后，他说，他将山上有老虎的消息告诉城里的人，却没有一个人相信他。因为在卡塔尼山从来就没人见过老虎。

托比坚持说见到了老虎，并且是一只非常雄壮的虎。可是无论他怎么说，就是没人相信他。最后，为了让大家相信山上有虎，托比带着几个人进了山，可是转遍山的每个角落，依然没有发现虎的踪迹。

托比对天起誓他确实见到了老虎。同去的人都让托比别再说山上有老虎了，否则城里的人都会认为叙拉古来了一个撒谎的人。

“我怎么会是一个撒谎的人呢？我确实看到了一只老虎啊！”托比非常难过。为了证实自己没有说谎，托比逢人便说他确实看到过老虎，以致到最后人们见了他就躲，甚至在背地里叫他疯子。

托比来叙拉古游学，是想成为一位有学问的人，现在却被认为是一个疯子和撒谎者，他痛苦异常。于是，为了证明自己确实见到了老虎，在到达叙拉古的第十天，托比买了一支猎枪来到卡塔尼山。他想找到那只老虎并将老虎打死带回去给城里的人看，以表明自己没有说谎。但这一去，托比就没有回来。

三天后，人们在山中发现一堆破碎的衣服和托比的一只脚，经城里的法官验证，他是被一只重量至少在五百磅左右的老虎吃掉的。原来在这座山上确实有一只老虎，托比真的没有撒谎。

我们总习惯站在自己的立场上，要求别人理解，却不愿站在别人的立场上尝试着理解他人。

成长悟语

世界上之所以有许多不幸，就是因为像托比一样在急于向别人证明自己正确的过程中发生的，而这种急于去证明自己的人，其实就是在寻找一只能把自己吃掉的老虎，最终只会把自己的时间和生命白白耗费掉。

而世人大多会陷于这样的困境而无法自拔，真正的智者，都是怀揣着事实和真理，勇敢地走自己的路，任别人去评说。

危险的资格

一个社会学家为了研究东西方思维的差异而辗转于各个国家。

一次，他来到了一个城市，在乘坐电车的时候他发现，电车行驶的时候门是开着的，进站出站时车还没停稳，就有人跳上跳下，不过，出了问题责任得自己负。

当然，这样跳上跳下的人基本上都是身手敏捷的年轻人，老人家就只能等车子完全停止后再慢慢上下车。当这位社会学家第一次看到这一幕时感到非常惊讶：“他们不觉得危险吗？”

纵然身手敏捷，但是这些跳车的人也不是万无一失的。一天，有个年轻的女孩子跳下车时就不慎摔了一跤，周围的人只是惊讶地叫了一声，却没有人向她表示同情和帮助，而车上的车长不但没有停下车将她扶起来，反而还大声斥责：“技术这么差，跳不好就乖乖等车子停好再下！你根本就没有跳车的资格！”

骂完随即拉一拉铃，让车子继续往前开。对于这位社会学家来说，这实在是无法想象的事情。

成长悟语

人需要对自己的行为负责。跳车要有资格，玩刺激也要有资格，而资格就是自己对危险的把握。

生命是自己的，危险是客观存在的，寄希望于别人就等于把生命交给了别人，这是对自己生命所有权的转让，这种转让往往是不可靠的。只有自己把握了危险的程度，才能保证不会陷入危险之中。

兄弟俩爬楼梯

艾比和艾达是两兄弟，他们住在一栋大厦里。一天，他们俩结伴去郊外爬山。

傍晚回家时，浑身酸痛的他们沮丧地发现大厦居然停电了！

兄弟俩郁闷极了。因为很不巧，他们住在这栋大厦的最顶层，而更令人恐怖的是，这栋大厦一共有 80 层。

虽然两兄弟都背着大大的登山包，但除了爬楼梯，别无选择。

哥哥艾比对弟弟说：“我们爬楼梯上去吧。”于是，兄弟俩就背着一大包行李开始往上爬。

好不容易爬到了 20 层，这两兄弟已经累得上气不接下气了。他们决定先把登山包放下，等明天来电了再来取。

放下沉重的包后，他们顿时感觉肩上的重量轻了很多，爬起楼梯来也轻快了很多，两人心情也放松了不少，一路上有说有笑的。

但是等他们爬到 40 楼的时候，两人实在累得不行了，一屁股瘫坐在地上。

弟弟艾达抬头看了看，发现才爬完一半的楼梯，便开始埋怨哥哥道：“都怪你，提议去爬山，如果我们今天没有外出，说不定就不会遭这份罪了。”

哥哥则怪弟弟没有注意看今天大厦贴的停电通知。两个人开始互相指责、互相埋怨。他们一边吵，一边往上爬，不知不觉中又爬了 20 层。

这时候，他们连吵架的力气都没有了，只好安安静静地继续往上爬。终于，80 楼到了。哥哥长吁一口气，兴奋地说：“艾达，拿钥匙来！”

弟弟愕然道：“钥匙不是一直在你手里吗？”

艾比这才反应过来——钥匙放在登山包里，而登山包被留在了第20层……

成长悟语

每个人都拖着一块长木板，有些人认为它是负担，在别人负重前行的时候，就将木板锯短，这样，就可以更轻松地上路了。多聪明的行为啊！最终，等到要过一条河的时候，发现别人的木板都成了过河的桥，而自己比别人更短的木板根本搭不到河对面。

不曾痛苦地拖着木板的人，就过不了之后竞争的河。我们在最初放弃的东西很可能成为未来的致命伤。

换个视角看人生

战时，汤姆森太太的丈夫到一个位于沙漠中心的陆军基地去驻防。为了能经常与他相聚，她搬到那附近去住，这样就可以解除相思之苦了。可是现实使她非常痛苦。那里实在是个可憎的地方，她简直没见过比那更糟糕的地方，对于她来说，那里简直是个噩梦。

她丈夫出外参加演习时，她就只好一个人待在那间小房子里。没有人跟她说话，由于是住在沙漠里非常热，汗都没有来得及出来就晒干了。她不敢出去，怕晒晕过去，而且外面风沙很大，到处是沙子，能见度极低，说不定走着走着，就迷路了，所以她只好乖乖地待在房子里。

汤姆森太太觉得自己倒霉透了，于是她写信给父母，告诉他们她放弃了，她准备回家，她一分钟也不能再忍受了，这个地方像是牢房一样，什么也干不了，没有亲人，没有朋友，她很孤独，她宁愿离开丈夫也不想待在这个鬼地方。

过了一个月，她的父亲回信了，信上只有三句话，之后这三句话常常萦绕在她的心中，并改变了汤姆森太太的一生：有两个人从铁窗朝外望去，一个人看到的是满地的泥泞，另一个人却看到满天的繁星。

她把父亲的这三句话反复念了很多遍，忽然间觉得自己很笨，于是她决定找出自己目前处境的有利之处。她开始和当地的居民交朋友，他们都非常热心。当她在家无聊的时候，她就开始写作，当她需要书籍的时候，就让家人给邮寄过来。就这样日复一日，年复一年。最终她的稿子被一家出版社看中，并发行成书，从此，汤姆森太太成为一名著名的作家。”

成长悟语

不论是狮子还是羚羊，都要奔跑；不论是贫穷还是富有，都要去奋斗。关键是你要跑出自己的速度，奋斗出自己的路。

生活就像一杯鸡尾酒，要是你连自己应该做什么、想要做什么、不该做什么、怎么去做都不知道，你又怎么能够调出属于自己的口味呢？

空手而归的渔夫

格鲁是远近闻名的打鱼好手，可是他出海打鱼总是一根筋，所以总是空手而归。

一年秋天，正是螃蟹最肥的时候，市面上的螃蟹价格飙升，格鲁准备出海打螃蟹回来卖个好价钱。可是出海以后，他发现由于时间比别人晚，螃蟹已经没有了，海里最多的是大马哈鱼，格鲁认为即便抓大马哈鱼价格也不会太高，于是就放弃这次出海，空手而归。但是等到格鲁上岸才发现，由于过多的人打捞螃蟹，螃蟹的价格并不像一早那么高，而且还在不断降低，反而数量稀少的大马哈鱼价格居高不下。

第二天，格鲁出海的时候就想多打一些大马哈鱼，但是把船行驶到海中才发现，大马哈鱼因为今天的潮汐改变，数量非常稀少。格鲁搜索了半天，螃蟹倒是比昨天多了很多，但是格鲁没有打螃蟹，因为他感觉一定会像昨天一样价格越来越低，最后格鲁再次空手而回。等到了岸上，格鲁又恼又气，因为很多人都以为今天的螃蟹价格不景气而没有打螃蟹，这导致当天的螃蟹价格非常高。

晚上，格鲁躺在床上，想着这两天自己的行为，十分后悔。于是他发誓，明天出海，无论是遇到螃蟹还是遇到大马哈鱼，都打回来！可是第三天出海，什么都没有，只有一些龙虾，于是，格鲁再一次空手而归……

成长悟语

每一个人都会给自己定下一些规则，遵循规则并不是坏事，但是一味地墨守成规，最后往往会被规则所拖累。规则给予人们的应该是一种指导，而不是一种束缚。

一只手也可以鼓掌

一位只有一条胳膊的老人推着一个患有小儿麻痹症的女孩在散步，他们是邻居也是最好的朋友。因为两个人的身体都无法像正常人一样，所以他们更能了解对方的心思。

老人性格乐观，而女孩却非常悲观和忧郁，老人为了让女孩高兴，一边推着她走一边为她讲述自己年轻时的故事。两个人散步到一个幼儿园，幼儿园的孩子们正在唱歌，清脆悦耳的歌声吸引了他们的注意。

当孩子们唱完的时候，老人示意女孩一起鼓掌，女孩吃惊地问："鼓掌？但是你……"老人笑了笑，一只手解开自己的衬衫，然后，用手不停地敲击着自己的胸膛，那种"鼓掌"的声音，就像在打鼓，但却敲进了女孩的心里……

女孩看着老人对命运的不屈，不禁为自己这么多年的自暴自弃感到悔恨。知道自己得了小儿麻痹后，她幼小的心灵中就有了自卑的阴影，随着年龄的增长自卑感越重，甚至没有听取医生的劝诫做复健运动。

"相信我，孩子，只要努力一只手也可以鼓掌，而你也一定能站起来！"老人继续鼓励女孩。

那天晚上，女孩让父亲写了一张字条，贴到了墙上，上面是这样的一行字："一只手也可以鼓掌！"

从那之后，她开始配合医生做复健运动，无论多么艰难和痛苦，她都咬牙坚持着。有一点进步了，她就加强对自己的要求，以求更大的进步。无论有没有人在她的身边督促她复健，她都不曾懈怠，她甚至常常自己扔开支架，试着走路。蜕变是痛苦的，但终能破茧成蝶。她坚持着，相信自己能够像其他孩子一样。她要行走，她要奔跑……

11岁时，她终于扔掉支架，她又向另一个更高的目标努力，她开始锻炼打篮球和参加田径运动。

1960年罗马奥运会女子100米决赛，当她以11秒18第一个撞线后，掌声雷动，人们都站起来为她喝彩，那一届奥运会上，她共摘取了3枚金牌，也是第一个黑人奥运女子百米冠军。现场所有人都齐声欢呼着这个美国黑人的名字——威尔玛·鲁道夫。

成长悟语

每个人都是被上帝亲吻过的天使，每个人都有飞翔的潜能。只是有些人的翅膀并不明显，需要自己去寻找、去发现。这些人其实是上帝的宠儿，因为上帝很早就教会了这些人，如果有一天，飞翔的翅膀折断了该怎么办。

我们的肉体会随着时间改变而衰老，但是，灵魂却应该更加健康和年轻。

心灵的破洞

有个性格十分自满且傲慢、固执的年轻人，他一直想让自己活得更智慧、更快乐，于是，他四处向人请教。

但是无论谁给予的意见都不能让他满意——有名的智者说的话不够实际；教堂里资深的牧师说的话不近人情……随着拜访的人越多，他的心灵也越来越空虚。

有一天，他打听到一个村庄里有一位非常受人尊敬的老者，凡是听过老者教诲的人生活都发生了很大的改变，愁苦的人会变得很快乐。于是他不顾一切匆匆赶去，身上只带了很少的钱。然而，没有人告诉他这位老者的模样，他只能凭自己的想象去寻找，在他的心里，这位老者肯定是一个样貌慈祥、气宇轩昂的老人，但是，他苦苦寻找了许多天，却仍然没有见到老者的踪影。很快，他身上的钱花光了。

就在他又饿又渴、孤立无援的时候，一个穿着破旧、浑身散发着酸味的老乞丐来到了他跟前。这个老乞丐在怀里摸了半天，最后掏出半个面包递给了他。看到吃的，年轻人也不管老乞丐的手脏就连忙接过面包，三两口就吞进肚子里，他实在是太饿了。

吃完面包他又请求老乞丐："谢谢您！不过，如果您能再给我一点水喝，我会更加感激您的，我实在渴得受不了了。"

老乞丐点点头，到附近人家要了一桶水，接着，他从怀里摸出一个小碗，递给年轻人，把桶里的水倒给他喝。

但是年轻人刚喝几口就发现这个碗漏了，只不过盛了一些水，碗底就出现一个个小洞，原来它根本就是泥巴捏的。老乞丐仍不停地倒水，可是年轻人总是来不及喝几口，水就流光了，终于，碗变得越来越软，碗底的破洞

也越来越大。年轻人连忙说："嗨！不要再倒水了！这碗已经破了大洞，您再怎么倒，我也喝不到啊！"

老乞丐停止了倒水，很慈祥地笑了，说："有破洞的碗无法装水，有破洞的心灵，当然也装不进任何忠实的意见。我的孩子！你表面上谦虚请教别人，其实你的内心自满又固执，已经有了破洞，所以无论什么人对你说了什么忠言，你都听不进去。"

年轻人心中一震，这才发现老乞丐身上散发着一股祥和的金光，原来这就是那位受人尊敬的老者——上帝，他两脚一软，跪了下来，但化身为乞丐的上帝，却早已经消失得无影无踪了。

成长悟语

生活中，这样的年轻人并不少见，每个人的内心都会有着或大或小的破洞，固执、偏见、傲慢、自满……这些破洞，让人装不进任何善意的建议，也装不进人生的真理。所以，人应该试着修补自己内心的破洞，以防它渐渐扩大，这样才能装得下金玉良言，才能让自己活得更加智慧、体验更多的快乐，让自己的人生更加圆满。

圣诞礼物

圣诞节那一天，托尼的哥哥送了他一辆新车。他开着这辆车去购买圣诞节用品。当托尼从大型商场走出来的时候，发现一个男孩围着自己的新车看个不停，他不时地触摸一下车身，一脸的羡慕。

当托尼走过去的时候，这个男孩扬起稚气的脸问托尼："先生，请问这是您的车吗？"

托尼看着小男孩可爱的脸庞，笑道："是的，这是哥哥送我的圣诞礼物。"

小男孩惊讶地张大嘴巴，说道："你是说这是你哥哥给你的，而你不需要花费一美分？"

托尼点点头表示确认。男孩羡慕地说："太棒了，我真希望……"

托尼理解这样一个普通的孩子，这个孩子一定是想说他也希望有这样一个哥哥。托尼非常怜悯眼前这个可爱的男孩，于是对这个男孩说："没关系，今天我们来一起分享这份圣诞礼物，要不要上车我们一起去兜风？"

小男孩高兴极了，上了车后和托尼两个人在城市里兜风。转了一会儿，小男孩对托尼说："托尼先生，请问你是否能把车停在我家的门前？"

托尼答应了他。等到托尼把车开到小男孩的家时，小男孩让托尼等他一下，然后笑着往家跑去。

当小男孩从家里出来的时候，他带着一个比他还小，而且患有小儿麻痹症的孩子出来，那应该是男孩的弟弟。他把弟弟安置在下边的台阶上，两人紧靠着坐下，小男孩指着托尼的车对弟弟说道："你看，那是他哥哥送给他的圣诞礼物，很酷吧？而且他不需要花一美分！将来有一天，我也会送给你一辆同样的车，不，也许比这一辆更棒！这样你

就可以看到我给你说过的百货店橱窗里的圣诞礼物了！”

听着男孩的话，托尼的泪水模糊了双眼，他知道了最开始男孩说“希望”，并不是希望有一个这样的哥哥，而是希望成为一个这样的哥哥。托尼走下车，抱起小男孩的弟弟，然后招呼小男孩一起上车，带着他们一起过圣诞节。

成长悟语

你可以选择同情卑下、可怜、弱势的人，但是，这并不说明，他们的灵魂没有让我们感到震撼的地方。你能够从他们身上学会更多美好的东西，因为上帝永远在更需要他的地方守候。

当有一天你不仅是怜悯而是感动的时候，说明你开始看到这个世界最美好的一面。

角落里的眼睛

幼儿园里每一个孩子都在极力地表现自己，他们想引起老师的注意，或者说博取老师的喜欢。卡罗尔在幼儿园里却像一个格格不入的孩子，她不哭不闹，也不大声喧哗，甚至很多孩子都忘记了还有这样一个女孩，她一直在角落里默默看着大家。

卡罗尔成长的历程一直是这样。幼儿园的时候，一个人在角落里玩其他小朋友玩剩下的玩具；小学的时候她坐在班里角落的位置，从来不主动回答问题；中学时代的卡罗尔依然坐在教室的角落里，唯一参与的社团活动是插花……工作后的卡罗尔在一家出版社做编辑。

一次聚会中，卡罗尔遇到了自己小学同学梅森。梅森无意中说起小学时自己的铅笔丢了，以为是邻座偷走的，于是就和邻座的同学吵架，直到现在梅森都非常愧疚。但是还没有等梅森说出愧疚的原因时，卡罗尔就说：“我知道，因为你忘记了，你自己用口香糖把铅笔黏在了座位底下。”之后，卡罗尔还说了很多关于梅森小时候的事情，梅森非常惊讶，他以为这些事只有自己知道。

通过梅森的宣传，好多同学都来找卡罗尔聊天。有的是询问自己一直以来藏在心底的疑问，有的是想知道自己丢的东西在哪儿，甚至还有问自己喜欢的男生为什么和自己分手……出人意料的是，卡罗尔都能一一解答，让很多人都感觉卡罗尔就像一双“上帝的眼睛”，似乎看到了所有人都看不到的事情。

卡罗尔就像是一个拼图高手，她在角落里用自己的眼睛，默默收集着生活和时间的碎片，把每一个人的回忆补充完整，拼成一幅完美的画卷。

成长悟语

我们要学会观察，而不是单纯地批判。如果只是观察，我们就可以和其他人建立一种直接的关系。我们只是敏锐而机警地观察这个世界以及世界里的人，不加以随意地判断和结论。这样，我们就会更接近思考，而不是宣泄情绪。

爱德华的脚印

爱德华是一个刚从事神职工作不久的神父。工作第一天，主教就让他负责去城里传播教义，而其他人则留在教堂里负责日常事务。爱德华认为这是主教在为难他，因为这份工作十分辛苦。

一天，主教发现爱德华一直没有出门，以为他生病了，就走进爱德华的房间看一下他。但是，他却看到爱德华一直在整理一大堆穿坏了的鞋。主教疑惑地问："我的孩子，今天你不打算出门传播教义了，为什么会在这里整理这些鞋呢？"

"没有办法，神父每年只需要两双鞋，而我一年的时间居然穿坏了十双鞋。"爱德华口气中带着一点不悦。主教马上明白了他话里的含义。

主教示意爱德华和他一起出去，两个人走到了教堂后面的田地里。主教对爱德华说："你沿着这条路走到头，然后沿着田地再走回来。"

当爱德华走完了之后，主教指着路让爱德华看："你去的时候没有脚印，但是你回来的时候却留下了脚印，你知道为什么吗？"

"因为去的路是干的，而田里都是泥。"爱德华回答说。

主教说："很好，那你觉得是路好走还是泥地好走？只有在泥地里，才能留下足迹。现在，如果在整个城市里询问神父的名字，我的孩子，你猜他们知道谁的名字多一些？"

成长悟语

如果上帝让你面对他人不曾面对的逆境，吃常人不曾吃过的苦，不要企图逃避，也不要抱怨或者推托，这些烦恼是人生留给你的礼物，只有经历过、面对过，才能留下回味，拥有积淀，最重要的是你会留下常人不曾留下的脚印。

你要做的不是感慨痛苦，而是在痛苦中学会成长。

一份正经工作

在法国香榭丽大道，有一个沿街卖唱的年轻人。他每天沿着香榭丽大街散步，手中提着一把小吉他。有先生、太太叫住他唱歌时，他就在路边找地方坐好，不紧不慢地唱歌；没有人请他唱歌，他就拎着小吉他慢慢在梧桐树荫里散步。

一个来法国打工的菲律宾妇女常常经过香榭丽大街，她也常常看见卖唱的小伙子在大街上散步。这天，妇女在一个公交站前等车，与小伙子相遇了。

她问："你每天在这里唱歌，挣得应该不多吧？"

小伙子凝神想了想，说："是的，不算多。但足够我的基本生活开销。"

菲律宾妇女说："你为什么不去做一份正经工作呢？像别人那样上班，或者做生意。"

小伙子似乎没有明白她的逻辑，说："我在这里唱歌很好啊，我过得很快乐，为什么要换工作呢？"

妇女说："可是，你不想让你的家人过得更好吗？拿我自己举例，我十年前就离开菲律宾来到法国，辛辛苦苦打工赚钱，然后把钱寄给家里，现在我的女儿在菲律宾最好的小学上学。你不觉得，做一份正经工作，能让家人过得更好吗？"

听了她的话，小伙子显得有些惊异："你已经离开菲律宾十年了？你的家人不想念你吗？我每天在这里唱歌，虽然挣得不多，但每天都能和家人在一起。我觉得，无论物质条件如何，一家人幸福快乐地在一起才是最重要的。你赚钱的目的不就是希望全家能够幸福快乐地生活在一起吗？可是你离开家人那么远，家人又怎么能感到幸福呢？"

成长悟语

人生就像是一个圆圈，有些人走了一辈子都没有绕出这个命运之轮，我们不知道的是，在这个圆上，每一个小点都有一条能够让自己成功的切线。这个成功不一定是大成就，而是无愧于灵魂的欣喜。

胖女孩罗兰

罗兰是一个体态微胖的女孩，因为这个原因，很多工作都和她失之交臂。

一个偶然的机会，罗兰得到了一份工作：照顾一位老妇人。

这个工作机会是罗兰的朋友转让给她的，老妇人是一个法国人，她对生活非常挑剔，之前已经换了好几个看护人员，她们都因为受不了她的唠叨而辞职。

朋友一开始就劝说罗兰不要接手这个"烫手的山芋"，如果老妇人天天嫌她胖，天天指责她，罗兰一定会崩溃的，但是罗兰认为自己可以胜任，她需要这份工作。

罗兰成为护工的第一天，她怀着忐忑的心情照顾老妇人。老妇人确实看起来不太好相处，但出人意料的是老妇人并没有指责罗兰臃肿的体态，而是对罗兰的法语发音非常不满，一直批评她。罗兰知道自己的法语水平不是很好，所以对老妇人的指责没有放在心上。

之后，老妇人又开始指责罗兰走路的样子和坐姿难看，罗兰正想告诉老妇人自己的体形无法像一个美女一样有气质。可是老妇人指出的细节，却是她走路时有踮脚轻跳的习惯，而坐下时双腿没有并拢，一点没有淑女的样子。而这两点和罗兰的肥胖没有任何关系，所以罗兰再次接受。

一天，罗兰给老妇人带来一块自己烤的蛋糕。着急之下罗兰直接用手捏着一块蛋糕要给老妇人吃，老妇人大发雷霆，甚至直接把蛋糕扔到地上，大喊道："难道你就不知道要放在盘子里？难道你没有一点卫生的常识和教养？"罗兰的一番心意被老妇人扔到了地上，她真的不想干了。可是罗兰静下来的时候，她明白，确实是自己做得不对。

之后通过和老妇人的相处，罗兰才知道老妇人出生在法国的一个贵族家庭，所以对一切都要求严谨。从此开始，罗兰改正自己的发音、走路的习惯、坐姿……只要是老妇人提出的意见，自己都用心改正。

在老妇人生日那天，罗兰花了几个小时为老妇人做了烤牛排，一切工序都是按照法国贵族的传统程序操作。当罗兰捧着香喷喷的烤牛排，祝她生日快乐时，老妇人感动得流泪了，说："我的女儿也曾经给我做过一样的牛排，你和她一样漂亮、一样可爱。"

成长悟语

真正对我们好的人，并不是总给予我们赞美和沉默的人，而是在我们成长的时候，帮我们意识到未来的可塑性，然后将我们从绝望的土壤里拉出来，告诉我们，我们其实可以足够好的人。

他们也会拿着教鞭抽打我们的小腿，告诉我们要注意脚下的沙坑和陷阱。虽然很痛，却让我们不会摔倒。

一束玫瑰花

查尔是教堂里的一个牧师，他每个礼拜天都会到教堂去。一次，查尔到了教堂正要换衣服时，却发现自己的衣服口袋处别了一朵开得正娇艳的玫瑰花。尽管查尔感到很好奇，他猜想一定是有人特意送给自己的，他愿意接受这种友好的方式，所以也没想太多。

又一个礼拜天，查尔像往常一样穿着带玫瑰花的衣服出现在教堂。这时，他看到一个八九岁的小男孩向他走来，男孩来到查尔面前，说："先生，你打算怎么处理你的衣服上的这枝花？"查尔一开始并不不知道对方在说什么，但他马上就明白了，男孩指的是自己衣服上的那朵花。

"孩子，你想要它吗？"查尔反问。

小男孩说："是的，先生。如果你打算丢掉它的话，能不能把它送给我？"

查尔微笑着说："我可以把花给你，但我想知道你准备拿它做什么。"

小男孩满脸期待地仰望着查尔，说出了下面一段话："先生，我把它送给我的奶奶。我的爸爸妈妈离婚了，我本来是跟着妈妈的，但妈妈后来又结婚了，就把我送到爸爸那里。我和爸爸住了一阵子，但爸爸家有一个小女孩，那个小女孩总是欺负我，不愿让我住在她家里，爸爸只好把我送到奶奶家。奶奶对我特别好，每天给我做饭，洗衣服，接送我上学。她对我太好了，但我没钱买礼物给她，所以，如果你愿意把这朵漂亮的玫瑰花送给我，我就能把它送给奶奶了，感谢她爱我。"

当小男孩说完话，查尔哽咽得说不出话来，他的眼眶充满了泪水。查尔从自己的衣服上取下那枝花，把花拿在手里看着男孩说："你是个好孩子，你说的话我听了特别感动，但我不能把花给你，因为用这枝花来感谢你的奶奶还远远不够。这样，你走到讲道坛的前面，那里有一大束花。每一个星期都有不同的家庭买花送给教堂。请把那些花送给你的奶奶，因为那样才能配得上她。"

小男孩兴奋地说："我太高兴了，今天是我最快乐的一天！我只要求一朵花却得到一大束。"

成长悟语

人都说花是最美的，但孩子纯洁的内心是所有花中最美丽的。每个人在成长的过程中，都要永远保持一颗纯洁的心，才能始终不忘对万事万物的感恩。

第二十七辑

失败：摔倒也是生命的礼物

两只小狐狸

森林深处的一棵大树底下有一个狐狸窝。里面有一只老狐狸，还有两只小狐狸——一只白毛小狐狸，一只棕毛小狐狸。

老狐狸年纪很大了，它感觉自己越来越虚弱，时日不多了。心里想：“在我离开之前，我必须抓紧时间训练两个小家伙的捕食本领，好让它们尽快地独立生活。”

它对两只小狐狸说：“咱们做一个游戏，你们自己出去找吃的，谁第一个抓回来吃的，谁就是我眼中的成功者。”在它的鼓励下，两只小狐狸便离开了温暖的家，外出捕猎去了。

刚开始时，小狐狸们总是无功而返，还时不时地带回来一些伤。几天以后，白毛小狐狸觉得这游戏一点意思都没有，更何况自己还这么小，根本不可能抓回来猎物，便不再练习了。每天出门就是到森林里追蝴蝶，玩蚂蚁。

我们都有一根长短相同的杠杆，我们能否成功，关键在于我们能否为自己找到一个最合适的支点。这个支点就在自己身边，找到了你就可以撬动地球。

而棕毛小狐狸虽然一直没有抓到猎物，但也一直没有放弃过。它认为，只要自己不断地练习，总有一天能抓住猎物。于是，它每天都早早地出门，努力去练习捕猎，好多时候摔得遍体鳞伤。遗憾的是，虽然它每天都这么努力，但还是一直没有成功，猎物总是巧妙地逃走了。不过，棕毛小狐狸觉得自己进步了不少，因为它跑得更快更轻松了，追赶猎物没有以前那么费劲了。

这一年的冬天，老狐狸把两只小狐狸叫到自己身边。它说：“我老了，以后不能再照顾你们了。”它看了一眼白毛小狐狸，“孩子，你要像你的兄弟学习，它是一个成功者。”

白毛小狐狸不乐意地问：“你说过，只有捕到猎物才算成功，但它并没有捕到呀。”

老狐狸意味深长地说：“没有结果，也是一种很好的结果，因为它拥有了过程。”说完，它就闭上了眼睛。

之后，小狐狸们开始了独立的生活。老狐狸离开后的第二天，棕毛小狐狸终于成功地捕捉到了一只小兔子。而白毛小狐狸却只能眼睁睁地看着猎物从自己的眼前跑过，没过几天，可怜的白毛小狐狸终于挨不住饥饿和冬天的寒冷，静悄悄地死了。

成长悟语

所谓失败，其实就是自己的一种感觉，是在通往目标的过程中，由于自己的行动多次受阻而产生的绝望感，是自己在心中滋养起来的障碍。

包装面包

经济萧条时期，钱很难赚。米克斯的父母都是普通的工人，两人起早贪黑地工作却仍然过得非常清贫。

米克斯想偷偷地到大街上找个工作。他很快就找到一家面包店，店主想找一位负责包装的小店员。可除了他之外，还有三个小男孩也想要这份工作。无奈之下，店主决定举行一个简单的比赛，谁赢了谁就可以得到这份工作。四个小男孩听过之后非常兴奋，表示愿意参加。

店主说：“这份工作主要就是包装面包，所以我给你们每人一张纸，谁把面包包得最漂亮、最结实，这份工作就是谁的。”

这样的方式不但公平，而且有趣，小家伙们当然都同意。可孩子们从来没有工作过，更不懂得包面包，所以，尽管四人都尽了最大的努力，但还是没有成功，其中一个男孩努力过后甚至放弃了比赛。没办法，店主决定明天让他们继续比赛。

第二天，比赛内容还是一样。不过，有了昨天的经验，孩子们明显熟练了一些，也放轻松了很多。包装完之后，几个人分别拿给店主看。当所有的面包放到一块时，其他几个孩子惊诧地发现，米克斯包装的面包不但漂亮，而且十分精美，好像他之前学过一样。而其他的几个呢？虽然成形，但明显逊色很多。

店主说：“恭喜你，孩子，最后的胜者当然是你，可是你能告诉我，你胜出的诀窍是什么吗？”

小男孩眨了眨眼睛说：“昨天我们都不会包面包，可昨晚回家后我一晚上都没睡觉，拿作业纸练了无数次，现在，我终于能熟练地把面包包得又好看又结实了。”

成长悟语

认识到不足永远只是第一步，学会如何进步才是根本目的。学会如何进步之后，一定要坚持进步。这样，好运和回报就会向你招手。

不完美的圆

有一个圆，它的身体有一处残缺，这个圆非常伤心，觉得自己很丑。它想让自己恢复完整，因此，它四处寻找失去的部分。

因为残缺不全，它只能慢慢滚动，每走一步路都非常小心，生怕自己摔倒。正因如此，它可以在路上欣赏花草树木，还能和毛毛虫聊天，享受阳光。

一天，它看到一只非常美丽的蝴蝶，它们聊了起来。“今天的阳光不错是吗？蝴蝶，你的翅膀让阳光一照真的很漂亮！”“谢谢！你也很好看啊，虽然你不是一个完整的圆，但缺掉的部分有一个优美的弧线，让我很羡慕呢！”蝴蝶礼貌地回应。

圆继续寻找着自己残缺的那部分。它找到各种不同的碎片，但都不合适，要么太大，要么形状不对。所以它一刻不停地往前寻找。终于有一天，这个残缺不全的圆终于找到一个非常合适的碎片，他感到非常高兴，飞快地把那块碎片拼上了，开始滚动。

刚开始的时候，圆高兴极了，因为它现在是个完整的圆了。可渐渐地它又不高兴了，因为完整的圆滚得太快了，快得使它注意不到路边的花草树木，它也不能和毛毛虫聊天，它的世界也一下子沉闷起来。

有一次，一只小蝴蝶想和它聊天，可它根本停不下来。终于，完整的圆受够了这种生活，它找了一个角落，把补上的碎片丢在了路旁。现在，残缺的它又可以闻到花香和蝴蝶唱歌了。它缺了一角，可是找回了快乐。

成长悟语

完美纵然让人喝彩，但不完美的存在也让人有了努力追求完美的动力。

不完美会让事物变换一个角度存在，让人感受到另类的美丽。如果把时间都花在追求完美上，到头来很可能会发现一直追求的美根本没有想象中那么美好。有些事情有缺憾才是完美的。

请把失败卖给我

洛克·伍德是个著名的印象派画家。他跟很多知名的人一样，也是经历过一段黑暗的奋斗史才有了今天的成就。可是洛克·伍德这段黑暗时代却有一些跟别人的不同之处，就是他出卖过自己的失败。

那是 1947 年，洛克·伍德作为一个无名的落魄青年，除了内心怀揣对绘画艺术的梦想之外，他一无所有，靠在街头给人手绘素描人像而生活，他常年租住在汽车旅馆内，因为这里价格便宜。他每天都会去街角绘画，但总是感觉自己的画失败不堪。奇怪的是，一个商人定时会来收购自己“失败的作品”，钱不多，几美元或者 10 美元就可以买一幅作品。就这样，几年下来，这个商人也收集了他上千幅失败的画作。

有一天，这个商人又来了，但是没有买他的画作，而是告诉他自己打算在华尔街举办一个画展，专门展出他这几年的“失败画作”，希望他能参加，并告诉他，自己已经在报纸上刊登了这个消息，并告诉人们自己的目的是从失败的画作中找出好的作品与劣质作品的区别。洛克·伍德对此很是纳闷，觉得举办这样的一个画展，没有什么意义，也不会取得成功。

出乎人的意料，这个画展举办得很成功。观众从各地纷至沓来，观看这些劣画究竟不好在哪里。洛克·伍德也参加了这个画展，他一幅幅地看着自己的画作，仿佛看到了自己的成长历程，也明白自己失败到底在何处。

成长悟语

一个人成功的经验，往往成为很多人借鉴的范例。可是，他们往往忽视了失败对于成功的重要性。失败就是层层阶梯，只有走到最后一步才能接近成功。

最后一名

菲欧娜从小到大都是最棒的，在周围的孩子中，学习最好，家境最优越，长得又漂亮。她考上了最好的大学，找到了最帅气的男朋友，甚至有一个人人羡慕的工作。

可是后来，她变了，她爱上了做最后一名。

事情发生在半年前。她和朋友一起去学舞蹈健身，走进舞蹈教室，看到其他人优美的舞姿、熟练的舞步，她羡慕极了。可是当她开始练习动作时，却出现了问题。她的后背僵硬，根本摆不出那样优美的弧线，她的胳膊也不能向后伸展，最重要的是，她有点跟不上节拍。

菲欧娜第一次有了受挫的感觉，她第一次觉得自己不行。可同时这也燃起了她的斗志，她相信自己一定能战胜困难。

于是她坚持去舞蹈教室，勉强自己做动作，并且在家中偷偷练习。可还是不行，她成了班里动作最丑、进步最慢的人。她终于承认，任何人都有自己的短板，不可能样样精通。她决定放弃，但不是不去学习，而是放弃做第一名的想法，放弃争强好胜的心态，放弃勉强自己进步，而是用心去享受锻炼的过程。能做的动作就做，不能做的动作就简单比画一下。渐渐地，菲欧娜感受到了做最后一名的轻松与快乐，没有求胜的压力，没有别人的期许，每一个动作都能随心而欲，没有任何负担，仅仅是一种享受。

生活是一本很厚的书，有的人读完它变成了天使，有的人读完它变成了魔鬼。

舞蹈老师因为担心菲欧娜自尊心受挫，

一度劝她去初级班，但是她拒绝了，她要留下来，因为在这里她可以做一个快乐的最后一名。

以前，菲欧娜从来没有尝试过放弃，她一直认为付出就可以有回报，任何事情都有进步的空间，都可以得到改善。她曾经逼迫自己选择最难考的专业而非自己最喜欢的，甚至用两个小时去化妆打扮以便能配上帅气的男朋友。

现在，她终于明白了，以前的自己到底有多累。她就像一个常年在高空高气压中飞行的人，终于落地。她长舒一口气："当最后一名也不错！"

成长悟语

跑步竞赛中，就算跑最后一名同样令人尊敬，因为以最后一名的立场坚持到底的人，他的眼中已经没有名次的成败了，而是一种运动精神——享受跑完全程的经历，只要到达终点就是胜利。

再试一次

约翰逊是个出身贫寒的黑人，他决心创办《黑人文摘》，并以母亲的家具作抵押得到了500美元的贷款。但是《黑人文摘》的前景并不被看好。为了扩大发行量，约翰逊必须要做好宣传工作。

经过一番深思熟虑之后，约翰逊决定组织一系列以《假如我是黑人》为题的文章，请白人把自己放在黑人的角度上，严肃地看待这个问题。最好是由有名的白人来写，这样影响力更大。

同伴们听到这个策划方案后，并不是非常支持。因为在他们看来，请名人写是不现实的。因为杂志的知名度还很有限，运作资金也有限，没有哪个名人肯为一本不知名的小杂志贡献自己的影响力。

不过，约翰逊并没有因为别人不看好就放弃这个想法，他甚至将自己的目标又提升了一个层次，他要请罗斯福总统的夫人埃莉诺来写一篇这样的文章。

这简直是异想天开，围绕着约翰逊的又是一片嘲笑声，但是约翰逊仍旧不为所动。他给罗斯福夫人写了一封言辞恳切的信。

罗斯福夫人回信说她太忙，没时间写。约翰逊还是不气馁，他又给她写了一封信，但她还是回信说很忙。此后，每隔半个月，约翰逊就会准时给罗斯福夫人写一封信，言辞愈加恳切。

不久，罗斯福夫人因公事来到约翰逊所在的芝加哥市，并准备在该市逗留两日。约翰逊得知此消息后，喜出望外，立即给罗斯福夫人发了一份电报，恳请她趁在芝加哥逗留的时间里，给《黑人文摘》写一篇文章。

罗斯福夫人收到电报后，没有再拒绝。她觉得，无论自己有多忙，也不能再说"不"了。她终于写下了自己的想法。消息传开后，《黑人文摘》的发行量在一个月内由5万份增加到15万份。

后来，约翰逊又出版了黑人系列杂志，并开始经营书籍、广播电台、妇女化妆品等业务，终于成为闻名全球的富豪。

成长悟语

成功从来都不会是一条坦途。面对每一次的挫折与失败，我们应该始终怀有“再试一次”的勇气与信心。

也许再试一次，我们就能听见成功的脚步声！

在失败的地方发现弊端

罗伊·道密尔的一生绝对称得上是一部精彩的励志传奇。罗伊年轻时，只带了5美元从匈牙利来到美国，而二十年后，罗伊·道密尔已经成了家喻户晓的千万富翁。

罗伊到美国后，通过几年的勤奋工作积攒了一些积蓄，他用这些积蓄买下了一家濒临倒闭的玩具工厂。

当时很多人都不看好罗伊这一举动，认为他是在拿钞票打水漂，而罗伊却不这么认为。

他仔细调查了玩具厂濒临倒闭的原因，原来是制造玩具的成本太高了。

这家工厂的制造成本高并不是制造玩具的原料贵，而是工人的工本贵，工本贵是因为在一定的时间内生产不出相应数量的玩具。

罗伊根据这一情况改造了工厂的布局，他把原材料放在工人顺手的地方，工人需要时伸手就可以拿到，不用再费时间去找。

同时，罗伊规定工人工作时不许吸烟，但每隔两个小时可以休息15分钟。

因为罗伊发现，很多工人吸烟时会降低工作效率，吸烟还会营造闲谈的气氛，很多时间就在闲谈中浪费了。

并且，有时候烟灰掉在正在制作的玩具上，造成了玩具的烧损。

罗伊实施了这两项措施后，工厂的生产效率大大提升，产量增加了50%。

一个濒临倒闭的玩具工厂就这样成了美国的玩具制造龙头。

此后，罗伊继续收购濒临倒闭的工厂，有人问他为什么不自己开设，而是收购将要倒闭的公司，罗伊回答：“因为这些工厂倒闭的原因就摆在那里，我只需要把问题解决掉，就能扭转倒闭的颓势。

如果我自己开设工厂，要对该行业的问题摸索很久才能发现，那样风险太大了。在失败的地方才能一眼发现弊端，这是风险最小的，因此最能取得成功。”

成长悟语

与其重新开始一条不熟悉的新路，不如在失败的地方解决问题。解决问题的关键不在于是否有新方式、是否有创意观点，而在于是否有心去发现问题的症结，并坚持处理问题。

明天照样会有报纸

当红明星伊丽莎白因为超速驾驶出了事故，造成6人不同程度受伤。

之后她被警察刑拘了，这一事件被作为头版头条登在各大报纸和杂志上，一时间对伊丽莎白的指责和谩骂蜂拥而至。

人们认为作为一个公众人物，公然无视普通民众的生命，这是人格卑劣的行为。

这样的指责对于伊丽莎白来说，无疑是个致命的打击。

她之前的签约公司跟她解除了合同，几部本来约好的电影角色，也临时换成了别人。

伊丽莎白心情糟糕透了，精神几度抑郁。

一次，她在酒吧喝得酩酊大醉，躺在自己大门的台阶上，但意识仍旧清醒。

这时，她的经纪人兼朋友艾薇儿，看到伊丽莎白的这种行为并没有大加指，而是微笑着上前，点到为止地在她耳边低语说："明天照样会有报纸。"

这句标准的西方幽默，顿时让伊丽莎白浑身机灵。

是啊，一切都会好起来的，只要自己努力，让大众看到自己诚心诚意的歉意，自己的正面形象很快就会树立起来的。

于是她逐渐从之前的阴影中走了出来，重新开始，一步一步，又走上了曾经的辉煌，是啊，如果没有那句"明天照样会有报纸"，事情会变得多么糟糕。

伊丽莎白是幸运的。

所谓成败，说到底就是和时间进行的一场战斗。

成长悟语

太阳明天照样会升起。人生也是如此，明天之后还有明天。我们今天遭遇了挫折，不要为此失去了追求梦想的勇气，请把失败留在今天，明天会是一个新的开始。如果我们一味地抓住今天的失败不放，那么我们的人生永远没有明天。

"迟人半步"PK"抢先一步"：慢者为王

1995年，段永平辞职下海，并于当年9月在东莞市创立广东步步高电子工业有限公司。在公司成立次年，段永平就出手8200万元夺得中央电视台一个黄金时段，以"股市又升了"这个广告拉动其无绳电话夺得全国市场份额第一名；在1998年和1999年央视的广告竞标中，步步高分别以1.59亿元和1.26亿元成为"标王"。当其他"标王"纷纷落马时，段永平还成功打造了另一个品牌"小霸王"。

段永平的营销能力得到广泛推崇，人们把他营销手法的特点概括为“敢为人后”。“敢为人后”，就是甘心做跟随者，只进入成熟的市场，重视并利用先行者的经验，遵循他们已经采用的模式，自己不轻易进行新的尝试，以降低风险。

步步高是在VCD竞争最激烈的时候进入该领域的，很多人说这是夕阳产业，段永平则认为夕阳无限好，人多的地方往往最安全，虽然失去了市场先机，但有了前车之鉴，可以做得比先行者好。

先行者有些常见病，比如往往只注重打广告。段永平则会将该做的事情做好，在开拓市场时，做好每一个环节的工作，广告只是营销的一个环节，服务、品质等环节也要与之匹配。

步步高吸取的另一个教训是在多元化的问题上非常谨慎，段永平将自己定位为中小企业，不设“做中国的松下”这样的目标。

成长悟语

不仅是段永平，很多人在刚刚创业时都不具备“先人一步”的实力，更多的人是技术力量淡薄、资金不雄厚、技术人才缺乏。与其花费人力、财力、物力去盲目地和大企业争夺市场份额，不如在大企业占有“大市场”后，把自己定位为拾遗补缺的角色，占领相对稳定的“小市场”，从而脚踏实地地一步步发展自己。像这样成功的小企业，着重于赢利和拾遗补缺，而不是不自量力与大企业争夺市场份额，这对避免大企业的打压很有好处。另外，尽管小企业的市场占有率远远不及大企业，但利润率不见得低，甚至有可能超过大企业。。

100分的挨骂答卷

特瑞大学毕业后被分到一家律师事务所做实习律师。但是，他常常因为经验不足被资深律师责备，这让特瑞感到深深的失败。

后来，特瑞把自己的处境告诉了大学导师，导师对他说：“你知道吗，每一届学生去那个事务所实习都会挨骂，我最好的学生两年的实习时间内都被骂过七十多次！这就像一份实习答卷，挨骂就是在得分！”

特瑞听了导师的话信以为真，他认为自己并不是老师最优秀的学生，但也不至于最差，所以在两年的实习期间，自己应该会受到100次的责备吧。

于是特瑞找来一大张白纸，在上面画上100个格子，他告诉自己：这就是自己实习的答卷，挨骂一次，就得一分，但是要记下时间和原因，等自己挨骂100次的时候，就是自己满分毕业的时候！

把自己犯错时受的责备当成是一种得分游戏后，特瑞的心情大不一样。

虽然每一次挨骂时心情依然不是很好，但是，当他填写自己挨骂的时间和具体原因时，心里反而有一种“考试得分”的快感，特瑞发现原来失败和挫折以及受到的责备也是可以玩的。而且，他从中也意识到自己身上的缺陷，并极力改正。

随着特瑞认真地填写这一张“毕业答卷”，他发现自己挨骂的频率越来越低，自己几乎很少在同一个地方犯同样的错误，就这样，两年的实习期，100 个格子填了六十多个。

最终，这张本以为会提前得到 100 分的“挨骂答卷”，以 65 分的成绩毕业了。

特瑞拿着这张答卷询问导师的时候，才知道导师当年仅仅是个善意的玩笑，但是这张答卷却被导师留了下来，把这个方法教给以后的学生。

成长悟语

“挨骂答卷”的成绩优异与否并不重要，重要的是，我们要意识到，自己注定会经历失败、痛苦，还有别人的责骂、批评。

但是，就算结果注定是一个悲剧，我们也要声色俱佳地将它演好，不要失去了一场戏剧原有的壮丽。我们势必要经历一些不理想的结果，这并不重要，重要的是，如何创造一个理想的过程！

商人施密特

施密特是个非常有头脑的商人，他在亚洲收购了一大批珍贵木材，准备运到欧洲贩卖。

谁知这个时候爆发了“一战”，整个欧洲沉浸在混乱与灾难中。

生存成了战争中最严峻的问题，人们纷纷把财产换成黄金囤积起来，根本没有人问津艺术品与奢侈品。

施密特的这批珍贵木材就成了负债，几乎使他倾家荡产。

不幸中的万幸是在战争中这种一夜破产的事情太多，没有人会像平时那样精神崩溃甚至结束自己的生命。施密特和许多破产的人一起熬了过来。

战争过后，有人劝施密特把木材低价抛售，然后倒卖食盐和钢材，甚至有人邀请施密特一起投机金融。

施密特拒绝了这些好意，他认为，自己还是应该把希望寄托在那批木材上。

施密特将房屋抵押给银行，贷到一笔数目不小的资金。他建了一座木器加工厂，聘请当地手艺精湛的工匠，对这些木材进行加工。

他把一些珍贵的檀木加工成发梳，镶嵌翡翠、玳瑁、珍珠等玉石，配上精美的包装，销往欧洲上层阶级。

随着战后经济复苏，贵

我们只看到别人的成功，却看不到他们成功之前是什么样子。所以，更多的人只知道羡慕，却不知道努力。

族们又有了享乐的心情，施密特的发梳很快销售一空，并接到很多高级定制的单子。

后来形势得到了彻底的逆转，施密特不仅制作发梳，还制作家具和工艺品。

印度紫檀木的梳妆盒、缅甸花梨木的餐桌，以及各种惟妙惟肖的根雕和装饰品。

施密特很快就收回了房子，财产比战前翻了一倍，并且随着生产规模的扩大不断增加。

他很庆幸自己没有因为第一次的失败而转向其他生意，在这批木材上再次投入精力与资金，终于获得了成功。

成长悟语

不要急于离开跌倒的地方。在跌倒之后，回头看看为什么跌倒，再向前看看哪条路平整。

失败不可避免，但是我们能够避免以后失败，同时，也能从失败中发现正确的路。

失败者的心态

在《圣经》中有这样一个故事，故事大意是这样的：

一个有钱人要出远门，就把自己的钱分给了三个仆人，让他们去做生意。他给了第一仆人五千枚银币，给了第二个仆人三千枚银币，给了第三个仆人一千枚银币。后来，主人回来了，他看到第一个人用五千枚银币又赚了五千枚，他非常高兴，就把这加起来的一万枚全都送给了第一个仆人。第二个仆人赚的钱也翻了一番，赚了三千枚，主人也把这加起来的六千枚送给了他。可是拿到一千枚银币的这个仆人，他心里非常不平衡，他想为什么主人给了别人那么多却给自己这么点？他认为主人不公平，而且非常吝啬，付出一点却期待更多。他越想越生气，甚至怀疑这是主人的圈套，所以他就把钱埋在了地下。他见到主人以后，对主人说："你是一个不愿播种却想要果实的人，你是一个给予很少却要求回报很多的人，我就知道这钱你肯定会要回去的，这是你给我的一千枚银币，现在全都还给你。"主人听了，非常失望，他认为第三个仆人是一个懒惰又心怀怨恨的人，于是就把收回来的一千枚银币给了第一个仆人。他说："有的，还要加给他，叫他有余；没有的，连他所有的也要夺过来。"

这就是所谓的"贫者愈贫，富者愈富"，在经济学中，这种现象叫作"马太效应"。也就是说，一个人的心里存有什么样的想法，他就会看到什么样东西；他所看到的，最后也会变成现实。

成长悟语

我们在面对不公平的时候，要想到自己在这种境况下能做什么。我们多少要改变一下自我，就算没有大的改变，至少在做事情的时候，也不要刻意地去感受所谓的不公平。我们都知道作用力与反作用力，若一个人抱怨世界不公平，这个不公平也会反过来强加于你。

为什么会责备

托尼和母亲在超市里买东西。托尼喜欢上了一件玩具，他害怕母亲因为价格太贵而不给自己买，于是就把玩具偷偷地放在了自己的衣服里，直到走出超市的时候报警装置响起，母亲发现了托尼的行为，只能一边向超市负责人道歉，一边替托尼解释。

从超市出来后，母亲仍然不停地责备托尼："你怎么可以偷东西？如果你喜欢完全可以告诉我，真是不明白平时你在学校都学了些什么，就算是不在学校，难道我就没有教过你不能偷东西吗……"托尼低着头听着母亲的责备，他感觉自己很丢脸，不是因为偷东西，而是因为路上的人都在看母亲责备自己。

两个人上了地铁，母亲不再说话。这时托尼看到一个人正把手伸进旁边女士的衣服口袋，托尼意识到这是小偷，于是他大声喊叫，让那位女士注意到自己的钱包将要被小偷拿走。女士反应过来后马上捂住自己的衣服口袋，小偷则趁着所有人惊讶的片刻下了地铁。女士转过头来向托尼和母亲致谢，并夸耀托尼是个善良勇敢的孩子。托尼反而奇怪地问身旁的女士："您为什么不责备那个小偷呢？"女士无奈地说："责备有什么用，那种人已经没有挽救的余地了。"

托尼奇怪地问母亲为什么自己犯错会得到那么多责备，小偷反而没有人去责备他。母亲回答说："因为我没有放弃你啊！你没听到刚才那个阿姨说'那种人已经没有挽救的余地了'吗？意思就是说她已经放弃小偷了，她已经觉得小偷无药可救了。任何责备都不能让他重新改过。而你就像一张白纸一样纯洁，出现一个小污点还可以轻易擦去。所以妈妈一定要责备你，快快地把污点擦去，这样你又是干净透亮的了！"

成长悟语

责备是一种不放弃的爱，每一句责备的话语背后都有一双满含期待的眼睛，每一双满含期待的眼睛背后都有一颗溢满关爱的心。我们不要总是在意话语的冰冷而忘记了关爱的温暖。

先赔后赚的盖密尔

盖密尔15岁就来到伦敦闯荡，他在码头、餐馆等地方打工，赚了不少钱。盖密尔20岁时，在伦敦闹市区租了一间房子卖水果，他的水果是全伦敦价格最低的。

由于客人都被盖密尔的水果店吸引走了，同行开始调查盖密尔水果价格低的原因。原来盖密尔是零利润出售，也就是说他不仅赚不到钱，还必须搭上房租、水电费。大家都觉得，盖密尔一定是疯了，做这种赔本的买卖，他们还预言，盖密尔这种做法支撑不了多久。

果然，半年后，盖密尔的水果店关张了，他又在原址开了一家帽子店，价格同样是全市最低。买帽子的小姐、太太们几乎挤破了盖密尔店的门槛，眼热的同行们在一旁说

我们只羡慕别人拥有大海，但不知道别人一点一滴艰辛积累的过程。一点一滴都是重要的，否则，哪里会有大海？

风凉话："盖密尔真是个傻瓜，难道他来伦敦就是为赔钱吗？与其如此，还不如直接把钱送去孤儿院呢。"大家纷纷等着盖密尔的帽子店关张，果然，半年之后，盖密尔的帽子店关张了。

这下盖密尔该消停了吧？不，盖密尔仍旧在原址开了一家干洗店。不用问，盖密尔家的干洗价格是全市最低的。干洗店的同行们看着自己日益冷清的生意诅咒盖密尔："老天爷，快让他把积蓄花光，离开伦敦吧。"半年后，盖密尔关掉干洗店，开起了一家食品店。

盖密尔主打中国什锦，这在伦敦几乎是第一家。每天盖密尔的店里都顾客盈门，短短3个月过去，盖密尔在伦敦开了五家分店。有人眼热盖密尔的生意，也学他做中国什锦，但根本没人问津，铺子过不了多久就关张了。原来经过盖密尔之前一年半的赔本经营，在大家心中留下了这样的印象："盖密尔家的东西是全伦敦最便宜的。"

就这样，盖密尔用赔钱的方式获得了信誉，然后凭信誉赚到了更多利润。

成长悟语

盖密尔的零利润经营方式貌似很傻、很愚笨，但经过了他聪明的市场运作和对人性的精确分析，却成了绝妙的智慧体现：眼前的损失是暂时的，个人的品牌和实在的长期回报才是真理。

第二十八辑

乐观：一个人最大的破产是绝望

要命的一枚金币

菲尼斯曾经是一个快乐的乞丐。当别人看到穿得破破烂烂的菲尼斯在大街上闲逛时，总会问他："菲尼斯，一个乞丐有什么快乐的？"

听到这样的问题，菲尼斯总会一本正经地回答："我为什么不快乐呢？我每天都能吃得饱饱的，运气好了还能讨到一截香肠；我不用买房子，桥洞下就可以为我挡风遮雨；我不用为别人做工，我是自己的上帝，我为什么不快乐呢？"

然而有一天，快乐的菲尼斯突然变得闷闷不乐了。

原来，这一天，菲尼斯在路上捡到一袋金币，一共 99 枚。当天晚上，菲尼斯非常快乐，心想："我有钱了！ 99 枚金币，99 枚啊！这够我吃一辈子了，我不用做乞丐了。"激动的菲尼斯把钱数了一遍又一遍仍然不敢相信，他怕这是一个梦，连觉也不敢睡了。直到第二天太阳出来时他才相信这是真的。

快到中午了，菲尼斯还没走出桥洞。因为他要把这 99 枚金币藏好，这对从来没有存过钱的迪克来说是个艰巨的任务。"这钱不能花，我得攒着，攒够 100 枚金币。对，我要有 100 枚金币。"从不动心思的菲尼斯现在也有攒钱的理想了。尽管只是一枚金币，但这对一个乞丐来说，绝对称得上是非常远大的理想。

直到中午，菲尼斯才出去乞讨。他要一分一分地积累，他要自己乞讨一枚金币。

"还差 97 分。"很晚了，他还在反复地数着金币，几乎忘记了饥饿。一连好几天，菲尼斯都是这样过的。他再也没有吃饱过，同时也再没有快乐过。乞讨越来越难，因为别人都不愿给钱，也因为菲尼斯用来乞讨的时间越来越少了。因为他不快乐了，别人也不愿再施舍给他了。

"菲尼斯，你为什么不快乐了？"

"我是个乞丐，有什么可快乐的！"

菲尼斯陷入了忧郁苦闷中，身体也越来越瘦弱。终于，他病倒了。这一病菲尼斯几天也没有起来。几天时间里，菲尼斯脑子里一直在想：还差 16 分就 100 枚金币了。

"菲尼斯，难道你没有收到我的金币吗？"突然有一天，一个富商来看望生命垂危的菲尼斯。

“你说什么？”菲尼斯吃惊地问道。

“菲尼斯”，富商慢慢地说，“或许你不知道，你的快乐曾经救过我。3年前的一次买卖让我赔尽了家产，当时我万念俱灰，只想一死了之。正准备自杀时，我见到了快乐的你。我第一次发现，原来身无分文的人也可以活得很快乐。后来，我东山再起，赚了很多钱。有一天，我带着99枚金币出来游玩，正好看见你，就把钱丢在你要走的路上。可是你现在为什么还是乞丐呢？为什么不快乐呢？生了病为什么不拿钱去看医生呢？”

菲尼斯奄奄一息地回答道：“我想拥有100枚金币。还差16分，就差16分。”富商从腰里取出一枚金币给他。菲尼斯接过钱，把钱装进袋子里，然后又全部倒出来，很细心地数——他终于有100枚金币了，还多了84分。菲尼斯笑了，紧接着他就昏倒了。

成长悟语

生活中有两种悲剧。一种是你的欲望得不到满足，另一种则是你的欲望得到了满足。

这就好像如果你过分珍爱自己的羽毛，不使它受一点损伤，那么你将失去两只翅膀，永远不再凌空飞翔。如果你过分执着现在的所有，不让它有一点损耗，那么你可能会失去更多的东西，永远不再感受到快乐。

全球报告

很多人总是哀叹自己的不幸，但是幸与不幸只是一种主观的感受，并没有一个明确的标准。不过，你还是可以根据这样一份“全球报告”，来细细地对照一下。

根据全球的人口数量和地域分布，我们可以做出如下的推测：当我们将全世界的人口压缩成一个100人的小城，那么这个小城将有：

57名亚洲人，21名欧洲人，14名美洲人和大洋洲人，8名非洲人；52名女人和48名男人；30名白人和70名非基督教徒；89名异性恋和11名同性恋。

在这些人中，6人拥有全村财富的89%，而这6人均来自美国；80人住房条件不好；70人为文盲；50人营养不良；1人正在死亡；1人正在出生；1人拥有电脑；1人（对，只有一人）拥有大学学历。

虽然有些难以置信，但是科学的统计推算就是这样，如果我们以此为视角认识自己、观察世界，就会发现自己很有可能是幸运的极少数：

假如你的厨房里还有储备的食物，衣柜里还有可换洗的衣服，就算租赁也好，你有房可住，房间里还有一张床可睡，那么你比世界上75%的人都富有。

假如你在银行有些存款，不管多少；钱包里有现钞，不管美元还是日元，那么你属于世界上8%最幸运的人。

假如你父母双全没有离异，那你就是很稀有的地球人。

假如你身体健康，每天都不用担心是否可以见到明天的太阳，那么你比其他几千万人都幸运，他们在惴惴不安地等待着死神的到来。

假如你一直生活在和平阳光的环境中，那么你的处境比其他5亿人更好，因为你从未经历过战争的危险、牢狱的孤独、酷刑的折磨和饥饿的煎熬。

假如你能随便进出教堂或寺庙，在那里参拜或者游览甚至结婚而不用担心自己被恐吓、强暴、杀害，那么你比其他30亿人更有运气。

假如你读了以上的文字，说明你不属于20亿文盲中的一员，他们每天都在为不识字而痛苦……

成长悟语

你真的是被上帝宠幸的幸运儿，只是你自己还没有发现而已。单纯的物质不会让我们幸福，幸福的关键是我们是否活在爱的怀抱里。

看看你已经拥有的东西，看看深爱着你的人，看看自己健康的身躯，看看自己温暖的居所……你永远没有权力说自己是最苦的那个人！

盲人教师贝蒂

贝蒂出生于1963年，她天资聪颖，思维敏捷，从小就被称为难得一见的“神童”。

15岁时，当别的孩子还在中学嬉笑打闹，她已经成为巴西第一学府圣保罗大学德语系的一名学生，毕业之后直接留校，教授德语精读课。23岁时，以优异的成绩赴德留学。可以说，29岁之前，她都过得顺风顺水，收到无数赞誉和掌声，是同龄人钦佩的榜样。然而，天妒英才，谁能想到正值人生最璀璨阶段的她，患上了一种叫作“黄斑变性”的眼疾。五彩斑斓的世界慢慢从她眼前消失了，由雾蒙蒙到白花花，直到完全黑暗。无数人为她扼腕叹息，深深忧虑，不知道这个天才怎么渡过这从天而降的劫难。

然而，勤奋好学的贝蒂并没有让自己长时间处于消极低落中，而是坦然接受了失明的事实，还积极地行动起来适应这种生活。

首先，她用超乎常人的毅力学会了盲文，为日后的阅读和学习打下了坚实的基础。其次，作为一个老师，她开始艰难地练习在黑板上写字。自从患病后，贝蒂总是随身携带一个袖珍型的小录音机，就是一个简单的电话号码，她也会用录音机录下来。上课的时候，左手贴在黑板上悄悄估计字的大小，右手紧跟着奋笔疾书。为了一行漂亮的板书，她不知在家里练了多少遍，在房门上、在硬纸板上，让自己慢慢感觉以往所忽略的身体律动，来协调左右手之间的搭配。她还在语音教室平面操作台的各种按钮上贴上一小块一小块的胶布，作为记号，争取不因自己的不便影响讲课的质量。

就是这样坚韧不拔的努力，让她在教学品质评量表上屡屡收获100分的骄人成绩。每到毕业时分，无数学生就会在留言簿上深情地写道：“贝蒂老师，我们无法用言辞来形容您的风采，您的内涵如此丰富，您的境界如此崇高，您的授课如此生动，除了获取知识外，我们还获得了不少乐趣和做人的道理……”

面对这些赞誉，贝蒂只是平淡地说：“我从没觉得自己与其他人有什么不同，站到讲台上我就是老师，和其他所有的老师一样，把自己所知道的教给学生。或许我们每个人的人生道路不一样，但我相信每个人都有一种强烈的生存欲望，我只是尽全力让这种欲望变成现实而已。”

成长悟语

欲望不是坏事，看它以怎样的方式进行、从哪个方向来。人的绝望很多时候是被一种欲望战胜的——生的渴望，快乐的欲望。

乐观的苏珊娜母女

苏珊娜刚刚 4 岁时，父亲就被癌症夺去了生命。母亲当时只有 27 岁，还带着苏珊娜和她的弟弟，家里也没有什么积蓄。突如其来的厄运给了年轻的少妇致命的一击，她曾一度陷入深深的绝望中。但想到年幼的儿女，这位坚强的妈妈终于重新振作起来，鼓足勇气活下去。

父亲走后，家里没有了顶梁柱，好几年的时间里，孤儿寡母过着东挪西借的生活，怎样勉强填饱肚子是母亲每天都要担心的事。可是，在苏珊娜的印象中，母亲从未因家境贫穷而烦恼，总是想尽办法去挣钱。她曾经在家里为一个当律师而雇不起秘书的邻居做打字工作，也曾经为那些工作繁忙的年轻父母们照顾小孩，还揽过为养老院老人洗衣服的活儿。在母亲的影响下，年幼的苏珊娜早早就懂事了，她也会找到一个贴补家用的门路。8 岁的时候，苏珊娜教邻居一些还没上学的孩子识字。那些孩子的父母很感激，便供给她食宿费用。

除了勤劳节俭的品格、直面困难的勇气，苏珊娜最敬佩的就是母亲那种乐观的精神。小时候家里困难，总是有各种难事，但是母亲从不唉声叹气，如果遇到五个难题，母亲就会说：“没遇到六个难题，这不是走运吗？”买不起汽车，母亲就说：“咱们住得离公共汽车站这么近，难道还不满意吗？”过节的时候没钱给她买新衣服，母亲就用家里的旧衣服拼拼凑凑做一件，然后就表扬自己的手艺好。过生日的时候没有钱买蛋糕，母亲就会向会做蛋糕的阿姨请教，用最简单的材料玩出最多的花样，给孩子一个惊喜。她总是高高兴兴地处理生活中层出不穷的问题。多年耳闻目染母亲这种乐观、积极的处理问题的精神，苏珊娜也树立了开朗向上的生活态度。遇到困难时，母亲微笑的脸庞和充满鼓励的话语，总能让苏珊娜觉得信心激增，浑身充满了力量。每当她情绪消沉，抱怨不满或者在学校里碰到棘手的事情时，想想母亲在那么艰

生活给我们挫折的同时，也给了我们抵御挫折的武器。

难的环境中还保有充沛的热情，苏珊娜就获得了坚持的勇气，最后往往得到一个很好的结果。不管是对待工作的问题、亲戚的问题，还是对待她自己的问题，都是这样。

成长悟语

我们要多设想一些美好的事物，比如健康、强壮、富裕和幸福，将贫困、疾病、恐惧和焦虑驱赶出我们的精神世界，就像把垃圾倒在离家很远的地方一样！

幸福的西绪弗斯

在希腊神话中，西绪弗斯是仅次于俄狄浦斯王的悲剧人物。他触犯了众神，众神为了惩罚他，要求他把一块巨石推上山顶。由于那巨石太重了，每每未上山顶就又滚下山去，前功尽弃，于是他就不断重复、永无止境地做这件事。持续重复无效无望的劳动确实是最严厉的惩罚了。

有一天，一位哲人遇见正在下山的西绪弗斯。他本能地想要逃避，因为他很怕见到这种身受大不幸的人，譬如说身患绝症的人，或刚死了亲人的人。因为对他们的不幸，他既不能有所表示，怕犯忌，又不能无所表示，怕显得没心没肺。正在犹豫之间，他瞥见西绪弗斯并不是一副愁眉苦脸的神态，而是吹着口哨，迈着轻盈的步伐，看上去无忧无虑。不过，哲人还是有些局促不安，不知道怎么和这样一个苦命的神祇打招呼。

没想到西绪弗斯先开口了，他举起手，满怀欢喜地对哲人说："喂，你瞧，我逮了一只漂亮的蝴蝶！"

哲人望着他渐渐远去的背影，不禁思忖：总有一些事情是宙斯的神威鞭长莫及的，那是一些太细小的事情，因此便有了西绪弗斯的幸福。

成长悟语

生活在我们身上压上了巨石，但是，它仍然不能否认一朵花开带给我们的喜悦感。

再大的痛苦中，我们也可以尝试感受细微的幸福。感受痛苦，不是向生活妥协，而是为了能够更珍惜微小的幸福带来的快乐。

我可怜吗

柔和的春日里，蒲公英挣扎着孱弱的身躯直立起来，摇晃着小脑袋向它的新邻居蓬勃盛开的花花草草问好。

"你是从哪里来的？"邻居们觉得这个愣头愣脑的小家伙忽然就冒出来了，对它的身世充满了好奇。

"我从哪里来？"蒲公英一片茫然，"不记得了，我只知道，这是我的第五个家。"

"唉！好可怜，又是一个流浪的孩子。"花儿们为它叹息，替它难过。

"那你能留在这里吗？哪里才是你最终的家？"草儿们替它忧愁。

“该死的风啊，你又要把它带到哪里啊？”树儿们愤愤不平，无奈又无法为它拔刀相助。

听到大家这一声声的叹息，蒲公英更加困惑了。因为它搞不明白它们为什么觉得自己可怜，它胸膛里明明怦怦跳动着一颗快乐的心啊。

无论身在何处、落在何方，它都会在那里开出一朵黄艳艳的花来，向着太阳，张开笑脸，根本不记得风是怎样把它摔疼的、雨是怎样把它淋个透心凉的。到一个新的地方后，它总是轻哼着欢快的歌儿，拾掇着自己的新家。

终于，花儿忍不住问它：“难道你不觉得自己可怜吗？”

“没有啊，我觉得自己很幸福。因为我四处游历，看到了很多你们没有看过的风景。”

终于，草儿忍不住问它：“难道，就没有一块让你眷恋的土地吗？”

“有啊，我爱这土地，深深地眷恋着它，所以我才四处漂泊地亲吻它。”

终于，树儿忍不住问它：“难道，你就不恨那些风吗？”

“我为什么要恨它呢？正是风给了我一双翅膀，我才成了唯一可以飞翔的植物啊。”

这些邻居们觉得蒲公英简直不可理喻，在它的脸上怎么就看不到一点儿悲苦呢？它们很失望。

成长悟语

正如人，道尽他人的辛酸，其实不干自己的痛痒。蒲公英的快乐，在于它懂得顺其自然，从不苛求。

最富有的今天

昨天很富有，他拥有前五百年的历史，明天也不赖，他能预知后五百年的事，而今天是个穷光蛋，他只拥有短短的一天，因此，常常遭到昨天和明天的嘲笑。尽管今天一贫如洗，可他却总是把属于自己的每一天都过得充实快乐，把度过的每一分、每一秒都一股脑儿地抛给昨天，从不后悔自己做过的事，怀着一颗乐观、积极的心去迎接明天给予他的崭新一天，无论好与坏。因此昨天和明天常常满面愁容，昨天总是沉湎在对过去的回忆中，而明天总是活在对未来的无限憧憬中，他们从未想过当下的自己是多么的幸福。

有一天，他们三人遇到了正在散步的上帝，昨天和明天争先恐后地向上帝诉说自己的痛苦，只有今天满面笑容地站在上帝身后，享受着上帝的恩泽。听完昨天和明天的哭诉，上帝拉过今天的手对他们说：“你们之所以不快乐，是因为你们从来都没有正视过今天。要知道，以前的已经成为过去，而以后的还没到来，只有现在的一切才最有价值，最值得拥有，你们如此无视今天，又怎么可能感受到真正的快乐呢？”

昨天和明天得到上帝的指点，顿时茅塞顿开。昨天明白，不犹豫，不患得患失，不后悔也不埋怨，过去的一切，无论对与错、好与坏，都已经尘埃落定。而明天懂得，不空想，不杞人忧天，不憧憬也不夸口，未来的一切，无论对与错、好与坏，都将是崭新的一天。他们告别上帝拉起今天的手，一起快乐地继续向前走，而今天依然快乐，因为今天他拥有了昨天和明天两位好朋友。

成长悟语

不要让昨天占用今天的时间，不要让今天透支明天的烦恼。世界上最可怕的事情，就是看见你过去憎恶的一切，披着未来的外衣又回到你面前。

所以，把每时每刻都用在现在的人，对他来说，这就是足够快乐的原因。

小女儿的头发

从前，瑞士的伯爵有两个女儿，大女儿长得特别漂亮，尤其是那一头乌黑的长发，顺滑得像瀑布。但是她每天都愁眉苦脸的，怎么也高兴不起来。而小女儿长得很平凡，头发稀稀拉拉的没几根。但她天性乐观，每天都笑眯眯的。

有一天早上，大女儿梳头发的时候掉了一根头发，她愁苦得不得了，还老发脾气砸东西。仆人们拿她没办法，只能忍气吞声，心里却埋怨得不行。

而小女儿一觉醒来，朝镜子里一瞧，发现自己头上只剩下三根头发了。旁边的仆人生怕小主人像她姐姐那样发脾气，便安慰道："没事的，没事的，戴顶帽子就什么也看不见了。"

没想到小女儿摇摇头说："哦，不用，有三根头发，我今天正好可以编条辫子了。"说完她就编起辫子来，这一天过得非常愉快。

没想到第二天醒来的时候，小女儿发现镜子里的自己只剩下两根头发了。站在一旁仆人又开始紧张了。刚想劝劝小主人，结果，小女儿自言自语道："只有两根头发，那今天我就梳个中分好了。"于是，她把头发梳成了中分，这一天依旧过得很愉快。

次日醒来，小女儿洗漱完照镜子的时候发现自己只剩下一根头发了，她笑着说道："呃，那我今天干脆就梳个马尾好了。"这一天她过得还是非常快乐。

没想到，第四天她醒来时，看到镜中的自己连一根头发都没有了。"哈哈，从今天开始，我终于再也不用打理头发了。"她欢呼道。

成长悟语

有些人在苦难面前痛苦不堪、哀怨自怜，而有些人却没有在苦难中感受到半点打击，对于后者来说，不是苦难的威力减弱了，而是它根本就没有被视作烦恼的事情。

真正乐观的人不是强忍自己去接受痛苦，而是根本就没有感知到痛苦！

被饿死的流浪汉

哈利是个流浪汉，经过一天奔波，他终于在夜幕降临之前找到了半条烤糊的羊腿！这下他可以大饱口福啦！已经半个月没见过荤腥的哈利坐下来就开始吃。

哈利吃得正香，周围的草丛里突然闪过一个黑影。“我叫吉米，我流浪了整整一天。”黑影说。“好啊，我这里还有一些羊肉，来吃些吧！”哈利非常热情。吉米拿过哈利手中的羊腿，看了看，闻了闻，又还给了哈利，“这羊肉只剩这么小半条了，而且烤得这么糊，我才不要吃。”吉米饿着肚子挨了一晚上。

第二天，两人搭伴一起流浪，离开城镇之后，来到了一片小树林。“太好了！今天又能饱餐一顿！这里的野果就让人吃不完！”哈利兴奋地奔向树林，吉米看着树林，说道：“这里面得有多少毒蛇蚊虫啊，而且那树上的果子万一有毒怎么办，我才不吃呢！”说罢，便绕道而行。

三天后，两人又碰面了，哈利哼着歌，吉米却因为好几天没吃东西瘦了一圈。走着走着，两人面前又出现了一片美丽的花园，“多美的花儿啊！”哈利看到美丽的花儿后，情不自禁地摘下了几朵，而旁边的吉米却仍然板着脸，说：“美什么呀，这花身上到处都是刺，我才不要摘！”

刚刚走出花园，哈利看到农田里坐着一位美丽的姑娘，哈利便将花儿献给了她。正在休息的姑娘看到花儿心情大好，便邀请两人去她家里做客。“真是太好了！这下肚子不用挨饿了！”吉米听到后，却连连摆手，说：“去他们那里做客，他们说不定还会让你做牛做马当伙计，我可不去！”吉米便再次和哈利分手了。过了三天，哈利在姑娘家美餐过后又开始了流浪，而这时，吉米饿死在了路边。

成长悟语

只有盲了心的人才会真正盲了眼睛。

你是否觉得生活令人烦躁不安？你是否觉得周围都是坏人？

但是，亲爱的，这一切杂念和别人无关——不是生活不美好，不是人人都冷漠，不是亲朋都疏离，不是你没人爱，不是胃口难打开，不是蓝天不常再。

那你说，这是谁的错呢？

乐在其中，享受过程

有一群对未来迷惘的年轻人，他们遇到了许多烦恼和忧愁，于是他们找到了苏格拉底，想要在这位大智者的指导下寻找人生的快乐。

苏格拉底告诉这群年轻人，快乐在大海的深处，他们需要造一艘船才能找到快乐，而且需要在船上装满食物。于是这群年轻人就有了寻找快乐的目标和方向，他们找来造船的工具，用了半年的时间伐木造船，同时收集和储备粮食。

在这段时间里，他们学会了合作，学会了烹饪，学会了缝补破旧的衣服，学会了在暴风雨中共同守护船只……他们懂得了很多曾经不明白的道理。

直到造好的船可以下水入海，这群年轻人也把苏格拉底叫上船。在出海之前，苏格拉底问这群年轻人在这半年里的收获，他们其中有人说学会了伐木，有人说懂得了团结，有人说学会了如何分辨草药……

这时，有人问苏格拉底："老师，我们的船已经造好了，现在又应该去哪里寻找快乐呢？"

苏格拉底说："孩子，你们的船不是早就已经出航，并且成功归来了吗？"

所有人面面相觑，忽然明白了苏格拉底的话。

成长悟语

快乐就是这样调皮，它喜欢接近人也喜欢躲避人。在你茫然的时候也许看不到它，但是在你目标明确而无暇顾及其他事物的时候却悄悄接近你。

守住一个秘密

这一年的 3 月 6 日，老汤姆 62 岁，他温柔的妻子杰西卡 60 岁。

老夫妇住在美国纽约繁华的商业区，儿子小汤姆是一家金融中心的高级经理，这是一个典型的美国现代家庭。

但是，有一天老汤姆突然向儿子提出要回到乡村，小汤姆非常意外。

"亲爱的儿子，我今天知道了一个秘密，我想回到乡村小镇。你知道吗，本来你的母亲也不同意，但是我把秘密告诉她以后，她也赞成了我的想法。"老汤姆故作神秘地和儿子说道。

"父亲，我认为您还是住在城里比较方便。不如您和母亲告诉我是什么秘密，我来判断一下您需不需要回去？"小汤姆向母亲投去求助的眼光。

杰西卡摇摇头说道："抱歉，亲爱的儿子，我答应你父亲和他一起保守这个秘密，我想也许一年之内你就会知道的。但我也希望你能顺从你父亲的想法，同意我们回到乡村去。"

最终，汤姆在周末开车把父母送回了乡村小屋，由于汤姆在纽约工作，他答应父母会经常回去看他们。

小汤姆在接下来的几个月内，尽量找时间去乡村探望父母，7 月 8 日，他发现父亲把自己的后院改建成了一个花园，花园里种植了许多花草树木，他知道父亲一直很爱花草，只是以前没有时间。

8 月 12 日，小汤姆接到母亲的电话，说他们要在这个夏天去夏威夷旅游，可能去一两个月。过了一周，小汤姆看到父母传回来的照片：沙滩、海浪、美女，还有晒黑了的老汤姆……

9 月 13 日，小汤姆再次接到母亲的电话，说他们打算从夏威夷直接去拉斯维加斯旅行，小汤姆认为父母似乎又变年轻了，也没有过问。同样一周后，小汤姆通过视频看到旅馆里的父母，小汤姆没有发觉任何异样，除了老汤姆的精神萎靡以外，他甚至还取笑自己的父亲："亲爱的爸爸，是不是输了钱不高兴啊？"

10 月 23 日，小汤姆又一次接到电话，但是，这一次他震惊了，因为母亲让他去纽约中心医院的加护病房……

小汤姆看到病床上已经昏迷的父亲，老汤姆的表情十分安详。小汤姆质问母亲："这就是那个秘密，癌症？"

"是，也不全是，孩子。"说着母亲带着小汤姆来到另一个病房，这里全都是接受癌症治疗的病人，他们脸上都是绝望，似乎忍受着无法言喻的痛苦。

母亲指着那些人脸上的表情——和老汤姆脸上的安详截然不同的，她告诉小汤姆："这才是你父亲发现的秘密，而我能为他做的，仅仅是守住这个秘密。"

成长悟语

不要让疾病夺取我们享受生命快乐的时间。身体的痛苦并不能成为心灵也紧随痛苦的理由，即使生命的时间有限，我们也要尝试着让这个有限的时间发挥最大的价值。

感恩上苍把种子还给我

戴尔·卡耐基年幼的时候，有几年他的家乡发生了非常严重的旱灾，致使新种的玉米和小麦得不到雨水的滋润，产量大幅下降。

加之当时整个美国经济大萧条，本来就贫困的农民受到更大的煎熬。

卡耐基的父亲就是这些无助农民中的一员，他把仅存的积蓄都花在了玉米种子上。

眼看着家里最后一点钱换的种子，卡耐基非常担心：既然天气这么干旱，种子撒在土里也不过是颗粒无收，为什么还要种呢？

于是，他怀着满腹的疑惑问父亲："为什么要冒这个险呢？"

父亲只是淡淡地说了一句："不会冒险的人永远不会成功！"

卡耐基知道，这是父亲的哲学，因为父亲常常教育自己，只要无惧于尝试，就没有人会彻底失败。

然而，天气并不会因为人类的冒险而感动，小河里的水一天天在减少而终于干涸。

随之而来的整个夏季依然被大旱折磨，河流干枯，鱼虾死去，最可怕的是，田地里的谷物都枯萎了。

到了秋收时，卡耐基的父亲从这半英亩土地上仅获得了半辆货车都不到的玉米，而往年，这片土地总是贡献出满满的数十辆货车的玉米。

看来，这场冒险是错误的，卡耐基为父亲感到深深的难过。

然而，那晚在餐桌前，父亲说出了让卡耐基意料不到的，然而也是铭记一生的一句话："仁慈的上帝啊，感谢您让我今年什么都没有失去，您把种子还给了我，谢谢您！"

成长悟语

失意并不可怕，受挫也无须忧伤。只要心中的信念没有萎缩，只要自己的季节里没有严冬，即使风凄厉冷，即使大雪纷飞。艰难险阻是人生对我们另一种形式的馈赠，坑坑洼洼也是对我们意志的磨砺和考验。

积攒幸福

芬妮在图书馆的书里看到古时候有用绳结来记事的习惯，人们每次遇到有意义的事情会给绳子打一个结。于是芬妮决定仿照它，把自己幸福的事情写在字条上，放进玻璃瓶中。

第一张字条写着："希望有一天我打开瓶子的时候，能为自己甚至更多的人带来快乐。"

第二张字条写着："班里一直欺负我的男孩约翰，今天偷偷在我的书包里放了一个果冻。原来这个一直看起来讨厌的男生并不是那么坏。"

第三张字条写着："这段时间我被父母托给姨妈照看，姨妈总说我是个邋遢的小脏鬼，我总觉得她可能不喜欢我。但是，在父母接我回家的时候，姨妈送了我一条公主裙，那是我梦寐以求的公主裙。"

……

字条越写越多，多到最后芬妮自己都忘记了每一张字条里的内容是什么，只是这个玻璃瓶子从一开始的小瓶子，变成了大瓶子。

每当芬妮遇到不开心的事情，就会拿出一张字条看看，心里就会涌起一股暖流，而自己的家人、朋友情绪低落时，她也会分享自己积攒的幸福，给他人带来快乐。

成长悟语

岁月就像一条河，左岸是无法忘却的回忆，右岸是值得把握的快乐，中间飞快流淌的是隐隐的伤感。世间有许多美好的东西，但真正属于自己的却并不多，把属于自己的快乐积攒下来，作为送给自己对未来的礼物，让自己在回忆的时候多一分欣喜。

伊利亚的"自作聪明"

伊利亚是一个"自作聪明"的流浪汉。

一天，伊利亚从沙漠来到了律法城。走在街上，他由衷地赞叹律法城建筑的恢宏与富丽，不时拉住过往的行人打听城市的情况，才发现彼此的语言不通。

时至中午，伊利亚来到一家奢华的大饭店门前，看到人们随意进出，他认定这是一座圣殿，于是他走了进去。里面是一间华美的大厅，人们围坐在一起吃喝，还在一起欣赏音乐。伊利亚心想："这不是神殿，肯定是王子在设宴款待民众了。"

于是，伊利亚在一个男子的引导下享用了美食。用餐后，他起身告辞，却被门口一位衣着考究的大个子男人拦住。他认定这是王子殿下，便深鞠一躬以示感谢。大个子却用他听不懂的语言说道："先生，您用餐后还没有付款，请您付完款再离开。"

伊利亚没有钱付账，于是大个子叫来警察，跟他们讲述了情况，警察就把伊利亚带走了，伊利亚看见警察衣着气派，还以为是大人物请他去做客呢。

伊利亚被带到了法院，装束威严的法官审判了这件纠纷。伊利亚把法官当成了国王，为自己见到国王而欣喜不已。法官指定了两位律师为原告、被告辩护，两位律师唇枪舌剑了一番，伊利亚还以为他们是在致欢迎词呢。

最终判决宣布，伊利亚有罪，他的胸前挂着有罪名的木枷，被一匹马拉着游行，并由号角与鼓手开道。

人们纷纷涌上街头观看这个吃霸王餐的流浪汉，伊利亚仍然"执迷不悟"，以为骑马示众是一种无上的荣耀了。

忽然，他在马上看到一位来自沙漠的熟人，于是高兴地冲他喊道："朋友！你看，这是多么美妙的城市，人们在王宫里设宴待客，王子作陪，国王给我挂上祝福的木匾，这真是一个慷慨的民族！"

成长悟语

我们要学会为欢乐而斗争，要为欢乐而死。因此，悲哀永远不要同我们的名字连在一起。

点上一根烟

尤利是个不错的画家。但是，他却有一个习惯，每次画画和烦心的时候，他都会点上一根烟，这支烟只抽了一半就随意丢在自己简陋的画室里，就这样让这根烟在水泥地上熄灭。

尤利的作品能给人一种快乐的感觉，就像他乐观的性格一样。虽然没有多少人买他的画，但是他并不在意。

一个偶然的机会，他随手花了 1 美元买了一张彩票。谁知道他竟然中了 100 万美元！

之后，尤利买了一幢别墅。作为一个画家，他在别墅里的装饰十分有品位和艺术气息：阿富汗羊毛地毯、维也纳柜橱、佛罗伦萨小桌、迈森瓷器，还有古老的威尼斯吊灯……

当尤利坐在沙发上回想他过去的辛酸，他不自觉地又点上一根烟，然后抽到一半，习惯性地往地上一扔，然后到自己新的画室开始画画了。

地板不再是水泥而是羊毛，所以这半根香烟点燃了尤利的整幢别墅，让它化为灰烬。侥幸逃出的尤利和赶来救火的人看着这片燃烧的别墅。

之后，尤利回到了自己的老住处，仍旧过着往常的生活。当有朋友问他为什么一点都不伤心的时候，尤利只是淡淡地回答："有什么好伤心的，我只不过是损失了 1 美元……"

成长悟语

吹毛求疵的人即便在天堂也能挑出瑕疵。一个安心的人无论在哪儿都可以过自得其乐的生活，抱着振奋乐观的思想，如同居住在皇宫一般。

别让 7 美元买走一天的快乐

一个周末的傍晚，老约翰来到儿子阿尔杰的家。发现儿子和儿媳黛西都闷闷不乐的。阿尔杰向父亲讲清了原委。

原来，黛西早上开车去加油站加油，平时她都是到自助加油泵那边加油的，但是却无意间将车子开到了人工服务的加油泵前。当时她并不知道享受人工服务是需要额外付费的，直到付款时她才发现每加仑油多花了 50 美分的服务费，这让她非常恼火。

回到家后，黛西将这件事说给了丈夫阿尔杰听，阿尔杰虽然知道人工服务加油是收服务费的，但是每加仑油多收 50 美分服务费却让他觉得不太合理，是违反《美国联邦法》的规定的。于是，他开始计算，很快算出加油站多收了他们 7 美元，而这 7 美元如果是在自助泵加油的话，可以让汽车多行驶几里程。

讲到这里，他非常恼火地对老约翰说："收取这么高的人工服务费，这简直是抢劫！"

老约翰听完儿子的讲述之后，微笑着对愤懑不已的儿子和儿媳说："哦！我的孩子们，你们犯傻了吧！仅仅 7 美元，已经买走了你们两个人一整天的快乐啦！"

老约翰的这一番话让夫妻俩顿时清醒了过来。阿尔杰沉思了一会儿感叹说："我亲爱的父亲，您说得太对了！我们太傻了，竟然让我们的快乐变得如此廉价。不仅如此，如果我们这样下去的话，我们的快乐还将继续贬值。"

成长悟语

总有一些人因为一些小事而闷闷不乐，他们把自己的快乐就这么廉价地出售了。所以，快乐并不在于事情本身，而在于我们自己内心如何去对待这件事。

别让任何借口来破坏我们快乐的情绪，否则，就是我们给了自己一个痛苦的理由。

简单的快乐

在美国的街头，人们会看到这样一个黑人。

他是一个流浪歌手，这名黑人歌手的所有家当就是一把吉他。

他的工作是每到一处，把头上的帽子放在地上，开始唱歌。他钟爱苍凉的西部歌曲。

他认为，歌曲能打动人的心灵，感染他的听众，从而换取那份他应得的报酬。

他的歌声悲壮而空旷，唱出了黑人英雄的种种事迹，也唱出了一个黑人歌手对生命的解读和对歌曲的热爱。

他每到一处就有知音听他唱歌，尽管赚钱不多但他感到很快乐。

这样 40 年过去了，黑人用生命诠释了一首又一首经典的西部歌曲。

孩子为快乐而生活，成人却为追逐快乐而生活。

那天，教区医院里一位病人生命垂危，神父泰勒被请去为他做临终忏悔。这位病人就是这位黑人歌手。

泰勒到医院后听到了这样一段话："我喜欢唱歌，音乐是我的生命，我的愿望是唱遍美国。我做到了，我对自己的一生非常满意。

"现在我只想说，感谢您，您让我愉快地度过了一生，我有6个可爱的孩子，我用歌声将他们养大，并且教育他们也要用歌声去感染别人。现在我的生命就要结束了，但死而无憾。

"仁慈的神父，现在我只想请您转告我的孩子，让他们做自己喜欢做的事吧，他们的父亲会为他们骄傲的。"

他没有钱，可他从不缺少快乐。他过着简单的生活，一把吉他成了他生活的全部，可他从没感觉到厌倦。

成长悟语

简单生活不是自甘贫贱。你可以开一部昂贵的车子，但仍然可以使生活简化。

一个基本的概念在于，你只是改进了你的生活品质而已。关键是诚实地面对自己，想想生命中对自己真正重要的是什么，然后去感受快乐。

上帝借这把火救了他

在一次激烈的海战中，有一艘船被敌舰击中，沉入海底，全船只有一个人活着漂到了孤岛，而为了能活下去，他一个人开始了在岛上艰苦地生活。

每一天只要能看到或听到海上的一丝动静，他都会拿着自己的衣服在岸边呐喊。尽管他想尽一切办法，希望有人来救他，可一切仍是无济于事。

更糟糕的是，有一天，他千辛万苦搭盖的茅屋突然起火了，而且一发不可收拾，他所有的"家当"就这样化为灰烬。

面对这样的不幸，他几近崩溃，他感到生命似乎已走到了尽头。他绝望地埋怨上帝："上帝啊，你为何要逼我走上绝路，我唯一的栖身之处，我仅有的一点生活用品，你都要让它化为灰烬？"

不久，忽然有人驾船来救他，这个陷入绝望的人感到无比惊奇，他赶紧问来救他的人说："你们怎么知道岛上有人。"

救他的人说道："我们本来也是不知道的，但是看见岛上有火光，所以船长派我们来看看。"

于是他将起初的埋怨变为对希望的真切感激，因为上帝借这把火救了他。

成长悟语

不幸往往发生在毫无防备时，而幸福也往往在不幸中呈现。

在遇到危机的时候不应绝望和埋怨，而是应该对未来保持乐观和希望。失去并不可怕，可怕的是我们内心的希望和快乐也因此而失去了。要知道，上帝为我们关上一扇门时，总会在我们需要的时候打开一扇窗。

你的情绪健康吗

巴顿最近感觉胸口疼痛，还经常咳嗽。

一天，他竟然咳出了血，他害怕极了，于是赶紧去看医生。医生给他做了一个全面的检查，告诉他一周后来取报告。在等待报告的一周里，他害怕极了，觉得自己的肺部肯定是有了大毛病，否则，自己怎么会咳血？

一周后，他看着医生严肃的神情，颤巍巍地从他手中拿过了检查报告。上面赫然写着诊断结果：肺癌，巴顿一下子感觉自己的眼前黑了下来，他晕了过去，等他醒来的时候，已经被送回了家。

医生说，他已经到了晚期，不需要住院治疗了，在家保守治疗，好好陪陪家人，度过最后的安静祥和的日子。从回到家里，巴顿就不能起床了，身体也渐渐消瘦了，他正在等着最后的日子。

一天，医生再次造访了他，并满是歉意地告诉他，之前给他的报告是错的。他因为疏忽，把一个同名同姓的病人病例给了他。其实，巴顿只是得了肺结核，只要配合治疗，很快就能痊愈。

巴顿顿时觉得身上轻松了很多，他接受了医生的药物治疗，没多久就恢复了健康。

成长悟语

如果我们对周围的任何事物感到不舒服，那是我们的感受所造成的，并非事物本身如此。借着感受的调整，可以在任何时刻振奋起来。所以，如果世界上有地狱的话，那就是存在于人们自己的心中。

爱抱怨的鸭子

很久很久以前，鸭子与天鹅是亲兄弟，他们几乎一模一样，谁都不会飞。

这天，鸭子和天鹅躺在草地上晒太阳。突然，一个雄健的身姿冲上云霄，一只鹰上下翻飞，在阳光的照耀下像镀上了一层黄金！天鹅和鸭子看呆了，他们被这壮美的景象征服了，最后做出一个决定：找鹰学习飞翔。

他们来到鹰的家中，跟鹰苦练飞翔本领。可没过几天，鸭子就开始了抱怨："哎呀，我说天鹅，你看鹰宝宝，生来就是鹰的儿子，不用吃苦就会飞，哪像我们，练得翅膀肿了也飞不起来。"鹰听到了，耐心地教导它："我们鹰也不是生来就会飞的，身体划伤、关节扭断是常有的事，”说着张开翅膀露出胸口的疤痕，“这就是我学飞行时留下的纪念。”

鸭子终于闭嘴了，可它终究吃不了这个苦，最后还是打点行囊离开了鹰的家。之后，它去过山里金雕的家，去过沙漠里秃鹫的家，甚至去过海鸥的家，可每次学习都在它喋喋不休的抱怨中中断了。就这样日复一日，年复一年，鸭子只能在池塘中游水，偶尔能奋力从一个池塘飞到另一个池塘。

这天，鸭子又呱呱抱怨着自己的遭遇，当它抱怨到一年前隔壁水塘的绿头鸭抢走它最心爱的芦苇时，天空划过一道优美的银色弧线。“快看！那是天鹅！”“老天保佑，多么高贵啊！”“听说天鹅都飞过珠穆朗玛峰了呢！”

听着大家的评论，鸭子后悔当初没有跟天鹅一起留下，但很快，抱怨就拯救了它灰暗的心情：“有什么嘛，当初鹰就是偏向天鹅，就算我留下，也学不到什么。珠穆朗玛峰算什么，我要是有好的机遇，肯定飞得比太阳还高！”

这样想着，鸭子心满意足地躺在水塘里睡着了。梦中，它轻松地飞过了太阳，飞过了月亮，飞过了星星，像天鹅一样优雅地飞向了更高、更远的宇宙。

成长悟语

只要生命没有走到尽头，你就没有抱怨、怨恨、痛苦的理由。把所有的坏事当成好事，把好事记在心里。那么，你还有多余的话去关照你的“悲惨经历”吗？

第二十九辑

善意：有温度的良心

半颗良心

一个冬天的晚上，哈里下班了，当他经过一段灌木丛的小路时，他突然听见前面有人大喊“救命”。他立马明白是有人遇到麻烦了，于是他赶忙循着声音前去。

在灌木丛边上，一个男人正在抢劫一个年轻女士，此时他正拽着那个女士的包。他本能往前一步，大喊一声：“住手！”

那个男人只是朝哈里看了一眼，丝毫没有放开那个包的意思。哈里又再次让他放手。但是这回那个人喊道：“你滚开，不管你的事！”说着，他从口袋里掏出一把枪，指着哈里。

哈里这时惊慌了，心里害怕极了。他不由自主地往后面退去，那个女士一脸恳求地看着他，万分希望他不要抛下她走掉。可是哈里害怕这个劫匪会开枪杀了自己，正在犹豫的时候，那个劫匪说：“你赶快滚，我知道你住在哪里，如果你敢报警，我会找到你，并用枪崩了你！”

哈里惊恐极了，这个劫匪竟然认识自己，是真的还是欺骗自己？不管怎样，自己的安危才是最重要的，他转身快步走了。临走的时候，他装作若无其事地看了那辆车一眼。实际上，他是望向了那辆车的车牌，他在内心暗暗记下了它。

他没敢回头看，就原路跑回了公司。他现在安全了，可是内心受到良心的谴责，一方面，他遇见了需要帮助的人，可是自己却逃开了，自己是个懦夫；另一方面，他也担心那个女士是不是会受到伤害。

报警还是装作不知道？他内心受到煎熬。因为这个劫匪说认识自己，如果这是真的，那么自己一旦报警，岂不是惹来这个劫匪的报复？可是不报警，那个女士就会受到伤害。内心纠结了很长时间，他报警了。他没有及时地帮到那位女士，但是现在却不能不管，只为了自己那半颗良心。很快，警察根据哈里提供的车牌号码找到劫匪，那个劫匪也被抓进了监狱。

后来，哈里从警察的口中得知，那位被抢劫的女士，在哈里逃跑后被刺伤了，但是，因为哈里报警，她被警务人员发现并及时救治。而且，那个劫匪根本不认识哈里，也不知道哈里住在哪里，当时只是吓唬他而已。

成长悟语

良心是行为和理智的捍卫者。每个人都必须按自己的良心来生活。使良心屈从于信条，或理念、或传统，甚至是内在冲动，那是我们的堕落。

当我们做善事的时候，并不在于彰显自己的德行，而在于让自己的良心不要受到谴责。

加利利海与死海

路德是一位年轻的背包客。有一次，他来到了中东，顺着约旦河饱览周围沿岸的风光。近两个月的旅程下来，两个截然不同的内海给他留下了深刻的印象。

首先是大名鼎鼎的死海，绵延360多公里的约旦河最后汇聚到这里。在这个传说中的“世界的肚脐”中，路德看到的都是荒凉的景色。死海周围只见无垠的沙漠，半棵树、一只鸟都是奢侈。水中也没有任何生命存在，小鱼小虾不见踪影，周围的生物也绝不会来这里喝水。总之，这里是不折不扣的“生命禁区”，路德感觉漂浮在死海上的空气都让人觉得沉重而透不过气来，即使在这里他可以自然浮起而绝不用担心自己被淹死。

而约旦河上游的加利利海则是完全不同的风光。加利利海是一个淡水湖，很多生物在这里找到了生存的乐园，而且传说耶稣、基督也曾在此地渔猎。其中最著名的莫过于“圣彼得鱼”。这种鱼外观非常丑陋，可是肉味格外鲜美，是这个地方最有名的特产。周围林立的餐厅都以销售圣彼得鱼为主，路德来了之后自然也是大饱口福。而且加利利海岸边优美繁复，粗壮参天的老树枝叶茂密，千百只可爱的鸟儿在树上云集，悦耳的鸟叫声此起彼伏，真是一个充满生趣的美丽世界！

位于同一条河南北两端的两个内海之所以会有如此巨大的反差，区别就在于加利利海是一个流通的内海，而约旦河流入其中之后又流了出来，最后归之死海。

成长悟语

加利利海接受了多少东西，也会给别人多少东西，所以它是活生生的。而死海是封闭的，流入其中的每一滴水都被自己牢牢占有。它把所有的东西都占为己有，只知进而不知出。水不流，鱼不栖，没有任何生物饮水，只取而不予。死海从来不分给别人什么，所以它才会“死”在那里。

墙那边是什么

安东尼在监狱的旁边开了一家咖啡馆，生活安逸。

有一天，一辆警车带了新犯人从门口经过，停在了监狱的门口。安东尼像往常一样，不经意地往那边瞟了一眼，毕竟这些事情经常发生，他已经司空见惯了。但这次他震惊了，从车内押下来的犯人，他一眼就认出来了，于是，他不由自主地突然惊呼起来：

“特洛伊警官，是你吗？”

那名犯人显然愣了一下。

“我是安东尼啊！”

“你好啊，现在日子过得挺好，都有了自己的咖啡馆，恭喜你！”特洛伊说。

安东尼对特洛伊变成囚犯心感吃惊，想再问几句，可是特洛伊被狱警带了进去。

不久，到了监狱探视的时间，安东尼以好友的身份前去探望特洛伊。

当安东尼问特洛伊为何沦落到如此地步时，特洛伊无比感伤地说出了事情的真相。

原来，当年安东尼因为偷盗罪入狱 7 年，妻子因此离开了他，并带走了可爱的女儿。在枯燥乏味的监狱里待了 3 年，他想女儿想得快发疯了，于是他利用夜晚的时间开始凿墙，希望能逃到外面去，见一见自己的女儿。可是他只抠掉了一块砖头，就被当时的狱警特洛伊发现了。

特洛伊当时没有告发他，而是告诉安东尼，墙的那边是死刑囚室，即使凿空了也无法逃出去。特洛伊怕安东尼继续凿墙，就给安东尼换了牢房，但砖头没有补上去。

后来特洛伊欠了赌债，每次等新搬进去的犯人一动那面墙的念头，他就暗示他们贿赂自己，不然就告发他们，就这样，东窗事发，特洛伊成了囚犯。

特洛伊被押进囚房的时候，回头对安东尼说：“一块砖头，命运却来了个大逆转啊！”

安东尼说：“我很想知道，墙那边到底有什么。”

特洛伊苦笑了一下，说：“现在，这个问题已经不重要了，不是吗？”

成长悟语

善与恶在人生中是混杂的。每个人都在自己的生活中改造自己的血液。

凶恶每“战胜”一次善良就把自己压缩了一次，因为它宣告了自己的丑恶；善良每战胜凶恶一次，它就把自己弘扬了一次，因为它宣扬了自己的光明。

好心的夫妻

一天傍晚，沃德森驾车回家，路上冷冷清清。天渐渐黑下来，还飘起了小雪，他得抓紧时间赶路。

这个时候，车子突然抛锚了，他的车胎瘪了。

“见鬼！”沃德森说道。

正当他不知如何是好的时候，他看到不远处有几间房，还亮着灯。

他走到了房门口，简单说明来意后，女主人微笑着将他请进了房间。

女主人说：“这里离市区很远，不过你放心，今晚你可以在我们这里住下，等一下我会给你弄些吃的，明天早上等救援人员来了再说。别担心，上帝会保佑你的。”

没想到，在这偏僻的地方，竟然还有一个如此善良的人，沃德森为自己感到庆幸。

吃了热面包和牛奶后，沃德森很快地睡下了。在他睡下后，男主人操起工具娴熟地帮他换了轮胎。

感激恩人，我们只是偿还；感激善意，我们才会奉献。

当沃德森早上起来后，看到完好的车胎，感激地问该付多少钱。男主人却说不用钱，这对他来说只是帮助需要帮助的人，过去在他需要帮助时有多少人曾经帮助过他。如果真的要感谢的话，就请沃德森以后也记得帮助别人。

沃德森开车回到家后，早报已经送到了门前。他悠闲地看着报纸，突然发现一条贫困学生求资助的新闻。

他想到昨晚陌生夫妻对自己说的话，便按照标示号码打了过去，并说明了自己想要资助那个贫困学生。

之后，在沃德森的帮助下，那个学生顺利地完成了学业。

当这个学生捧着毕业证书回家时，他的父母由衷地为他感到高兴。这家人住在一个偏僻的山村里。在他家的不远处，就是当初沃德森的车子坏掉的地方。

成长悟语

爱会在点点滴滴中积累着它的“附加值”，说不定有一天付出爱的人就会在不经意间收获到上帝的恩赐。

因为，善良是伟大的。但是，教人如何行善更伟大，而且更轻而易举。

弃恶从善

两个臭名昭著的恶人死后都入了地狱，受尽折磨之后，他们终于大彻大悟了。于是他们开始忏悔，开始对自己以往的种种恶行表示痛悔，发誓说如有来世，一定会改过自新，做个好人。

他们的诚心终于感动了上帝，上帝从天堂往地狱里垂了两根细细的蜘蛛丝。两个弃恶从善的人大喜过望，赶紧奔过去抓住蜘蛛丝往上爬。地狱里其他的恶鬼见状，也纷纷跑过来抢着蜘蛛丝，一个接一个，恨不得马上离开这个地方。这样一来，本来不粗的蜘蛛丝就岌岌可危了。

左边的那个人想：我既然已经改过向善了，就应该和善地对待他们，让他们和我一起上去吧。所以他就小心翼翼地接着爬。

右边的那个人想：我现在是好鬼了，当然应该进天堂，如果这些恶鬼们也随我而去，天堂里一定会大乱。所以他果断地掐断了自己双手以下的蜘蛛丝，让那些恶鬼掉了下去。

最后的结果是，左边那个人的蜘蛛丝被坠断了，他又重新回到了地狱里，而右边这个人爬上了天堂。

“我这么善良，连恶鬼都不忍心伤害，你怎么能让我又重新回到地狱呢？”左边那个人委屈地问上帝。

“对恶人行善，就是对好人作恶。”上帝回答道。

成长悟语

对恶人行善，就是对好人作恶。宽容、善良等行为都是针对好人的，如果对方的本质是狼，你的宽容便等于纵容，只会给更多的好人带来危害。

善良的拉恩

在美国一个偏僻的山村，住着一个老婆婆。老婆婆只有孙子一个亲人。每天早上，老婆婆都会去一公里外的公交站接孙子回家。老人年纪大了，每次走到公交车站都累得气喘吁吁。

一天，拉恩看到老婆婆这样，毫不犹豫地将她扶上了自己的车，并且保证每天都会开车接送老婆婆去车站。看到拉恩这么热情，老婆婆没有拒绝，但也没有表现出十分高兴。

从那天起，拉恩果然没有食言，每天都准时出现在老婆婆家门口，有时甚至会再将祖孙二人接回来。可奇怪的是，以前老婆婆的孙子见到祖母时，都会非常高兴地扑到她的怀里。可拉恩出现后小孙子并没有表现出以往的热情，甚至有点忧郁。

过了一星期，拉恩因为有事，没有送老婆婆去车站。但那天他经过车站见到祖孙俩时，小孙子却表现得非常开心，还在祖母的耳边说着什么。

后来，拉恩从老婆婆的一个邻居那里得知：“老婆婆的腿得了一种罕见的病，医生说没有办法彻底治疗，但长期坚持锻炼可以有效地缓解病痛，达到药物维持的目的。”

原来，老婆婆每天步行去车站是为了坚持锻炼，是拉恩破坏了老婆婆的锻炼计划。

成长悟语

世界上并没有真正的善恶，觉得自己做了善事的人应该注意，或许你做的善事并不善，或者对一个人来说是善的，对其他人来说就是恶的。而且，真善的人不屑炫耀自己的善行。

好人还是坏人

汤姆的包从窗台上掉下去了，他顺着窗户往下看，一个清洁工正在打扫街道，捡起了他的包。

那个包里装满了现金，汤姆发现清洁工看了看包里的东西，于是把包丢进了自己的垃圾车，急急忙忙地推着车子离开了。

汤姆十分着急，他迅速往楼下跑，但是到了楼下，却发现清洁工早已不见踪影。

汤姆到处寻找，最后在一个小巷子里找到清洁工。汤姆走上前去大声说道："你这个小偷，你是不是要拿着我的包偷偷跑掉？我告诉你，外面就是警察，我一定要报警把你抓起来！"

清洁工听到汤姆的话，非常害怕，拿起自己手中的工具打伤了汤姆，真的拿着包逃跑了。

而同样的事情，也发生在隔壁的小镇。

拉里特斯的包从窗台上掉下去了。同样，也是被一个人捡到了，同样，那个人也发现了里面大量的现金。拉里特斯急忙下楼，发现了正准备离开的对方，而对方也眼神闪烁地看着他。拉里特斯笑着跑过去，握住了对方的手，表现出一副感激的样子，说道："您好，这个包是我的，我知道隔壁就有警察，您不用把包交给警察了，非常感谢您。"

那个人一愣，把包还给了拉里特斯，然后离开了。

成长悟语

善恶往往只在一念间。许多时候，主导一个人是善还是恶，也往往在我们的一念间，好人可以由自己打造，在于你是以善待之，还是以恶待之。我们如何去想对方，对方就会如何付诸行动。

爱捐款的埃尔斯

埃尔斯是一个腰缠万贯的商人，他热衷于慈善，经常捐钱给福利机构。

一天，有人自称要修建养老院，向埃尔斯募捐，并且声情并茂地向埃尔斯说明了这家养老院的重要性。还没等对方说完，埃尔斯就愉快地签了支票。

上帝的手不会把任何一份善意抹去。随着时间的流逝，它不仅不会被遗忘，而且会在时光中被放大并传播，一部分变成感激，一部分变成善意。

没过多久，报纸上就登出了养老院建成的消息，并且详细列出了为修建养老院而捐款的人的名单，里面自然有埃尔斯，并且埃尔斯的捐款数最多——50万美元。

入住敬老院的老人知道埃尔斯捐款的事情后，纷纷写信和打电话给埃尔斯，对他的善举表示感谢。

埃尔斯看到这一切后非常开心，因为这就是他想要的结果。

然而，一个月后，报纸上又登出一则消息，大致是说有一家机构打着慈善的名义募捐，实际上有三分之二的善款都进了私人的腰包，新闻的末尾交代了这家机构的名字——就是埃尔斯捐款的那家。

新闻中还说，目前本市多数慈善机构都存在负责人私吞善款的情况。

粗粗地算下来，埃尔斯捐的善款有近 30 万美元都被人私吞了，只有 20 万用来建敬老院。

埃尔斯看到这条新闻后微微思考了一下，拨通了另一家慈善机构的电话，打算再捐出数万美元资助其他机构。

有人不解地问："埃尔斯先生，你还会继续捐款吗？"

"当然会，难道你没有看到还有 20 万美元用来帮助别人了吗？"

成长悟语

有人主动帮助过很多人，但在这些人中实际上只有一个人真正需要你的帮助。有人为此感到很满足。因为在其心里，自己的所做所为，只要有一件能够帮助别人就已经足够了。

一枚钻戒

玛丽是从加利福尼亚州千里迢迢来纽约闯荡的少女，和那个时代所有奔赴纽约的人一样，玛丽心里也有个金山梦。

很快，她谋到了一份珠宝店销售员的职位，她认真背熟每一段关于首饰的描述，耐心为每一位顾客服务，收柜时偶尔会在手指上试一下戒指。当然，只是试一下而已。

这天晚上淅淅沥沥下着雨，店里没有客人，玛丽双手托腮，在柜台上昏昏欲睡。

这时，店里进来一位穿黑风衣的先生，他没有打伞，雨水顺着他的头发流下来，滴进衣领里。这位先生说要为未婚妻选一枚钻戒。

于是，玛丽拿钥匙打开柜台，取出里面的钻戒，让这位先生一枚一枚地挑选。

但是最后这位先生还是没有选中。当他转身离开时，玛丽突然发现，盒子里的钻戒竟然少了一枚！

天哪！玛丽当时的感觉就像泰坦尼克号撞上了冰山，她仿佛看到自己被老板辞退，看到自己因为糟糕的信誉不被任何一家公司录用，看到自己坐着火车回到加利福尼亚州，看到自己嫁给了一个满脸胡须的农场主。

"不！"玛丽几乎是尖叫起来，她必须拿回这枚钻戒，这甚至关乎她的一生。"不！先生！"

穿黑风衣的人回头看着她，颓废的脸上露出一道疤痕，这分明是个逍遥法外者。

这时玛丽才意识到自己的处境，店里没有其他人，要是和黑衣男子对抗起来……

"我必须拿回钻戒。"玛丽心里想。她走到门边，撑开备用的雨伞递过去，说："先生，外面正下雨，您撑这个走吧。"同时伸出右手，做出要和他握手的表示。

黑衣男子愣在原地，玛丽再次用强烈的目光注视他，强烈的请求与期望几乎要从身体里迸发出来。

终于，他伸出手和她握了握，接过雨伞快速消失在雨幕中。

玛丽回到柜台，把那枚钻戒放了回去。

成长悟语

与其伸出一把锋利的尖刀，不如伸出自己一双温暖的手。尖刀是冰凉的，它让人感受可能带来的伤害，而手却是温暖的，它让人感受到心里的温度。这份温暖会感动另一颗冰冷的心。

小熊钓蝴蝶

秋天来了，田野里的花都结出了种子，一只小熊弯着腰在田野里采花籽。

一只小猴子蹦蹦跳跳地走过，看到小熊在田野里弯着腰，就问："小熊，你在做什么？"小熊回答："我在钓蝴蝶啊。""钓蝴蝶？"小猴子挠了挠脑袋，问："蝴蝶又没有嘴巴，你准备拿什么钓呢？"小熊没有回答，继续在田野里采花籽。

过了几天，小猴子路过小熊家，看见小熊蹲在家门口挖坑，挖了坑还把花籽埋进去。小猴子问："小熊，你不是要钓蝴蝶吗？你钓到蝴蝶了吗？"小熊回答："我正在钓啊，等到明年春天，我会钓到很多蝴蝶。"

转眼，春天来了，温暖的风把一切都唤醒，无数新的生命成长起来。

小猴子蹦蹦跳跳地在树上玩，这时小熊来叫它："小猴子，小猴子，快到我家看蝴蝶，我钓到了很多蝴蝶。"小猴子疑惑地跟着小熊回到家，小熊家门口真的有很多蝴蝶！

原来小熊去年冬天把采到的花籽种在自己家门口，春天便长出了许多花。红的、黄的、粉的、白的，像一座大花园。数不清的蝴蝶在花丛中飞来飞去，漂亮极了。

小猴子终于明白小熊说的"钓蝴蝶"是什么意思。它决定，今年秋天自己也采花籽，等到明年春天钓很多很多蝴蝶。

成长悟语

强硬的手段或许能够把对方拉到你的身边，但是，温暖的心却能够让别人主动靠近。这两者最大的区别就是，前者是想着让别人靠近自己，后者是先让自己走进对方。

雅典娜的测试

雅典娜是集智慧与力量于一身的女神，她是雅典的守护神，雅典所有城邦都要听她调遣。

这天，她想选一位城邦的国王来协助她治理雅典，准备以一场测试来检验候选人。

她首先叫来雅典东部最大城邦的国王安达涅尤斯卡。安达涅尤斯卡是整个欧罗巴闻名的暴君，他的城邦以严刑酷法著称。雅典娜让安达涅尤斯卡去把全世界最善良的人找来。

安达涅尤斯卡出发了，他走遍整个大陆都没有找到符合要求的人。于是，他回到雅典娜身边禀告说："这个世界只有邪恶，所有人都是自私阴暗的，他们相互算计、倾轧，根本不存在善良的人。"

雅典娜点点头，让他回到自己的城邦。她又叫来雅典西部最大城邦的国王埃涅阿斯，埃涅阿斯是欧罗巴有名的仁君，在他的城邦里，所有百姓都悠闲富裕。雅典娜让埃涅阿斯去找全世界最邪恶的人。

埃涅阿斯骑着马出发了，他走过一个又一个城邦，最后沮丧地回到雅典娜身边。他说："世上的人虽然大多自私，但都是迫于生存的压力。没有人是天生邪恶的，所以我找不到最邪恶的人。"

雅典娜折下橄榄枝戴在埃涅阿斯头上，决定由埃涅阿斯辅助她治理雅典。直至今日，雅典仍以自由与和平著称，人们相亲相爱，共同治理雅典娜庇护下的城邦。

成长悟语

当有人蓄意残害他人时，我们说这是恶的；但杀人凶手被依法处决的时候，我们认为这是正当的。当某种动物被人类非法残杀时，人们为之愤怒；当某一生物对我们的生存构成威胁时，我们坚决消灭之。

如果所谓的善良是别人满足了自己的利益，而所谓的邪恶是别人破坏了自己的利益，那么，这种善恶标准的公平性在哪里呢？

抗蛇毒血清

洛克住在洛杉矶，他的生活不是很富裕，但是他很乐意帮助别人，周围的人都说他是一个心灵富裕的好人。

一天早晨，他在夏威夷的朋友给他打来电话，说让他帮忙在拉斯维加斯买抗蛇毒血清。

因为他的孩子被蛇咬伤了，急需这种血清救命，可是夏威夷这种血清短缺。

洛克立刻买了药，赶去了机场，可是上午飞往夏威夷的机票都卖完了。

洛克伍德很着急，因为坐中午或者晚上的飞机就可能耽误了治疗。他于是去恳求机场的工作人员，能否帮忙弄一张票。

工作人员再次查看了飞机票的情况，告诉他的确没法帮他，除非有旅客退票或者有旅客帮忙把血清带过去。

如果有人赠你一滴水，你应当回报以大海；如果别人给你一盏烛光，你就应该回报满天阳光。

于是洛克在检票口那里，挨个问那些旅客是否可以帮忙把血清带过去。可是没有人愿意帮忙。

洛克站在机场大厅内，时间一分一秒地过去，他手中捧着那些抗蛇毒的血清，着急得汗都流了下来。

他明白，不是机场工作人员不愿意帮他，只是规定没办法更改；也不是这些旅客不愿意做好人，只是他们怕一个陌生人带的东西并不是好东西。那可是会给自己带来麻烦。

飞机快要起飞了，就在他遭受无数次拒绝之后，一个男人走上前来，主动提出愿意退票，把座位让给他。

原来，这是一个学者，他一直在观察洛克。最终，他得出结论，洛克是一个无数人拒绝却仍然满怀热望的好人，不可能是一个心存恶念的坏人。

洛克坐着飞机飞到了夏威夷，朋友的孩子使用了抗蛇毒血清之后，情况好转了。

成长悟语

善意是相互传递的。任何时候，都不要抱怨自己没有遇到好人。当你没有遇到好人的时候，不要在别人身上找借口，一定要先问问你自己，你是否尽到了最大努力做一个好人。

谁救了谁

亨利和怀特住在同一个村子，他们两个家族的世仇，可以追溯到太阳王路易十四时代。这天，亨利和怀特参加酒神节狂欢回来，在黑黢黢的小路上相遇了。虽说早过了仇人见面拔剑决斗的时代，但两人还是一前一后保持着距离，互不理睬。

突然，走在前面的亨利“啊呀”一声，原来前面有一条水沟，夜色昏暗，亨利又喝了些酒，就失足掉进水沟里了。后面的怀特看着在水中挣扎的亨利，犹豫要不要救他。救，违背家族的传统；不救，眼前又是一个鲜活的生命。亨利的声音越来越微弱，浮上来的次数越来越少，终于，怀特下定决心，抓起脚边的一根长树枝伸向水里。

亨利抓着树枝爬上岸，气喘吁吁地缓了好久。风吹散了挡住月亮的乌云，夜色渐渐明朗起来。亨利对怀特说：“老兄，我以为我今天要去见上帝了呢，没想到你救了我。”怀特一笑：“是因为你先救了我呀，我不过是答谢而已。”“我救了你？我什么时候救了你？”亨利迷惑不解的问，他看着怀特的脸，怀特又不像在开玩笑。

“你刚才那声‘啊呀’提醒了我呀，如果不是那声‘啊呀’，我恐怕早就跟你一起去见上帝了。所以，亨利老兄，我们扯平啦！”

两人高唱着酒神颂回到村子，此后，两个家族淡忘了仇恨，相亲相爱，世代交好。每当人们提起此事都会说，这两个家族的友谊可以追溯到亨利怀特时代。

成长悟语

人与人的关系就像一面镜子，你满怀善意地对待别人，别人就会满怀善意地对待你。世界是相互倾轧的地狱还是相互关爱的天堂，就在于我们用什么样的方式对待别人。所以，不要吝惜你的善意，把它拿出来温暖这个世界吧。

笨蛋是善良的代称

汉克斯是个善良的笨小孩。因为脑袋不聪明，成绩总是班上的倒数第一，经常遭到同学的取笑："汉克斯是笨蛋！汉克斯是笨蛋！"

回到家后的汉克斯问妈妈："妈妈，为什么同学们都喊我是笨蛋？"妈妈安慰道："因为笨蛋是善良的代称呀！"汉克斯似懂非懂地点了点头。

一个冬天的雨夜，汉克斯的妈妈骑着摩托车来接他回家，但班上的卢克没有人来接他，卢克家又远，而且需要自己一个人走着回去。"妈妈，我们跟卢克一起回去吧！"汉克斯央求道，因为车后座上装了个铁篮子，没办法再载一个人，妈妈只好摇头拒绝了汉克斯的请求。

回到家后，妈妈正忙着在厨房做饭，却隐约听到叮叮当当的声音，出门一看，原来汉克斯正在笨手笨脚地用各种工具拆卸摩托车后座上的铁篮子，这项工程弄得汉克斯满头大汗。"妈妈，快来帮帮我，我不想再让卢克自己一个人回家了，我要把它拆掉，我们一起回家！"看到这一幕，妈妈泪流满面……

成长悟语

生活中，总有一些人自以为是地瞧不起别人，按照自己的观点来判断别人。殊不知，这种带着偏见的认知，本身就是一种莫大的愚蠢。每个生命都有它的灿烂与珍贵之处，任何一个人都有他存在的意义，以及他对世界提供的帮助。

第一百个客人

凯勒开了一家餐厅，他每天都有稳定的收入。

一天午后，已经过了用餐的时间，客人都已散去，凯勒随意地坐在餐厅的一个角落里看着报纸，这时有一位老人牵着一个小男孩走了进来。

一老一小坐下来，老人看着菜单上的价目表，拿出瘪瘪的钱袋数了数钱，最后要了一个汉堡，老人将汉堡推向小男孩。

小男孩吞了吞口水望着老人说："奶奶，您真的吃过午饭了吗？"

"吃过了，你快吃吧。"

凯勒看到这样的场景，鼻子一酸，走到两个人面前说："女士，恭喜您，您中奖了。我们餐厅有这样的优惠活动，每天光临的第一百个顾客是免单的。而您今天恰好是我们的第一百个客人，所以这一餐是免费的。"小孩高兴地跳了起来，而老人抚摸着男孩的头发，一再地感谢凯勒。

第二天上午餐厅刚刚开门，凯勒发现前一天的那个小男孩蹲在餐厅对面，像在数着什么东西。

凯勒装作不经意地走过去一看。原来小男孩每看到一个客人走进餐厅，就把小石子放进一个袋子里，凯勒一下子明白了什么……午餐的时间慢慢地就要过去了，凯勒知道今天还不足六十个客人。看到对面还在数石子的小男孩，凯勒决定让自己的员工化妆客人从后门出去，然后从前门进来，于是员工们换上各种衣服，开始不停地进出餐厅。

"七十一,七十二,七十三……"小男孩数得越来越快了。终于当第九十九个小石子被放进袋子里的那一刻，小男孩赶忙拉着奶奶的手跑进了餐厅。

虽然老人和小男孩知道这顿饭是"免费"的，但是他们没有多点，依然是非常廉价的汉堡，老人依然非常感激凯勒。而凯勒看见他们吃得那么开心，自己也满足地笑了。

成长悟语

善意是耳聋者可以听懂，目盲者也能看见的语言。善意的人能够从别人的善意中感受到共鸣，并汲取灵魂的清凉。

善良的玛丽

玛丽正和她几个年幼的儿女围坐在火炉的旁边，火上烤着一条鱼，虽然几个孩子有说有笑，但是玛丽知道她孱弱的双手难以撑起这个家，孩子们吃不饱、穿不暖，勉强能够活下来已经是她掏空自己的一切力量去维持的局面了。

玛丽是善良的，很多年前这个家还算完整的时候，她总是把吃不完的食物分给那些需要的人，但是上帝仿佛并没有因为她的善良而给予她关怀。

玛丽的大儿子7年前到远方寻找宝藏，从此再也没有音信。更糟的是，玛丽的丈夫五年前出海打鱼遇到了暴风雨，再也没有回来。一切都像是昨天发生的事情，更像是上帝的捉弄。但是玛丽从来没有放弃过，没有放弃生存，更没有放弃她的善良，她辛勤的劳作不仅供养身边的孩子，而且依然不时地帮助身边的穷人。

就在玛丽要给孩子们分鱼的时候，家里的门响了，全家的注意力都被吸引了过来，孩子们争先恐后地跑去开门。门口站着一位十分疲倦的旅人，他衣衫褴褛，但气色却很好。

疲倦的旅人看起来非常年轻，他请求能够在这里过夜，并且能够有一些吃的，他说道："我一整天没有喝水，也没有吃东西了，善良的女士，请您施舍我一些吃的吧。"玛丽毫不犹豫地把最后一点鱼肉分给了这个旅人。然后她转身对着其他儿女说道："我知道你们还有些饿，但是眼前的这个人更需要帮助，上帝会因为我们小小的善举而怜悯我们的……"

旅人拿起玛丽分给他的鱼，久久不肯吃，玛丽以为旅人是不好意思，于是就对他说："吃吧，年轻人，其实我也有一个儿子，他的年龄和你相近。如果他没有被上帝带走的话，我想他也在世界的某个角落，希望他也能遇见一个善良的人收留他……"玛丽流下了眼泪。

玛丽话刚说完，旅人便激动地跑过去抱住了她。"亲爱的妈妈！你的善良上帝已经看到，他让您的儿子带着寻找到的财宝回来了……"旅人正是玛丽多年未见的大儿子。为了给家人一个惊奇，他掩藏了自己的身份。当然，这是一份最令人感动，也最令人快乐的惊喜。

成长悟语

面对痛苦，仁爱还没有完全收回它同情的双手，关闭它无私的心灵，闭上它博爱的眼睛。

懒惰的人只要还能够生存，情愿忍爱贫穷也不去努力。而自私的人即使在寒冬中也不会受到考验，因为他的情感不会因此而痛苦，心灵也不会因别人而悲伤。只有心怀仁爱的人，会伤心、难过甚至会比一般人经历更多的痛苦，但是也会收获更多的幸福。

生日礼物

这一天是爱德华5岁的生日，恰好镇上来了一个马戏团。于是，父亲决定带着全家去看马戏，就当作给爱德华庆祝生日。

一家人穿着干净的衣服排队等待买票。父亲牵着爱德华的姐姐，母亲牵着爱德华，他们谈论着上演的节目，非常兴奋，尤其是爱德华，正沉浸在自己5岁生日的快乐中。

终于轮到他们了，父亲高兴地说："请给我四张票，两张小孩的、两张大人的。"

可是，当售票员说出价格的时候，父亲的笑容凝固了，父亲咬了咬嘴唇，小心翼翼地问一句："你刚才说的是多少钱？"售票员再次报了价格。父亲眼里透着痛楚，站在原地不知该如何是好，他实在不忍心告诉身旁兴致勃勃的孩子们，自己身上的钱不够。

排在后面的男士看着眼前发生的一切，通过之前这一家人兴奋的谈论，他知道这一家人是来给眼前的小男孩过生日的。男士悄悄地把一张100美元的钞票扔在男孩父亲的脚下，然后，他拍拍那位父亲的肩膀，说："先生，您的脚下，应该是您的钱掉了。"

父亲低下头，一刹那就明白了这位男士的用心。他眼眶一热，紧紧地握住男士的手："谢谢，先生，谢谢你为我和我的孩子们找回了快乐！"

男士委婉地一笑，说道："是给这个男孩的生日礼物。"

成长悟语

培根说，善性是人性与神性最相近的地方。但行善的人并不是神，并不能因为提供了帮助就要求他人的瞻仰。真正的善行应该像冬日里的一缕暖阳，既温暖了他人，又不至于灼伤他们的心；应该像夏日里的一阵凉风，既抚慰了他们，又不至于吹乱他们的心绪。

等你走远了再回去

奥古斯丁是一个名人专栏的记者，他的主要职责就是跟作家约谈，然后写稿发表。

他作为一个小记者，没有什么名气，在约见那些名人的时候，往往会受到冷遇。

最常遇见的情况就是，每次自己给那些名人打去电话，询问约见的事情，有些人往往还没让他把话说完，就"啪"地挂了电话，每次他的自尊都会受到伤害，他觉得给他几分钟，就那么难吗？

心中有玫瑰的人，他的世界就是一片花的海洋。

几天前，奥古斯丁去拜访一位老学者。这位老学者学术方面很有成就，而且对一些时事政治也有很精辟的见解。

最令奥古斯丁佩服的一点，是老学者没有什么名人的傲气，说话很和蔼。

奥古斯丁和他谈了很长时间，觉得心情愉快极了。

临走的时候，老学者起身把他送到门口，并和他握手告别，奥古斯丁便转身走向自己停靠在路边的车。

可是刚走到车边，他突然想到自己没有给老学者留名片，那么老学者之后就无法联系自己。于是他转身走了回去。

他发现，老学者还站在那里，没有回房子里去。

他于是把自己的名片递上去，老学者双手接过，放在了自己的口袋里。

又是一阵告别，奥古斯丁转身走了，走到车边，一回头，发现老学者还站在门外，微笑着看着他。

奥古斯丁说："您赶紧回房子里吧，外面冷！"

老学者微笑着说："我等你走远了，再回去！"

等你走远再回去！多么温暖的一句话。

成长悟语

有些善，并不是那么伟大，它可能就发生在我们身边，短短几秒钟，一瞬即过。然而，正是那短短的几秒钟，却能温暖我们的心。

善意被利用之后

作为贩卖机销售员的迈克尔平时很忙，周末也几乎得不到休息，他觉得实在亏欠自己的妻子和孩子。

于是，一个下午特意抽出时间去超市买菜，打算回去做顿丰盛的大餐，好好和妻子儿女团聚一下。

选购完毕，到超市收银台前排队结账，人很多，等了很久才轮到他。

他刚想把自己的东西摆到收银台上，结果一位金发的胖太太突然冲上前，二话不说就把自己选的五花八门的商品堆到了台上。

收银员瞟了迈克尔一眼，就开始给胖太太扫描，根本无视这种插队的行为。看着胖太太那一脸凶悍的样子，迈克尔尽量保持绅士，没和她计较，心想，就等会吧。

胖太太终于带着胜利的微笑走了，迈克尔正要把自己推车里的商品拿上来，从后面又挤来一个矮个子的小妇人，她手里只拿着一包饼干，后面拖着一个毛头孩子。

她倒是一脸小心翼翼地仰头与迈克尔打招呼："我就一件，让我先过，可以吗？"这要求也不过分，迈克尔再次微笑让了她。

这时，女收银员笑道："既然这么好心，那后面这位老人，你是否也能让让？"

她很幽默地跟迈克尔说，但迈克尔虽然内心很焦躁，想着孩子们都在家等着呢，但也没有表现出什么不快，只好让后面那位老人越过了自己。

一切都扫描完之后，终于轮到迈克尔了，可站在他背后的一个女孩一个箭步越过他，给收银员递自己的东西。

迈克尔生气地说："请按顺序来，好吧？"

结果，女孩说："既然让了，就不差我一个。"说完，结账后就理直气壮地走了。

迈克尔回家时，天快黑了，身心都很疲惫的他，饭菜当然是草草做了了事。

成长悟语

公交车上，一个人给一个老人让了座，但还没等老人坐上，有人已经抢先坐了上去。这个人真的很累吗？其实并不是，只是觉得有了便宜，自己如果没有占到这个便宜，就会感觉失去了重要的东西一样！

没有了指南针之后

莱斯和瓦特是一对好朋友，他们两个有一个共同的爱好就是打猎。一天，他们两个结伴前往一片原始森林中寻找猎物，但是他们追击猎物追过了头，在森林深处迷失了方向。

两个人都很害怕，因为他们带的指南针、水和食物都在宿营地的背包里。而在原始森林，没有指南针的引导，是很难走出去的！天很快黑下来，两个人相互依偎着挨过了一晚。他们唯一的东西就是随身携带的两壶水，除此之外，什么也没有了。

上帝只垂青心存善意的人，它会悄悄帮助他们照亮前行的路，走出人生的困境。

早上醒来后，他们通过日出辨别出南方，然后开始向南走。两个人都在心中祈祷选择的方向是正确的，因为只有向南走，才有可能走出大森林。走到中午时，一天没吃东西的两个人又累又渴又饿，他们只好坐下休息一会儿，喝了一口水，然后继续走。

走了没多长时间，他们在路上发现了一个满脸皱纹的老人。老人紧闭着双眼，躺在大树下，鼻息间还残存着微弱的呼吸。

"这应该也是一个打猎而迷路的人，

估计是饿昏了。”莱斯对瓦特说，边说边拿出身上的水壶，准备给老人喂点水，结果被瓦特一把拦住了。

“不能给他喝。我们还不知道什么时候能走出去，这点水还不够自己用。而且，你知道他是什么人吗？万一他醒来后把我们俩杀了抢水喝怎么办？”瓦特说得信誓旦旦。

莱斯确实没有办法判定这个老人是好人还是坏人，只好跟着瓦特向前走。但是，每走一步，他的心里就非常难受，老人虚弱的脸庞总在他脑海中浮现。

终于，他停下来，对瓦特说：“我还是觉得我们应该回去救那个老人，遇到而不救他，就等于杀死了他。”

“别天真了！你自己能不能活着出去还是个未知数，何必管那么多呢？再说，救了他又怎么样？出不去的话，大家还是一样死。”

“可是见死不救，我的良心会不得安宁的。哪怕有一丝希望，我也不该放弃一个生命。”

“要救你自己救吧，我是不会回去的。”瓦特的态度非常坚定。

莱斯看了朋友一眼，转身回去了。他回到那个昏倒在树下的老人身边，轻轻地扶起他的头，把壶里的水一滴一滴倒在他干裂的嘴里。不久，老人就醒过来了。他慢慢睁开眼，充满感激地望着莱斯。接下来发生的事完全出乎莱斯的意料：老人不是打猎的，而是一名向导，他熟悉这里的每一片树木，是这里唯一一位不用带指南针也能穿越这片大森林的人！老人醒来后，很快就带着莱斯走出了大森林。而瓦特，却永远地留在了那片大森林里。

成长悟语

一个人的良心，就是他最好的指南针。一个人只要按照良心指引的方向前进，肯定不会在人生的道路上迷路，肯定会有路可走，肯定会有光明的前途。

第三十辑

宽容：允许别人和自己犯错

古怪的老头儿

很久以前，在一个小镇上住着一个性格古怪的老头儿，他没有朋友，也没有家人。他在自己门前堆满了大石头，几乎快要把门堵上了。

一位路人经过小镇，看到堆积如山的石头非常好奇。他就问老头儿："你为什么在门前堆这么多石头啊？"

老头儿回答说："你不知道，这个镇上的人都太过愚蠢了，往往会做错事。所以，他们每犯一个错误，我就搬一块石头放在门前，时刻提醒他们自己曾经犯下的错误。"

路人接着问道："那您屋后的这几块石头是什么意思呢？"

老头儿微微一笑，有点不好意思地说："这是我犯下的错误，我可不想整天看到它们烦心。"

成长悟语

在现实生活中，我们是否遇到过这样的人，或者我们自己是否有这样的心态？对别人的错误总是揪住不放、耿耿于怀，但是对自己的错误却百般掩饰，不愿正视。这样的人没有宽阔的胸怀，更没有直面自我的勇气，到头来只能被众人厌弃。

国王的三个儿子

国王年纪大了，想把王位传给三个儿子中的一人。但是，三个儿子都很优秀，于是国王想要考察他们谁最有爱心、品德最高尚。于是国王要求三个儿子花一年的时间外出游历，一年后回来讲述自己做的最高尚的事情，谁做得最好，谁就是下一任的国王。

很快，一年的时光过去了，三个儿子也都按时回到了王国的宫殿，老国王看到三个儿子个个精神饱满、跃跃欲试，知道三个儿子经历了非常不错的事情。

大儿子得意地说道："我在别的国家游历的时候，救了一个落水的人，这个人对我非常信任，之后把一袋子金币交给我，但是很不幸他还是因为意外而去世了，最后我把他留下的钱送回到他的家里，而且钱袋里的金币一分没少。"

二儿子说道："我游历到一个非常贫穷的村落，看见村庄里很多人食不果腹，于是我买了很多食物分给村里的人。村子里无论男女老少，我都一视同仁地分发食物。"

最后，小儿子说道："我的经历和两个哥哥比起来就非常简单。在我的旅途中遇到一个坏人，他为了得到我的钱而想方设法加害我，甚至有一次我还差一点被他害死。有一天晚上，我看见他睡在了悬崖边上，当时我真想一脚把他踢下去，但是我犹豫了很久，最终还是叫醒了这个人，最后我骑马离开了……"

国王看着小儿子，露出了会心的微笑，慈祥地说道："大儿子物归原主是一种本分，二儿子怜悯之心是一种天性，这些都称不上高尚的品德。但是你能够以德报怨，放弃报仇的机会而去救伤害过自己的人，这才是一个人最难得的品质。"

成长悟语

最高贵的复仇是宽容。没有什么比宽容之心最为高尚的了，就像玫瑰一样，一只脚踩扁了玫瑰，而玫瑰却把香味留在脚上，这就是宽容。

一个小偷

在一个漆黑的夜晚，小偷劳拉悄悄地潜入了琼斯的家里。琼斯是一个家财万贯的女商人。此时，琼斯一家正在熟睡，劳拉凭借多年的开锁经验，顺利地打开了卧室门口的保险箱，盗走了一颗价值非凡的珍珠，临走时还顺走了琼斯的一颗钻石戒指。不巧的是，劳拉在离开琼斯家的时候，一脚踩空，一下从七八米的阳台上重重地摔在了水泥地上。劳拉顿时疼得哇哇大叫起来，不明真相的邻居们听到劳拉的号叫，都从窗户探出头来一探究竟。

琼斯这时也听到了劳拉的叫声，她没有看热闹，而是飞奔下楼，简单查看了劳拉的伤势之后，马上拨打了求救热线。救护车很快赶到了楼下，将劳拉送到了最近的医院。医生检查后发现劳拉的左臂骨折了，不过并没有生命危险，很快医生就给劳拉做了接骨手术。整个过程中，都是琼斯陪着劳拉。劳拉对琼斯十分感激，同时也非常羞愧，她将自己在琼斯家偷的东西还给了她。出院后便决定不再做偷东西的勾当，而是决定找一份稳定的工作。

这天，劳拉去应聘仓库管理员。在面试的时候，碰巧公司老板走进了面试的房间。劳拉抬头一看，老板竟然就是之前曾经救过自己的琼斯！看到琼斯后劳拉心想这下可完了，这家公司肯定不会录用我的。但是，琼斯却聘用了劳拉，因为她相信一个懂得感恩和羞愧的人，一个愿意改过自新的人是值得人们给她一个机会的。其实，劳拉根本不知道，她在琼斯房间里偷盗的时候，琼斯已经醒了。

成长悟语

一个人既然知道自己错了，我们就应该给他一次改过自新的机会。知错能改，善莫大焉。如果只是一味指责犯错的人，对双方都不会有什么意义和帮助。

谁偷了100美元

亚伯老师像往常一样，一早就去了教室，他习惯在学生们上课之前把教室收拾干净。当他走进教室的时候，看到学生马丁正在翻哈莉的书本。马丁乍看见亚伯老师进来，也是一脸的惊恐，亚伯老师很是奇怪，但是看到马丁的神态也没说什么，只是对马丁微笑了一下。

收拾好教室之后，亚伯老师去了教师休息室，等快上课的时候，他带着课本去了教室。这时，教室里哈莉哭得很厉害，说自己夹在课本中的100美元不见了，那可是自己要交的学费。哈莉家不富裕，100美元对她的家庭来说，已经是一笔大数目了。

亚伯老师顿时明白了马丁早上的行为，他看向了马丁，只见马丁低着头，似乎在想着什么。

亚伯老师沉默了片刻，说："100美元啊，对孩子来说，是挺大的诱惑，但是那是哈莉的学费，你们知道哈莉的妈妈要挤多少牛奶，才能换来100美元吗？足足得半个月。不过，犯错误谁都难免，只要改正还是好孩子。"

接着，亚伯老师扫视全班的同学之后，想给马丁一个机会，说："我想了一个好主意，孩子们，今天放学之后，等别的同学回家了，希望拿了钱的同学把钱留在教室的讲台上。这样，别人不会知道你是谁，你仍旧是个好孩子。"

这件事之后的第一天，亚伯老师早早地来到教室，可讲台上什么也没有。

上课了，亚伯老师沉默了一会儿，对学生们说："我们再给那个拿了钱的同学一次机会！"

可是第二天，桌子上还是什么也没有。

亚伯老师这次有点沮丧，但也没有对着学生们表现出来。

第三天，学生们看见桌子上放着100美元，他们都为找到钱而兴奋。

放学后，所有的学生都离开了，马丁悄悄地走进了亚伯老师的办公室，在他的抽屉里放了100美元。躲在门外的亚伯老师笑了，为这个孩子最终的忏悔和改正。

之前桌上的100美元是怎么回事呢？那是亚伯刚领到的一个月的工资。

成长悟语

我们每个人都会犯错误。如果处理得好，会让别人学会改正、尊重和爱；如果处理不好，留下的或许就是遗憾、悔恨和阴霾。

给父亲一个台阶

迈克的父亲生意失败，负债累累。一个圣诞夜，父亲丢下妻子和3个孩子离家出走了。此后，一家人一点也不快乐，迈克发现妈妈经常背着他们流眼泪。

迈克带着弟弟和妹妹到处寻找父亲，但一直没有消息。又一年的圣诞节到了，迈克想到了一个好主意：刊登一个“寻父启事”，希望得到更多人的帮助，也期待父亲能自己回家。

“寻父启事”是这样写的：又到圣诞节了，请迈克的爸爸在圣诞节前夜12时到某商场门前接受孩子们的圣诞礼物。迈克故意没有写出父亲的名字。

圣诞前夜很快到了。迈克一家人焦急地等待着父亲的出现。奇怪的事情发生了，一共来了13个“父亲”。正在不知怎么办的时候，只见人群中走出来一个熟悉的身影，他们的父亲步履匆匆地来了，一家人幸福地拥抱在一起。

在这幸福的一家人周围，有一群充满爱的人，当然也包括另外12个“父亲”。12个“父亲”不约而同地准时到来，只希望给迈克一个团圆的圣诞夜。

成长悟语

宽容是最完美的品行。谁都可能因犯错或失误而陷入尴尬的时候。给人台阶，正是宽容的体现。同样地，怀有宽容的人也是幸福的。

最后一搏

牧工鲍勃劫持了拖欠他工资的牧场主。

警察比尔闻讯赶到，下令把房子围了起来。鲍勃看到警察，显得异常愤怒，他朝着警察喊：“赶紧把欠我的钱还给我！”警察比尔示意手下赶紧准备钱。等他们去最近的银行，刚把钱取来，鲍勃又怕警察借给钱的机会耍花招，于是改变了注意，对着警察喊：“我不相信你们任何人，赶紧给我一辆汽车。”为了保住被劫持人的性命，比尔指挥其他人员开了一辆汽车过去，但是，鲍勃成了惊弓之鸟，害怕警察使诈，拒绝上车。

双方就这样对峙了很久，眼看天就要黑了，如此一来，鲍勃更害怕了，他焦躁地走来走去，生怕警察趁着夜色偷袭自己，那么自己更没机会逃跑了。

他害怕极了，怕自己没拿到钱，又被警察抓住，自己以后更没有好日子过了，他觉得天黑之后，要是自己跑不了，就与牧场主同归于尽吧！鲍勃发了狠，并给枪上了膛。

拥有真情是幸运的，当不幸降临的时候，这种情感足以使人战胜一切苦难。

比尔从望远镜中看见鲍勃这一举动，立马明白鲍勃有撕票的打算了，于是一边对着他喊话，企图安抚他；一边指挥狙击手，只要鲍勃有进一步的动作就射杀他。几名狙击手悄悄地找好了合适的位置，只要比尔一声令下，他们就射杀鲍勃。

同时，比尔也做了另一个方案。他觉得鲍勃只是生活所迫，并不是穷凶极恶的杀人犯，于是，他把鲍勃的儿子叫来，希望能够通过亲情感化他。能做到没有伤亡的解救人质是最好的。

于是他对鲍勃说："你家人有话跟你说。"一个卷发的小男孩对着鲍勃喊了一声："爸爸——"。

鲍勃听见儿子的声音，浑身一震，热泪流了下来。双手无力地垂下，扔下了手中的枪，跪在了那里……

比尔见机冲了进去，将被劫持人解救出来。男孩则和他的父亲紧紧拥抱在一起。鲍勃之后肯定会为自己的犯罪行为受到法律的制裁，但此刻，没有人去打扰他们，因为，此时他只是一个父亲，一个一年多没有见到过儿子的父亲。

成长悟语

一个犯了错的人，并不就是一个无药可救的人。其实，所谓"坏人"的内心也有温暖善良的一面。

给半壶水的丹麦士兵

在17世纪，丹麦和瑞典为了争夺地盘，发生了激烈的战斗。

这时正值夏季，天气炎热，战斗又进行了几天几夜，双方的部队都出现了断粮的状况，但最终，丹麦凭借惊人的毅力，打败了瑞典。

战争胜利后，一个丹麦士兵终于从紧张备战的状态中松懈下来，他靠坐在一棵树下，拿出自己的水壶准备喝点水。

突然，他听见树后草丛中发出几声哀号，他顺着声音转头看，发现一个瑞典士兵躺在那里，满身是血，显然他受伤了。他的嘴唇干裂出血，显然饥渴难耐。此刻，也正死死地盯着丹麦士兵的水壶。

"你可能比我更需要这些水。"丹麦士兵走过去，将壶嘴送到伤者的口中。可是正在这时，瑞典士兵竟然趁机伸出长矛刺向了丹麦士兵，丹麦士兵灵机一闪，才没有刺中要害。

丹麦士兵很生气，说："我给你救命的水喝，你竟然反要我的命！"

瑞典士兵神色恐惧，低着头不敢说什么。

丹麦士兵无奈地摇了摇头，接着说："我本来打算这壶水全给你喝，但是现在我打算只给你半壶。"

战争结束后，这个丹麦士兵的半壶水被传为佳话，很快，这件事传到了丹麦国王的耳朵里。他专门召见了这个士兵，问他当时为什么不杀死这个忘恩负义的瑞典士兵？

这个丹麦士兵耸了耸肩，理所当然地回答："我不想杀一个已经受伤的人。"

成长悟语

如果别人辜负了你的善意，你要做的不是再不付出你的善良，而是可以将善良"打折"——我本来想给你一壶水的，既然这样，那我就只给你半壶。

假如我做了不好的事

假如我做了不好的事，不要以为是我不好，而是因为我需要了解的也不少。

假如我做了不好的事，不要以为我不好，因为我做的也不少。

假如我做了不好的事，不要以为我不好，因为我受益也不少。

假如我做了不好的事，不要以为我不好，因为我需要改正的也不少。

假如我做了不好的事，不要以为我不好，因为别人犯错也不少。

假如我做了不好的事，不要以为我不好，因为需要注意的也不少。

假如我做了不好的事，不要以为我不好，因为偶然的事情也不少。

假如我做的事情不够好，我的本质还是好的，因为我努力，我会做得更好。

假如我做的事情不够好，我的本质还是好的，因为没人期望我做得更好。

假如我做的事情不够好，我的本质还是好的，因为今天累，我不需要做得更好。

假如我做的事情不够好，我的本质还是好的，因为超出能力的事情，我不需要做得更好。

假如我做的事情不够好，我的本质还是好的，因为没人要求，每一次都要做得更好。

假如我做的事情不够好，我的本质还是好的，因为我错了，以后可以做得更好。

假如我做的事情不够好，我的本质还是好的，因为其他人，不会比我做得更好。

成长悟语

我们在人生路上，不可能每一步都走得完美、每一步都走得正确。不要过分苛责自己和别人，学会用积极的心态去乐观地面对一切。要知道，尽自己最大努力去做了，就没有什么遗憾。

宽容他人的与众不同

在森林深处的小土丘上住着一窝奇特的蚂蚁，它们都只有五只脚，行动起来非常不便。

有一天午后，天气非常闷热，蚂蚁们预感到暴风雨就要来临。为了防止家园被淹，它们要尽早出洞，齐心协力往高处搬家。

但是独特的身体构造导致它们无法敏捷地行动，一个个只是费力地往前挪动，搬家进行得非常缓慢。

虽然天上乌云密布，暴风雨顷刻而至，小蚂蚁们却只能干着急，行动速度总是快不起来。

正在焦急之中，一只蚂蚁的表现引起了大家的注意。它行动非常准确，快速地往返于高处与蚁窝之间，一趟又一趟，来来回回不知疲惫，在长长的缓慢的搬家队伍中显得格外与众不同。

五脚蚂蚁群不再急着搬家，而是开始仔细观察这只勤劳的蚂蚁的动作。

不多时，它们终于找出这只蚂蚁动作如此敏捷的关键：原来它有六只脚。

整个蚁群的搬家工程暂停下来，它们纷纷聚在一起，窃窃私语，讨论这只与它们长得不同，行动却快过它们数倍的六脚蚂蚁。

漫长的讨论之后，五脚蚂蚁们终于达成共识。它们从四面围住那只六脚蚂蚁，一齐扑上前去，抓住它那只多出来的脚，眨眼之间，六脚蚂蚁那只多出来的脚就扯了下来。看到它和大家一样了，五脚蚁群才散开，重新开始搬家。

原来行动迅速的六脚蚂蚁被扯去一只脚后，也变成了平凡的五脚蚂蚁，在搬家的行列中，迟缓地跟随大家移动。

五脚蚂蚁们很高兴它们能除去一个异类，增加一个同伴，这时巨大的闪电撕开了积压的云层，隆隆的雷声响彻了整个森林，瓢泼大雨倾泻而下，惊慌失措的蚂蚁们还没找到躲雨的角落就被洪水冲走了。

成长悟语

活着，就是一个复制体，没有什么亮点，日复一日年复一年，我们做的只有同样的事。

对别人的与众不同不宽容、不接纳，就是切断自己成长的道路。

因为在心里互不相容

乔治和萨那住在一个庄园里，不知为什么，两人的关系一直有点水火不容，一见面就吵个不停。

这天，他们俩不知道因为什么吵得不可开交，上去劝架的邻居们都没办法把这两人分开，他们只好把庄园中的智者请来。

智者来了之后，问他们："你们两个为什么吵架啊？"

乔治说："他太可恶了，这是我家的地，他还把菜种在上面，明明是霸占！"

"你瞎说，根本没这回事。"萨那急忙反驳。

智者听完之后，让旁边的人取来两张纸和一支笔，各在上面写了一句话，分别给了两人。

两人看完之后，也纷纷在纸上写了一段话，并将纸还给了智者。

智者接过去看了一眼，便将两张纸互换了一下递给了两人。

之前吵得不可开交的两人看完纸上的内容之后，若有所思地互相看了一眼，然后什么也没说，默默地离开了。

一旁的邻居们像看哑剧似的云里雾里，纷纷询问这是怎么一回事。

智者笑了笑说："我不过是在两张纸上写了一句话——'除了这块地，你最恨他什么？'结果，萨那写道：'我最恨他卖弄了，但凡比别人突出一点点，就要嚷嚷着让全世界都知道！不过是会弹几下吉他，有什么了不起！偏偏要在晚上别人想睡的时候弹，以为大家都想听呢！'而乔治写道：'我最恨他自私自利了，眼里只有自己，根本不考虑别人的感受！把猪舍建得远离自家而靠近我家，让臭味都飘到我家去了，每天我连窗户都不敢开。房子里闷死了。'”

邻居们明白似的点了点头。这时，智者说：“其实，乔治和萨那会吵得那么凶，并不是因为谁占了谁的土地，而是在心里深处，他们俩互不相容。”

众人顿悟。

成长悟语

能伤害你的人，或许比你强，或许比你弱。如果他比你弱，那么你就原谅他；如果他比你强，你就原谅自己。

这个世界上最让人受伤和痛苦的原因就是——你让我痛苦，但我不会告诉你为什么。然后，你就既不原谅别人，也不原谅自己。

生气的骆驼

卡莫是一只脾气十分暴躁的骆驼，一天，它正在沙漠里跋涉。

看到头顶上方的太阳，卡莫开始急躁起来，抱怨道：“真够烦人！太阳啊，你好端端的能不能别再烤啦！”

卡莫仰着头，不耐烦地嘶鸣了几声，前蹄不断地扬起沙子，用这种方式来撒气。

正在这时，沙漠中的一块玻璃碎片把它的脚掌硌了一下，原本就疲惫的卡莫此时更是火冒三丈，抬起脚恨恨地将碎片踢了出去，但踢出去的碎片却将它的脚掌划出了一道深深的裂口，鲜血涌出来，染红了沙粒。

生气的卡莫只好拖着流血的前蹄往前走着，没过多久，脚掌上流出的鲜血引来了几只秃鹫。

秃鹫不断地在卡莫头上盘旋，就等着卡莫的血流干后，好让自己饱餐一顿。

“滚开！你们这群只吃腐肉的家伙！我可不会因为这点小伤口就没命！快滚吧！”为了摆脱秃鹫，卡莫跑了起来，伤口的血流得更多了。

好不容易跑到沙漠边缘的卡莫，已经奄奄一息，它只好停下来休息一会儿。

谁知它休息的地方，正是一个食人蚁的巢穴，卡莫身上的血腥味惹得食人蚁倾巢出动，一眨眼的工夫，食人蚁群就像一块黑毯子一样，把卡莫裹了个严严实实，没过多久，卡莫就鲜血淋漓地

在你准备发怒的时候试着微笑吧，它既能维护你的威仪，也不会伤及别人的尊严。

倒在了地上。

临死前，卡莫才感叹道："刚才为什么要跟这块小小的碎玻璃生气呢？"

成长悟语

没有人有特异的远见和能力，能判断出扰乱你心绪的原因所在。所以，你有责任去调整自己的情绪，抵制挫败感。不要拿别人的错误来惩罚自己，因为愤怒离危险仅仅一步之遥。

地中海赊账酒吧

曼哈顿金融街上，有一家奇怪的酒吧，叫作"地中海赊账酒吧"。

每当道·琼斯指数下跌时，附近的证券交易所就会跑出许多垂头丧气的男男女女，他们总是喜欢走进这家酒吧来借酒消愁，而不用担心囊中羞涩付不起酒钱，因为正如酒吧的名字一样，这是一家可以赊账的酒吧。

5 年前，酒吧的老板查理跟许多经营小店的老板一样，中规中矩地经营着一家快餐店，生意总是不温不火，因为这条街上各式各样的餐馆、酒吧实在太多了。

查理最担心的就是那些每天盯着道·琼斯指数，却因为指数下跌的人们吃了饭却无法当场付钱，看着本子上密密麻麻地记着赊账的人，查理苦恼极了，真担心有一天快餐店会因为大量的赊账而关门。

查理发现，不仅他的快餐店经常有这种情况发生，金融街上的每一个餐馆或酒吧，都遇到过这种情况。

目睹这一切后，查理决定不再坐以待毙，而是换一种思路去经营。

既然赊账是普遍存在的实情，那不如顺从这个趋势，开一家可以赊账的酒吧，于是"地中海赊账酒吧"就此诞生。

查理在酒吧间里装上了与股市联网的大屏幕电视机，以便随时掌握当日的股市动态。

只要当日的道·琼斯工业指数每下跌 1 点，该酒吧就允许顾客赊欠 50 美分的酒账，也就是下限金额；如果该股指下跌了 100 点，那么顾客就可以赊欠 50 美元，这是上限金额。不过，所赊欠的金额要求在 3 个月内予以支付。

查理只需将他们每个人的个人信息、电话号码、赊欠的酒品数量和金额，以及各自所定下的结账日期等输入电脑即可。因为不用担心一时付不了钱而被老板一顿臭骂，人们有钱没钱总是喜欢聚在查理的酒吧里喝喝酒，讨论股市，因此查理的酒吧每天都是爆满，而查理再也不用为赊账的事而苦恼了。

成长悟语

如果你阻止不了别人犯错，那就干脆给别人一个改错的时限。与其拿别人的错误来惩罚自己，不如把问题放在台面上来说，你需要说的就只是一句——"亲爱的，你做错了，但是你还有改正的时间。"

比格的快乐

比格是一位年近百岁的老人，认识他的人都感慨他乐观的心态，无论发生什么样的事情，或者身处什么样的处境，比格永远是快乐的，比格的快乐有时候甚至让人难以理解。

比格还是一个单身汉的时候，他一个人住在七八平米的小屋里，但是他一天到晚都觉得非常快乐，因为比格把房间里的一半空间都摆上书。别人问他一个人不感到寂寞，为什么还这么高兴？比格会说："我的快乐就是书，书是人类最好的朋友，每天和书为伴，既能学到知识，而且还能得到安宁。"

后来比格的一位朋友落难，来和比格一起挤在这个七八平米的小屋里，两个大男人在房间里可以说转身都非常困难。但是比格同样非常高兴，当别人问比格的时候，他说："身边有一个形影不离的好友，每时每刻都可以与他分享自己的想法和快乐，这就是我的快乐。"

后来，比格和他的朋友都结婚并搬进了楼房中。这座大楼一共有九层，但是比格的家恰好在底层，由于靠近街道所以声音嘈杂，而且楼上总是往下丢各种各样的生活垃圾。朋友们都以为比格会抱怨，但是比格依然非常开心，甚至不停地和别人说住在底层的好处："住在一楼太方便了，不用爬很高的楼梯；搬东西方便，每天上班也不用担心电梯会出问题而导致自己迟到，最重要的一点是，可以在空地上养一丛一丛的花、种一畦一畦的菜，其乐无穷啊！"

但是在楼房住了大约两年后，比格有一位朋友的父亲得了老年偏瘫而行动不便，比格把自己的家让给了朋友，自己住在这栋楼的顶层。很多人故意取笑比格："这下你可不能种菜养花了吧？"可是比格依然非常快活，他说道："顶层也很好，我又能得到安静了，而且想锻炼身体的时候只要爬楼梯就可以了，最重要的是，顶层的光线太好了，看书写字几乎都不用灯……"

比格的朋友彻底被比格的乐观所打败，当有人心中因为某些小事抑郁不悦的时候，他们都会去找比格聊聊，比格总能在不快乐中找到属于自己的快乐。比格常常说："决定一个人心情的，不在于环境，而在于心境，所以我一直有我的快乐。"

成长悟语

知足是一种宽容，对他人宽容，对社会宽容，对自己宽容，这样才会得到一个相对宽松的生存环境。

死于两棵草

汉斯死了。

智者说："他死于两棵草。"人们非常奇怪，人怎么会死于两棵草呢？智者问："汉斯死在哪儿？"一个人说："死在了马厩里，身上有马蹄印，显然是被马踩死的。"智者说：

"谁亲眼看到他被马踩死的？其实，汉斯死于两棵草。"另一个人说："马克亲眼见汉斯被马踩了几脚，但是没有救他。可以说，是马克间接害死了汉斯，他如果当时送他去看医生，兴许汉斯不会死。你说汉斯死于两棵草，简直是胡说八道。"智者说："那么马克为什么见死不救？汉斯真是死于两棵草。"第三个人说："汉斯与马克有仇呢！有一次，我亲眼看见汉斯砸了马克的花园，就因为马克到处传播汉斯的谣言，说他吞了公司的一笔款。但是，汉斯没有做这件事，结果，汉斯一怒之下就砸了马克的花园。"

智者说："这些都是表象，汉斯死于两棵草。"

第四个人说："你这人怎么老喜欢把汉斯的死归于两棵草。你知道马克为什么散播汉斯的谣言、痛恨汉斯吗？其实，两人早就结了仇怨。马克母亲病得很厉害的那段时间里，马克得到一个偏方，说是一种曼陀罗的花，可以治愈母亲的顽疾。马克四处打听，结果汉斯家有这种花。那个时候还是冬天，曼陀罗还是种子，于是汉斯高价卖给了马克四颗种子，结果，来年夏天，只有两颗种子开出了花，另两颗没开花，只是两棵草。马克的母亲，因为花朵的数量太少，最终不治而亡，因此，马克觉得汉斯拿两棵草欺骗了他，因而耽误了母亲治病，于是恨极了他。"

智者说："说来说去，还不是死于两棵草？"

成长悟语

不仅汉斯死于两棵草，很多人都死于两棵草。当一个人做了一件伤害别人的事时，被伤害人的心里就开始长草了。这草随着积怨的加深会疯长，最终将会受制于那些草。聪明的人说话办事都不会留给对方一棵草。

人为什么会刻薄

苏珊大婶寡居在小镇的郊外，她没有朋友，于是只能每天开车去镇上的咖啡馆打发时间。她人不坏，但是，镇上的很多人却不喜欢她。

这天，苏珊大婶又坐在咖啡馆里喝咖啡，她对面坐着老板娘，她们正在闲谈。这时一个小伙子带着一个金发的胖女孩进来，只见这个女孩穿着豹纹的大衣，咖啡色的丝袜，那样子新潮极了，唯一不足的就是个子矮点，腿有点粗。苏珊大婶瞥了这个女孩一眼，丝毫没有顾忌地大声对老板娘说："这个女孩太矮了，穿高跟的鞋子的话，鞋帮能碰到屁股，啊呀，那个腿也太粗了……"小伙子和女孩听见了她的话，似乎很是生气，但是，碍于对方是一个老人，也就没有说什么。

不一会儿，一个胖太太结账离去，苏珊大婶嘟囔说："真像吃了激素的猪。"老板娘顿时愣了，这样刻薄的话，怎么能说出来呢？但是，这次苏珊大婶没那么幸运了，那个胖太太听见了她的话，气呼呼地回转身来，指着苏珊大婶丑陋的鼻子说："起码我曾经瘦过、美丽过，你，美过吗？"

苏珊大婶被气得一句话也说不出来。这时，老板娘说话了："苏珊大婶，你心肠不坏，但就是说话不和气，现在，您也知道被人说得那么刻薄，是什么心情了吧。待人和善点，准没错。您一直没有朋友，您应该知道自己的原因吧！"

成长悟语

刻薄就是拿自己的无知去惩罚别人，然后又反过来惩罚自己。

我们的双手不光只是为了打别人巴掌而生的，也是为了给别人递上一个苹果而生的。刻薄和善意的批评最大的区别就在于一个是打巴掌，一个是递苹果。

不宽恕敌人，就会失去朋友

曾经有一个贫穷的小男孩，他一直吃不饱穿不暖，日子过得很悲惨。

到了14岁这一年，国家爆发了大规模的经济危机，不少人又失业了。小男孩的生活自然也是更加艰难。就在这时，住在他家不远的老佃农英格拉姆先生伸出了援手，他聘请男孩帮助收割苜蓿地，还给他每小时12分的报酬。男孩非常感激，工作的时候尽职尽责。

一天，男孩发现一辆装有西瓜的卡车陷在瓜地中，显然，这是有人想偷走这些西瓜。他赶忙跑去通知英格拉姆先生。

男孩在英格拉姆先生面前急急地控诉，但是英格拉姆先生并不着急，他对男孩说："车主一定很快就回来，你去那儿看着，这次我带你长点见识。"

男孩和英格拉姆先生原路跑回，蹲在卡车旁。果然，不多久，一个在当地因打架和偷窃而臭名昭著的家伙带着两个体格粗壮的儿子出现了。他们脸带怒色，气势汹汹，看上去非常害怕。

英格拉姆先生却用平静的口吻问他们："哎，我想你们要买些西瓜吧？"

沉默了良久，那个男人才懦懦地回答："嗯，是的。你要多少钱一个？"

"25美分1个。"

"好吧，你帮我把车弄出来吧，我看这价格还合适。"

结果，这笔生意成了他们夏天里最大的一笔买卖，而且还避免了一场危险的暴力事件。等他们走后，英格拉姆先生笑着对男孩说："孩子，如果不宽恕敌人，就会失去朋友。"

这个男孩就是获得过美国侦探小说家大师奖的畅销书作家托尼·希勒，在英格拉姆先生的葬礼上，他动情地说："英格拉姆先生不仅在我最困难的时候出手帮助了我，还教给了我最宝贵的处世哲理，那就是选择宽恕。"

成长悟语

没有人生来就是应该对你友好的，一个现在对你充满恶意的人或许十年后会是你最好的朋友。你要做的不是让所有人都爱你，而是应该先让自己爱所有人。

爱是最好的约束力

有一家非常著名的拇指娃娃工厂，生产出来的拇指娃娃，不光惟妙惟肖、生动可人，而且还形态各异，特别招人喜欢，常常供不应求。

可有一个现象却让厂里的管理人员异常头疼：生产出来的拇指娃娃总是莫名其妙地

失踪了，而且，这个现象愈演愈烈，大有一发不可收拾的势头。

经过仔细周密的调查追踪，他们才发现原因。原来近几年来，工厂规模扩大了原因。新增了很多工人，再加上疏于管理，拇指娃娃又小巧不打眼，这些人便在工作中将拇指娃娃顺手牵羊了。

爱可以让沉重变得轻盈，让泪水变成微笑，让一生的守候成为须臾的伫立。

为了制止这样的风气，厂方想尽了办法：加强门岗盘查、不在工人的工作服上留口袋、抓到偷窃行为就严加惩罚，等等，方法换了一个又一个，但是没一个奏效，却反倒让那些行得正坐得直的员工产生了逆反情绪。可是市场需求量在不断地增加，厂方又不能一下把这些员工辞退……

这个时候，一个聪明的员工献了一计，从那以后，拇指娃娃失窃现象便彻底杜绝了。而这位献计的员工也得到了管理层的赏识，一下被提拔为车间主任了。其实，他的办法很简单：重新给员工制作一套与众不同的工作服，在新的工作服上缝制了两三个大口袋，并在口袋上缝制了长长的口袋盖。

有人当时就质疑说："大口袋？还特意缝上口袋盖？这不更方便大家下手吗？"

但正是这样宽大的口袋制止了那些平时善于"伸手"的员工，从此以后，厂里生产的拇指娃娃再也没有丢失过了。

有人百思不得其解，便专门对这个现象进行了研究，最终发现，原来这些工作服都是一对一"定制"的，在发工作服给每位员工之前，厂方在工作服口袋的盖子上都分别印上了这位员工子女的面部特写照，最突出的部分就是孩子关注的眼睛……看来，世间最强的约束力莫过于一双孩子的眼睛啊！

成长悟语

爱是最好的约束力。如果别人犯了错，那么，不要试图用最严厉的手段加以制裁，你只需要把他放在一个充满爱和善意的环境里，那么，羞耻心就是他对自己最强烈的谴责。

第三十一辑

责任：意识到自己正在承担什么

洗干净弄脏的衣服

一个游客在观看完马戏团的表演后，他无意间走到演出的化妆间。当时天色已经黑了下来，演员们都陆陆续续地回家了，可化妆间里还亮着灯。走过化妆间的门口时，他听到里面传出一种奇特的响声，好像有人在使劲揉搓什么。由于这响声持续的时间过长，这个游客透过小门的缝隙向里探望。这一看使他惊讶不已，只见，一个还没有卸完妆的小丑演员，此时正在努力搓洗一件衣服。这个演员看起来只有十二三岁，他的脸因为着急而涨得通红。原来他在卸妆的时候不小心打翻了化妆的颜料，红色的颜料在白色的衣服上显得非常刺眼。看得出这块污渍非常难洗，演员的手都搓红了，而且脑门上也渗出了汗珠。

游客推开门走进房间，说道："我想，肯定会有相关负责的工作人员来处理的，你自己何必这么认真呢？"游客疑惑地问这个舞台上的主角，他觉得演员弄脏衣服是难免的事，况且他还是舞台上的主要演员，根本没必要自己动手洗。

"虽然我是一个演员，但是这衣服也是我弄脏的。如果明天就有人要用这套衣服，工作人员又来不及洗的话该怎么办呢？"小丑认真地说，又开始洗起来。

成长悟语

你有没有想过自己在做一件事情的时候也需要对别人负责吗？生活处处都充满了责任，每个人对与自己有关的人和事都富有一种责任，不论熟悉与否。

责任，就是生活中每一件与你相关的小事。通过小事的关照，尽可能给别人创造方便。

汤米的作文

汤米曾经是一个无忧无虑的孩子，活泼聪明。

但最近他在学校整天闷闷不乐，上课讨论问题也不积极。辅导老师吉姆把汤米找来，才了解到汤米的父母最近闹分居。

吉姆老师分别通知了汤米的父母。当然，他们彼此都不知道对方要去。

汤米的父母一见面先是惊讶，随后互相指责对方。

吉姆老师把汤米在学校的表现向他们详细介绍了一遍，他很想找到一些恰当的话让汤米的父母了解到他们之间的不和睦影响了孩子。但没等老师说出这些话，汤米的父母又指责是汤米写作业不认真。

这时，吉姆老师把一张揉皱了的被泪水浸湿的作文纸拿出来。这是吉姆老师在写作课上从汤米身边的废纸篓里捡到的，因为那天汤米的作文没有完成，写了又撕，撕了再写。

汤米的母亲看完后没有说话，把它递给了丈夫。他皱着眉，很快他的表情变得柔和了。他一遍遍地看着那张纸，时间好像停止了。

最后，汤米的父亲小心地把那张纸折起来放进口袋里，握住了妻子的手，帮着妻子把外套穿上，然后一起离开了。

他们都没注意到吉姆老师的眼睛也湿润了。

那张纸上写的是：亲爱的妈妈……亲爱的爸爸……我爱你们……我爱你们……我爱你们……

吉姆老师用自己的方式帮助了汤米，他没有放过一张被一个伤心的男孩用苦恼所填满的纸。

成长悟语

我们能记住真情，它植根于过去，解决现实需要，温暖饥渴的心灵，而临时拼凑的谎言会很快被人忘却。

有多少父母忘记了自己的职责——不只是养育孩子的身体，还有他的心灵。

琴师的一生

20 岁的琴师，年轻才俊，意气风发。他在一家知名芭蕾舞剧团拉琴，一次外出演出的时候，他过度追求激情与刺激，车速飙到了 180 迈，在一个拐弯处，把一辆迎面而来的小轿车撞了个底朝天，人也撞飞出去。等他下车查看的时候，只见那人血肉模糊，倒在血泊中。他当时害怕极了，也没有仔细查看伤者是否死去，就驾车逃跑了。

30 岁的琴师，最终被警方抓住了。他肇事逃逸，这一逃就是 10 年，警方调出了当年的车祸案卷，发现那个被琴师撞死的人，因为酒后驾车，开到了对面的车道，这才与琴师的车相撞，琴师只需要承担一部分的责任。当然，他肇事逃逸，判了一年的缓刑，10 万元的赔偿金。可琴师的内心十分悔恨，这 10 年怎么熬过来的，只有他自己知道。既担心被抓，又对被撞人充满愧疚和负罪感。

此后 30 年，琴师出国了，主要是想换一个心境重新开始。他很勤奋地为自己的人生奋斗，但生活却始终吝啬于他。不仅如此，他总有莫名的官司缠身。做生意失败，婚姻也不幸福，老年孤独。

他没有办法解释自己为什么会是这样的境遇。琴师自己也说："我人心不坏，也有才华，并且也算得上是一个勤奋的人。可是我凄惨的一生只能说明，在我20岁那年，那个撞人的瞬间同时被撞上天的，还有我自己的一生。如果当时我把那个人送去医院，或许他不会死，我的人生境遇也不会如此。”

成长悟语

人必须对自己的行为负责，这是人之所以成为人最根本的东西。没有了责任感，人也就失去了根本，活着也没有什么价值了。但是很多人直到走到生命的尽头才看清楚这一点。

为冷漠付费

70多年前，在纽约贫民区的法庭上曾经发生过这样动人的一幕：

1935年，时任纽约市长的拉古迪亚在法庭旁听一桩面包偷窃案的审理。被控罪犯是一位80多岁的佝偻老妇人，被控罪名为偷窃面包；当法官讯问她是否清白、是否愿意认罪时，老妇人嗫嚅地回答：“我需要、需要面包来喂养我那几个饿着肚子的孙子；他们的父母在工厂的一次事故中去世了，我是他们唯一的依靠。如果我不去偷，他们只能饿肚子，而他们已经两天没有吃到任何东西了……”审判长见市长在旁听，便一本正经地答道：“法律要求我秉公办事——你可以选择10美元的罚款，或者是10天的拘役……”

审判结束后，拉古迪亚从旁听席间站起身来，走到法庭中央，他脱下礼帽，往里面放进10美元。然后，面向在场的所有人说：“现在，请每个人另交出50美分的罚金——这是我们为自己的冷漠所付的费用，以处罚我们生活在一个要老祖母去偷面包来喂养孙子的城市。”

话音刚落，在场所有人都流露出了惊讶而肃穆的神情，有些人甚至面有愧色。大家都默默无声地、认真地捐出了50美分。

成长悟语

罪恶的滋生，并非只有罪恶本身。也许，其滋生的开始只源自一份担当。别以为这个世界和你没有关系，你的冷漠可能会助长麻木，你的温暖则会让世界的温度上升一度。

布鲁斯的爱犬

布鲁斯有一只爱犬。虽然不是什么名贵的品种，但是布鲁斯却非常爱它。

几年前，布鲁斯家后面的街巷里经常有野狗来偷吃东西。那个时候，布鲁斯非常调皮，他的心里产生了一个残酷的想法，悄悄地躲在墙边，趁野狗来的时候，拿开水烫它，之后布鲁斯成功地把一只黑色的大狗烫得惨叫着逃走了。

布鲁斯不知道这只大狗有没有死掉，也没有意识到自己的残忍。然而两个月后，布鲁斯在后街又看到了那只狗，它还活着，只是全身都是被烫之后的伤痕，而且它居然还怀孕了，它动作迟钝地在地上寻觅着食物。

那只狗的惨状让布鲁斯一瞬间意识到了自己的残忍和无知。他意识到，那也是一个生命，也是一个为生存而努力的生命。他认识到生命的重量，觉得自己曾经的行为是多么的卑劣和龌龊。

从此，布鲁斯每天都会拿出食物送给这只被自己烫伤的母狗，一直到它生下小狗。也许是母狗的体质太差了，等它生产完以后，它就死掉了。而它生下的三只小狗，也只活下来一只。但是这只幸存的小狗，从生下来之后，仿佛就认识布鲁斯，而且只属于布鲁斯，这也许是生命的回报。

成长悟语

即使生命的形式不同，生命的重量也没有什么不同。

如果都能够进食，都需要排泄，都依赖呼吸，都可以表现感情……那么，对于这样的生命，你又有什么否认的理由呢？你有义务对自己的生命负责。

捐赠箱与捐赠

哈里刚刚做完祷告，从教堂出来，他没有向捐赠箱里放一分钱，因为他是一个穷光蛋。

哈里把自己没有钱的原因归于自己的运气，他认为成功人士都是拥有了他不具备的好运。

哈里找到了上帝，询问自己为何如此失败，上帝说：“因为你没有向捐赠箱里放任何东西。”

哈里不服气地说：“像我这种穷光蛋，能往里面放什么。”

上帝说道：“其实真正的捐赠箱不是你看到的那个小箱子，而是整个教堂，所以你完全可以捐赠除了钱以外的很多东西：

你是否对教堂里面的每一个人微笑，这是捐赠。

你是否对那些看起来心情低落的人多说鼓励、积极的话，这是捐赠。

是否敞开心扉，真诚待每一个人，这是捐赠。

你是否以善意的眼光去看异样的人，这是捐赠。

你是否用自己的行动去帮助他人，这是捐赠。

真正的爱心和善意不仅仅只是日积月累的行动，还有善意的微笑、眼神……否则，它只是太阳的影子，永远不会给人带来温暖。

你是否愿意把自己需要的东西

让给更需要它的人，这是捐赠。

你一个人住一个房间，但是还有很多人无家可归，你是否愿意把你空余的地方提供给别人，这也是捐赠。”

最后上帝对哈里说：“等到你发现，其实整个教堂也不是捐赠箱，而整个世界都是捐赠箱的时候，幸运一定会和你如影随形的！”

成长悟语

不知道自己该做什么，能做什么，才认为自己没有什么可做。

你能做的事情远远超过自己的想象，你能够给予别人的也远远超过自己的认可范围。能力不是你对别人贡献多少的主要原因，最重要的是你是否有心，是否意识到了自己应该这样做。

爱抱怨的毕维斯

人过中年的毕维斯在纽约一家公司工作了十几年，事业上不仅没有任何起色，还屡屡受挫，因此他情绪十分低落，总是无端地发脾气，抱怨上司轻视他，抱怨同事欺骗他，抱怨社会给他提供的机会太少。

终于有一天，他对妻子说：“这个城市是个没有希望的城市，我在这里得不到发展，我想离开这里，换个地方。”

他去意已决，无论亲人朋友怎样劝阻，毕维斯还是认为纽约限制了他，一定要搬走。

无奈之下，妻子只好跟随他来到阿拉斯加，搬进了一幢普通的公寓楼。

换了环境，毕维斯开始自己做生意，每天早出晚归，从未留意过周围的邻居。

一个周末的晚上，毕维斯和妻子正在核对账单，突然家里停电了，公寓里一片漆黑。搬来时日不多，家里还没有储备蜡烛，无奈之下，毕维斯又开始抱怨起来。

这时，门口突然传来轻轻的、略为迟疑的敲门声，打破了黑夜的寂静。

“谁呀？偏偏在这时候来？”毕维斯在新城市并没有朋友，也讨厌周末被人打扰。

他不情愿地起身，费力地摸到门口，极不耐烦地开了门。他发现门口站着一个小女孩，她怯生生地问：“先生，我是您的邻居，请问您有蜡烛吗？”

“没有！”小女孩刚问完，毕维斯就粗暴地回复了她，转身“嘭”的一声把门关上了。

“麻烦死了！”毕维斯对妻子抱怨道，“邻居怎么这么烦人，我们刚刚搬来就来借东西，这么下去怎么得了！”

还没等毕维斯抱怨完，敲门声又传来了。打开门后那个小女孩依然站在那里，只是她手里多了两根红彤彤的蜡烛，格外显眼。

这次，她依然怯怯地说：“奶奶说，楼下新来了邻居，可能没有准备蜡烛，要我拿两根给你们。”

顿时，毕维斯愣住了，他被眼前发生的一幕惊呆了，好不容易才缓过神来，赶紧说：“谢谢你和你奶奶，上帝保佑你们！”

屋子亮了，心也亮了。

成长悟语

人生就是一场经营，有人经营感情，有人经营利益，有人经营幸福，而有人经营阴谋。当你正在经营痛苦的时候，还有很多人正在经营着善良。

你有责任让自己变得更好！

十米之内的慈善大家

一次慈善颁奖典礼云集了多个领域的大人物。但是，得奖候选人里却有一个非常平凡的女士。她人还算精神，只是眼角周围布满了皱纹，看起来很疲倦的样子。经过主持人的介绍，大家才知道这位女士的故事。

她出生在一个贫民窟里，家中还有一个弱智的哥哥。哥哥经常会打她，她受过这么多委屈，却只说："哥哥有病，我不怪他。"

上高中时，她的父亲去世了，母亲也卧床不起，整个家的重担一下子落到她身上。她毅然放弃了学业，开始四处打工。后来，母亲也去世了，她只好和哥哥相依为命。

后来，她结婚了，丈夫非常爱她。不久女儿降生了，家里增添了许多欢乐。她不放心弱智的哥哥独居，把他接到了家中照顾。哥哥到了陌生的家里，不认别人，只跟着她。她走一步跟一步，不知哪不顺心，按倒她便打。

她没想到噩梦还在后面，丈夫意外出了车祸，一条腿被截去，成了一个残疾人。她有一段时间一心只想寻死。但一想到年幼的女儿、生活不能自理的哥哥、残疾的丈夫都需要她照料，她就觉得自己不能倒下，必须坚强地带着他们往前走。

后来，她开始做各种小生意，开餐厅、做糕点、卖衣服，她都尝试过。渐渐地，她有了积蓄，生活慢慢变得好起来。丈夫在她的悉心照料下病情有所好转，哥哥比以前更有自理能力了，女儿也是一天天长大，她觉得自己越来越幸福。

主持人在台上声情并茂地讲述着她的故事，台下的众多大人物都很感动，被她的坚韧不拔深深震撼。最后，主持人邀请她总结发言时，她忐忑地说："今天在座的各位嘉宾，都做出了一番大事业，为社会做出了巨大的贡献，帮助过很多人。跟他们比，我差太多了。我没能帮助更多的人，我照顾的只是我的家人，这不是应该的吗？"

主持人摇了摇头，一字一句地说："即便是家人，也有人选择了逃避，选择了放弃责任。而你却选择扛起来。"

她说："我只知道，太远的地方我够不着，我能负责的只是我家小院的十米之内。"

成长悟语

能力有限的人，只要把"能力"放在"有限"里就可以了。

你没有办法做成大事业，但是你可以完成好自己的工作；你做不成大慈善家，但是你可以负担起的家的责任；你成不了大人物，你只要做好一个父亲、母亲、丈夫、妻子、儿子、女儿就行了！

上帝的裁定

汤姆发生了车祸，他下车后手指着对面的司机，大喊一声："你这个笨蛋，真希望上帝能裁定我们之间是谁的错误，然后把那个人带走！"说着，汤姆昏死了过去。

汤姆醒来的时候，已经在天堂了，上帝亲切地对他说："亲爱的孩子，看你喊得如此歇斯底里，我决定满足你的要求。"

汤姆惊讶道："什么要求？哦！我说希望您裁定我们谁有错误就带谁走……可是为什么是我？"

上帝抿着嘴，点头说道："今天这事情确实不好判断是谁的错，可是你告诉我错的在你啊！你要是不信我让你看！"说着上帝让汤姆看到当时的情景：

两辆车在一个转弯处都没有遵守交通规则，汤姆看出其中有一辆车是自己的。然后，车祸发生了，严格来说两个人都有责任。但是，两个司机开始吵架，都把责任推向对方。自己向对方司机指责得非常严厉难听，就像这次车祸真的和自己一点责任都没有，最后汤姆看到自己用手指着对方，说了那一句话，然后自己就晕死过去了。

汤姆疑惑地问上帝："就像您说的，看不出是谁的责任，为什么您带走的是我？"

上帝说："对啊，正在我不知如何裁定的时候，我看到你的手——你指人的手：食指向着对方，大拇指朝向天空，剩下三根手指朝向你自己。这不就是说，责任，对方占一份，你占三份，然后让我裁定吗？"

成长悟语

在争执发生的那一刻起，就注定了争执双方都需要承担责任。

争执就好像怒气的传递，当它从对方的口中吐出来时，又被你咽了下去。争执双方对于责任的推诿，永远都是好笑的，因为如果没有双方的"互动"的话，又能够吵闹得起来呢？

谁来负责

奢侈品展览已经准备3个多月了，展会经理卡特每一个步骤都安排得非常细致。

由于在这个街区停车位非常难找，经理在展会的附近包下了一个小停车场，这是专门给到访的贵宾们使用的，卡特给了门卫一个名单，告诉他，开幕式当天只要不在这个名单上的车主，都不能使用这个停车场。

然而，卡特还是有所疏漏，他把所有的嘉宾名单都印在了一张纸上，但是唯独忘掉一个人——展会主办方，也就是卡特的老板，因为卡特不认为总裁是"嘉宾"的一员。

开幕式当天，门卫按照名单，亲切认真地将每一个到场嘉宾的车安排好车位，几乎所有嘉宾都对门卫的服务态度非常满意。可就当总裁的车要进停车场时，却被他拦下。

门卫一再声明，总裁出示的证件信息并没有出现在手中的名单里，所以不能在这里停车。

总裁没有和门卫争执，着急之下只有另寻停车场，但是附近停车的地方确实不好找。

因为总裁的迟到，开幕式推迟了一个小时，有些嘉宾甚至不耐烦地离开了。

总裁气喘吁吁地从后门进入展会，才非常仓促地主持好开幕式。原来总裁在很远的地方才找到停车位，然后打车来展厅。

展览会结束后，比预计的效果要大打折扣，可以说晚了一小时开幕，导致活动几乎损失了50万美元。

在后期的记者访问中，总裁说出了他迟到的原因。但是，意想不到的是，冷静下来的总裁认为是自己该对整个失误负责。

总裁认为卡特没有错而且很负责，因为总裁确实不是嘉宾。而门卫也很负责，的确不在名单上的人不该使用停车场。错在自己没有把事情想得更细致，每一个人都该为自己没有做好的事情负担责任。

好的品格是可贵的，对好的品性的欣赏和肯定同样可贵。

成长悟语

按照规定执行的人没有责任，如果出现错误，第一个该负责的应该是制定规则的人。每一个人的职责和原则不同，所以按照不同的思路和规定去处理事情，制定统一原则的人如果不能坚持原则，那又怎么能要求执行者完美呢？

给予是最好的良药

守墓人已经第七次收到汇款单了，有一位怀特夫人，每月都会汇来一笔钱，要他每周帮她在儿子的墓地上放束鲜花。守墓人不禁好奇，这位怀特夫人为什么从不亲自来。

一天，守墓人终于见到了怀特夫人。一辆小车停在公墓大门口，司机匆匆来到守墓人的小屋，说：“夫人生病走不动了，所以在车上等你，请过去一下。”

守墓人见到了坐在车上的怀特夫人，她那么年轻，但实在是太瘦了，而且脸色憔悴。

“谢谢你，一直都是你帮我给我那可怜的孩子送花。”

“我从来没有忘记放花，夫人。”

怀特夫人点了点头，“今天我亲自来，想见儿子最后一眼，亲手来放一些花。医生说我已经没有多少时间了，到那时候我就可以去天堂见我的孩子了。他离开我的时候还那么小，以后我可以在天堂继续照顾他了。”

守墓人看着这位可怜的母亲，苦笑了一下，道：“夫人，快一年了，您每月都寄钱买花，只是……我总觉得可惜。"

"可惜？"

"是啊，花儿在这个墓园里。没人闻，没人看，没几天就枯萎了，太可惜了！"

"你真的这么想？"

"夫人，请原谅我的无理。看得出您是一位伟大的母亲。我经常去北区的孤儿院，那些孩子们天真可爱，只是可惜他们没有父母，缺少疼爱。我想，如果那些鲜花能和他们做个伴，那些可怜的孩子一定会很开心。"

听完这番话，怀特夫人看着墓碑出神。又过了一会儿，怀特夫人没说话就走了。守墓人在心里不停地祝福着这位母亲。

几个月后，守墓人又在墓园门口看到了那辆小车。怀特夫人从车上走下来，她依然纤瘦，但是看起来不再那么难过，脸也红润起来。

怀特夫人走到儿子的墓前，对站在那里的守墓人说："谢谢你，我把鲜花送到了孤儿院。他们的笑容就像天使一样，让我仿佛又看到了我的孩子。医生也很惊讶，我的病情居然有了好转。我想，等我再康复一些，我可以带孤儿院的孩子们过来看看我的儿子，这样他也不会觉得孤单了。"

成长悟语

在花中采蜜，是蜜蜂的娱乐；但将蜜汁送给蜜蜂，也是花的快乐。寻求快乐的一个很好的途径就是不要期望他人的感恩，付出是一种享受施予的快乐。让我们把对别人的付出当成是一种与生俱来的责任。

电话里的警笛声

玛莎已经怀孕9个月了。上个星期她的丈夫刚刚将她从南部的乡下接过来，希望她在当地的医院生产。

刚刚从乡下过来的她对周围一无所知。而且丈夫还有工作，陪玛莎的时间实在有限。所以，玛莎总是焦虑又不安。

这天又是丈夫值夜班的日子，玛莎却怎么也睡不着。

"或许喝杯牛奶会好一点。"她这么想着，于是起身往厨房走去。刚刚走到客厅，玛莎脚下一滑，一下子摔倒在地上。玛莎感觉天旋地转，并且羊水好像破了，肚子像撕裂般那么疼。她用尽力气一手拖着肚子，一手艰难地支撑着挪到了电话旁，拨了紧急电话911。

值班接线员杰森立刻接起了电话："喂，您好！这是911，请讲。"

杰森重复说了好几次，才听到电话另一端虚弱的求救："我的羊水破了……请救救我和孩子……"

"您是谁？您现在在哪里？"杰森急切地问道。

"我在家里跌倒了……"玛莎艰难地说。

“请告诉我门牌号码，我们马上就到！”

“是科林大街……我忘了是几号……”玛莎突然觉得有些绝望。

“靠近哪里呢？”杰森尽力搜集有用的信息。

“我的窗户就在马路边，我家里的灯很亮……请你们救救我……”说着，玛莎昏了过去。

杰森万分焦急，那是两条生命正在等待着救援。杰森听到电话里的气息，做出了一个大胆的决定。

他让救护车和警车拉响警笛沿街行驶。因为玛莎的电话还没有挂断，如果车辆经过她的街区，警笛的鸣响就会通过电话传到接线室，凭借电话里的警笛声大小，杰森就能判断救护车和求救地点的远近。那时他就让救护人员去寻找灯光明亮的人家。

一分钟、两分钟……杰森听到了由远及近的警笛声，他兴奋地叫道：“听到了！听到了！”

就这样，救护人员按照杰森的指引很快找到了玛莎，并将她及时送到了医院。

成长悟语

当别人问我们问题而我们不知道答案的时候，我们可以直接说“我不知道”。但是，我们也可以自信地说：我现在不知道答案，但是我知道如何寻找答案，而且，我们一定会找到答案。

当我们把寻找答案当成自己的义务时，责任心是最好的补药。

有野心的乞丐

国王在出巡时看到一个可怜的乞丐，他本打算赏赐给这个乞丐一些钱财，但是乞丐向国王申请做一个护卫，自己有工作要比赏赐钱更好。国王答应了乞丐，于是，乞丐成为了守门的护卫。但是，谁也不知道，这个乞丐是一个有野心的人。

一次，国王带着乞丐巡视城门的时候，乞丐又向国王提出了守卫城门的想法，并且申请做城防的守卫长。国王认为乞丐的要求并不过分，于是再次准许了。

几个月后有敌人攻打王国，乞丐守住了城门，于是，他希望自己能够担任将军，这样可以出城反击敌军，国王又同意了。

之后的几年，乞丐从将军又升职到军机大臣，掌管所有的部队，然后又升职到宰相，掌管全国的政务。在这期间，很多人劝说国王，但是，国王都没有听进去。

乞丐的权力越来越大，整个王国逐渐被他掌控，之后他对国王说：“其实这个国家只需要一个国王就可以了，按照现在的情况，我更适合，我看你还是离开吧……”

被赶走的那一天，国王谩骂着自己身边的人：“为什么你们不早告诉我那个人恶劣的本质？！为什么你们看着我被蒙蔽却没有尽量劝阻我？！”

曾经跟着国王的人说：“陛下，我们尝试这么做了，但是您却没有听，毕竟当初选择这么做的人是您自己。我们行使了劝阻您的义务，但是您并没有选择相信我们。”

成长悟语

人要学会为自己的行为和选择埋单，比如曾经的无知、轻信、软弱、自负，等等。
我们没有任何理由把失败的责任推给别人，
要知道，当我们在一开始做出选择的时候，责任就已经在我们自己的身上了！

要无愧于自己扮演的角色

如果评选英国历史上最伟大的国王，那么非阿尔弗雷德大帝莫属，因为他是一位富有责任感的伟大国君。

阿尔弗雷德统治的时候，正逢丹麦人伺机侵略英国。丹麦士兵像潮水一样涌入英国的领土，他们非常剽悍，几乎百战百胜。阿尔弗雷德率领的英军队不幸败北，他只能想方设法逃生。他只身穿过无尽的森林和沼泽，把自己打扮成一个牧羊人，逃过敌人的视线。

多日漫无目的的逃生，阿尔弗雷德早已饥寒交迫。一天，他走进一个木匠家里，敲门乞食留宿。木匠的妻子开门后，看到他很可怜，虽然不知道这个人是谁，但这个女人还是把他让进了木屋。她让阿尔弗雷德看好火炉旁的面包，并承诺会提供他晚餐，然后她就出门忙自己的事情去了。阿尔弗雷德礼貌地道谢，然后坐在火炉旁边，享受着难得的温暖。

他努力地把自己的精力放在火炉旁的面包上，但是他毕竟是个国王，不一会儿工夫，他的思维就回到了战场之上：我该用什么办法击败勇猛的丹麦人？我该怎样重新集结军队？他越想越觉得前途渺茫，开始认为继续战斗也将无济于事。这时，阿尔弗雷德忘记了火炉旁的面包。

狗可以坐在电脑前，也可以把双手放在键盘上，但千万不要以为，自己因此就成了工程师。

等到女人回到屋子里，她发现面包已经烤焦了，而火炉旁的那个人像一块木头一样呆呆地坐着。

女人生气地大叫道："你这个笨蛋、窝囊废，我给你提供晚餐，但是你却对着面包发呆，现在好了，谁也别想吃晚餐……"

这时，木匠推门进来，他一眼就认出了火炉旁的阿尔弗雷德大帝。"住嘴，你知道你在骂谁吗？他是我们的国王陛下！"木匠大声喊道。

正当女人无所适从，木匠恳求国王原谅的时候，阿尔弗雷德上前对木匠笑道："你的妻子说得对，我答应她看好面包，但是我没有做到，我应该受到责备。"然后他沉默了一会儿，说道："这类事情不会再有了，我的职责是做好国王。"

成长悟语

尽管自己的职责有时使人厌烦，但不履行它，就只能当懦夫。职责，简单地说，就是对要做的事情有一种超乎常人的爱。

薯条

维克多有一个习惯，在心情烦闷的时候去麦当劳点一杯可乐，要一份大薯条，不要番茄酱，然后找一个角落坐下来看杂志。在熙熙攘攘的快餐店享受角落里的静谧，对维克多来说是一种放松。

一天，维克多和往常一样，用杂志占好了位置，然后去点餐，之后端着餐盘来到了自己习惯的角落小桌上，餐盘里放着一大杯可乐和一大份薯条。维克多开始看起杂志。

过了10多分钟，一位男士的声音响起："请问这里有人吗？"

维克多猜想是今天店里人特别多，眼前的这个人一定是找不到位子。转念又想到，吃快餐的人都是很快就吃完离开了，不像自己会坐很久，所以维克多没有拒绝，男士就坐在了维克多的对面。

维克多看着杂志，不经意间看见坐在对面的男士吃了一根薯条，原本维克多并不在意，但是他注意到那根薯条上没有番茄酱。维克多第一感觉就是这位男士正在吃自己的薯条，维克多用疑问的眼神看着眼前的男士。

维克多心中略有不悦，他开始假意看着杂志，偷偷盯着对面的男士，结果让他越来越生气的是对方还是很坦然地吃着自己没有番茄酱的薯条。维克多虽然越来越生气，但是他没有发作，而是一边佯装看着杂志，一边看着对方，一边自顾伸手拿起几根薯条放进嘴里。

奇怪的是，当维克多把薯条放进嘴里后，对面的男士却疑惑地看着他，这让维克多更加不悦，对方的眼神好像自己在吃他的薯条一样，可是这没有番茄酱的薯条明明是自己的。想到这里，维克多还是佯装看着杂志不理对方，另一只手抓起一大把薯条吃起来。

对方男士突然站起来，维克多也打算放下杂志和他理论，谁知对方瞪了他一眼就速速离开了。维克多心里正想：吃了我的薯条还发脾气？然后放下手中的杂志，他惊奇地发现自己餐盘中的薯条一动没动。

瞬间，维克多感觉自己的脸开始发烫……

成长悟语

所有的错事，至少有一半的责任都在于自己。因此，不论在什么情况下，当我们要责怪别人的时候，一定要先检讨自己，搞清真相，即使责任在对方，我们也可以采取更宽容一些的态度。

为自己的过错埋单

杜兰德在街道上踢球时，一不小心把邻居家的一块花玻璃打碎了。惊慌的他马上捡起足球跑回家。到家后杜兰德因为做贼心虚，一直精神恍惚无法集中精力，父亲觉察出儿子的异样，就问他："是不是犯了什么错，还是心里有事情？"

杜兰德向父母交代了打破邻居花玻璃的事，并且请求父亲能够出面赔偿，并带着自己向邻居道歉。母亲为儿子的诚实感到欣慰，答应明天带着他去找邻居。但是，杜兰德的父亲不这么想，晚上他把杜兰德单独叫到书房。

第二天，杜兰德早早就起来了，他先去商店买了一块花玻璃，然后拿着它来到邻居家。在门口站了足足有 15 分钟，终于下定决心按响了邻居的门铃。当门打开的时候，他彬彬有礼地说："叔叔，对不起。昨天我踢足球，不小心打碎了您家的玻璃，昨天由于我害怕您的责罚，所以没能及时向您道歉。今天商店一开门，我就去买了这块玻璃。请您收下它，也希望您能原谅我的过失。请您相信我，这种事情再也不会发生了。"

理所当然地，邻居不仅原谅了他，而且喜欢上了这个勇于承担责任的孩子。他们款待孩子吃了早饭，还送他一袋巧克力。

当杜兰德回家的时候，父亲早就在门口等着他，看着他手中的小礼物，父亲对杜兰德说："要为自己的过错埋单，这样才会有收获，如果只依赖别人给你收拾残局，错误就会永远摆在那里。"

成长悟语

一个人从他来到这个世界的那一刻起，就要对自己的一切负责。犯错并不可怕，可怕的是无法处理自己的过错。你可以依赖别人，也可以找人帮忙，但是，你要记住，你不会永远都那么走运。

无论怎样选择，人生总有未知

在一个风雪交加的夜晚，怀孕的诺拉开始肚子痛，身为医生的丈夫戴维决定送妻子去自己的诊所，他要亲自为妻子接生，同时他打电话给护士卡罗琳让她尽快去诊所做准备。

终于，诺拉生下一对双胞胎，并且是一双龙凤胎。但是，戴维发现女儿患有先天性唐氏综合征。正是这种病使得戴维 12 岁的妹妹早早离世，也使得母亲的一生生活在痛苦之中，想到这些，戴维不忍悲剧发生在自己和妻子身上，于是当机立断让护士卡罗琳把小女儿送走。

等妻子诺拉醒来想看看孩子时，戴维只对妻子说女儿一出生便已经夭折。但他却想不到的是，这个善意的谎言竟成了一家人的梦魇……

这之后的 25 年间，诺拉不能承受丧女之痛，一直郁郁寡欢，后来开始出走、酗酒，使得家无宁日。而戴维也终日承受着满心愧疚的折磨却无法说出口，只能带着一架“记忆守护者”牌相机四处寻找一些女婴、女孩、少女的影子，像是要为他“死去”的女儿留下成长的记录。

其实，他们的女儿依然活在这个世上。原来当年的护士卡罗琳不忍心送走这个女孩，之后她就辞别了戴维，独自一人带着这个女孩搬到另一个城市。孩子的病注定生活是艰难的，但是卡罗琳依然以一己之力对抗着生活的苦难和社会的不公，给女孩营造了一个温暖的家……

25 年后，卡罗琳和戴维偶然相遇，她对他说：“你逃过了很多心痛，但你也错过了无数的喜悦。”

成长悟语

这是美国女作家金·爱德华兹所作的长篇小说《不存在的女儿》中的故事情节。

故事讲述了一个简单而又深刻的道理，它或多或少也曾是我们每个人的经历：在某个时刻，我们的某个决定、某个动作，当时自己并不能了解，匆忙之中便做出了决定，事情发生了，来不及过多地思量。很久以后，有那么一天你才会恍然大悟，终于明白自己当年的决定产生了怎样的结果。

长大为了什么

小哈瑞 10 岁了，她整天盼望着自己能赶快长大。

妈妈问她：“你为什么希望自己长大？”

小哈瑞皱着眉头，想了半天，也没有一个很好的答案。如果说长大了就能爬上那棵大树，跟上面鸟窝里的小鸟玩耍，但是这个答案也不对，因为隔壁比自己大一岁的杰克，现在就能爬上那棵大树，他也没长大啊！

妈妈看出了她的忧郁，于是跟她说：你到街上去，看见我们的邻居，你问他们这个问题，兴许他们会给你答案。

小哈瑞遇到了第一个邻居——上班匆忙的哈利叔叔。他的回答：“上班努力地赚钱，让自己的家人开心地生活！”

小哈瑞遇到了第二个邻居——汉堡店的玛丽阿姨。她回答说：“多做好吃的汉堡，让自己的孩子们可以接受好的教育，最后能过上好的生活！”

小哈瑞遇到了第三个邻居——哲学家汉斯先生。他说：“人长大是自然现象，没有为什么的问题。总之，长大了，就得担负大人的责任！”

小哈瑞遇到了第四个邻居——大学在校生利兹姐姐。她说：“长大了，就有能力找份合适自己的工作，为祖母买一辆新的轮椅！”

……

小哈瑞遇到了很多人，他们说的话，她也不是很明白，但是她发现大家的长大都是为了别人，家人、孩子、生活着的这个社会……

她马上跑回了家，把自己得出的结论急忙告诉了妈妈——“人想快快长大，是为了爱！”

成长悟语

判断一个人是否真的长大，是看他愿意承担多少责任，真正的成长不只是年龄的增加。

长大就意味着作为成年人，有能力承担自己的那份社会责任。那就是一份爱自己、爱父母、爱爱人、爱子女、爱朋友、爱社会的责任。所以，为了长大后能好好去承担这份责任，在长大之前，我们理应多多积累一些爱的资本。

爱，需要回应

战争期间，一位驻守在俄亥俄州的军医受到了美国总统林肯的召见，要求他立刻前往白宫。军医高兴极了，他猜测着各种总统召见他的理由，难道总统觉得自己的医术非常高明，要重重地奖赏他，还是因为自己表现良好，被选拔去专门为总统看病？

林肯总统亲切地接待了军医，席间问起了军医的母亲：“您的母亲身体还好吧？”

军医吞吞吐吐地说：“还好，还好。”

“你怎么知道她还好？”被总统这么一问，军医不知如何回答。

总统接着说：“你很久没有跟你的母亲通信了吧。她以为你在战场上阵亡了，就给我写信说，希望我能把你的遗体送回家乡。”

军医听了，感到羞愧难当。

成长悟语

有多少人像军医这样，已经忘记了有一些人正在等着自己，他们期待着能够得到回应。

这种回应是一种态度，更是一种设想，设想对方收到自己的礼物时的愉悦表情，看到自己回家时的高兴，是想要了解对方、懂得对方心情的回报。

所以，再远的地方，我们总可以想着，某一个地方，某些人正在想着自己，也正在等着自己的回应。

惩罚和奖赏

比尔和父亲约定，如果期末考试成绩拿到“A”，父亲会奖励他 50 美元作为假期的零用钱，但如果拿不到“A”，比尔需要在家里做两周的劳动。父子两个人写下了“合同”贴在冰箱上。

考试这一天，比尔看着发下来的试卷，心里非常高兴，因为试卷上几乎所有的题目他都有印象，他觉得自己一定能得到“A”。

考试进行了一段时间，比尔已经快要把试题答完了。就在教室里所有人都认真答题的时候，比尔身后的玛丽突然急性肠炎发作，疼痛得倒在了地上。比尔和另一个男生一起抬起玛丽，把她送到了医务室，但是再回到教室的时候，已经没有足够的时间写完剩下的问题了，最终比尔只能在期末的时候获得“B+”的成绩。

比尔没有向父亲强调自己没有获得“A”的原因，而是默默地从假期第一天就在家安心劳动，遵守和父亲的约定。

时间过得很快，假期的一天早上，比尔起床的时候发现自己枕边有一张50美元的钞票，还有一张字条：“亲爱的比尔，我的儿子，我为你自豪，因为还没有知道你的成绩，我已经接到了玛丽母亲的电话。但是你的确没有拿到A，所以按照约定，我必须让你在家里完成这两周的劳动，而这5 0美元，不是因为你的成绩，而是因为你的道德和承诺。”

成长悟语

法律和道德不能混为一谈，惩罚和奖励也不能相互抵消。当一个人因为自己的善举而没有达到要求或者犯下错误的时候，他必须为犯下的错误负起责任，而我们也必须对其高尚的道德和善举给予应得的奖励。

醉人的气泡果汁

格里芬17岁了，还差一年就成年了，他经常带着自己的小女友莉莎去一家西点屋吃冰淇淋。

慢慢地，莉莎不满足于冰淇淋，她希望能尝试电影里常提到的香槟。

于是，格里芬打算带着莉莎去附近的餐馆消费一瓶香槟酒。

这一天，格里芬穿着姑妈送给他的西服，而莉莎穿着姐姐的黑色长裙，这让两个人看起来更为成熟一些。

两个人在餐馆里找了位置坐下。格里芬压低声音叫来侍者，说：“一杯香槟酒，请快一些！”

侍者看了一眼两个年轻人，没有说什么。不久，侍者拿来一瓶用餐巾裹着的酒瓶，然后以熟练的手法打开盖子，在格里芬和莉莎面前各放了一个装有冰块的玻璃杯。

格里芬和莉莎看着杯子里的液体，他们兴奋地举起人生的第一杯香槟酒，微笑碰杯一饮而尽。

成败决定于细节，而所有细节都是用责任雕琢的美丽花纹。

两个人分别喝了三杯香槟酒，而格里芬也悄悄地牵起了莉莎的手，莉莎没有拒绝，只是淡淡地脸红。

莉莎以为自己是喝醉了，而格里芬也感觉到自己浑身发热，两个人脑海中的想法都一样：香槟酒真是棒极了。

等到结账的时候，让格里芬惊讶的是账单竟然只是2美元。

而账单背面则写道：“原谅我，孩子。看得出来，你们尚未成年，不能喝酒，但我确实不想扫你们的兴，所以擅自给你们换成了气泡果汁，侍者。”

成长悟语

无论我们在何时何地，都要勇敢地对别人示好，良性循环不能只等待下一个人。守护一个人，也是一种责任。

坚守的“思想者”

2004年，全球50个文明城市火热竞选中。最终，不起眼的小城斯特林市成为黑马，凭借百年老书店“思想者”的传承，成功入选前十名。

故事的开端要追溯到遥远的19世纪，时年26岁的考拉尔来到当时还是斯特林镇的一所学院当老师。考拉尔酷爱读书，然而整个镇上没有一家像样的书店，他决定自己开一家书店，既能满足自己的读书需要，又可以贴补家用，就这样，“思想者书店”在斯特林镇开张了。

不过，书店开张后生意却没有起色，因为小镇的居民并没有读书的习惯，书店的经营也是入不敷出。考拉尔安慰自己，反正自己也是要买书看的，所以一直坚持下来。日复一日，思想者书店一直是惨淡经营，考拉尔夫妇的收入几乎全部投入到了书店。就是这样明显亏本的生意，考拉尔仍然固执地认为，书店是一个城市文明的象征，是为了呼吁和传播文明的所在。他发誓不管有多困难，书店一定要坚持开下去。

年复一年，考拉尔言出必践，他坚持了下来，即使是在战争最动乱的时候，思想者书店也照常开门迎客。临终的时候，考拉尔叮嘱自己的孙子：“无论如何，思想者书店都要坚持开下去！”

后来，斯特林镇变成了斯特林市，人口的增长带动了消费，书店的生意也勉强能养家糊口。直到2004年的文明城市竞选，思想者书店终于名声大噪，人们无不为这家书店和考拉尔家族的坚守所感动，来自世界各地的书友和游客汇聚到斯特林市的这家百年老书店，追寻文明的足迹，寻找自己的感悟。

成长悟语

文明需要坚守，而一颗坚守文明的心更要坚持，这样终究有一天，我们坚守的文明会造福子孙后代。不要认为自己与这个世界的文明进步毫无关系。

第三十二辑

尊重：世上没有卑微者

不要鄙视穷人

酒馆已经接近打烊了，卡尔正在收拾桌椅，这时酒馆的门被推开了，进来一个男人，卡尔上下打量了这个男人一下，觉得这就是一个穷鬼。身上的衣服破烂不堪不说，那棕色的头发也是乱蓬蓬的。

卡尔轻蔑地瞥了他一眼，问他：“喝什么？”

“本地最便宜的烈酒！”

卡尔似乎不情愿，这么晚了，自己本可以早早关门回家。现在为了一杯便宜的烈酒，自己还得等在这里。他把酒端了上来，重重地放在男人的面前说：“30 美分。”

那个男人把手伸到口袋里，摸索了半天，掏出三枚 10 美分的硬币。他没有直接把硬币递给卡尔，而是把其中的一枚硬币放到卡尔手里；然后走到吧台的最左边，放下了第二枚硬币；最后走到吧台的最右边，放下了第三枚硬币。

卡尔顿时感觉自己被这个男人耍了，内心感到很愤怒。他气呼呼地走到吧台的左边捡起一枚硬币，又走到吧台的右边捡起另一枚硬币。

那个男人很快喝完了酒，转身走了。

过了几天，那个男人又来到了酒馆，同样要了一杯廉价的烈酒。不过，他也用同样的方式给了卡尔 30 美分。卡尔愤怒极了，他告诉酒馆的服务生，这个男人要是再来，他就给他点颜色瞧瞧。

又过了几天，那个男人果然又来了，还是一杯廉价的烈性酒。不过，这次这个男人掏出了 50 美分递给了卡尔，卡尔觉得报复这个男人的机会来了。

卡尔找零的时候，取出两枚 10 美分的硬币。他瞥了那个男人一眼，脸上浮起胜利的微笑，然后走到吧台的最左端，放下一枚硬币，再走到吧台的最右端，放下另一枚硬币。最后，他回到那个人的面前，望着那个男人，似乎想看他出丑。

那个男人并没有起身去捡起硬币，而是慢悠悠地拿起杯子，把酒一饮而尽，然后把空杯子递给卡尔，并从口袋里摸出一枚 10 美分的硬币，放到吧台的中间，说：“请再来一杯！”

成长悟语

每当我们贬低一个人的时候，其实就是在心态上制造了不平等，从而忽略了事情的真相以及这个人的真实品质。

当我们认为别人正在妨碍我们，或者别人在地位上并不如我们有“优越感”的时候，我们就陷入了自己的幻想。任何违反真实平等的行为都是阴险而怪异的，我们总会被拉回到现实，然后不得不面对自己尴尬的处境。

金钱买不到别人的尊重

迈尔特的父亲是小镇上最有钱的人，他拥有的财富能买下十座城堡。

迈尔特所在的班里有一个叫乔西的同学，乔西家里非常贫穷，他妈妈给富人做裁缝养活家人。

有一天，迈尔特骄傲地走到乔西面前，把三枚银币拍到乔西的桌子上，说：“嘿，给你三枚银币，你以后做我的随从吧，你要像敬重主人那样敬重我。”乔西看了看迈尔特，说道：“你平时总是欺负我，我才不会敬重你。”

迈尔特一听，生气极了。他觉得肯定是金钱不够多，诱惑不够大。于是，他掏出自己的钱袋，重重地砸在了乔西手里，得意洋洋地等着乔西说出恭维的话。

但是乔西仍然对迈尔特说：“你死心吧，你不可能买走我的心，也不会买到我对你的尊重。”

迈尔特大怒，他不知道该怎么办才好，于是就说：“如果你尊重我，我就让你妈妈去我家工作，我给她十倍的佣金，从此你们就可以过上很好的生活，难道你还不答应吗？”

乔西摇着头说：“我和我的家人依靠自己的双手，能够养活自己，而且我们拥有的东西你永远不会得到，那就是你渴望的尊重。”

听到乔西的一番话，迈尔特暴跳如雷，他大声喊着：“你骗人，你是个穷光蛋，你什么都没有！”乔西没有再说什么，转身走了。

成长悟语

乔西没有骗人，尊重与金钱没有关系，拥有再多的财富也买不来人们真心实意的尊重。相反，即便我们不富有，但只要有良好的品质、与人为善，一定会收获别人的尊重。

大臣们眼中的牛

一天，国王与众大臣去郊外游玩，走到一个乡村。突然国王吃惊地说：“你们看那里，那是什么？”

大臣们顺着国王指的方向看去，发现一头母牛和一头小牛在林子边吃草。

农业大臣说：“那是一片安宁的田园风光，牛、树林、草原，多美啊！这说明国王把国家治理得好啊！”

宫廷画师说：“那是一幅爱的油画啊，母亲和孩子在那里共享美好的食物。”

法规大臣说：“那是违背国王法规的，牛的主人没有经过国王的允许，就私下里在那里放牧，一定要把牛的主人抓起来。”

刑法司长说：“那里的牛无人看管，肯定牛的主人出了什么事情，我们一定要调查清楚，把牛送回主人家。”

宫廷御厨说：“那牛多肥啊，用它的肉做牛排，一定很滑嫩爽口，我回去给国王做一份。”

……

国王听着大臣们的议论，很是纳闷，于是又说：“你们说的是什么？我只是想问一下那到底是什么动物！”

成长悟语

故事中的国王和大臣看到的都是一样的，但是，想到的却都不同。

所以，观点没有绝对的界限和正确，我们在认可自己经验的同时，也应该学会尊重别人的经验。能够认可平等的方式之一，就是承认观点角度的多样化，对于不同的观点，要认可其存在的合理性和必然性。

死前的馈赠

一个老乞丐，在离世之前得到了一笔意外之财。他觉得应该在临死之前，把这笔钱送给曾经给他最大帮助的好心人。可是，到底应该给谁呢？

那位出手阔绰的老爷？

每次自己在困难的时候，他都拿出百元大钞给自己。那年冬天，就是那位老爷给的钱，让自己租了一个黑暗的地下室，虽然那里很破，也不暖和，但是自己没有被冻死在街头，那就是恩德啊！

那位受人尊重的医生？

每次自己病得要死掉的时候，都是那位医生不嫌弃他肮脏和贫寒，耐心地帮他治病。

……

老乞丐想了半天，觉得对自己有帮助的人太多了，自己的一生还是很幸福的。

突然，他想到了山姆大婶。虽然她没有给过自己一分钱、一块面包、一件衣服，但是老乞丐认为她对自己帮助最大，因为她给了自己一个人最重要的东西——尊严。

每次老乞丐乞讨到她的门前时，她都会微笑地望着自己，并且羞涩地对老乞丐说：“我没有什么给你的，对不起。”因为她自己实在太穷了。

老乞丐觉得那个微笑和那声“对不起”，给了自己活下去的尊严，她应该得到自己临终的馈赠。

之后，这是老乞丐不知道的，山姆大婶利用老乞丐那笔钱，开了一个面包店。

有时候，很多人会看见她微笑着把面包分给街边的乞丐。

成长悟语

别人落难时，我们站在高处施舍会让其感到更加自卑，这不是帮助；相反地，我们站在低处，让他受到尊重，这样才有站起来的勇气，这才是帮助。

有些人，常常打着慈善的名号而做一些践踏别人尊严的事情，请打住吧！那样会害了别人。

应听乌龟的意见

格洛丽亚跟随身为生物学家的父亲外出考察，在经过康涅狄格河畔的时候，他们发现了一只巨大的乌龟。

那只乌龟趴在河岸的护堤上。它显然是从河里费了好大的劲才爬上来的，这个护堤这么陡，期间不知跌下去了多少次。这时，它从护堤上爬下来，慢慢爬到了马路的中间，路上有很多车，从这里经过，要是不小心，它就会被车碾死。

格洛丽亚看到这种情景很着急，于是告诉父亲停车，她径直走到这只乌龟旁边，打算帮助它。她连扯带拉，费了好大的劲，才把这只重达十几磅的乌龟推到了路边，并使劲把它抱起，正想把它扔进河里。

这时，格洛丽亚的父亲也赶了过来，对她喊道："不要把它扔进去！"可是已经晚了，"噗通"一声，这只巨大的乌龟被扔进了河里。

父亲惋惜地对她说："你知道吗？这只乌龟为了去上游的淤泥产卵，它可能花了一个月的时间才爬上了公路，可是你却用不了几分钟就把它扔进了河里。那么这只乌龟这一个月的辛苦，不是白白浪费掉了？"

格洛丽亚懊恼极了。

成长悟语

世界上最可怕的事情，就是以爱的名义做了坏事。

就像我们面对一个饥饿的人，一次性给他吃一个汉堡的时候，他会感谢我们，因为我们的确帮助了他。然而，当我们一次性要让他吃下十个汉堡的时候，理由却是"你正饿着，应该吃饱"。那么，这个人最后就只能被撑死！这个时候，我们还能称之为做善事吗？

你在用眼睛伤害他

贝蒂很喜欢孩子，所以她选择了幼儿教师的职业。但是她在一家幼儿园工作半年之后，发现孩子们虽然可爱，但也很淘气，甚至有时候也有小自私和偏激。她开始质疑自己当初的选择是否正确。因此，对这份工作的热爱，也开始变成了一种职业性的敷衍。

那天，她如往常一样教孩子们绘画，这时捣蛋鬼杰克又开始吵闹，甚至还惹得另一个小女孩哭了，其他孩子也跟着起哄，颜料洒得到处都是，贝蒂头疼极了，费了好大的劲才把小女孩哄高兴，安抚其他孩子安静下来，一节课也就这样白白浪费了。

第二天，杰克的妈妈找到了贝蒂，杰克似乎有点胆怯地跟在妈妈后面，却又狡黠地探出身子来偷看她。杰克的妈妈微笑着说："贝蒂老师，我今天来的目的，并不是指责你什么，我只想说，孩子还小，不懂事，作为家长和老师，我们应该宽容和爱护他，而不是骂他，是吗？"

贝蒂听到这话，顿时无言以对，赶紧替自己辩解："我没有骂他啊，我真的没有……"还没说完，眼泪就委屈地流了出来。

杰克的妈妈看到这样的情况，赶紧说："贝蒂老师，我没别的意思，只是觉得你的做法不对，想给你提个醒，你不要激动。"此时，杰克也似乎意识到老师伤心了，自己闯了祸，赶紧躲到了妈妈的身后。贝蒂接着把昨天绘画课的事大致简述了一下，说："我只是告诉杰克，不要打其他小朋友，那样不是好孩子，我没有骂他。"

杰克的妈妈回头问杰克："老师是这样说的吗？"

杰克点头，但接着说："贝蒂老师用眼睛骂我了，她对着我翻白眼了。"说完就哇哇大哭起来。

贝蒂的心一下子震颤了。她弯下身，将满脸泪痕的杰克抱在怀里，说："杰克，老师错了，你能原谅老师吗？以后老师再也不会这样做了。"杰克也双手张开抱着贝蒂，一边抽泣着，一边伸出胖胖的小手替老师擦泪。

成长悟语

掌握好责备与惩罚的方法与技巧，才能达到教育的目的与效果。不当的责罚，无意中会伤害孩子。

我们教育孩子要掌握方法，就像故事中贝蒂那样，一个白眼就伤害了孩子幼小的心灵。

胡佛和偷渡者

在美国和墨西哥交界的地方，有一条长达几千公里的边境线，几乎每天都有来自墨西哥的偷渡者跨过这条边境线进入美国境内。他们的涌入给美国的正常秩序造成了影响，因此很多美国人都厌恨这些偷渡者，胡佛也是其中的一个。

但是，他却在边境线附近建造了很多水站，为那些偷渡者提供水源。因为偷渡者一旦进入美国境内，面对的就是亚利桑那大沙漠，很多人因为水源不足而渴死在沙漠中。

胡佛不仅在沙漠边缘建了很多水站，还绘制了沙漠的地图。他在地图中详细标注出水站的位置、边境检查站灯塔的位置以及容易发生危险的地段，最后在地图中善意地提醒："不要随意偷渡，亚利桑那大沙漠会让你丧命。"这份地图被大量印制，广泛地散发到墨西哥和其他小国家。

有人不解胡佛的做法，他们问胡佛："难道你不恨这些偷渡者吗？他们背叛自己的国家，来这里争夺我们的资源、扰乱我们的秩序。你为什么还要帮助他们呢？"

胡佛平静地回答："我当然恨他们，没有人不恨偷渡者。但是，他们也是生命，每一个生命都有平等的生存权利。我这样做是出于对生命本身的尊重，恨与尊重完全不同。"

成长悟语

有所厌恶，那是因为你对别人的观点、行为不认可，因为不认可所以产生抵触情绪。这是客观存在的正常现象，这是性格中不可避免的一个环节。

但是，即使对厌恶的人或事，我们也要学会尊重，因为其有存在的权利。

一封写给医务人员的信

阿尔弗医院是一所私立医院，由于管理不善，加上工作人员素质参差不齐，常常被患者投诉。院长平时也听到一些患者的抱怨，他想，不过是患者心情不好发发牢骚而已。直到他收到一封匿名的信后内心受到极大触动，才决心加大力度重新培训医务人员，提高他们的业务素质和服务水平。

医院的很多人都不同意这样做，大家都奇怪是一封什么信让院长如此大动干戈？院长向全院人员读了这封信的内容：

给这个医院的每一个医务人员：

当你今天拿起任何一个病人的病历表、翻阅医疗绿卡时，我希望你会记得我要告诉你的话。

前天，我和自己的父母来到了这里，父亲患了很严重的病，希望你们能帮助他健康起来。但在你们眼里，我的父亲不过是一个病症、一张病历表、一个问诊病号、一个被标示"没有出资者"的病人，因为他没有健康保险。

我在你们医院还看见一个虚弱的病人排了5个小时的队，却被一个极其不耐烦的办公人员随便搪塞几句，应付了事。我对贵医院的工作人员的没有人性深感诧异。

当病人没有按照正确程序做时你们任意咆哮痛骂，在无关的人面前随便谈论其他病人的私密病症。面对你们的呵斥，病人仅剩的一点尊严也荡然无存了。

在你们眼里，我爸爸只是一张绿卡，只是某个日期在你桌上出现的一个档案号码，一个被你们机械化地随意问一次的人。这只是你看到的，事实却不是这样的。

我的父亲从十几岁开始就自己经营一个农场，他有个很优秀的妻子，3个已经长大成人的孩子，两个孙子——他们都认为他们的"爷爷"是最棒的。我的父亲具备了所有男人的强壮、稳重，但他也很温柔；他虽然是个乡下人，不修边幅，但却被同行所尊敬。

他是我爸爸，不辞辛苦地养育三个子女成人，直到我嫁人时才让我离家，在我的孩子出生时拥抱我和我的小孩，当我日子艰难时，他会把一些钱偷偷塞进我的口袋，在我痛苦的时候安慰我。现在却有人告诉我们，不久之后癌症会把他的生命带走。

也许你们会说，这些话是一个伤心的女儿在预知会失去所爱的人时无助的申诉，我不同意。我祈求你们能以仁慈的话语和微笑迎接每个病人，因为他可能是某人的父亲、丈夫、妻子、母亲、儿子或女儿，或只因为他是一个人，被上帝所创造且被上帝所爱，就跟你们一样。请你们不要看不见病历表后面的那个人。虽然每张病历表都代表一个人，这个人也有感情、有历史、有生命，某一天他们来到医院，你当然有权力以你自己的话语和方式去对待他。但你们也会有所爱的人，你们的亲人或朋友在某天也可能变成一个病历号码、一张医疗绿卡、一个像今天一样被盖上土黄戳记的名字。

所有人听完，再没有反对的声音。

成长悟语

英国著名诗人阿尔弗雷德·丁尼生说："任何人都没有权利把人类的爱与真看作垂死世界的泥土和白垩。"在生命面前，没有高低贵贱之分，无论是你身居要职的高官，还是流浪街头的乞丐，人与人之间都应该相互尊重。

马桶上的尊严

安迪4岁了，他跟着自己的母亲生活。

一天傍晚，母亲匆匆忙忙地回来，告诉他："我要带你参加晚宴。"安迪想象中的晚宴是很豪华的，那里的人都穿得很华贵，好吃的东西也很多。这些都是他在电视上看到的。

其实，这个宴会是一个富商办的，安迪的母亲在这个富商家做佣人，为了不伤害幼小的安迪，她没有告诉安迪自己每天的工作是什么，只是告诉他，自己工作的地方好极了。

这天晚上，主人通宵举办宴会，母亲怕安迪一个人在家害怕，于是把他带了来。这次宴会参加的人很多，母亲不想让那些人发现安迪寒酸的穿着，更不想让安迪发现自己贫穷的处境，于是就从后院偷偷把安迪带了进去，并把他安置在二楼主人的洗手间里，一楼也有洗手间，宴会的人不太可能到这里来。

她满含着辛酸，指着马桶对安迪说："这是单独给你准备的房间，这是个凳子。"接着他指着大理石的

把朝阳奉献给孩子，一个民族的生命，就可以每天从辉煌的时刻开始。

洗漱台说："这是桌子。"最后，她掏出一个热狗、一份咖啡，放进一个盘子里，对安迪说："这是你的专用晚宴，你可以尽情地享用了。"

安迪在贫民窟长大，从没见过这么豪华的洗手间，他真的觉得这个地方就是自己专用的晚宴房间，于是高兴极了。

但是，这家主人无意中去了洗手间，意外地发现了这个小男孩。他问："你躲在这里干什么？"男孩说："是我的妈妈，她在这里工作，她带我来参加晚宴，这是我的专用房间，你看我的晚餐丰盛极了！"

他问："谁告诉你这些的？你的妈妈吧！"男孩说："是的，我在这里受到了很好的礼遇，我觉得自己就是一个王子。"

说着，男孩指了指盘子里的热狗，对他说："我希望能和你分享这些美食！"主人眼圈红了，他已经明白了眼前的一切。

他默默走回一楼的大厅，对所有的客人说："对不起，今天我不能陪你们了，我需要陪伴一位尊贵的客人！"然后，他来到洗手间的门口，很绅士地敲门。得到安迪的允许后，他推开门，坐在了马桶上，与安迪一起共进晚餐。

很多年后，安迪成了一个州的州长，他总是喜欢帮助那些贫穷的孩子们，甚至每年拿出自己薪资的一半去做这些事。当被问及为什么这么做时，他说："很多年前，他始终不能忘记一个男人用极高的礼遇维系了一个4岁小男孩的尊严。"

成长悟语

装模作样地做着"高贵"的行为准则并不是礼仪。礼仪的本质不过是在交往中对于任何人不表示任何轻视或侮蔑而已，这是一种教养。谁能理解并接受这一点，又能同意这个准则并努力去实行它们，他就是一位绅士。

而一种出自内心的礼貌，其实就是变换了形式的爱心，只有这样，才能产生出一种外部表现出来的最适宜的礼仪。

灵魂广场

"灵魂广场"的正中央有一所老房子和一块墓地，墓地旁竖了一块牌子，上面写着：让每一个灵魂都能仰望天堂。这个墓地里埋葬着的人，都在天堂。

普尔菲住在莱切斯特的一栋破房子里，按照城市规划，它将被改造成一个30层的商业大厦。政府给出的拆迁补偿款很多，所以从年底开始，很多小区的居民都陆续搬走了，但普尔菲一直不肯搬走，因为他的父母葬在了门前的小山上，他每天都能仰视自己的父母，他不想离开生活了10年的地方，而且他都习惯这里的环境，不想搬走。

开发商詹姆斯也很为难，他每天上门去做普尔菲的工作，可是普尔菲始终不愿意搬走，工程因为普尔菲也一再延期。

之后，詹姆斯实在没法说服普尔菲搬走，于是他企图用提高搬迁款的办法，把原价20万美元的价格抬高到了80万美元，但普尔菲就是不买账，始终不搬走。政府决定采取强制的措施，可是詹姆斯没有同意，他说："尊重别人比利益更为重要。"

詹姆斯修改了图纸，普尔菲的房子被设计成了一个停车场，就立在正中央。

后来，普尔菲因为一次意外瘫痪了，詹姆斯知道消息后，与商业大楼的总经理协商，由商业大楼派专人负责普尔菲的生活。不但如此，每天晚上，詹姆斯都会用轮椅推着普尔菲去外面的公园散步。两人更是结下了深厚的感情。

普尔菲死后，詹姆斯把他埋葬在了他父母的身边。詹姆斯接管了这所房子和墓地，但他并没有将旧房子拆除，而是把这里改建成了一个广场，这就是仰望天堂的"灵魂广场"。

成长悟语

尊重他人的意愿，尊重他人的生命，也是给自己创造了一个他人尊重自己的机会。

多年后，同学落魄了

一天，画家霍华德和一个朋友在一个高档咖啡馆喝下午茶。落地的大玻璃正好看见外面人来人往的街道。

突然，他看见一个男人从一个拐角处走来。霍华德立马转过了身子，背对着玻璃。不一会儿，他又转过身子来，眼睛紧盯着外面。朋友很诧异他的行为，问他怎么回事？他说："我刚才见到了一个大学同学，我和他已经几年没有见过面了。刚才不想让他看见我，所以背过了身子！"

朋友不解地问："既然是几年没见过面的老同学了，你看到了他，为什么还刻意躲避？"霍华德说："我看到他现在衣服破旧，发丝凌乱，显然生活得不是很如意。如果刚才和他打招呼，怕他见了我会感觉自己很尴尬。"朋友觉得他说得很有道理，就没有再说什么。

这之后几天，霍华德始终觉得应该帮助一下自己的同学，他现在肯定有什么困难。他通过别的同学，得到了这个同学的联系方式。他打电话过去，对方接了并说："我现在正在经营一个画廊，日子还算可以。"霍华德说："我们约个时间见个面吧，喝点酒，回忆一下当年的美好时光！"

对方说："好。"

到了约定的那天晚上，他们在一家酒店见面了。霍华德看见同学穿着崭新的衣服，发丝一丝不乱，提着一箱不错的红酒，俨然是一副小有成就的样子，已经和之前见到的大不一样了！

成长悟语

要尊重每一个人，不论他是何等的卑微与可笑。不让对方知道我们已经清楚他的落魄，是一种礼遇和德行。

当点破别人的窘困并期望给予帮助时，要确定自己不是在以一种无上的优越感在侮辱对方。

是什么挽救了大画家

17世纪，意大利有一个年轻人叫麦德卢。他虽然喜爱绘画，但是绘画技巧始终不能突破，而他的生活也陷入了窘境，于是他只好在威尼斯一家画廊绘制名画仿制品，这可不是一件光彩的事情。毕竟画家视绘画如生命，现在却当成了谋生的手段。

一天，麦德卢正在画廊里临摹名画，这幅画叫作《提水人》，是西班牙画家迭戈·委拉兹开斯的成名作。他太专注，连画廊里进来一位游客，他也毫无察觉。

那个游客就站在麦德卢的后面，静静地注视着他临摹。很久之后，麦德卢终于把画中那位提水的女人临摹了出来，只听那位游客用无比惋惜的口吻说："水的重量一定很沉，女人的身体一定被压得倾斜才对！"

麦德卢觉得这个游客的建议很对，于是重新画了起来，画完之后，那位游客还不是很满意，摸着下巴说："这个女人站在室内，水的颜色应该画得更深一些才对！"

麦德卢觉得这个游客对绘画的鉴赏力真是独到。他又临摹了一次，画完之后，这幅画简直和原作没有什么区别。

麦德卢高兴极了，说："真感谢你的指点，我的这幅画可以卖一个好价钱了！"

那位游客微笑了，说："那真替你高兴。这样既不会太糟蹋我的声誉，又能给你带来很高的利益。"

"你的声誉？"麦德卢不解地回答。

那位游客说："我的名字是迭戈·委拉兹开斯。"

麦德卢惊讶极了，一时无言以对。他做梦也没有想到站在眼前的竟然是《提水人》的作者！

麦德卢觉得这下子自己完了，他肯定要告自己侵权！

让他意想不到的是，迭戈·委拉兹开斯没有说什么，转身就要离开画廊。

麦德卢奇怪地问："你不打算告我吗？"

迭戈·委拉兹开斯耸耸肩说："生活是艺术的来源，虽然你仅仅是在模仿，但我仍然不希望因为艺术而威胁到你的生活！"

迭戈·委拉兹开斯的大度，让麦德卢放弃自己仿造别人画作的行业，转而把精力用在真正的艺术创作上，最终成为一位著名的大画家。

多年后，麦德卢在自传里这样写道："是迭戈·委拉兹开斯拯救了我，是他的大度拯救了我！假如他当时告了我，那我的艺术生命就终结了。"

成长悟语

为了能同所有人和睦相处，我们必须允许每个人保持其个性，尊重每个人所从事的职业，理解每个人所作的选择。因为每个人都有自己的弱点，在他羸弱之处，几乎所有人都有可能造成不可弥补的伤痕。

而对于有地位的人来说，没有一颗宽大的心，是不能称之为绅士的。

最便宜的假牙

尼古拉的母亲老了，牙齿几乎掉光，吃东西很费力。于是，尼古拉开车载着自己的母亲去了一家牙科诊所，准备给母亲镶上一副假牙。

进了诊所，牙科医生似乎认出了尼古拉，毕竟，这个镇子很小，尼古拉这么有钱的商人，很少有人不认识。

牙科医生把所有的假牙模型都展示出来，母亲却挑选了一副最便宜的假牙。牙科医生觉得尼古拉那么有钱，不肯放过这么好的赚钱机会，他一边给老人讲解好的假牙与不好的假牙的差别，一边用眼睛看着尼古拉。

可是，牙科医生很失望地发现，尼古拉对镶假牙这件事根本没放在心上，他只顾自己的生意。他一边抽着雪茄，一边用手机跟客户联系业务，根本不理会牙医在说什么。牙科医生最终拗不过老人，打算给她镶上一副最便宜的假牙。

医生先给尼古拉的母亲处理了那些坏掉的牙，然后告诉她，一周之后再来镶牙。临走的时候，尼古拉的母亲颤颤悠悠地从口袋里掏出几张皱巴巴的钱，交了押金。

尼古拉带着母亲离开了，牙科医生很生气，自言自语地说："这么有钱，还让母亲自己出钱镶一副最便宜的假牙。人可能越有钱，越是缺少爱了！"

正在牙科医生感叹的时候，尼古拉再次走进了诊所，对牙科医生说："医生，请你给我母亲镶一副最好的假牙，多少钱我都给您。但是，我想请您不要告诉她实情，我母亲节俭了一辈子，我不想让她为这件事烦恼。"

成长悟语

对别人真正的好，并不是把自己认为最好的东西给对方，而是尊重对方，哪怕你在背后换了"一副最贵的假牙"！

不要把自己的意志强加在别人身上

西蒙气呼呼地坐在门槛上，看着爷爷修剪苹果树枝。

"怎么啦？我的小天使，谁惹你生气啦？"爷爷一边修剪树枝一边问。

西蒙气呼呼地回答："我真讨厌紫藤街的米歇尔，他老是跟我做对，什么都跟我反着来。他真是全世界最讨厌的人。"

爷爷放下剪刀，坐到西蒙身边说："小西蒙，我问你个问题，你喜欢吃苹果吗？"

西蒙摇摇头说："不喜欢。"

爷爷继续问："你不喜欢吃苹果，是苹果的错吗？"

西蒙继续摇头说："当然不是，我只是不喜欢吃苹果，苹果没有任何错呀。"

爷爷笑着说："那你不喜欢米歇尔，也不是米歇尔的错喽。"

西蒙没有说话，伸手扯过一根狗尾巴草叼在嘴里。

爷爷问西蒙："你喜欢吃什么水果？"

西蒙眼睛发亮地说："雪梨，我喜欢吃雪梨。雪梨又脆又多汁，最好吃了。"

爷爷问："如果你的小伙伴来了，你会请他吃雪梨吗？"

西蒙回答："当然会，雪梨这么好吃，我当然会请他吃了。"

爷爷继续问西蒙："如果小伙伴不喜欢吃雪梨呢？"

西蒙叼着狗尾巴草想了想，说："那我就问他喜欢吃什么，然后再请他吃。"

爷爷笑起来，摸着西蒙的头说："这就对了，我们不能总是把自己的意志强加在别人身上。"

成长悟语

有人喜欢吃苹果，有人喜欢吃雪梨，每个人的喜好不一样，但是，这并不影响苹果和雪梨的美味，更不能成为喜好者们互不认可的理由。

最好的东西在自己的手里，也在别人的手里。想让所有人都爱己所爱，那是一种极端的自私。

一个拥抱的力量

凯莉是一所医院的护士，她所照顾的病人的名字叫做多伦。

多伦患有严重的智力障碍，这种智力障碍让他不知道该如何走路、如何吃饭、如何微笑。他只会本能地随着声音转头，然后呆呆地流着口水。

一天，一个演出团来到了医院，演出团在医院的礼堂表演完毕后，团长提议要和小丑一起去看望那些不能来到礼堂观看节目的病人。

医生和护士带着团长和小丑去看望那些病人。

生活中，有很多看似高超的技巧，其实都是最平实的举动。就因为简单，所以被很多人忽略。

他们每走进一个病房，小丑就会主动走上前去，给病房里的病人送上鲜花或者魔术气球，团长会和病人说一些体贴的话。

不得不承认，小丑给每一个人带来了快乐，而团长给他们带来了安慰。

最后一个病房，是多伦所在的病房。小丑一进门依然滑稽地逗病人开心。

病房里的另外几个病人都非常快乐，只有多伦依旧流着口水，痴痴地看着前方。

除了凯莉之外，没有人在意多伦，凯莉只能无奈地摇摇头。

就在小丑表演完毕的时候，团长

似乎看出了多伦的特别，他径自走向多伦，出人意料地给了多伦一个深深的拥抱，足足有一分钟的时间。

“哈哈……哈哈……”多伦奇迹般地笑了。

“应该有 10 年了，多伦没有快乐过。”凯莉对团长说，“原来，多伦一直想要的就是一个拥抱。”

成长悟语

我们的理论，有些人也许反对；我们的言行，有些人也许怀疑；我们的穿着，有些人也许不赞成；我们的长相，有些人也许不喜欢；甚至我们廉价出售的商品都可能使有些人将信将疑。然而，我们的爱心一定能温暖他们，就像太阳的光芒能溶化冰凉的冻土。

女孩的笑声

马戏团的场地里坐了好多人，他们正因为场地中央一个小丑的表演而开心得大笑。小丑十分享受自己的表演为观众带来的快乐，每一个观众的笑声都是对他无声的肯定。

可是小丑发现在第一排有一个小女孩，只有她一直没有笑。小丑为了让小女孩也笑起来，他几乎是竭尽全力地做着滑稽的动作和表情。

场内的观众几乎笑翻了，但是，那个女孩仍然没有笑。

小丑不相信自己的表演居然不能让一个小女孩开心，于是自己边表演边走向那个小女孩。当小丑站在小女孩面前的时候，他既震惊又伤心，眼前这个唯一没有笑的女孩，根本没有在看自己，她的眼光没有焦距，她失明了。

小丑的动作停滞了两秒钟，但是全场并没有发现这个细微的停顿，所有人还以为这是小丑表演的一部分。这时小丑做了一个出人意料的举动，他拉起了女孩的手，让女孩抚摸自己的样子，这时，女孩微笑了。

小丑牵着女孩走向场地中央，他小声告诉女孩：“接下来你做的动作就是我做的动作。”虽然女孩看不见，但是在小丑的帮助下，女孩做出了一系列呆板但可笑的动作，然后小丑模仿似的也这样做，引来了全场更多的笑声。

小女孩也在笑，一边表演一边笑，因为她这一次“看见”了小丑的动作。

成长悟语

最大的传递不是看见，而是感受；最有价值的回报不是感受，而是懂得。

问问题的乞丐

一位学者和朋友到机场送人。他们送完人刚走出机场不远，一个看上去疯疯癫癫、走路还一瘸一拐的人就迎了上来，拦住了他们的去路。这个人穿着破破烂烂的衣服，头发乱蓬蓬的，脸上脏兮兮的挂着伤痕，手也油乎乎的，任谁看到这副模样都会以为他是一个乞丐。于是学者的朋友掏出10元钱来递给他。没想到，这个“乞丐”不仅没有接，还狠狠地瞪了学者的朋友一眼。

随即，“乞丐”将目光移向了学者，恭恭敬敬又小心翼翼地说：“这位老先生，我看得出来您是个学识渊博的人，能不能给我讲讲凯撒大帝是怎么死的？”

听到这样奇怪的问题，学者的朋友想推开他，学者却阻止了，还把这个疯“乞丐”领到了一个干净的楼角。他从恺撒发动对卢西坦人和加拉埃西人的进攻，讲到衔冠成王，最后被谋杀，用了差不多20分钟的时间。学者讲得绘声绘色，疯“乞丐”听得津津有味。临走的时候，疯“乞丐”紧抓着学者的手，眼中泛动着晶莹的泪花：“谢谢您，我求了这么多人，只有您才肯给我讲！”

回去的路上，学者的朋友问：“刚才那个人不是一个疯子吗？”学者沉默了一会儿才说：“也许是，但他首先是一个人，只要是人，都是值得尊重的。因为在尊重别人的时候，更重要的还是在尊重自己！”

成长悟语

无论对方是谁，首要前提是他是一个人！他可能贫困到衣衫褴褛，但是，他是一个和你同样享受生存权利的人；他可能精神上有疾病，但是，他是一个和你同样有喜怒哀乐的人。

把自己和对方放平等，不为别的，只因为他是一个和你一样的人。

拿破仑二世的剑

亨利是一名考古学家。

一次，他到法国的一个乡村附近考古，就在这个乡村找了一个农场住宿。农场主叫霍夫特，是一个非常憨厚、热情的农民。他让亨利住在自己家最好的房间，霍夫特的妻子也拿出最好的食物来招待亨利，在这里亨利感受到了一种质朴的温暖。

第一天晚上，亨利和农场主吃过晚餐后，农场主带着亨利参观了自己的大房子。

在参观阁楼的时候，亨利的眼光被阁楼里一堆杂货中的一把剑吸引了。

亨利询问霍夫特这把剑是从哪来的，霍夫特说：“我也不知道，反正我小时候就见过这把剑，那时候我的祖父总是拿着它来炫耀，说是什么部队的战利品，但是从很久之前，我们这把剑就放在杂货堆里，怎么？你很喜欢这把剑吗？”

亨利第一眼就看出这把剑与历史记载的拿破仑二世所持的剑非常相似，当他将这把剑放到手中的时候，就更加确认了。剑柄上的宝石虽然已经没有了，剑鞘上的雕纹也模糊了，但是作为考古学家的亨利依然十分确定，这就是一直没有找到的那把剑，拿破仑二世的佩剑。亨利将剑拔出剑鞘，看着锈迹斑斑的剑身，他太想拥有这把剑了。

亨利没有告诉霍夫特这把剑的来历，作为一个考古学家，他认为这把剑不该在这里埋没，它应该去博物馆。于是亨利说：“如果您愿意，我愿意出两万法郎买下这把剑。”霍夫特一听，连忙答应。

一周后，当亨利带着两万法郎找霍夫特取剑的时候，霍夫特给他的居然是一把崭新的剑——剑鞘经过修复，剑身打磨得光亮无比，已经完全没有了它之前的历史痕迹。

亨利看着这把“新”剑，心痛万分。

成长悟语

从亨利身上，我们可以了解如果你真的有所崇信和尊重，就不应该想要占有它。因为，一种过分的关注和爱，可能会给对方带来未知的灾难。不惊扰就是最好的尊重。

从霍夫特身上，我们可以明白对别人的最大亵渎就是无知。无知带来的灾难永远是不可预测的。

音乐家巴赫和皮鞋匠富翁

有一次，德国著名音乐家巴赫应邀参加一位素不相识的富翁的宴会。这位富翁以前是一名皮鞋匠，后来偶然的机会成为暴发户。在宴会当中，富翁毫无礼貌地要求巴赫为众人演奏钢琴曲，碍于情面巴赫勉强地弹了一曲。

后来，巴赫也在家中举办宴会。他邀请了一些社会上的名流，还邀请了上次参加富翁宴会的一些阔少与太太们。饭后，巴赫捧出一双破旧的皮靴，要求富翁为他修补。

富翁很不高兴：“巴赫，你这是什么意思？”

巴赫笑笑说：“我是钢琴家，你是皮鞋匠。上次我在你的宴会上，弹了一首钢琴曲，拿出了我的看家本领；这次你来参加我的宴会，展示一下你的看家本领，不是理所应当的吗？”

成长悟语

不要瞧不起任何人，每个人都有尊严。折损别人尊严的人，终有一天同样的待遇会回到自己的身上。

主持人约瑟夫

约瑟夫是一名优秀的电视节目主持人，他的主持风格灵活多变，风趣幽默，总是能把观众逗得哈哈大笑。很多人都认为他是一个天生的乐天派，走到哪里都能把快乐的气氛带到哪里。

实际上，约瑟夫遇到过很多坎坷和不公，无论在职场还是家庭生活中，他都有很多愤怒的理由。

约瑟夫出生在一个法律世家。父亲期望他继承家业，但约瑟夫对法律不感兴趣，他喜欢写作、热爱传媒，父子之间一直有矛盾。报考大学时，矛盾终于爆发。父亲逼着他选法律，但他执意不从，双方都为对方不肯体谅自己而恼火。大学几年，父亲甚至都不跟他说话，不过，约瑟夫并没有因此记恨父亲，只是默默地把一切化作了动力，在学业上取得了一个又一个进步。

毕业后，约瑟夫顺利进入了向往已久的电视圈。但是，工作并不是一帆风顺的。他曾被同事在网上攻击，打电话联络客户结果被大骂一通。更甚者，有一次，他负责一个节目，在与合作伙伴接洽的过程中有一些财务方面的误会，导致整个节目的资金出现亏空。他向总裁解释，但总裁并不信任他，还骂他是骗子。

以其人之道还治其人之身，往往是最好的“尊重”。

尊严被如此践踏，约瑟夫真的很生气，他一次次想把手里的各种报表摔到总裁脸上，然后愤然离去，但是他又想，还没有做出任何成绩就离开，正应了总裁的话。因此，他压下心中的怒气，逼着自己像只陀螺一样超负荷运转，身心的煎熬外人无法体会。

半年后，他制作的节目已经与当时的王牌节目比肩。同时，他还从幕后转到台前，开始了主持人生涯。他以自己的成绩结实地回应了总裁的质疑。后来，他果断从那家公司辞职，带着自己的团队开了一家新公司，并开发出了与原公司相抗衡的电视节目。

约瑟夫说：“把自己看得轻一点，所有的挫折就不算什么了！”

成长悟语

人的尊严是最珍贵的，人会因为尊严被蹂躏而愤怒，但是没有实力的愤怒毫无意义。我们要思考的是，如何管理好自己易怒的情绪、如何化愤怒为实力。

第三十三辑

珍惜：把已有的当成至爱

只看我有的，不看我没有的

黄美廉是一位著名的美籍华裔画家，她的画作色彩缤纷灿烂，充溢着蓬勃的生命力和难以抑制的激情。然而，画作如此多彩的黄美廉却是个脑性麻痹的残疾者。这种疾病让她失去了肢体平衡感，也让她丧失了发声讲话的能力。

小时候，她无法像别的小孩子一样，自在地玩耍、自由地奔跑，还要面对许多异样的眼光，一些小孩子嘲笑她，用手、石头或棒子打她，看她气得发抖或哇哇大哭，那些小孩子就越发得意。

成长的道路上，黄美廉经受了无数的打击，然而，这些外界施加的痛苦并没有击败她内在奋斗的精神，她昂首面对，笑迎命运带给她的种种不公，让不可能变成可能、变成现实，最终获得了加州大学艺术博士学位。她以手为笔，以色彩展示寰宇之力与美，灿烂地活出了生命的色彩。

功成名就的她返回家乡台南做演讲。台上的她不时地挥舞着双手；仰着头，脖子伸得长长的，几乎与她尖尖的下巴扯成了一条直线；她的嘴张着，小小的眼睛眯成了一条线，整个身体都是扭曲着面向台下的学生；偶尔她口中会有咿咿呀呀的声音，但旁人根本听不清她在说些什么。她依然是一个不会说话的人。所幸的是，她的听力很好，只要别人猜中或说出她的意见，她就会快乐得大叫一声，伸出右手，用两个指头指着对方，或者欢快地拍着手，歪斜着费力地向对方走过去，送给对方一张用她的画制作的明信片。

"黄博士，"一个学生有点不好意思但又很坚决地问她，"从小长成这个样子，请问你怎么看你自己？你都没有怨恨吗？"

"我怎么看自己？"听完这个学生的问题，黄美廉的神情变得严肃起来，她用粉笔在黑板上写下这些字。写完之后，她停下笔来，歪着头，回头看着发问的同学，只见黑板上写着：

1. 我会画画！我会写稿！
2. 我的腿很长很美！
3. 爸爸妈妈这么爱我！
4. 我好可爱！

5. 上帝这么爱我！

6. 我有只可爱的猫！

……

看到她罗列的这些，所有人都沉默了。在静静的沉默中，黄美廉在黑板上写下了她的结论：“我只看我所有的，不看我所没有的。”

成长悟语

你会思考吗？这意味着你很有可能会成为一个科学家！

你会拿笔吗？这意味着你很有可能会成为一个画家！

关键不在于你是否能，而在于你是否发现了自己的这些优势和幸福！你能做这些事，甚至你比别人做得更优秀，因为你有成功和快乐的权利。

地铁站的小提琴家

冬季的冷风中，一个小提琴手站在纽约一个地铁站内，神情专注，开始演奏巴赫的作品。在他面前，放着一顶帽子，显然是让路人往里面投钱用的。

大约 3 分钟之后，一个相貌儒雅，似乎颇有音乐素养的男人停下了脚步，但只停留了几秒钟，然后匆忙赶路了。

大约 4 分钟之后，一个女士显然出于同情，而不是音乐本身，给这个小提琴手放下一美元，她没有停留脚步，就直接走过去了。

6 分钟时，一位年轻人倚靠在墙上倾听他演奏，然后看看手表，似乎有约会，于是转身走了。

10 分钟时，一位 3 岁的小男孩似乎对小提琴手感兴趣，一心想停下来观看，但他的妈妈使劲拉扯着他走。在这个过程中，小男孩似乎还不死心，几次停下来看小提琴手，但他妈妈使劲地推他，小男孩只好走了。这期间，有几个孩子，也似乎对小提琴有兴趣，但都没有停下来，不是被大人扯着走了，就是被抱着离开了。

45 分钟时，这个小提琴手总共演奏了 6 首巴赫的作品。其间，只有 6 个人停下来听了一会儿。大约有 20 人给了钱就继续以平常的步伐离开。

最后，这个小提琴手整理了帽子里的钱，他发现自己赚了 32 美元。

路人不知道的是，这个小提琴手就是世界著名小提琴家约夏·贝尔。就在几天前，他在波士顿一家剧院演出的门票就需要 200 美元。

其实，约夏·贝尔在地铁里的演奏，是《华盛顿邮报》主办的一个栏目，题目是关于感知、品味和人的优先选择。栏目结束后，《华盛顿邮报》提出几个问题，值得我们深思：

第一，在一个普通的环境下，在一个不恰当的时间内，我们能够感知美吗？

第二，如果能够感知到美的话，我们会停下匆忙的脚步，欣赏一会儿吗？

第三，我们会在不预期的状态下，认可天才的才能吗？

成长悟语

当世界上杰出的音乐家约夏·贝尔，为人们演奏世界上最美妙的音乐时，人们没有停留一会儿来倾听。那么，在匆匆而过的人生道路中，我们又错过了多少美好的东西？

这所房子就是旅馆

导演柯克为了拍好自己的恐怖电影，一个人去了苏格兰山区。为了追求恐怖氛围，他深入山区深处并迷了路。他摸黑在山里走了不知多久，才在漆黑的夜色中见到一盏灯火。

柯克高兴极了，顺着灯光走过去，发现是一个农夫的房子。他整理了一下自己的衣服，敲开了农夫的大门。开门的是一个满脸沧桑的老头儿，只见他上下打量了柯克一下，然后问："什么事？如果你想住宿的话，请免开尊口，因为这里不是旅店。"

柯克说："我不是坏人，我只是迷路了。你让我住一晚好吧？我可以给你住宿费。"

老头儿又上下打量了他一番，似乎相信柯克没有坏心，只是迷路了。但老头儿还是坚持："这里不是旅店。"

柯克笑着说道："你只要回答我三个问题，就可以证明这屋子就是旅店！"

老头儿不屑地说："那好吧，如果你能说服我，我就让你进门。"

柯克："在你之前，这所房子的主人，是谁？"

老头儿："我的父亲。"

柯克："在您的父亲之前，谁是这所房子的主人？"

老头儿："我的祖父！"

柯克："如果您过世了，谁继承这所房子？"

老头儿："我的儿子！"

柯克："那不就是了，这所房子就是旅馆。你不过也是暂住这儿罢了，也像我一样是个过客。"

柯克夜晚睡在羊毛毯的大床上，舒舒服服地过了一夜。

成长悟语

我们每个人都不知道自己的明天会如何？生命也是如此，没有一样东西是永远属于我们的。所以，我们只能抓住今天的一切，享受今天的美好。

富有的哈瑞

有一个叫哈瑞的小孩，他一直觉得自己很穷，因为别的孩子都有好多玩具，可是他一个也没有。他不止一遍地问妈妈："我们是不是很穷？""不是，妈妈拥有哈瑞，哈瑞拥有妈妈，这是我们家最大的财富。"但是，哈瑞没有听懂，他还是觉得自己很穷。

哈瑞成天闷闷不乐。老师知道了这件事后，就问哈瑞："如果我给你10美元，你妈妈就会得一场病，你会同意吗？"

“你是在开玩笑吗？”哈瑞吃惊地问。

“不，这不是玩笑。”老师一本正经地说。

“我想不行。”小家伙回答的语气非常坚决。

“你嫌得到的少吗？那 20 美元、30 美元、100 美元……”老师开始加价了。

哈瑞根本不听老师的话，因为在他看来拿钱换妈妈的健康是一件很荒唐的事情。

“1 万美元呢？”老师问道。

“不！”哈瑞摇头，“多少钱我都不会同意的。”

父母不仅仅只把面包给孩子，除此之外，还要给他们一些看不见的东西。

“那如果给你 5 万美元你将再也见不到妈妈，可以吗？”老师坚持着。

“不行，不行，不行！”哈瑞觉得老师今天有点反常，不像他以前认识的那样。

老师最后加到 20 万美元，哈瑞仍然不答应。紧接着，老师提出拿钱换哈瑞的朋友、上学的权利，等等，虽然价格很高，但哈瑞仍然斩钉截铁地拒绝了。

“好了，刚才说的东西一共值近 50 万美元，你还觉得自己贫穷吗？”老师微笑着说。

哈瑞好像明白了什么。他回家告诉妈妈：“我再也不觉得自己贫穷了，我拥有健康的妈妈、可爱的朋友、和蔼的老师，这就是我最大的财富！”

成长悟语

真正的富有不是有很多钱、很多玩具，而是最爱的人健康地陪在自己的身边。这种财富任何金钱都无法取代。

因为这正说明，你的人生并不孤单，你有值得去爱和被爱的人。

你认为这是最好的安排

保罗在一家教堂做看门人，教堂内竖立着上帝的雕塑。

很多信徒专程来教堂做礼拜，他们对万能的上帝都十分崇敬。保罗很羡慕，因此他祈祷能让自己当一天上帝。

上帝答应了他的请求，并约定，不管听见什么、看见什么，都不要出声。于是，保罗站到了上帝的位置。

这天早上，教堂内来了一个富商，他对着“上帝”祈祷完毕，就起身走了，他的包竟然忘记带走了。保罗看见了，很着急，但苦于不能开口，只能眼睁睁看着富商远去。

不一会儿，一个贫穷的农夫进来了，他祈祷上帝能帮助它渡过生活的难关。当要离去的时候，发现先前那位富商留下的包，他很好奇，就打开一看，发现里面有很多金币。穷人见此，非常高兴，激动地说："上帝啊，我万能的神，谢谢您对我的眷顾。"穷人万分感激地离去。保罗实在着急，很想告诉他，这钱是别人的，但是也终究忍住没说。

很快，一个出海远洋的水手来了，他来祈祷上帝保佑他们出海平安。正要离去，富商冲进来，一把抓住水手的衣襟，不问青红皂白，就要求水手还钱，两人在教堂内争执起来。

眼见事态愈演愈烈，保罗忍不住了，道出了事情的原委。富商着急地跑去找农夫理论，而水手则匆匆忙忙走了，生怕搭不上远航的船。

这时上帝出现了，对看门人保罗说："你违背了约定，你下来吧！那个位置你没有资格了。"

保罗说："我把真相说出来，评判了公道，难道做错了吗？"

上帝说："你这次的确做错了，你的错让别人付出了血的代价。那个富商靠着强取豪夺得来钱财，生活奢靡；那个农夫实在无路可走，那笔钱可以挽救他们一家老小的生命；那个水手，如果那个富商始终纠缠他，那么水手就会错过上船的时间，兴许能保住一条命，可是现在，船翻了，水手已经沉入大海了。"

成长悟语

好与不好，常在一段时日后我们才发现，其实当初我们认为最好的选择，现在看来不过如此，甚至最好的选择变成了最差的结果。因此我们必须珍惜现在的生活。

哈里还年轻

哈里倾尽自己的所能，表演完了导演要求的所有影视动作。他很想这次能被导演选中，实现自己成为一个演员的梦想。

表演结束后，导演一边喝着咖啡，一边不慌不忙地翻看着他的简历。哈里此时紧张极了，心似乎快跳到嗓子眼儿了。他感觉时间如一条长河，始终走不完，心里更加心烦不已。

经过长时间的等待之后，导演忽然放下了手中的简历，哈里连忙放下手中的咖啡，向前倾了倾自己的身体，等待着导演开口。

"你的资质不错，可是你知道做电影的，首先要考虑的就是电影拍出之后的利润问题。利润从哪里来，那就是演员。恕我直言，你并不出名，所以不太适合这个角色。你知道很多观众一般喜欢的都是有名气的演员。"

说着，导演顿了顿，然后继续说道："而且虽然你的表演水平很不错，可是要让我把这个重要的角色交给你这样的年轻人，我还是难以放心。"

哈里试图说什么，可是导演示意他可以走了，于是哈里沮丧地离开了。

在这之后，他又去了很多剧组面试演员角色，可是全都遭到了无情的拒绝，哈里感觉自己快支撑不下去了，甚至觉得自己的演员梦也是一个错误的选择。

朋友也劝说哈里，不要固执自己的演员梦了。娱乐圈根本不适合他，他应该遵循父母的意见，去银行做一个职员，兴许能有所成就。

朋友走后，哈里独自一人闷在屋子里发呆。一边是找不到演员角色的压力，一边是自己追求的梦想，他实在难以作出抉择。

哈里最终决定，要继续追求自己的梦想，不管前面的路有多难。毕竟自己还年轻，要去拼一下，才能知道到底怎样！如果年轻的时候就害怕困难，那么这一辈子都不会有什么作为！

哈里经过自己不懈地努力，最终成了一个小有名气的演员。

成长悟语

我们或许没有过人的资历、深厚的背景以及太多的经验，但是，我们还年轻。年轻是最好的催动剂，年轻让我们在跌倒的时候可以轻松地爬起来，年轻让我们在痛苦的时候有足够的时间缓和，年轻让我们在失去之后还有机会再拥有……

年轻赋予我们太多东西，而珍惜是对待它的唯一途径。

梅菲斯特的交易

杰拉尔是个不幸的孩子。在他 5 岁的时候，由于父亲做饭时失手，他的脸被烫伤留下一块伤疤。此后，他人生的不幸就接踵而来了。

小学时，学校的同学们都讥笑他的伤疤，不肯和他玩。杰拉尔渐渐养成了孤僻、自卑的性格。他不敢正视别人的眼睛，也不敢参加任何集体活动。上大学后，同龄人都开始谈恋爱，而杰拉尔却一直没有遇到喜欢他的姑娘。其实，他在爱情方面的失败多半是出于他自闭的性格，而他又把原因归结为自己脸上的伤疤。毕业后，杰拉尔进入公司工作，而由于形象原因，他总是得不到重用。

杰拉尔遇到的挫折越多，他就越恨父亲，如果不是他当年失手烫伤自己，自己的人生又怎么会这么悲惨？杰拉尔越来越恨父亲，他索性搬出去住，和家里断绝了联系。

一天晚上，杰拉尔从睡梦中惊醒，看到自己床边坐着一个人。

杰拉尔问：“你是谁？”

那个人回答：“我是恶魔梅菲斯特。”

杰拉尔惊叫起来：“你是梅菲斯特？你就是能实现人愿望的梅菲斯特？”

梅菲斯特回答：“是的。我能实现人们的任何愿望，只要你同意拿出一样东西进行交换。你要跟我做个交易吗？”

杰拉尔当然愿意，如果能改变自己的困境，他愿意付出任何代价。杰拉尔说：“我希望去掉脸上的伤疤，让我的人生变得幸福。”梅菲斯特说：“这很简单，但你要付出的代价，就是你父亲的生命，你要用你父亲的生命和我做交易。你愿意吗？”

杰拉尔吃了一惊，他没想到魔鬼的要求如此卑劣，但想到父亲给自己造成的人生的不幸，他点点头说：“我愿意。”

梅菲斯特嘴角扬起一丝邪恶的笑容，他对杰拉尔说：“闭上眼睛，不要害怕，交易马上就要开始了。”

当杰拉尔再次睁开眼睛的时候，他已经站在一片墓地里，一群乌鸦尖叫着飞过一块墓碑。杰拉尔走近一看，墓碑上赫然写着自己父亲的名字！杰拉尔原本以为自己非常憎恨父亲，可他看到父亲的墓碑时，还是后悔地跪在地上痛哭起来。他想起这些年父亲对自己的包容、忍让，想起父亲对自己无微不至的关爱。他高声叫着：“梅菲斯特，我后悔了，请把我的父亲还给我。”

梅菲斯特站在墓碑上，仍旧邪恶地笑着，问：“你真的要反悔吗？”

杰拉尔说：“是的，我要反悔，没有什么比我的父亲更重要。”

梅菲斯特说：“再给你最后一次机会，你真的想清楚了吗？”

杰拉尔回答：“想清楚了，请把我的父亲还给我。”

梅菲斯特打了一个响指，说：“现在，睁开眼睛。”

杰拉尔睁开眼睛，自己正躺在床上，他摸了摸脸上的泪，难道刚才是在做梦？他赶紧拨通了父亲的电话，电话那边传来父亲关切的声音：“杰拉尔，你在哪里？你现在还好吗？”

杰拉尔哽咽了许久才说出一句话，他说：“爸爸，我爱您。”

成长悟语

失去的昨天，永远都不可能再拥有一次，我们能做的就是紧紧抓住现在拥有的。

15 分钟的宝石人生

书房里，父亲与两个儿子杰森、汤姆做游戏：15 分钟代表了一个人的一生，在这短短的“一生”中，杰森和汤姆要在纸上画出 10 个不同颜色的“宝石”，谁画得最快，谁就赢……

计时开始！

书房里安静下来，只有笔在纸上的刷刷声。

父亲微笑着观察儿子们，只见杰森奋力地在纸上画着，可能由于他太想赢了，画画的手都有点发抖。这样的心情，父亲能理解，杰森一向很好强，每次都想赢过自己的弟弟汤姆。不一会儿，杰森就满头大汗，他一边在纸上快速地画着，一边侧头看着弟弟汤姆的画……

1 分钟过去了，杰森画出 2 个了，汤姆还在画第一个。

5 分钟过去了，杰森画出 7 个了。

10 分钟过去了，杰森兴奋地喊起来：“我画完了！”

汤姆也停下了笔，父亲查看了他们两人的画，宣布结果：汤姆赢了。

杰森不解地问父亲：“这个结果不公平！很明显，我画得比汤姆快多了，你看他只画了 4 个。”

父亲回答："你看看汤姆的画，你就明白了。"

汤姆的画上，每颗宝石的后面都画着汤姆怎样使用这些宝石——一个小狗链子，一辆真正的赛车，还要去加勒比寻宝……"

杰森不解，皱着眉头看着父亲。

父亲说："你刚才画的时候，计划好怎样使用这些宝石了吗？"

杰森摇头。

父亲接着说："你的15分钟人生中，只顾着画宝石，并没有想怎样使用它们，等你想这些的时候，你的那些愿望都不能实现了。你看，你说话的这段时间，14分40秒了，你这15分钟的一生很快就要结束了。而汤姆的15分钟里，小狗链子买了，赛车也开了，加勒比也去了，他不仅得到了宝石，也享受了实现自己愿望的过程，所以他赢了。"

杰森沮丧地望着父亲。

成长悟语

一个简单的小游戏，却反映出了现实生活。

有些人追求金钱，却不知道应该如何使用它、享受它；有些人追求爱情，却不能在一份坚定的情感上坚持。每个人都想要更好的生活，却没有想到如何生活得更好！

永远不要认为你是最不幸的人

玛莎是个患有小儿麻痹症的孩子，由于后遗症的缘故，她只能拄着双拐走路。每当她看到伙伴们在外面奔跑着玩耍，她就会觉得自己是世界上最不幸的人。

这天，玛莎坐在公园的长椅上，花园里有几个小孩子在捉蝴蝶，玛莎不禁叹着气流下泪来。一位散步的老爷爷走过来问："小姑娘，你为什么坐在这里哭啊？"玛莎拿过自己的双拐说："我不能像她们那样去捉蝴蝶，我觉得自己真是太不幸了。"

老爷爷在玛莎身边坐下来，说："你觉得盲人不幸吗？"玛莎说："是的，他们是最不幸的，蓝天、白云、鲜花、小鸟，他们全都看不见。"老爷爷说："要我说，他们还不算不幸，因为他们最起码还有家人呵护。这个世界上有很多孤儿，他们孤零零地生活，没有人照顾他们。"

玛莎点点头说："那孤儿是这个世界上最不幸的人了。"老爷爷却摇摇头，说："孤儿最起码还有生命，要知道，这个世界上每隔6秒钟就有一个人死去。他们或死于饥饿，或死于战争，或死于一场突如其来的事故。他们早上精神抖擞地出门，晚上却不能活着回家，甚至都没有给家人留下一句遗言。”玛莎点点头，说：“确实，这些人比孤儿不幸多了。”

老爷爷问玛莎：“现在，你觉得自己仍然是世界上最不幸的人吗？”玛莎回答：“我可以看见这个美丽的世界，我有父母关心我，我还好好地活在这个世界上，我觉得自己非常幸运。”

玛莎终于开心起来，觉得自己的残疾已经不那么重要了。

成长悟语

你有不幸，但是，你也有幸，你的幸运是别人难以企及的渴望。

对于拥有的，学会去爱；没有的，学会去遗忘。当你想拥有一切的时候，也许会失去所有。而当你心无所求时，会有意外的收获。

打动人的讲演书

亨弗利·戴维是一名成就卓越的化学家，他用电解析出了金属钾、钠、钙、镁，是发现元素最多的英国化学家。但是，在他去世前，当有人向他问起“一生中最伟大的发现是什么”这个问题时，他总是毫不犹豫地回答：“我最伟大的发现是法拉第。”

是的，迈克尔·法拉第，发电机和电动机的发明者，另一个世界闻名的物理学家、化学家，他正是戴维发现的。而且，这个“发现”的过程非常有趣。

法拉第出身于贫困的铁匠家庭，14 岁就成了一家书店的学徒。主要工作是按时把客人租借的报纸送到他们的住所。在工作的空隙中，他自学了书籍装订技术，不断钻研，手艺甚至超过了店里的老师傅。

老师傅看到小徒弟这样能干，非常高兴，热情地鼓励他：“小伙子，好好干。到时候开一个更大的书店，自己做老板多舒服！”

但是法拉第好像并没有把心思放在开店当老板上，他整天泡在书堆里，如饥似渴地阅读《化学漫谈》、《大英百科全书》这些和他的工作、生活并没有多大关系的科学书籍，稍有空闲，又跑去听专家的讲演。本来看好他的老师傅们都叹气，觉得法拉第这辈子是没什么出息了。

有一次，学者塔特姆来讲演。法拉第不惜路途遥远，来来回回跑了十几次，听后还认真地把听课笔记誊抄清楚装订起来。一个偶然的机会，当他把自己装订的《塔特姆自然哲学讲演录》送给塔特姆时，恰好被英国皇家学院的当斯发现，他被法拉第对科学的热爱所感动，当即就给了他四张到皇家学院听课的入场券。

而那一次，正是戴维在皇家学院讲演。戴维前前后后一共讲了四次，加起来也不过四个多小时。而法拉第却整理出了 380 多页的笔记，包括戴维讲过的内容，以及没讲过但涉及的内容。针对一些内容，法拉第还做了自己的补充，并且配了精美的插图，他用自己学到的书籍装订技艺做了一本精美的《亨·戴维爵士讲演录》。后来，他把这本书寄给了戴维，并在附信上说明了自己的境况，而且表达了自己对皇家学院的向往、对科学的热爱。

第一眼看到这本讲演录，戴维就被它精致的装帧所吸引，翻开一看，更加震惊：记录详实有序、补充合适有力、整理一丝不苟、誊抄细致清晰。整本书体现出的有条不紊、严密细致的做事风格，正是科学研究中至关重要的可贵品质。戴维如获至宝，很快就接见了法拉第，并向皇家学院举荐了他。

是的，举世闻名的科学家法拉第打动第一个人生伯乐的并不是他的科学成就或技能，而是一本完全没有自我研究成果的讲演书。

成长悟语

生命中微小的一个环节，就有可能改变你的命运。

谨慎地对待自己的人生，无论此时此刻正在做什么——或许你不喜欢此刻的工作，或许你不乐意现在的生活，或许你厌恶当下的状态。但是，不管怎样，谨慎地、真诚地、发自内心善意地活着，因为你永远不知道你的成功是从哪个环节开始的。

在欣赏中忘却

从前在山中的庙里，有一个小和尚被要求去买食用油。在离开前，庙里的厨师交给他一个大碗，并严厉地警告他说："你一定要小心，千万别把油洒出来。"

小和尚答应后就下山到厨师指定的店里买油。在上山回庙的路上，他想到厨师凶恶的表情及严重的告诫，愈想愈觉得紧张。小和尚小心翼翼地端着装满油的大碗，一步一步地走在山路上，丝毫不敢左顾右盼。

很不幸的是，他在快到庙门口时，由于没有向前看路，结果踩到了一个坑。虽然没有摔跤，可是却洒掉了1/3的油。小和尚非常懊恼，而且紧张得手都开始发抖，无法把碗端稳。终于回到庙里时，碗中的油就只剩一半了。厨师拿到装油的碗时，当然非常生气，他指着小和尚大骂："你这个笨蛋！我不是说要小心吗？为什么还是浪费这么多油？真是气死我了！"

小和尚听了很难过，开始掉眼泪。另外一位老和尚听到了，就跑来问是怎么一回事。了解以后，他就去安抚厨师的情绪，并私下对小和尚说："我再派你去买一次油。这次我要你在回来的途中，多观察你看到的人和事物，并且需要跟我作一个报告。"

小和尚想要推脱这个任务，强调自己油都端不好，根本不可能既要端油，还要看风景、作报告。

不过在老和尚的坚持下，他还是勉强上路了。在回来的途中，小和尚发现其实山路上的风景真是美。远方看得到雄伟的山峰，又有农夫在梯田上耕种。走不久，又看到一群小孩子在路边的空地上玩得很开心，而且还有两位老先生在下棋。

这样边走边看风景，不知不觉就回到庙里了。当小和尚把油交给厨师时，发现碗里的油装得满满的，一点都没有洒。

真正懂得从生活中体验人生乐趣的人，才不会觉得自己的日子充满压力及忧虑。

成长悟语

生活中有逆境也有顺境，无论处在哪种环境，都不能忘记发现生活中美好的一面，因为很多的压力和烦恼都是在欣赏中忘却的。

节约便士，英镑自来

英国女王伊丽莎白二世常常会把这样一句谚语挂在嘴边："节约便士，英镑自来。"据说，她的财产不下25亿英镑。虽然如此富有，女王仍然十分注意节约。

在白金汉宫，照明总是保持在最低限度，供暖也是一样。暖气并非24小时都有，女王还用小电炉作为宽敞的大厅取暖器。客人在来之前也会被告知需带毛衣，还会被告知自带酒去，因为"我们并不是大酒鬼"。

宫中的家具也几乎都是老掉牙，这些家具自从维多利亚女王时代就从未更新。观光的游客看到经过修补的沙发和地毯、已经很不像样的挂毯时，基本上都会流露出惊叹不已的表情。

在生活上，女王一样很节约。她坚持只用一种可以挤到一点也不剩的特制牙膏。平时看到掉在地上的一根绳子或带子，也要捡起来塞进口袋里，她常说，说不定什么时候这些东西就会派上用场。

就算是最喜欢的马，女王也不让它们睡在干草上，而是旧报纸上，原因是干草更贵。

女王对自己要求苛刻，对家人的要求也很严格。对丈夫菲利普的钱包从来都是抠得紧紧的。节日里请宫廷人员在一家豪华旅馆里吃饭时，还自带了一些酒去。

"节约便士，英镑自来"，正是由于女王的坚持，节俭的精神在英国象征最高权力和财富的皇家代代相传。

成长悟语

谁在平日节衣缩食，在穷困时就容易渡过难关；谁在富足时豪华奢侈，在穷困时就会死于饥寒。节俭并不是习性上的吝啬，而是更懂得珍惜每一样东西，哪怕是微不足道的东西。

维修工卡特尔

卡特尔生在一个富裕的家庭，父母都是社会名流。他们生活的街区，都是一些有钱有权者。卡特尔在那个地区是一个有名的异类，那些富人家的孩子，不是出国就是位居要职，可卡特尔只是一个汽车维修工。

卡特尔从小就显得愚笨。别的孩子会计算数学方程式了，他还不会数数；别人能背诵文章了，他还不能把单词认全，等等。但是，卡特尔有一个好妈妈，她在任何时候都鼓励他：你是有潜质的，你会好的。

当然卡特尔也很淘气。他总跟别人打架斗殴，是那一带有名的小混混。为此，爸爸放弃了他，离开了他和妈妈。但是他的妈妈仍然没有放弃他，她的内心觉得卡特尔不是坏孩子，只是缺乏引导，只要自己有耐心，卡特尔会变好的。

卡特尔长大了，面临考大学的问题。而他每次的成绩都是D，他感觉大学无望，第

珍惜不仅给我们提供动力，而且还提供方向。它既让我们知道要做什么，还让我们知道为什么这么做。

一次觉得自己很无能，心情沮丧极了，并且把自己关在屋子里不吃不喝。妈妈看在眼里，她知道，卡特尔是有才能的，只是显示在别的方面罢了。

妈妈摆出了一些卡特尔制造出的东西：一个遥控的台灯、一个自动洗碗机、一个自动汽车模型，等等。她还说，邻居们都觉得卡特尔是个维修天才，因为他们的车，不管出现什么故障，在卡特尔的修理下，很快就恢复运转。

之后，卡特尔并没有上大学，而是去一个维修店工作，他被那里的人称为“汽车天才”，专“治”汽车的各种疑难杂症。现在，卡特尔经营着自己的汽车维修店，工作得心应手，生活充实。

成长悟语

有一句谚语：“上帝为每一只笨鸟都准备了一个矮树枝。”如果你恰好是那只笨鸟，那么你不要为此感到伤心，因为你总会遇到一个给你送来矮树枝的人。那个人不是上帝，而是始终爱着你的那个人。

珍惜那个珍惜你的人。

国王的一个问题

从前，有个年轻的国王，他喜欢思考各种各样的问题。

有一次，他突然想到了这样一个问题：“人的一生中，什么时候才是最重要的呢？什么人又是最重要的呢？”他想了很多答案，但是最后都被自己否定了。

于是，他拿这个问题去问身边的大臣。大臣们众说纷纭，但是没有一个人的答案能够让国王满意。

这个时候，一个大臣告诉他，在森林里隐居着一个世界上最聪明的智者，他一定知道正确的答案。

国王于是就打扮成一个普通的商人去寻找这个智者。当国王来到那座森林的时候，他看见了智者，他此刻正在院子中间搭着梯子摘树上熟透了的苹果。

国王上前问道：“我听别人说你是这个世界上最聪明的人，很多别人不知道答案的问题，你都能轻易解答。你能告诉我，什么时间是我一生中最重要的时间、什么人又是我生命中最重要的人吗？”

智者没有立马回答国王的问题，只是将刚才摘下来的苹果递过去，说道：“这几天你可以帮我干些活，你可以帮我整理一下苹果。你可以挑一个尝尝味道，很甜很脆，你肯定会爱吃的。如果你喜欢吃，可以在这里住几天，每天都尝上几个。”

接下来的几天，国王跟智者一起生活，虽然吃的用的都没有皇宫里的精致奢华，但细细品味起来确实别有一番乐趣，国王过得很开心。可是，智者一直没有回答他当初提的问题，这让他很生气。

这天，国王终于忍不住了，气愤地对智者说：“你真是一个可恶的骗子，我给你干了这么多天的活，当初的问题，你还是没有给我答案！”

智者笑了笑，心平气和地说：“你提出的问题，我早就告诉你答案了，只是你一直没有明白而已。”

国王疑惑不解地问道：“答案是什么啊？”

“你来的时候，我欢迎了你，还拿我亲自种的苹果让你品尝，并让你在我家住几天，体验不同于你以往生活的乐趣。答案不就在这里面吗？我们一生中会有很多重要的人，但最重要的那个是在你身边的人，因为你们彼此共享着生活。而人一生中最重要的时间莫过于现在了。因为过去的已经过去了，而将来的还没有到来。难道不是吗？”

成长悟语

你所浪费的今天，是昨天逝去的人奢望的明天。你所厌恶的现在，是未来的你回不去的曾经。世间最珍贵的不是未得到的和已失去的，而是已拥有的。

一个愿望

上帝挑选了一个幸运儿，对这个人说可以实现他一个愿望，但仅一个。

这个人非常高兴，但是一时间他实在不知道自己心中最大的愿望是什么，是金钱、美女、权力、智慧，还是其他……

上帝看着这个支支吾吾说不出话的年轻人，无奈地对他说：“年轻人，我只给你 5 分钟的时间，你最好快一点，否则我就要离开了。”

年轻人更加紧张害怕失去这个机会，他刚要说出一个愿望，又想起另一个。

就这样，一分钟过去了，年轻人说出的第一句话竟然是：“我会因为自己的愿望而后悔吗？”上帝被这句话问得一愣，然后无奈地说道：“应该会吧，因为很多人都是得到后，又感觉那并不是自己想要的。有些人选择了智慧，就会感觉自己孤独；有些人选择了金钱，就要面对财富的困扰；有些人选择了美女，就会给自己很大的压力；有些人选择权力，就必须学会尔虞我诈……来吧，说出你的愿望吧，还剩一分钟了，说出你这一生最想得到的东西就可以了。”

年轻人听了上帝的话，更加犹豫不决，他不停地权衡自己心里想要的一切，而眼前所有的渴望席卷而来……最后的 5 秒钟，年轻人刚想要说出自己的愿望，却发现剩下的时间根本不够。上帝走了，无论年轻人怎么呼喊再也看不到上帝的身影。

5分钟，这个年轻人居然没有向上帝许下一个愿望。

成长悟语

机会转瞬即逝，必须当机立断，不然就永远失去了。

要想成功，就必须抓住机会，而把握机会的秘诀则是充分地准备与快速地行动。如果人生是一次旅程，机会是导游，我们就是旅客，必须随时准备好行李，一旦机会敲门，立即提起行李跟它走。

最难到达的地方

上帝拿出一袋“快乐”的种子，然后对面前三个天使说：“为了让人们珍惜快乐，你们要选择人们最难以到达的地方把种子藏起来，这样人们找到它后才会珍惜。谁藏的地方最难到达，我就让他做幸福之神。”

很快，一个天使把手中快乐的种子藏好回来了，这个天使浑身都湿透了，他对上帝说：“尊敬的上帝，我把快乐的种子放在大海的最深处，让那些寻找快乐的人，经过惊涛骇浪的考验后，才能找到它，相信人们会倍加珍惜。”上帝听后笑了笑，没有给予回答。

紧接着第二个天使回来了，这个天使的头上还有未化的雪花，他向上帝说道：“敬爱的上帝，我把您给我的种子藏在了高山之上，人们需要艰难的跋涉才能到山顶获得种子，相信他们会倍加珍惜。”同样地，上帝笑笑也没有给予任何回答。

等了好久，第三个天使才回到天堂，他对上帝说：“亲爱的上帝，我到人间走了一圈，发现人们的眼光总是在外界，再难到达的地方都有勇敢的人能够留下脚印，但是，人们反而不了解自己心里到底想要的是什么，所以我把种子放到了人们的心底……”

最后一个天使成了主宰幸福的神。

成长悟语

有很多人一生的努力，不过只为了周遭人对自己满意而已。为了博得他人的称许与微笑，他们战战兢兢地将自己套入种种模式、种种桎梏。走到途中才发现，自己只剩下一副模糊的面孔和一条不归的路。

老人们的临终遗言

年轻的临终关怀护士弗兰克，今天又坐在窗前的阳光下，倾听临终老人们的最后遗言，这位老人过后，他就倾听了1000个人了。而弗兰克也从这些老人的遗言中懂得了很多东西。

莎拉老人：没有做自己想做的事。

人这一辈子，太短了。年轻的时候，莎拉想成为一个画家，可是她的家族是当时的望族，不允许她放任自己的想法，只有走上仕途。

进入官场后，她又总是觉得自己的地位太低，只一心想往上爬。

其实，她的内心一直希望做一个游荡的画家，可惜，总是身不由己。

现在，她要走了，也没能画出一幅像样的画，真是遗憾。

薇薇安老人：没有实现梦想。

薇薇安在生命的尽头回首时，发现有好多梦想没有实现。

真正后悔的事情，并不是梦想没有实现，而是责怪自己没能尽全力去实现梦想。

之前她做事，遇到困难，习惯退缩，觉得再干另一件是否能够容易点，这样的事多了，梦想就很遥远了。

卡尔老人：做过对不起良心的事。

卡尔是一个警察，他在一次抓捕小偷的行动中，失手打死了那个人，可是卡尔没有承认自己的过错，只是说小偷用刀子威胁他，他才不得不开枪。

这件事在他心里，使得他一辈子不得安生，他说，如果当时主动接受惩罚，那么现在自己的良心就安宁了。

人一生不可能不走错路，可是，只要做过对不起良心的事，就会在内心留下伤痕。与其背着负罪感生活，不如放下包袱往前看。

凯里老人：没有尽力帮助过别人。

凯里一次开车出门，发现一个老人倒在路边，腿部流血，很可能是被别的车撞伤的，于是他想停下来看看他的情况，需要的话，可以把他送去医院。

但是他转念一想，这个老人要是一口咬定是自己撞伤他的，自己岂不是百口莫辩。

他慢慢地开车走了，路上叫了救护车，说了老人的具体位置，让他们去搭救。

但是，凯里内心很是愧疚，他没有尽力去救那个老人，这是他藏在心中一辈子的痛楚。现在，他仿佛看见自己躺在那里，没人救自己。

弗朗西斯老人：没有回故乡。

弗朗西斯很小的时候，就离开了家乡墨西哥，到美国打拼。几十年下来，也小有成就。

他时常想着要回家乡看看，但是总是被各种事情牵绊，没能成行。

每当午夜梦回的时候，家乡的一切还是童年时候那样的熟悉。现在好了，他就要回到家乡了——他告诉儿女要回去埋葬在父母身边。

其实，家乡，这个让他无法割舍的地方，也是他灵魂的一个居所。

大卫老人：大部分时间都用来工作。

老人有六个儿女，所以他一生似乎都在为了养育子女打拼。孩子小的时候，他就想，等孩子们大了，我就好好闲下来，在家多陪陪他们。

通往未来的路永远不在未来，而在当下。

但是，孩子大了，工作已经成了习惯，闲不下来了。现在，生命的终点到了，他觉得自己终于可以闲下来了，但再也不能陪在家人身边了。

在这个逐利的社会，工作、金钱、权势不能保证幸福，很多人到老才后悔，那么好的青春，怎么都奉献给工作了呢？我们应该多陪陪家人，多聆听大自然，生命才有意义。

听完老人们的临终遗言，弗兰克把这些都一一记录了下来，他打算把1000名临终遗言公布于众，让那些活着的人珍视自己的生命。

成长悟语

我们走过一段人生路，每次回眸的时候，都会发现许多遗憾。我们会说："我们当初要是……现在就会变得更好了！"我们有许多的梦想没有实现，许多的事始终没有去做，趁在还活着的时候，努力朝着那个方向走吧，不要给人生留下这些遗憾，认真地、努力地活！

不要太在乎别人对你的看法

一大清早，鹤就拿起针线，它要给自己的白裙子上绣一朵花，以显出自己的娇艳美丽，它绣得很专注。可是刚绣了几针，孔雀探过来问她："你绣的是什么花呀？""我绣的是桃花，这样能显出我的娇媚。"鹤羞涩地一笑。"干吗要绣桃花呢？桃花是易落的花，还是绣朵月月红吧。"鹤听了孔雀姐姐的话觉得有理，便把绣好的部分拆了改绣月月红。

正绣得入神时，只听锦鸡在耳边说道："鹤姐，月月红花瓣太少了，显得有些单调，我看还是绣朵大牡丹吧，牡丹是富贵花呀，显得雍容华贵！"

鹤觉得锦鸡说得对，便又把绣好的月月红拆了，重新开始绣起牡丹来。绣了一半，画眉飞过来，在头上惊叫道："鹤姐姐，你爱在水塘里栖息，应该绣荷花才是，为什么要去绣牡丹呢？这跟你的习性太不协调了，荷花是多么清淡素雅啊！"鹤听了，觉得也是，便把牡丹拆了改绣荷花……

每当鹤快绣好一朵花时，总有人提出不同的建议。她只得绣了拆，拆了绣，直到现在白裙子上还是没有绣上任何花朵。

成长悟语

人的一生处处面临着各种各样的选择。如果将人生一分为二，那么前半生我们应该选择让自己不犹豫，后半生要选择让自己不后悔。

等待上帝救援的神父

一个小村落，因为下雨而引发了一场大洪水。

洪水开始淹没全村。一位神父在教堂里祈祷，眼看洪水已经淹到他跪着的膝盖了。

一个救生员驾着舢板来到教堂，跟神父说：“尊敬的神父，我是来救你的。”

神父说：“不，我相信上帝会救我的，你先去救别人好了。”

过了不久，洪水已经淹过神父的胸口了，他只好勉强站在祭坛上。

这时，又有一个警察开着快艇过来，他跟神父说：“神父，快上来！不然你真的会被洪水淹死的！”

神父说：“不！我要守着我的教堂，我相信我的上帝一定会来救我的。你还是先去救别人好了！”

又过了一会儿，洪水已经把教堂整个淹没了，神父只好紧紧抓着教堂顶端的十字架。

一架直升机缓缓飞过来，丢下绳梯之后，飞行员大叫：“神父，快上来，这是最后的机会了，我们不想看到洪水把你淹死！”

神父还是意志坚定地说：“不，我要守着教堂！上帝会来救我的！你赶快先去救别人，上帝会与我同在的！”

洪水滚滚而来，神父被淹死了。

神父上了天堂后，见到上帝，他很生气地质问：“主啊，我终生奉献自己，战战兢兢地侍奉您，为什么您不肯救我！”

上帝说：“我的孩子，第一次，我派了舢板去找你，你不要，我以为你担心舢板危险；

“第二次，又派了一艘快艇去，你还是不上船；

“第三次，我以国宾的礼仪待你，再派一架直升机去救你，结果你还是不愿意接受。

“所以，我以为你是急着想要回到我身边来，可以好好陪我。”

成长悟语

有些人总是抱怨不公，觉得自己是全天下最不幸的人。其实，上天对每个人都是一样的，只是他们没有意识到，不懂得去把握而已。

乔治的三个愿望

乔治是纽约证券公司的一个普通期货交易员，每天超负荷的工作让乔治筋疲力尽。要是一辈子都不需要工作就好了，这句话估计是乔治每天想得最多的一句，甚至乔治在每天睡觉前都会向上帝祈祷，让自己告别这累人的工作。

又度过了漫长的一天，乔治累极了。当他回到家看到自己温暖而舒适的床时，倒头就睡着了，在梦里乔治遇见了上帝，上帝对乔治说：“鉴于你每天虔诚的祈祷，我可以满足你三个愿望。”

乔治心中大喜，立刻许下了第一个愿望：我要做一个有钱人。

话音刚落，他就置身于一座豪华别墅的大厅里，大厅金碧辉煌，桌子上还放满了金银财宝。

接着乔治马上又向上帝许下第二个愿望：希望自己有一个年轻漂亮的妻子，霎时间，乔治就站在了红毯上，红毯的那头是等待新郎的美丽女人，红毯周围站满了羡慕和赞叹的人们。

这时，乔治简直兴奋到了极点，他说出了第三个愿望，也就是每天他都祈祷的愿望：我希望自己永远都不用工作。

上帝点了点头，可是就在这一瞬间乔治却回到了上班的交易所。这变化来得太快，乔治惊慌不已，他奇怪地叫道："这是为什么？我的上帝，你是不是弄错了？"

上帝的声音从天边遥遥地传了过来："工作是我给你最大的祝福。想一想，如果你整天无所事事，那是多么可怕的一件事！只有投入工作，你才有生命的活力。现在你把我给你的最大恩赐放弃了，当然就一无所有了！"

成长悟语

工作是上天对我们最好的恩赐。

世界上最美好的东西都是由劳动——由人灵巧的双手创造出来的。工作为我们提供了稳定的薪水，解决了我们的衣、食、住、行等需要，使我们有了稳定的生活，由此我们的心才安定了下来。

第三十四辑

坚强：也许你不优秀，但你得自己走

半粒豌豆也有春天

父亲把豌豆种子撒在了地里。

小女孩注视着父亲撒在地上的种子，惊讶地说："爸爸，你看这里面有几颗种子是半粒的，肯定不能发芽了，你把它们挑出来扔掉吧！"

父亲弯腰把那几颗半粒的种子挑出来，并种在了花盆中。小女孩不解，问："它们都残损了，不会发芽了，你为什么还要把它们种上？"

父亲微笑着说："看看会不会有奇迹发生吧！"

在这之后，小女孩天天去查看豌豆的发芽情况。一天，她惊喜地发现，地里的豌豆发芽了，稚嫩的小叶子在风中颤动着。可是，那盆里的半粒豌豆一点也没有发芽的迹象。她觉得，肯定不会发芽了，跟自己预想的一样，残损的种子怎么会发芽？可是，不几天，那花盆里的豌豆也抽出了嫩叶，叶子一点点长大……日复一日，花盆里已经绿油油的一片，长势丝毫不比地里的豌豆差。

小女孩不理解，残损的种子怎么能发芽、长大。一个傍晚，她和父亲坐在屋檐下，父亲对她说了一句话："只要精心呵护，残损的豌豆一样有春天，你也一样，只要不放弃自己的梦想，也可以有你的春天。"

小女孩从此变得积极进取起来。她开始与自己的命运做斗争，之前，她在做脚踝手术时，神经受到损伤，导致右膝受伤、左腿瘫痪。她以为自己的一生没有希望了，如同那颗残损的种子一样，不会发芽了，可是奇迹发生了，她觉得自己的人生也会出现奇迹。

她对生活重新充满了希望，积极地参加康复训练。两年后，她参加了残疾人自行车比赛，并获得冠军。可是，她并没有满足，而且继续向着自己的梦想进发。现实是残酷的，一场突如其来的车祸，导致她下半身完全瘫痪了。这时，她又想起了那半粒种子，继续与命运抗争。

在一次训练中，她被一名选手从背后撞倒，她不得不再一次接受治疗。可是，奇迹出现了，她的腿部居然有了知觉和刺痛，并能轻微活动，没多久，双腿居然可以移动行走了。

这个小女孩就是莫尼克·范德沃斯特，荷兰传奇式的自行车运动员，她为自己赢得了春天。

成长悟语

人世间有许多奇迹，而奇迹只出现在相信它的人眼中，它建立在我们的无所畏惧中，它出现在我们充满信仰和意志的时候。

被忽视的辣椒

一个农夫买了一些辣椒种子，把它们种在了自家屋后的地里。其中有一粒种子被种在了靠近墙角的地方。这里几乎见不到阳光，农夫每次浇水的时候都是最后浇这里，有时甚至忘记浇这粒种子。

慢慢地，种子都发芽了，由于这里太偏僻，这颗种子发芽后就尽量朝着阳光的方向生长，根也扎得更深一些，希望能吸取更多的水分。农夫每天都会来照看这些辣椒，给它们去虫子，整理叶子，有时甚至会对它们说话。但农夫似乎并不喜欢墙角的这棵辣椒，只是偶尔看它几眼就去照顾别的辣椒了。对此，墙角的小辣椒非常伤心，不过也正因为这样，它把其他辣椒用来聊天的时间全都用在吸收大自然的养料上——它每天所做的工作就是尽量大面积地被太阳照到。

一天晚上，下了好大的雨，农夫来到屋后发现不少辣椒都被雨淋倒了，叶子都陷在泥里，有一棵甚至被连根拔起。农夫细心地把小苗扶正，重新填好土——当然还是不包括墙角那棵。不过它也不用照料，因为雨根本没对它造成什么伤害。长期以来的忽视使它变得更加坚强，任凭农夫怎么不管它，它仍然自顾自地生长着。

过了几个月，辣椒成熟了，到了采摘的季节。这时，农夫才第一次正眼看了这棵从来不被重视的辣椒。农夫端详了它好久，轻轻地把辣椒摘了下来，放在一旁。其他辣椒也陆陆续续地被摘了下来。不同的是，其他辣椒都被剁碎做了菜，而这个一直被忽视的辣椒却被保存了下来，它将成为明年的种子。

这时，一直因为自己不被重视而伤心的小辣椒才明白农夫不照顾它的原因。

成长悟语

我们没有必要杞人忧天地担忧自己不被重视。

别人的不关注，并不代表不重视，有时候，那恰恰是过于重视的证明。真正的爱，是给你一个自由和坚强成长的环境和机会，而不是小心翼翼地照看一辈子。

尽力做好自己的事情

伯特出生在贫民区，他没钱上大学。为了生活下去，19岁的时候，他就出去找工作赚钱了。

伯特到码头当了一个搬运工。搬运工的工作很辛苦，但是伯特不但比别人搬得多，而且他每次搬货物的时候，都在背上搭上一块篷布。

老板知道了这件事，问他：“你为什么要在背上搭上一块篷布？”

伯特说："我怕身上的汗把货物弄脏了！"

老板听了伯特的话，觉得他是一个认真负责的人，于是就让他做了一个部门的经理。

伯特做了经理，觉得需要招聘几个仓库的管理人员。贫民区的一些朋友就来找他，想做这份工作。

可是伯特拒绝了，他觉得那些朋友不能胜任这份工作。朋友们很生气，觉得他现在发达了，就嫌弃自己的朋友了。

伯特说："我没有嫌弃任何人，我只是做好自己的事情罢了！"

伯特招聘了几个上过大学的年轻人，当然他们的能力足够胜任管理人员的职务。

可是不久，这些受过高等教育的人，知道伯特没有文化，还成了他们的上司，于是很不服气。

伯特知道了这件事，找他们谈话说："既然你们到这里工作，就尽力把工作做好吧。只要你们做得比我好，我愿意把经理这个位子让给你们。"之后，这些年轻人坚守自己的岗位，再也没什么别的想法。

一次，伯特代表公司与客户谈业务，客户觉得伯特没上过大学，有点瞧不起伯特。伯特没有生气，反而更加卖力地介绍自己公司的业务情况，对待这个客户也更加尊重。这个客户最终被打动了，与伯特签订了合作的意向书。

事后，这个客户问伯特，自己那么对他，他怎么还那么诚恳地对待自己。伯特说："我只是尽力做好我的事情而已。"

成长悟语

不要随意地让自己经历悔恨、遗憾、退缩、怯懦，也不要随意地跟自己妥协。缺陷并不能成为主导我们的力量，最关键的是我们采取怎样的态度和方式。命运总是会给我们这样的暗示：做好自己该做的事情，才能做好自己想做的事情。

想长大的小南瓜

实验人员为了测验南瓜的承压力，在实验田中选中了一个小南瓜，最初的时候，这个小南瓜被估计最多能够承受400磅的压力。

被铁圈箍住的小南瓜难过极了，"我又没有做错事，为什么他们要这么对我呢？"铁圈让小南瓜难受极了，因为每一点成长都让小南瓜感到无比疼痛。尽管如此，小南瓜还是想："我不能因此就放弃长大，我要长大！"就这样想着，小南瓜不顾全身的疼痛，努力地将自己的根往土地里伸展，汲取养分……

就这样，一个月过去了，实验人员检测发现，这个南瓜已经承受了400磅的压力；试验人员想这个小南瓜应该不会再长了吧；但当第二个月过去时，南瓜承受了1000磅的压力。当它承受了2100磅的压力时，研究人员开始对铁圈进行加固，以免南瓜将铁圈撑开。

后来，小南瓜终于长成了大南瓜。研究人员在测量的时候整个南瓜承受了超过4000磅的压力。

研究人员取下铁圈，费了很大的力气才打开了南瓜。由于试图冲破重重铁圈的压力，南瓜中间充满了坚韧、牢固的纤维。为了吸收充足的养分，以便提供向外膨胀的力量，南瓜的根系总长甚至超过了8万英尺，所有的根不断地往各个方向伸展，几乎穿透了整个实验田的每一寸土壤。

成长悟语

南瓜因为外界的压力而变得更加茁壮，我们也可以如此。

许多时候，我们夸大了那些强加在我们身上压力。生命能够承受的压力，远远超出了我们的想象。所以，不是你不够坚强，而是你还没有意识到自己原来可以坚强。

只有一只手的油漆匠

詹姆斯原本在一家汽车公司上班。但由于一次机器故障，他的左眼不幸受损，最后医生不得不摘除了他的左眼球。

原本十分乐观的詹姆斯现在却变成了一个沉默寡言的人。他现在很少出去，因为他害怕别人用异样的眼光看他。也因为这个原因，他一再延长自己的假期，这样一来，家庭的重担就落在了妻子玛丽的身上。玛丽深爱着丈夫，她多么盼望丈夫早日走出阴影，她深信这只是时间问题。

一个早晨，当詹姆斯问玛丽在院子里踢球的那个人是谁时，玛丽惊讶极了，他看了看正在踢球的儿子，心头一阵酸涩，要是在以前，儿子即使到更远的地方，詹姆斯也是能看见的！很不幸，詹姆斯另一只眼睛的视力也受到了影响。明白了这一点，玛丽什么也没有说，只是走近丈夫，轻轻抱住他的头。看到玛丽这样，詹姆斯轻轻地说："亲爱的，我明白了，以后可能会更严重，我已经意识到了。"

玛丽的泪不知不觉流了下来。詹姆斯知道自己要失明后，反而镇静多了，连玛丽也感到奇怪。

世上的很多不可能都是一种考验人生的表象，只有坚强地尝试才能不断地改变它。

知道詹姆斯能见到光明的日子不多后，玛丽总想为丈夫留下点什么。但她到底能做什么呢？她想自己能做的也就是让丈夫在失明前看到自己的家温馨美好，自己和孩子能够快乐。于是她每天把自己和儿子打扮得漂漂亮亮的，在詹姆斯面前，不论她心里多么悲伤，她总是努力微笑。她想自己一定要让丈夫在失明前看到最美的东西。

第二天，家里来了一个油漆

匠，玛丽想把家具和墙壁粉刷一遍。

油漆匠是一个快乐的小伙子，干起活来很认真，在他工作的这一个星期里，詹姆斯的家里时常洋溢着欢乐的口哨声，詹姆斯也受到了这种愉悦氛围的影响，这一周他的状态都不错。当油漆匠终于把所有的家具和墙壁刷好时他也知道了詹姆斯的情况。

“对不起，我干得很慢。”油漆匠对詹姆斯说。

“你每天的好心情，也让我感到很高兴。”詹姆斯回答道。

算工钱的时候，油漆匠少算了100美元。

玛丽和詹姆斯说：“你少算了工钱。”

油漆匠说：“这些已经够了，你在快失明的情况下还能保持这么乐观的心态，让我明白了勇气的意义。”

詹姆斯坚持让油漆匠再多拿100美元，他说：“你也让我明白了即使一个人身体上有残疾，仍然可以自食其力、快乐地生活。”

原来，油漆匠只有一只手。

成长悟语

人生没有承受不了的事，关键的是我们的态度。以消极的态度面对明天，明天就不会晴朗；以积极的态度面对明天，明天一定会风和日丽。

虽然我们无法改变人生，但我们可以改变人生观；我们无法改变环境，但我们可以改变心境；我们无法调整环境来完全适应自己的生活，但我们可以调整态度来适应一切环境。

天鹅之死

一只小鸭在鸭场破壳而出，那些唧唧喳喳的鸭妈妈们一眼就发现，这只小鸭很特别。它又高又壮，肯定是一只品种优良的鸭子。

很多鸭子羡慕它，围着它夸赞说：“你看它的翅膀多么宽阔，兴许能像鸟儿那样飞翔！”另一只鸭子说：“你看那红润的脚掌，像小船的摆子，划起水来，肯定很有劲！”还有的鸭子说：“你看那厚厚的羽毛，是多么的白啊！”……

这只小鸭听见别的鸭子的夸赞，渐渐地骄傲起来，它觉得自己就是世界上最美丽的动物。于是它在鸭场成了明星，一天到晚什么也不做，只知道到处炫耀自己的美丽。

一天，一群天鹅从鸭场飞过，鸭子们议论纷纷，觉得那些鸟儿真美啊！雪白的羽毛，优美修长的脖颈，简直就是美的化身。这只小鸭也觉得这些鸟儿比自己美多了，它第一次觉得自己很丑。

从此之后，这只小鸭变得很自卑，它走路都把头埋在胸前，不敢看别的鸭子。它整天闷闷不乐，最终在一个冬天的早晨，它逃出了鸭场，独自去了野外。它似乎觉得别的鸭子都在嘲笑它。其实，别的鸭子还是觉得它比其他的鸭子都美，可是它再也不相信了，只好逃走。

秋天过去了，这只小鸭在不知不觉中长大了，它长成了一只白天鹅，美丽极了。原来，它本来就是一只天鹅。可是它觉得自己丑极了，始终不敢看自己水中美丽的倒影。

冬天又来了，湖面冷极了，它的身边没有别的鸭子依偎，就只能自己飘在湖面上，瑟瑟发抖。

春天来临了，一只美丽的白天鹅被冻死在湖面上。

成长悟语

当我们觉得自己已经跌入人生低谷的时候，当我们认为自己并不是想象中那么优秀的时候，当我们感知不到自己的美好的时候，我们要学会告诉自己：坚强并快乐地活下去。

坚强是绝对因素，但是做到“快乐”却很难，那么退而求其次，我们起码要做到平静——平静地对待别人的评价，平静地处理自己的感受，平静地过好此刻的生活。然后，在平静后，逐渐感知快乐。

卡笛鸟的叫声

在一些原始森林中峡谷的两侧，通常会有许多生命顽强的树木从峡谷壁上长出，它们悬在半空中。这些悬在半空的树上常常聚集着一种鸟，它的名字叫作卡笛鸟。每当夜幕降临的时候，卡笛鸟总是喜欢栖息在这些悬在半空的树上，而且每棵树上总会挤很多。

当地人捕捉卡笛鸟的方法很特别，只要人们拿一块石头打到树上，挤在树上的卡笛鸟就会被击落，人们总会捉到一定数量的卡笛鸟。事实上，当卡笛鸟被击中后，跌下的是几十米深的谷底，谷底长满了灌木丛，由于晚上天黑，投石的人就算是拿着火把也很难找到！可为什么当地人还是能捉到卡笛鸟呢？

关于这个问题，当地人这样解释：卡笛鸟有一个致命的弱点，当它们被击中后掉进山谷，会大声地在原地鸣叫，投石者就是根据卡笛鸟的叫声，在黑暗里循着叫声找到的。

有一位鸟类爱好者并不相信这一解释，他决定前去探个究竟。当他在观察被捉的卡笛鸟时，又发现了一个惊天的秘密——这些被捉的卡笛鸟竟然全是雌鸟，在黑夜里，投石者不可能专挑雌鸟投击，因为投石者在黑夜里根本无法分辨雌鸟还是雄鸟。所以说，在那些被击落的卡笛鸟里肯定会有雄鸟！雄鸟到底去哪儿了呢？

这位鸟类爱好者又对此进行了深入的调查和研究，功夫不负有心人，他很快解开了这个秘密。原来，雄鸟与雌鸟同时被击落时反应并不相同，当雄鸟被石头击中落地后，它会努力挣扎着起身飞走，就算伤得太重飞不起来了，它也会挣扎着艰难地钻进灌木。而雌鸟只会大声地在原地鸣叫。这就是为什么人们捉到的卡笛鸟总是雌鸟而不是雄鸟。

成长悟语

当我们被灾难或困难击中的时候，首先要坚强地站起来，而不是一味地伤心、哭泣或是呻吟。

就是不跟死神走

罗伯特患上了血癌，对于正值壮年的他来说，这无疑是一个沉重的打击。

但罗伯特面对死神并没有退缩，他还戏谑地跟家人以及朋友说："我就是忍着不死，死神也不能夺走我的生命！"之后，他积极接受治疗，哪怕那个过程是多么的痛苦和煎熬，他都始终面带着微笑，并与给自己治疗的医生和护士开玩笑说："看吧！死神这次又失望了，我就是不跟他走。"

不需要治疗时，他也懂得享受生活，毕竟每天对他来说，都是弥足珍贵。他早上会去家后面的林子走走，脚下踩着落叶，看着初升的太阳，他觉得生活是那么美好，自己的病痛不算什么，至少今天能幸福地生活着，而明天的太阳也会很绚烂。

剩下的日子越来越少，他的身体也逐渐虚弱，于是他坐着轮椅，让家人推着去了孤儿院。他把自己大部分的积蓄捐给了这些可怜的孩子，希望他们得到一个好的成长环境。朋友劝他多留下一部分，毕竟自己的病还要花很多钱。他幽默地回答："看着这些孩子能够开心、健康地成长，我都不舍得死，这比治疗更有效。"

他虽然天天抱着"忍着不死"的信念与死神抗争，但是他也知道，总有一天会死去的。他找来自己的律师，立下遗嘱："如果我不幸不能再见到明天的太阳，请将我的眼角膜捐献出去，这样我的眼睛就还活在世间，替我看着阳光，就如同我还在一样。"

成长悟语

美国现实主义作家杰克·伦敦说："一个人来到这个世上本就是一件很艰难的事情，无论如何不能对不起生命。"生命对于我们来说只有一次，所以我们要对得起这不能再回来的生命，对得起自己，对得起赋予我们生命的父母，对得起始终爱我们的人。

没有痛苦，哪来自由

医生阿萨姆在印度领养了孤儿玛雅，玛雅是一个麻风病患者，几年过去了，他基本上已经痊愈了。唯一的遗憾就是，他的疼痛中枢神经已经被破坏了，没法完全治愈，现在的他完全感知不到疼痛。

玛雅没有什么朋友，这对一个12岁的孩子来说，是很痛苦的事。这个夏天，他跟着医生来到索马里，在那里他结识了几个小伙伴，但他每次都是远远地看着他们玩足球，自己只能干坐着，因为医生告诉他，不能玩激烈的游戏，不能受伤。

这天，这几个小伙伴来邀请他下午一起去踢足球，他很想去。于是，他回去征求医生的意见，医生刚开始想回绝他，但看到他渴望的眼神，还是答应了。

去之前，医生交代了很多相关事宜，怎么做防止受伤、流血了怎么办，要及时查看自己是否受伤，这是得到及时救治的唯一方法。玛雅高兴地去了，他玩得很尽兴，毕竟这些年他第一次有了朋友。

晚上，玛雅回来了，腿部流血不止，膝盖也骨折了。这次的运动让玛雅几个月都没恢复过来，医生出于安全考虑，没有再让他做激烈的运动，要是出现更大的意外，那就麻烦了。

玛雅忍不住失声痛哭。因为没有感知痛苦的知觉，他最渴望的自由被剥夺了。

成长悟语

没有痛苦，就无法知道危险的存在；没有进退的尺度，就无法判断对错；无法保护自己，就永远处在惶恐之中，哪还有什么自由。

优点是靠自己发现的

今天的太阳真好！动物们坐在草地上聊天。

狗熊挪了一下笨拙的身子说："说实在的，我真羡慕小兔子那么灵活，跑起来像一阵风！"

兔子不好意思了，说："我真羡慕小刺猬，长着一身刺，谁也不敢欺侮它。"

小刺猬没想到有人会称赞它，高兴地说："我真羡慕长颈鹿，它能站得那么高，看得那么远，我可不行。"

长颈鹿说："我真羡慕小猴子，它能爬得像我一样高，但也能到地面上喝水、采草莓，我可办不到。"

小猴子抓抓后脑勺说："我真羡慕梅花鹿，它能在草地上跑得飞快，我不行。"

梅花鹿的胆子很小，听到这话脸都羞红了。它说："我真羡慕、羡慕狗熊大伯，它胆子大，力气也大，碰到小树、枯枝挡路，它一巴掌就能把树劈倒。"

狗熊听了这话笑了，它说："看来，生活不是十全十美的，我们都爱羡慕别人，但是我们也有被别人羡慕的地方。所以我们应该珍爱自己，为自己自豪……"

成长悟语

别人的光芒对于你来说，或许是衬托，或许是掩盖，但是只要你自己加足灯油，又有谁可以忽视你的光辉呢？你光辉的强弱不并由另一盏等来决定，而是由自己来决定。

黑板上的人体图

教室的黑板上，一直画着一幅人体图。图上用红笔鲜明地标示人体主要骨骼和肌肉的名称与位置。

在整个学期里，它一直在那里。教室里学生上课、下课，很少有人注意它的存在，只觉得那似乎是一个摆设罢了。

很快，学期末到了，生理课考试的试卷上，鲜明地画着这幅人体图，题目要求是：请仔细地标示出人体主要骨骼和肌肉的名称与位置。学生们傻眼了，几乎都不会做，于是找老师理论这件事。

其中一个学生说："这不合理，我们根本没学过人体图，老师也没让我们学过人体图，怎么能出这样的题目呢？"

"那不是理由，"老师说，"那些内容在黑板上待了几个月。"

学生们没办法，他们不能挂掉这一科目，如果挂掉了，还得重修，于是都苦苦思索，是否能想起什么。

最后，老师将他们的试卷收了上去，撕碎了。

"记住，"他告诉学生们，"学习不只是学别人教给你的东西。"

学生们当时就被这句话深深地震撼了。

成长悟语

我们没有能力，就抱怨当时没有遇到好的老师；我们没有好的职业，就抱怨没有遇到好的上司；我们没有成功，就抱怨没有遇到好的机遇。老师、上司、机遇只是我们人生的引路人，主要还是靠自己努力。

面具下的小丑

马戏团的小丑大多穿着怪异的衣服，画着滑稽的妆容。他们在台上丑态百出，在观众的哄笑中卖力表演。

然而，有这样一幅照片，拍摄的是一个坐在台下休息的小丑。他摘掉假发，露出灰白斑驳的头顶，很浓的妆容也没能遮住他眼角的皱纹，虽然他的嘴角画成向上的弧线，但仍然可以看到，他的嘴角是下垂的。他手里拿着一支香烟，疲惫而落寞地吸着。

很多时候我们就像这个小丑，在他人注目的舞台上奋力表演。不管我们多么疲惫、多么伤心，都不得不摆出一张大大的笑脸讨好观众。我们滑稽，甚至不惜自嘲，只是为了在他人的愉悦中挣一口饭吃。我们只是为了生存。

然而，演出仍需继续，在台下短暂的休息之后，我们还要画着笑脸继续演出。世界就是舞台，生活就是观众，我们唯一能做的就是奋力演出。不过，在下场休息的时候，我们也能相互关心一下，体恤小丑面具下真正的心情。

成长悟语

你看不见别人的眼泪，是因为他总是在你离开之后哭泣。

所以，有一种生存叫顽强，有一种顽强叫强颜欢笑，有一种强颜欢笑叫忍耐，有一种忍耐叫"我不会流泪，在我还能咬牙坚持"。

照亮美国的蜡烛

埃利斯·塔克在很小的时候就失去了父亲，父亲死于矿难。母亲没有再婚，独自抚养塔克，生活非常艰难。镇子挨着矿山，镇上许多人都在矿山上工作。

塔克17岁的时候，没有机会上大学，于是瞒着母亲偷偷去了矿山。他觉得自己长大了，应该找份工作。这样一来，母亲就不用那么劳累了。

采矿是个体力活，没有一个好身体是不行的。矿主看了看他，用拳头捶了几下他结实的胸膛，然后很满意地和他签了合同。

回家的路上，由于天黑，他被矿山上掉下来的高压线击倒在地，顿时失去了知觉。等他被人发现的时候，双腿已经被电烧焦了。后来，他的命虽然保住了，但是失去了双腿，这一生就只能在轮椅上度过。

母亲悲伤极了，她觉得塔克会好起来的。但是事情并没有像她期望的那样，更大的不幸正等着她，塔克失去了活下去的勇气，几次企图自杀。母亲害怕自己一旦离开，就会永远失去塔克，于是也不出去工作，始终待在家里照顾他。他们的生活更加拮据，有时候吃上一点奶酪都是奢侈。可是，母亲照样每天给塔克窗前的花瓶里插上一束花。

飓风季节来了，小镇的电线被刮断，整个小镇陷入了黑暗。母亲一边安慰着塔克，一边寻找蜡烛。可是找遍了整个房子，只找到一小截。母亲划亮火柴，点燃了蜡烛。塔克看着这一小截蜡烛说："妈妈，您看，我们只剩下这一小截蜡烛了，继续活下去还有什么意义！"

母亲听见这话，身体颤抖起来，她大步朝儿子走过去，然后，狠狠地给了他一个耳光。接着她严厉地说："塔克，你这个不争气的家伙，你给我看着！这一小截蜡烛，也比你有用。它一样可以照亮整个屋子，丝毫不比那整根蜡烛差！"

塔克似乎明白了生活的意义。之后他离开了轮椅，靠着母亲给他做的棉垫，用了8个小时，一点一点挪上了山。山路上满是石头碎屑，他的下肢以及双手都被磨烂了，身上也满是煤灰。到了矿山上，他请求矿主给他一份工作，矿主看着眼前这个被汗水湿透的泥人，内心辛酸极了，于是给他一份检查新旧矿洞的机会。

没有人相信塔克会干好这份工作，可塔克坚持了下来。就这样，23年过去了，他不但用自己的努力养活了母亲，还赢得了别人的尊重。

《洛杉矶时报》头版头条报道了塔克的事情，人们都亲昵地称赞塔克为"照亮美国的蜡烛"。

成长悟语

受苦的人有很多，但是人们尊敬的永远是逆流人生的人。不是因为他们承受了多大的苦难，而是因为他们在苦难中还能脱颖而出。正是这一点坚强，足以让无数人膜拜。

不绝望，也不期望

米尔本太太是英国乡下一位普通的主妇，"一战"期间她和许多主妇一样，将儿子送到前线。

米尔本太太和米尔本先生在家中等候儿子的音讯，虽然战争惨烈，但儿子还是每个月都给他们寄一封书信。米尔本夫妇全靠这封书信度过担惊受怕的日子。

然而，一个暮春的午后，米尔本太太正坐在窗前看窗外的梅子树，丈夫从邮差那里取来的不是儿子的书信，而是关于儿子的噩耗。

信中说，他们儿子所在的部队全被德军歼灭，儿子恐怕已经在战争中牺牲了。

米尔本太太听丈夫读完来信，仍然镇定地看着窗外的梅子树。

米尔本先生看到她的银发在阳光中颤抖，他知道妻子的心中正经受着巨大的折磨。他们失去了唯一的儿子，也失去了仅有的精神支柱。

然而，米尔本太太说："没有发现儿子的尸体，我们就不能绝望，我们必须坚强地活下去，等我们的儿子回来。然而，我们也不能期望，万一儿子已经死了，到时候我们的世界就瞬间崩塌了。"

米尔本太太就这样坚强地和往常一样生活，她既不绝望，也不敢期望，只是耐心地等待生活即将抛给她的东西。

终于，在一个初冬的早晨，米尔本太太在附近的灌木丛散步时，看到丈夫兴高采烈地朝她跑来。

她知道，生活要把抛给她的东西呈现在她面前了，而且这还是个令她感恩的东西。

她和丈夫急匆匆地朝家里走去，远远地看见儿子站在篱笆旁边朝他们招手。

那一刻，米尔本太太忍耐了很久的眼泪终于夺眶而出。她跪在地上双手交握着祷告："我的上帝，这么长时间我不敢绝望，也不敢抱任何期望，生怕一丝的动摇就会击垮我们的生活。现在，磨难终于结束了，我们坚强地度过了最艰难的日子。"

成长悟语

如果无法肯定生活会抛给我们什么的时候，那么我们就选择接受此刻的状态，别想着充满希望的可能，也别抱着绝望的心态去感受、去等待。

萨布里娜的歌

第二次世界大战期间，有一个年轻的女孩叫萨布里娜，她特别引人注意。

在战争年代，每个人都愁眉苦脸，甚至有些人想到自杀。而萨布里娜——一个刚刚高中毕业的学生，却十分乐观。她一边看着身边的人，一边微笑，甚至唱起了刚刚学会的诗歌。

身边的人看到她这样，以为遇到了一个神经病，都对萨布里娜敬而远之。

不一会儿，敌人的轰炸机飞到了她的住处附近，耳边净是炸弹爆炸的声音和难民们的尖叫声。

人们觉得这个地方也不安全，都纷纷收拾东西准备离开。而萨布里娜也在收拾东西，但却表现得十分镇定。

就在敌人的轰炸机来到之前，萨布里娜还在向上帝祷告：她希望自己的家人，甚至

生活看起来很粗糙，但并非如此。一只破碗就能敲出一个音符，一段树枝便能画出一幅图画，人生为何不能成为诗篇？

全国的人都能得到安宁。在祷告过后，她脸上浮现出满足的微笑。

很快，大家逃到了另一个暂时安全的地方，可人们刚到这里，敌人的轰炸机就把出口炸出一个大洞，人们被困在了这里。

萨布里娜仍然哼着歌，人们仍然像看怪物一样看着她。过了没多久，食物和水都吃光了，接下来就是可怕的宁静。

这时，萨布里娜的歌声渐渐大起来，她唱的是《圣经》里最能鼓舞人心的诗歌。

紧接着，不少人受到萨布里娜的感染，一同唱了起来。一时间，破旧的房子里传出人们唱歌的声音，也传递出人们对生命的渴望。

两个小时后，救援人员到达这里救出了所有人。“正是你们的歌声把我们吸引到这里的。”救援队长感动地说。

成长悟语

希望是引爆生命潜能的导火索，是激发生命激情的催化剂。只要有信念存于心间，人将爆发无尽的潜能，做到平常人难以做到的事情，关键在于给自己希望。在遇到苦难的时候，做到排除杂念，希望就会成为现实。

上帝的吻痕

有一个小孩，生来脸上就有一块胎记。巨大的紫色胎记，从眉心延伸到右脸，像被刀划伤后留下的疤痕。从小孩懂事起，就有小朋友欺负他，给他起外号，嘲笑他脸上的胎记。他哭着回家找父亲诉说，父亲便耐心地给他讲了这块胎记的来历。原来，在每个孩子出生之前，天使都要把他抱到上帝那里接受检阅，看他是适合做艺术家，还是适合做公务员……上帝会根据他们的资质赋予他们不同的技能。“而你”，父亲无比认真地对孩子说，“上帝觉得你太特别了，他赋予了你一项谁都没有的技能。为了以示区别，他在你的脸上吻了一下，这块紫色就是上帝吻你时留下的痕迹。”

“真的吗？”小孩兴奋地问。他从没想过一直受嘲笑的自己竟然是世界上最幸运的人，上帝如此喜欢他，甚至深深地吻了他！此后小孩像展示勋章一样展示自己的胎记，他不再害怕别人对胎记的注目，反而在别人的注目中获得更大的信心与勇气。他变得热情开朗，善于言谈，多年后，他成了一位演说家。在一次演说中，一位听众提到他脸上的胎记，说："在你的成长过程中，从来没有因为这块胎记感到过自卑吗？"

演说家把小时候父亲讲给自己的话讲给大家听，他说："每个人都会从上帝那里获得一项技能，每个人都是独一无二的。上帝爱我们每一个人，吻了我们每一个人，只不过在我这里留下痕迹罢了。正是因为这块胎记，我一直葆有着自信与对这个世界的热爱，我以回报上帝的爱的心态去努力，才取得了今天的成绩。如此说来，我的父亲并没有骗我，这块胎记还真是上帝的吻痕呢！"

成长悟语

有些与生俱来的东西，与其认为它是你的残缺，不如认为它是上天对你爱的证明。之所以给你留下特别的印记，只是为了证明你的特别。

没有雨伞，你必须跑

大学毕业后，希伯来并没有找到理想的工作，那时他收到一份来自里昂的邀请函。抱着试一试的态度，他只身来到了里昂的一座小城，成了一名乡村教师。学校坐落在阿尔卑斯山麓，景色十分优美，然而与大城市的生活相比，环境毕竟荒凉了许多，工作和生活条件也艰苦得远超他的预料。希伯来非常郁闷，对眼前的生活感到很失望。

校长一直很留意希伯来的思想动向，对他很是关心，多次找他聊天，希望他本着既来之则安之的心态用心工作，不要辜负了自己的青春与抱负。然而这些老生常谈的话，希伯来根本听不进去。

这一天是礼拜五，下午快到放学的时候，晴朗的天空风云突变，顷刻间就下起了瓢泼大雨。当放学的铃声如约响起，没有带雨具的师生只好硬着头皮冲进了雨里。校长住在学校里，他便邀请希伯来到家里吃饭。看着外面如注的大雨，希伯来犹豫不决，因为两人都没有带雨具。校长催促他快走，别耽误了吃晚饭，说着话，校长一头冲进了雨里，并大声冲希伯来喊道："年轻人，果断点，快走啊！"希伯来见状，只好紧跟着钻进雨里，等好不容易来到校长家，两人都淋成了落汤鸡。

晚饭很精致，校长煎了牛排，做了一份沙拉，还拿出一瓶窖藏的红酒，与希伯来对饮畅谈。喝过几杯红酒之后，两人的话多了起来，校长端起酒杯，颇有深意地看着希伯来，说："知道我为什么让你冒雨来我家做客吗？"希伯来说："您不是说了吗？您是邀请我来吃晚饭的。"校长摇了摇头，笑着说："除了请你吃饭之外，还有一个更重要的原因，这也是我请你来的主要原因。""那是为什么呢？难道是要批评我？"希伯来暗想。校长却和他卖起了关子。

饭后，希伯来与校长道别，校长让他回去好好想想，今天为什么非让他冒雨前来，明天到办公室里给他答复。

希伯来百思不得其解，第二天早早来到了学校，推开门的一刹那，一束阳光照射到了桌角边挂着的雨伞，希伯来突然明白了，校长是要告诉他没有雨伞的人才必须跑起来。

自此以后，希伯来不再自怨自艾，把全部精力放到工作中，并且自学了拉丁语，成为一名优秀的乡村教师。

成长悟语

当你没有别人保护的时候，你只能保护自己。当你没有遮掩的时候，你就只能给自己打伞，连伞都没有的人，就要学会在雨中奔跑。

写在沙滩上的烦恼

米勒在近段时间因为生活和事业上的压力，一直感到彷徨而无奈，觉得生活空虚，而且这种情况日趋严重，必须去找心理医生了。

当他找医生讲述了自己的情况后，医生告诉他这种情况并不难治疗，并给他开了4服药，放在药袋里，对他说："你明天上午10点钟以前独自到海边去，身上只带着这4服药和一瓶水就可以了，到了海边，从10点开始，按照药包装上的顺序，每两小时服用一次药，你的病就可以治愈了。"

米勒遵从心理医生的嘱托，第二天一早就来到海边。走到海边时刚好是清晨，看到广阔的大海，他的心情随之开朗起来。

一直等到10点整，米勒打开了第一服药，准备服用，却发现里面什么也没有，只是在纸上写着两个字——"聆听"。

他依照所写的坐了下来，用心去听风的声音、海浪的声音。米勒这才想起自己很久没有真正安静地坐下来，去聆听这个世界了。

到了12点，他打开第二服药，上面写着"回忆"二字。于是他开始回想起自己从童年到少年的无忧时光，想起青年时期创业的艰苦，想到父母的慈爱、兄弟朋友的友谊。

下午2点，他打开第三服药，上面写着"审视自己"。他仔细地回想起早年创业的时候，自己是为了梦想而热忱地工作。

等到事业有成了，就只顾赚钱，没有了工作的喜悦，只顾着自身利益，忘却了对他人的关怀。

到了4点，他打开最后一服药，上面写着"把烦恼写在沙滩上"。米勒选择了离海水近的地方写下自己最近的烦恼，一波海浪，立即淹没了那些字，将沙滩冲刷得一片平坦，同时也带走了他对人生的彷徨。

米勒看着4点钟的太阳，太阳还没有下山，这似乎代表着一切都还来得及。

成长悟语

想得太多只会浪费时间，让本不糟糕的事情变得糟糕透顶。烦恼只属于昨天，然后随着时间的流逝也一并带走。公平的上天给了所有人一剂最好的药方——时间，没有时间治不好的伤痛，但是时间是需要人们去静静体会它的存在，才能发挥作用的。

小老鼠

一个年仅21岁的画家，从家乡拎着装有衬衫、内衣以及绘画材料的皮箱（这是他的全部家当）来到堪萨斯城，他的怀里只有40美元。

一切并不顺利，他经历了无数次失败和拒绝，几乎一无所有。因为没有钱交房租，他只好借用一家废弃的车库作为自己的画室，这里每天夜里都有老鼠与他为伴。

有一天，年轻人昏沉沉地抬起头，发现在幽暗的灯光下有一双亮晶晶的小眼睛在闪动。“哦，是只老鼠！”年轻人想，但他并没有捕杀这只小精灵，或许是身处困境让他有了艺术家悲天悯人的情怀，在这样困顿的环境里，这只小老鼠反而显得很亲切。

在以后的日子里，年轻人与这只小老鼠朝夕相处，他们两个经常会在黑暗中你看着我、我看着你，仿佛是艰难的岁月中建立的一种默契和友谊。后来，年轻人得到了一个去好莱坞参与一部卡通片制作的机会，他离开了堪萨斯城。然而，一开始他设计的卡通形象还是被一一否决了，他再次品尝了失败的滋味。又变得身无分文，多少个不眠之夜，他在黑暗中苦苦思索，甚至怀疑起自己的天赋。

突然，他想起了那双亮晶晶的小眼睛！灵感像一道电光在黑夜里闪现了：小老鼠！就画那只可爱的小老鼠！

之后，全世界儿童所喜爱的卡通形象——米老鼠就这样诞生了。

这个年轻画家就是大名鼎鼎的沃尔特·迪士尼。从此以后，他凭借着自己的才干和灵感，一步步筑起了迪士尼大厦。

成长悟语

上苍给他的并不多，只给了他一只小老鼠，然而他“抓”住了。对沃尔特·迪士尼来说，这只小老鼠价值千万。

现实生活中，人们都希望自己在前进的道路上一帆风顺，没有任何阻力，就像电流会选择阻力最小的线路传导一样，但是电流最后一定要遇到阻力，才能使灯泡发亮。

画《向日葵》的乞丐

冷风中，哈森与太太从超市购物出来，在等公共汽车回家。因为实在是太冷了，哈森太太开始抱怨，要是他们有辆车就好了，这样就不用在这里受冻了。

这时，一个腿部残疾的年轻人，在地上支起一个画架，画的是梵高的《向日葵》，那浓烈反复的颜色，似乎真有梵高的意境，能够把《向日葵》画到如此传神，可见是下了一番苦功夫的。

这个年轻人没有临摹，一切都是凭记忆来画，显然，他为了生计，对这幅画临摹了不知多少次，才达到这样的境界。

吸引哈森的不是画本身，而是这个年轻人的那双饱经风霜的手，年轻人为了生活，吃了很多苦。

哈森不由上前，给他递上了100美元，买了他的一幅《向日葵》，虽然画可能不值这个价，但是哈森觉得，画里面隐含着坚韧的精神，是值得的。

在交谈中，这个年轻人说，他从小就残疾，为了生存只能过着乞讨为生的生活。

每天吃饱的时候很少，经常饿肚子，为了生存，他想学点手艺，但鉴于自己的腿疾，不能做一些别的手艺，学画画还相对容易些。

他还把自己的手给哈森看，上面满是风霜冻裂的血痕，一支笔、一块板就让他成了生活的强者。

公交车来了，哈森夫妇上了公共汽车，坐上车后，哈森太太拉着丈夫的手说："我们很幸福了，但是还要努力实现买车的愿望。"

成长悟语

我们为了过上更好的生活，努力拼搏着。可是，在拼搏的过程中，我们总会有那么一段时间，觉得难以承受生活的苦难，甚至产生放弃的念头。这个时候，你要知道这个世界上总有人比你更难，比你更努力。

第三十五辑

坚持：意志力在搏斗

心田上的天鹅

在一个偏僻遥远的池塘边，一只小鸭破壳而出。它是那么的大，而且身上的毛也是灰褐色的，与其他金黄色的小鸭子相比，它是那么的丑。

可是鸭妈妈告诉这只丑小鸭，它并不丑，总有一天，它会变成一只白天鹅。因为它曾经亲眼看见一只天鹅把蛋下在了鸭窝里。

它的内心深处，有一个坚定的信念："我是一只美丽的天鹅，不是一只丑陋的鸭子。唯一能证明我是天鹅的办法，就是努力练习本领，飞上天去，与那些美丽的天鹅一起翱翔。"

由于内心有了坚定的信念，这只丑小鸭每天爬到那个小土坡的最高处，试着伸展翅膀，从上面飞下来，可是每次它都从上面跌下来，摔得很惨。因为它的翅膀太小了，根本不适合飞行。

丑小鸭并没有为这点小挫折气馁，而是每天仍旧去那里练习飞行。可是池塘边的鸭子们对它的这种行为很不屑，嘲笑说："它明明是一个鸭子，而且还是最丑的鸭子，偏偏说自己是一只天鹅，真是可笑极了！"

丑小鸭没有理他们，继续自己的飞行练习，渐渐地它觉得自己的翅膀长了，也有力量了，可是还是不能飞起来。那些嘲笑它的鸭子们看到了它的变化，也转变了态度，对它说："你不要再这么努力地练习了，你还是趁着大好的阳光，到池塘里游游泳，晒晒太阳吧！你即使是一只天鹅，在这么偏僻的池塘里，谁来欣赏你的美丽啊！"

丑小鸭说："我要飞上天，是因为我知道自己是一只天鹅，飞上天空翱翔就是天鹅的使命；我要飞上天，是因为我想通过飞上天来证明我的存在。不管你们怎么看待我，我都不会动摇我飞上天的愿望。"

在那些鸭子的鄙夷下，丑小鸭努力地练习着自己的飞行技巧，虽然一次次地失败，但是也一次次地爬起来。

有一天，在池塘边晒太阳的鸭子，突然看见在天空上空翱翔着一只美丽的天鹅，它是那么的洁白、那么的漂亮。这只自由翱翔的天鹅就是长大了的丑小鸭，它飞上了天空，证明了自己的存在。

成长悟语

坚持自己才能证明自己！如果无法坚持自己的认知和真理，那么从一开始就不要选择一条与众不同的路。

走一步路不需要勇气

小男孩卡尔得了肥胖症，医生给他的建议是每天围着森林的小道跑 5 圈。

卡尔太胖了，走路都感到吃力，更不用说跑步了。他每天走出去，没跑几步就停下来，显然这个训练对他来说很吃力。他放弃了，再也不想跑了。

父亲很生气，命令他必须跑下去，因为医生告诉他："卡尔要是跑步不能坚持下去的话，只好进行药物治疗了，那样对身体有很大的副作用。"

卡尔又开始沿着森林小道跑，可是他跑了没几公里，就有点气喘了，脸色也变得潮红。卡尔停了下来，坐在路边休息，他觉得自己肯定不能坚持下去，因为自己每跑一步都感觉异常沉重。卡尔实在跑不动了，只好回家。

他的祖母看见卡尔的这种状态，心里很担忧，于是告诉他说："你跑步需要很大的勇气，走一步路是不需要勇气的。我就是这样做的。我年龄大了，走路也没劲了，但是我也需要经常活动一下。于是我就先走了一步，接着再走一步，然后再一步，我每天都能沿着那条森林小道走一圈。"

在这之后，每天早晨，镇上的人都能看见一个老人和一个胖男孩走在森林的小道上，他们一边走，一边开心地交谈着。虽然走路对他们来说都是一件难事，但是他们的每一步都走得很轻松。

成长悟语

把迈出第一步的勇气，用在接下来的每一步上，让每一步都充满勇气，让每一步都没有那么痛苦。所以，我们缺少的并不是勇气和第一步，而是每一步是否都能够坚持下来。

乌龟和兔子

一只乌龟从水塘里爬出来，慢慢爬向另一个水塘。一只兔子经过，看见乌龟慢吞吞的样子，就开始嘲笑它。

"乌龟呀乌龟，你的人生真是悲惨。有谁像你这样背着重重的壳，半天也走不了几步路的？"兔子坐在一个树桩上，跷着二郎腿说。

乌龟扭过头看了兔子一眼，说："我的壳虽然重，但危险的时候可以躲进去，能拯救我的性命。难道你不知道吗？"

兔子哈哈大笑，说："有危险的时候，跑不就行了吗？把壳扔掉，像我这样飞速地奔跑，一样可以救命。"说完，更加促狭地提议："我看，咱俩比比跑步吧，看你背着壳究竟能跑多慢。”

没等乌龟说话，兔子已经箭一样蹿了出去，它跑到另一个水塘边，又从那边跑回来。它蹦蹦跳跳地在乌龟身边说：“你看，我比你快这么多！你半天才能走完的路，我一下就跑完了。你还是扔掉重重的壳，跟我一起跑步吧。”

乌龟回答：“你跑得再快，也没有老虎、狼跑得快，如果它们来了……”话没说完，就听“呼”的一声，一只老虎蹿了出来，兔子还没来得及反应，就被老虎咬断了喉咙。乌龟赶紧缩进壳里。老虎围着乌龟壳转了几圈，用爪子抓、用牙齿咬都不能伤害乌龟，只好怏怏地走了。

乌龟从壳里伸出四肢，看着地上的鲜血不由得感叹：“看来我一直经受的沉重和嘲笑是有价值的。”

成长悟语

坚守自己的优势，而不是别人的优势，你的不同会给自己意外的机会。

生命在，希望就在

有一个富翁，在一次大生意中亏光了所有的钱，并且还欠下了债，他卖掉房子、汽车，还清了债务。

此刻，他已孤独一人，无儿无女，穷困潦倒，唯有一只心爱的猎狗和一本书与他相依为命，相依相随。在一个大雪纷飞的夜晚，他来到一座荒僻的村庄，找到一个避风的茅棚。他看到里面有一盏油灯，于是用身上仅存的一根火柴点燃了油灯，拿出书来准备读书。但是一阵风忽然把灯吹灭了，四周立刻漆黑一片。这位孤独的老人陷入了黑暗之中，对人生感到痛彻的绝望，他甚至想到了结束自己的生命。但是，立在身边的猎狗给了他一丝慰藉，他无奈地叹了一口气沉沉睡去。

第二天醒来，他忽然发现心爱的猎狗也被人杀死在门外。抚摸着这只相依为命的猎狗，他突然决定要结束自己的生命，世间再没有什么值得留恋的了。于是，他最后扫视了一眼周围的一切。这时，他发现整个村庄都沉寂在一片可怕的寂静之中。他不由急步向前，啊，太可怕了，尸体，到处是尸体，一片狼藉。显然，这个村庄昨夜遭到了匪徒的洗劫，连一个活口也没留下来。

看到这可怕的场面，他不由心念急转，啊！我是这里唯一幸存的人，我一定要坚强地活下去。此时，一轮红日冉冉升起，照得四周一片光亮，他欣慰地想，我是这个世界上唯一的幸存者，我没有理由不珍惜自己。虽然我失去了心爱的猎狗，但是，我得到了生命，这才是人生最宝贵的。

老人怀着坚定的信念，迎着灿烂的太阳又出发。

成长悟语

人生总有得意和失意的时候，一时的得意并不代表永久的得意；在一时失意的情况下，如果你不能把心态调整过来，就很难再有得意之时。

德国的厕所

德国人向来以严谨著称，他们拥有伟大的哲学家，也拥有优秀的机械工。德意志民族凭着这份严谨从“二战”的重创中迅速恢复过来，跻身世界强国行列。那么，德国人的严谨究竟到什么程度呢？从他们的公共厕所中就能窥见一斑。

德国的厕所不是我们印象中的火柴盒形建筑，而是椭圆形的、颇具艺术品位的设计。它们通体绿色，坐落在路边很是养眼。走进厕所，首先听到的是循环播放的音乐，随之闻到的是淡淡的檀香，一切都给人舒适自然的直观感受。

进入厕所，你会发现墙上有装满杂志的架子，里面的杂志会定期更新，报纸也是当天发送的。厕所中有专门为儿童设计的低位便池和低位洗手盆，非常方便。同时，墙上有折叠起来的隔板，带婴儿上厕所的人可以把婴儿放在隔板上，隔板上有固定婴儿用的安全带。

很多厕所中都有鲜明的标志标出专门为残障人士提供的蹲位，即使在高峰期人们排起长队上厕所，也没有人占用这些残障人士专用的蹲位。这体现了德国人对规定严格的遵守和对自我极强的约束力。

成长悟语

哪怕对自己的一点小小的克制，也会使人变得强而有力。能够控制自己行为和思想的人，是自律的人，能够把自律养成习惯的人，是伟大的人。

固执的新员工

公司招募新员工，有两个人实力相当，被公司留下试用3个月。3个月后，谁的业绩更加突出，谁就留下。作为新的实习员工，在工作中服从命令，才是必须要做的。因为一个新员工，无论在经验还是技术上，都不可能比其他老员工强。

一天，公司新进的一台机器出现了问题，这台机器是跨越大洋从德国运到美国的。如果出了问题，只有两个办法：一是请德国的技术人员前来维修；二是把这台机器返回德国进行维修。不管哪种解决办法，都要耗费时间，这对公司来说都是一个大损失。

公司领导觉得应该立即找德国公司派技术人员来维修。很多员工都同意，甚至一个新员工也同意这个，可是另一个新来的员工不赞成这个提议。

领导很奇怪，问他：“你为什么不同意？你刚来，根本不熟悉这台机器。”

这个员工说：“你们能保证这些技术人员能及时排除故障？”

公司领导说：“不能保证，但是能保证比返回德国快得多。”

这个员工说：“你为什么不让我来试试？”

领导说：“你？一个新员工，你别开玩笑了。”

新员工："我想试试！我觉得自己有这个能力！"

领导似乎对他生气了，认为他自不量力，还非要坚持自己的观点。他们觉得，这样的员工不能留，实习期一过，就让他走吧。领导始终不同意让他维修，毕竟这么重要的机器，一旦再受到什么破坏，那么事情就更麻烦了。这新员工还是固执己见，觉得自己能排除故障。最终，领导同意让他试试，但是前提是不能损坏机器。

不到一个小时，这个新员工就排除了故障，原来是在操作的时候，一根线缠住了转动带。实习期一过，这个固执的新员工留下了。

成长悟语

坚守原则不会让我们立刻快乐起来，但会让我们活得更有尊严，而在漫长的生命体验中，尊严是最终极的快乐。坚守原则，你不一定得到了全部你想得到的，但你会有意外的收获。

坚持做你喜欢的事

约翰小时候是个出了名的差生，无论任何一门成绩都是全校倒数一二名。他唯一感兴趣的是生物课，然而，他的生物成绩并没有因为兴趣而好转，仍旧是倒数一二名。约翰最著名的事大概就是他在学校养了几千条毛毛虫，看它们一起变成飞蛾。

上中学之后，约翰立志于做一名生物学家，但他的生物成绩却仍不乐观，其他学科的成绩也牢牢垫底。同学们都讥笑他为"科学蠢材"。生物老师曾经这样评价他："我相信他有成为生物学家的远大志向，但就他的表现和能力来看，他成为生物学家简直是天方夜谭。"尽管无人看好，但是约翰并没有放弃，他仍立志做一名生物学家，因为他太爱这门学科了。

约翰后来申请牛津大学的生物学系，但遭到了学校的拒绝，因为学校从他的成绩看出，他学生物学是浪费资源。于是，约翰进入了牛津大学古典文学系。一年之后，约翰想申请转入生物学系，再次遭到了校方拒绝，同时也遭到了他母亲的反对。于是，约翰只好继续留在古典文学系，但他自己却一点都没有放松对生物学的研究。

1958 年，约翰从蝌蚪细胞里提取出完整的细胞核，成功地克隆了一只青蛙。这一事件让他一举成名，被誉为"克隆教父"。此后，他在加州理工完成博士后研究，留在剑桥大学工作。之后，他更是以在细胞核移植与克隆方面的先驱性研究荣获诺贝尔奖。

他就是 2012 年诺贝尔生理学奖得主约翰·伯特兰·格登。

成长悟语

如果你想要成功，尽管做你自己热爱的事情并且相信它，成功自然会到来。

喜欢，就坚持奋斗下去，哪怕你是最差的那一个，尽管无关成功，因为喜欢，便是最好的理由。

有目标的忍耐

6 岁的小男孩彼得和爸爸去逛超市，不小心在超市中走散了。爸爸焦急地寻找他，找遍整个超市都没有。最后爸爸走到超市门口，发现彼得站在门外。

“天这么热，你怎么站在门外啊？怎么不进超市里吹空调？”爸爸看着浑身湿透了的彼得，心疼地问。

彼得回答：“因为这里容易看到目标啊，在超市里爸爸怎么看得见我呢？”

爸爸惊诧地问：“天这么热，你是怎么等了这么久的？”

彼得回答：“因为我知道爸爸一定会在这里看到我，所以就能忍耐啦。”

成长悟语

希望是坚韧的拐杖，忍耐是旅行袋，携带它们，人可以登上永恒之旅。如果成功还没有到来的话，那说明你忍耐得还不够。再等等，再等等……因为很多时候，最后一把钥匙才能打开房门！

雪松的智慧

瑞士山区的一个小镇子里，一个男孩失去了母亲，他痛苦极了，甚至失去了活下去的勇气。

父亲失去了自己心爱的妻子，他不想再经受失去儿子的痛苦，于是他决定帮助儿子重拾生活的勇气。

有很多事情，书上并没有告诉我们怎么样去做，但我们有必要通过自己的坚持来指引自己的孩子走出内心的阴霾。

父亲背着儿子爬到了雪山上，两个小时后，当父亲在厚厚的积雪底下看到那零星的绿色，便对垂在肩头的儿子说，那是雪松。

儿子始终低着头，并没有看那株雪松。

父亲接着说，你要知道再艰难的环境中，也有生命的存在！

儿子似乎有所触动，抬起了头，看向那株雪松，它的全部枝干都埋在深雪中，如果不是那雪下的一丝绿意，你根本不觉得它还活着。

父亲用手扒开那厚厚的雪，发现雪松的枝干都卷曲着生长。

儿子好奇地问，松树的枝干不都是直的吗？为什么雪松却不一样？

父亲说，高山上的环境太恶劣了，它只好努力把自己变成球状，以此抵御那高山上的寒风。你要知道不管生活给了你多大的困难，你也要坚强地生活下去，像雪松一样。

儿子似乎明白了父亲的苦心，他眼角湿润了。

父亲接着往下挖，这株雪松露出了粗大的根部，这与它小小的身躯根本不协调。父亲想说什么。儿子及时阻止了父亲说下去。他告诉父亲："我知道雪松为了抵御恶劣的环境，把根深扎到土里，才能保住性命。我明白了，我以后会坚强地面对自己的人生。"

成长悟语

尽管我们用判断力思考问题，但最终解决问题的还是意志，而不是才智。意志是每一个人的精神力量，是要创造或是破坏某种东西对自由的憧憬，是可以从困境中创造奇迹的力量。

每天 5 分钟

爱尔斯金是美国近代诗人、小说家和出色的钢琴家，卡尔·华尔德曾经是他的钢琴教师。

有一天，他给爱尔斯金上课的时候，忽然问他："你每天要花多少时间练习弹钢琴？"

爱尔斯金说："每天大约有三四个小时。"

"你每次练习，时间都很长吗？是不是有个把钟头的时间一直都在弹呢？"

"我想这样集中练习才出成效。"

"不，不要这样！"卡尔说，"你将来长大以后，会有很多事情要忙，这些事情会占据你大部分的时间，这样每天你就不会有长时间的空闲了。现在你可以养成这样一个习惯，那就是一有空闲就几分钟、几分钟地去练习。比如在你上学以前，或在午饭以后，或在工作的休息余闲，5 分钟、5 分钟地去练习。把小的练习时间分散在一天里面，如此弹钢琴就成了你日常生活中的一部分了。"

14 岁的爱尔斯金对卡尔的忠告未加注意，还是按照自己的路子练下去。后来当爱尔斯金在哥伦比亚大学教书的时候，他想兼职从事创作。可是上课、看卷子、开会等事情把他白天和晚上的时间完全占满了。差不多有两个年头，他一直不曾动笔，他的借口是"没有时间"。

后来，他突然想起了卡尔·华尔德告诉他的话，灵机一动，到了下一个星期，他就把卡尔的话实践起来。只要有 5 分钟左右的空闲时间，他就坐下来写上 100 字或是短短的几行。

出乎意料，在那个星期结束的时候，爱尔斯金竟写出了相当多的稿子。

后来，他用同样积少成多的方法，创作长篇小说。爱尔斯金的授课工作虽一天比一天繁重，但是每天仍有许多可利用的时间。

他同时还练习钢琴，发现每天小小的间歇时间，足够他从事创作与弹琴两项工作。

成长悟语

再复杂的工程都是由最简单的事物组成的，很多时候，畏惧心理让你把事情看得很复杂，无法超越，可是从最简单的做起，每天坚持做一点你会发现获得成功其实没有那么难，没有翻越不了的高山，只需要迈开自己的脚步向前走就可以了。

一滴焊接剂

肯尼斯是一位20多岁的年轻人，在一家石油公司谋到一份检查油罐焊接的工作。这份工作简单枯燥，凡是有点出息的人都不愿意做。肯尼斯也觉得，自己正处于长见识、学本领的黄金时期，而这种天天看油罐的工作就是彻头彻尾的浪费生命。他多次找到主管，言辞恳切地要求调换工作。可是主管总是斩钉截铁地说："不行，别的工作你干不好。"无奈之下，肯尼斯只好回到焊接机旁，继续检查那些油罐盖上的焊接圈。既然好工作轮不到自己，那就把这份枯燥无味的检查做到完美，总之不能敷衍工作！

从此，肯尼斯克服原来的浮躁想法，静下心来，每天花大量时间仔细观察焊接的全过程。在长期的观察中，他有了一个可喜的发现。

原来，焊接好一个石油罐盖需要39滴焊接剂。但是这个数量并不是规定如此，那么，少用一滴行不行呢？在肯尼斯以前，很多人都干过这份"简单"的工作，但从来没有任何一个人深入进去，想过在焊接这样简单的工序中改进技术、节约剂量。而肯尼斯不但想了，还进行了反复的测算试验。

功夫不负有心人，肯尼斯试验成功，只用38滴焊接剂就焊好了一个石油罐盖。在最没有机会施展才华的工种上，年轻的小伙子依然找到了用武之地，内心的成就感得到了满足，他非常兴奋，马不停蹄地开始为提升焊接剂节省技艺而努力工作。他面临的主要问题就是研制新型焊接机。因为原有的自动焊接机是为每罐消耗39滴焊接剂专门设计，用这种焊接机，无法实现每罐减少一滴焊接剂的目标。

在研制中，肯尼斯经过无数次失败，但他从未放弃，即使面对同事的冷嘲热讽，他也是充耳不闻，一门心思只想着如何填补技术漏洞。正所谓，"精诚所至，金石为开"，肯尼斯终于成功研制出了"38滴型"焊接机。使用这种新型焊接机，每焊接一个罐盖可节省一滴焊接剂。积少成多，一年下来，这项技术就可以为公司节省开支5万美元。

成长悟语

人最具有真理性的坚持，往往不是什么大是大非，而是最微小的细节。但是，就是这小细节，却足以做出非常大的改变。

807次与808次的不同

比拉斯是一个精力旺盛的科学家。为了研发新药，他总是废寝忘食地做实验，有时候还会发生各种各样的意外。

有一次，他突然来了灵感，想发明一种能让人兴奋的神奇药物。

试验了很多次，每次都以失败告终。做到第807次的时候，突然实验室发生意外起火了。虽然他被别人救了出来，但是他实验室里的很多资料和大量的研究成果都化为了灰烬。他自己身上还烧伤了一大块。但比拉斯在沉重的打击面前没有倒下，而是重新收拾整理了实验室，继续自己的研究。

经过第808次实验，这种神奇的药物终于让比拉斯研制出来了，他因此而获奖。

在获奖后，记者采访他时问道："在808次实验中，哪一次实验最让你感到痛苦，不忍回忆？"

"当然是因为意外起火的第807次那回！"科学家回答。

"那么，哪一次实验又让你感到最快乐呢？"记者继续问。

"当然是最后那第808次，也就是试验成功的那一回呀！"科学家笑着回答。

"那你觉得在发明研制这神奇的药物的过程中，你最深刻的感受是什么？你能简单地谈谈吗？"

"807次等于0，但并不意味着808依旧等于0。"

比拉斯简简单单一句话在人群中久久回荡，激起了热烈的掌声。

成长悟语

如果你还没成功，那说明你只差最后一步。

807次等于0，说明只要差最后一步，那么成功永远不会到来。而到了808次不见得依旧等于0，说明1是经过无数次0的敲打才得来的。

爱是不放弃

40多年前，一个男婴降生在澳大利亚的一个普通家庭，但他并没有给父母带来欢笑，因为他是一个畸形儿。整个人只有可口可乐瓶子那么大，腿是畸形的，而且没有肛门，躺在医院的观察室里奄奄一息。医生断言这个男孩活不过24小时，悲伤的父亲只好为他准备后事，但当准备好小棺材、小墓地后，这个小生命依然顽强地活着。年轻的夫妇觉得这是儿子在向他们发出想要活下去的讯息。于是，不管多少人劝他们放弃，夫妇二人都坚持要养大这个孩子。

在他们的悉心照料下，这个男孩竟然奇迹般地存活了下来。但是，所有的一切不过刚刚开始。

小时候，这个男孩个子非常小，周围的一切对他来说都是庞然大物，他也非常胆怯，对所有比他大的东西充满了深深的恐惧，连家里的狗都经常欺负他。为了锻炼儿子的胆量，有一天，父亲专门把儿子和狗带到后院，对他说了一句："你必须自己面对一切恐惧，勇敢起来。"之后就关门走了。很快，后院就传来小男孩的阵阵尖叫，还有狗的叫声。父亲强忍着担心和心痛躲在屋里没有出来，附近的邻居听到声音后，报了警。等警察和父亲一起走进后院的时候，大家惊讶地发现，小男孩正骑在那条狗的背上，像骄傲的牛仔。

原来，当那条狗恶狠狠地扑过来的时候，孤立无援的小男孩只好拼尽全力揪住它的尾巴，最终制服了那个讨厌的家伙。“如果你觉得恐惧，那么你就学会去面对它！”父亲给儿子上了人生第一课。

上学之后，这个小男孩的噩梦依然没有结束。同学们总是嘲笑他、侮辱他、欺负他、伤害他。这个男孩十分消沉，儿子的表现引起了母亲的注意，她说：“孩子，你是上帝带给我们最好的礼物。无论如何，我们都不会放弃你，也请你一定不要放弃自己。”

在绝望中听到母亲的失声痛哭，男孩突然意识到自己的不幸其实带给父母更大的不幸，他不能自私地放弃自己，那会将父母推向崩溃的边缘。

后来的日子里，这个男孩克服重重困难，成为一名国际著名的残疾激励大师。后来他结婚，有了孩子，但是命运再次捉弄了他，他的孩子仍然不是一个健全人，患有自闭症、肌肉萎缩症、大脑内膜破损、心肌功能障碍等病症。但是他坚持说：“我的儿子将来一定会成为最棒的人物！我不会放弃他，因为我的父母从来都不曾放弃过我，爱就是不放弃。”

成长悟语

不放弃最重要的就是爱自己。只有这样，才会认真对待进入你身体、思想、精神、头脑、灵魂、心怀里的一切东西。绝不放纵肉体的需求，要用清洁与节制来珍惜你的身体。绝不让头脑受到邪恶与绝望的引诱，要用智慧和知识使之升华。绝不让灵魂陷入自满的状态，要用深思和祈祷来滋润它。绝不让心胸狭窄，要与人分享，让它成长，温暖整个世界。

宝石专家

他是一个宝石专家，也是一个百万富翁，然而小时候，他非常贫穷。

那时他没有什么玩具，就摆弄石头玩。只要一有空，他就跑到山上或者下到河滩里，寻找稀奇古怪的石头。回家后，他就关上门在屋子里，一遍又一遍地观赏和抚摸自己的“战利品”，并用心聆听它们的低声细语。在他眼里石头也是有生命的。

对于这个爱好，父母很不理解，为什么孩子偏偏对那些冷冰冰的石头感兴趣呢？刚开始，父母以为他只是一时兴起，过不了多久就会厌倦的。然而年复一年，他的兴趣爱好却始终没有改变。看着院子里越堆越高的石头，父母开始焦急起来。在他们看来，一所好大学、一份好工作才是这个孩子应该关注的事情，玩石头能玩出什么呢？

于是，他们千方百计阻止儿子玩石头，将他捡回来的石头全部扔掉，还狠狠地批评他。但是没过几天，他又悄悄地将那些石头背了回来，藏到一个更加隐秘的地方。他就像着了魔一样，无论大人怎么教育他，他都不改变。

随着年龄的增长，他对石头的研究也更加深入了，从颜色、形状过渡到了形成、结构、质地。由于缺乏专业的知识，又没有相关的仪器和设备，他走了不少弯路，浪费不少时间。许多人都嘲笑他，说他只是普通人，成不了科学家，也不会有什么出息，研究石头只是在浪费精力。他却总是不以为然地淡淡一笑。

高中毕业后，他没有去上大学，他去了一家建筑公司打工。他仍然喜欢研究石头，还买了不少这方面的书籍。经过多年的努力，他不仅能够一眼认出一块石头产自哪里、质地如何、有多重，而且还能看出其中含有什么矿物质。他把石头研究得越来越透彻了。之后，有一所宝石设计公司的老板发现了他的才能，直接破格录取他为宝石开发项目组的组长。而在他之后的几十年里，他的财富和他对石头的爱一样，不断升级。

成长悟语

成功并不复杂，它就在疯狂的爱和无畏的坚持中。

只有那些曾经在大海里抱着木板经受凄风苦雨的人，才能体会到幸福有多么可贵。尽情地享受生命的快乐吧，永远记住，在上帝揭开人类未来的图景前，人类的智慧就包含在两个词中：等待和希望。

推动大铁球的小铁锤

世界上最伟大的推销员来到一个城市做报告。这个城市的很多人都慕名前来，这个报告设在这个城市最大的礼堂里。

大幕拉开，只见礼堂的中央架起一个巨大的铁架子，铁架子的正中央吊着一个巨大的铁球。这个推销员走了进来，对着台下说：“我需要一个健壮的男士，来帮我敲动这个铁球。”

一个个子很高、肌肉发达的年轻人到了台上，这个推销员让他拿着一把大铁锤，敲击吊着的那个铁球，直到把这个铁球荡起来为止。这个年轻人拿起铁锤，拉开架势，抡起大锤，全力向那铁球砸去，“咣”一声震耳的响声，那吊球丝毫没有动。他就用大铁锤连续砸向那个铁球，可是铁球仍然没有动。

台下的观众刚开始还为那个年轻人呐喊，后来没了声音。他们觉得那个铁球根本不可能被砸动，他们期望这个推销员能给予解释。

这个推销员拿出一个小锤，对着铁球敲了一下，然后再一次用小锤敲了一下。

10分钟过去了，20分钟过去了，30分钟过去了，这个推销员还是在持续这个敲击动作。

台下很多人开始不耐烦起来，对着台上呐喊。可是这个推销员还是在继续他的敲击，似乎没有听见台下的躁动。人们觉得这个推销员根本就是个骗子，于是纷纷离开了。

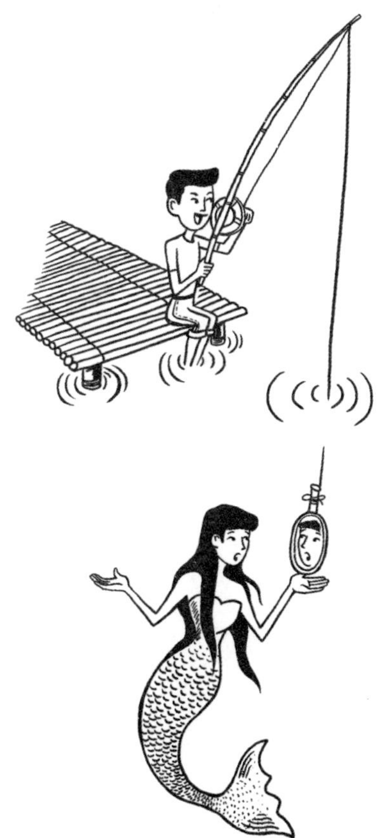

在成功的道路上，你没有耐心去等待成功的到来，那么，你只好用一生的耐心去面对失败。

一个小时过去了，台下只剩下很少的观众坐在那里等待最终的结果。突然，台下的一个观众发现球动了，于是兴奋地呐喊起来。刹那间台下立即安静了下来，人们聚精会神地看着那个铁球。那球正在小幅度地摆动着。

这个推销员仍旧敲击着铁球，铁球在他的敲打中越荡越高，甚至把那个铁架子也拉动地“哐、哐”响，终于台下爆发出雷鸣般的掌声。

这个推销员停止了敲击，对着台下的观众说了一句话：在成功的路上，你没有耐心去等待，那么，你只好用一生的耐心去接受失败。

成长悟语

你可以不想成功，但你的生活并不会因此而轻松。你追逐成功，你会因此而生活得更好。所以，与其等待着一生的无为和失败，不如耐心走上成功的路。

电镀金技术

在电镀金技术出现之前，人们用金箔为雕像镀金，也就是把黄金打成非常薄的金箔，然后一点一点贴在雕像上，耗时耗力还贴不均匀。

一天，阿伦想在自己的实验室里仿造一种巴格达电池，他用的是比较传统的方式，在一个陶瓷瓶子里，插入铁棒和铜棒，然后加入调配的溶液来进行发电。这个实验他做了一次又一次，他不停地改变数据。

做实验的时候，阿伦非常投入，一直到代表实验成功的电压表指针开始摆动，他才开心地大叫起来。正当阿伦转身去拿本子写实验报告的时候，一不小心将一座小雕像打入实验的金溶液中。金溶液的价格昂贵需要小心处理，所以阿伦没有在第一时间去捞那一座小雕像，而且他很害怕忘记之前电池的实验步骤，于是就没有管这座小雕像，争取第一时间写报告。

写完实验报告后，阿伦才腾出手小心翼翼地将雕像捞出来。这时，他发现雕像表面附着了一层金粉，而且这层金粉很难刷下来。

原来利用电、电解质溶液、金溶液等可以直接把金镀在雕像的表面，阿伦专心致志地研究这个新发现，最后他发明了电镀技术。

成长悟语

当上天给人们一道难题时，也会给人们智慧去解决它。只是这智慧藏得很深，寻找的过程漫长而又艰辛，所以，最后也只有那些认真投入并且付出努力的人才能找到。

专心做好一件事

洛基小的时候，对很多事情都感兴趣，也都想去尝试、去学习。洛基的父亲起初并没有对他这种广泛兴趣的行为有所建议，所以无论洛基要求什么——画画、钢琴、游泳——洛基的父亲都尽量满足他。

但是，这么多的兴趣，洛基却什么也没有做好。这让他每天都闷闷不乐，有些心灰意冷。

父亲看出儿子的心事，但他并没有因为儿子的表现而责备他。

一天，父亲让洛基来到厨房，把一小袋红豆和一个小漏斗放在桌子上，说是要和洛基一起做一个实验。父亲让洛基一只手拿着漏斗，一只手在下面接好，并且告诉他漏斗就代表洛基自己，然后拾起一粒红豆往漏斗里放，红豆顺着漏斗滑到了洛基的手里。父亲不断投入红豆，洛基手里的红豆也积少成多。正当洛基想问这个实验的意义时，父亲抓起满满一把红豆全部放到漏斗里面，红豆因为互相挤压受力，堵住了漏斗。

洛基是个聪明的孩子，他明白了父亲的意思。之后，洛基选定了美术，一心一意地学习，终于成为一个知名的画家。

成长悟语

人与人的天资禀赋并没有多大差别，之所以有人成就卓著而有人成绩平平，差别只在于前者清醒地知道自己精力有限，聪明地将分散精力的事情置之度外，专心致志地学一门，并且力争把它学好而已。

善待失败，善待人生

爱迪生出身低微，他的“学历”是一生只上过3个月的小学，老师因为总被他古怪的问题问得张口结舌，竟然当着他母亲的面说他是个傻瓜，将来不会有什么出息。母亲一气之下让他退学，由她亲自教育。此后，爱迪生的天资得以充分地展露。在母亲的指导下，他阅读了大量的书籍，并在家中自己建了一个小实验室。为筹措实验室的必要开支，他只得外出打工，当报童卖报纸。最后用积攒的钱在火车的行李车厢建了个小实验室，继续做化学实验研究。有一天，化学药品起火，几乎把这个车厢烧掉。暴怒的列车长把爱迪生的实验设备都扔下车去，还打了他几记耳光，爱迪生因此终生耳聋。

爱迪生虽未受过良好的学校教育，但凭个人奋斗和非凡才智获得巨大成功。他以坚韧不拔的毅力、罕有的热情和精力从千万次的失败中站了起来，克服了数不清的困难，成为发明家和企业家。仅从1869年到1901年，就取得了1328项发明专利。在他的一生中，平均每15天就有一项新发明，他因此而被誉为“发明大王”。

爱迪生献身科学、淡泊名利。在研制电灯时，记者对他说：“如果你真能造出电灯来取代煤气灯，那你一定会赚大钱。”爱迪生回答说：“一个人如果仅仅为积攒金钱而工作，他就很难得到一点别的东西——甚至连金钱也得不到！”他一直被称做现代电影之父，可是在电影界人士为他举行的77岁寿辰盛大宴会上，他说：“对于电影的发展，我只是在技术上出了点力，其他的都是别人的功劳。”

爱迪生胸襟开阔、善处逆境。针对自己的耳聋不便，他说：“走在百老汇的人群中，我可以像幽居森林深处的人那样平静。耳聋从来就是我的福气，它使我免去了许多干扰和精神痛苦。”

1914年12月的一个夜晚，一场大火烧毁了爱迪生的研制工厂，他因此而损失了价值近百万美元的财产。爱迪生安慰伤心至极的妻子说：“不要紧，别看我已67岁了，可我并不老。从明天早晨起，一切都将重新开始，我相信没有一个人会老得不能重新开始工作的。灾祸也能给人带来价值，我们所有的错误都被烧掉了，现在我们又可以一切重新开始。”第二天，爱迪生不但开始动工建造新车间，而且又开始发明一种新的灯——一种帮助消防队员在黑暗中前进的便携式探照灯。火灾对爱迪生而言只是一段小小的插曲而已。

成长悟语

大风大浪才能显示人的能力；大起大落才能磨炼人的意志；大悲大喜才能提高人的境界；大羞大耻才能洗涤人的灵魂。人活在世界上，不可能一帆风顺，每个成功的故事里都写满了辛酸失败。敢于正视失败，能以正确的态度面对失败，不退缩，不消沉，不困惑，不脆弱，才能有成功的希望。

投降的人绝不是我

美国内战的某场小战役刚刚结束，虽然整个小战役没有持续多久，但还是异常激烈。

战斗结束后，莱恩的小队负责搜索对方残余的部队，正常来说，敌人应该都已经被打跑了，搜索残余仅仅是个形式，运气好的话还能捡到敌人丢下的枪支。

莱恩端着步枪，开始自顾地搜索。他刚刚转过一块大岩石，竟然迎面遇到一个藏在岩石后面的敌人。两个人几乎同时用枪对准了对方的心脏。这种只有在电影里的情景真的发生在莱恩的身上，两个人要么同时开枪，要么有一个人先投降。

莱恩面对着这种情景，后背已经被汗水打湿，任何人在面临生死的时候都不可能泰然处之。两个人互相望着对方，这仿佛是一场意志的战斗，因为两个人都不想死。也就是说，他们不敢先开枪，都在等着对方先投降。这时，莱恩的大脑已经一片空白，但是常年在沙场的经验告诉他：“一定会有一个人先投降，这个人的绝不能是自己。”

时间一分一秒地过去，两个人都没有放下枪，虽然举着步枪的双手已经发抖，两个人甚至能听到对方心跳的声音。莱恩知道自己就要到极限了，并不是自己不能举起步枪，而是那种死亡的气息快要压得自己喘不过气来，莱恩心中不停地向自己重复“投降的人不能是我……”

这时，对方突然扔掉枪，“扑通”跪下举起双手向莱恩求饶。

莱恩努力不让自己倒下，用身上的绳索捆紧敌人后，他再也坚持不住了，一下子瘫软在地上。嘴里还是重复着那句话：“会有一个人投降，但那个人一定不是我。”

成长悟语

当两个人在用生命相搏，同时犹豫的时候，胜利和好运也在犹豫，这个时候谁先放弃了，就等于告诉胜利和好运：我不需要你们了！

一切都会有意义

达尔文的父亲是一位有名的医师。所以，最开始的时候，父亲将达尔文送去爱丁堡大学研习医学，希望他未来也能成为一名医生。

但是，达尔文并不喜爱医学，就只能荒废学业。不过，在爱丁堡大学期间，达尔文在大学里参加了许多学术性社团，并且在一个学生社团中宣读了他第一篇生物研究报告。这是达尔文第一次正式和生物学有了联系。

同时，他还在爱丁堡花钱学会了剥制鸟类标本的技术。但是这一切在父亲眼里都是毫无意义的。之后父亲怕他没出息，送他到剑桥大学读神学，希望他将来能够当英国国教的牧师。

到了剑桥大学，达尔文也没有把心思放在神学上，他有幸结识了植物学教授汉斯洛。汉斯洛学识广博，在地质学、田野生物学上都很有造诣。每周五晚上，达尔文都会参加汉斯洛的聚会，聚会上，很多师生都会分享自己对植物学和生物学的见闻。当达尔文的父亲和神学导师知道后，都说他简直是在浪费光阴，说他的行为毫无意义。

达尔文在剑桥的日子里，他疯狂地爱上了搜集甲虫，他还把自己满意的 34 只甲虫与一只蛾寄给伦敦一位昆虫学家，其中几种登在《不列颠昆虫图录》中，注明“由达尔文先生采集”。

达尔文毕业后，经过汉斯洛的推荐，他有幸跟随英国海军“小猎犬”号到南美洲测量海岸，环绕地球一周，历时 5 年。这 5 年中，达尔文依然没有放弃自己对生物学的喜爱，他一路搜集的生物标本，以及地质学观察，由汉斯洛安排发表，这为达尔文赢得了英伦科学界的尊敬。

最终，达尔文确定了一生的志向——研究自然史的核心问题，即生物演化。他回过头才发现，从前所有没有意义的事情，原来都是有意义的。

成长悟语

人的一生很难确定当前做的事情有多大的意义，因为这需要时间来证明。我们只能确定今天的行为是播下的一粒种子，这粒种子一定会发芽的，至于它最终会长成一棵草绿化大地，还是长成一棵果树丰富生活，又或者长成一棵参天大树成为栋梁……这粒种子一定会在未来拥有它自己的意义。

第三十六辑

博爱：爱没有理由，没有分别

记住爱，而不是一个人的名字

威廉的祖母本来是个有条不紊的人，东西都收拾得井井有条，但最近她看上去有点失魂落魄，总是丢三落四，不是做饭时忘记放盐，就是去超市购物忘记付账单。

妈妈说这是祖母正在逐渐变老。

威廉说："人为什么会老去？每个人老了都会健忘吗？我也会吗？"

妈妈解释说："并不是每个人老了都会健忘，祖母可能是得了健忘症，这种病使人的记忆力减退，我们送她去护理院让她得到及时的治疗。"

威廉很伤心，他根本不喜欢这个主意。但是妈妈还是把祖母送到了护理院，希望护理人员可以更好地照顾她。

周末，妈妈说去看望祖母。威廉高兴极了，准备了祖母最喜欢的冰淇淋。

威廉到了护理院看到几乎所有的人都坐在轮椅上，他直想哭。但妈妈提醒他必须保持快乐的心情去见祖母。威廉和妈妈来到祖母的房间，看到祖母蜷着身子坐在房间的中央，坐在那里看着外边的绿树。

威廉跑上前去紧紧抱着祖母，"看！我们给您带来了一个礼物——您最喜欢的东西，冰淇淋！"祖母接过盛冰淇淋的纸杯和匙，什么也没有说，就开始吃。

"妈妈，她还是那么喜欢吃冰淇淋，但她好像不认识我们。"威廉失望地说。

妈妈给威廉说："亲爱的，你必须给她时间。"

威廉和妈妈下一次去看祖母，她还是老样子，只是吃着冰淇淋并微笑着看着她们，从不说任何话。

威廉着急地说："祖母，我是您的孙子威廉，难道您不记得我了？"

"你就是带给我冰淇淋的好孩子。"祖母说。

威廉真急了，他一边用力地摇晃着祖母的胳膊，一边说："是的，可我还是您的孙子。"

祖母无力地笑着。

"让我想一想？啊，你是给我吃冰淇淋的孩子。"

猛然间，威廉知道祖母正生活在一个只有她自己的世界里，这个世界里只有模糊不清的记忆和孤独。祖母再也记不起他了。

“您知道吗，祖母。我是多么爱您。”威廉说着，就在这时她看见一滴泪正从祖母脸颊滴落。

“爱，”她说，“我记得爱！”

“爱！亲爱的，她想要的正是这个。”妈妈说。

威廉决定，以后的每个周末都给祖母带冰淇淋，然后再拥抱她，不管她是否认识自己。

成长悟语

记住爱，而不是一个人的名字。爱本身就是一种情感，不应有亲疏大小之分。只管去爱人，不管他记不记得你、认不认识你，爱了就是幸福。

橘子皮

傍晚，天色渐暗，路上几乎没有什么人。在街角的水果店前站着一个乞丐，他的头发很长，蓬乱地盘在头上，像极了一个鸟巢。他的脸和手，或者所有露出来的皮肤都是黑黑的，而且这种黑不是晒出来的，而是因为沾满了脏东西。

乞丐静静地站在水果店前，一动不动。路人们以为他是要抢走或者顺走一些水果，从他身边经过时纷纷投来鄙夷的目光。

水果店生意惨淡，一整天几乎没有什么客人。摊主悠闲地蜷缩在一侧，留着络腮胡子，穿着也不是很干净。

乞丐迟疑地上前，轻轻地翻弄起水果店里的橘子来，他拿了几个看上去比较甜的橘子放在电子秤上，然后一边摸索着外衣口袋，一边伸长了脖子看水果店主称重。

店主称好后就把橘子装进了袋子里。乞丐认真数了数手中的硬币，然后递给店主。这时，店主才抬眼看了看这位顾客。他有些惊讶，但随即转为平静，他推了推乞丐的递过来的零钱，摆摆手，一句话也没说。

乞丐愣了一下，把手缩了回来，想了几秒钟，随即又伸了出去。摊主依然没有收，他笑着摇了摇头，把橘子递给了乞丐。

收到了免费馈赠，乞丐高兴极了，他连连道谢，然后走开了。他一边走一边剥橘子吃，扔了一路的橘子皮。他大口大口地吃着，几乎一口能吃一个橘子。当他走到一个垃圾桶前时，猛地停下了。这次他不是去翻垃圾箱找吃的，而是把手中的橘子皮扔了进去。更加令人意外的是，他又折返了回来，把自己扔的橘子皮又一片片捡了起来，然后扔进了垃圾箱。

成长悟语

如果一个人无故挨了打，他肯定会想方设法把怨气发到别人身上。相反，如果一个人受到了恩惠，他也肯定希望能把这份爱心传递下去。

爱，是一种传递，它就像热度一样，能温暖每一个人的手，也可以温暖每一个人的行为。

收集爱，传递爱，世间才能充满爱。

贴在墙上的咖啡

意大利不种植咖啡，但意大利咖啡却世界闻名。比如“ESPRESSO”（意大利浓咖啡）、“CAPUCCINO”（卡布奇诺）都是原汁原味的意大利语。而在意大利的那不勒斯，还有一个和咖啡有关的传统——“赠咖啡”。

一天下午，山姆和朋友在那不勒斯一家有名的咖啡馆闲坐，品着咖啡。在环顾咖啡馆的环境时，山姆发现墙上贴着一张张写着“一杯咖啡”的字条。

他和朋友以为这是他们的装饰手段，并不以为意。这时进来了两个客人，就坐在他们旁边的那张桌子旁。

他们叫来服务生说：“三杯咖啡，一杯贴墙上。”这种点咖啡的方式令山姆感到新奇，之后他和朋友注意到只有两杯咖啡被端了上来，但他们却付了三杯咖啡的钱。

在他们享用完咖啡后，服务生就把一张纸贴在墙上，上面写着：一杯咖啡。

之后，又过来几个客人，其中也有人这样做，而服务生都会在他们离开之后像刚才那样在墙上贴上写有“一杯咖啡”的字条。

山姆以为这种方式是这里的常规，感到新奇和不解。正当他们准备问询服务生原由的时候，咖啡馆的门开了，进来的是一位衣着褴褛的老者，他缓缓坐在靠门边的位子上，服务生微笑着走上前接待。

这位老者看着那面贴着字条的墙，然后说：“墙上的一杯咖啡。”不一会儿，服务生以惯有的姿态恭敬地给他端上咖啡。

后来老者喝完咖啡没结账就走了，山姆和朋友惊奇地看着这一切，只见服务生从墙上揭下一张字条，扔进了纸篓。山姆此时也注意到了角落里的纸篓已经堆了很多字条了。

此时，真相大白，人们提前买了咖啡，让付不起的人享受温暖。这种对穷苦人的尊敬，让山姆感动得热泪盈眶。

成长悟语

那不勒斯赠咖啡的传统源自何时我们不得而知，但是它让穷苦人无须降低自己的尊严就可以享受与其他人平等的物质享受。咖啡既不是社会的基本需要，也不是生活的必需品，但那不勒斯这种赠咖啡的传统是在告诉人们：在享受任何美好的东西时，都应该想到别人。

付出了爱，收获了爱

爱伦搬进了一个老旧的公寓，邻居是一个年迈的老人。

认识老人是一个偶然的机会，老人一次外出买东西，不小心在雪地上滑倒了，东西撒了一地。爱伦上前扶起老人，并帮他把东西装好，准备送他回去。这时，他发现老人的脚踝扭伤了，一步也走不了了。于是他把老人背回了公寓，才知道两人是邻居。

之后，爱伦知道老人孤身一人，生活也没有来源，只靠每天出去捡废品为生。如今扭伤了脚踝，不能走动，生活根本没法继续下去。爱伦主动担起了照顾老人的责任，他每天早上先去老人家里给他做好早餐，准备好午餐，然后自己才匆忙去上班。晚上回来，第一件事就去老人那里给他准备晚餐，照顾他起居。

老人的脚渐渐好了，爱伦照顾老人也习惯了，他每天都定时定点去老人家里。虽然，爱伦作为一个汽车修理工，在这个城市生活得也很辛苦，但是，他觉得老人生活比自己更困难，他常常给老人买食物和生活用品，希望他能生活得好点。

几年过去了，老人过世了。为此爱伦还伤心了很长时间，他觉得老人在的日子里，自己感到很快乐。一天，他像往常一样去上班，经理却微笑着找到他，对他说："我觉得你很有能力，我想把另一家汽车修理店交给你打理！"

爱伦既高兴又惊讶，说："你为什么选择我？我没有管理一个汽车修理店的经验，可能做不好！"

经理说："因为你心中有爱，对一个陌生老人都能照顾那么多年，我觉得你肯定能够照顾好一家店！"

成长悟语

我们的爱是一种能量，它会传递，也会感染到别人。而且，爱也会给我们带来好运。

爱的历程

母爱：婴儿的时候，妈妈把苏菲抱在怀里，唱着优美的摇篮曲，苏菲渐渐困了……最后进入了甜美的梦乡。

等妈妈把她放下的时候，胳臂已经麻木得失去了知觉，但是脸上还是洋溢着幸福的微笑。

父爱：苏菲进了幼儿园，爸爸每天早上起得很早，把苏菲送去幼儿园，然后再匆忙地赶去上班。

有时候，连早餐也来不及吃，只能饿着肚子。虽然这样，爸爸也觉得幸福。

友谊：学校里，苏菲带着厚底的眼镜，被个子高大的同学推倒在地，裤子脏了，书包的课本散落了一地。

朋友珍妮跑上前去，把她扶了起来，并帮她捡起课本。然后，两个小伙伴手拉着手回家了。

爱情：大学里，一个寒夜，苏菲从图书馆出来，因为身上的衣服很单薄，显然不能抵御寒冷，此时她正在瑟瑟发抖地往前走着。

一个男同学走到她的身边，脱下了自己身上的一件大衣，披在了苏菲的身上，转身快步走开了。

关爱：一个雨天，苏菲和同事一起下楼，发现下雨了。苏菲很着急，她没带伞。

这时，同事从包里拿出一把伞，递给苏菲之后，转身跑进了雨中，一会儿就消失在了街的拐角。

亲情：公园里，苏菲和丈夫并行走在林荫大道上，他们走得很慢，但每一步都很小心。

如果仔细看的话我们会发现，他们的双手紧紧地握在一起。

也许，他们都怕对方一个不小心摔倒，握在一起的话，就安全多了。

成长悟语

真诚的爱在奉献的时候最丰富。

当我们渴望爱，却觉得自己并没有爱或被爱的时候，我们就需要让自己从“平凡”、“空虚”、“无聊”中退后一步，从它们的背后去看看，换一个角度，只有在那儿，我们才能够发现自以为失去却无处不在的爱。

与上帝的约定

凯蒂和索菲娅是好朋友，她们都是在加拿大工作的美国人。两个女孩住在一起，相互有个照应。

一天，时间已经很晚了，她们开车回自己的寓所。路过十字路口时，正好遇到了红灯，索菲娅照常把车停下来。

凯蒂看看周围，深夜的大街上空无一人，她们完全可以不遵从红绿灯的指示。

她用略带嘲讽的语气对索菲娅说：“你可真是个听话的小姑娘。这个路口只有我们两个，我们完全可以开过去啊。”

谁知，索菲娅一改往日说说笑笑的活泼作风，严肃地对凯蒂讲起自己刚到加拿大时的一件事情。

那时，索菲娅只是一家公司的小职员，她每天被上司呼来喝去，而她的生活习惯也与加拿大人格格不入。

一天早上，索菲娅上班就要迟到，想着上司那张严峻苛刻的脸，她不顾一切踩着油门在高速路上飞驰。终于，在临近市区的公路上，她因超速被警察拦住了。

当时索菲娅觉得自己就要崩溃了，几个月来的忍耐在一瞬间爆发。她憎恶这个城市，觉得什么都在跟她作对，她什么都不想要了，只想回自己的家乡。

警察走上前来询问情况，索菲娅哽咽着解释自己就要迟到了，抱怨自己的上司是多么难应付，说着竟放声哭起来。

警察看了她的工作证，对她说：“赶快走吧，这会儿到公司还来得及。记得下次注意。”

“那一刻，我觉得上帝在我面前展开了圣光。”索菲娅笑着说，“我第一次感受到来自这个城市的善意，获得了坚持下去的勇气。”索菲娅调皮地对凯蒂说，“当然，我再也没有闯过红灯，就算是与上帝达成的约定吧。”

成长悟语

不是善意没有到来，不是心中没有爱，只是太多人还没有找到一个用爱来交换别人善意的理由。

沃尔特的教学方法

沃尔特教授是麻省理工大学最受欢迎的教授之一，他受欢迎不仅是因为超强的科研能力，更是因为他有趣的教学方法。

如何有趣呢？据说，沃尔特教授会坐在秋千上向学生演示钟摆运动的原理。他总是能用各种各样有趣的演示吸引学生的眼球，比如用一只卷毛猫和学生的毛衣摩擦产生电荷。

沃尔特教授的课堂总是爆满，学生们在他的课上总是兴趣盎然。然而，在沃尔特刚刚开始任教时，他使用的是传统的教学方法。老师西装革履走进教室，在黑板上大段大段书写板书，学生们昏昏欲睡，枯燥的课堂死气沉沉。沃尔特发现，学生们很难接受枯燥的东西，更不要说从中产生兴趣并进一步研究了。然而，物理是个多么富有激情与幻想的东西，沃尔特决定将物理的趣味展示给大家。

于是就有了坐在教室里荡秋千，和抱来一只小猫与学生摩擦。沃尔特的教学分享到网络视频上，他的有趣演示传到了世界各地。此后，沃尔特经常收到一些来信，从几岁到几十岁，无不表示在他的教学下对物理产生了兴趣。沃尔特说，物理不是公式，而是通过公式看这个世界。所以，让学生感受到世界的趣味是物理教学的基本前提。

推而广之，一切学科都是如此，换一种有趣的教学方法，学生接受起来是不是更容易呢？

成长悟语

科学也可以有爱。这个世界上没有乏味的科学，只有乏味地不知如何学习或教导的人。能够从科学中领略到快乐的人，和认为科学就一定无趣的人，这就是是否发现爱的区别。

爱是最高的智慧

他是一家小旅馆的侍者，这天深夜打烊，突然从门外进来一对老夫妇。这对老夫妇神情疲惫，看来是赶了很久的路。他本想说“本店客满了”，但看着老夫妇的神情又实在不忍，于是改口说：“我想想办法。”

随后侍者带两位老人来到一间小而整洁的屋子，两位老人看屋子非常舒适，就欣然住下了。第二天早晨，两位老夫妇准备离开，到前台结账时却被侍者拒绝了。原来昨晚的房间是侍者自己的屋子，他把屋子让出来给老夫妇休息，自己在前台值了一夜班。

老妇人感动得几乎要流下热泪，她在胸前画着十字说：“我的孩子，上帝会给你好的恩遇的。”

时间过得很快，一个月后，这个侍者突然接到一封来信，里面有一张去纽约的机票和一份聘任书。侍者按聘任书提供的地址来到工作地点，没想到竟是一座金碧辉煌的大酒店！原来那对老夫妇是有着亿万资产的富翁，他们被侍者的善良感动，特地为他买下这座酒店经营。在聘任书的简短附语中，这样说：“你是我见过的最好的酒店经营者，这座酒店就是上帝给你的恩遇。”

多年之后，这个侍者成了世界顶级连锁酒店的经理，他一直认为，一切困难都能靠智慧解决，而爱，就是最高的智慧。

成长悟语

微笑不用本钱，但能创造财富；赞美不用花钱，但能产生气力；分享不用过度，但能倍增快乐；爱不会耗费殆尽，有爱心的人会发出更多的爱。

流浪狗

约翰像平时一样提着垃圾走向街道统一的垃圾回收站，他在回收站的附近遇到一只左前腿受伤的小狗。这只受伤的流浪狗似乎是被遗弃的宠物，因为它的脖子上还挂着颈圈，只是颈圈上原本该有的主人名牌早已不见了。

小狗躲在垃圾桶的旁边，看着约翰的眼神没有害怕，只有无限的哀愁和求助。

约翰慢慢走上前去，温柔地抱起这只可怜的小狗，并把它送到了宠物医院。

“你真是一个狠心的主人，你的宠物左前腿都骨折成这样了！你知道吗？如果再晚两天来治疗，也许它就再也无法用这条腿走路或者奔跑了！而且在遛狗的时候你也不好好看管它，才让它把全身弄得这么脏……”一个接过小狗的护士毫不留情地责备约翰。很显然，护士以为这条狗是约翰的。听着护士的责备，约翰无奈地笑笑却没有反驳，因为他已经决定把这只小狗带回家做自己的宠物了。

直到宠物医院的医生给小狗做完手术，把小狗送到约翰手中的时候，医生奇怪地问：“这位先生，我记得这只小狗是隔壁街区布鲁斯家孩子的，怎么会在您的手中？”

约翰在昂贵的账单上写下了自己名字，然后说：“我是在垃圾站发现它的，我想以后它就是我的了……”

这时，医生说道：“也许您是对的，上一次也是因为布鲁斯家打伤了这只小狗，才跑来救治，没想到这次直接打断了它的腿。对了，我记得它好像叫欧迪。先生，您为什么能为一只流浪狗付出这么多呢？我很好奇！”

约翰抱起欧迪往外走，说道：“爱一条狗需要理由吗？”

成长悟语

如果爱需要一个理由的话，那么这份理智的爱价值并不是很大。灵魂的伟大正在于因为想爱所以就爱了，这是一种最本真和自然的善意。

爱是会循环的

杰克是一个小镇上的警长。

这天，他日常外出巡逻的时候，忽然看到一个中年人抢了一位太太的手提包，并且转身就跑。杰克马上追过去，可是这时抢劫犯窜进了停在路边的汽车，显然他是事先有准备的。所幸，杰克的警车刚好离他不远。

杰克一直紧紧地追着那辆汽车。“这辆车不就是前几天被偷的那辆？”杰克忽然意识到，“大概是个惯犯。”

小镇的路并不宽敞，一会穿过街区，一会又穿过农场。

杰克看到前面的车，开始微微地抖动。“这是怎么回事？”杰克不禁疑惑，并且加快了油门。

突然，抢劫犯的车猛地向右一转，栽进了路边的树坑。杰克停下车，他看到了马路左边两个吓傻了的小男孩。原来，劫匪是为了躲避这两个在马路中间玩耍的孩子。

劫匪被捕的几天后，杰克特意去看守所要求见他。

“那辆你偷来的车，大概你不知道，车主正打算要换发动机。因为原来的发动机已经破旧得不能再用了。”杰克接着说，“如果那天你再开下去，可能一分钟不到，发动机就会爆炸了。”

杰克说：“你真是幸运，你的善良救了你一命。”

成长悟语

爱是会循环的。无论任何时候都不要放弃自己的善心善行，因为所有善行都是值得的。很多时候，不经意的善举在帮助他人的同时，很可能也拯救了自己。

捐助与慈善

纳什所在的村子又一次受到一家公司的捐助，几辆货车拉着捐助的物品到了村口，有媒体跟踪采访，当主持人对着镜头说：“这家公司的总裁再次置身于公益事业，将全公司员工捐赠的物品统一分发给了眼前的村庄……”然后纳什看着搬运工把一些旧家具、电器或者衣物赠送给村里的居民，自己家分到一箱子衣服、一个橱柜和一些面包。

对于纳什来说，这种捐助根本和慈善没有任何关联，因为这种捐助是粗心的，捐助的人根本不知道每一家需要什么。纳什家里得到的衣服根本没有人能穿；因为是农民，他们不缺面包，而需要的是其他生活必需品，哪怕是卷纸都比面包更有用；至于橱柜，纳什的家本来就很小，这个橱柜放在哪里都是一个问题，拿出去卖也肯定没有人会要……在纳什的眼里，这场捐助最高兴的不是村民，而是那个被采访的总裁，因为他一直笑得很开心。

与之相反，让纳什感到最为慈善的是邻家的老妇人米歇尔女士。

她经常因为纳什兄弟的调皮和母亲吵架，她什么也给不了纳什家，但是她不忙的时候会帮助纳什的母亲洗衣服。纳什有两个哥哥和一个妹妹，父亲是一个农民，母亲打理家务最困难的就是给家里6个人洗衣服。

每一次，米歇尔女士几乎不和纳什家里的任何一个人说话，即使是帮母亲洗衣服，也是洗完晾起来就径自回家。可是这位女士所做的，是纳什整个家庭需要的。

成长悟语

慈善不是捐助。前者是从心灵深处出发，就像是给一个沙漠旅行者一杯水一样；而后者很多时候都是从行动出发，就像给一个荒岛上的人几块黄金一样。所以，当给予和应有的关爱与沟通相脱节时，那只是一次施舍，此时“慈善”这个词也贬了值。

给非洲孩子挖一口井

有这样一个小男孩，有一天，他在电视上看见了非洲孩子因为没有水喝而渴死的报道。在报道中主持人呼吁大家：“请大家热心地帮助这些可怜的人吧！只要捐上70美元就能给这些非洲孩子挖一口水井。”

小男孩看到这里伤心地哭了。他拉着妈妈的手央求道：“妈妈，我要捐70美元给非洲的孩子挖一口井。”

面对哭泣的小男孩，妈妈以为这只是他一时的想法并没有当回事，小男孩只好沮丧地走开了。小男孩并没有就此忘记这件事，一整天，他脑子里都在想着这一件事。

第二天吃早饭时，小男孩又向爸爸妈妈提起了这件事。

“孩子，”妈妈意味深长地说，“你明白吗？仅仅70美元是解决不了非洲孩子没水喝的问题的。况且你还只是个孩子，这根本就超出了你的能力范围！”听了妈妈的话小男孩又把求助的目光投向了爸爸。

“这是个不太现实的想法，我的孩子……”爸爸还想说下去，却被小男孩的哭声给打断了。

爱是生命中最好的养料，哪怕是一个孩子的心愿。

“你们根本就不明白！那里的人们没有干净的水喝，那里的小孩都渴死了，他们需要这笔钱！”在小男孩的不断请求下，小男孩的爸爸妈妈不得不认真地讨论这件事，最后，他们告诉小男孩：“如果你真的想要这笔钱，你可以通过自己的劳动来自己赚钱凑齐，比如当你做家务的时候，我们会付给你报酬。”

就这样，小男孩开始了他的工

作，他的第一份“工作”就是帮助妈妈打扫客厅卫生，最后，他从妈妈那里得到了 2 美元。其实孩子的爸爸妈妈之所以让孩子“工作赚钱”，是因为他们认定孩子的这一行为只是一时的心血来潮，他们相信这只是一个 6 岁小孩的胡思乱想，不需要认真对待，这样做不但能够锻炼孩子的劳动能力，还能让他感到厌烦，放弃给非洲孩子挖井的念头。

一年后，事情出乎父母的预料。小男孩没有放弃，反而是他的努力被周围的邻居们知道了，他们被小男孩的行为感动，纷纷帮助他。这让小男孩更加坚定了自己的想法：“我一定要赚到足够的钱，给非洲的孩子挖一口水井！”不仅如此，小男孩每天在睡觉前还会祈祷一次：让非洲孩子们有水喝。

再后来，小男孩的故事上了报纸和电视台，他的名字也传遍了整个国家。一个月后，在小男孩家的邮筒里出现了一封陌生的来信，里面有一张 30 万元的支票，还有一张便条：“但愿我可以为你和非洲的孩子们做得更多。”接着，小男孩又收到了更多来自世界各地的汇款。

又过了两年，小男孩的梦想竟成为有上万人参与进来的一项事业。如今，他的梦想已基本实现，在缺水最严重的非洲乌干达地区，有 56% 的人能够喝上纯净的井水了。

成长悟语

对于故事中的小男孩来说，给非洲的孩子修井是自己的目标和梦想，即使他很小，也并不富有，即使父母反对，也剥夺不了小男孩奉献爱心的激情和愿望。

爱其实和年龄、贫穷、富有没有关系。爱是一粒奇特的种子，而孩子的心灵则是这粒种子生长最纯洁的净土。

体现我生存的价值

池塘边有一棵小树苗。大人们喜欢在这棵小树苗身上晾衣服。小草总是讥笑树苗：“你真是倒霉啊，每天还要承受这么多繁重的工作，如果是我，我早就发脾气了！”小树苗没有生气，默默地做合格的晾衣架。

不知道经历了多少时光，小树苗终于长成了一棵参天大树。大人们就在大树底下乘凉，小孩子就爬树，还在树上刻刻画画。小鸟讥笑大树：“你真是倒霉啊，被人们当成遮阳工具，还要被他们伤害，如果是我早就发脾气了。”大树默默承受着，让自己为人们带来欢乐。

不久之后，人们决定盖房子，就把大树砍掉，送进了木匠家的院子里。锯子讥笑树木：“我锯过很多木头，可以看出你一定是一棵不错的树。唉，人们总是这样，想用的时候就把树砍掉，不记得树曾给他们带来多少快乐，要是我早就发脾气了。”树木只是淡淡一笑。

盖房子没有用上的树木，因为木材过剩，最后树木被送到城里做成了火柴。火柴点亮了油灯，油灯讥笑火柴：“你曾经一定是一棵参天大树吧？真是可惜，就这样燃烧自己了，如果是我，早就发脾气了。”火柴看着自己即将燃尽，默默地承受着，它为自己能给人们带来光明、温暖而欣慰。

风吹过火柴燃烧后的灰烬，灰烬没有跟风走，它怕自己会污染人们的生活。灰烬永远记得，自己曾经是一棵树苗、一棵大树、一块好木材、一根火柴……

成长悟语

你现在是什么不重要，重要的是你为别人贡献了什么。我们灵魂的高贵可以由自己来定义，但是肉体的价值有时候是由这个世界来定义。

不过，如果灵魂正走在前往天堂的纯净阶梯上，那么，肉体又怎么会廉价呢？

爱上爱，传递爱

有一个女孩生活在蒂克斯伯里福利院。那时，这个小姑娘精神上有些问题，脾气暴躁，甚至拿食物砸人。无奈之下，医生和护士将她关在了地下室的一间屋子里。

福利院里有一位女清洁工，她非常同情女孩的遭遇，却不知道能为她做些什么，只能力所能及地做些好吃的东西拿给她。有一天，女清洁工烤了一些果仁蛋糕，来到地下室，小心地说道："可怜的孩子，我给你烤了一些好吃的蛋糕，现在就放在你面前的地上，如果你愿意吃就来吃吧。"本来她还担心女孩会拿蛋糕砸过来，结果却恰恰相反，女孩拿起地上的蛋糕津津有味地吃了起来。

从那以后，女清洁工经常会来看望女孩，女孩也慢慢接受了她。后来，在女清洁工和医生的努力下，他们开始给女孩做治疗。治疗的时候医生这才惊奇地发现，原来女孩竟然是一个几乎完全失明的盲人，这也是她脾气暴躁的重要原因。

女孩在福利院得到了精心的照顾，后来转到另外一家专门的盲人学院，并且凭借自己的努力成为一名教师。

这看似是一段很普通的故事，没有人有兴趣知道，但是后来的故事却是家喻户晓了。女孩长大了，她到了福利院故地重游，院长介绍给她一个可怜的小姑娘，小姑娘又聋又瞎，精神甚至有些错乱，她仿佛看到了年少时的自己。就这样，她成了小姑娘的老师，也成了小姑娘的终身良伴。

这位小姑娘就是后来的著名作家海伦·凯勒。而当时的那个女孩就是凯勒的老师安妮·沙利文。

海伦·凯勒的作品在世界各地流行，她本人也获得了诺贝尔奖提名，当有人追问谁对她的人生影响最大，她坚定地回答道："是安妮·沙利文。"而安妮·沙利文却说道："不是这样的，海伦，事实上，改变了你我人生道路的，是蒂克斯伯里福利院的一名女清洁工。"

成长悟语

你可以成为链条上的一个环节，如果你无法保证有力地串联，起码不要让它在你这里断掉。这样，爱就能够一直传递下去。

接收别人的付出，也让别人接收你的付出。

稻草的命运

一堆稻草聚集在一起闲聊。

一根稻草说："唉！你们不知道我的命多有苦！整整一个夏天，我都在炙热的阳光下听着云雀没完没了地叫，到了冬天，又要被主人拿去喂驴子。"

另一根稻草接着说："我也不比你幸运，我好不容易跨过像大海一样的稻草堆，到最后却成了猪圈的垫子，每天被猪压得无法呼吸，早晚有一天会被压死。"

"我们的命运真是太悲惨了！"许多稻草齐声哀叹。

最后一根稻草说："我虽然不知道被驴子吃的时候，心里是什么滋味，但没有比看着一个溺水者怎样也抓不住我更令人痛苦的事了。他的眼里闪着希望的光芒，而身子渐渐向水底沉去。再没有比那让溺水者绝望的稻草更伤心的了。"

成长悟语

世界上最痛苦的事情不是身不由己，而是爱莫能助。

一笔高贵的遗产

夏洛特有一个幸福的家庭，父亲是罗兹尼的一名水电工，母亲是一家医院的护士。可爱的夏洛特和其他孩子一样，享受着无忧无虑的童年生活。然而，这种美满的生活却被一场突如其来的灾难粉碎了。

夏洛特的父亲在一次外出做工时，遭遇了一场严重的交通事故，还没到医院就停止了呼吸。他的母亲承受不了这一沉重打击，整日郁郁寡欢，几个月之后也因病离开了人世，可怜的夏洛特成了孤儿。

最后，远在爱尔兰打工的叔叔收留了夏洛特，但是婶婶却容不下他，每天对他大呼小叫，还不让他吃饭，看尽了冷眼的夏洛特离开了叔叔家，从此流落街头。

无家可归的夏洛特只得靠乞讨和捡垃圾为生，过着饥一顿饱一顿的生活，受尽了人们的歧视和欺凌。长时间露宿街头加上营养不良使他染上了肺结核。一天，他被病魔折磨得倒在了街上，被好心的过路人送到了孤儿院。

孤儿院安排保育员康妮照顾生病的夏洛特，康妮每天给躺在病床上的夏洛特喂饭、喂药，空闲的时候还给他讲故事，教他做手工。但是夏洛特好像看惯了别人的冷眼，对善良的康妮一点也不友好。每当康妮过来嘘寒问暖，他就会眉头紧锁，用惊恐的眼神上下打量她，让人觉得一阵心寒。

康妮见此情景并没有因此而远离夏洛特，反而更加关心他，对待他就像对待自己的亲人一样。在她的悉心照料下，夏洛特慢慢地放松了防备的心理，迷茫的脸庞开始变得爱笑了。

不久后，夏洛特的病情有所好转，他和孤儿院的其他小朋友也熟悉了。他最喜欢到隔壁房间串门，给住在这里的盲童罗格朗描绘自己看到的多彩世界。

然而，就在夏洛特的状态越来越好时，病魔再次袭击了这个可怜的男孩，一场百年不遇的寒流过后，夏洛特的肺结核复发。这一次，尽管医生竭尽全力也没能使他的病情好转，夏洛特似乎看到死神在向他招手了！

当夏洛特苏醒过来，看到康妮含泪坐在病床边。顿时，一种不祥之感浮现在他心头。他请求院长帮他找一位律师，他要立个遗嘱。院长想："这个可怜的孩子根本就是一无所有，竟然还要立遗嘱？"尽管院长觉得有点可笑，他还是不忍心拒绝一个快要死去的孩子。于是，院长马上找来了一个律师。

根据夏洛特的口述，律师认真地一字一句记录起来。夏洛特交代完遗嘱，便咽下了最后一口气，安详地合上了双眼。周围的人都低头沉默不语，强忍好久的泪水终于夺眶而出。

夏洛特死后，院长当众宣读了夏洛特遗嘱，内容如下：

第一，康妮是我在孤儿院遇到的最善良并且对我最好的人，为了感谢她对我无微不至的照顾，我想送给她一个发夹。我平时没有收入，只有孤儿院发给我一些零花钱，还剩下 15 个卢布，我把它们放在床头柜里，钱不多，没办法购买贵重礼物，请替我买只胸针送给康妮，希望她能喜欢。

第二，我死后，请将我的眼角膜移植给罗格朗，如果手术成功的话，他就可以看到我给他描绘的美好景色了。

第三，我在孤儿院期间，曾经有慈善家送给我一个非常漂亮的书包，遗憾的是我再也没有机会用它了，请把它转交给我婶婶的女儿，她的书包太旧了，应该换新的了。

第四，在爱尔兰流浪的那段日子，我虽然感受到了很多人的冷漠无情，但是却有很多小朋友很关心我，我也很想和他们交朋友，可惜已经来不及了，请替我打电话到电台点一首歌曲，送上我最后的祝福。

这是一个 9 岁男孩的遗嘱，也是他留给所有人的高贵遗产。

成长悟语

面对世界，我们的付出哪怕再渺小，其中蕴含的震撼也是伟大的。一个人真实的价值应该不在于他为这个世界做了多伟大的贡献，而在于对于自己来说，他付出了多少不求回报的爱。

幸福的流浪老妇

罗尔在银行上班，每天都要经过纽约第六街区。

第六街区的拐角处有个公共电话亭。一个流浪的老妇人每天守在这里。衣服污秽不堪，远远地可以闻到一股不太好的味道，她偶尔也会去罗尔所在的银行大厅转转。

感恩节那天晚上奇冷无比，寒风将街上的落叶卷起。罗尔早早下班，给家人准备了晚餐，一家人吃得很快乐。罗尔发现厨房里还剩下一大堆食物，他决定带着儿子送饭菜给老妇人。

罗尔开车出来，路上几乎见不到半个人影，终于来到了第六街区的拐角处。他看到老妇人仍旧穿一件旧衣服，弯曲的身体蜷缩在一个破旧的毛毯下，瘦弱的双手紧紧抱住颤抖的身体，躲在电话亭旁瑟瑟发抖。她的嘴巴呆呆地张着，一个人喃喃自语，不知道说些什么。

罗尔和儿子把车子停在路旁，下了车子走到她面前大声对她说："夫人，我们给你带了些食物来，你想吃点火鸡或是苹果派吗？"

老妇人从毛毯里探出头看着他，一字一句清晰地说："谢谢你的好意，但我现在已经吃饱了，你还是把这些食物送给真正需要的人吧。"

安静的大街，让老妇人的话显得十分清楚，态度诚恳和蔼，完全不像平时神志不清的模样。说完后，她又把头缩了回去。

"这么好吃的食物，她为什么不想留着明天吃呢？"儿子喃喃地问罗尔。

成长悟语

"留下来我明天自然不愁饿肚子，但也许有人因为今天的饥饿而熬不到明天早上。"罗尔也许可以替老妇人这样回答儿子。爱不是占有的多寡，而是想到需要感受幸福的人。老妇人和罗尔父子都是充满爱的人。

鹅毛伞

鸟妈妈把巢建在池塘边的一棵榕树上，它把鸟巢挂在榕树垂下来的树枝上，像一枚果子。

夏天来了，鸟宝宝们渐渐长大，饭量也越来越大。鸟妈妈只好频繁地飞出去捉虫子。

这天午后，天气异常闷热，鸟妈妈飞出去觅食，鸟宝宝们在巢里等妈妈回来。等啊等，等得不耐烦，就探出头去看外面的世界。原来外面的世界这么大啊，榕树下的池塘里开满了荷花，青蛙在荷叶上跳来跳去，燕子正贴着水面低低地飞。突然，一声巨响，天上掉下硕大的雨滴来。风猛烈地吹，摇晃着榕树上的鸟巢。

鸟宝宝们吓得大叫起来："救命啊！妈妈，妈妈，快回来！救命啊！"

一只白鹅从榕树下路过，听见求救声，它仔细观察榕树，才发现吊在榕树枝上的鸟巢。这个鸟巢已经裂开，马上就要从高高的榕树上掉下来了。

一个善举，只是一滴水，许许多多的善举就形成江河，汇成海洋。一份爱，不过是举手之劳，却是源于"母亲"的慈爱。

白鹅走到鸟巢下面张开翅膀，大声对鸟巢说："鸟宝宝们，巢快掉了，你们快跳下来吧，我在下面用翅膀接着。"鸟宝宝们在晃动的鸟巢中东倒西歪，它们看看下面，白鹅的翅膀柔软宽厚，跳上去肯定感觉不错。然而榕树太高了，鸟宝宝们还是不敢跳。

风雨越来越大，终于，鸟巢经不住风雨的打击，落了下来。大白鹅张开翅膀，稳稳地接住了鸟巢。它把鸟巢放在地上，伸出双翅形成一把伞，为鸟宝宝们挡雨。鸟宝宝兴奋地叫道：“看啊，看啊，多么漂亮的鹅毛伞！”

成长悟语

对自己的孩子无私地奉献出一切，那是一位母亲。对别人的孩子也无私地奉献出自己的爱，那是伟大的“母亲”。前者可以说是慈祥的母爱，而后者却是慈悲的博爱。

美国的乞丐

美国的乞丐非常独特。他们行乞并不表现出特别的悲惨或窘迫，而是充满风趣与幽默。

在华盛顿的一个地铁站，一个乞丐举着一块牌子，上用马克笔潇洒地写着：“I NEED A COCA COLA（我需要一瓶可乐）！”有人问他：“是不是你只乞讨可乐，如果别人给你钱，你就不要了呢？”乞丐回答：“不，那意味着我可以用更多钱去买可乐。”那人给了他5美元，他果然走到旁边一家便利店买了一瓶可乐。

在纽约莱辛顿大道，有一位酷似普京的中年男子。他身边的牌子上写着：“我需要1美元打理头发，以便去参加俄罗斯的总统竞选。”过往的路人都被他的幽默逗笑，纷纷支援他1美元。

在一个小区的拐角处，有一个戴墨镜的乞丐。他用粉笔在墙上写着：“我需要钱，给我最喜爱的史蒂文·斯皮尔伯格买一件礼物。”虽然大家不知道他究竟和斯皮尔伯格有什么关系，但还是会被这善意的表达感动。

美国的乞丐乞讨并不是传达“我悲惨”，而是传达“我需要”。他们轻松愉快地说出自己的小需求，你在帮助他们的同时也获得了快乐。

一个游客曾经在美国经历过这样一件事，他在中央公园附近搭乘地铁时，却发现自己忘了带钱。这时，旁边的一个乞丐说：“你需要1美元坐车吗？”说完，竟给了他1美元坐车。乞丐还说：“事情很简单，你把需求写在牌子上，就会有人来帮助你。”

“天哪！那我不是冒充乞丐骗人吗？”游客惊异地叫出来。谁知这位乞丐诧异地看着他，说：“在有困难的时候请求别人帮助，怎么会是骗人呢？每个人都会遭遇各种各样的不幸，我们真诚地向别人求助，别人真诚地来帮助我们，这不是世界应有的秩序吗？怎么会是骗人呢？”

成长悟语

真诚地向别人请求帮助，不是乞讨而是自己真实的需要。这不是一种施舍与被施舍的关系，而是一种给予和接受给予的关系。前者是一种高高在上的优越感，后者则给给予者一种平等交流的创造感。

给你一美元

苏格兰有一个作家。一天，他的邻居来找他借钱，邻居想租对面的店铺开一家面包店。

作家出主意说："你可以找店铺的房主谈判，就说先拿自己的房子做抵押，等你开店赚了钱，再给他租金。"

邻居很犹豫，说："我的房子很旧了，不知道那个房主愿不愿意做这笔生意？"

作家说："我给你一美元，你可以拿着这一美元去酒馆给自己买一杯廉价的酒，这样喝醉了，就有胆子去和房主谈判了。"

邻居拿着这一美元，真的照作家说的做了，而让人意外的是，他竟然真的办到了。

半年后，作家邻居的面包店并没有赚得多少利润，他欠店铺房主的钱根本就没办法如期偿还。于是，他又去找作家。

作家告诉他："你可以再找房主商量，真诚地告诉他你现在的情况，希望得到他的理解，并且保证能够在之后把钱还上。"

"可是……他会答应吗？"

作家又拿出了一美元，说："我再给你一美元，你再去买杯酒壮壮胆子。"

邻居照做了，和上次一样幸运，房主宽限了他还款的时间。

面包店的生意逐渐好了起来，他开始有大笔的盈利。当他把钱还上的时候，他才被告知，那家店铺真正的房主其实是那个作家。

成长悟语

对一个人最大的帮助，不是直接的财富支援，而是给予他面对困难的勇气和智慧，教会对方勇敢、果断、真诚、努力。这也是一种爱。

第三十七辑

生存：生活是最现实的学校

鸵鸟的真面目

小孩子在做了错事被大人批评时，总是喜欢把头埋起来，或者是用双手捂住眼睛，他们以为这样父母就看不见他们了，他们就安全了。这种表现在动物界有一种说法，叫作“鸵鸟政策”。

因为人们认为鸵鸟在遇到危险的时候，就把自己的脑袋埋到沙子里面，所以大家也常常认为鸵鸟是胆小鬼。但事实是这样的吗？如果真的是这样，那鸵鸟岂不是全都被豺狼虎豹吃光了？

为了调查事情的真相，科学家们就在一个鸵鸟窝的不远处伪装起来，以便观察鸵鸟的御敌行为。这个鸵鸟窝里的蛋正处在孵化阶段，当然也是最危险的时期。因为每颗鸵鸟蛋有三磅重，对于狮子、豹子、野狗、狼、秃鹰等动物来说，无疑是一顿丰盛的美餐。

所以，为了预防这些敌人，鸵鸟必须学会一套行之有效的战术。它们一般是三四只雌鸵鸟把蛋下在一个窝里，然后轮流看守。而雄鸵鸟都是在夜里值班，因为它们身上的羽毛黑白相间，非常华丽，也非常引人注意。所以，白天它们不会在鸵鸟窝周围，天刚蒙蒙亮时，就要有雌鸵鸟来接班。鸵鸟的视力非常好，加之颈部很长，就像一个潜望镜，所以在平坦开阔的地方能迅速发现半径 45 公里内的敌人。

那究竟鸵鸟遇到敌人以后会做何反应呢？科学家们的观测纪录这样写道：

有一次，负责孵蛋的雌鸵鸟发现鸵鸟窝附近有一只狮子，它迅速压低了身子，然后从窝里悄悄地挪出来，再伸长了脖子，用嘴巴衔周围的干草，然后盖在蛋上，如此重复。鸵鸟的动作幅度小，而且快速，就像一个灵敏、精准的机器，不一会儿就把鸵鸟蛋隐藏好了。把鸵鸟蛋安排妥当之后，雌鸵鸟就风驰电掣般地跑出去，跑到与鸵鸟蛋不一样的方向，故意暴露自己，引起狮子的注意。而且它还会假装脚部受了伤，装出笨拙又缓慢的样子。狮子看到了这个唾手可得的猎物，迅速掉头，去追赶鸵鸟。其实鸵鸟与狮子的奔跑速度差不多，能到达时速 50 公里以上。但是狮子不如鸵鸟有耐力，追着追着就泄气了。当然，鸵鸟还有一个必杀技，就是它能够利用翅膀做转向舵，在全速前进时来一个急转弯，狮子猛然扑上去却落得一场空，最后不得不灰心丧气地走开。

还有一次，一只雌鸵鸟正在孵蛋，突然观测到一只豹子正从远处的灌木丛一步步走过来，当时距离之近已经来不及上演以前那种用干草隐藏鸵鸟蛋然后引诱敌人离开的办法了。当然，如果这只鸵鸟愿意舍弃这一窝鸵鸟蛋，它自己完全有时间逃走，但是它没有。这只鸵鸟迅速压低身子，展开翅膀，遮住白晃晃的鸵鸟蛋，然后把脖子和头部贴在地面上，观测着豹子的一举一动。鸵鸟的羽毛与草原环境颜色相一致，它利用这种保护色，使自己看上去就像一堆枯树枝和杂草。果然，豹子没有发现它们，从它们的一侧走了过去，聪明又勇敢的鸵鸟使自己的家族逃脱了一劫。

根据科学家们的观察可以发现，鸵鸟在遇到危险的时候根本没有把脑袋埋在沙子里面，那些所谓的谚语、故事都是不真实的。鸵鸟不但不是胆小鬼，还是一群机智、勇敢、舍得牺牲自己的英雄。

成长悟语

有时候，某些观点和话是社会教育、道德举例的必要示范，这种示范不一定是全面和正确的，它的初衷是为了方便我们更快、更好地理解一些社会道理。但是，我们不能把这种示范当成真理。

真理不在于社会上其他人告诉了我们什么，而在于我们自己是如何有效地去经历、见证、证明。

红色根茎的玫瑰花

在一个花卉市场上，千姿百态的花朵引来了无数人参观购买。在这些摊位中，有一个摊位似乎特别引人注意。

这个摊位的老板史蒂芬一直在大声地吆喝着，引了许多人驻足观看。

史蒂芬吆喝说：“女士们，先生们，大家都来看啦，我这里有红色根茎的玫瑰花，送给爱人表达爱意再合适不过了，都是红色根茎啊！”

人们一听这话，马上来了兴致。玫瑰花的根茎一般都是绿色的，红色根茎倒是很少见。

人们围上来一看，史蒂芬售卖的玫瑰花根茎果然是红色的，仔细一看，甚至有些花连叶子都成了红色。在绿色根茎的花中，这些奇特的花朵显得非常耀眼夺目。

“你的花多少钱一支？”一个年轻小伙子问道。

“不贵，10美元！”人们哗然，普通的玫瑰花一般只要1美元一支，而他的花却要10美元。

有些事恰恰让你远离真相。不要盲从，不要轻信。

"看大家这么喜欢，5 美元一支好了！"史蒂芬好像下了很大的勇气说道。

这些玫瑰花虽然贵点，但还是有人买了几支。其他人看到有人买，也纷纷掏钱。不一会儿，史蒂芬的花就卖光了。

在这些围观的人中间，有一位学植物学的大学生，直觉告诉他，这里面肯定有问题。

他在摊位的周围仔细检查。很快，他就在一个角落里发现了一些红色溶液。

原来，史蒂芬红色根茎的玫瑰花只不过是在红色的溶液里养过。根茎在输送水分的同时将红色颜料留在了根茎中，因此使玫瑰花的根茎变成了红色……

成长悟语

从这个故事中，我们起码可以学到三点：

第一，看起来新鲜又被别人起哄的，不见得一定是好东西。

第二，有一些创意和财富，其实就是在旧有模式上稍加改变。

第三，知识往往会帮助我们认识世界的真相。

是谁出卖了乌龟

森林里，狐狸最狡猾了，总是有办法得到自己想要的食物。即使这样，它也吃不到乌龟这个美味，因为乌龟那身坚硬的壳，屡屡使狐狸不能得手。狐狸和乌龟几次三番的较量，每次都是狐狸灰溜溜地走了。这样时间长了，乌龟就骄傲起来。

一天，乌龟与好朋友蛇遇上了，于是就凑在一起聊天。

蛇也听说了狐狸与乌龟的事情，对乌龟百般崇拜地说："老兄，你的这身宝贝铠甲真好，就连狡猾的狐狸都打败了。我要是也有这么一件，我也可以像你这样威风了。"

乌龟一听蛇的恭维，得意极了，于是就说："其实，我也不是没有弱点的，当我全身缩到壳里的时候，只要把我翻过来放在阳光下曝晒，我就会热得不行，自动伸展开身体。"

蛇听了十分惊讶，原来乌龟也有致命的弱点啊。乌龟说完后，就对蛇说："我这个弱点，千万不要告诉狐狸啊，否则我就死定了。"

蛇信誓旦旦地说："你是我的好朋友，无论出现什么状况，我也不会出卖朋友呢？"

可是，没过多久，蛇被狐狸捉住了，狐狸张开自己的大嘴，正想把自己的牙齿刺入蛇身体的时候，蛇求饶说："等等，我可以告诉你一个乌龟的弱点，你放了我吧。"

狐狸眼珠子一转，觉得这个交易可行，因为蛇肉吃过很多次，就是没尝过乌龟的滋味，于是在蛇告诉它乌龟的秘密后就放了蛇。

乌龟当然落到了狐狸手里，临死的时候，它还不知道狐狸是怎么知道自己的秘密的。

成长悟语

无法替自己保密的人，就不要怨恨别人说出你的秘密。你连自己都不懂得保护自己，怎么还能指望别人呢？

死蛇咬人

响尾蛇是一种非常恐怖的动物，它有剧毒，一旦被响尾蛇咬伤可能会丧命。

美国的亚利桑那州盛产响尾蛇，那里的“行善者地域医疗中心”的研究者们发现了一个奇怪的事情，就是响尾蛇在死后一小时内，头部仍能够弹起咬伤别人。很多人都是被死了的蛇咬伤，甚至咬死的。这些蛇有的是被枪打死的，有的是被刀砍死的，甚至有的头部被切除了，但是很多人以为它们死了就用手碰触，没想到竟然被死了的蛇狠狠地咬了一口。

科学家们研究发现，响尾蛇的头部有一个利用红外线感应附近生物的器官，这个器官控制着它们的吞噬能力，所以即便是死后，其他器官衰竭，但这种依靠感应红外线的器官仍能发生发射作用，一小时以内也能发起反击。

成长悟语

一些陋习、疏忽就像是死去的响尾蛇，虽然表面风平浪静，但却隐藏着危机，一定要时刻提高警惕。

所以，当对结果不能确定的时候，我们永远不要掉以轻心。

松鼠和土拨鼠

一天，土拨鼠挖洞累了，出来休息。它看见松鼠高高地坐在树杈上，什么也不做，悠闲地晒着太阳，它羡慕极了。

第二天，土拨鼠挖洞挖累了，出来喘口气，又看见那只松树高高地坐在树杈上，什么也不做，悠闲地晒着太阳。

第三天，土拨鼠挖洞，累得满脸大汗。它再次看见那只松鼠高高地坐在树杈上，什么也不做，悠闲地晒着太阳。于是它再也忍不住地问道：“你怎么那么悠闲啊？我要是能像你一样，什么也不做，晒晒太阳就好了！”

松鼠低下头，看着土拨鼠说：“你为什么不呢？”

土拨鼠觉得松鼠说得有道理。于是他停下了挖洞的工作，什么也不做，躺在自己的洞口晒太阳。它现在似乎把挖洞抛在了脑后，丝毫没有意识到，对于一只土拨鼠来说，只拥有一个洞是多么危险的事情。土拨鼠一般都会有三个以上的洞，这样是为了在遇到危险的时候，可以从别的洞口迅速逃跑。

一只狐狸从这里经过，发现了晒太阳的土拨鼠，于是猛地扑向了它。幸亏土拨鼠反应迅速，它逃进了洞里。可是，狐狸多么的狡猾，它一眼就发现这只土拨鼠的洞只有一个洞口。只要自己守在这里，等土拨鼠饿极了出来找吃的，自己就可以把它抓住。

这个时候，狐狸笑着说：“我抓不住松鼠，因为它在树上，但是你这只土拨鼠为什么觉得我也不能抓住你？！”

成长悟语

松鼠能在树上躲避危险，但是土拨鼠却不能；松鼠可以有恃无恐，但是土拨鼠却不行。当我们爬不了树的时候，就应该老老实实地挖洞。我们要时刻谨记，别人能躲过厄运，但自己不一定躲得过！

狗怕蹲下

贝克和亚罗一起出远门，经过一个村子。走着走着，一条大灰狗朝他们冲了过来，好像要咬人一样。

贝克见状，赶紧蹲下。大灰狗看见贝克蹲下，就停下了脚步，摇摇尾巴，朝另一个方向走去。

而亚罗随即捡起一块小石头，嗖一下打中了大灰狗的后背。大灰狗哀嚎一声，连忙逃走了。

贝克奇怪地问亚罗："狗已经转换方向了，它不打算攻击我们了，你为什么还要打它？"

亚罗反问道："刚你看到狗为什么蹲下？"

"你没有听过一句俗语吗？叫作'狗怕蹲下'，你一蹲下，狗就以为你要找石头打它，所以就赶紧逃跑了。"

"是的，你蹲下捡石头打他，狗就跑，这是长期的条件反射形成的习惯，就像人和狗之间订立的协议一样。但是如果你总是这样骗他，蹲下但又不打他，那么长此以往，狗就知道你是在假装，从而不再相信你了。那么人与狗之间的协议也就不复存在了，这一招也就再也不管用了。"

成长悟语

用石头打狗看似暴力，实际上比暴力更可怕的是不守规矩。打狗只是让狗疼一下，但不守规矩就破坏这种长期形成的秩序。而当这种秩序被破坏之后，我们的生活就有可能陷入混乱。

而从另一个方面来说，秩序本身也是需要强化的。就像我们养成一个习惯一样，只要长时间不遵守、不坚持，那么习惯就有可能不复存在，无论是坏的还是好的。

小鹿的三条箴言

在遥远的森林深处，有一个猎人，他名叫布兹。

有一天，布兹抓住了一只会说话的小鹿，这只小鹿对他说："放了我吧，我将告诉你三条箴言，你只要按照这三条箴言去做，一定会过上富足的生活。"

布兹答应了。小鹿说："第一，自己做的决定就不要后悔；第二，别人说的话，如果你认为不可能就不要相信；第三，如果一个地方你到达不了，就不要逞强。"猎人信守了自己的诺言，放走了小鹿。

小鹿一出门就立刻跑到了猎人家门前的悬崖上，并对猎人说：“你真笨，居然把我放了。我的鹿角上镶嵌着一块神奇的宝石，正是因为它，我才会说话的。”

猎人一听后悔莫及，赶紧上前要去抓住这只小鹿。可是悬崖太陡峭，猎人滑了下来，还摔断了胳膊。

小鹿看着猎人，说道：“可怜的人啊，难道我刚刚告诉你的箴言你这么快就忘了吗？我告诉你自己做了决定就不要后悔，你却后悔放了我；我告诉你自己认为不可能的事情就不要相信，我说我有宝石你就这么轻易地相信了；而且我告诉你了自己到达不了的地方就不要勉强，你却硬要爬上悬崖，最终摔断了自己的胳膊。”

成长悟语

一次惨痛的教训远比千百次的忠告劝诫管用得多，如果人们不必经受苦难而学会生活的真理那该多好啊！但是，这可能吗？

凯伦的困惑

最近，凯伦感觉自己的生活充满了困惑，听说有一个老人能解答所有的难题。凯伦决定前去请教老人，弄明白自己的疑惑。凯伦如愿见到了老人。

凯伦问：“我家附近有一家餐厅，东西又贵又难吃，我知道自己是在花钱买罪受，但我还是会一而再，再而三地去那里吃饭。为什么？”

老人说：“在生活中，很多人都做过类似的蠢事。不少青年男女都曾经抱怨过他们的情人或配偶品性不端，三心二意，不负责任。尽管明知道在一起没有好结果，怨恨比爱还多，却还要和对方纠缠不休，分不了手。说白了，他们不甘心放弃，哪怕只是为了习惯。这不也和光临餐厅一样？记着，做人，不要过于执着。”

凯伦若有所思地点了点头，又问：“我有一次外出逛街丢了10美元，只知道它好像丢在我走过的一段路上。我决定返回去找，结果我花了50美元坐出租车，也没找回来。这是不是一件很愚蠢的事情？”

老人说：“有时候，明明知道自己做错了一件事，问题出在自己身上，就是不肯认错，反而花更多的时间来找借口，让别人对自己的印象大打折扣。这正如你那件愚蠢的事情。做人，不要太为难自己。无论是失去一个人的感情，还是丢失的东西，如果明知一切已无法挽回，就不要过于伤心了。因为这样一点用也没有，只能损失更多。”

人生最丰富的资源是时间，最容易消失的资源也是时间。

凯伦实在有太多问题了，她又接着提问：“不知道是现在信息太发达，还是车辆太多，每天打开电脑或报纸都能看到有车祸发生，以至于我每天都害怕出门。”

老人回答说：“有人觉得现在的离婚率那么高，都不敢谈恋爱了。甚至有的女人看到某些男人发生婚外情，就对自己的另一半忧心忡忡，这种反应和你一样。因此，你要有一颗乐观的心，要相信虽然道路多艰险，自己还是那个会平安过马路的人，只要多加小心，不必害怕过马路。”

凯伦决定再问最后一个问题：“我时常会幻想，如果我能长生不老，就有时间去实现我一个又一个的理想了。所以我最想做的事就是希望生命能无限延期。”

老人说：“很多人和你一样，总是喜欢说，等我有时间了，要去做这做那；等我退休了，就去旅游，然后环游世界；等孩子长大了，我要去写一部小说……人们总以为自己有无限的时间与精力。要想实现理想，就要从现在做起。你可以一步一步地去做自己想做的事，不必在等待中徒耗生命。如果现在就能一步一步努力接近，你就会达成自己的理想。”

成长悟语

生活给予我们的哲理永远比我们认识得多，它会在很小的事情上，给我们很深刻的道理。

生存不是靠狗屎运

一个士兵到了战场，他害怕极了。

指挥官前进的号令一下，其他的士兵蜂拥地朝敌军的方向前进，但是这个士兵始终趴在地上，不敢前进。指挥官很生气，上前命令他往前冲，否则按照军法处置他。这个士兵终于站了起来，跌跌撞撞地跟在其他士兵的后面。

离敌军只有几英尺了，敌军发现了他们的行迹，并朝这边开枪了。指挥官下达命令，迅速隐蔽，开枪还击。其他士兵们迅速地匍匐在地，与敌军打了起来。唯独这个胆小的士兵，因为害怕没有听从指挥官的命令，而是转身往回逃跑。他不知道隐蔽，只顾着逃命，目标太大，指挥官觉得他必死无疑了。可是，这个士兵，在奔跑中踩到一坨狗屎，脚底打滑，摔倒在地，一颗子弹“嗖”的一下，从他的头顶上掠过，他捡回了一条命。

当然，这个士兵虽然活了下来，可是受到了指挥官的严厉批评，他说：“一个士兵的责任就是勇敢与敌人作战，只有勇敢地面对敌人，才能在与敌人的对抗中寻找机会生存下来，而不是靠一坨狗屎的运气。”

几个月后，这个士兵又被派去战场作战，他还是很害怕，不敢勇敢地与敌人作战。他看着那漫天的炮火，瑟瑟发抖。他又一次逃跑了，可惜，这一次没有上一次那么幸运，一颗子弹击中他的后脑勺，他倒地死去了。

成长悟语

狗屎运也许能让我们避开一次危险，但它不能永远保证我们的安全。

山上的蚂蚁

两个游客到一处风景秀美的山里游玩，在山里他们看到一群蚂蚁成群结队地搬运一只死了的乌鸦。

回来途中，他们就跟一位正要上山的游人说："山上的蚂蚁居然吃乌鸦。"

游人听了吓坏了，就没敢上山。到了餐馆，他跟服务员说："山上的蚂蚁巨大无比，能一口吞下一只乌鸦！"

服务员听了以后，逢人便说："如果你去山上的话，千万要小心巨型蚂蚁，它会一口咬断你的脖子。"服务员一遍一遍地说着，后来就演变成"山上有一群像怪物一样的蚂蚁，专门吃人头"。

这个消息传遍了周围的村子和城镇，人人都胆战心惊。报纸和电视新闻也纷纷报道："据一位守山的猎人目击，一只巨型蚂蚁袭击了游客，并将他吞进肚子。目前受害者人数正在不断增加，警方已经介入调查。科学院的研究人员表示这可能是环境污染造成的物种基因突变，是否与前段时间的病毒传染有关正在进一步调查之中。"

自此以后，再也没有人上山，这座风景秀美的小山就这样埋没在人们的传言之中了。

成长悟语

谎言重复千遍就变成了真理！所以，当我们接触到尚未经证实的事情时，那么就让这件事在我们这里止步。否则，我们很可能变成了流言的帮凶。要知道，一个流言里所包含的成分，多数都是猜疑出来的。

当然了，能够被流言所动摇的人，也说明其意志并未足够强大和坚定。

事实上，这是好事

卡萝是一个公司的高级主管，同时他也是一个凡事追求完美的人，因此，平时在工作中对下属要求比较严格。

一天早上，卡萝上班时感觉很疲惫，当他将车开到地下车库时，并没有立即下车，他打算在车里休息一会儿再进办公室。

突然，卡萝被一个刺耳的声音惊醒，他马上睁开眼，正好看到他的一位下属，正在划他的车。地下车库光线很暗，车窗又贴了反光膜，对方看不到他。

此时，卡萝顾不上愤怒，因为他对下属的这个行为感觉特别惊讶。他努力调整自己的情绪，决定静静地待在车里不动，直到那个下属做完这一切，然后吹着口哨离开。卡萝才下车，看到车子已经面目全非。

卡萝平日对这个下属是如此倚重，在工作上提携他、生活上帮助他。为什么还做出划他车子的事情呢？与其说下属划伤了他的车子，倒不如伤了他的心。他这才发现，自己其实非常可怜，在公司里他可以决定一个人的去留，非常权威，但他在做人方面却不是一个成功者。

卡萝下班后没有回家，直接约上几个好友去吃饭，他打算把今天的事情宣泄出来。有朋友安慰他说下属心情不好无从发泄，拿他的车子出气，幸好没有涉及他的人身安全，还是应该庆幸的。

成长悟语

英国作家毛姆就说过："所谓正常其实是罕见的。"是的，正常是一种理想，但这个世界并不按照你的理想运转。一个人聪明不聪明，无非有无自知之明，无非是否善于解读这样那样的"不正常"，然后调整自己，重新出发。

缸口与缸底的老鼠

一只老鼠到处找吃的。一天，它来到一户农庄里，老远就闻到一股浓浓的奶酪香，饿得精疲力竭的它一下就来了精神，振奋地朝香味跑去。

找了一会儿，老鼠终于找到了香味的来源——厨房里的一个大缸。

大缸里放着一大碗奶酪，可能是人类怕老鼠偷吃，在缸口缠了一圈绳子，只留下了一个拳头大小的口。此刻，在缸底正有一只肚子鼓得圆溜溜的老鼠。

缸口的老鼠往里探了头探头，大声说："喂，兄弟，你别把奶酪吃光了，可得给我留一点儿啊！"

缸底的老鼠一听，停了下来，它抬着头说："兄弟，千万别下来，这可是个陷阱啊，你下得来，就上不去了！"

站在缸口的老鼠哈哈大笑起来："兄弟，你也太自私了，自己找到好吃的东西吃饱了，就编出这样幼稚的谎话来骗我。你是骗不到我的！你之所以这样说，不就是想吃独食嘛，我偏不上当！"

缸底的老鼠说："兄弟，我说的都是真话，这里真是陷阱，你千万别下来！你看看我，我已经使出了浑身的劲，可是这大缸的内壁滑溜溜的，我怎么也上不去啊！"

缸口的老鼠哈哈大笑，说："你以为我是大傻瓜吗？你明明想独霸香喷喷的奶酪，却变着花样骗我，我才不会上你的当呢！"

缸底的老鼠说："你是我的兄弟，我怎么会骗你呢？兄弟，你就信我这一次，千万千万别下来！"

贪欲首先会让人失去理智，然后又失去自尊。

缸口的老鼠有些愤怒了，厉声说，“现在骗子太多了，我才不会相信这些鬼话。想吃独食，绝对不可能。你不让我下来，我偏要下来！”

说罢，这只老鼠就不顾一切地往缸里跳了……这个捕老鼠的陷阱里又多了一只老鼠。

成长悟语

当别人都在告诉你世界有多可怕和黑暗时，你要试着相信人性中的美好。只有亲身经历过，才知道世界是个什么样子。

此路不通绕个圈

顺治元年（公元1644年），清王朝迁都北京以后，摄政王多尔衮便着手进行武力统一全国的战略部署。当时的军事形势是：农民军李自成部和张献忠部共有兵力40余万；刚建立起来的南明弘光政权，汇集江淮以南各镇兵力，也不下50万人，并雄踞长江天险；而清军不过20万人。如果在辽阔的中原腹地同诸多对手作战，清军兵力明显不足。况且迁都之初，人心不稳，弄不好会造成顾此失彼的局面。

多尔衮审时度势，机智灵活地采取了以迂为直的策略，先怀柔南明政权，然后集中力量攻击农民军。南明当局果然放松了对清的警惕，不但不再抵抗清兵，反而派使臣携带大量金银财物，到北京与清廷谈判，向清求和。这样一来，多尔衮在政治上、军事上都取得了主动地位。

顺治元年七月，多尔衮对农民军的进攻取得了很大进展，后方亦趋稳固。此时，多尔衮认为最后消灭明朝的时机已经到来，于是发起了对南明的进攻。当清军在南方的高压政策和暴行受阻时，多尔衮又施以迂为直之术，派明朝降将、汉人大学士洪承畴招抚江南。顺治五年，多尔衮以他的谋略和气魄，基本上完成了清朝在全国的统治。

成长悟语

任何事物的发展都不是一条直线，聪明人能看到直中之曲和曲中之直，并不失时机地把握事物迂回发展的规律，通过迂回应变，达到既定的目标。

绕圈的策略，十分讲究迂回的手段。特别是在与强劲的对手交锋时，迂回的手段高明、精到与否，往往是能否在较短的时间内由被动转为主动的关键。

南瓜也有自尊心

小霍比的奶奶住在美国南部的美丽小镇奥古斯塔，她有一个小庄园，里面养着奶牛、羊，还种着多种多样的蔬菜。这里是小霍比的乐园，每年不上学的时候，霍比就会从芝加哥飞到这里，和奶奶一起生活。每次他来的时候，奶奶都会到庄园中采摘很多新鲜的蔬菜，做各种好吃的给霍比品尝。

这一天黄昏，奶奶又开始在厨房里忙碌。她从菜园中摘了一个大南瓜，想要为霍比做一个美味的南瓜派。她坐在小板凳上，一只手握紧了南瓜带蒂的一端，另一只手拿着刮刀，飞快地去着皮，左三圈右三圈，坐在旁边看的小霍比觉得很有意思。很快，刮刀就刮到了南瓜的蒂部，还剩一圈瓜皮没刮完，奶奶就停止了。小霍比非常奇怪，他困惑地问奶奶："为什么不把它刮了呢？我们不是不吃南瓜皮吗？"

奶奶笑着说："南瓜的皮就是南瓜的面子，每个人都有自尊心，南瓜也有啊。我们要懂得保护南瓜的自尊心，它才愿意听我们的指挥。"

小霍比并不相信奶奶的话，因为南瓜就是南瓜嘛，蔬菜哪有什么自尊心可言？他执意要把蒂部剩余的那一圈南瓜皮削掉。结果，刮的时候，南瓜全身都是滑溜溜的，没有任何一个地方可以把抓。一不小心，就被刮刀刮了一个血口子。

成长悟语

从这个故事里，我们可以明白一个道理——当你想要处理一些事情的时候，记得给自己一个依凭的"南瓜蒂"。这不仅是为了更方便清理障碍，也是为了避免自己受伤！

一个座位

前几天，詹姆斯太太抱着孩子坐公交车去医院检查身体。车上人不太多，只有几个人站着。司机见詹姆斯太太抱着孩子，就呼吁车上的乘客："哪位乘客给这位抱小孩儿的女士让个座位？"但是没有一个人响应，坐在"老幼病残孕"专座上的几个年轻人也毫无反应，特别是那个二十多岁的戴着耳机听音乐的女孩，她闭着眼睛，一副享受的表情。另外几人，有的假装看向窗外，有的则把头埋进报纸里。詹姆斯太太非常尴尬，不由自主地把目光瞪向那个女孩。

几分钟后，听音乐的女孩睁开眼睛，发现詹姆斯太太正瞪着她后，她赶紧把目光转移到窗外。其他的年轻人也偷偷瞄了詹姆斯太太几眼，又扭头继续自己的"活动"。詹姆斯太太只好一手抱着孩子，一手扶着栏杆。汽车的颠簸让小孩觉得非常不舒服，他哭闹起来。詹姆斯太太哄着孩子，又瞪了那些年轻人几眼，说："我们还有几站就下车了。"但是宝宝根本不听劝，他自顾自地哭闹着，动静越来越大。

这时，那个听音乐的女孩站起来，把座位让给了詹姆斯太太。女孩的表情有些尴尬，而詹姆斯太太毫不理会，径直走向座位。在她心里，座位本来就应该是她的，没必要向这个女孩道谢。然而，当女孩站起来的时候，詹姆斯太太发现，女孩有一条腿是假肢。

成长悟语

有时，眼见的并不一定是事实。我们有太多的愤怒、怨恨、痛苦是来自于想象，而不是事实。

用眼睛去看这个世界，但是，也别太相信自己看见的东西，因为你看到的可能只是低头时的黑影。

掉进井里的山羊和狐狸

一只狐狸散步时不小心掉入了猎人的陷阱，这个陷阱四壁光秃秃的，它挣扎了好久都没有爬出来，只好待在这里，等待路过的伙伴解救。然而，一天一夜过去了，没有谁从这里经过。所幸，陷阱里有一小潭积水，不然又渴又饿，狐狸根本撑不下去。

第二天早上，一只口渴的山羊经过这里，它看到里面有小水潭，就问狐狸水好不好喝。

久等的狐狸终于盼来了救星，心中狂喜难抑，但它还是故作镇定，极力赞美井水好喝，说这水清甜爽口，并劝山羊赶快下来。

一心只想喝水的山羊信以为真，想都没想就跳了下去。当它咕咚咕咚痛饮完后，才发现自己困在了陷阱中，四壁的高度比预想得要高得多。它不得不与狐狸一起共商出去的办法。

狡猾的狐狸早已打定了主意，但是它还是假装思考了一会儿，又装作恍然大悟地提出了自己的建议："我倒有一个方法。你用前脚扒在井墙上，再把角竖直了，我从你后背跳上去，再拉你上来，我们就都得救了。"

山羊听了之后，觉得这是个好办法，没怎么细想就同意了提议。狐狸踩着它的后脚，跳到它背上，然后再从角上用力一跳，跳出了陷阱。

跳出来后，狐狸却并没有回头拉山羊，而是准备独自逃离。山羊指责狐狸不信守诺言。

狐狸回过头对公山羊说："喂，朋友，你的头脑如果像你的胡须那样完美，你就不至于在没看清出口之前就盲目地跳下去。"

成长悟语

谨慎地活着，并不是为了防备别人，而是为了保护自己。这个世界上有太多的不确定，在你不确定两个条件的时候千万不要轻易行动：第一，对方的话是否可信。第二，自己是否有能力解决可能遇到的危机。

沼泽与河流

沼泽看着溪流每天川流不息，从山上载着人们砍伐的木材流到山下，日复一日没有停止过，沼泽认为溪流太辛苦了。所以沼泽默默地守着自己，不让人们看到自己，同时享受着安逸的生活。

随着时间的推移，小溪变成了河流，河流承载的也并非仅仅是木材，还有船只、竹筏，甚至还有更多的运输物品。

沼泽看着河流背负的东西越来越多，感到不理解和不忍心，于是就问河流："你一定很累吧？我总看着你为人们驮着那么多东西来来去去，大船看着就非常沉重，小船虽然很轻，但是数不胜数。你什么时候才能抛弃这种无聊的生活呢？你看我，每天过着安逸的生活，舒舒服服地荡漾在柔和的泥岸之间，相比之下，我就像是人类社会里的贵妇，每天都可以享受生活。”

河流慢条斯理地回答说：“亲爱的沼泽，如果你是哲学家，应该懂得，水只有流动才能保持新鲜，还记得许多年前我只是一条小小的溪流，而现在的我成了一条小河，也许未来会成为伟大壮阔的河流，这种成长就是因为我让自己川流不息。”

很多年以后，河流果然验证了自己的话，变成了一条宽广的大河，而这条河也有了自己的名字，世世代代的人们依赖着河流。而可怜的沼泽却一年比一年浅，后来沼泽的表面浮起一层黏液，芦苇生出来了，而且生长得很快，最终沼泽从这个世界上消失了。

成长悟语

当有人在声讨看起来比自己优秀的人是装模作样、自找麻烦的时候，其实真正的想法 是—— “我没有，你也不能有。”

不要让别人的无能成为阻碍你前进的理由。

选人与选桶

很久以前，有个富有的农场主叫希伯来。他有两个儿子，一个叫莱多，一个叫那多。莱多自幼就很聪明，而那多则有些愚笨，因为他太老实了。

两个儿子长大后，农场主希伯来也老了。他想从两个儿子中挑选一个继承家业，思来想去，终于想到一个办法。

他把两个儿子叫了过来，指着一旁早已经放好了的两对桶说：“这里有两对桶，一对小一点，一对的底是尖的。你们一人选一对，从山底下挑一担水上山，谁先上来谁就继承我的财产。”

莱多和那多各有所思，打量了一会儿便去选桶了。莱多将两对桶比较来比较去，最后选择了那对相对小一些的桶。而那多什么话也没说就选了两个尖底的桶。然后，两人便下山挑水去了。

生活就是一场战争，战争从来不存在侥幸和投机心理，实力、智慧和胆识缺一不可。

一旁的妻子等两个儿子都走了，就说道：“那多真是笨到家了。结果不用想都知道啊，肯定是莱多赢，他的桶小那么多，走起山路来比那多轻快多了。”

希伯来笑了笑，说：“那可未必。”

一个小时后，那多在母亲惊愕的眼神中率先到达了农场。他放下水桶，休息了一会儿后，之后，莱多才气喘吁吁地到达目的地。一看到那多气定神闲地坐在那里，莱多不可置信地大声说道：“你的桶比我的桶装的水多多了，你怎么可能比我还先到达？”

那多回答说："因为我的桶底是尖的，中途都没办法休息。我只能使劲往前赶。"

一旁的希伯来赞赏地朝那多点了点头，转过头来对莱多说："你知道自己为什么没有先到达目的地吗？"

"我原以为我的桶小，挑起来省力，肯定会比他先到，所以在路上没有太着急……"

希伯来这时感叹说："是啊，那多之所以赢了，是因为尖底的桶在一直催促着他走向成功。而你，莱多，你选择了一条看起来相对轻松的路来走，结果却输了。"

成长悟语

人生就是一次负重前行的旅程，投机取巧可以在某个阶段帮你省力，却不能帮你走完整个旅程。

拐一个弯是为了更好地前行，而不是为了让自己掉进看不见的陷阱。

不知名的战争

在幼儿园里，弗兰克和贝蒂吵架了。贝蒂一气之下，咬了弗兰克一口，弗兰克也撕坏了贝蒂的衣服。贝蒂的牙印被弗兰克带回了家，弗兰克的家里沸腾了，全家人都为弗兰克受到的"可怕遭遇"感到气愤，最终，弗兰克的父亲决定，第二天去学校找到那个咬儿子的小女孩。

另一方，贝蒂回到家后，她的母亲看到贝蒂损坏的衣服同样非常生气，也准备第二天去学校找对方的家长。第二天，弗兰克的父亲和贝蒂的母亲在幼儿园里大吵大闹，一方说对方长了一嘴的狗牙就知道咬人，说明母亲也是个暴力狂；一方说对方身为一个男生，吵架居然还把女孩的衣服扯坏了，说明父亲也是没有男子汉气概的人。两个人不欢而散，并且把心中的不悦带回了家，都在家人面前说尽对方的坏话。恰巧，弗兰克和贝蒂所住的地方是相邻的街道。两家人不停地在自己的街道说相邻街道有一家人蛮不讲理，流言越来越大，慢慢地居然变成了两个街道的居民互相敌视，矛盾上升到了两条街的人都认为对方是不讲理的野蛮人。

最终，贝蒂的母亲到相邻街道购物的时候，总会被人说一些难听的话，而弗兰克的父亲到相邻街道修车的时候，价格也变得非常高……这场不知名的"战争"虽然毫无硝烟，但是已经不再是两个孩子吵架那么简单了，至少所有的大人都这么认为。可是这个时候，弗兰克和贝蒂早就把那天吵架的事情忘记了，他们依然是好朋友，甚至比以前更加亲密。

当双方的家长再次来幼儿园接孩子的时候，看到贝蒂喂弗兰克吃糖、弗兰克为贝蒂擦鼻涕的情景，才意识到自己引起的战争多么可笑。

成长悟语

孩子间单纯的"战争"，永远都不会打上仇恨的印记。在他们看来，咬一口跟喂一口同样自然。但是，有些成年人偏要用自己的手去掂量孩子的行为，努力挖掘其行为后面的潜在动机，将自己复杂的思想感情强加到孩子头上。

强大的水

进入高中篮球队的第三天，约翰一回家就向自己的父亲抱怨，说自己如何也融入不了新球队，球队里的战术和他的球技根本不能配合。

父亲没有制止约翰的牢骚，只是让他把家里的三个花瓶都拿到眼前。约翰把三个形状各异的花瓶摆在桌子上，看着父亲拿来一瓶水。

之后，父亲问约翰水是什么形状。约翰纳闷："水哪有形状？现在它装在瓶子里就是瓶子的形状。"父亲表示赞同。然后他分别把水倒进三个不同的花瓶里，约翰看着水进入不同形状的花瓶后，随着花瓶的形状改变自己。

"爸爸，您的意思是我应该像水一样，进入一个新的团体，就要按照这个团体的规则去改变自己？"约翰问道。

"只说对了一半，如果仅仅是毫无意义地改变自己迎合规则，那么水就太过软弱了。"

说完，父亲带着约翰走出屋外，来到房屋的一角，父亲指着水泥地上有一个小小的凹槽问约翰："这是水的强大。"

约翰不解地看着地上的凹槽。这时一滴水从屋角落下来，滴在了这个凹槽处。

父亲接着说道："水泥地可要比花瓶硬得多。一个有能力的人应该像水一样，既能够适应不同的环境，改变自己的形状，同时，应该有水一样的毅力，去改变对方。"

成长悟语

我们要么学会承担，要么突破自我，如果这两件事情已经做好了，我们就可以用剩余的时间保持沉默，然后来证明。最终，在这种沉默里，会有我们想要知道的结果。

第三十八辑

人性：灵魂的起点

玛丽安的花香

玛丽安是一个4岁的小女孩，她和父母住在城南的贫民区。后来，一位老奶奶搬到了玛丽安家旁边，玛丽安有了一位新邻居。

一天，玛丽安走过老奶奶的门前，她看见老奶奶正在摆弄一盆小小的花。她探着小脑袋问："老奶奶，您在种花吗？"

老奶奶把玛丽安叫到身边，笑着说："不是的，这是树下的野花，种不活的。"

"那您为什么还要把它移到这里啊？它说不定什么时候就死去了呢！"玛丽安继续问。

老奶奶说："小姑娘，我年轻的时候住在乡下，那里遍地都是各种小小的花，红的、黄的、紫的……有风吹过来，整个田野都是香的。"

从出生到现在，玛丽安一直都生活在这片狭小的贫民区，老奶奶的话一下把她吸引住了。听着听着玛丽安不自觉地靠着老奶奶的膝盖。

"老奶奶，乡下真的有那么美吗？"玛丽安好像已经走在乡间的路上。

"是啊，你听我仔细说啊。"整个下午，老奶奶给玛丽安讲了各种花儿的故事。直到天快黑了，玛丽安在妈妈的呼唤中才恋恋不舍地回家了。

接下来好几天，玛丽安总是请求老奶奶给她讲乡下的事情，小河的故事和高山的传说。

玛丽安又把这些故事讲给妈妈听。妈妈问玛丽安："老奶奶的故事给了你那么多欢乐，你有什么能送给老奶奶呢？"

玛丽安愣住了，她被妈妈问倒了。"是啊，拿什么送给老奶奶呢？"她低头想了一会儿，扬起小脸对妈妈说："妈妈，我会找到老奶奶最喜欢的礼物的。"

玛丽安想，老奶奶讲了那么多花儿的故事，她肯定特别喜欢花。玛丽安决定采些花送给老奶奶，就朝街区的花店走去。那里总是有很多漂亮的花。

花店店员看到可爱的玛丽安，微笑着问她："小姑娘，你要买什么花？"原来这里的花是需要花钱的，不能随便采摘，小小的玛丽安刚刚知道。

玛丽安摇了摇头，轻轻抿着嘴唇，她突然想到：如果我不能把花送给老奶奶，那我可以把花的香气带回去。

玛丽安在花店里转来转去，她想这样浑身就都被花的香味覆盖。

过了好一会儿，玛丽安离开了花店。

她小跑着到了老奶奶家，一下子扑到了老奶奶怀里，开心地说："老奶奶，我要把花的香味全都送给你！"

玛丽安并不知道，她走了这么久的路，穿过了街区又走过了贫民区，身上哪里还有什么香味呢？

老奶奶似乎猜到了玛丽安心思，于是，她低头闻了一下，高兴地说道，"是啊，我的孩子，真是很香的花。"

成长悟语

每个出生的小孩都是上帝遗落在人间的天使，纯洁而善良，闪烁着圣洁的光辉。但是，随着年龄的增长、环境的熏染，最后都成了复杂世界中一个复杂的人。所以，孩童的纯真是值得每一个成年人小心珍视的金子。

迪士尼乐园的小路

1971 年，在伦敦国际园林建筑艺术研讨会上，迪士尼乐园的路径设计被评为世界最佳设计。其实，在这个辉煌成绩的背后还有一段不为人知的故事。

经过 3 年的施工，世界著名建筑大师格罗培斯设计的迪士尼乐园，马上就要对外开放了。然而，还有一个问题一直没有解决，那就是乐园的道路设计，该设计一条怎样的路径才能让游客们兴致盎然地游完整个迪士尼乐园呢？这成了开放前最大的难题，施工部打电话给正在法国参加庆典的格罗培斯大师，请他赶快决定，以便按计划竣工和开放。

格罗培斯大师从事建筑研究 40 多年，攻克过无数建筑方面的难题，在世界各地留下了 70 多处精美的杰作。然而就是这看似极为简单的一件小事却让他大伤脑筋。对迪士尼乐园各景点之间的道路安排，他已修改了 50 多次，但没有一次让他满意。又接到了催促的电报，使得他更加焦急。

有一次，为了寻找设计灵感，他就让司机驾车带他去了地中海海滨。汽车在法国南部著名的葡萄产区的乡间公路上奔驰，这里漫山遍野都是当地农民的葡萄园。葡萄园的主人们在向过往的路人兜售他们看起来极为美味的葡萄，尽管如此，却很少有车停下来购买。

过了一会儿，他们的车子进入了一个停着许多车子的小山谷。原来，这里有一个无人看管的葡萄园，人们只要在箱子里投入 5 法郎就可以摘一篮葡萄上路。据说这座葡萄园的主人是一位老太太，她因年迈无力料理葡萄园而想出了这个办法。刚开始老太太还担心这种办法卖不出葡萄，但结果却是在这绵延百里的葡萄产区，她的葡萄总是最先卖完。

听了这个故事，格罗培斯深受启发，他让司机掉转车头，立即返回了巴黎。

回到住地，他给施工部发了一封电报：撒上草种，提前开放。施工部按要求在乐园撒了草种，没多久，小草长出来了，整个乐园的空地都被绿草覆盖。在迪士尼乐园提前开放的半年里，草地被踩出许多小道，这些踩出的小道有窄有宽，优雅自然。第二年，格罗培斯让人按这些踩出的痕迹铺设了人行道。

当人们问格罗培斯，为什么会采取这样的方式设计迪士尼乐园的道路时，格罗培斯说了一句话："艺术是人性化的最高体现。最人性的，就是最好的。"

成长悟语

格罗培斯人性化的设计被评为世界最佳设计告诉我们：让人感到舒适，就一定能在适时的时候得到回报。

人性与价值的考量

吉姆是一个富豪。一次，他接受了一个专访。

当他谈到钱的重要性时，一个女观众站起来问吉姆："嗨！你已经很富有了，为什么还那么在乎钱？"

吉姆回答道："哦！因为钱能买到一切！"

现场的观众一片哗然。

吉姆平静地说："我们可以做一个测试！测试的主题很简单，假设你的一个仇人爱上了你正深爱的女友，现在他想要你退出，并愿意出一点钱来补偿你。你是一个正常的人，这时你会怎样选择？"

所有的观众对此论调表示不屑，吉姆毫不在意地开出了第一个价格："5万！"

现场的观众依然嗤之以鼻，都不约而同地否定了。

"50万！"

现场的声音顿时小了很多。过了一会儿，绝大多数男人依然选择了否定，只有少数的人接受了这50万。

"500万！"吉姆接着开出了第三个价格。

现场更静了，观众席上的男人们第一个动作都是看身边的女人，也许是在权衡什么。一半的男人沉默了，另一半的男人怯生生地说："我要爱情。"

"那么5000万呢？"

人们开始认真地权衡起来，那些刚才还选择爱情的人也动摇了，这毕竟不是一笔小数目，可以说是巨款。只有一个男人举手说："我不会

金钱能展示一个人的价值考量，很多人面对金钱的诱惑变得面目全非，奢侈、张扬、放纵、傲慢……从前的好品行荡然无存。

放弃我的爱情！”所有人都用很奇怪的目光看着他，他解释：“我的爱情是无价的。”但是吉姆问他身边的女友是否感动时，女友却说：“我虽然感动，但我更感动的是为了我付出5000万的人，而不是放弃别人5000万的人，他的观点很可敬，但那不现实。”

吉姆露出了胜利的微笑，站起来说：“哈，看啊！你们所有的人都选择了金钱！”

“选择金钱的那个人还是那个人，只是他的为人和评价因为钱数的变化而完全改变了。相同的工作，1000美元就会让人觉得是一种侮辱，10000美元就是尊重，难道十次的侮辱等于一次尊重？”吉姆慢慢地开始发表自己的观点。

他接着说：“我不想把这一切解释为量变导致的质变，爱情的质变不是钱多钱少的问题，而是你们之间所谓的爱情如果通过交换就不是爱情。所以拿钱换走的不是爱情，而是你的所有权，爱情已经走了，它依然无价！这是一种变质，变质的爱情怎么还能叫爱情？”

现场顿时响起一阵热烈的掌声，所有人都被吉姆的观点征服了。

成长悟语

金钱的诱惑力非常大，爱情和人性能否禁得起金钱的考验，则因人而异。

发现“被遗忘的女人”

诺拉是一个非常胖的女士，每次买衣服的时候她都非常烦恼。

这一天，她连续逛了七家服装店都没有买到合适的衣服。她绝望地想：难道偌大一个美国就买不到一件适合自己穿的衣服吗？生下第二个孩子后的三年时间里，诺拉的体重增加了80磅。像她这种身材的年轻妈妈几乎没有可穿的漂亮衣服——新款时髦但没有大号，有大号的款式则难看又过时。虽然这世上有这么多时装设计师和商人，但显然他们只会为身材苗条的女人花心思，很少考虑到众多肥胖女人的需求。曾在服装设计专业深造的诺拉最终决定自己动手设计时装。

有一天，诺拉到幼儿园接孩子，在回来的路上遇到了两个和她差不多胖的女人。看到诺拉美丽时尚的穿着，她们非常惊讶，赶忙上前问她在哪儿买的。知道是诺拉自己设计的时候，两个胖女人叹了一口气，摇着头走了。她们失望的神情深深地刺激了诺拉，她脑子中突然闪现出一个念头：为什么不以自己设计的衣服开一个专门出售给胖女人的时装店呢？

说干就干，诺拉的新店很快就开张了，没想到，衣服一经推出就被抢售一空。原来有这么多胖女人渴望专为她们设计的服装。没过多久，诺拉就拥有了16家分店及无数个分销处。诺拉每年都要定期去欧洲进布料，在美国各地飞来飞去，豪宅、名车也随之而来。最重要的是，诺拉每天都可以穿一件自己设计的漂亮衣服去逛街。而她的时装公司也有一个让人过目不忘的名字：被遗忘的女人。

不久，全美举行“最佳中小企业经营者”大赛，诺拉经营没多久的公司一鸣惊人，问鼎冠军。其实，诺拉夺冠的秘诀很简单，她只是把服装尺码改了一个名称。她用人名代替了一般服装店的大、中、小以及加大四码：玛丽代替小号，林思是中号，伊丽莎白是大号，格瑞斯特是加大号，她们都是女强人。这样一来，顾客上门，店员就会说“你穿格瑞斯特正合身呢”，而不是“这件加大号正合你身”。这个小小的改变让所有来店里买大号和加大号衣服的女性都换了一种心情，自然受到这些“被遗忘的女人”的格外青睐。

成长悟语

有一些美好总是容易忽视和错过的。不是对方不美好，而是我们忽视了对方的美好。

这一切也许都是最好的安排

有一个小国家，国王喜欢与自己明智的宰相微服私访。宰相则喜欢研究人生的真理，他最常说的一句话就是“一切都是最好的安排”。

有一天，国王到森林里打猎，他射到一只野猪，但是这只野猪反抗的时候咬掉了国王的小拇指。众大臣就扶着国王回到皇宫救治。宰相知道这事后，对国王说：“尊敬的国王！想开一点儿，这一切也许都是最好的安排！”

国王听了宰相的话非常生气：“真是大胆！难道你认为我少了一根手指是最好的安排？”

宰相毫不在意说：“是的，陛下，我想既然发生了，那么一切都是最好的安排。”

国王说：“如果我把你关进监狱，把你拖出去砍了，这也是最好的安排？”

宰相依然微笑：“如果是这样，我也深信这是最好的安排。”

国王马上命人把宰相押入大牢。

几周过后，国王独自一人微服私访。他来到一处偏远的山林，忽然从山上冲下一队人把国王绑了起来，带到山里。原来，这一带有一个原始部落，每逢月圆之时就会下山寻找祭祀满月女神的祭品，而今天恰恰就是满月。国王后悔这么草率出行，可能真的要丧生在这些蛮人手里。

到了半夜，国王被带到一口比人还高的大锅旁，锅下柴火正熊熊燃烧，他差一点儿吓晕过去。就在国王要被扔进锅里的时候，部落的大祭司突然发现国王的左手少了一根小拇指，他忍不住咒骂了半天，说：“你们怎么能找一个残次品过来，把他赶走再找一个来！”原来，这些人祭祀的满月女神，代表的就是一种“完美”，所以，祭祀的人不能有残缺。

逃脱的国王高兴极了，飞奔回了皇宫，立刻叫人释放宰相，接着设宴，国王要庆祝自己因为少了一根手指而没有丢掉性命。

国王向宰相敬酒，感慨万千地说：“宰相，之前将你关进监狱真的非常抱歉，也许一切真的都是最好的安排！如果不是被野猪咬掉小指，恐怕你再也看不到我了。”

宰相回敬国王，微笑说：“不仅如此，国王陛下！其实您将我关在监狱里，也是最好的安排啊！如果不是这样，一定是我陪伴您一起出巡，等到那些人发现您不适合祭祀时，代替您作为祭品的人，不是我还有谁呢？”

成长悟语

如果有些事情是我们认为值得做的，是依循我们的本性而来的，那么，我们就不要受斥责、谩骂的影响。不要因为别人的决定而贬低我们自己的选择。别人有别人的判定方式和倾向，而我们要做的只是走好自己的路。而且，关于结果的导向，谁又能判定是我们“错了”呢？

精灵送出的“聪明”和“愚蠢”

伊莎贝拉是一个刚刚出生的漂亮女孩，她睁开眼睛的一刹那正好看见了一只拍着翅膀飞在她面前的小东西，便问：“你是谁啊？”

“我是小精灵啊，每个人出生的时候，我都会送他两样礼物——一样是聪明，一样是愚蠢。你刚刚来到人世间，我就是来给你送礼物的。”

“哦，那我不要愚蠢，我只要聪明。”伊莎贝拉接过精灵送的两个礼物之后，随手就把愚蠢扔了。

精灵说：“每个人多多少少都会有愚蠢的时候，只是程度不同而已。如果你想要成为一个完整的人，你就必须接受愚蠢这份礼物，不然的话，你的人生会经历很多挫折和失败的。”

“好啦，我知道了。”伊莎贝拉敷衍道。等精灵飞走了，她根本没把精灵的劝告当回事，完完全全把愚蠢弃之一旁。就这样，长大后的伊莎贝拉出乎意料的聪明，她的记忆力强过任何一个人，思维比任何一个人都敏捷。绝顶聪明的她随随便便一动手，就能让别人沮丧而归。没有人赢得过她，和她在一起只会成为陪衬，根本没有施展才华的机会。渐渐地，没有人愿意跟伊莎贝拉共事了，也没有一个男人愿意娶她，伊莎贝拉孤单极了。

四处碰壁的伊莎贝拉终于明白当初小精灵的忠告了，于是，她请求精灵把当初她弃之一旁的那份“愚蠢”重新送给她。

这时，小精灵看了伊莎贝拉一眼，遗憾地说：“可惜已经晚了，因为现在的你太聪明了，连一丝丝愚蠢，你也会很快识破的……”

成长悟语

感谢上天，在赐予我们“优点”的同时，也给予了我们“缺陷”，这样，在“缺陷”的坑洼里我们有更多空间可以享受成长，填补快乐！

我们健忘，所以随时可以遗忘憎恨和痛苦；我们随意，所以不至于事事强求完美；……珍惜“愚蠢”和“缺陷”，你可以不用做一个“聪明”的完美人。

别管别人说什么

一天，艾莉丝放学回家后直接扑到父亲的怀抱，委屈地哭了起来。

当父亲问艾莉丝为什么哭的时候，她抽噎地告诉父亲：“班里的坏男孩杰克说我是丑八怪，还说我走路的姿势像肥胖的鸭子。”

父亲听后，并没有马上安慰她，只是微笑地看着她。过了一会儿，父亲说：“我能摘到天上的月亮。”

正在哭泣的艾莉丝听到父亲的这句话觉得很奇怪，她反问道：“你说什么？”

父亲微笑着重复了一遍：“我能摘到天上的月亮。”

艾莉丝慢慢停止了哭泣，她仰着头看着父亲，想象着夜晚天空中的月亮，尽管她当时还小，但她不相信父亲的话。

父亲看她一脸的不相信，就得意地对她说：“你不信吧？没有错，因为爸爸说的不是事实。那么，你也不要相信杰克的话，因为他说的也不是事实。”

听了父亲的话，艾莉丝点点头。

第二天，艾莉丝去学校后又遇到了杰克，调皮的杰克一见到艾莉丝就大声地喊：“看啊，最丑的艾莉丝来了！”

但是，这一次艾莉丝并没有哭也没有生气，艾莉丝等杰克喊完后说：“你说的都是谎话，我才不会相信你，除非所有人都认为我难看！”其他的同学没有任何一个人站出来说艾莉丝丑，艾莉丝高兴地走进教室，把杰克留在了身后。

成长悟语

人生中几乎有一半的麻烦与困扰都来自于我们对行动结果的焦虑。这种焦虑来源于自尊心——我们的自尊心不容许他人语言的否认。

而一个总是活在他人言语中的人，是看不清自我的，往外张望的人在做梦，向内审视的人才是清醒的。

着迷于倾听这样的心跳

鲍勃在纽约市中心的一家金融公司上班。

每天早晨，和其他上班族一样，他都会去主干道的一个报刊亭买份晨报，然后再去公司上班，即便公司的楼下便利店也买得到。到了傍晚下班的时候，他也会在报刊亭买张晚报之后再回家。公司新来的实习生路易斯对上司鲍勃的这个习惯感到不解，但是又不好意思开口问鲍勃。一天傍晚下班之后，路易斯去了那个报刊亭，他远远地发现报刊亭的老板竟然是一个50岁左右的盲人。之后，路易斯有些担心地向鲍勃提出了自己的质疑：“盲人也能卖报？别人要是骗他该怎么办？”鲍勃就反问道：“你会那样做吗？”路易斯喃喃地说：“我当然不会了，因为我和您一样，同情他是一个盲人，所以想给他一些帮助而已，可是别人就不见得会那样做了。”

“不！路易斯，我并不同情他！”鲍勃停住了脚步，转向路易斯说。“而且我相信所有到那个报刊亭卖报纸的人都不会欺骗他。”鲍勃继续说。路易斯满脸疑惑：“如果不是同情，为什么你会经常光顾那个报刊亭呢？”“那是一个圣地！盲人老板的脸上始终洋溢着一种微笑，那笑容中透着真诚和信任，像极了一个天使！”鲍勃满脸微笑地感叹。

路易斯更加疑惑了，但是上班的时间到了，他们不得不加快了脚步。

终于到了下班时间，鲍勃竟然主动找到路易斯叫他和自己一起走。快到报刊亭的时候，鲍勃突然停下来整理了一下自己的领带和西装，然后昂首挺胸地走了过去。这时，路易斯才发现，报摊货架中央安放了一个“心”形的由红木做的盒子，而盒子盖上写下了这样一句话：“报刊愉悦您的眼睛，我只想听听来自您心灵的声音。”

路易斯顿时明白了鲍勃所说的话。于是，他也像鲍勃一样取下报纸，恭恭敬敬地付上报刊钱，一脸的虔诚，仿佛走进一间朝圣的圣殿。鲍勃看着路易斯一脸虔诚，微笑着对他说：“我们在这旁边的长椅上坐一会儿吧！”

他们找了一个没有人的长椅坐了下来，鲍勃悠闲自得地摊开了报纸看了起来。路易斯根本看不进去，他仍被刚才的发现震撼着，这时，旁边长椅上正在看报纸的人突然合上报纸起身走向报刊亭。透过报刊亭的玻璃窗，路易斯发现这个人正规规矩矩地把报纸放回原来的位置，而盲人老板向着那个人的方向报以真诚的微笑。

路易斯呆呆地看着这一切，竟然满脸幸福。鲍勃这时合上报纸，缓缓地对路易斯说：“你知道吗？那个盲人老板曾对我说，他能听得见每一个路过的读者跳动的心，那些心跳真诚、善良，像极了产房里婴儿的一颗初心，他非常着迷于倾听这样的心跳……”

生活，其实就是一门听的艺术。把听到的放到心里才能变成思想，把听到的转化为智慧，才能明辨真伪。

成长悟语

心灵是什么？心灵就是那个在内心里经常同你说话，经常劝导你、启发你、责令你、安慰你的那个“自我”。

人性都有善良和邪恶，但是，当面对最纯净的心灵时，很多人也就剩下和对方同样干净的“自我”了。

葛吉夫与怪老头儿

著名的心理学家葛吉夫，在巴黎一所大学开设了一个月的公开课。在此期间，他居然私人出资给一个古怪的老人“上课费”，也就是说花钱请老人来听自己的课，这让很多人无法理解。

当时，葛吉夫的公开课几乎每一堂课都坐满了人，大多数人甚至是抱着一颗虔诚的心，在认真听葛吉夫阐述理论和心理学技巧。

只不过，前几节课里，总有一个老人和葛吉夫唱反调，他总是抱怨葛吉夫的课枯燥无味，没有什么实质内容，根本没有宣传中的那么好，简直一点儿价值都没有。其他的学生或者聆听者都非常反感这个老人，还给他起了一个外号，叫“怪老头儿”。

然而从第二周结束后，葛吉夫的公开课上再也没有出现这个怪老头儿，这让所有一直听课的学生舒服了很多，但是，这却让葛吉夫略有失落。

众人都没有想到，葛吉夫居然会四处寻找这个怪老头儿，而且承诺愿意支付给这个怪老头儿“听课费”，只希望这个怪老头儿能重新回到自己的课堂，继续对自己的讲课内容提出真诚的反对意见。

当所有人都对葛吉夫提出疑问的时候，葛吉夫微笑着回答说：“我需要这个听众，这个人让我们懂得什么是暴躁、偏执，这种负面情绪是怎样把生活变成地狱。我总是告诉你们怎样去解开心结，可是我需要一个心结摆在你们的面前。”

成长悟语

最鲜活的手术，就是把人性的残疾解剖给别人和自己看，只有找到病症，才能动手下刀。这就好比人身上的缺点，你要是不正视，又怎么能够改正呢？

塞姆勒独特的管理方法

在巴西，有这样一家有趣的公司。在全国通货膨胀严重、经济萧条的环境中逆流而上，它的生产率反而提高了近 7 倍，利润翻了 5 番。这个神奇的公司就是塞氏企业。这个企业神速的进步与老板里卡多·塞姆勒独特的管理方法有着密不可分的关系。

首先，塞姆勒制定了很多新奇的规定，例如晚上 7 点之前，所有人必须离开办公室；给员工最大限度的自由和权利；审视所有规章，废除一些无用的、意义不太大的；消除一切含有压迫意味的东西，包括门卫例行检查、考勤制度、着装规定、车位预留，等等。

其次，不做“注册商标”。塞姆勒的父亲管理公司时总是严格地遵守固定的时间表，脸上时刻保持着严肃的神情。这让员工很有距离感，塞姆勒亲眼看到，往办公室送文件这样的小差事，职员们也是用抛硬币来决定。大家工作得都非常辛苦，很不快乐。塞姆勒决定终结过去那种把人当成生产工具的观念，让职员参与管理，首先让自己的表情生动起来，不做“注册商标”。

再次，自由工作和发展。

大多数公司都患有一种综合症：把员工当成了孩子，指点的太多，削弱了他们的热情。而塞姆勒取消了前台，高层经理自己接待客人，自己复印东西，自己发传真；员工工作状态很随意，穿着短裤来上班也可以；没有任何一个员工装出一副很忙的样子；老板也不怎么待在公司里，甚至不往公司打监督电话；没有人力资源部门，员工甚至可以选择自己的报酬……但是，每个员工每 6 个月必须重新雇佣，工作的风险性一直存在。在塞姆勒看来，一个在海边度假但仍能为公司创造价值的员工比干 10 天工作但仍然没有创造价值的员工称职得多。

最后，人尽其才。塞姆勒推出了“迷失在太空中”项目。新员工花6个月到一年时间在公司内四处流动，熟悉业务，尝试不同的工作，与各部门的人交流，当找到适合自己个性和目标的工作时他就留下。即使猎头公司一直以塞氏公司为目标的情况下，塞氏公司的人员周转率在过去6年里也只是1%，这说明塞姆勒做对了。

正是这些“把戏”把一个濒临灭亡的公司变得繁荣，而且成了巴西年轻人都想去的公司。

成长悟语

你对别人最大的尊重，就是给予对方充分的自由，包括言论、行为、观点上的自由。让他们做自己想做的任何事情，那么对方带来的价值或许会超过他的损失。

而从另一个角度来说，也不要无限制地强调自由，有多少人打着自由的旗号，做一些不负责任的事情。

路易斯的新家

为了离公司更近一些，上班一族路易斯在市中心租了一间屋子，这间屋子最大的特点就是有一面很大的落地窗户和一张特别大的双人床。

平时，路易斯早出晚归，晚上回家享受这大床的舒适和透过落地窗照进来的美好月光。但是，到了夏天的时候，路易斯的房间就像一个烤炉，窗帘根本遮挡不住强烈的阳光。

路易斯向同事们讲了自己的事情后，同事们纷纷出主意。有人说干脆买个特别厚的防紫外线窗帘，一定能挡住阳光，可是这样一来屋子里不就24小时都是黑夜了吗？有人说搬家算了，但是路易斯已经没有钱支付额外的开支了。

路易斯下班回家，走过一片满是藤蔓的墙壁，他突发奇想，要是把自己的落地窗上挂满植物，那会怎样呢？

于是，路易斯在落地窗上搭起了架子，买了一些藤蔓植物，把自己的落地窗户改成一片绿色，然后隔开做一个小阳台。可是这样一来家里的空间就变得很小，路易斯就把双人床换成了单人床。如此一来，房间有了一个绿色植被的阳台，而且植物吸收阳光和紫外线的能力都很好。

成长悟语

世界上总有很多东西是我们无法控制的，比如炎热的夏天、强烈的阳光，别人给予我们的意见不一定是正确的……既然这样，我们就不需要过于在意，一切顺其自然吧。

但是，世界上又有一些东西又是我们可以控制的，比如对美的欣赏、对生活的思考、对问题千奇百怪的解决方案……我们要做的就是朝着这些方向努力，至于会有怎样的结果，一切顺其自然吧。

当一切都变成黄金

维克多是一个唯利是图的人。这一天，维克多来到一个教堂，神父说今天捐赠最多的人可以向上帝许愿，这个愿望一定能实现。维克多等所有人捐完之后，他清楚地记住捐款最多的一个人共捐了1000美元，于是他拿出1001美元放进了捐款箱。最后维克多向上帝许下了愿望：希望自己的手能够点石成金，碰到什么都变成黄金。

第二天起床，维克多发现自己躺在一张黄金打造的床上，他以为自己是在做梦。正当维克多准备下床的时候，他的右手碰到了床边的台灯，台灯瞬间变成了黄金的。维克多意识到是自己前一天的愿望实现了，自己有一只“点石成金”的手。

维克多高兴得像疯了一样，他马上把房间里的一切都变成黄金。

当他忙活了很久，想要找点东西吃的时候，他随手拿起一个汉堡，但是，手指刚刚碰到了汉堡，汉堡变成了金子，维克多的牙都碎了。

从此以后，维克多不能再拿起鲜花，因为鲜花会变成黄金。他不能自己洗澡，因为水会变成黄金。他再也不能拥抱自己的妻子和女儿了，因为他很害怕把她们也变成黄金。

最后，维克多疯了，他带着一身的脏污跑出了家门。

成长悟语

人的生命不是自制就是疯狂。世界上最大的痛苦并不是欲望得不到满足，而是欲望被无止尽地满足。得不到满足，脑子里还有幻想的空间，过分地得到满足，精神和肉体就会被透支。

孤独的真理

卡斯小镇，地处偏僻的阿尔卑斯山麓，这里与世隔绝，所以思想很封闭，经常受到谬误的折磨。

一天，一个智者带着真理，来到这个小镇。小镇的人们听说了这件事，都跑到街上来，站成两排，夹道欢迎这位智者的到来，希望他能带给他们真理。

智者一出现，人们就激动地大喊：“请给我们真理！请给我们真理！”智者激动极了，他觉得这个镇子对真理的渴望是这么强烈，他应该赶紧把真理给他们。于是大步地朝着喊声最热烈的地方走去。

他身后的人们一看，智者走向了那边，没到他们这边来，于是也着急地大喊起来：“我们也要真理！我们也要真理！”智者被身后强烈的喊声震住了，停下脚步，转身走了回来。这时，前面的人们一看，智者又转身走了。呐喊声更强烈了：“请给我们真理！请给我们真理！”智者又停下了脚步，因为身后的喊声太热情了，没法被忽视。就这样，几次下来，智者被两边的喊声来回折腾得满头大汗，见两边的人群都这么热情，智者站在中间，一时不知道到底去哪边了。

最后，智者决定哪边也不去了。他就在中间一个人站着，然后朝着两遍的人们喊道：“你们都想要真理，那么你们自己到我这里来拿吧！”

可是，没人愿意到智者这里来，他们仍旧站在原地，朝智者喊：“我们要真理！我们要真理！”最终，智者还是一个人孤独地站在那里，没有一个人到他身边去。

成长悟语

真理之所以成为真理，就是因为它和谬误以及虚伪对立。

有一些人总是批判这个世界和社会，呼唤着真理。但是，当正义人士呼吁人们站在真理这一边的时候，却没人站过来。我们的生活中，很多人就犯了这样的错误。

送你一颗心

最近，雷蒙经历了一场失败的婚姻，他觉得自己糟糕透了，对生活也失去了信心。可他还有一个正在上小学的女儿，他不能对女儿不负责任。为了调整自己的状态，雷蒙决定找一个心理医生来帮助自己。

在心理诊所，雷蒙先是按要求接受了一些治疗情绪混乱的课程。他请求治疗师帮助自己重新树立对生活的信心。虽然他不知道治疗师是否会同意，或者就算同意了，治疗师能不能帮助他。雷蒙没想到治疗师立即同意了，让他意外的是，治疗师给了他一颗用特殊材料制作成的“心”，它看上去是那么可爱，上头有明亮的颜色。

治疗师说：“雷蒙先生，这颗‘心’请保存好，但它并不属于你，如果有一天你找到了自己的心，再把它还给我。因为这是之前一位经历过离婚的客人给我的，他和你一样，也是对生活没有信心。”

雷蒙明白，治疗师不过是给了自己一颗具体的心当成可预见的目标，当作对他要求重新开始新生活的具体回应。雷蒙万万没想到，这个小小的礼物很快就有了特殊的功效。雷蒙把这颗心小心地挂在了驾驶座上方，开车去接女儿安琪尔，这是他每天所必须要做的事情，安琪尔一进车子里，立即看到了这个颗心，并被它所吸引了。

安琪尔把它拿起来仔细端详，然后问：“爸爸，它是什么？”

“它是我的治疗师给我的礼物，帮助我渡过难捱的时光，但它不是我的，我要保存它直到我找到自己的心为止。”雷蒙虽然不知道女儿是否能听懂，但他还是觉得应该告诉她。

安琪尔听了并没有发表评论。雷蒙也没有多说，他想女儿才 10 岁，未必懂得大人的内心世界。好几个礼拜过去了，雷蒙还是定期去心理诊所，他的状态似乎并没有好转。一天，雷蒙又去接女儿时，安琪尔抱着一个红色的盒子递给了他，只见盒子上还用金色的带子系着。雷蒙立即打开了那个漂亮的小盒子，他惊喜地发现里面有一颗心，和治疗师给他那颗一样，不同的是这颗是红色的。

雷蒙惊讶地看着女儿，猜测着这是什么意思。安琪尔又递过来了卡片。她有点儿害羞，但她还是同意让雷蒙打开卡片。只见卡片上写着一行并不好看的字：爸爸，这颗心给你保存，让它带你开始新的生活。请你相信我永远爱你，生日快乐！

雷蒙瞬间泪水泛滥，他的心也忽然被打开了。

成长悟语

最美好的东西是看不到、摸不到的，但可以用心感觉到。正如安琪尔给了父亲最令人感动、充满爱的一颗心。

习以为常的未必就是正常的

查理·艾尔顿从牛津大学生物系毕业后，到一家公司当顾问。一次，他来到天寒地冻的北极地区进行动物生态考察。

艾尔顿到达北极后，随意翻看了公司以往向爱斯基摩人收购皮毛的账簿，他无意中发现，公司收购的北极狐皮毛，每四年中总会出现一次高峰。

“为什么会这样呢？”他向当地人请教。

“北极狐时多时少，这是由来已久的事了，没什么值得奇怪的。”人们回答说。

艾尔顿凭借他的生物学知识，意识到这可能跟北极狐的食物有关。经过认真研究和调查，他发现北极狐的主要食物是旅鼠。

旅鼠有一个特点：在某一时间内，几万、几十万甚至几百万只旅鼠一起穿原野、越山冈，浩浩荡荡，如同大规模集体旅游，这也是它们得名的原因。它们就这样一直不停地跑，即使到了海边，也绝不停止，最后丧生在滚滚汪洋之中。

这是为什么呢？

经过长时间的考察，他终于弄清楚了。因为旅鼠繁殖极快，几年后旅鼠的数量达到极限，导致食物严重匮乏。这时的旅鼠饥饿难忍，烦躁不安，就开始大规模转移，直至最后走投无路，集体自杀。

旅鼠的数量不断增加，这给以旅鼠为主要食物的北极狐创造了良好的生活环境，使北极狐的数量也不断增加。

旅鼠的数量每四年出现一次高峰，因此，公司从爱斯基摩人手中收购的北极狐皮毛也达到了高峰。

1924 年，艾尔顿公开发表了这一研究成果，并在此基础上提出了动物界食物链这一著名理论。1927 年，他首创了动物生态学。

成长悟语

“习以为常”会把所有的奇迹都磨成平凡的粉末。它是破坏美好生活的罪魁祸首。人一旦陷入到习以为常的状态，就会失去对美好事物的感知和体验能力。

有多少人对于在黑暗中随手打开电灯就能见到光明习以为常；对于在图书馆随时都能借到自己想读的图书习以为常；对于在地球上任何一个角落都能用手机听到亲人的声音习以为常；对于从小到大父母对我们的关心和爱护习以为常。这些“习以为常”让我们失去了生命中本该拥有的快乐和幸福。

采访上帝

上帝做客人间，人类派出记者前去采访上帝。这个记者知道机会难得，得问几个紧要的问题。

记者恭敬地说："尊敬的上帝，您作为万物的神，掌握生杀予夺大权，您对我们人类是怎么看的？"

上帝慎重地说："这个问题不好评判，我只能说人类是一群最不可思议的精灵……"

记者惊讶，问："您觉得人类最不可思议，指的是什么？"

上帝对这个问题似乎难以回答，思索了一会儿说："人类最不可思议的是自相矛盾。他们小的时候祈求长大，而长大后又希望年轻；他们热衷于牺牲自己的健康来换取金钱，到头来又拿金钱去恢复健康；他们总是对未来寄予厚望，却始终不肯珍惜眼前；他们对子女的成长呵护有加，却对父母的生死漠不关心；他们口口声声要保护环境，却对环境大加破坏……"

记者无言以对，只能接着说："是自相矛盾。"

上帝似乎有点激动，接着说："你不认为人类这种自相矛盾的做法，非常可笑吗？"

记者："是很可笑，那么您认为最可笑之处在哪儿？"

上帝叹了一口气说："每个人都会变脸，人前一张脸，人后一张脸，甚至自己都不能分清，哪个是真正的自己；每个人都有太多的心，自己也弄不明白哪颗才是真心……"

记者有点儿胆怯，怯生生地问："如此说来，您打算放弃人类了吗？"

上帝又沉默了，说："孩子，我是你们的父亲，我不会放弃你们！但是我说这些希望你们能反思自己！"

成长悟语

一个人不可能取悦所有的人，能做到爱人就是根本；一个人最美的不是外表，而是要有一颗善良、纯真的心；一个人最显赫的不是地位和金钱，而是要有一颗安宁、平和的心；一个人不是只要自己幸福，而是要别人幸福才是真正的幸福……

"善良"的天敌

老人是爱斯基摩人，他和一只狗住在北极的无人之地。

北极冰川吸引了大批的探险者。这些人喜欢追求那种在冰川上攀登的极限刺激。可是，这些探险者不明白北极地带的地貌，往往没有行进多少路程，就被冰川下面的暗流吞噬了。

老人不想看到这么多的生命就这样死去，于是，每次有探险者进去，只要超过了三天不见人回来，他就和狗拉上雪橇，到冰川上寻找他们，希望能把他们救回来。

一年冬天，北极来了一个单身的探险者，他到老人这里暂时休整了一下，就进入了冰川之地。老人等了他三天，不见回来，于是就带上狗，顺着他走的路线，沿路寻找他。

走了一天一夜，躲过了很多危险的冰川暗流，他在一个冰窟窿里，找到了之前那个探险者，显然他已经被冻僵了。老人赶紧把他拖上了雪橇，用厚厚的毛毯包裹住他，让狗拉着雪橇往回赶。

半路上，这个探险者醒来了，他饿极了。老人给了这个探险者一些吃的，这个探险者大口地吃完了。

在他们继续赶路的途中，不慎掉入了冰窟窿，老人的脚被扎伤了，他们走得更慢了。这样一来，原先预备的食物显然是不够的。老人开始着急，加上自己的脚伤，再这样走下去，恐怕大家都得死。

到了第三天，老人实在走不动了，他的脚已经开始红肿，每走一步都很痛。他拉住那个探险者的手说："我不能拖累你们，你们走吧。"

探险者犹豫不决。老人急了，说："你再犹豫下去，最终谁也走不了。"然后，他拍着狗的头，对这个探险者说："我留点食物，你带着狗，赶紧回去。然后，到我们爱斯基摩人的村子里找人来营救我。"

狗不愿意走，围着老人打转，可是老人生气地打着手势让它走，最终它不情愿地拉着雪橇和那个探险者离开了。

一人一狗走了很长一段路程，食物很少了，那个人又累又渴，内心沮丧极了。他心想，不能死在这里啊，城市里还有自己美好的生活。他不经意地，目光扫向了奋力拉着雪橇的狗，眼睛里放出贪婪的光。之后，探险者把狗杀掉吃了。

第二天，他打算上路的时候，发现自己迷失了方向，自己失去了狗的引导，根本走不出冰川。他如瞎子一般，四处乱闯，最终倒在了茫茫的冰川上。

不久，老人的族人发现了死在冰川上的老人和探险者的尸体，当然还有狗的骸骨。他们为他们立了墓碑，碑文一个是"善良"，另一个是"贪婪"。

成长悟语

两座坟墓之所以这么鲜明地并排在一起，是为了警示人们一个道理：贪婪，是善良的天敌。

我们可以善良，但是，不能让善良成为别人伤害我们的理由，别给贪婪可乘之机。

我会被咬的

喜欢四处旅行的亨利因《罗马假日》这部电影来到了意大利的罗马，电影中提到的"真言之口"便是亨利罗马之行的第一站。

"真言之口"只是一副筑在教堂门廊上的大理石面具，非常简陋。这副面具有鼻子、有眼睛，最主要的是张着一张大嘴，据说如果说谎者将手伸进面具口中，就会被咬住，所以，游客到此都争相排队把手伸进去留影纪念，很多情侣也以此来验证彼此的真心。亨利也不例外，他将右手伸到那个大嘴巴里，尽管知道传说不是真的，但是亨利心中仍然有些许的忐忑不安，不过，一切如常，亨利暗暗地松了口气。

就在亨利转身要走的时候，他看到距离“真言之口”不远的地方有一对母子发生了小争执，他们应该也是前来参观的游客。那个母亲低着头在劝说着孩子，还不时用手指指“真言之口”，大概是想让孩子把手放在“真言之口”照相留念。而那个大约五六岁的小男孩则把两手藏在背后，一直在倔强地摇头，嘴里恳求说：“我……我撒过谎……我会被咬的！”母亲手持相机在一旁有些无奈地笑着。

亨利看着这一幕，忽然有些担心。但是令他没想到的是，最后放弃的人是那个母亲，她听了孩子的话便直起身来，对丈夫耸耸肩，两人相视一笑便带着小男孩离开了。

成长悟语

人类既具有诚实的天性，同时兼备说谎这种抑制诚实天性的本能。人们把手放进“真言之口”去做谎言测试，并不是对自己诚实的自信，只不过是不能免俗罢了。相比跟风的大人们而言，孩子们活得更加认真和诚实。既然没说过谎，做不做测试又有什么关系呢？

小男孩和小狐狸的奇特际遇

很久很久以前，一片茂密的森林里住着一家三口——一对夫妇和他们的儿子。男孩白天跟小伙伴们一起玩耍，晚上跟着父亲认字、学画画。而母亲就坐在灯下安安静静地给他缝补衣服。生活虽然简单，但是每天男孩都过得很充实、很快乐。这一年发大水，家里颗粒无收。母亲无奈地对男孩说：“孩子，家里没吃的了，你去外面采点儿蘑菇回来吃吧。”

男孩提着篮子走进了森林里。不知不觉间，他走进了一片从来都没有到过的地方，高大的树笔直地插入云霄，地上开满了五颜六色的花朵。男孩完全被眼前的美景惊呆了。突然，阵阵微弱的“呜呜”声传进了他的耳朵。男孩循声走了过去，原来是一只浑身雪白的狐狸被猎人放在这里的捕兽夹给夹住脚了。

“好心的孩子，你救救我吧，我会报答你的。我这里有一支神奇的笔，只要是你想要的，你用它画出来，什么都会变成真的。”小狐狸居然开口说话了。男孩觉得这太不可思议了，但是出于怜悯，他还是把狐狸放了。狐狸走之前给了他一支画笔。孩子惊讶极了，也兴奋极了。画什么好呢？怀着试试的心，孩子随手在地上画了一座宫殿。眼看着宫殿慢慢变大，直到变成了真的，金碧

生命定律告诉我们，人生应该这样度过：勤奋地工作，怀着信念生活，感激拥有的一切。

辉煌，耀眼得不得了。男孩又在宫殿旁画了一个漂亮的花园，眨眼间，一个大花园就出现在了宫殿旁。

兴奋的男孩跑回了家，又拿笔给家里人画了很多漂亮的衣服，一家人还搬到了宫殿里。想吃什么，他拿笔一画，山珍海味马上就摆在了桌上；想穿华丽的衣服，拿笔一画，各种名贵精致的衣服就有了……从此，这世间再也没有男孩不能拥有的，只有他画不出来的。他们一家人的生活过得无比的富足、优渥。

可没过多久，男孩便厌倦了这种无忧无虑的日子。因为自从搬进了宫殿，母亲就不让他跟以前的那些穷朋友玩了，也不允许他像以前那样疯玩，甚至不准他再跑去森林里，因为他们担心狐狸会收回那支神奇的笔。孩子感到无聊、寂寞透了。每当他听到宫殿墙外小伙伴们的嬉戏声，他就更烦闷了。于是，有一天他偷偷溜了出去，跑进森林大喊："小狐狸，小狐狸，你快来帮帮我吧。我不想住宫殿了，我想过以前的生活。"

话音刚落，小狐狸便来到了男孩的眼前，说道："朋友，你的愿望我可以帮你实现。正如你看到的那样，虽然你现在的生活很富足，但你的财富并不是通过自己的劳动获取的，所以才会不快乐。明天一早，太阳升起的时候，你把笔扔进森林深处，你就会重新过上你想要的生活。"

二天，太阳刚升上地平线，孩子照着小狐狸的话做了。当他回家时，母亲像过去一样，正站在自家的茅屋前等着他，脸上露出幸福而慈祥的笑容。

成长悟语

我们总在关注得到的东西是否值钱，而往往忽略了放弃的东西是否可惜。

不要让自己的人生变得过于单一，简单地享受生活，而不要去衡量生活。享受生活的人，会发现生活的每一个角落都有零碎的阳光，只会衡量生活的人，永远只能看到生活不足的刻度。

人生的三大陷阱

镇上的富翁是个吝啬鬼。他金库里的钱多得数都数不完，可是他还拖欠自己马夫的工钱。

马夫多次去索要，他推脱没钱，就是不肯给。于是马夫很生气，就去镇上的酒馆喝酒，在那里他遇到了自己的朋友丹尼尔和哈里斯。

他们知道马夫的遭遇，都很气愤。正在这时，他们看见这个富翁拉着一头牛和一头驴子去集市上卖。丹尼尔眼珠子一转，想出了一个主意，他告诉马夫："你不要着急。我想了一个主意，可以帮你从富翁那里讨回一头牛、一头驴子和一身上好布料裁制的衣服。"

马夫觉得很奇怪，于是就问他有什么办法，于是丹尼尔就把自己的计划详细地告诉了他们。

马夫按照计划，悄悄地埋伏在道路的转弯处，趁着富翁坐在路边休息的时候，他偷偷地把牛牵走了。富翁很快就发现牛不见了，他着急地四处寻找。

这时，马夫的朋友丹尼尔假装走到富翁面前，问他：“发生了什么事情吗？”

富翁回答：“我的牛不见了。”

丹尼尔说：“我刚才看见一个人牵着一头牛，往池塘那条路去了，你现在赶紧去追，兴许能抓着这个偷牛的贼。”

富翁一听，赶忙去追，可是自己拉着一头驴，实在走不快，于是他只能拜托丹尼尔替自己看好驴子。丹尼尔答应了，富翁赶忙往池塘那边跑去。富翁一走，丹尼尔就把驴子牵走了。

富翁跑到池塘边，根本没看见偷牛贼的影子，却看见哈里斯坐在池塘边痛哭，于是问他为什么哭泣。

哈里斯说：“我的一袋金币掉进了池塘，可是我不会潜水，如果您帮我捞上来，我分一半金币给你。”

富翁一听，高兴极了，觉得丢了牛，似乎不是什么坏事。他脱下自己的衣服，跳进了池塘，去打捞金币。这时，岸上的哈里斯抱着富翁的衣服跑了。

让富翁丢失东西的就是人生的三大陷阱：大意、轻信、贪婪。

成长悟语

所有的痛苦都是因为我们着眼于某些根本不存在的东西，我们之所以认为它存在，是因为被自己的想法和观点束缚。

陷阱和幸福既然从不见面，那又怎能彼此相识呢？大意、轻信、贪婪的本质其实也就是欲望大于理性。

第三十九辑

生命：不是呼吸而是思想和活动

急救

一天傍晚，紧急的救护警鸣打破了医院的宁静。

几个救护医生从车上抬下一个出了车祸的小女孩，他们急匆匆地前往急救室，小女孩躺在急救病床上，了无生气，殷红的鲜血不停地从伤口往外涌，触目惊心地洒在长长的走廊里。

到了急救室，两名救护医生对小女孩的生命体征做了初步判断，随后宣布了她的死亡："心跳没有，呼吸没有，瞳孔扩大，这个女孩已经没有生命迹象了。"说完，他们便摇着头满脸遗憾地准备离开。

跟着救护车下来的另一个小女孩焦急地一把抓住一个正要走开的医生，悲伤地大喊："医生，我求你们救救我妹妹，她还那么小，不能死啊！医生，求求你们！求求你们！"

周围的人谁也没有理她，任凭女孩瘫倒在地上哀号着，大家都太忙了，还要救护其他病人。

实习医生艾米见状愣了一下，上前认真地为小女孩做起了急救。

不是为救已逝的生命，而是为了安慰正在为妹妹哭泣的女孩。让小小的她面对死亡，已经非常残忍，再让她面对生命逝去的潦草，艾米真的不忍心。

成长悟语

尊重活着的生命，是对生命的爱护；尊重死去的生命，是对生命的敬畏。我们不是对死去的人讲述什么，而是对其他活着的人讲述我们的敬畏。

老婆婆的盒子

在英吉利海峡的一个海滩上，住着四个少年。

一个黄昏，一个老婆婆出现在四个少年的面前。老婆婆对他们说："孩子们，这里有四个不同颜色的盒子，盒子中除了一个是黑色的之外，其他都是彩色的。它们分别代表着健康、财富、爱情。"只有黑色的盒子老婆婆没有告诉他们里面是什么。"不同的盒子将决定你们的命运，请各选一个吧，记住选的时候一定要谨慎！”老婆婆说道。

四个少年每人挑选了一个盒子。

几年过去了，当初的少年都带着老婆婆给的盒子出去闯荡了。

第一个人选择的是健康，在他以后的日子里，即使病魔肆虐，他仍然十分健康。

第二个人选择的是财富。于是，他开始挥金如土，每天出入高级场所，购买最贵的衣服，吃最贵的饭菜，过着逍遥快活的日子。

第三个人选择的是爱情。于是，他很快找到了心爱的人，坠入爱河并组成家庭。若干年后还生下两个可爱的孩子。

每一个花朵，都是岁月从天外捎来的问候。淡淡的芳香，就是生命的脉动。

然而，第四个人选择的盒子并没有给他带来什么变化，他仍然像往常一样生活着。

过了很多年，老婆婆又出现了，她看到了四个人惊人的变化。

第一个人虽然健康，但是十分贫穷，每天过着紧巴巴的日子。妻子也因为他太穷而离开了他，他开始做起了乞丐。最终，带着对这个世界的怨恨离开人世。

第二个人虽然有钱，但却永远找不到心爱的人，那些美女都是因为他的钱和他在一起，根本不是真心爱他，最终他带着孤独离开了人世。

第三个人虽然爱情美满，但他却得了重病，四处寻医仍然不见起色，每天只得大把大把地吃药。在他的一生中陪伴他最多的就是药。

而第四个人呢？他的一生平淡无奇，但老婆婆发现，只有他死的时候脸上是带着笑容的。原来，他的盒子里是死亡！

成长悟语

人从出生的那一刻起，就已经注定了死亡。在人生列车缓缓驶向终点的旅程中，我们尽享欢乐，邂逅爱情，拥有名望，累积财富。看到了美丽的风景，也经历了痛苦的事情。

在最后即将进入无尽的酣睡中时，我们了悟，生命从出生到死亡，就已经是一种恩赐，途中的每一件礼物，都是生命的馈赠。

一滴雨的生命

一个人徒步旅行，却遭遇一只狼。

他害怕极了，拼命地在荒原中奔跑，但是人的奔跑速度怎么能比得上狼，不管他多么奋力地往前跑，狼还是渐渐逼近了他。眼看着自己就要落入狼的口中，他乞求上帝能够帮助自己摆脱这只狼。

可是，奇迹并没有发生，更大的危险已经逼近了他，他跑着跑着，发现前面是一个悬崖，但是自己的奔跑速度太快了，想停下来已经晚了，就这样，这个人掉下了悬崖。

他惊恐地叫喊出来，凄厉的声音在空中回荡。在下落的过程中，他求生的本能使他胡乱伸手想抓点什么可以救命的东西。

想不到奇迹出现了，他抓到了一棵从岩壁上横伸出来的小树，把他稳在半空中。

这时，上面是凶狠的狼，下面是万丈深渊，虽然陷身在进退两难的绝境，但他暂时还是安全的。他觉得上帝似乎帮了他，但是，就在他暗自庆幸的时候，只听见手中的小树哗啦一下滑动了下来。他骇然循声望去，发现这棵小树显然承载不了他的重量，根部已经渐渐从岩石中裸露出来。他知道自己马上就要掉下去了。

他望着天空等死，这时他看见空中落下了一滴雨，他全神贯注地盯着它，他发现那滴雨里映射着整个世界的风景，还有自己。他张开自己的双手，接住了这颗雨滴。当然，他知道松开手的意义。但是，此时此刻，对他来说，那雨滴包含了生命的意义。

成长悟语

过去、现在、未来，我们能抓住哪个？答案很明确，只有现在。如果我们不能回到过去、抓住未来，我们不如享受现在，即使身处绝境，也要抓住面前一滴雨的生命，享受这一刻的美好。

送你一枝生长着的花

学校的园丁是一个勤劳的人，他在校门的周围种了很多花花草草。开花的季节到了，园丁的烦恼也来了。因为他担心孩子们来上学的时候，会折断刚刚开出的花。

一天清晨，园丁来到学校门口浇花。一个小女孩走过来，拉拉他的衣角，问道：“我能折一枝花吗？”园丁想了一下，说：“可以呀，你要哪一枝呢？”小女孩指了指开得非常漂亮的那朵百合花。园丁说：“嗯，你很有眼光，这朵花开得真漂亮。可是如果你现在摘了，你只能欣赏一会儿，如果让它继续生长在这里，你可以每天都能看到它。你说怎么办呢？”小女孩非常高兴地说：“我想每天都看到它。”于是，小女孩从园丁这里认领了这朵百合花。

从早晨到下午放学，孩子们都争着抢着来找园丁认领花，你一朵我一朵。直到最后，园丁把整个花园都送了出去。

可是没有一个人把它们摘走，只是在上学或者放学的时候，人们会听到：“这是我的小花。”“不要摘，这个是我的。”“我的花今天开得真漂亮啊！”

成长悟语

有时候，并不是我们不珍爱生命，而是没有意识到自己对生命的责任。

而这世界上只有一种英雄主义，那就是了解生命而且热爱生命的人。

信纸间的情谊

埃尔斯在一次事故中失去了听说能力，他只能用文字与他人交流。父母把他送到了聋哑人学校，他在这所学校里学会了写文章，也学会了用文字来表达感情。

但这并不能让埃尔斯恢复以往的快乐，他每天都皱着眉头，沮丧着脸，好像在感叹老天的不公。看到埃尔斯这样的状态，老师维塔想帮助他。

有一天，埃尔斯在自己的书桌上发现了这样一封信：

聪明的埃尔斯，你是那样的美好，所有的苦难都会过去，想想海伦·凯勒，相信你能像她一样优秀的……

信大概的意思是让他不要伤心，要乐观面对生活。埃尔斯看了一遍后愤怒地把信撕得粉碎。可尽管如此，维塔仍然每天都给埃尔斯写信。埃尔斯每次收到的信纸上都写满了诗一样的语言：

孩子，你是被折断了一只翅膀的天使。

也许你不能自由地飞翔，

但其实上帝是想告诉你，

你要将另一只翅膀锻炼得更加强壮。

渐渐地，埃尔斯看完信之后不再撕碎，而是试着回信，尽管他并不知道要回给谁，但是他相信写信的人会在放信的时候看到自己的回信。就这样，天长日久，埃尔斯不再苦闷，渐渐快乐起来。两人的通信越来越频繁，这似乎成了两人交流的主要工具。一张薄薄的信纸连接了两个人的心。

成长悟语

虽然两人没有一句语言的交流，但笔尖的魅力早已将两人紧紧地连接在一起。维塔觉得埃尔斯感悟到了她的思想，渗透进了她的灵魂。她那人性的爱被唤起，升华成了久违的感动……

生命对于我们都是一样。如果你能作为最根本的一个生命去聆听，你就能听到两个纯粹的心灵合奏的共鸣，宛若村落的阳光，温暖、干净。

小画眉之死

莫尼卡和一群孩子正起劲地捉那些五彩缤纷的蝴蝶。他们常常把一些野生的活物捉来关到笼子里玩，乐此不疲。

莫尼卡的家就住在树林边，每天黄昏时，总有很多画眉鸟回到林中休息和唱歌，那歌声悦耳动听，没有任何一件乐器能够相比。

莫尼卡决定捉一只小画眉放到自己的笼子里，让画眉为他一个人唱歌。

幸运的是，莫尼卡成功捉到了一只美丽的小画眉鸟。那只小画眉鸟开始十分恐惧，不安地拍打着翅膀，在笼中飞来飞去。

慢慢地它安静下来，开始适应了这个新家。莫尼卡把鸟放到自己家后院。

第二天早上，莫尼卡惊奇地发现有一只老画眉在专心致志地喂小画眉，不用说这一定是小画眉的妈妈。果然在它的呵护下，小画眉吃了很多类似梅子的东西。

莫尼卡高兴坏了，因为由它的母亲来照料小画眉，这给他省去了很多麻烦。真不错，有一个免费的保姆来照顾小画眉。

第三天，莫尼卡又去看小画眉鸟，让他大惊失色的是，它竟然死了。怎么会呢？小画眉难道不是得到最精心的照料了吗？莫尼卡对此百思不得其解。

好多年过去了，莫尼卡遇到了著名的鸟类学家阿瑟·威利。又想起了小画眉的死因，莫尼卡找了个机会，把事情说给他听。

阿瑟·威利听后作了解释："当一只美洲画眉发现自己的孩子被人关在笼子里之后，就一定要喂小画眉足以致死的毒梅。它似乎坚信，孩子死了总比活着做囚徒要好些。"

莫尼卡听完这些话，心理产生了巨大的震动，原来这小小的生物对自由的理解竟是这样深刻。

从此，莫尼卡再也不把任何小生物关在笼子里，并且嘱咐他的孩子也不要那么做。

成长悟语

在画眉妈妈的眼中，活着就是自由，失去了自由的生命是没有价值的，比死更悲哀。生命的意义不仅在于拥有自由，还要活得有尊严。试问，我们有多少人都在拼着命要做这安稳的囚徒呢？

失去与归还

劳埃德是一位成功的商人，他有一位温柔的妻子和一个可爱的孩子。劳埃德经常到远方经商，一去就是好几个月。

在劳埃德前往印度购买香料之时，猩红热病正肆虐欧洲，很多孩子都因感染病毒不治身亡。劳埃德出门前叮嘱妻子："一定要照顾好我们的孩子，虽说我财富无数，但孩子是我最珍贵的宝物。"

妻子在家小心照顾孩子，注意孩子的饮食与卫生，然而不幸的是，孩子还是从学校同学那里感染了猩红热。妻子请了全城最好的医生，用最昂贵的药护理，孩子的病情却一天天加重。终于，在一个早晨，孩子吻过母亲的额头之后就去世了。

她非常悲伤，独自料理葬礼与后事。她知道劳埃德的悲伤肯定不亚于自己。

两个月后，劳埃德回来了，他欣喜地吻了妻子，从箱子中取出给孩子带的礼物。那是一套小锡兵，孩子最喜欢的童话玩具。他问妻子怎么不见孩子的踪影，是不是跑出去和小伙伴们玩了。妻子没有回答，开始问他问题。

她问："如果有人把一件价值连城的宝物放在你这里，托你保管，一段时间过后，主人要把宝物收回去，你怎么做呢？"

劳埃德回答："当然是还给他，我只是宝物的保管者，不是拥有者。"

妻子倏然而泣，对丈夫说："亲爱的，上帝把托我们保管的宝物收回去了。"

成长悟语

活在活着的人的心里，就是没有死去。死亡注定是生命的一部分，我们抛弃它就注定抛弃了完整的生命。而面对死亡痛苦的最好办法，就是平静地接受。

为生命营造空间

小戴维的爸爸是个优秀的长跑运动员，获奖无数。小戴维非常崇拜他，总是缠着爸爸带他练习跑步。但是爸爸的训练任务特别重，不能总是陪在他身边。有时候还会出国集训，几个月都不能回家，小戴维只好自己练习。

这一天，爸爸从北欧集训回来，他推开家门后发现儿子正坐在花园的斜坡上，样子很紧张，脸蛋红红的，似乎屏住了呼吸。然后，他又看到儿子张开嘴，试图多吸一点空气。

"你在做什么？"爸爸好奇地问。小戴维一转头看到爸爸回来，非常高兴。但他还是尽力屏住呼吸，使劲儿绷着小脸，过了一会儿，终于失去了控制，气呼了出去。

小戴维脸上掩不住地失望，他委屈地告诉爸爸："我想吸入更多的空气。"原来，小戴维在一本书上看到长跑运动员的肺活量一定要高于平常人，才能保证跑步时均匀的呼吸。而大口吸气后屏住呼吸有助于提高肺活量，因此，他一再尝试，可惜总是无济于事。

爸爸冲小戴维一笑，缓缓地坐下了。小戴维望着他，眼神中充满了期待。"这样试试。"爸爸说，"不要尽力吸气，要尽力呼气，多重复几次，看看会有什么感觉。"小戴维按照爸爸的话去做，发现每次呼气结束时，都无力阻挡一股气流冲入体内。重复了约一分钟，男孩感觉到精力充沛了很多。"为什么会这样呢？"小戴维问道。"呼吸是一种能量循环，一旦阻塞，就会感到焦虑、痛苦，如现在的你一样。如果你不把吸进的空气排干净，怎么能吸入更多的空气呢？不能呼出吸入的空气，肺活量又怎么提升呢？

成长悟语

衣柜里的东西只有掏出来，才能腾出空间放入新的。不是你能力不够，而是你装得太多。有时候，你需要清空自己，才能够放入更有价值的东西。

连接着整个世界

在某大学礼堂里，刚刚结束了一场演讲，演讲者按计划留 30 分钟时间，用来解答听众的问题，台上台下互动氛围很浓。

一个学生提出问题："如今这个时代，越来越多的人去追求权力、财富、名誉等，是因为他们的生命匮乏，那么生命匮乏又是如何造成的呢？"

演讲者指着礼堂上空的电扇反问："它恐怕已经运转好几年了吧，为什么电能还这样充足呢？”

有一个学生马上回答：“因为它和整个电网连接着，总有源源不断的电能输送给它。”

演讲者点了点头，又指着礼堂外：“我们几乎每天都能感到风的存在，不过是时而大时而小，他们已经存在了亿万多年了，为什么还能不息不止呢？”

另外一个学生回答：“因为它和整个天空连接着。”

演讲者满意地点了点头，又打开了礼堂中的大屏幕，马上出现了这样的场景：

在一条崎岖蜿蜒的山路上，路边开出了几朵小花，几棵低矮的树上不时传来几声鸟鸣。

过一会儿，屏幕上又出现了一个衣衫褴褛的老人，他看到野花展开了眉头，绽放了那一脸的笑靥。

接着一声鸟鸣又引起了他的一阵欢歌。那情景其实平淡无奇，但那人却沉迷陶醉，他背着手，踱着八字步四处张望，如同一个富豪徜徉在自己的花园里。

生命的快乐不需要很多道具，而你的心情就是最好的导演。

演讲者又问：“这个贫穷落魄的老人为何沉浸在快乐之中呢？”

过了许久，又有一个学生回答：“因为他连接着整个世界。”

演讲者的眼睛里露出赞许的目光。

成长悟语

当我们的生命被堵塞或者说变得封闭了，才会造成精神的空虚，事实上，任何东西都不能替代生命的能量，和整个世界连接的人必定丰富多彩。自然界的一切虽不归你所有，但却能为你所用。

没有输赢，都是生活

法国纪录片《微观世界》曾经记录了这样一个精彩的瞬间：

在崎岖的山路上铺着许许多多的砂砾和石块，一只屎壳郎，推着一个粪球，在山路上行进，而且它推的速度并不慢。

就在道路前方潜伏着一根尖尖的刺，根部粗大，顶端尖锐，仔细看的话，格外显眼。但是屎壳郎显然注意不到这些，它推的那个粪球，一下子扎在了这根“巨刺”上。

不过，屎壳郎并不觉得自己陷入困境之中。它正着推，不见动静。倒着往前顶，仍不见效。它还推走了周边的土块，试图从侧面使劲，还是不能将粪球移动分毫。到这里，屎壳郎的办法已经用尽了，但粪球依旧深深地扎在那根刺上，没有任何出来的迹象。

观众不禁要为这样一只卑小的动物展现出的锲而不舍的精神感到好笑。对它们来说，这实在是个“难题”。然而，就在我们嘲笑它，并等着看它沮丧离去时，这个小昆虫突然绕到了粪球的另一面，只轻轻一顶，咕噜——顽固的粪球便从那根刺里“脱身”出来。

它赢了。

它没有欢呼胜利，也没有为冲出困境而长吁短叹，即使赢了也像什么都没发生那样，没有任何停留，就推着粪球急匆匆地向前去了。

成长悟语

推得过去，是生活；推不过去，也是生活。

在屎壳郎的生活中，它可能早已习惯了这样的场景。对它们来说，人类为了赢得某些东西而总结的种种“智慧”是无意义的，因为在它们的生命概念中，根本就没有赢输。

光明和阴影的意义

浩瀚的宇宙中，存在着众多的兄弟，它们分别是浮云、雷霆和闪电……平时，它们都各司其职，互不干涉。不过雷霆和闪电非常勤劳，整日都忙得很，来去匆匆，分秒必争。而浮云相对来说就悠闲很多了，它每天在天空中飘来荡去，自在得很，所以很是自傲。

这一天，闲得无聊的浮云眼看着闪电一闪而过，瞬间就消失得无影无踪，便取笑它说：“傻乎乎的闪电兄弟，你这么拼命干什么？你再怎么拼命，寿命也不过是一瞬间啊。看看我，每天优哉游哉，日子过得滋润自在不说，生命也很长久啊！”

着急去完成任务的闪电没时间搭理浮云，头也不回，一眨眼就飞走了，只在黑色的天幕中间留下一长条惊艳的白光。

这时候，天际传来阵阵雷霆声，仿佛积蓄了很久的力量突然爆发似的，震耳欲聋——雷霆出现了。

它毫不在意地瞥了一眼浮云说：“是的，你是很清闲自在。但是，朋友，你留给大地的都是阴影，而闪电带给世界的从来都是光明。你有什么好得意的？”

成长悟语

生命的价值并不在于是否长久，而在于是否于他人有益。

年轻人最大的迷失是什么？就是没有意识到你可以为梦想去折腾。人生是不断累积的过程，再不尝试就老了。

花瓶与垫脚石

很久以前，有一个精美的彩釉花瓶被主人放进了地下室，花瓶静静地坐在一块不起眼的青色石头上，时间久了，花瓶开始为自己愤愤不平。

“像我这样美丽的工艺品，怎么能够在这种地下室虚度时光，我应该在展览厅，在皇宫里，或者在更高贵的地方被人们欣赏和追捧。”开始的一段时间，只有花瓶自己在咆哮。但是后来的一天，花瓶的抱怨被它脚下的青石打断，“美丽的花瓶，不要再唠叨了，其实这里也不错，只有在这里你才足够安全，不会被轻易打破。我在这里待了很多年了，这里安静舒适又没有危险。”

原本花瓶心里就不高兴，被青石这样一说，就朝着青石发火道：“你只不过是一块垫脚石罢了，你懂什么？你有我这么漂亮的图案吗？和你在一起我真感到羞耻。你永远都只是垫脚石，永远不可能被人喜欢、受人瞩目！”

青石并不争辩，而是默默地说：“我确实不如你漂亮，也许我永远都只是一块垫脚石，但在完成本职任务方面，我想我会比你优秀……”

花瓶愤怒地说：“你不要和我相提并论！你等着看吧，不需要多久，我就会变成举世闻名的收藏品……”花瓶越说越激动，不小心摇晃了一下，“哗啦”掉在地上，摔成了一堆碎片。

转眼间许多年过去了，直到有一天，考古学家来到这里。他们掘开厚厚的土层，发现了那些碎片和那块垫脚石。残破的花瓶碎片，价值大打折扣，但是，那块“垫脚石”却被专家发现，居然是一块包裹在土石里的美玉，之后这块“垫脚石”成了世人的焦点。

成长悟语

有多少人抱怨命运不公，又有多少人正在改变着自己的命运。是否抱怨，是否能够自主安排，往往都来自于心中的世界。眼中的世界变小，我们的快乐才能变大。

学会聆听听不到的声音

古老的印度孔雀王国有这样一个习俗，被选中登基的王子都要到龙树大师那里接受训练。

迦摩王子今年22岁，他健壮的身躯如同丛林中的狮子，俊美的脸庞如同沉睡的毗湿奴。王子被父亲送到龙树大师那里，学习一名优秀的国王必须具备的能力。

龙树大师把王子带到森林中央的水池，让他坐在水池边的菩提树下聆听。龙树大师对王子说：“一年后你来找我，告诉我你都听见了什么声音。”

王子每天来到菩提树下静坐，他听见鸟儿鸣叫着相互示爱，听见风在树叶间嬉戏，听见一只山猫蹑手蹑脚地走过，听见水池中的鱼儿用尾巴打起水花……王子快乐地听着大森林中的一切，用心记下所有美妙的声音。

蓝天、白云、原野……我们的心，都需要这样空旷的自由和宁静。

一年过去了，王子来到

龙树大师那儿，向法师描述他听到的一切。然而，龙树大师并没有流露满意的神情，而是对王子说："回到森林里去吧，继续去听。一年之后再来找我，告诉我你听到了什么。"

王子困惑地回到菩提树下，森林里的一切声音都在他心中，龙树大师还让他听什么呢？王子闭目静坐，渐渐地，一切声音都开始模糊，终于有一天，他再也听不到任何声音了。

王子愁苦地坐在菩提树下，不知如何是好。龙树大师让他来森林里听，可他却听不到任何声音了。然而，他仍旧坚持坐在菩提树下，努力张开耳朵，让听觉的每一根触角深入到森林的各个角落。渐渐地，一些声音慢慢进来了，那是花开的声音，阳光穿过树丛的声音，果实慢慢变红的声音，鸟儿长出新的羽毛的声音，草根努力吸水的声音……迦摩王子充满喜悦，感受着这前所未有的体验。

一年后，迦摩王子回到龙树大师那里，向大师描述他听到的声音。龙树大师说："你已经听到了听不到的声音，现在，你可以成为一位优秀的君主了。"

成长悟语

听生命内部的声音，而不要听外部的声音。外部的声音嘈杂多变，有的让人喜悦，有的让人烦躁。而生命内部的声音，却让人可以感受灵魂的力量和宽广，没有单纯的喜悦和烦躁，而只是平静地享受。

一个谎言

年仅 8 岁的怀特，在一年前的交通事故中眼睛受到创伤，再也看不见东西了。

就在几个小时前，怀特接受了眼睛恢复的移植手术，刚刚醒来的怀特心情难以平静，因为他知道这是自己最后一次复明的机会了。

怀特一个人摸索着来到了医院的公园，他一个人坐在石凳上，想象着自己如果无法复明该如何面对这个世界。

这时候恰好有一片树叶落到了他的身上，怀特拿起树叶开始摸索，然后不自觉地问道："这是什么树叶？"

"是枫叶……"一个男人柔和的声音回答说，有一双大手抚在怀特的肩膀，那个声音又说道："孩子，你为什么会在这里？"

怀特以为这个人是问自己为什么会来到医院，而这个时候怀特正想找个人一吐苦水，于是就慢慢说道："我的眼睛在去年的车祸中看不到了，刚刚接受了手术，我真害怕这辈子什么都看不到啊，叔叔，我真想像以前那样能看到整个世界……"

"孩子，你一定会再次看到这个世界的，而且你还会看到以前从未看到过的美丽。你会看到更高的山峰、更美的花朵，还有清澈的溪流……你听见了吗？我们的头上有鸟儿在叫，而且是一只五彩斑斓的雀鸟，草地上还有人在放风筝、做游戏……"

怀特的眼前仿佛出现了一幕幕动人的场景，然后他说："我听见了，也好像能看得见了，叔叔，我的眼睛一定会治好的，对吧？"怀特兴奋地拽着身旁这个人的手大声问道。

“当然了，只要你认真配合医生治疗，就会好的。”男子肯定地说。而在公园远处的医生们，看着眼睛上缠着纱布的男孩和那个戴着墨镜的男子聊天，他们显得非常快乐。

过了一段时间，怀特的眼睛终于拆了线，他看到了曾经看到的一切，但是他没有忘记那个鼓励他的男子。怀特第一时间跑向了医院的公园，但是当他到达公园的时候，却被眼前的景象愣住了。原来这个公园里几乎什么也没有，只有一棵大树和一个长椅，长椅的边上放着一根导盲棍，而长椅上坐着一个戴墨镜的中年人……

医生告诉怀特，这个叫作保罗的男子，是先天性失明，他不像怀特在失明前见过这个世界，更不像怀特可以复明……

从此以后，人们经常在医院后院的石凳上，看到一个男孩拉着一位失明的大人，向他讲述这个世界的精彩，而那个大人听得总是那样仔细……

成长悟语

用生命去撞击生命，用生命去灿烂生命，用生命去滋润生命，用生命去激活生命，用生命去温暖生命，用生命去影响生命，活出生命的精彩。

新的开始

比尔趴在窗前，望着将要落山的太阳而闷闷不乐，他对正在洗盘子的母亲说：“妈妈，白天又要结束了，为什么不能 24 个小时都是白天呢？”

母亲随口回道：“所有的事情都会结束，没有什么能够一直存在。”

可是当母亲回头看比尔的时候，才发现他不高兴的表情。

“妈妈，我喜欢白天，不想让白天结束，白天结束后太阳就离开了我们；我也喜欢风吹在脸上的感觉，但是风吹走后也离开了我；有时候我也喜欢雨，雨结束后却躲到了地底下；还有春天、树叶……”比尔提出了一连串的问题，他仿佛掉进了一个悲伤的怪圈，总是考虑一切是如何结束、如何消亡……

母亲把比尔抱到床上，耐心地回答他的每一个问题：“亲爱的孩子，白天一直没有结束，它只是为地球另一边的人带来一天的开始，而且黑夜和温柔的月光才会在我们的世界里开始；风也没有结束，它从你身边结束又会在另一个孩子身上开始；雨下完后也没有结束，只是在地下有了新旅程的开始；春天没有结束，只是成为夏天的开始；落叶没有结束，它融入泥土里，开始成为大树新的一部分……一切都不会结束的，一切都只是新的开始。”

比尔笑了，明白了原本悲伤的事物，没有结束，只有新的开始。

成长悟语

生命中的光辉，不在于永不坠落，而是坠落后总能再度升起。

世上没有确切的结束和开始，一件事情的终点，往往成为另一件事情的起点。当一个人站在这个“节点”上的时候，回头看就是结束、是悲伤，而向前看往往就是开始、是快乐。

与众不同的吉米丽

吉米丽是个很特别的小女孩。

在别的孩子都开始玩电子玩具、上网和陌生人聊天，接触未知领域的时候，她却在和布娃娃玩，然后和自己养的金鱼说话，和家中后院落下的树叶一起跳舞。

长大后的吉米丽，进入了一家神学院。这个学院一到晚上就不能使用电，天黑以后就点蜡烛，学院的学生都不准开车，只能走路。

在学院里就读的学生除了上课以外，每天早上都要到田野当中吟唱中古时代的欧洲僧侣经文，同时做一些介于膜拜、呼吸和舞蹈之间的舒缓动作。而且学院会分给每一位学生一块田地，让学生们种植自己喜欢的农作物。

吉米丽在这个学院生活，她乐在其中，一开始连马铃薯和红薯都分不清楚的她，慢慢地只靠鼻子就能够分出泥土中的各种食物。吉米丽总是说："我只是在心里问了一下它们是什么，它们就把自己的名字告诉了我。"当然了，在这个学院里，吉米丽的行为不算特别。

毕业后，每一个学生都回到了文明世界，他们重新开始使用电灯、汽车……但是吉米丽保留下来和植物"交流"的习惯，在这个大都市里显得太过特别了。

吉米丽走过嘈杂的马路边，去安慰那些一直忍受车声废气的可怜的树，去拥抱那些树，拍拍它们、称赞它们、鼓励它们……在路人的奇异的目光下，最后附耳在每一棵树上，仿佛在倾听每一棵树的心语。

成长悟语

生活在钢筋水泥中的人们，早已忘记了其他生命的存在和意义，人们把植物当作是制造氧气的工具，把动物当作是自己的玩具，让"生命"这两个字变得越来越狭隘。

我们应该尊重其他生命，学会聆听它们的心语。

每天都是最棒的

柏莎马上就要35岁了，她不再年轻，逐渐向"中年妇女"这个词靠近。她心中惶恐不安，忧心生命中最有光芒的年华即将逝去，美好的青春一去不复返了。

为了保持身材，她参加了一个健身俱乐部。她一般早上去锻炼。

在那里，柏莎遇到了一个年长的女人卡拉，每天她到的时候，卡拉都练出一身汗了。所以，尽管卡拉已经75岁了，但身材仍然很棒。

35岁生日一天天在逼近，柏莎也越来越焦虑。当卡拉和她打招呼时，她也总是无精打采的。

卡拉问她发生了什么事。柏莎告诉她，自己对即将迈入35岁而感到焦虑。

卡拉说："我比你大40岁，也许可以给你一点儿过来人的经验作为参考。"

柏莎问："你生命中最棒的时光，是什么时候？"卡拉想了想，回答说："我生命中最棒的时光……这样说吧！

"当我在意大利时，我还是个小孩，爸爸妈妈都很爱我。那是我生命中最棒的时光。

把今天过好，把现在过好，把此时此刻过好。哲人说，一瞬间决定一生。

"当我考上剑桥大学，远赴英国求学，开阔了眼界，了解了一些道理时，那是我生命中最棒的时光。

"当我毕业后在最热爱的领域中找到一份工作，每天不分白天黑夜地加班加点赚钱时，那是我生命中最棒的时光。

"当'二战'爆发，丈夫带着我逃离意大利，安全进入北美时，那是我生命中最棒的时光。

"当我成为母亲，看着孩子活活快乐地成长时，那是我生命中最棒的时光。

"现在，我已经 75 岁了，仍然健康，与丈夫依然相爱。这就是我生命中最棒的时光。"

成长悟语

一路走来，都是最美的时光。美丽永远不会停留，直到生命的尽头。你可以在这里和别人相聚，也可以在这里和别人一起停留，你可以在这里让灵魂休憩，然后，再继续往前走。从过去、现在到未来的风光，一直都那么美好。

难吃的西瓜

一场宴会上，科学家请来资助"反季节种植"项目的商人，一起品尝第一组在冬天收获的西瓜。但结果却让人大跌眼镜：西瓜熟了，表面上看起来和正常夏天收获的西瓜没有任何区别，经过取样化验，西瓜里的水分、糖以及各项指标都非常正常，可偏偏入口以后有一种说不出的苦涩，没有人知道为什么，除了西瓜自己。

时间倒退 3 个月，一粒西瓜种子被科学家埋在了土壤里，它感受到外界的水分和肥料，然后自己慢慢地醒来。每隔一段时间，种子就能够感受到土壤对自己的拍打、水分对自己的滋润，还有充足的肥料给自己吃。种子虽然没有休息够，但是它以为是春天来了，于是强打着精神开始生长。

西瓜籽顺利地发芽成长，它感受到明亮温暖的光，以为这是美丽的春天，然后继续成长希望自己能在炎热的夏季结出饱满的果实。

终于有一天，西瓜长大、成熟。但是当西瓜睁开眼睛，看这个世界的时候，才知道自己被骗了。原来，现在根本不是夏天而是寒冬。人类用灯光代替阳光，用暖棚代替暖风，用人工肥料代替大自然的雨露……

西瓜什么也做不了，只好把眼泪咽到肚子里。人们吃下了西瓜，也吃下了西瓜的所有痛苦。

成长悟语

自然并不仅仅只是拿来欣赏和收获的，我们需要与之共处。要共处就需要遵守一定的原则和规律，而违反这些规则的人，不可能得到好的结果。当人类欢呼对自然的胜利之时，也就是自然对人类惩罚的开始。

树死在了文明时代

英国约翰王时代，他的殖民铁蹄踏上了一片未知的大陆，正是这个时刻，林地中的一颗种子抽出了它的绿叶，这些殖民者对这株弱小的花旗松没有兴趣，跨过它走了。

一百年过去了，一个印第安人从这里经过，发现了这棵高大的花旗松。他想把它砍倒，拖回部落，可是自己手上的石斧太钝了，砍了几下，只是在树干上留下了几条伤痕，丝毫没有撼动这棵大树，印第安人失望地走了。

哥伦布发现新世界的时候，这棵花旗松已经是一株250岁的参天大树了，他起初也对这株大树感兴趣，如果把它凿开，也是一艘上好的木船，但是他的目的是发现新大陆，他不会在这棵大树上驻足太多，于是他走了。

随后，白人来了，他们带着钢斧和横切锯，领着一队牛车，他们在树干上砍，锯了几下，但是始终不能砍到它，只留下一些痕迹。

再后来，文明时代到来了，一个现代人在这里造了一所房子，这棵大树正好挡在他车库的前面，于是他拿起自己的电锯，不到20分钟，这棵大树应声倒下，结束了三百多年的生命。

现代人似乎很满意，开着自己的车，从大树巨大的树墩旁开过，顺利地开进了车库。

成长悟语

科技的发展是否一定要建立在对生命的践踏上？这是一个值得深思的课题。

当环境对人类实行报复的时候，当天灾人祸发生的时候，我们需要反思一下：自己对环境做了些什么？

鲜花与果实

亚伦是个十几岁的少年，不知道受谁的影响，他非常讨厌老年人，觉得他们迟钝、丑陋、一无是处，对老年人总是一副嫌弃的表情。

一天，亚伦捧着一盆娇嫩的水仙走进屋内，把它放在露天的阳台上。放好后一抬头正好看到隔壁的德内爷爷正躺在摇椅上打盹。德内爷爷快八十岁了，腿脚越来越不好，精神也越来越差。看到这种老态龙钟的狼狈状态，亚伦越发确信了自己的想法。

亚伦故意高喊一声："德内爷爷！"一下子将老人从梦中惊醒了。还不等德内爷爷反应过来，他又骄傲地宣布："德内爷爷，我们年轻人就像这盆水仙，长势喜人，充满着生命的活力。而你们年老的人就像……"他边说边指着屋外纷纷落叶的橡树，"就像这秋日的树叶，枯萎丑陋，随风凋零。"

此时，德内已经非常清楚亚伦想要说什么，不过他没有直接反击这个不懂礼貌的小家伙，而是顺着他说："嗯，你说的有点儿道理。年轻人确实更有活力。"

亚伦非常得意，但是德内话锋一转，接着说道："不过，我不认为我们老年人像落叶，而是像我手中的核桃。如果你们青年人是鲜花，把生命绽放在美丽的花瓣上；那我们老年人就是果实，把生命凝聚在盔甲之内。"

亚伦仍不服气："如果没有鲜花，哪里来的果实？"

"是啊！所有的果实都曾经是鲜花，但不是所有的鲜花最终都能结出果实！"

成长悟语

凡是希望荣誉而舒适地度过晚年的人，他必须在年轻时想到有一天会衰老；这样，在年老时，他也会记得曾有过年轻。而老年时最大的安慰莫过于意识到，已把全部青春都献给了永不衰老的事业。